南段拉祜熙话
语法研究

张　琪◎著

中国社会科学出版社

图书在版编目（CIP）数据

南段拉祜熙话语法研究 / 张琪著. —北京：中国社会科学出版社，2021.3
ISBN 978-7-5203-7787-4

Ⅰ. ①南… Ⅱ. ①张… Ⅲ. ①拉祜语－语法－研究－澜沧拉祜族自治县
Ⅳ. ①H258.4

中国版本图书馆 CIP 数据核字（2021）第 016702 号

出 版 人	赵剑英	
责任编辑	任　明	周怡冰
责任校对	韩天炜	
责任印制	郝美娜	

出　　版	中国社会科学出版社
社　　址	北京鼓楼西大街甲 158 号
邮　　编	100720
网　　址	http://www.csspw.cn
发 行 部	010-84083685
门 市 部	010-84029450
经　　销	新华书店及其他书店

印刷装订	北京君升印刷有限公司
版　　次	2021 年 3 月第 1 版
印　　次	2021 年 3 月第 1 次印刷

开　　本	710×1000　1/16
印　　张	25
插　　页	4
字　　数	436 千字
定　　价	128.00 元

凡购买中国社会科学出版社图书，如有质量问题请与本社营销中心联系调换
电话：010-84083683

南段老寨村貌

发音合作人娜给与村里的孩子们身着盛装准备跳传统的木鼓舞

刘劲荣教授（右二）与发音合作人娜给（左一）、李四（后）、李扎迫（右一）校音

作者与学生们在云南民族大学语言重点实验室录制音视频

序一
深入的个案研究是语言研究的基础
——《南段拉祜熙话语法研究》序
戴庆厦

我过去做过彝缅语语言的语法研究，还带过一些研究彝缅语语法的研究生，所以读了张琪博士的新著《南段拉祜熙话语法研究》，倍感亲切。我愿意把自己读后的一些感触写出来，与有兴趣的同仁一起交流。

一

我首先感到这一课题的研究在藏缅语的语法研究中很有价值，课题的成果显示了一个"新"字。

拉祜族是分布在我国西南边疆的一个跨境民族，人口有 48.5 万人（2010 年），在缅甸、泰国、老挝等国都有分布。我在 2010 年 1 月 1 日至 15 日曾与刘劲荣教授等一起组成"语言国情调查团队"到云南澜沧县做《澜沧拉祜族语言使用现状及其演变》课题的调查，2010 年 1 月 19 日至 2 月 22 日又去泰国清莱拉祜族地区调查泰国拉祜族及其语言使用现状。经过第一线田野调查，我具体感受到拉祜族是如何坚守、传承自己的语言，还看到拉祜语里蕴含着丰富的语言资源，觉得拉祜语非常值得研究。著名藏缅语语言学家 J.A.Matisoff（马提索夫）教授用了毕生大部精力研究了泰国的拉祜语，作出了巨大贡献；但中国拉祜语的研究，过去比较薄弱，这些年有了很大的进展，取得了令人瞩目的成就。

南段山是怒山山系孔明山脉中一个分支的最高山峰，位于澜沧县糯福乡东南部，当地人将南段山周围的这片地方称为"南段地区"。拉祜语分拉祜纳和拉祜熙两大方言，南段拉祜熙话属于拉祜熙方言。拉祜熙方言由于使用人数较少已面临濒危，亟待记录保存。过去还没有人系统做过这一地区的语法研究和别的专题研究,是一个有价值的空白点。作者用语言类型学的方法对拉祜熙话语法系统进行深入的研究,构建其语法体系的基本框架,揭示其独特的语法现象,为藏缅语语法的比较研究提供一个新的个案和新的语法现象,为后人提供一份珍贵的语言文献资料,还为拉祜语语法的历史研究提供有用的认识。全书共分十章。第一章为绪论,第二章为音系,第三章到第八章讨论与句法结构相关的系列问题,第九章讨论语义范畴,最后一章是全书的总结。

藏缅语语种多,方言复杂,不同语言、不同方言的差异能够反映藏缅语语言类型的历史演变,对于共时描写和历史演变的研究都有不可替代的价值。所以,我一直认为藏缅语研究要多做个案,我自己在做,还鼓励年轻的学者、博士多做个案研究。有了反映实际语言的语料,说话就有底气了。近十年来藏缅语单一语言的语法个案研究成果不断增多,这是可喜的现象。

二

张琪博士做这一课题的研究时,重视语料的收集和现代语言学理论方法的运用。做好语言研究,语料是第一性的,是基础,是决定成果质量的关键,但还要讲究理论方法。本书所用的语料是作者在第一线田野调查中收集、记录的。书中介绍,所调查的南段老寨,共有 77 户,274 人,其中拉祜熙 267 人。全寨的拉祜熙人,都是拉祜纳和拉祜熙双语者。村民们除极少部分外出务工、入赘或外嫁人员外,均不会讲汉语普通话,田野调查还得请拉祜纳母语人进行翻译。

该书重视类型语言学的运用,注重形式和范畴的双向视角,努力探求跨语言蕴涵关系和等级序列。作者根据拉祜熙话是强分析性语言的特点,努力对虚词进行分析。比如对后置词宾语标记、受事标记、比较基准标记的细致描写,揭示其虚化的过程和特点,并指出这些后置词大多是强制性的,在拉祜熙话中具有显赫性特点。拉祜熙话语序和虚词是表达语法的主要手段,语序固定且虚词丰富。但拉祜熙话不属于单纯依靠语序表示意义的语言,因为有格标记,事实上是格标记和语序两种手段并用的语言。

书中还认为,拉祜熙话的话题是一个显赫的句法成分。主要表现为:话题使用频率高,具有一定的强制性。话题标记较丰富,主要有 le^{31} 和 qo^{33} 两个。另外,提顿词 ε^{31} 和 ve^{33} 都有话题标记的作用。拉祜熙的话题 le^{31},由系动词演变而来，标记和焦点标记相同。

拉祜语中语气词较丰富，有 ve³³、a³¹、o³¹、le³³、lɔ³¹、vɤ³¹和 nɛ³¹等。表达直陈的语气词就有 2 个：ve³³和 a³¹。语气词位于句末时可以连用。作者对语气词做了细致的分析。

书中还将拉祜熙话中几个主要虚词的句法功能进行了梳理：认为虚词 ve³³是拉祜语中用处最广泛的一个虚词，在拉祜语中具有 12 种句法功能，有系动词、话题标记、焦点标记、数词中表示最末的后缀等。虚词 lɛ³³的句法功能有：宾语从句的标句词、跨类并列标记（既可以连接体词性并列结构又可以连接谓词性并列结构）、连接词（可以连接两个名词成分又可以连接两个小句）、数词中连接数词与个位数词的连接词。lɛ³³主要的句法功能是连接词，既可以连接小句也可以连接短语结构甚至是词或语素。还认为 lɛ³³是由副词"才"虚化而来的。a³¹的句法功能有：宾语标记、受事标记、比较基准标记以及持续体助动词、被动句中兼表被动义、有二价形容词的句子中引介客体。其中，受事宾语标记是 a³¹的主要功能，比较基准标记、表被动的功能和引介客体的功能是由此衍生出来的。

此外，还分析了动词连用的特点。拉祜熙话的动词连用，最多可以连用 5 个，2—3 个动词连用为普遍现象。动词之间不需要加连接成分。动词"去/找"tɕa³³用处很广泛，可以与很多普通动词搭配连用，可称之为"泛用动词"。

对类称范畴也做了细致分析。类称范畴是拉祜语名词的重要特征之一，类指有专用的语法形式，即四音格词形式。认为类指名词的句法环境是属性谓语，不能与事件谓语相配，不能受数量短语、指示词、单数人称代词、限定性名词的修饰，不能带全量成分。

三

在酝酿写这个序言时我想到：怎样对分析性语言的语法进行分析，怎样建立分析性语法研究的论文方法，是分析性语言研究必须重视、解决的问题。

作者在描写拉祜熙的语法时，肯定会自觉或不自觉地把着力点放在分析性特点上。我们看到，分析性语言的虚词比非分析性语言丰富，是语义表达和语法系统中的一个重要因素，而且不同的分析性语言，由于分析性强弱的差异以及语言系统的特点不同，在虚词的层次上、功能上以及来源上会有不同的特点，藏缅语的虚词特点不同于汉语，藏缅语内部的不同语言的虚词特点也存在差异。所以，我希望张琪博士根据自己活生生的语料，进一步思考拉祜熙话语法的分析性特点，进一步对有特点的语法现象作出理性的解释和定性。

　　是为序。

戴庆厦

2020 年 7 月 13 日

中央民族大学职工宿舍

序二
一路艰辛，一路收获
——写给张琪《南段拉祜熙话语法研究》

欣闻张琪的博士学位论文《南段拉祜熙话语法研究》就要付梓出版，真为她高兴。论文的出版是攻读博士学位的一个总结，也算是学有所成。

张琪2016年考到上海师范大学语言研究所攻读中国少数民族语言专业博士学位。当初在确定博士学位论文选题的时候，我否定了她本人想要在硕士学位论文的基础上继续做拉祜语地名研究，建议她选一个拉祜语方言，以参考语法的框架做比较系统和深入的调查描写，这样的调查和论文撰写过程对自己是一个非常好的训练，对今后的发展也有重要意义。好在她听从了我的建议，也好在她三年内完成了一篇合格的博士学位论文，按期毕业，我也长舒了一口气，我总算没有成为她读博路上的"绊脚石"。

张琪博士能出版《南段拉祜熙话语法研究》，以下几个特点有必要说一说：

1. 踏实的态度

攻读语言专业的博士学位还是有一定的难度，需要付出更多的努力，单就语言调查而言，费时费力不说，还容不得有半点马虎。逐字逐句调查，反反复复核对，直到逼疯一个又一个发音合作人，他再也不接你的电话，不回你的微信的情况估计每个人都遇到过。但是我们何曾放弃过？每个人都是面带微笑，脚踏实地，轻轻走过"田野"，用不一样的"乡音"谱写一样的"乡愁"。

张琪博士在博一的时候就开始利用寒暑假下去做调查，而且每次调查时间都很长，音系的整理、语料的标注都认认真真、踏踏实实、一丝不苟，让人"刮目相看"。

2. 丰富的语料

语料是语言研究的基础，后续所有的研究都是基于调查的语料。《南段拉祜熙话语法研究》的另外一个特点我认为是提供了非常丰富的语料。这本书的体量还是比较大，涉及南段拉祜熙话的方方面面，想要把这些现象都要描写清楚，没有丰富的语料做支撑是不行的。

张琪博士在三年的论文基础调查、撰写过程中与很多个发音合作人建立了良好的合作关系，加之刘劲荣教授的协助，积累了非常丰富的语料，虽然现在看来有些语料的标注、一些虚词的处理还有进一步推敲的空间，但是这本书能提供这么丰富的语料对于读者也是难能可贵的，也是这本书的贡献之一。

3. 他者的视角

听说语言学家 Dixson 教授招收研究生不太同意他们做自己的母语，我认为这是有一定道理的。母语人在语料搜集方面有很多便利是非母语人无法企及的，但是在语言的分析过程中有些现象可能更容易"熟视无睹"，反而他者的视角却有其独特优势。教过留学生的人可能都有过类似的经验，"老外"有时候提出的问题也许是你根本没有想过的，因为你作为母语人不需要想那么仔细，"能说会道"就行了，但是非母语则不然，需要了解这个语言的方方面面，《南段拉祜熙话语法研究》正好体现了这样的特点。

张琪博士在云南民族大学读硕士期间就开始接触并学习拉祜语，加上她本科英语专业的背景，在第二语言习得过程中往往能举一反三，从他者的视角，将一些母语人习以为常的语言现象讲得"头头是道"。

4. 绝佳的伴侣

"将发音合作人带回家"，这是每个语言调查者的梦想。我认识好多个这样的语言学者，张琪也算是其中之一。她的先生刘劲荣教授是拉祜族母语人，并且在南开大学获得了语言学的博士学位，受过系统、严格的训练，有这样的"学术伴侣"伴她左右，为她的语言调查、语料分析提供了很多便利，在一定程度上弥补了非母语对语料把握不准的问题，写不出博士论文都难。希望他们这对学术伉俪比翼齐飞，今后为我们提供更多优秀的学术成果。

当然，《南段拉祜熙话语法研究》也有不少问题，我虽作为导师，但才疏学浅，能力有限，所以张琪博士能将它出版以求教于方家，也是自我更新、自我完善的不二之选。

王双成

2020 年 8 月 3 日于青海西宁

目　　录

第一章 绪论

1.1 拉祜族拉祜熙支系概况

拉祜族是一个跨境而居的民族，中国的拉祜族主要居住在云南省，此外，北京市、上海市以及广东、河南、四川、湖南、安徽、山东、江苏、浙江等省份也有零星分布。据我国 2010 年人口普查，全国拉祜族人口为 48.5 万人。云南省的拉祜族主要集中在澜沧江东西两岸的普洱、西双版纳、临沧、红河、玉溪等州市内，其中尤以全国唯一的以拉祜族为主体民族的自治县——澜沧拉祜族自治县最为集中，约占全国拉祜族总人口的 50%。

国内拉祜族主要分拉祜纳（黑拉祜）和拉祜熙（黄拉祜）两大支系。位于中缅边境中国一侧的澜沧县糯福乡南段地区是拉祜熙支系主要的聚居区之一。他们在社会经济、家庭制度、恋爱与婚姻、宗教与禁忌、节日与丧葬，以及语言等方面保留着自己的语言文化特征。

1.1.1 地理分布

"南段地区"既是地理概念，也是文化概念。怒山山系孔明山脉其中一个分支的最高山峰叫"南段山"，位于澜沧县糯福乡东南部，当地人习惯将南段山周围的这片地方称为"南段地区"。南段[na³¹tɔ²⁴]，拉祜熙话，意思为出水的地方。[na³¹]，傣语借词，水；[tɔ²⁴]，出。南段地区拉祜熙较集中的自然村包括宛卡村民小组、八索多村民小组、糯开迪村民小组、坝卡乃村民小组、控陆村民小组、帮考村民小组、南波迪村民小组、勐妹村民小组、芒糯村民小组、洛勐村民小组、格坝村民小组、捌西村民小组、南北更村民小组、洛三勐村民小组、贺片一组村民小组、贺片二组村民小组、南段老寨村民小组、南段新寨村民小组、龙竹棚老寨村民小组、龙竹棚新寨村民小组、莫谷村民小组、大帮考村民小组、小帮考村民小组、李四帮村民小组、科米谷村民小组、南段茶厂村民小组，分属于坝卡乃村民委员会、宛卡村民委员会、洛勐村民委员会、南段村民委员会行政村①。

1.1.2 社会经济

1.1.2.1 社会

我们的主要调查点——南段老寨，实行传统的寨主制度，且一直延续到今天。卡些帕[qha⁵⁴ɛɛ³³pa⁵³]是一个村寨的头人，[qha⁵⁴]：村寨；[ɛɛ³³pa⁵³]：男首领。村民们先以 5:10 的比例公选出寨主候选人，再由各位候选人以"抽鸡蛋"的方式决定出最后人选。所谓"抽鸡蛋"就是先将鸡蛋倒入一个盛满水的碗中，候选人各自将茅草插入蛋黄之中，盖上筛子。再由村中长老[tɕɔ³¹ba³¹]念祈愿词，候选人中能将蛋黄拉出者即为寨主。卡些帕是生产生活、村规民约和各种村落活动的组织者，同时也是民族文化的传承人。平时他们负责处理村民们之间发生的纠纷，代理村寨与其他村寨发生的涉外事务。村寨中有最高村寨权力组织，拉祜熙话称为[qʰa⁵⁴sɿ²⁴lɔ³¹sɿ²⁴dʑɛ³¹kɤ³¹]，意思是村寨事务裁决处，大多设于卡些帕的家中。凡村寨的事都由该机构作出决定，所有村民都要服从该机构的决议。会议由寨主召集，全部村民都必须参加。

拉祜族在历史上是游猎民族，奉行平均主义。在群体捕猎活动中，捕获的猎物要平均分配，而脊肉分给寨主，头分给主要猎物者。分猎物的人由众人推选，分好后众人各取一份，但为公平起见，分猎物的人要等到最后才拿自己的那一份。20 世纪 90 年代末收缴猎枪、禁捕野生动物后已不实行，传统的平分猎物等绝对平均主义分配原则在南段老寨已不复存在。南段拉祜熙人像其他大多拉祜族人一样，村寨内部非常团结，寨子里一家有事，全寨帮忙。另外，像修路、搭桥、修葺寨门等公共事务，全寨人必须都参加。

1.1.2.2 经济

南段地区以亚热带山地季风气候为主，全年分干季和雨季。山地多、水田少，当地除稻谷、旱谷、玉米、茶叶、洋芋外，还有橡胶、咖啡、蔗糖、水果、野生菌、生物药业等众多生物资源。南段老寨除以上经济作物外还大量种植茶叶，如今茶叶已经成为当地的支柱产业。

1.1.3 文化习俗

1.1.3.1 家庭制度

中华人民共和国成立初期，南段地区的拉祜熙社会仍保留着母系大家

---

① 该数据由糯福文化站提供，相关资料及数据截止到 2017 年 2 月。

庭社会，即男子婚后从妻居的家庭制度。拉祜熙话中统称家庭为[zɛ³¹]，称小家庭为[zɛ³¹nɛ²⁴]，称大家庭为[zɛ³¹qo³¹no²⁴]。当今南段地区的拉祜熙社会，曾经的大家庭已经被小家庭所替代。但传统的母系大家庭观念仍有遗存，如女家长在管理家庭事务方面更有发言权和决定权，特别是在家庭财产处理以及子女教育或婚姻大事等方面。所以，直到现在，南段拉祜熙社会中婚后从妻居的家庭制度仍完好地保留着。除非男方家父母因年迈无人照顾，双方商议后方可从夫居。

1.1.3.2 恋爱与婚姻

南段拉祜熙人奉行恋爱自由，婚姻自主。他们有"同寨不婚不恋"的观念，这就要求未婚青年男女进行恋爱社交活动时要走出自己的寨子。传统上未婚男女选择集体结伴到附近的树林中相会，燃起篝火，各自物色意中人。拉祜熙称这种恋爱活动为[qa³³mɤ³³]，意思为情歌对唱。恋人之间交互的信物有包头或挎包，佩刀或口弦。如今，青年男女恋爱已不进行对唱情歌，恋人间也不再互相送挎包或口弦等礼物，传统的恋爱方式已经消失。

未婚男女确定关系后，双方都必须及时告知自己的长辈，父母一般不反对儿女的婚事。一般由女方的家长派媒人去男方家求婚。媒人到对方家求婚时会带少量的酒和肉食，说媒成功后自己动手做饭，与对方家长们共同享用，用完餐后求婚即告结束。第三天早上，由男方的父母或其他长辈到女方家商定具体结婚的日子，同时商量好男方需送女方的聘礼。婚礼持续两天，第一天男方家及媒人带着聘礼到女方家，由媒人进行"求姑娘"等仪式活动。晚上，新婚夫妇聆听长者的教诲。第二天，有送肥猪、摆礼、还礼、祈福、拴手线、婚宴、看鸡卦、唱古歌等婚礼程序，婚礼中奉行重礼轻物和平等交换的原则。

南段地区的拉祜熙像其他拉祜族支系一样，认为万事万物都要成双成对，"筷子成双""相互中意就商量，情投意合就结伴"，如选择寨主的条件之一就是要夫妻双全。拉祜族父母不干涉儿女恋爱，不能包办婚姻。

1.1.3.3 宗教与禁忌

1.1.3.3.1 宗教

南段地区的拉祜熙将原始宗教和外来佛教相结合，信奉万物皆有灵，日、月、木、鸟、山、水、铁等都附有特定的"尼"[ne⁵³]，意思是神（小神）。进行生产劳动前根据不同的活动内容进行相关的祭祀仪式，对祖先的亡灵也要进行定期或不定期的祭祀。神桩[qo³³mɯ⁵³tɕɛ³¹]在拉祜熙人的心中有着重要的地位，主要有寨神桩、年神桩和佛神桩等。各个村寨里都立有寨神桩，桩上刻有稻花、太阳月亮花以及动物等有一定意义的图案，这些木刻均是具有拉祜族特色的文化瑰宝。

南段地区的拉祜熙民间医疗也沿袭传统的巫医一家。村民们生小病时会找[mɔ²⁴te³³pa³¹]看,大病时会去县上的公立医院。[qʰa⁵⁴ɕɛ³³]是村寨的头人,负责管理村寨的大小事物。[tɕɔ³¹pa³¹]负责管理村寨祭祀的地方[sa³³sɤ²¹zɛ³¹],主管求神祭祀活动。[fu⁵³zɛ³¹pa³¹]负责管理大的寺届,帮助村民们进行求佛等活动,村民们在每年秋收的时候向他献供品。

整个南段地区的拉祜熙最高宗教长老为[ɕɤ³¹pa³¹mɔ³³pa³¹],现住在龙竹棚老寨,[tɕɔ³¹pa³¹]或[fu⁵³zɛ³¹pa³¹]处理不了的事物,其他寨子的村民们会到龙竹棚老寨请[ɕi³¹pa³¹mɔ²⁴pa³¹]看,他不仅掌握占卜知识,还掌握民间历法、病理草药。还可以用草药治疗感冒、外伤、骨折、食物中毒等疾病。

1.1.3.3.1.2　禁忌

拉祜熙的禁忌主要有:大年初一早晨忌讳睡懒觉、穿破旧的衣服;不得砍伐水源林木或神林中的树木,不得在这些地方放牧、烧火、打鸟;寨外凶死者不准抬入村寨;非正常死亡的人不能在本村的公共墓地埋葬;夫妻不得无故打骂小孩,更不许抛弃或虐待老人;任何人不得损坏寨庙、寨神桩、寨门等公共宗教设施;月圆及月残的两天是休息日,忌杀生、砍树,一切吃用的东西须提前准备好;不准食狗肉等等。

1.1.3.4　节日与丧葬

1.1.3.4.1　节日

南段拉祜熙人的节日有拉祜春节[la⁵³xu³¹qʰɔ²¹]、新米节[tɕa³¹sɿ²⁴tɕa⁵³ni³³]、葫芦节[a³³ka⁵⁴pʰu⁵³qʰɔ²¹]和火把节[a³³kɤ²⁴to²⁴qʰɔ²¹]等。

1. 拉祜春节

拉祜春节是拉祜族最隆重的传统节日。历史上,桃花、李花盛开时便是拉祜人过新年的日子。发展到现在,过年的日子已同汉族的春节相同。"年"分大年和小年,大年是女人年,小年是男人年。关于"大年"和"小年"有两种传说:一种传说是,有一年,临近过年时,突然有外敌入侵,拉祜的男人们去征讨敌人,凯旋时已错过"年",于是女人们又给男人们补过了一个"年",故这个"年"称为小年或男人年;另一种传说是,古时男人们去到遥远的地方打猎,满载猎物而归时已错过过年,女人们为了慰劳辛苦的男人们又重新过了一个年,故这个"年"称为小年或男人年。

大年初一,给牛、狗吃新米,并在农具上贴上新米,感谢厄莎和祖先的保佑,感谢耕牛、狗和农具立下的汗马功劳。从初一到十四,每日傍晚17点左右村民们在广场上进行打跳活动,有时也会请其他村寨的人来一起打跳。正月十五为南段老寨拉祜熙人的小年,下午14点左右每户将小篾桌抬到广场上,将自家烹饪的美食拿出来全寨人一起享用。

2. 新米节

新米节是拉祜熙人较隆重的一个节日，在新米节当中食用的米都是当年成熟的新米，节日共持续 3 天。第一天农历八月十四，新米煮熟后先点香和蜡祭献厄莎神和自家的祖先。中午时，村民们拿着自家煮好的新米和菜肴到长老[tɕɔ³¹pa³¹]家用餐。接下来两天的中午，村民们照旧拿着自家煮好的新米和菜肴分别到寨主[qha⁵⁴ɕɛ³³pa⁵³]家和佛爷[fu⁵³zɛ³¹pa³¹]家用餐。

3. 葫芦节

1991 年，在澜沧县召开的"拉祜族史"研讨会上，大家一致认为，根据拉祜族创世史诗《牡帕密帕》，拉祜族的祖先扎迪、娜迪是农历十月十日从葫芦里走出来的，据此认为这天是拉祜族祖先的诞辰日。澜沧县人大常委会于第九届第十七次会议审议通过，定每年农历十月十五日至十七日为拉祜族的葫芦节。2006 年，又将时间调整为公历 4 月 8 日至 10 日。节日期间，在澜沧县政府所在地举行盛大的仪式欢度节日，白天举办大型文艺表演和传统体育项目比赛，夜晚在葫芦广场举行大型的跳歌活动。

4. 火把节

火把节在农历的六月二十日左右，具体日期要请长老[tɕɔ³¹pa³¹]算日子，过节至少持续 4 天，举行的活动和过年基本相同，有祭祀及打跳等。

1.1.3.4.2　丧葬

传统葬式为土葬，有较固定的公共墓地。村寨里有人过世时，村中每一个人都要拿着一碗米前去逝者家，男性帮忙做棺材，女性帮忙做饭。逝者家要杀一只鸡，并将鸡翅膀放在尸体的腋下。午餐后，出殡由村里德高望重的年长者给客人们拴福线。在死者过世的当日起到第 13 天早上，忌讳将逝者家里的任何东西带出家门。第 13 天，在出殡的那条路边盖一个简易的小棚，将做好的鸡肉稀饭和逝者的衣物放在里面作祭品。

1.1.3.5　服饰与乐器

1.1.3.5.1　服饰

现代南段拉祜熙的男子服饰颜色多为黑色或青蓝色，主要由短衣、长裤、包头、小帽，织锦挎包等组成，旧时多赤足，现在普遍穿布鞋或皮鞋。女子服饰颜色以黑色或青蓝色为主，为短衣筒裙型，左开襟短领短衣，下着长筒裙，短衣和筒裙上绣有美丽的花纹，并以银泡点缀。织锦挎包上有狗牙、山、波浪、彩虹等图案，颜色搭配呈黑、白、红、绿相间，色彩对比强烈，挎包是拉祜族服饰的重要组成部分。现在日常生活中拉祜人已不穿传统服装，但仍然常背挎包。

1.1.3.5.2　乐器

南段地区的拉祜熙人的乐器主要有葫芦笙、响篾、鼓、铓锣、镲钹等，其中葫芦笙和响篾是拉祜族传统乐器。每逢节日期间或举行宗教祭祀活动时由村寨里的男人们吹葫芦笙，男女各围成一圈跳芦笙舞。响篾，多为女性弹奏，尤其受到未婚女性的喜爱。故拉祜族常以葫芦笙象征男人，响篾象征女人。现在，南段老寨里大多男性仍旧会吹葫芦笙，但会吹响篾的女性却不多了。

1.1.4　语言概况

拉祜语属汉藏语系藏缅语族彝语支，国内大多学者认为拉祜语下面应分为拉祜纳方言和拉祜熙方言，两种方言之间在语音、词汇和语法结构上均有不同的差别。操拉祜纳方言的居民占本民族人口的 80%左右，是拉祜语中的普通话。但操拉祜熙方言的人相对较少，且操拉祜熙方言的人大多能熟练运用拉祜纳方言进行交际。现在可以熟练运用拉祜熙话的人呈逐年减少趋势，笔者认为拉祜熙方言在我国境内应属濒危语言。

1.2　南段老寨拉祜熙人语言使用现状

南段村民委员会辖龙竹棚、南段老寨、南段新寨、莫谷、革新、李斯班等 11 个村民小组，有 537 户 1938 人，其中拉祜族 1911 人，占总人口的98%。全村的经济来源主要以种植业（茶叶）、畜牧业为支柱产业，全年经济总收入 8715237 元，人均纯收入为 3077 元。村寨中完整保留着传统神鼓及其制作和演奏技艺，2006 年，南段村被云南省人民政府列入第一批非物质文化遗产保护名录。[①]

南段老寨村民小组位于南段村民委员会驻地，距县城 149 千米，建于14 世纪中叶。寨中保留有拉祜族传统文化保护区，完整保留着"佛达门""寨神柱""散拉页""贺页"和"厄莎帽"等当地拉祜族传统的宗教示象礼仪。村寨管理还沿用传统的"卡些"制度，除此之外，村中还有佛爷[fu⁵³zɛ³¹pa³¹]、长老[tɕɔ³¹ba³¹]等职位。南段老寨共有 77 户，274 人，其中拉祜熙 267 人，其余 7 人为入赘或外嫁人员。[②]全寨的拉祜熙人，无论是耄耋老者还是垂髫孩童，几乎都是拉祜纳和拉祜熙双语者。除极少部分外出务工、入赘或外嫁人员外，村民们均不会讲汉语普通话，除少部分老者外，大多数村民会讲当地汉语土语——澜沧话。故田野调查时为了更好地沟通和更准确地记录，我们请了拉祜纳母语人进行翻译。

---

① 该数据由南段村委会提供。
② 该数据由南段老寨村民小组提供。

1.3　前人研究综述

我们认为，除了国内大多数学者认为的拉祜语有拉祜纳和拉祜熙方言外，还应增加苦聪方言，各方言又分若干次方言。马世册的《拉祜语概况》是较早地介绍拉祜语语音、词汇、语法的研究材料。常竑恩等的《拉祜语简志》是我国第一本全面系统地介绍拉祜语语音、词汇、语法、文字的著作，是后来学者研究拉祜语的主要参考依据之一。金有景的《中国拉祜语方言地图集》是大型方言地图集，其中记录了澜沧县各村寨内所使用的拉祜语方言。和本书密切相关的研究成果主要从以下三个方面进行简述：1. 拉祜纳话研究；2. 苦聪话研究；3. 拉祜熙话研究。

1.3.1　拉祜纳话的研究

拉祜纳话的研究成果较其他方言多，语音方面有：金有景的《拉祜语的紧元音》和盖兴之的《拉祜语没有紧喉元音》，两篇论文针对拉祜纳中的松紧元音进行了相反观点的论述。朱晓农、刘劲荣的《拉祜语紧元音：从嘎裂声到喉塞尾》一文从实验语音学的角度对拉祜纳话的松紧元音进行了分析，认为拉祜纳中有松紧元音的对立，同时有时间长短的区别。不同年龄段的人分别表现为嘎裂声和喉塞尾的趋势。其他论文还有王正华的《拉祜语共时音变研究》，石锋、刘劲荣的《拉祜语的元音格局》，刘劲荣的《拉祜语与载瓦语的语音结构及词的构成》，李强的《从英语、拉祜语语音比较看语言与思维的互动》等。

词汇和语法方面有：刘劲荣的《拉祜语的四音格词》一书从构词、音律和语义三个角度讨论拉祜纳话四音格词的特点。张雨江的《论拉祜语新词的创造与发展》一文从书面和口语两个角度论述了拉祜语新词的发展对拉祜语言文字起的推动作用。张伟的《拉祜语颜色词的文化内涵》一文通过拉祜纳话中颜色词，分析了颜色词与民族文化与民族迁徙的关系。李春风的《拉祜语宾格助词 tha^{31}》一文分析了 tha^{31} 在使用上具有选择性、兼容性的特点，能复杂地体现生命度现象；张蓉兰的《拉祜语动词的语法范畴》一文中论述了拉祜语动词体的变化、态的变化、式的变化。金有景的《拉祜语的主语、宾语、状语助词》一文分析了拉祜纳中的主语助词、宾语助词、主宾语助词、状语助词和主状语助词。张雨江的《拉祜语语法化研究》一文就拉祜语语法化及其机制说明拉祜语语法化的特点。李洁的《被动句是拉祜语的一种独立句型》一文认为拉祜语中的被动句属分析型、不发达型。李春风的《邦朵拉祜语参考语法》以富邦乡卡琅镇邦朵寨拉祜纳方言为研究对象，是我国第一部详细描写拉祜纳方言语法的专著。此外还有张雨江的《拉祜语名词词缀研究》、胡方方的《拉祜语拟声词研究》、王艳的《拉祜语述补结构研究》、李景红的《拉祜语话题结构研究》等。

其他方面还有张雨江的《澜沧汉话中的拉祜语成分》，张琪的《澜沧拉祜语地名研究》（云南省教育厅科学研究基金项目结题报告），戴庆厦主编的《澜沧县拉祜族语言使用现状及其演变》和《泰国清莱拉祜族及其语言使用现状》等。

国外对拉祜纳话的研究有：美国语言学家马提索夫教授的《拉祜语语法》（《The Grammar of LaHu》）是被语言学界公认的目前国内外对拉祜语研究影响最大的一部著作。该论文以泰国拉祜纳话为研究对象，主要注重语法功能的分析，将词类归入名词性及动词性短语中，该著作对拉祜语语法的研究有断鳌立极之功。有关拉祜语的研究，马提索夫教授还撰写了《Dictionary of Lahu》《Areal and universal dimentions of Grammatization in Lahu》《Lahu and Proto-Lolo-Burmese》《Verb Concatenation in Lahu:the syntax and semantics of "simple" juxtaposition》《English-Lahu Lexicon》《Lahu Biligual Homer》等著作和论文。此外，关于拉祜纳方言的研究还有澳大利亚语言学家布莱德雷教授在调查拉祜诸方言的基础上完成的《Lahu Dialects》；美国传教士詹姆斯·H. 泰尔福特以缅甸拉祜语为研究对象撰写的《拉祜语手册和英语——拉祜语词典》（Hand Book of the Lahu (Muhso) language and English:Lahu dictionary）等。

1.3.2　苦聪话的研究

孙剑艺是国内最早对苦聪话进行研究的学者，其论文《拉祜语苦聪话的若干特点》介绍了镇沅苦聪话的语音、词汇和语法的一些特点，并对比了苦聪话和拉祜纳话的主要特点。李洁、张伟的《苦聪话概况》以云南省新平县平掌乡库独木村的苦聪话为调查对象，从语音、词汇、语法三个方面对苦聪话的特点进行了一定的研究。常俊之的《元江苦聪话参考语法》以元江县烧灰箐村的苦聪话为调查点，这是我国第一部详细描写和研究苦聪话的专著。美国德克萨斯州大学（University of Texas at Austin）埃德蒙逊（Jerold A.Edmondson）的越南中部和南部彝语支语言（The Central and Southern Loloish Languages of Vietram）一文收集并记录了越南境内苦聪话500 多个词，在此基础上对其语音特点进行了描述。

1.3.3　拉祜熙话的研究

对拉祜熙话的研究散见于常宏恩的《拉祜语简志》、金有景的《中国拉祜语方言地图集》、澳大利亚筹伯大学（La Trobe University）的大卫·布莱德雷（David Bradley）教授的《拉祜语方言》（《Lahu Dialects》）。《拉祜语简志》是我国第一本系统全面的介绍拉祜语语音、词汇、语法、文字的书，书中指出澜沧南段的拉祜熙人同时也会用拉祜纳话进行交流，形成方言间的双语制，并从语音、词汇、语法等方面将拉祜纳话和南段拉祜熙话进行了简单比较；《中国拉祜语方言地图集》是中国第一部少数民族语言地图集，共调查了 280 多个方言点，涉及拉祜熙方言区的主要有 2 个：坝卡乃和南段；《拉祜语方言》（《Lahu Dialects》）一书认为拉祜应分为黑拉祜（国内习惯称拉祜纳）和黄拉祜（国内习惯称拉祜熙）两大支系，黑拉祜下又分红拉祜（国内习惯称拉祜尼）和拉祜塞莱；黄拉祜又分为 Bakeo 和 Banlan。

张蓉兰的《利用拉祜西音节结构形式的变化帮助拉祜族学习汉语文》，分析了汉语借词在复合元音、辅音、声调等方面给拉祜熙话的语音结构形式带来的变化，总结出拉祜熙学生在学习汉语文时的方法。王正华的论文《拉祜西亲属称谓词初探》从语言学的角度对拉祜熙亲属称谓的语言结构和资源做了初步探讨，文章认为两性亲属称谓同拉祜熙的公母雌雄称谓同源，亲属称谓词可以反映拉祜熙婚姻形式和婚姻观念。另外，日本的 Nishida Tatsuo 写过《A Preliminary Study on the Lahu Shi Language in Chiang Rai Province》（《清莱府拉祜熙语言初探》）一文，文中从语音和句法两个角度对泰国北部清莱府拉祜熙话进行研究，作者认为泰北拉祜熙话有 28 个单辅音，8 个单元音和 5 个声调，音节结构有 CV 和 CVV 两种；句法方面涉及的有名词（性短语）、动词（性短语）、助词、指示词、数词、内涵性定语等方面。

从前人研究来看，拉祜语的研究对象主要集中在使用人口较多的拉祜纳话，而苦聪话及拉祜熙话的研究较少，特别是澜沧拉祜熙话缺少详细的报告和研究，目前还没有对澜沧南段拉祜熙话的语法进行细致描写的专著。

1.4　研究理论与方法

"对一种语言句法和形态作全面描写的语法称作参考语法（reference grammar）或"语法手册"①。本书以澜沧县南段地区拉祜熙话为描写对象，采用刘丹青编著的《语法调查研究手册》（2017 年第二版）为主要研究框架，进行语法本体的调查与描写。

本书主要以语言库藏类型学为理论指导，语言库藏类型学是语言类型

---

① [英]戴维·克里斯特尔：《现代语言学词典》，沈家煊译，商务印书馆 2007 年版，第 163 页。

学一个分支。库藏（inventory）语言学和语音学用来指一种语言中属于某一平面或描写领域的全部语项无序次的列举。[①]类型语言学（typological linguistics）是语言学的一个分支，研究语言之间的结构相似性，不管其历史如何，总的目的是建立各种语言的合适的分类法或类型学。[②]语言库藏类型学由刘丹青（2011 年）倡导设立，目的是为了揭示语言之间因库藏而导致的类型差异[③]。库藏类型学所探求的主要有以下两个方面：第一，语言库藏的共性。哪些语义及语用范畴普遍性地进入人类语言库藏中，哪些范畴较少进入或从不进入人类语言库藏。第二，库藏手段的显赫性差异。因为库藏中的显赫度可能导致语言间形:义的复杂关系，所以库藏类型学特别关注同样的范畴在不同语言中的显赫性差异。刘丹青认为研究库藏类型学的优势在于：（1）库藏类型学的研究覆盖语言的所有方面。（2）注重形式和范畴的双向视角。（3）库藏中的显赫度会导致语言间形、义关系的复杂性。所以库藏类型学所探求的跨语言蕴涵关系和等级序列，语言共性和类型差异，都符合类型学的目标、路径和方法。[④]

除此之外，本书还采用的理论研究方法有语言类型学、田野调查法、语言描写法、语法化理论、问卷调查法、统计法、对比法以及社会语言学等。

1.5　语料来源及搜集情况

本书语料的代表音点是云南省澜沧拉祜族自治县糯福乡南段村南段老寨。所有语料由作者本人和刘劲荣教授（拉祜纳母语人）记录和整理，另外，还得到曾就读于云南民族大学民族文化学院的石丽梅（拉祜）、罗春霞（拉祜）、李利行（拉祜）、何根源、郭晨阳等同学们的协助。

本书对南段老寨的拉祜熙话进行 2845 词、13 篇长篇语料、若干语法句子的记录，其中长篇语料的记录采用国际通行的隔行对照。

发音合作人情况：

李扎*，男，1976 年 6 月，文化程度为小学三年级，南段老寨人。母语为拉祜熙，掌握程度为熟练；第二语言为拉祜纳，掌握程度为熟练。第三语言为汉语，掌握程度为一般。8 岁开始学说汉语，曾出去打短工，现在家务农。所以汉语程度（澜沧方言）为熟练。

---

① [英]戴维·克里斯特尔：《现代语言学词典》，沈家煊译，商务印书馆 2007 年版，第 190 页。

② [英]戴维·克里斯特尔：《现代语言学词典》，沈家煊译，商务印书馆 2007 年版，第 371 页。

③ 刘丹青：《语言库藏类型学构想》，《当代语言学》2011 年第 4 期，第 289 页。

④ 刘丹青：《语言库藏类型学构想》，《当代语言学》2011 年第 4 期，第 302 页。

　　李*，男，1960 年 3 月，文盲，南段老寨人。母语为拉祜熙，掌握程度为熟练；第二语言为拉祜纳，掌握程度为熟练。20 岁后开始学说汉语，汉语程度（澜沧方言）为略懂。无外出务工经历，一直在村寨里生活。

　　李扎*，男，1969 年 1 月，文化程度为小学三年级，南段老寨人。母语为拉祜熙，掌握程度为熟练；第二语言为拉祜纳，掌握程度为熟练；9 岁开始学说汉语，汉语程度（澜沧方言）为略懂。一直都在村寨里生活。

　　娜*，女，1977 年 3 月，小学，南段老寨人。母语为拉祜熙，掌握程度为熟练；第二语言为拉祜纳，掌握程度为熟练。20 岁后开始学说汉语，汉语程度（澜沧方言）为一般。无外出务工经历，一直在村寨里生活。

　　邱培*，男，1982 年 8 月，本科学历，云南省广播电视局拉祜语播音员，糯福乡（南段地区）坝卡乃寨人。母语为拉祜熙，掌握程度均为熟练；第二语言为拉祜纳，掌握程度为熟练；第三语言为汉语，普通话及澜沧方言掌握程度均为熟练。19 岁考入云南民族大学中国少数民族语言文学专业（拉祜语班），22 岁毕业后留在昆明工作，担任拉祜语播音员至今。

　　第一次田野调查：2017 年 1 月至 3 月。在澜沧县糯福乡南段村南段老寨进行入户微观调查，对该村的语言使用现状进行调查。寻找到合适的发音合作人后立即开始进行记音，共记录 3000 词，100 句，10 篇长篇语料。

　　第二次田野调查：2017 年 7 月至 8 月。共补充修改记录 2845 词，1000 句和 3 篇长篇语料。

　　第三次田野调查：2018 年 1 月至 9 月，这期间多次前往调查点补充及修改若干语法句子。

　　另外，本书所用的拉祜纳方言语料均来自刘劲荣教授及罗春霞、李利行三位拉祜纳母语人。

1.6　语法标注符号

adverb	ADV	副词
auxiliary	AUX	助动词
causative	CAUS	使役的，使役式
company mark	COM	伴随标记
comparative	COMPAR	比较格
complementizer	COMP	标句词
conclussive auxiliary		终结助动词
conjunction	CONJ	连词，连接词
continuous	CON	持续体

copula	COP	系词，系动词
currently related state	CRS	现时相关状态
debitive	DEB	*必要/义务语气
demonstrative	DEM	指示词
desiderative		意愿的，意愿式
directional	DIR	方向的
emphatic	EMPH	强调的
evidential		传信
female	FEM	雌性
Focus	F	焦点
future	FUT	将来时
hortative	HORT	劝告的，劝告语气
ideophone	IDEO	拟声词
imperative	IMP	祈使的，祈使式
imperfect	IMPERF	未完成体
indicative	IND	直陈式，直陈语气
interjection	INTJ	叹词，感叹词
interrogative marker	INTER	疑问标记
locative	LOC	方所格
male		雄性
marker of tense, aspect, or modality	TAM	时体语气标记
mirative		*惊异（语气）
modality		情态
negation	NEG	否定
nominalizer	NOMIN	名词化标记
optative	OPT	祈愿语气，祈愿式
past	PAST	过去时
patient		受事，受事格
perfect	PERF	完成体
permissive		许可（语气）
possessive	POSS	领属格
POSTposition	POST	后置词
potential	POT	可能的，可能语气
progressive	PROG	进行体
prohibitive	PROH	禁止式，禁止语气

punctual		瞬间的，瞬间体
reciprocal	REC	相互的，相互词
reflexive	REFL	反身词
relator, relation marker	RM	关系词，关系标记
repeater		反响型量词
suffix	SUF	后缀
Topic mark	TM	话题标记
verb	V	动词

第二章　音系

本章音系以澜沧拉祜族自治县糯福乡南段村南段老寨的拉祜熙话为依据，以下分别从声韵调系统和音节节构进行简单描写。

2.1　声韵调系统

拉祜熙方言中共有 33 个声母，11 个单元音韵母，7 个复元音韵母，6 个声调。

2.1.1　声母系统

拉祜熙方言的 33 个声母，列表如下：

表 1　拉祜熙方言声母表

		双唇	唇齿	齿/齿龈	龈:腭	硬腭	软腭	小舌
塞音	清	p		t			k	q
		ph		th			kh	qʰ
	浊	b		d			g	
塞擦音	清		pf	ts	tɕ			
				tsʰ	tɕʰ			
	浊		bv	dz	dʑ			
擦音	清		f	s	ɕ		x	
	浊		v	z	ʑ		ɣ	
鼻音		m		n		ȵ	ŋ	
边音	浊			l				
近音							w	

1. 说明：

①齿龈音 ts、tsʰ、s、dz 与后元音 o、ɔ、u、ɯ、ɤ、ɑ 结合时部分发音人

的会发成 ʧ、ʧʰ、ʃ、ʤ。

②浊软颚边近音 w 只出现在汉语借词中，如豌豆 wa³³tʐ²⁴ɕi³¹，台湾 tʰɛ³¹wa³³。

③齿龈音 s、z、ts、tsʰ、ʤ 只与舌尖元音 ɿ 相拼，而硬颚辅音及软颚辅音 tɕ、tɕʰ、ʥ、ɕ、ʑ、则与前元音 i 相拼。（详见 2.1.2.1.1 松元音）

2. 声母例词

声母例词如下所示：

声母	例词	汉义	例词	汉义
p	pɛ⁵³	蜂	pɔ⁵³	乘
pʰ	pʰɔ³³	银	pʰe³¹	呕
b	bɛ³¹	化脓	ba³³	亮
m	mu³¹	蘑菇	mɔ³¹	含
pf	tɕɛ³¹qo³¹pfu⁵³	腰鼓	pfu⁵³	背
bv	bvu⁵⁴	饱	bvu³³vu³¹	（公鸡）叫
f	fa²⁴	坝	fʐ³³	甩
v	vʐ³¹	蛇	vʐ²¹	穿
t	tɔ⁵³	铜	te³¹	淋
tʰ	tʰɛ³³	裙子	tʰa²¹	眨
d	dɔ⁵³	袜子	dɔ³¹	喝
n	ne⁵³	仙	na³³	听
ts	tsɔ³¹	富	tsa³³	挣
tsʰ	tsʰɿ³³	糖	tsʰa³³	欠
ʤ	ʤɿ⁵³	龙	ʤɿ⁵⁴	抖
s	suɯ³³	金	sɛ³³	牵
z	zɿ³³	青稞	zɿ²¹	睡
l	lɛ⁵³	蟒蛇	lɛ³¹	舔
ȵ	ȵu⁵³	黄牛	ȵu⁵⁴	夹
tɕ	tɕɛ³¹	鼓	tɕa³¹	喂
tɕʰ	tɕʰo³¹	粟	tɕʰe³³	掉
ʥ	ʥɛ²⁴	歪	ʥa⁵⁴	滴
ɕ	ɕɛ²⁴	玉	ɕi³¹	懂
ʑ	ʑɔ³¹	绵羊	ʑɛ³¹	裁
k	kɛ³¹	鞋	kʐ³³	斟
kʰ	kʰu⁵³	家具	kʰɔ²¹	六
g	gɛ⁵³	长矛	guɯ³¹	玩

ŋ	ŋa⁵⁴	鸟	ŋɔ²⁴	看
x	xɔ⁵⁴	蛆	xe³¹	骗
ɣ	ɣɛ³¹	狗熊	ɣu³³	治
w	wa³³tʏ²⁴ɕi³¹	豌豆	tʰɛ³¹wa³³	台湾
q	qɔ⁵³	九	qa²⁴	嗏
qʰ	qʰa⁵⁴	村庄	qʰɔ⁵³	偷盗

2.1.2　韵母系统

拉祜熙方言的韵母分为单元音韵母和复合元音韵母两类：11 个单元音韵母中有 10 个单元音有松紧之别（固有词汇大多为单元音韵母）；二合复元音韵母不多；三合复元音韵母大多为傣语或汉语借词。

2.1.2.1　单元音

1. 松元音

拉祜熙方言松元音一共有 11 个单元音韵母，元音格局可以用元音舌位图表示如下：

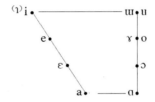

拉祜熙方言单元音舌位图

拉祜熙方言松元音例词如下：

松元音音位	例词	汉义	例词	汉义
ɭ	tsɭ³¹	脊椎	sɭ³¹	七
i	ti²⁴	扣	ɲi³¹	芦笙
ɨ	ni²⁴	压	nɨ³³	蓝（绿）
e	xe²⁴	八	ɕe³¹	还
ɛ	vɛ²⁴	可能	lɛ²⁴	按
a	xa⁵³	岩羊	za³³	大象
u	zu³¹	肯定	su³¹	像
ɯ	pʰɯ³³	浑	ɯ³¹	大
o	po³¹	顿	kʰo²⁴	座
ʏ	pʏ³¹	先	tsʏ³¹	些

ɔ　　　　　　xɔ³¹　　　对　　　tɕɔ⁵³　　　归

说明：

①拉祜熙方言中的低元音 a，在和双唇、唇齿、齿龈发音部位的辅音结合时是前 a，如黄鳝 pa³³zi²⁴、冰雹 va⁵³ɕi³¹、纺车 tsʰa⁵³ɡu³³；在和软颚、小舌等发音部位的辅音结合时是后 ɑ，荞麦 ɡɑ⁵³ɕi³¹、蓖麻 ɣɑ⁵⁴pʰɔ⁵⁴ɕi³¹、火塘 qʰɑ³³tɕi⁵³qʰɔ³³。由于没有对立，所以我们处理为同一音位 a。

②拉祜熙方言中有鼻化元音 ã 和 ɔ̃ 的词不多，鼻化元音只与软颚擦音 x 结合。例如，妓女 mɛ³³xã³¹，田螺 xɔ̃²⁴ɕi³¹、下 ɔ³¹xɔ̃²⁴、孙女 ɔ³¹xɔ̃³¹ma³³。下面是与澜沧拉祜纳方言①（拉祜语标准音）做比较，我们可以看出，未出现脱落的鼻化元音多存于升调当中。

汉义	拉祜熙例词	拉祜纳例词
南	ɔ³¹xɔ̃²⁴fu⁵³	pɤ³¹xɔ³⁵
下	ɔ³¹xɔ̃²⁴	ɔ³¹xɔ³⁵pʰɔ⁵³
放牛	ŋu⁵³xɔ̃²⁴	nu⁵³xɔ³⁵
圈	xɔ̃³³	xɔ³³
卖	xɔ̃⁵³	xɔ⁵³

③u 元音与双唇、唇齿、齿龈发音部位的辅音结合时应为齿化元音，也可标作 ʮ。

④前高元音 ɿ 出现在齿龈音 ts、tsʰ、dz、s、z 之后，但考虑到其历史来源，我们将它作为独立的音位处理，如下所示：

辅音	例词	汉义	例词	汉义
s	sɿ⁵⁴ɕi³¹kʰo³³	果园	sɿ⁵⁴tɕɛ³¹	树
z	zɿ⁵³de³³	草原	zɿ³³	青稞
ts	tsɿ³³qʰɔ³³	街道	tsɿ⁵³	凿子
tsʰ	tsʰɿ³³kɔ³³	丝瓜瓤	tsʰɿ⁵⁴qʰa⁵⁴mu³¹	松茸
dz	dzɿ³¹	酒	sɿ⁵⁴dzɿ³³	树梢

而高元音 i 与辅音 p、pʰ、b、m、n、ŋ、l、f、v、t、tʰ、d、tɕ、tɕʰ、dz、ɕ、z、k、kʰ、x 结合，如下所示：

辅音	例词	汉义	例词	汉义
p	pi⁵³	给	pi³³pa³³	蟑螂
pʰ	tɕʰu⁵³pʰi³¹	姜	pʰi³¹ɔ³¹	大后天
b	bi⁵³	满月	bi⁵³	溢
m	mi³¹	地	mi⁵⁴	闭嘴

① 拉祜纳例词选自刘劲荣教育部中国语言资源保护工程项目《南方民族语言调查·拉祜纳方言》（YB1509A020）。

n	ni³³ɕi³¹	心	ni³³xɔ³³	生气
ŋ	ŋi³¹sʅ⁵⁴tɕɛ³¹	水冬瓜树	ŋi³¹ɣɔ³¹	抽筋
l	li³³ki²⁴ɕi³¹	砖	li³¹da²¹	划拳
f	fi²⁴	大烟	tʰɛ³³fi³³	绣花
v	vi³³	干	ɔ³¹vi²⁴ɔ³¹ŋa²⁴	兄弟姐妹
t	ti³³	播种	ti³³mi³³	田
tʰ	tʰi⁵⁴	包	ɣɔ⁵³tʰi³³ɕi³¹	卷心菜
d	di⁵³	酒麴	di³¹	浊
tɕ	tɕi³¹	走	tɕi³³ku⁵³pʰa³³	麻布
tɕʰ	tɕʰi³³	麂子	tɕʰi⁵⁴	烤
dʑ	dʑi⁵⁴kʰu⁵³	开膛	a³³dʑi²¹ni³³	红土
ɕ	ɕi⁵⁴	擦	va⁵³ɕi³¹	冰雹
z	zi²¹	揉	zi³¹li²¹pɣ⁵³	历书
k	ki⁵³	紧	ki³¹ba²⁴	玻璃
kʰ	mu⁵³kʰi³¹a³³	脚蹬	mu⁵³kʰi³¹la³³	前鞴
x	xi²⁴	毛	mi³¹xi⁵⁴	地震

⑤ɿ只和辅音 n 相拼，没有相对的紧元音，和 53、31、33、24 调相配。例如：二 nɿ⁵³、抽筋 ni³¹ɣɔ³¹kɿ⁵³、手指 la²¹nɿ³³、挤 nɿ²⁴等。

2. 紧元音

拉祜语中存在松紧元音的对立，戴庆厦认为（1979）包括拉祜语在内的一些藏缅语族语言中的元音分松紧，这是它们在语音方面的一个重要特征。朱晓农和刘劲荣等人认为拉祜语（拉祜纳方言）中的松紧元音本质上是发声态的问题[①]。拉祜熙方言中的韵母也有松紧之别，并形成对立的关系。除单元音 ɿ 无紧元音外其他 10 个单元音均有相对的紧元音，分别是：i̠、ɯ̠、e̠、ɛ̠、a̠、ɔ̠、o̠、ɤ̠、u̠、ɯ̠。本书中采用 2009 年出版，常竑恩（刘劲荣修订）编著的《拉祜语简志》上的标注方法，考虑到标注的方便，将它作为声调处理。紧元音与高降调和低降调相结合，调值记为 54 调和 21 调。需要说明的是紧元音后多带喉塞音ʔ。目前，关于松紧元音的问题，学术界尚有争议，有些学者认为与时间的长短有关系，有些学者认为与声带发声时肌肉的松紧度有关，或者与两者同时发生关系，本书在此不做详细讨论，有待于今后做进一步的专项讨论。

拉祜熙方言紧元音例词如下所示：

---

① 朱晓农、刘劲荣、洪英：《拉祜语紧元音：从嘎裂声到喉塞尾》，《民族语文》2011 年第 3 期，第 3–16 页。

紧元音音位	例词	汉义	例词	汉义
ʅ	sʅ⁵⁴	柴火	tsʰʅ²¹	掐
i̠	mi⁵⁴	汗垢	li²¹	信
e̠	be⁵⁴	织	ve²¹	田蚂蟥
ɛ̠	mɛ⁵⁴	脱臼	pʰɛ²¹	可以
a̠	fa⁵⁴	老鼠	pa²¹	青蛙
ɔ̠	mɔ⁵⁴	炮	ɣɔ²¹	白鹤
o̠	to⁵⁴	屋檐	to²¹	燃烧
ɤ̠	kɤ⁵⁴	怕	pɤ²¹	梳子
u̠	fu⁵⁴	反	qʰu²¹	凹
ɯ̠	dzɯ⁵⁴	挪	kʰɯ²¹	糊

2.1.2.2　复元音

　　拉祜熙方言中的复元音韵母少量来自其固有词汇，而大多来自于借词。共有 7 个复元音韵母：其中二合元音 6 个，分别是 ia、ua、ai、au、ui、ao；三合元音 1 个，为 iau。举例如下：

韵母	例词	汉义	例词	汉义
ia	lia³¹fɛ⁵³di³¹	凉粉	ɕia³³tsɤ²⁴fu⁵³	乡政府
ua	sua²⁴tu³¹	算盘	ɕi³³kua³³ɕi³¹	西瓜
ai	tsʰɔ³³xai³¹	流氓	lau³¹kai⁵³	劳改
au	ɕau³¹sɔ³¹	小学	a³¹lau²⁴:	叹词
ui	tɕiu⁵³zɛ³³	九月	te⁵³tsui³³te⁵³tsa⁵⁴	一辈子
ao	zao³¹	叹词	ao²⁴	拟声词
iau	mi²⁴tʰiau³¹	面条		

　　在我们的调查中，复元音韵母多来自于借词，而固有词汇中复元音较少，如：一辈子 te⁵³tsui³³te⁵³tsa⁵⁴，流氓 tsʰɔ³³xai³¹，证据 ɔ³¹xai⁵⁴。而二合元音 au 和 ao 只出现于拟声词和叹词中，属于局部突破音系的现象。

2.1.3　声调系统

　　拉祜熙方言共有 6 个声调，分别是：高降（松）53、高降（紧）54、低降 31、低降（紧）21、中平 33、中升 24，举例如下：

声调	例词	汉义	例词	汉义
53	va⁵³	竹子	lɤ⁵³	忘记
54	tsɤ⁵⁴	铅	bo⁵⁴	射击
31	pu³¹	硫黄	vɤ³¹	买
21	mɔ²¹	猴子	tɕʰe²¹	叮

| 33 | ŋɯ³³ | 雪 | tɕe³³ | 酸 |
| 24 | kʰa²⁴ | 锡 | xo²⁴ | 晒 |

说明：

①有别于拉祜纳方言的升调 35 调，南段拉祜熙方言的升调调值更低，故我们记录成 24 调。

②53 调和 31 调为松元音的调值，为方便标注，将与此相对的紧元音的调值记录为 54 调和 21 调。

③变调。在句子中受语流音变的影响，54 调易变读 33 调，如"不"a⁵³-a³³；24 调易变读 33 调，如"使役标记"tsɿ²⁴-tsɿ³³。

2.2　音节结构

音节结构表如下所示：

表 2　音节结构及例词表

序号	音节结构类型	例词	汉义	例词	汉义
1	V+T	i³³	窄	a⁵³	不
2	C+V+T	mu³¹	孵	to³¹	梁
3	C+V+V+T	tsʰɔ³³xai³¹	流氓	ɔ³¹xai⁵⁴	证据
4	C+V+V+V+T	mi²⁴tʰiau³¹	面条		

说明：

①C 代表辅音，V 代表元音，T 代表声调。

②类型 1 和类型 2 出现的频率最高，类型 3 和类型 4 大多只出现在借词中。类型 3 中拉祜熙的固有词汇不太多，例如：一辈子 te⁵³tsui³³te⁵³tsa⁵⁴、流氓 tsʰɔ³³xai³¹、证据 ɔ³¹xai⁵⁴。

③类型 3 和类型 4，当一个音节中存在两个元音时，元音有主次关系，分为主元音和次元音：固有词汇中，中间的元音为主元音，位于尾部的元音为次元音；汉语借词中，元音的主次关系同汉语相同。

2.3　小　结

常竑恩《拉祜语简志》（刘劲荣等 2009 年修订）指出，拉祜纳和拉祜西（即本书拉祜熙）的差异主要表现在语音和词汇方面。语音方面，南段拉祜西的辅音有 30 个音位，比标准语多 6 个。原因是舌面辅音和舌尖辅音两组，部分互补，部分对立，不能归纳为一组音位；元音音位有 11 个，比标准音多 2 个；声调有 7 个，舒声调 5 个，促声调 2 个，与标准音相同，但调值则不尽相同。本书基本同意《拉祜语简志》的观点，相较而言，有如下几点需做说明：

1.《拉祜语简志》中，辅音 pʰ和 b 与元音 u 相拼时将元音记作 ɣ，如：相遇 phɣ⁵³da²¹、饱 bɣ⁵⁴。而本书认为，应将辅音塞擦唇齿音 pf 和 bv 作为独立的音位，两个音位有清浊的对立，且一般只与元音 u 相拼，如：耳孔 na³¹pfu³³qʰɔ³³、背 pfu⁵³、饱 bvu⁵⁴、（公鸡）叫 bvu³³vu³¹等。

2. 硬腭鼻音 ȵ 和齿/齿龈鼻音 n 应作为独立的辅音音位，在听感上两个音位存在明显差别，如：拧 ȵi²⁴、阴茎 ni³¹ta³¹和水冬瓜树 ȵi³¹sɿ⁵⁴tɕɛ³¹和柑子 ma²⁴ni²⁴ɕi³¹等等。

3.《拉祜语简志》撰写于 20 世纪 80 年代，随着近几十年拉祜语与汉语接触的频繁，汉语借词已在拉祜熙方言中占有重要的位置，故本书将基本只出现于汉借词中的音位 w 独立出来，更符合现在的语言事实。

4.《拉祜语简志》中将拉祜熙话中的升调记作 35 调，而我们通过与学习过语言学的拉祜熙母语人讨论，认为无论从记录者听感上还是南段拉祜熙母语人的语感中，其明显有别于拉祜纳方言的 35 调，南段拉祜熙方言的升调调值更低，故本书记录成 24 调。

5.《拉祜语简志》中认为存在高平调 55 调，在我们的调查中发现南段老寨的高平调并不明显，相较地理位置偏僻的龙竹棚老寨（南段地区）而言，受拉祜纳方言影响更大，偏向于发成 53 调，故本书将其归入 53 调，这样更符合现在的语言事实。另外，同意《拉祜语简志》中的观点，拉祜纳标准语中的 11 调在拉祜熙方言中均读作 31 调。

第三章　词与构词法

3.1　拉祜熙方言中的语法词与音系词

关于词的操作性定义，学术界一直存在着争议，如果采用不同的标准定义词，就会产生争议和矛盾。Ullmann（1957）指出词是语言系统中的核心元素，划分它的标准应是两种，一种是从词汇学的角度来划分，另一种是从音系学的角度来划分。Dixon（2009b）认为词是词根派生的结果，并且必定是从屈折过程到产生词干的结果，是形态学和句法学的交叉点，词下面再分音系词（phonological words）和语法词（grammatical words）。这种方法是从不同的维度对词进行分类，音系词是从音系标准界定词，而语法词是从句法标准界定词。本书参照 Dixon 类型学的方法，将拉祜熙方言的词分为音系词和语法词。

3.1.1　拉祜熙方言中的音系词

3.1.1.1　类型学上音系词判定标准

Pike（1947）认为音系词应包括音位、音节、重音、韵律、语调、表达等等。Dixon 和 Aikhenvald（2003a）认为很难给音系词下一个适合于每一种语言的定义，音系词应大于一个音节（在某些语言中可能最小是一个音节），至少具备以下典型特征中的一条：1. 音段特征（Segmental features）：内部音节（internal syllabic）和音段结构（segmental structure）；根据音段特征实现语音；有词边界现象（word boundary phenomena）和停顿现象（pause phenomena）。2. 韵律特征（Prosodic features）：重读（stress）或重音（accent）并且/或者声调的分布（tone assignment）；鼻化（nasalisation）、卷舌（retroflexion）、元音和谐（vowel harmony）等韵律特征。3. 语音规则（Phonological rules）：一些规则仅适用于一个音系词内；另一些规则则适用于特殊的跨音系词边界（外部的连读音变规则）。

石汝杰（1995）认为音系词的判定标准是：1. 结合紧密，两头有停顿，内部不允许有停顿；2. 音节长度明显缩短；3. 整个音系词共用一个声调轮廓，并有轻重的节律；4. 字组内部有特点的声韵母变化，而该变化一般不发生在音系词之间的边界上。盛益民（2014）认为吴语绍兴柯桥话音系词的判定标准是：1. 有独立的声调轮廓；2. 两头以停顿为界，内部不允许有停顿。

3.1.1.2　拉祜熙方言音系词

参考以上音系词判定标准，结合拉祜熙方言的实际情况，我们认为拉祜熙方言音系词的操作性定义和特点如下：1. 大于一个音节的语音单位；2. 两头有停顿而内部无停顿；3. 四音格词是拉祜语音系词凸显的特点，且有元音和谐、双声谐韵、叠音叠韵等韵律特征。

拉祜熙方言音系词分单音节音系词、双音节音系词、三音节音系词、四音节音系词及多音节音系词。

单音节音系词例词：青蛙 pa²¹、烟丝 su²⁴、米饭 ɔ³¹、忌口 ka³³、肥料 kʰɯ⁵³、究竟 xe⁵⁴等。

双音节音系词例词：上 ɔ³¹pʰɛ³³、鹌鹑 u³³mɛ⁵³、水 a³³ka⁵⁴、鸡蛋 ɣa⁵⁴u³³、心 ni³³ɕi³¹等。

三音节音系词例词：头 to²¹qo²¹ɕi²¹、额头 na²¹qa²¹pɯ³³。

四音节音系词例如：一辈子 te⁵³tsui³³te⁵³tsa⁵⁴、磁铁 so³³pa³¹so³³ze³¹、昼夜 mɔ⁵³qɔ³³mu⁵³pʰɤ³¹、野兽 to³³nu⁵³to³³sa⁵⁴等。

多音节音系词例词：往年 a³³ni³³lo³³tʰa⁵³te⁵³qʰɔ²¹、大前天 a³³sŋ⁵⁴mi³¹ɔ³¹nu³³te⁵³ni³³、煤 xa²⁴pɯ³³a⁵³tɕʰi³³kʰɔ³³、山火 xa³³tsʰa³¹qʰɔ³³a³¹mi³¹、煤渣 xa²⁴pɯ³³a⁵³tɕʰi³³kʰɔ³³ɔ³¹mɯ³³tɛ⁵³nɛ²⁴。

四音格词是汉藏语系语言的普遍特征之一，作为汉藏语系藏缅语族彝语支的一种语言，拉祜语也存在大量的四音格词。刘劲荣（2009）的专著《拉祜语四音格词研究》已对其进行详细的论述，本书在这里不再赘述。

3.1.2　拉祜熙方言中的语法词

Dixon（2009b）认为语法词应定义为：The parts always occur together, in a fixed order, and have a conventionalized coherence and meaning. These define a 'grammatical word'.[①]（总是同现，有固定的顺序，有定式的一致性和意义，这些是语法词的定义。）Dixon 和 Aikhenvald（2003a）认为语法词应包含以下语法成分：1. 总是同现，不是离散在小句中（凝固性原则）；2. 以固定

---

① Dixon,R.M.W, Basic Linguistic Theory, Grammatical Topics,Oxford University Press, 2009b.

的顺序出现（fixed order）；3. 有约定俗成的黏聚性和意义（coherence and meaning）。

　　结合拉祜熙方言的实际情况，我们认为拉祜熙话的语法词可以适用以下操作性定义：

　　第一，单音节实词：是否可以独立使用，如果可以则是语法词，反之则不是语法词。例如：淋 te^{31}、山 qʰɔ^{33}、深 na^{24}等均可独立使用。

　　第二，双音节实词：由不同语素构成的以双音节实词用扩展法（由陆志韦等于 1964 年提出）来判定是否成词：有意义的音节在语音片段里不能自由运用的时候，"语素+语素"才是词。用扩展法测试语素 A 与语素 B 之间的紧密度，即在 AB 两个语素间插入语素 C，可以插入别的语言成分的，不能称为词；如果不能再插入了，留下的小片段叫做词。另外，还要看其是否有固定的语序，AB 形式如果可以变成 BA 形式且无意义变化，那么就不能称为词。

　　第三，除以上词之外，还有剩余不能独立使用的功能词（虚词）。例如，领属标记和直陈语气词 ve^{33}、话题和焦点标记 lɛ^{31}、宾语（受事）标记 nɔ^{31}xɔ^{24}等等。

3.1.3　拉祜熙方言中音系词和语法词的对应关系

　　Dixon（2009b）认为在一些语言中音系词和语法词是一致的。但更多的语言不是这样，并且可以找到一些实例予以佐证，一个语法词由两个或多个音系词构成；也可能正相反的，一个音系词由多个语法词构成。

　　我们认为拉祜熙方言中的音系词和语法词有如下 3 种关系：

　　第一，音系词和语法词一致。一般的词汇，音系词和语法词是一致的。如：戒指 la^{21}pe^{21}、疼 xa^{21}qa^{24}、寺庙 sɿ^{24}zɛ^{24}等等。

　　第二，是音系词但不是语法词。拉祜熙方言中有些是音系词，但在句法层面上，这些结构是短语而非语法词，如：红布 pʰa^{33}ni^{31}、下雨 mu^{53}zi^{31}la^{31}、中风 u^{24}nɛ^{54}qʰɔ^{33}sɿ^{31}lo^{31}、父子 ɔ^{31}pa^{31}lɔ^{31}za^{33}pa^{21}、母子 ɔ^{31}zɛ^{31}lɔ^{31}za^{53}pa^{31}、理发师 ɔ^{31}ba^{31}te^{31}fu^{53}zɛ^{31}、推剪 to^{31}qo^{31}mu^{33}ŋu^{54}tu^{31}、栏杆 ɔ^{31}ya^{33}mu^{53}pʰo^{53}tɔ^{31}等。

　　第三，是语法词但不是音系词。拉祜熙方言中有些是可以独立使用的语法词，但却不是音系词。如否定结构：不好 a^{53}da^{21}、不在 a^{53}tɕɔ^{31}、不知道 a^{53}ɕi^{31}、不会 a^{53}pɤ^{24}；并列标记 lɛ^{33}同并列前项一起构成音系词；复杂的基数词是语法词但不是音系词，五万二千四百六十五 ŋa^{53}_五 va^{31}_万 ni^{53}_二 xɿ^{24}_千 ɔ^{31}_四 xa^{33}_百 kʰɔ^{21}_六 tɕhi^{33}+ŋa^{31}_五等等。

　　以上讨论是在类型学的框架下讨论拉祜熙的词，根据韵律划分了音系词，根据句法划分了语法词，且粗略比较了两者之间的相互关系。因为本书主要讨论拉祜熙的语法，故下文只就语法词进行重点描写，而音系词将作为今后的研究方向继续探讨。

3.2　构词法

构词法包括复合构词法和派生构词法，主要研究语法词构造的各种手段。[①]复合构词法（compound）是用句法方式构造新词的手段，我们这里采用广义的理解，即实语素相互组合构成新词的方式；派生构词法（derivation）是用形态方式构造新词的手段，即在词根（root）上加上形态成分构成新词。

3.2.1　复合构词法

复合构词法是用句法手段构造新词，拉祜熙方言的复合词主要有联合、修饰、主谓、支配、补充及多层结构关系六种构成方式，如下所示。

3.2.1.1　联合

两个语素词性相同，意义相近或相对，句法关系并列。可以分为以下几类：

1. N+N

mu⁵³	ni³³		tu³¹	ɕɛ³³	
天	日	太阳	琴身	琴弓	二胡
mɔ⁵³qɔ³³	mu⁵³pʰɤ³¹		lɔ³¹	qʰo²¹	
白天	晚上	昼夜	河	沟	山谷

2. V+V

dʑi⁵⁴	kʰu⁵³		muɯ³³	qʰɔ⁵³	
劈开	分开	开膛	坐	铺	蒲团
pɔ⁵⁴	ŋa⁵⁴		ɣa³³	tsɔ³¹	
跳	踩	踩脚	得	有	空闲

3. A+A

ki³¹	ba²⁴		xɔ⁵⁴	tɕʰɛ³³	
清	透明	玻璃	热	烫	铁锅
tɕe³³	tsu²⁴		ŋuɯ³³	fu⁵³tsʰʅ³³	
酸	酸	醋	冷	甜	冰棍儿

3.2.1.2　修饰

由修饰语素和中心语素构成，两个语素之间是修饰与被修饰的句法关

系。可以构成两种结构："中心语+修饰语"和"修饰语+中心语"。可以分为以下几类：

1. N+N

suɯ^{33}	u^{33}		ŋɯ^{33}	ɣɯ^{31}	
虱子	蛋	虮子	雪	水	雪水
mu^{53}kɤ^{33}	qʰɔ^{53}o^{21}		mi^{31}	tsʅ^{24}	
星星	粪便	彗星	地	线	地界

2. N+V

a^{33}dʑe^{21}	la^{31}za^{31}		za^{31}qɔ^{33}	tɕɛ^{33}	
土	流	泥石流	路	分岔	岔路
mi^{31}	pɛ^{54}		sʅ^{54}ɕi^{31}	kʰo^{33}	
地	滑	滑坡	果树	围	果园

3. N+A

mu^{53}	na^{54}		mu^{53}	da^{21}	
天	黑	乌云	天	好	晴
mu^{53}	gu^{54}		mi^{31}	tɔ^{31}	
天	干	旱	地	平	平地

4. V+N

tsɤ^{21}	ɣɤ^{31}		za^{31}tɔ^{33}	mu^{21}	
悬	水	露	害羞	草	含羞草
xɛ^{31}	tu^{31}		ɣa^{21}	lɔ^{24}ɕi^{31}	
擦	器物	牙膏	纺	梭子	梭子

5. A+ADV

va^{53}	dʑa^{53}		tsɔ^{54}	dʑa^{53}	
快	很	勤快	正确	很	准确
qɔ^{31}	dʑa^{53}		tɕʰɛ^{33}	dʑa^{53}	
宽	很	宽敞	节俭	很	节俭

6. A+N

xɛ^{33}	pʰɯ^{53}		ŋu^{53}	qʰɔ^{53}	
野	狗	野狗	粘	屎	鼻涕

7. V+ADV

ɣu^{53}	dʑa^{53}		ɕi^{31}	dʑa^{53}	
疯	很	顽皮	知道	很	熟悉
fa^{21}	dʑa^{53}				
浪费	很	可惜			

8. N+CL

ŋɯ³³	kʰɔ³³		va⁵³	ɕi³¹
雪	颗	冰	冰	颗	冰雹

tʰɔ⁵³	bɯ³³di³¹		ɣɯ³¹	tɤ⁵³
松	团	松包	水	汪	池塘

3.2.1.3 主谓

两个语素的句法关系是陈述与被陈述的关系，构成"被陈述语素+陈述语素"的结构。可以分为以下几类：

1. N+V

mi³¹	la²¹		mi³¹	xi⁵⁴
地	陷	地陷	地	震动	地震

mu53	pɔ53		mu²¹	pa³³la³³
天	亮	天亮	草	贴	车前草

2. N+A

mu⁵³	pʰɤ²¹		ɔ³¹kʰɯ³³	qɔ²¹
天	昏	傍晚	爪子	弯	爪子

ɔ³¹bo³³	da²¹	
命	好	运气

3.2.1.4 支配

支配的构成方式有"宾+动"和"动+宾"两种形式，前者是固有语序，与基本语序 SOV 相合谐，后者则是多用于借词结构。可以分为以下几类：

1. N+V

ŋɯ³³	qa³³		zɛ³¹	pɛ³¹
雪	下	下雪	家	分	分家

a³³ka⁵⁴	lu²⁴		zu⁵³	tɕa⁵³
水	冲	涝	锈	生	生锈

另外，动词连用是拉祜语句法的一个凸显特点，我们将在"5.5 动词连用"一节中详细讨论。同样，这一凸显特点也体现在构词法上，两个动词连用，且共用一个名词论元。例如：

ɔ³¹ɣɔ⁵³ku³³	zu³¹	ba³¹		mu³¹	ɣɔ³¹	ba³¹
骨头	剔	丢	剔骨头	草	拔	丢	除草

2. V+N

gɯ⁵⁴	xɛ²¹		mɛ⁵⁴	ɣɯ⁵⁴
刷	墙	刷墙	看见	镜像	镜子

ɣa^{21}	kʰɛ^{33}	
纺	线	纺线

3.2.1.5　补充

两个语素之间的句法关系是补充与被补充的关系。可以分为以下几类：

1. N+N

mi^{31}	gɯ^{31}	
地	地上所有生长的植物的统称	土地

2. V+A

te^{33}	ɕa^{33}		te^{33}	xe^{31}	
做	容易	容易	做	狡猾	狡猾
ŋɔ^{24}	sa^{33}		ŋɔ^{24}	kɤ^{33}	
看	舒服	漂亮	看	瞪	瞪

3.2.1.6　多层结构关系

此外，有些复合词有多层结构关系，如下例的“仓库”，先由名词素“稻谷”ʦa^{31}和动语素“放”ʨi^{31}构成支配式，再与中心成分的名语素“房子”ʑɛ^{31}构成修饰式。又如“月食”一词，先由名词素“青蛙”pa^{31}和动词素“吃”ʦa^{53}构成主谓式，再与名词素“月亮”xa^{33}pa^{33}构成支配式。

ʦa^{31}	ʨi^{31}	ʑɛ^{31}		xa^{33}pa^{33}	pa^{31}	ʦa^{53}	
稻谷	放	房子	仓库	月	青蛙	吃	月食

这样拥有多层结构关系的词语在拉祜熙词语中占有一定比例，又如：

ta^{33}qɔ^{31}	ɣɔ^{31}	tu^{31}		ba^{33}	tu^{53}	tu^{31}	
柜子	拉	器物	抽屉	照亮	走	器物	手电筒
so^{33}	ku^{53}	nɛ^{24}		mu^{53}	qɔ^{31}	ʨa^{54}	
铁	硬	小	自行车	马	脖子	鞧	前鞧

3.2.2　派生构词法

派生构词法是用形态手段构造新词，拉祜熙方言的派生词主要有附加、重叠、对称格式、内部交替以及超音段四种构成方式。

3.2.2.1　附加

附加，又称加缀。拉祜熙方言是分析性语言，形态变化不发达，所以构词的形态手段也不是很丰富。拉祜熙方言的词缀主要有前缀、中缀和后缀。

3.2.2.1.1　构成名词

3.2.2.1.1.1　前缀 ɔ^{31}

第一，构成亲属称谓词，例如：妹妹 ɔ^{31}ɳa^{24}ma^{33}、堂兄（表哥）ɔ^{31}vi^{24}、

堂弟（表弟）ɔ³¹ŋa²⁴、大舅子 ɔ³¹vi²⁴pa³¹、小姨子 ɔ³¹ŋa²⁴ma³³、孙子 ɔ³¹xɔ³¹pa²¹、重孙（包括男女）ɔ³¹xa⁵⁴等。

第二，构成方所词，例如：时候 ɔ³¹za⁵³、南 ɔ³¹xɔ̃²⁴fu⁵³、北 ɔ³¹na³³fu⁵³、上面 ɔ³¹pʰɛ³³te³³fu⁵³、下面 ɔ³¹xɔ²⁴te³³fu⁵³、在……之间 ɔ³¹ka²¹tsɔ³¹、末尾 ɔ³¹mu⁵³lɛ³³、面前 ɔ³¹ɣɯ⁵³sʅ³¹、里面 ɔ³¹qʰɔ³³te³³fu⁵³、外面 ɔ³¹ba³¹te³³fu⁵³、旁边 ɔ³¹pa⁵³、上 ɔ³¹pʰɛ³³、角儿 ɔ³¹na²¹、正面 ɔ³¹pʰɛ³³fu⁵³、反面 ɔ³¹xɔ̃²⁴fu⁵³、附近 ɔ³¹pa⁵³、角落 ɔ³¹mɛ⁵⁴ɕi³¹等。

第三，构成植物类名词，例如：瓜蔓 ɔ³¹te³³qɔ²¹、壳 ɔ³¹qu²⁴、核儿 ɔ³¹zʅ⁵³、无花果 ɔ³¹mɤ²¹ɕi³¹、果皮 ɔ³¹ɕi³¹qu²⁴、果干 ɔ³¹ɕi³¹ku³³kʰɛ⁵⁴、瓜子 ɔ³¹zʅ⁵³、发芽 ɔ³¹tɕa³¹tɕa³¹、结果 ɔ³¹ɕi³¹ŋo³¹、成熟 ɔ³¹ɕi³¹mɛ³³、粮食 ɔ³¹ɕi³¹、种子 ɔ³¹zʅ⁵³、根茎 ɔ³¹kʰɤ³³pɤ³¹等。

第四，构成动物类名词，例如：蜕皮 ɔ³¹gɯ³¹qu²⁴xe³¹、鱼鳍 ɔ³¹pe³³、皮子 ɔ³¹gɯ³¹、毛 ɔ³¹mu³³、角 ɔ³¹kʰɔ³³、爪子 ɔ³¹kʰɯ³³qɔ²¹、尾巴 ɔ³¹mɛ³¹tu³³、窝 ɔ³¹pʰɯ³³、鳞 ɔ³¹lo⁵⁴ɕɛ⁵⁴等。

第五，构成人体器官类名词，例如：身体 ɔ³¹tu³³、个头 ɔ³¹kʰa⁵⁴、皮肤 ɔ³¹gɯ³¹、肌肉 ɔ³¹sa³¹di³¹、血液 ɔ³¹sʅ³¹、血管 ɔ³¹sʅ³¹qɔ³³、肝 ɔ³¹ɕɛ³¹、胆 ɔ³¹kɯ³³、肠子 ɔ³¹ɣɤ³¹、骨头 ɔ³¹ɣu⁵³qo³³、脑髓 ɔ³¹ɣu²⁴nɛ²¹、旋 ɔ³¹kʰa²⁴ɣɔ⁵³、倒刺 ɔ³¹gɯ³¹qʰɔ²¹、疤 ɔ³¹kɤ²⁴、穴位 ɔ³¹sʅ³¹tsa⁵⁴。

第六，服务于双音节化的需要：名字 ɔ³¹tsɤ³³、朋友 ɔ³¹tsʰɔ⁵³、命运 ɔ³¹mi²⁴、算命 ɔ³¹bo³³、嫁妆 ɔ³¹li³³、属相 ɔ³¹ni³³、痂 ɔ³¹kɯ²⁴、伤痕 ɔ³¹kɤ²⁴、证据 ɔ³¹xɛ⁵⁴、相片 ɔ³¹xa³³、颜色 ɔ³¹za³¹、图画 ɔ³¹xa³³、声音 ɔ³¹kʰɔ³³、味道 ɔ³¹pe²¹、正 ɔ³¹tɕɛ³¹、新 ɔ³¹sʅ²⁴、旧 ɔ³¹pi²¹、一定 ɔ³¹tɕɛ³¹、真 ɔ³¹tɕɛ³¹等。

3.2.1.1.1.2　前缀 a³³

第一，构成亲属称谓词，例如：岳父（公公）a³³pu³³、伯父 a³³pʰa⁵³、叔父 a³³pʰɛ³³、姑 a³³zɔ³¹、姨父 a³³pʰɛ³³、大舅母 a³³zo⁵⁴nu²⁴、姐姐 a³³vi²⁴等。

第二，构成植物类名词，例如：桉树 a³³su²⁴tɕɛ³¹、红毛树 a³³zɔ³³tɕɛ³¹、蒿子 a³³qʰa⁵³、松明 a³³kɯ²⁴、刺 a³³tsʰu⁵³、桃花 a³³va⁵³ve⁵⁴、李花 a³³kɔ³¹ve⁵⁴、山楂花 a³³pu²⁴ve⁵⁴、多依果 a³³pu²⁴ɕi³¹、桃子 a³³va⁵³ɕi³¹、李子 a³³kɔ³¹ɕi³¹、芭蕉 a³³pɔ⁵³、玉米 a³³sa³³、稗子 a³³va²⁴等。

第三，构成动物类名词，例如：老鹰 a³³tɕi³¹、孔雀 a³³ɣɔ³¹、鹦鹉 a³³tɕi⁵³、鸽子 a³³tsa³¹pi²⁴pɯ⁵³、蜘蛛 a³³ga³³le³³、螃蟹 a³³ka³³ku²⁴、羊 a³³tsʰɤ³¹、鸭 a³³pɛ³¹、鹅 a³³ŋa³³。

第四，构成族称（他称），例如：佤族 a³³va³¹、哈尼族 a³³kʰa³¹、傣族 a³³lɛ²⁴、布朗族 a³³bɛ³¹等。

第五，构成时间名词，例如：从前 a³³sʅ⁵⁴tʰa⁵³。

第六，服务于双音节化的需要：水 a³³ka⁵⁴、土 a³³dze²¹、火 a³³mi³¹、昨天 a³³ni³³、笼屉 a³³tʰɔ³³、衣服 a³³po²¹、响篾 a³³tʰa⁵³、盐 a³³lɛ³¹等。

3.2.2.1.1.3　前缀 u³³

用 u³³作前缀的构词较少，在我们搜集到的语料中只找到了 3 个：鹌鹑 u³³mɛ⁵³、枕头 u³³gɛ⁵³、舅舅 u³³tsʅ²⁴。

3.2.2.1.1.4　后缀 qo³¹

qo³¹构成表示空间的后缀，例如：岩洞 xa²⁴pɤ³³qo³¹、臼 tɕʰɛ³³qo³¹、磨 mɔ²⁴qo³¹、钢琴 ne²⁴gɤ⁵³tu³¹、古筝 ɣɔ³¹gɤ⁵³tu³¹、地洞 mi³¹qo³¹、竹竿 va⁵³tʰɔ³³qo³¹、蜂箱 pɛ⁵³qo³¹、柜子 ta³³qo³¹、瓢 pʰɛ³¹qo³¹、汤匙 a⁵³qu³³qo³¹、盆 pʰa²¹tsʅ³³qo³¹、蔑桌 pʰɯ³³qo³¹、背篓 sɔ⁵³qo³¹、饭勺 a⁵³qɔ³³qo³¹、瓦罐 kɔ³¹la³¹qo³¹、蒸笼 sa²⁴qʰa³³qo³¹、烧水壶 tʰo³¹kɔ²⁴qo³¹、铁锤 qʰɔ³¹qo³¹、磨盘 mɔ²⁴qo³¹、驮架 la²⁴qo³¹、靴子 kɛ³¹bɔ²⁴qo³¹、胃 ɔ³¹fɤ²⁴qo³¹、棺材 qɔ⁵³qo³¹、犁头 tʰɛ²⁴qo³¹、磙子 ta³¹ta⁵³qo³¹、猪槽 va²¹lɔ⁵³qo³¹等。

3.2.2.1.1.5　后缀 ɕi³¹

构成表示圆状、颗粒状或长条状物质的后缀，例如：痱子 pa³¹dʐʅ²¹ɕi³¹、心 ni³³ɕi³¹、谷子 tsa³¹ɕi³¹、樱桃 bɛ⁵³ɕi³¹、珠子 dzʅ³¹ɕi³¹、稻谷 tsa³¹ɕi³¹、沙子 ɕɛ⁵³ɕi³¹、球 bo²⁴ɕi³¹、田螺 xɔ̃²⁴ɕi³¹、子弹 na⁵⁴ɕi³¹、水果 sʅ⁵⁴ɕi³¹、桃子 a³³va⁵³ɕi³¹、打火石 mɛ⁵⁴dzɔ²¹ɕi³¹、星星 mu⁵³kɤ³³ɕi³¹、蝌蚪 dɯ³³ɯ⁵³qo³¹ɕi³¹、红椒 a⁵³pʰe²¹ni³³ɕi³¹、黄瓜 a³³pʰɛ⁵³ɕi³¹、丝瓜 tsʰʅ³³qɔ³³ɕi³¹、苦瓜 pa³¹gɔ³³ɕi³¹等。

3.2.2.1.1.6　后缀 tu³¹

构成"器物、东西"等名词的后缀，例如：手电筒 ba³³tu⁵³tu³¹、织布机 pʰa³³tsʰɤ⁵³tu³¹、老虎钳 ŋu⁵⁴tɕʰi⁵⁴tu³¹、剃须刀 mu³³sʅ⁵⁴kɔ⁵⁴tu³¹、扁担 ta⁵⁴tu³¹、碓 tɛ³¹qʰo³¹tɛ³¹tu⁵³、哨子 mɯ⁵⁴tu³¹、私章 ɤ³¹dɔ⁵⁴tu³¹、糨糊 ŋɔ²⁴tu³¹、钻 lɔ⁵³tu³¹等。

3.2.2.1.1.7　中缀 qʰa³³

主要用于动词"重叠"形式，拉祜熙话的单音节动词可以形成"V+qʰa³³ 中缀 +ŋɔ²⁴ 看 "的构式，例如：看看 ŋɔ²⁴qʰa³³ŋɔ²⁴、试试 te³³qʰa³³ŋɔ²⁴、尝尝 tsa⁵³qʰa³³ŋɔ²⁴、想想 dɔ⁵³qʰa³³ŋɔ²⁴等。

3.2.2.1.2　构成形容词

前缀 a³³还可以构成形容词，但这类词并不多，我们只能找到几个，如：便宜 a³³qʰa⁵⁴、浅 a³³na²⁴、少 a³³mɛ⁵³、稠 a³³nɛ⁵⁴等。

3.2.2.1.3　构成其他词类

前缀 a³³还可以构成疑问代词"什么"a³³tʰɔ⁵³le³³，数量词"一点儿"a³³tɕi²⁴。

3.2.2.1.4　其他语法程度不高的词缀

拉祜熙方言还有一类正处于演变中的词缀，还在既保留其原义又同时具有后缀功能的阶段，如下所示：

1. 处所名词 kɯ³¹。

la³⁵tsʰa³³　　　lɛ³³　　　ŋa³¹　　　tɕɔ³¹　　　kɯ³¹.

澜沧　　　　　是　　　我　　　在　　　处　　　　　　　澜沧是我的家乡。

此句中 kɯ³¹ 为处所名词，但同时它也有语法化为后缀的趋势，如：过道 ɔ³¹ka³¹tɕi³¹kɯ³¹、厨房 ɔ³¹te³³ɕa⁵³kɯ³¹、椅子 ŋɛ³³mɤ³³kɯ³¹、马桶 qʰɔ⁵³ɔ³¹kɤ³³kɯ³¹、冰箱 sa³¹kɤ³³ta³¹kɯ³¹、炉子 a³³mi³¹tɕɛ³³kɯ³¹、烟嘴 su²⁴tsʰŋ³¹kɯ³¹、花瓶 sŋ⁵⁴ve⁵⁴kɤ³³kɯ³¹、花盆 sŋ⁵⁴ve⁵⁴ti³³kɯ³¹、靠背 ŋɛ³³kɯ³¹、气管 sa²⁴ɣɔ³¹kɯ³¹、食道 tsa⁵⁴za³¹kɯ³¹、耳垂 na³¹pʰu³³tʰɔ³³kɯ³¹、药店 na⁵⁴tsʰŋ⁵⁴ɣu³³kɯ³¹、伤口 qʰɔ³³kɯ³¹、火葬场 tsʰɔ³³tɕʰi⁵⁴kɯ³¹、打场 dɔ⁵⁴kɯ³¹、晒谷场 tsa³¹ɕi³¹xu²⁴kɯ³¹、商店 kʰu⁵³xɔ⁵³kɯ³¹、饭馆 ɔ³¹tsa⁵³kɯ³¹、旅馆 zŋ²¹kɯ³¹、邮局 li²¹qo²¹kɯ³¹、学校 li²¹xe⁵³kɯ³¹、教室 li²¹ma³¹kɯ³¹、渡口 pɛ⁵³ɣɔ⁵⁴kɯ³¹。

2. 洞 qʰɔ³³ 逐渐语法化为"里面"的后缀，例如：家里 zɛ³¹qʰɔ³³、城里 tsʰɤ³¹sŋ²⁴qʰɔ³³、乡下 qʰa⁵⁴qʰɔ³³、街道 tsŋ³³qʰɔ³³、被里 qɔ⁵⁴lɔ⁵⁴qʰɔ³³、集市 tsŋ³³qʰɔ³³。

3. 蛋、子、幼崽 u³³，现在已经慢慢语法化为后缀，例如：鸟蛋 ŋa⁵⁴u³³、鱼子 ŋa⁵³u³³、虮子 sɯ³³u³³、鸡蛋 ɣa⁵⁴u³³、蚕蛹 pu⁵³pɤ³¹u³³、蚁蛋 pu³³ɣɔ⁵⁴u³³。

3.2.2.2　重叠

拉祜熙方言的重叠词并不发达，只有拟声词和少数形容词可以重叠，拟声词的重叠详见 6.4.3 拟声词作状语。形容词的重叠多表程度的加深，例如：慢慢 dʑo³³dʑo³³、发抖 vi⁵⁴vi⁵⁴、袅袅 du³³du³³、快快 va⁵³va⁵³。

3.2.2.3　对称格式

对称格式有区别于一般的并列功能，刘丹青（2017）认为，重叠是很多语言的名词形态手段，应当归入构形形态。拉祜语中，由具体名词的对称构成一些四音格词具有表类指的指称功能，这是以对称为手段的派生构词形态。例如：

qha⁵³qʰɔ³³	lɔ³¹qʰɔ³³		mɤ²¹kɤ³³	ɛ³¹lɔ⁵³
寨子	（配音）寨子		星星	（配音）星星
mu⁵³	ma³³	mi³¹	ma³³	
天	（配音）地		（配音）天地	
ɔ³¹	qʰɤ³³	ɔ³¹	tɕa²¹	
（配音）具		（配音）器		用具

3.2.2.4　超音段

拉祜熙话中的超音段手段包括音高和音长两种。

3.2.2.4.1　音高

一些有关系的词伴随着音高（声调）的变化，如：

to²¹　　　　　燃　　　　　to²⁴　　　　　使燃

pfu⁵³	背	pfu²¹	使背
tɕi³¹	走	tɕi²⁴	跑
ɣa⁵³	赢	ɣa³³	得
qʰu⁵³	凸	qʰu²¹	凹

另外，还有一些有关系的词，它们声调变化的同时伴随着声母或韵母的变化，例如：

dɔ³¹	喝	tɔ³³	使喝
va²¹	躲	fa²⁴	藏
su³³	铁	zu⁵³	锈
ɣa⁵³	鸡	ŋa⁵⁴	鸟

3.2.2.4.2　音长

1. 指示词的距离义通过词汇的手段表达，例如：远指是 o³³lo³³ɕe³³；但如果指更远的地方就需要用音长手段表达 o³³:lo³³ɕe³³。

2. 用音长手段表达程度的加深，例如：

弯 qɔ²¹	比较弯 qɔ²¹lɛ²⁴	非常弯 qɔ²¹:lɛ²⁴
圆 ɣɔ³³	比较圆 ɣɔ³³lɛ²⁴	非常圆 ɣɔ³³:lɛ²⁴
直 tʰe⁵³	比较直 tʰe⁵³lɛ²⁴	非常直 tʰe⁵³:lɛ²⁴
甜 tsʰɿ³³	比较甜 tsʰɿ³³lɛ²⁴	非常甜 tsʰɿ³³:lɛ²⁴

3.2.3　复杂构词法

复合、附加和重叠两两组合而成的构词法称为复杂构词法。拉祜熙话的复杂构词法有两种，分别是附加+重叠、附加+复合。

根据附加的位置，"附加+重叠"又可以分为"前缀+重叠"和"重叠+后缀"两种形式。相比汉语普通话，拉祜熙方言可以重叠的词非常少。我们只发现了一个前缀+重叠构成名词的例词：窟窿 ɔ³¹qʰɔ³³qʰɔ³³。另外，前缀+重叠也可以构成形容词，如：新的 ɔ³¹sɿ²⁴sɿ²⁴、慢慢的 a³¹lɔ²⁴lɔ²⁴、轻轻的 a³¹za²⁴za²⁴；"重叠+后缀"的例词也不多，只有一些状态词，如：圆圆的 ɣɔ³³ɣɔ³³lɛ³¹、薄薄的 pa⁵³pa⁵³ɕɛ⁵³、快快的 va⁵³va⁵³lɛ⁵³ 等。

根据附近加的位置，"附加+复合"又可以分为："前缀+词根+词根"，如：结果 ɔ³¹前缀ɕi³¹果ŋɔ³¹结、果皮 ɔ³¹前缀ɕi³¹果qu²⁴、果干 ɔ³前缀ɕi³¹果kɯ³³kʰɛ⁵⁴果干、柚子 ma²⁴前缀tɕu²⁴橘ɕi³¹果nu²⁴大等；"词根+词根+后缀"，如：花生 mi³¹地nɔ⁵⁴豆ɕi³¹后缀、黄豆 nɔ⁵⁴豆kɯ⁵³腐烂ɕi³¹后缀、包心菜 ɣɔ³³菜tʰe³³ɕi³¹后缀等；"前缀+词根（+词根）+后缀"，如：无花果 ɔ³¹前缀mɤ²¹无花果ɕi³¹后缀、山楂 a³³前缀pu³¹山楂ɕi³¹后缀、橘子 ma²⁴前缀tɕu²⁴橘ɕi³¹后缀、红椒 a⁵³前缀pʰe²¹辣椒ni³³红ɕi³¹后缀等。

3.3　拉祜熙方言中的汉语借词

又称外来词，是不同民族语言接触的产物。近年来，汉语作为通用语，有大量的词借入到拉祜语中。南段拉祜熙方言中的汉语借词包括以下几种借入方式。

3.3.1　全词借入

又称音译外来词，借入时将拉祜语语音的特点带入鼻音韵尾和声调等。例如：

mɤ³¹tu³¹	梅毒	lɔ³³pa³¹	老板
tsa²⁴tsʰu³¹	藏族	a³³tɛ³³a³³ma³³	父母
tɕʰi⁵³tsʅ³³	螺丝刀	ɕau³¹sɔ³¹	小学
ti²⁴xɔ̃²⁴	电话	sɔ⁵³na²¹	唢呐
tsɤ²⁴fu⁵³	政府	fa³³	方
tɕʰi³¹	油漆	tɕʰi³¹zɛ³³pa²⁴	七月十五
zi³¹li²¹	阴历	zi³¹zɛ³³	一月
pɤ²⁴xɔ³³	薄荷	ka³³lia³³	高粱
le³¹tsʅ³³	驴	lɔ³¹	骡
tʰi³³xua³³pa⁵³	天花板	tsɔ³¹tsʅ³³	桌子

3.3.2　半借词

借入时一个语素来自本语言，另一个语素来自音译，分为如下两种情况：

1. 拉祜语语素+汉语语素

na⁵⁴tsʰʅ⁵⁴	pau³³		li²¹	pɤ⁵³	
药	包	药膏	书	本	本子
qʰa⁵⁴	ta³¹mɤ³¹		sʅ⁵⁴ba²⁴	tsɔ³¹tsʅ³³	
村寨	大门	寨门	木板	桌子	案子
ma⁵³	tɤ³³				
油	灯	油灯			

2. 汉语语素+拉祜语语素

sua²⁴	tu³¹		lia³¹fɛ⁵³	di³¹	
算	器物	算盘	凉粉	坨	凉粉
mɯ³¹	ɣɯ³¹		tsʰa⁵³	qɔ²¹	

墨	水	墨水		铲	后缀	铲子
mɤ³¹	tɛ²¹			tsʰɤ³¹sʅ²⁴	qʰɔ³³	
墨	量	墨斗		城市	里面	城里
sʅ³¹le²⁴	ɕi³¹			le³¹tsʅ³³	pa³¹	
石榴	后缀	石榴		驴	male	公驴
pʰa²¹tsʅ³³	qo³¹			ti²⁴ɕi²⁴	tsa⁵⁴	
盆子	后缀	盆		电线	根	电线
ti²⁴tʰo³¹	ɕi³¹			la³¹tsʅ³³	kʰa³³	
电筒	后缀	电池		篮子	洞	篮子

第四章　名词及名词性短语

我们认为，词类的划分标准应是语法标准，主要根据词的句法功能进行划分，而部分词类（例如数词和代词）还要辅以语义、语用的功能。本书采用传统语法体系中的定义，将"名词短语"（noun phrase）看作"名词性短语"（nominal phrase）。

刘丹青（2012）指出，名词性短语（nominal phrases）是句法结构中以充当论元为基本功能的语类，从广义上来看，将单词也视为短语的一种特例。其研究范围包括：名词、代名词、与名词关系密切的介词、以名词为核心的短语、由几个名词或代词并列而成的短语、无核名词短语以及由以上语类扩展而来的功能相当的结构。

4.1　名　词

名词属开放性词类，语义基础较为显著，具有指称作用，充当句子结构中的论元或论元的核心。朱德熙（2016）认为现代汉语名词的语法特点是：可以受数量词修饰、不受副词修饰。刘丹青（2017）认为名词短语的操作性定义的候选要素有：带冠词、有数范畴、有格范畴、不能受副词修饰等。

4.1.1　拉祜熙方言名词的界定和类别

我们认为南段拉祜熙方言名词的操作性定义应为：有格范畴，可以单独受数词或数量短语的修饰，不能受副词修饰。从语义和语法特点来看，拉祜熙方言的名词可以分为普通名词、专有名词、方位处所词和时间词。下面主要讨论比较特殊的专有名词、方位处所词和时间词。

4.1.1.1　专有名词

专有名词包括人名和地名。

4.1.1.1.1　人名

拉祜族的名字大都为双音节词，男性名前冠以 tsa³¹，如 tsa³¹la⁵³扎拉。

女性名前冠以 na³³，如 na³³ɣa⁵⁴娜阿。

1. 取名方法

拉祜熙人取名的方法和拉祜纳基本相同，主要是根据出生日的属相取名。男性、女性人名列表如下：

出生日	女性名		男性名	
fa⁵⁴ni³³鼠日	na³³fa⁵⁴	娜发	tsa³¹fa⁵⁴	扎发
ŋu⁵³ni³³牛日	na³³ŋu⁵³	娜努	tsa³¹ŋu⁵³	扎努
la⁵³ni³³虎日	na³³la⁵³	娜拉	tsa³¹la⁵³	扎拉
tʰɔ⁵³ni³³兔日	na³³tʰɔ⁵³	娜妥	tsa³¹tʰɔ⁵³	扎妥
lɔ⁵³ni³³龙日	na³³lɔ⁵³	娜洛	tsa³¹lɔ⁵³	扎洛
sɛ³³ni³³蛇日	na³³sɛ³³娜谢/na³³sʅ²⁴ 娜丝		tsa³¹sɛ³³ 扎谢/ tsa³¹sʅ²⁴ 扎丝	
mu⁵³ni³³马日	na³³mu⁵³	娜木	tsa³¹mu⁵³	扎木
zɔ³¹ni³³羊日	na³³zɔ³¹	娜约	tsa³¹zɔ³¹	扎约
mɔ²¹ni³³猴日	na³³mɔ²¹	娜莫	tsa³¹mɔ²¹	扎莫
ɣa⁵⁴ni³³鸡日	na³³ɣa⁵⁴	娜阿	tsa³¹ɣa⁵⁴	扎阿
pʰɣ⁵³ni³³狗日	na³³pʰɣ⁵³	娜丕	tsa³¹pʰɣ⁵³	扎丕
va³¹ni³³猪日	na³³va³¹	娜娃	tsa³¹va³¹	扎娃

如果晚辈的出生日与长辈或其他亲戚相同，长辈已经用该属相命名的话，一般情况下需要避讳，即不能再用相同的名字，而改用时辰取名。例如：

出生时辰	女性名		男性名	
早上 na³¹mɯ³¹tɕʰi³³	na³³po⁵³	娜保	tsa³³po⁵³	扎保
下午 mɔ⁵³qɔ³³	na³³qɔ³³	娜格	tsa³³qɔ³³	扎格
晚上 mu⁵³pʰɣ³¹	na³³pʰɣ³¹	娜迫	tsa³³pʰɣ³¹	扎迫

2. 夫妻联名制

在拉祜人的认知观念中，认为天地万物都应成双成对的存在。这种现象也反应在联名制中，一般在村寨中称某一家，就要采用夫妻联名制，如"扎发娜木家"tsa³¹fa⁵⁴扎发na³³mu⁵³娜木te⁵³–zɛ³¹家。

3. 汉姓

拉祜族原本只有名，没有姓。现在许多拉祜人也有汉姓，常见的有石、王、张、刘、胡、罗等。取名时，可以用汉姓加拉祜族的名，如：李扎拉、张娜努等。

4.1.1.1.2　地名

拉祜语地名的构成方式是"专名+通名"，专名后都可加通名 qha⁵⁴寨、qhɔ³³山、ɣɯ³¹河/水、kʰo²⁴桥等。本书的调查点——na³¹bo³³qha⁵⁴南段村是拉祜语地名，意为水井村。

历史上，南段所在的糯福乡长期处于孟连宣抚司（傣族土司）的管辖之下，且该地曾经为傣族的居住地，拉祜族迁徙过来后，很多地名延用傣语地名。关于拉祜语地名在本人的硕士学位论文中已经有详细的描述，故本书在这里不再赘述。现只简单列举一些拉祜熙方言地名如下：va²¹kʰɔ⁵⁴qha⁵⁴袜块寨（猪圈寨）、kʰɔ²⁴vu³¹库陆寨（烂桥寨）、pa²¹sɔ³¹tʐ⁵³qha⁵⁴捌索多寨（泥塘青蛙寨）、mɔ²¹qo³¹qha⁵⁴毛谷寨（猴子洞寨）、pʰɯ⁵³ɛʐ²⁴xɔ³¹qha⁵⁴八喜洪寨（大黄狗哭的寨子）、qɔ²¹ta⁵⁴qha⁵⁴葛巴寨（弯扁担寨）等。

拉祜熙方言可以地名之后加"地方"mu⁵³mi³¹，例如：

o³³	kʰui³³mi²¹	mu⁵³mi³¹	lɛ³¹	a⁵³	lɛ³¹	a⁵³	gɔ³¹	ve³³.
那	昆明	地方	COP	不	热	不	冷	IND

昆明不冷不热。

4.1.1.2　方位处所词

吕叔湘（1979）指出方位词一般作为名词的一个附类，但也可以考虑单独作为一类。朱德熙（1982）将方位词和处所词分开两类。认为方位词由单纯方位词和合成方位词构成，合成方位词是由单纯方位词加上后缀构成的。认为处所词是能做"在、到、往"的宾语且能用"哪儿"提问、用"这儿""那儿"指代的体词。盛益民（2014）认为方所词虽然可以归为名词，但不是典型的名词。在意义上表达处所或方位，在语法功能上主要充当论元和限定语。

本书采用盛益民的观点，将拉祜熙方言的地方位词和处所词合成一类，称为方位处所词（以下简称方所），拉祜语方所词主要有两类：

一是地名（前文已有讨论）。

二是可以充当论元成分的方位名词，拉祜熙的方位词又分为单纯方位词和合成方位词。单纯方位词如：mu⁵³ni³³tɔ⁵³东、ɔ³¹xɔ̃²⁴南、mu⁵³ni³³qɛ³¹西、ɔ³¹na³³北、kʰʐ³³kʰʐ³³中间、ɣɯ⁵³sɿ³¹前、qha⁵³nɔ³¹后、ɔ³¹mɯ⁵³lɛ³³末尾、ɔ³¹qhɔ³³te³³里、ɔ³¹ba³¹te³³外、ɔ³¹pa⁵³旁边、ɔ³¹tʰa²¹表面、ɔ³¹pʰɛ³³上、ɔ³¹xɔ̃²⁴下、ɔ³¹dza⁵³边、ɔ³¹na²¹角、ɔ³¹mɛ⁵⁴ɕi³¹角落等。合成方位词如：ɔ³¹xɔ̃²⁴fu⁵³南面（边）、mu⁵³ni³³tɔ⁵³fu⁵³东边、mu⁵³ni³³qɛ³¹fu⁵³西边、ɔ³¹na³³fu⁵³北边、la³¹fa³¹fu⁵³左边、la³¹zɔ³³fu⁵³右边、ɔ³¹pʰɛ³³fu⁵³正面、ɔ³¹xɔ̃²⁴fu⁵³反面。

另外，拉祜熙话中方所词的构形后缀有 qhɔ³³和 kɯ³¹。qhɔ³³只能用于体词之后，而 kɯ³¹既可以位于体词之后也可以位于谓词之后。

第一，构形后缀 qhɔ³³可以加在部分名词之后构成方所词。例如在名词"房子"zɛ³¹加上后缀 qhɔ³³后变成方所词"家里"za³¹qhɔ³³；名词"村子"qha⁵⁴加上后缀 qhɔ³³后变成方所词"村里"qha⁵⁴qhɔ³³；名词"城"tsʰʐ³¹sɿ²⁴加上后缀 qhɔ³³后变成方所词"城里"tsʰʐ³¹sɿ²⁴qhɔ³³等。

第二，构形后缀 kɯ³¹还未完成语法化过程，既为处所名词，也可以作为构形后缀用于部分名词之后构成方所词。首先可以用于日常生活中有空间形态的事物之后，如用于名词语素"学生""老师"之后，表示"学生""老师"所在之处，"学校"li²¹xe⁵³kɯ³¹、"教室"li²¹ma³¹kɯ³¹；用于名词"厨房""过道"之后，表示"厨房""过道"所在之处，"厨房"ɔ³¹tɕʰɕa⁵³kɯ³¹、"过道"ɔ³¹ka³¹tɕi³¹kɯ³¹；其次还可以用于身体部位词，如用于"气管""食道"之后，表示"气管"、"食道"所在之处，"气管"sa²⁴ɣɔ³¹kɯ³¹、"食道"tsa⁵⁴za³¹kɯ³¹。关于这点，后缀 kɯ³¹同吴语柯桥话中的方所词后缀"-头"相似（盛益民 2014:56），但不同的是，拉祜熙话的后缀 kɯ³¹还可以用于部分谓词之后构成方所词，如用于动词"打"之后，表示打东西之处，"打场"dɔ⁵⁴kɯ³¹；用于动词"吃饭"之后，表示吃饭之处，"饭馆"ɔ³¹tsa⁵³kɯ³¹；用于动词"睡觉"之后，表示睡觉的地方，"旅馆"zɿ²¹kɯ³¹。

4.1.1.3　时间词

朱德熙（1982）认为时间词是能做"在""到""等到"的宾语，并且能用"这个时候""那个时候"指称的体词。盛益民（2014）认为时间词虽然可以归为名词，但不是典型的名词。它只包括在意义上表示时间关系的，不包括只表示时间概念的词，且一小部分时间词可以做谓语或受副词修饰。

拉祜熙方言表达泛指时间的时间词有：以前 a³³ni³³tʰa⁵³、现在 tɕʰɛ³³nɛ³¹、以后 qʰa⁵³nɔ³¹tʰa⁵³等。

拉祜熙方言表达年份的时间词有：今年 ɕe³¹qʰɔ²¹、明年 nɛ²⁴qʰɔ²¹、后年 nɛ²⁴ni³³qʰɔ²¹、去年 a³³ni³¹qʰɔ²¹、前年 a³³ni³¹tɕʰe⁵³qʰɔ²¹、往年 a³³ni³³lo³³tʰa⁵³tɕʰe⁵³qʰɔ²¹、年初 ɕe³¹tɕʰe⁵³qʰɔ²¹tʰa⁵³、年底 ɕe³¹qʰɔ²¹pɯ³¹tʰa⁵³等。

表达月份的时间词有：每月 xa³³pa³³tɕʰe⁵³ɕi³¹le⁵³le³³、月初 xa³³pa³³ta⁵³、月底 xa³³pa³³tɕʰe⁵⁴、一月 zi³¹zɛ³³zi³¹zɛ³³、二月 ɣ²⁴zɛ³³、三月 sa³³zɛ³³、十二月 sɿ³³ɣ²⁴zɛ³³等。

表达四季的时间词有：春 mu⁵³lɛ³¹za⁵³、夏 mu⁵³zi³¹za⁵³、秋 mu⁵³gɔ³¹za⁵³、冬 mu⁵³ka⁵⁴za⁵³。

表达日子的时间词有：初一 qʰɔ²¹sɿ²⁴tɕʰe⁵³ni³³、初三 qʰɔ²¹sɿ²⁴ɔ⁵³ni³³、初七 qʰɔ²¹sɿ²⁴sɿ³¹ni³³、初九 qʰɔ²¹sɿ²⁴qɔ⁵³ni³³、初十 qʰɔ²¹sɿ²⁴tɕʰe⁵³tɕʰi³³ni³³、今天 za²¹ni³³、明天 a⁵³pɔ³¹、后天 pʰɛ³¹ɔ³¹、大后天 pʰi³³ɔ³¹、昨天 a³³ni³³、前天 a³³sɿ⁵⁴mi³¹、大前天 a³³sɿ⁵⁴mi³¹ɔ³¹nu³³tɕʰe⁵³ni³³、整天 za²¹ni³³tɕʰe⁵³ni³³、每天 tɕʰe⁵³ni³³le⁵³le³³等。

表达时辰的时间词有：白天 mɔ⁵³qɔ³³、夜晚 mu⁵³pʰɣ³¹tʰa⁵³、早晨 na³¹mɯ³¹tɕʰi³³、上午 mɔ⁵³qɔ³³、中午 mu⁵³ni³³ti³³tʰa³³、下午 mu⁵³ni³³za²¹tʰa⁵³、傍晚 mu⁵³pʰɣ²¹mu⁵³pʰɣ²¹、半夜 tɕʰe³³qʰɣ⁵³tʰa⁵³等。

4.1.2　名词的构形重叠

重叠这种形态手段在拉祜熙方言中使用较少，分为全部重叠和部分重叠两种。

4.1.2.1　全部重叠

拉祜熙方言中少数名词重叠用于儿语，可表小称。如：狗狗 lɛ²⁴lɛ²⁴、糖糖 mɛ³¹mɛ³¹、衣衣 po²¹po²¹、饭饭 ma³¹ma³¹。另外，还有一个特殊形式的重叠，另一个音节在重叠时声调发生了改变，如：水 a³³ka⁵⁴，只重叠词根 ka⁵⁴后，第一个音节由高降调变为升调，水水 ka²⁴ka⁵⁴。

4.1.2.2　部分重叠

重叠后一音节，形成 ABB 式，如：一户户 te⁵³zɛ³¹zɛ³¹，一街街 te⁵³tsʅ³³tsʅ³³。

另外，拉祜语中的四音格词非常丰富，部分名词可以通过部分重叠构成四音格词，形成 ABCB 式。如：家 zɛ³¹—家家 qʰa⁵⁴zɛ³¹ɕɛ³¹zɛ³¹、山 qʰɔ³³—山山 qʰa³¹qʰɔ³³ɕɛ³¹qʰɔ³³、河 lɔ³¹—河河 qʰa³¹lɔ³¹ɕɛ³¹lɔ³¹、方（向）pʰɔ⁵³—四面八方\方方面面 qʰa³¹pʰɔ⁵³tɕʰi³³pʰɔ⁵³、地方 ti³³—各个地方 qʰa³¹ti³³tɕʰi³³ti³³。详细请参见刘劲荣的专著《拉祜语四音格词研究》（2009）。

4.1.3　名词的类称范畴

类指是指名词所代表的整个类，而非这个类中的具体成员，其核心语义是非个体性。拉祜语熙方言同拉祜纳方言一样，名词中存在个指名词与类指名词的对立，我们称之"类称范畴"，这是拉祜语名词的重要特征之一。和汉语的类指不同，拉祜语的类指有专用的语法形式，即四音格词形式。类指名词的句法环境是属性谓语，不能与事件谓语相配，不能受数量短语、指示词、单数人称代词、限定性名词的修饰，不能带全量成分。[①]有关这些语法形式和句法功能的讨论详见本人撰写的《拉祜语名词的类称范畴》一文，本书在这里不再赘述。下面只例举一些拉祜熙方言中存在对立的个指名词与类指名词，如下表所示：

汉义	个指	类指
老人	tsʰɔ³³mɔ⁵³	tsʰɔ³³kɛ²⁴tsʰɔ³³mɔ⁵³
寨子	qʰa⁵⁴	qʰa⁵⁴qʰɔ³³lɔ³¹qʰɔ³³
朋友	ɔ³¹tʃʰɔ⁵³	ɔ³¹tɕʰɔ⁵³ɔ³¹pa⁵⁴
儿子/女儿	za⁵³pa³¹/za³³mi⁵³	za⁵³pa³¹za³³mi⁵³
蔬菜	ɣɔ⁵³tɕa²⁴	ɣɔ⁵³tɕa²⁴ma³¹tɕa²⁴

[①]　张琪、刘劲荣：《拉祜语名词的类称范畴》，《民族语文》2017 年第 6 期。

道理	ɔ³¹li⁵³	ɔ³¹pʰe²¹ɔ³¹li⁵³
身体	ɔ³¹to³³	ɔ³¹to³³ɔ³¹kʰi⁵³
湖	ɣɯ³¹po³³	nɔ²⁴lo²⁴ɣɯ³¹po³³
衣服	a³³po²¹	a³³po²¹vʐ²¹qa⁵³
昆虫	pɯ²¹mɯ¹¹	pɯ²¹mɯ¹¹pa²⁴tɕe²¹

4.1.4 名词的性

拉祜熙方言名词的性范畴（gender）没有全部覆盖，即没有将相关词汇穷尽性的归类，只根据事物的客观性将部分名词的阴性或阳性用加后缀的方式呈现，指人名词、部分动物名词及少部分低生命度的指物名词可以加阴性和阳性的后缀。既有用相同后缀的情况，如人、牲畜、兽类以大部分（家）禽类动物用 pa³¹表示雄性、ma³³表示雌性；又有用不同后缀表示的情况，如"鸡"加后缀 fu³³qa³¹表雄性，加后缀 ma³³表雌性。

4.1.4.1 表示人类性别的名词后缀

第一，在表示人的名词后加 pa³¹、pʰa⁵³或 pʰɔ³³表示男性，加 ma³³、mi⁵³或 qɛ²¹（未婚的、可爱调皮的）表示女性。例如：

ɔ³¹ŋa²⁴	pa³¹			ɔ³¹ŋa²⁴	ma³³	
年幼同辈	male	弟弟		年幼同辈	FEM	妹妹
za⁵³	pa³¹			za⁵³	mi⁵³	
孩子	male	儿子		孩子	FEM	女儿
xɔ²⁴qʰa⁵⁴	pa³¹			za³³mi⁵³	qɛ²¹	
男性	male	男性		女性	FEM	女性
ɔ³¹sa³¹	pa³¹			ɔ³¹sa²¹	ma³³	
晚辈	male	侄子（外甥）		晚辈	FEM	侄女（外甥女）
ɔ³¹	pʰɔ³³			ɔ³¹	mi⁵³	
前缀	male	丈夫		前缀	FEM	妻子

第二，后缀 pa³¹（pʰa⁵³）或 ma³³在表某种身份或职业的名词后表阳性或阴性。例如：

li²¹	ma²¹	pa³¹		li²¹	ma²¹	ma³³	
书	教	male	男教师	书	教	FEM	女教师
tsa³³li²⁴	pa³¹			za⁵³	to⁵³	tʰi⁵³	ma³³
铁匠	male	铁匠		孩子	捧	包	FEM 接生婆
pɔ³³tsʰɿ⁵³	pʰa⁵³			mɛ³³tsʰɿ⁵³		ma³³	
妻子过世	male	鳏夫		丈夫过世		FEM	寡妇

a³³	pʰa⁵³		a³³		ma³³
前缀	male 伯父		前缀	FEM	伯母

第三，还有一些名词不用后缀区分其自然性别。例如：

a³³ta³³	爷爷	a³³tsŋ²⁴	奶奶	a³³pu³³	公公	a³³pi³³	婆婆
a³³pʰɛ³³	叔父	a³³mɛ³³	叔母	mɛ⁵⁴	嫂子	ɔ³¹mɛ²¹	妯娌
xe³¹ve³³	骗子	lɛ³³kɔ³³	敌人	pʰe³³xɔ̃³³	囚犯	lɔ³¹tsa³³	乞丐

4.1.4.2　表示动物性别的名词后缀

第一，绝大部分的牲畜、兽类或（家）禽类动物以及少部分昆虫名词后加后缀 pa³¹ 表雄性，加 ma³³ 表雌性。例如：

mu⁵³	马	mu⁵³pa³¹	公马	mu⁵³ma³³	母马
ŋu⁵³	牛	ŋu⁵³pa³¹	公牛	ŋu⁵³ma³³	母牛
va²¹	猪	a²¹pa³¹	公猪	va²¹ma³³	母猪
pʰɯ⁵³	狗	pʰɯ⁵³pa³¹	公狗	pʰɯ⁵³ma³³	母狗
mɯ³³nɛ⁵⁴	猫	mɯ³³nɛ⁵⁴pa³¹	公猫	mɯ³³nɛ⁵⁴ma³³	母猫
a³³tsʰɤ³¹	羊	a³³tsʰɤ³¹pa³¹	公羊	a³³tsʰɤ³¹ma³³	母羊
tɕʰe⁵⁴	鹿	tɕʰe⁵⁴pa³¹	雄鹿	tɕʰe⁵⁴ma³³	雌鹿
a³³pɛ³¹	鸭	a³³pɛ³¹pa³¹	公鸭	a³³pɛ³¹ma³³	母鸭
a³³ŋa³³	鹅	a³³ŋa³³pa³¹	公鹅	a³³ŋa³³ma³³	母鹅
tsa³¹zɔ⁵⁴	麻雀	tsa³¹zɔ⁵⁴pa³¹	雄麻雀	tsa³¹zɔ⁵⁴ma³³	雌麻雀
pɤ³³tɕi⁵³	知了	pɤ³³tɕi⁵³pa³¹	雄知了	pɤ³³tɕi⁵³ma³³	雌知了

第二，"鸡"的性标记较为特殊，加后缀 fu³³qa³¹ 表雄性，加后缀 ma³³ 表雌性。

ɣa⁵⁴鸡　　　ɣa⁵⁴fu³³qa³¹公鸡　　　　　　ɣa⁵⁴ma³³母鸡

4.1.4.3　个别低生命度名词也可加性别后缀

拉祜熙话中一些低生命度的名词也可以分性别，也可以带性别后缀。如"磨"mɔ²⁴qo³¹，上面的磨盘称为 mɔ²⁴qo³¹ɔ³¹pa³¹，下面的磨盘称为 mɔ²⁴qo³¹ɔ³¹ma³³；植物的果实也分雌雄，一般多汁甘甜的果实为雌性，而干酸苦涩的则为雄性果实。如："对叶榕果"（澜沧当地一种长得像无花果的植物果实）ma²⁴nɔ⁵⁴ɕi³¹，"雄对叶榕果"ma²⁴nɔ⁵⁴ɕi³¹ɔ³¹pa³¹，"雌对叶榕果"ma²⁴nɔ⁵⁴ɕi³¹ɔ³¹ma³³。"多依果"a³³pu³¹ɕi³¹、"波罗蜜"ŋu⁵³fɤ²⁴qo²¹ɕi³¹、"黄泡"a³³lɔ³¹bɯ⁵³ɕi³¹、"饿饭果"ɔ³¹mɤ³¹ɕi³¹、"大果榕"tsʰɤ³¹pu²¹ɕi³¹等水果也可以进行这样的区分而带性别后缀；"锅"mu²¹qʰo³³和"锅盖"mu²¹qʰo³³xu⁵⁴在特定的语境下也可以分公母，可以直接将锅说成"公的"ɔ³¹pa³¹，将锅盖说成"母的"ɔ³¹ma³³。

4.1.4.4　表生育与否的后缀

拉祜熙话的分类范畴没有全覆盖（详见 4.3 节），但对雌性是否成熟或是否生育有较细致的分类。如泛用后缀 xa²⁴放在阴性名词后，表示未生育过的女性或雌性，既可用于指人名词也可用于动物名词；后缀 pɤ³¹加在生育过的指人名词后，后缀 pɤ³¹或 zɛ³¹pɤ³¹则加在生育过的动物类名词后。例如：

za³³mi⁵³qɛ²¹	女性	za³³mi⁵³xa²⁴	姑娘	za³³mi⁵³ma³³	女人
mu⁵³ma³³	母马	mu⁵³ma³³xa²⁴	未生育过的母马	mu⁵³pɤ³¹	生育过的母马
ŋu⁵³ma³³	母牛	ŋu⁵³ma³³xa²⁴	未生育过的母牛	ŋu⁵³pɤ³¹	生育过的母牛
va²¹ma³³	母猪	va²¹ma³³xa²⁴	未生育过的母猪	va²¹zɛ³¹pɤ³¹	生育过的母猪
ɣa⁵⁴ma³³	鸡	ɣa⁵⁴ma³³xa²⁴	未生育过的母鸡	ɣa⁵⁴zɛ³¹pɤ³¹	生育过的母鸡
pʰɯ⁵³ma³³	母狗	pʰɯ⁵³ma³³xa²⁴	未生育过的母狗	pʰɯ⁵³zɛ³¹pɤ³¹	生育过的母狗

4.1.5　名词的数

"数"是名词的重要语法范畴之一，用以表示名词的数量，单数常采用不加标记的名词原型，复数不会采用零形式。拉祜熙方言的数形态不丰富，没有严格意义上的数范畴，但存在单数和复数的对立。人称代词用形态的手段表示复数的变化，第一人称及第二人称有内部交替，而第三人称为异根。这与拉祜纳方言不同，拉祜纳方言同汉语普通话相似，用类似汉语的复数标记成分"们"，即 xɯ³³。例如：

汉义	拉祜熙	拉祜纳
我	ŋa³¹	ŋa³¹
我们（咱们）	ŋɤ³¹	ŋa³¹xɯ³³
你	nɔ³¹	nɔ³¹
你们	ni³¹	nɔ³¹xɯ³³
他（她）	zɔ⁵³	zɔ⁵³
他们（她们）	i²⁴	zɔ⁵³xɯ³³

同汉语普通话的"们"一样，拉祜纳方言的 xɯ³³只能用于高生命度的指人名（代）词，而不用于低生命的动植物名词，如"*鬼们"*tɔ²¹xɯ³³、"*羊们"*zɔ³¹xɯ³³、"*竹子们"*va⁵³xɯ³³、"*柜子们"*ta³³qo¹¹xɯ³¹均不合法。

其次，拉祜熙双数的构式为"复数人称代词（+数词"二"）+量词"；拉祜纳的双数构式为"单数人称代词+数词"二"+量词"，即加数词"二"后绝对不可以再加 复数标记成分 xɯ³³，如：

汉义	拉祜熙	拉祜纳
我们俩	ŋɤ³¹ni³³ɣa⁵³	ŋa³¹ni³³ɣa⁵³

| 你们俩 | ni³¹ɣa⁵³ | nɔ³¹ni³³ɣa⁵³ |
| 他们（她们）俩 | i²⁴ni³³ɣa⁵³ | zɔ⁵³ni³³ɣa⁵³ |

再者，仨数及以上的数的构成中，拉祜熙和拉祜纳方言相同，同为"复数人称代词+数词+量词"，拉祜纳数词前可以再加复数标注成分 xɯ³³，如：

汉义	拉祜熙	拉祜纳
我们仨	ŋɤ³¹ɛɛ⁵⁴ɣa⁵³	ŋa³¹xɯ³³ɛɛ⁵⁴ɣa⁵³
你们仨	ni³¹ɛɛ⁵⁴ɣa⁵³	nɔ³¹xɯ³³ɛɛ⁵⁴ɣa⁵³
他们（她们）仨	i²⁴ɛɛ⁵⁴ɣa⁵³	zɔ⁵³xɯ³³ɛɛ⁵⁴ɣa⁵³

最后，拉祜熙方言中与数有关的标记还有[te⁵³tɐu⁵³]，该标记是可选的，因条件而异的，主要用于人称代词和高等动物名词后。盛益民（2014）指出吴语绍兴柯桥话中有一个连类标记"拉"，它可以加在指人的名词后表示该人所在的集体。在拉祜语中也有与之相似的连类标记拉祜熙的[te⁵³tɐu⁵³]和拉祜纳的[te⁵³mo³¹]。[te⁵³tɐu⁵³]或[te⁵³mo³¹]可与复数人称代词连用，也可以加在单数的非亲属指人名词之后表示该指人名词所在的集体或代表的一个集合。如"我们这一群"ŋɤ³¹te⁵³tɐu⁵³；"你们这一群"ni³¹te⁵³tɐu⁵³；"扎拉他们一群人"tsa³¹la⁵³te⁵³tɐu⁵³等。如：

汉义	拉祜熙方言	拉祜纳方言
我们这一群人	ŋɤ³¹te⁵³tɐu⁵³	ŋa³¹xɯ³³te⁵³mo³¹
你们这一群人	ni³¹te⁵³tɐu⁵³	nɔ³¹xɯ³³te⁵³mo³¹
他们这一群人	i²⁴te⁵³tɐu⁵³	zɔ³³xɯ³³te⁵³mo³¹
扎拉他们一群人	tsa³¹la⁵³te⁵³tɐu⁵³	ʧa³¹la⁵³te⁵³mo³¹
扎拉女儿他们一群人	tsa³¹la⁵³za⁵³mi³¹te⁵³tɐu⁵³	ʧa³¹la⁵³za⁵³mi³¹te⁵³mo³¹

连类标记 te⁵³tɐu⁵³或 te⁵³mo³¹还可以用于生命度仅次于人类的无形生命的名词和高等动物名词的后面，但不可用于生命度较低的植物、物品等名词的后面。标记 te⁵³tɐu⁵³前面排斥数词，主要用于表示叙述的事物不止一个或强调的事物不止一个，其主要作用是将名词所涉及的复数个体组成一个单一的集体（collectivity）而非复数（plurality），强调集体性。如下所示：

汉义	拉祜熙方言	拉祜纳方言
鬼一群	tsʰɔ⁵³qo³¹te⁵³tɐu⁵³	tɔ²¹te⁵³mo³¹
羊一群	zɔ³¹te⁵³tɐu⁵³	zɔ³¹te⁵³mo³¹
竹子一群	*va⁵³te⁵³tɐu⁵³	*va³³te⁵³mo³¹
柜子一群	*ta³³qo³¹te⁵³tɐu⁵³	*ta³³qo¹¹te⁵³mo³¹

小结：1. 拉祜语中名词偏向属于"集合名词"，一个集合既可以是单个体的，也可以是多个体的，因此大多数名词不加标记既可以表单数，也可以表复数。2. 拉祜纳话有类似的复数标记 xɯ³³（拉祜熙话中没有），是

一种偏重集合性的复数标记，但不是强制性的，生命度较低的名词不可以用数标记 xɯ³³；当数词"二"出现时要和名词直接组合，排斥标记 xɯ³³；当"三"以上的数词出现时，才加标记 xɯ³³ 后再与名词组合。3. 连类标记 te⁵³tɕu⁵³（拉祜熙）和 te⁵³mo³¹（拉祜纳），表示的是一个概数的概念，而不是复数的概念。4. 可以认为拉祜语熙话基本属于没有数范畴、没有数标记的语言。但存在消除单复数含糊状态的手段，动词前通过使用数词"一"和不定复数量词区分单数和复数。如"吃了个桃子"a³³va⁵³ɕi³¹ 桃子 te⁵³ — tsa⁵³ 吃 po³¹ PERF 是单数，"吃了些桃子"a³³va⁵³ɕi³¹ 桃子 a³³tɕi²⁴ —点 tsa⁵³ 吃 po³¹ PERF 是复数。5. 和汉语有着丰富的量化词不同，拉祜语表示数的补充手段也不丰富，量化词只有一个"一点"/"一些"a³³tɕi²⁴。

4.1.6　名词的格

　　名词短语的格是指在名词或名词短语上出现格形态。Greenberg（1963）《某些主要跟语序有关的语法共性》（陆丙甫译）一文中共性 41 指出:如果一种语言里动词后置于名词性主语和宾语是优势语序，那么这种语言几乎都具有格的系统。拉祜熙方言以 SOV 为基本语序，核心论元都处于动词的左侧，需要显性标志识别施受身份。从语法化的角度来说，格形态多来自介词，格标记和介词只是语法化程度的差异。拉祜语是分析性语言，拉祜语的格形式还处于介词这个阶段，形态不发达，采用句法标准划分。

4.1.6.1　与格、宾格、比较格和受益格

　　拉祜熙方言属于给受事做标记的主—宾格型语言，它采用后置词 no³¹xɔ²⁴ 或 no³¹ 或 a³¹ 作为受事标记，三者之间没有句法功能上的区别，只是从左至右为依次弱化的形式，而最为弱化的语音形式——a³¹ 是使用频率最高的标记。它们还兼有宾格标记、比较格标记和受益格标记的作用。例如：

ŋa³¹	zɛ⁵³	a³¹	dɔ⁵⁴.		zɔ⁵³	ŋa³¹	a³¹	dɔ⁵⁴.
我	他	OM	打		他	我	OM	打

1. 我打他。　　　　　　　　　　　2. 他打我。

ŋa³¹	tsa³¹la⁵³	no³¹	fa³¹.		tsa³¹la⁵³	ŋa³¹	no³¹	fa³¹.
我	扎拉	OM	喜欢		扎拉	我	OM	喜欢

3. 我喜欢扎拉。　　　　　　　　　4. 扎拉喜欢我。

ɔ³¹pa²¹	pɤ⁵³	no³¹xɔ³³	ŋɔ²⁴mo³¹.		pɤ⁵³	ɔ³¹pa²¹	no³¹xɔ³³	ŋɔ²⁴mo³¹.
爸爸	狗	OM	看见		狗	爸爸	OM	看见

5. 狗看见爸爸。　　　　　　　　　6. 爸爸看见狗。

ŋa³¹	no³¹	a³¹	su²⁴	pi⁵³.
我	你	OM	烟	给

7. 我给你烟。

nɔ³¹	ŋa³¹	a³¹	su²⁴	pi⁵³.
你	我	OM	烟	给

8. 你给我烟。

ŋa³¹	nɔ³¹	a³¹	ɕɛ⁵⁴	kʰɔ³³	su²⁴	pi⁵³.
我	你	OM	三	支	烟	给

9. 我给你三支烟。

zɔ⁵³	ŋa³¹	nɔ³¹xɔ̃²⁴	ɕɛ⁵⁴	qɔ²¹	ŋɔ²⁴	po³¹.
他	我	OM	三	次	看	PERF

10. 他看了我三次。

tsa³¹la⁵³	ŋa³¹	a³¹	tɕɛ³³	a⁵³tsʰɿ³³	tsʰu³³.
扎拉	我	OM	更	不止	胖

11. 扎拉比我胖。

ŋa³¹	tsa³¹la⁵³	a³¹	te³³lɛ³³	sa³¹lɛ²⁴	te³³	ve³³.
我	扎拉	OM	为	这样	做	IND

12. 我为了扎拉才这样做的。

ŋa³¹	za⁵³pa³¹	a³¹	te³³lɛ³³	ɣa⁵³	tsa³³	ga³³	ve³³.
我	儿子	OM	为	力气	去	帮助	IND

13. 我为了儿子才去打工的。

以上例句中标记 a³¹ 或 nɔ³¹xɔ̃²⁴ 是后置介词，均位于宾语/受事/比较基准/受益人的后面。但并非一切及物动词的宾语都带格标记，故而这个标记是一种强调受事的非强制性标记。在及物动词的宾语极易与主语相混时必须加格标记，如上面所举的例句；或者及物动词的宾语较容易与主语相混时必须加格标记，例如：

mɤ³³na⁵⁴	zɔ³¹	a³¹	tsa⁵³.
狼	绵羊	OM	吃

14. 狼吃绵羊。

但在施受关系特别明显时，特别是主语和宾语的生命度不在同一等级上时，不必在受事宾语后加格标记。如：

pʰɯ⁵³	ɔ³¹ɣu⁵³qo³³	gɯ³¹	tsa⁵³.
狗	骨头	啃	吃

15. 狗啃骨头。

但在形容词支配的宾语句和被动句中却强制使用该标记。例如：

tsa³¹la⁵³	ɔ³¹i³¹	a³¹	su³¹.
扎拉	妈妈	OM	像

16. 扎拉像他妈妈。

tsa³¹la⁵³	a³¹	su³³	dɔ⁵⁴.
扎拉	OM	别人	砍

17. 扎拉被打了。

刘丹青（2017）指出，格和介词均是人类语言介引名词性短语使之成为谓语介词的状语之基本手段，都是题元标记，两者之间有着密切的发生学上的联系。拉祜熙话使用的后置词相较于格形态手段来说属于虚词，有一定的独立性，属于句法手段。nɔ³¹xɔ²⁴、nɔ³¹及 a³¹虚化程度相对较低，有独立的音韵调形式，但与名词的融合程度还不够高。从类型学的观点看，同日语中的"题元助词"相似。刘丹青（2017）指出，对于虚实程度介于介词和格形态之间的情况，可以先模糊处理为"格标记"。本书中采用刘丹青的观点将 nɔ³¹xɔ²⁴、nɔ³¹及 a³¹处理为宾格标记或受事标记。

4.1.6.2　处所格

拉祜熙话有专门用于表处所的处所格标记（locative）ɔ³¹，用在地名之后，用于引介地名。例如：

tsa³¹la⁵³	kʰui³³mi²¹	ɔ³¹	tɕi³¹-	a³¹te³³	ve³³.
扎拉	昆明	LOC	去	FUT	IND

18. 扎拉要去昆明。

ŋa³¹	kʰui³³mi²¹	ɔ³¹	tɕi³¹	dʑɔ³³ve³³	a⁵³	mɛ⁵³
我	昆明	LOC	去	PAST	NEG	多

ɕɛ⁵⁴	pɔ²¹	tɕɛ³³	nɛ²⁴.			
三	次	只	只			

19. 我去过昆明过的次数不多，才三次。

4.1.6.3　来源格和伴随格

拉祜熙话中来源标记和伴随标记相同，均用标记 ɕi³³，后置于来源人或伴随项后面。例如：

ŋa³¹	tsa³¹la⁵³	ɕi³³	ɣa³³	ga³¹	ve³³.
我	扎拉	POST	得	听	IND

20. 我从扎拉那里听说的。

ŋa³¹	nɔ³¹	ɕi³³	ɔ³¹ɣa⁵³	a⁵³	tɛ⁵⁴da²¹	ga⁵³.
我	你	COM	力气	NEG	比赛	想

21. 我不想跟你比力气。

伴随标记 ɕi³³及其来源详见 9.7 趋向范畴。

拉祜熙方言中的格不太丰富，用虚词手段表示的格主要有 6 个，分别是与格、宾格、比较格、受益格、处所格、来源格和伴随格，前 4 个格的格标记相同，都是 a³¹。拉祜熙话没有格形态，而是用后置介词表达格一类的意义和功能，这符合 SOV 语言的句法共性。与格形态相比，后置介词实质上是分析性句法手段，从功能上来说是介词性的，只是有一定的附着性，但独立性强，位于整个 NP 之后。另外，拉祜熙话表处所义和时间义时也不用形态或虚词作为表示手段，且没有类似汉语的框式介词。

4.2　代名词

本书所指的代名词（pronoun）就是指其字面义，即代替名词的词。拉祜熙方言的代名词可分为人称代词（personal pronoun，包括反身代词）、相互附缀（reciprocal clitic）和疑问代词（interrogative pronouns）。

4.2.1　人称代词

拉祜熙方言的人称代词是自由代词，即在句子中充当独立成分，不依附于谓语之上。人称代词有数范畴，没有性范畴的形态变化，动词上不体现一致关系标记，没有尊称形式，复数有内部曲折。采用普遍的三分系统，即第一人称——说话人、第二人称——听话者、第三人称——说者及听者以外的人。只有普通式（clusivity），即第一人称没有对第二人称的包括式（inclusive）和排除式（exclusive）之别。拉祜熙话人称代词如下表所示：

表 3　拉祜熙话人称代词表

数＼人称	第一人称	第二人称	第三人称
单数	ŋa³¹	nɔ³¹	zɔ⁵³
双数	ŋɤ³¹ni³³ɣa⁵³	ni³¹ɣa⁵³	i²⁴ni³³ɣa⁵³
复数	ŋɤ³¹	ni³¹	i²⁴
反身代词单数	ŋa³¹qʰa⁵³ŋa³¹	nɔ³¹qʰa⁵³nɔ³¹	zɔ⁵³qʰa⁵³zɔ⁵³
反身代词复数	ŋɤ³¹qʰa⁵³ŋɤ³¹	ni³¹qʰa⁵³ni³¹	i²⁴qʰa⁵³i²⁴
旁指代词	su³³（tsʰɔ³³）别人、a³³su³³谁		
统称代词	qʰa³³pɤ³¹（tsʰɔ³³）/qʰa³³pɤ³¹lɛ⁵³/mɛ⁵³ve³³tsʰɔ³³/tsʰɔ³³mɛ⁵³dza⁵³大家、te³³ɣa⁵³le³³le³³每人		

4.2.1.1　人称代词的数

人称代词常常比名词更易有数的区分，拉祜熙方言的人称代词有单数和复数之别，复数有内部曲折。单、复数均分第一人称、第二人称和第三人称。例如：

ŋa³¹	zɛ³¹	qʰɔ³³	qɔ²¹	ga⁵³.	
我	家	里	回	想	22. 我想回家。

nɔ³¹	ŋɤ³¹	ɣa²¹	qo³¹	a⁵³	pʰɛ²¹.	
你	我们	催	走	NEG	行	23. 你不能催我们走。

zɔ⁵³	xa³³	tsa³³te³³	tɕi³¹	po³¹.	
他	地	种	去	PERF	24. 他去种地了。

ŋɤ³¹	qʰa⁵³ɛɛ³³	xɔ³³	dɔ⁵³nɔ⁵³.	
我们	头人	OM	想念	25. 我们想念头人。

o³³	lɛ³¹	ni³¹	ve³³	la²¹gɔ³¹.	
那	COP	你们	POSS	手镯	26. 那是你们的手镯。

i²⁴	za⁵³nɛ²⁴	a³¹	xa³³lɛ³¹.	
他们	孩子	OM	喜欢	27. 他们喜欢孩子。

另外，拉祜熙方言还有一种"大复数"（greater plural）的表示手段，用于表示异常多的数目。我们在"4.1.5 名词的数"讨论过的连类标记[te⁵³tɕu⁵³]，就是大复数的表示方法，在人称代词后加后缀[te⁵³tɕu⁵³]，如 ŋɤ³¹/ni³¹/i²⁴ te⁵³tɕu⁵³表示比 ŋɤ³¹/ni³¹/i²⁴表示更多的人数。

拉祜熙方言的双数和复数分工不明确，有交叉，双数也可用复数表示。如"他们俩"既可以说成"他们两个"i²⁴ni³³ɣa⁵³，也可以说成 i²⁴。另外，与汉语普通话不同，汉语的"俩"已成为一个双数标记，而拉祜熙话中还没有融合中的双数代词。复数人称代词与数量短语是自由组合的，而这种组合是临时的同位关系组合，而不是带数意义的复合代词。拉祜熙表示双数、仨数的结构为"复数人称代词（+数词）+量词"，而不能用"复数人称代词（+数词）+名词"的结构，这种结构是比较松散的组合，不是双数代词。例如：

ɛɛ³¹	tɛ⁵³	la²¹pi²¹	lɛ³¹	ŋɤ³¹	ni³³	ɣa⁵³	ve³³,
这	一	戒指	COP	我们	二	位	转指

o³³	tɛ⁵³	la²¹pi²¹	lɛ³¹	ni³¹	ɣa⁵³	ve³³.
那	一	戒指	COP	你们	位	转指

28. 这个戒指是我俩的，那个戒指是你俩的。

ɛɛ³¹	lɛ³¹	i²⁴	ɛɛ⁵⁴	ɣa⁵³	ve⁵³	a³³po²¹.
这	COP	她们	三	位	POSS	衣服

29. 这是她仨的衣服。

和汉语相同，拉祜熙方言人称代词的数区别是强制性的，指复数时就必须用 ŋɤ³¹、ni³¹或 i²⁴；但和汉语不同的是，拉祜熙话的双数形式的代词的使用也必须是强制的，"我们俩"ŋɤ³¹ni³³ɣa⁵³是复数形式"我们"ŋɤ³¹和表示双数的"二"ni³³构成同位语，而表示单数的"我"ŋa³¹无法构成表两个人的单位，即*ŋa³¹ni³³ɣa⁵³不合法。而汉语普通话的双数形式代词的使用却是可选的，既可以说"我俩"也可以说"我们俩"，也就是说可以用"复数"这个次范畴形式取代双数这个次范畴形式。

4.2.1.2　旁指代词

拉祜熙方言的旁指代词有 su³³（tsʰɔ³³）别人、a³³su³³谁，例句如下：

ŋɤ³¹	a³³su³³	kɛ³³	kʰui³³mi²¹	a⁵³	tɕi³¹	dzɔ³³.
我们	谁	都	昆明	NEG	去	EXP

30. 我们谁都没有去过昆明。

su³³	qʰɔ³¹lɛ²⁴	qo⁵⁴	zɔ⁵³	qʰɔ³¹lɛ²⁴	te³³.
别人	怎么	说	他	怎么	做

31. 别人怎么说，他就怎么做。

4.2.1.3　统称代词

统称代词 qʰa³³pɤ³¹(tsʰɔ³³)、qʰa³³pɤ³¹lɛ⁵³、mɛ⁵³ve³³tsʰɔ³³、tsʰɔ³³mɛ⁵³dza⁵³大家、te³³ɣa⁵³le³³每人，例句如下：

tɕa⁵³tu³¹	ɣɔ³¹	la³¹	qʰa⁵⁴nɔ¹¹	qʰa³³pɤ³¹tsʰɔ³³	pɛ³¹	vi⁵³	po³¹.
粮食	运	来	后	大家	分	DIR	PERF

32. 粮食运来后就分给大家了。

qʰa³³pɤ³¹	ta⁵³	ke³¹
大家	NEG	急

33. 大家别着急。

zɔ⁵³	mɛ⁵³ve³³tsʰɔ³³	ve³³	ka²⁴	qʰa³³dɛ²¹	dɔ⁵³	la³¹.
他	大家	POSS	事	好好	想	CON

34. 他对大家的事一直很关心。

zɔ⁵³	tsʰɔ³³mɛ⁵³dza⁵³	sɤ³¹vɤ³³	lɛ³³	qʰɔ³³pɤ³³	sa²⁴	tɕa³³	bɔ⁵⁴.
他	大家	带领	CONJ	山顶	肉	去	打

35. 他带领大家到山上打猎。

te³³ɣa⁵³le³³le³³	kɛ³³	tɕɔ³³.
每人	都	有

36. 每人都有份。

4.2.1.4　不定代词

可以分为非实指不定代词和实指不定代词。

4.2.1.4.1　非实指不定代词

拉祜熙话中没有像英语的 one 一样专门用来非实指的不定代词，但有表泛指的量词。刘丹青（2017）指出，汉语中存在像"辆"这样含有名词的类别义（即车类）的量词，拉祜熙方言中也存在这样的量词。例如：

nɔ³¹	lɔ³¹li²¹	te³³	kʰɛ³³	tsɔ³¹	ŋa³¹	ke³³	te³³	kʰɛ³³	ɣa³³	ga³¹.
你	车	一	辆	有	我	也	一	辆	得	想

37. 你有一辆车，我希望我也有一辆。

zɔ⁵³	pʰɯ⁵³	te³³	kʰɛ³³	tsɔ³¹	ŋa³¹	kɛ³³	te³³	kʰɛ³³	ɣa³³	ga³¹.
他	狗	一	条	有	我	也	一	条	得	想

38. 你有一条狗，我希望我也有一条。

数量成分 te³³kʰɛ³³ 虽不是真正的一个词，其所指要依赖于上下文的语境，但在句法上代替了一个 NP，指称方面则是属于非实指，且含有名词的类别义而不仅是泛指性的代词。这种数量结构既不是真正的实义名词，也不完全是不定代词，而是介于两者之间。

4.2.1.4.2　实指不定代词

指可以代替说话人能确定其存在而听话人不能确定对象的代词。英语中的实指不定代词如 someone/something，汉语中的"某"的指称对象可以是无定实指，但刘丹青（2017）指出，"某"有特殊的语用色彩，有故意不说其名字的含义，不是普通的无定代词。而先秦汉语的"或"（相当于"有人说"）才是真正的实指不定代词。拉祜熙方言中也有类似的实指不定代词，即旁指代词 su³³。例如：

tsa³¹la⁵³	nɔ³¹xɔ̃³³	su³³	dɔ⁵⁴	po³¹.		
扎拉	OM	别人	打	PERF	39. 扎拉被人打了。

su³³	zu³¹	vɣ³³	po³¹.		
别人	拿	SUF	PERF	40. 被人拿走了。

4.2.1.5　反身代词与强调代词（emphatic pronoun）

4.2.1.5.1　反身代词

反身代词是指专用于句内回指的代词。拉祜熙方言中的反身代词有如下特点：1. 可以分为复合反身代词和自由反身代词，复合反身代词有人称的区别，可以在需要强调时使用；而自由反身代词没有人称意义，可以和不同人称的先行词进行搭配；2. 复合反身代词构成"人称代词+语素 qʰa⁵³+人称代词"的复合结构；3. 有独特的四音格词形式的反身代词 ɔ³¹mi⁵³ɔ³¹qʰa⁵³；4. 反身代词没有包括式和排除式的区别，不区分类别范畴。5. 复合反身代词有数的区别，而自由反身代词没有类似区别。

4.2.1.5.1.1　复合反身代词

复合反身代词中的反身语素 qʰa⁵³ 不能单独成词，没有性、数、格的变化，不能单独用来回指，必须依附于人称代词，与人称代词的原型合为一词，构成"我自己"ŋa³¹qʰa⁵³ŋa³¹、"你自己"nɔ³¹qʰa⁵³nɔ³¹等反身代词的复合结构。复合反身代词有数的区别，是通过前面的人称代词词根来区别数，且人称代词词根有内部屈折或异根等变化，如"我自己"ŋa³¹qʰa⁵³ŋa³¹——"我们自己"ŋɣ³¹qʰa⁵³ŋɣ³¹、"他自己"zɔ⁵³qʰa⁵³zɔ⁵³——"他们自己"i²⁴qʰa⁵³i²⁴，句法功能有作主语、宾语、定语等。

第一，可以作主语，例如：

ŋa³¹qʰa⁵³ŋa³¹		a³¹	bɯ²¹.
我自己:REFL		OM	恨

41. 我恨自己。

第二，可以作宾语，例如：

mɔ²¹	zɔ⁵³qʰa⁵³zɔ⁵³	a⁵³	dɔ⁵⁴	pɤ²⁴.
猴子	他自己:REFL	NEG	打	modality

42. 猴子不会打自己。

第三，可以作定语，例如：

nɔ³¹qʰa⁵³nɔ³¹	ve³³	ka²⁴	tɕa³³	te³³	u³³.
你自己:REFL	POSS	事	去	做	句末语气词

43. 你去干你自己的事情吧。

第四，可以作间接宾语，例如：

ɛɛ³¹	te⁵³	ɣɯ³¹	ɤ²⁴tʰi²¹	i²⁴	qo⁵⁴	ve³³	i²⁴qʰa⁵³i²⁴
这	一	些	问题	他们	说	COMP	他们自己:REFL

tɕa³³	te³³.
去	做

44. 这些问题他们说他们自己去解决。

第五，作受事宾语时，同普通名词或代词一样，需要格标记。例如：

nɔ³¹	zɔ⁵³qʰa⁵³zɔ⁵³	a³¹	na³³.
你	她自己:REFL	patient	问

45. 你问她自己。

第六，先行词和反身代词可以不在同一小句内。

nɔ³¹	ve³³	ɛɛ³¹	te⁵³	tɕɯ⁵³	ka²⁴	nɔ³¹qʰa⁵³nɔ³¹	tɕa³³	te³³.
你	POSS	这	一	些	事	你自己:REFL	去	做

46. 你的这些事情自己去办吧！

4.2.1.5.1.2　自由反身代词 mi⁵³qʰa⁵³可以独立使用，有作主语、宾语、定语等句法功能，也可以构成"自己……自己"的框式反身代词结构。例如：

nɔ³¹	mi⁵³qʰa⁵³	ve³³	kʰu⁵³	qʰa³³dɛ²¹	ŋɔ²⁴.
你	REFL	POSS	东西	好好地	看

47. 你看好自己的东西。

a³³su³³	mi⁵³qʰa⁵³	ve³³	mi⁵³qʰa⁵³	ka²⁴	te³³.
谁	REFL	RM	REFL	事情	做

48. 自己的事情自己做。

4.2.1.5.1.3　四音格词是拉祜语的凸显特征，反身代词也有四音格的形式，即 ɔ³¹mi⁵³ɔ³¹qʰa⁵³。例如：

ka²⁴	ɛɛ³¹tɛ⁵³	ɔ³¹mi⁵³ɔ³¹qʰa⁵³	tɕa³³	te³³	a⁵³	xe³³
事	这个	自己:REFL	去	做	NEG	INTJ

qo³³	a⁵³	pʰɛ²¹.
就	NEG	行

49. 这件事必须得自己去做才行。

4.2.1.5.2 强调代词

反身代词除回指作用外，在很多语言中还有强调用法，兼强调式代词。强调代词在国外也称为强调词（intensifier），一般用来加强句中名词性成分的信息强度，拉祜熙方言的反身代词和强调代词同形的。例如：

tsa³¹la⁵³	zɔ⁵³qʰa⁵³zɔ⁵³	la³¹	po³¹.
扎拉	他自己:REFL	来	PERF

50. 扎拉自己来了。

此句中的 zɔ⁵³qʰa⁵³zɔ⁵³ 为强调词，没有充当另一个题元的语义功能的作用，只是为了进一步强化先行词扎拉的信息强度。严格来说，拉祜熙话中这么用的强调词在句法上也不算真正实现为定语，而是体现了强调用法同时又体现了同位语用法，只是这种同位关系兼有修饰语的特点。例如：

mu⁵³	zɔ⁵³qʰa⁵³zɔ⁵³	za³¹qo³³	ɕi³¹.
马	它自己:REFL	路	认识

51. 马自己认识路。

lɔ³¹qa²⁴a³³ka⁵⁴	zɔ⁵³qʰa⁵³zɔ⁵³	xɛ³¹	po³¹.
河水	它自己:REFL	停	PERF

52. 河水自己断流了。

4.2.2 相互后附缀词

相互后附缀词是指专用于表达相互关系的词，相互义表达施受同一的现象，是对先行词的回指，强制要求先行词至少是大于二的复数。拉祜熙方言形态不发达，没有相互态，而用分析性手段表达相互，可以分为后附缀、词汇两种表达手段。

4.2.2.1 后附缀表达手段

拉祜熙话表达相互意义的词是 da²¹，da²¹不区分类别范畴，没有人称和数的区别，没有格标记，也没有包括式和排除式的区别。da²¹可看作表相互义的动词上的后附缀词，必须直接黏附于动词后，故我们将它分析为相互代词性附缀。例如：

i²⁴	a³³su³³	te⁵³	ɣa³³	kɛ³³	a²⁴	ɕi³¹	da²¹.
他们	谁	一	个	都	NEG	认识	REC

53. 他们谁也不认识谁。

ti³³mi³³	di³³	tʰa⁵³	i²⁴	ni³³	ɣa⁵³	ka³³ga³³	da²¹	ve³³.
田	种	时候	他们	两	个	帮忙	REC	IND

54. 种田的时候他们互相帮忙。

ŋɤ³¹	tɔ⁵³	a⁵³	u²⁴	da²¹.
我们	话	NEG	说	REC

55. 我们互相不说话。

i²⁴	nɔ³¹	ŋa³¹	a⁵³	fɤ³¹	da²¹.
他们	你	我	NEG	分	REC

56. 他们不分你我。

i²⁴	nɔ³¹	ŋa³¹	a⁵³	ɕi³¹	da²¹.
他们	你	我	NEG	认识	REC

57. 他们你我不认识。

古代汉语的"相"必须紧靠动词前，如"无相见"不能说"相无见"，所以"相"是附缀性的词。而现代汉语的"相互"不必紧靠谓词，可以说"相互不要见面"等句子。同古代汉语相似，拉祜熙的 da²¹ 是紧依附于动词的附缀词，a⁵³ NEG ɕi³¹ 认识 da²¹ REC 不能说成 *ɕi³¹ 认识 a⁵³ NEG da²¹ REC。确切地说，拉祜熙话的 da²¹ 是指代性的黏着副词，即语义上是指代性的，但句法上却是副词性的，故 da²¹ 不能占据介词论元的位置，所代表的成分不能出现于宾语的句法位置，也就没有和名词一样的受事或宾语标记。如：

i²⁴	ka³³	ga³³	da²¹	ve³³.
他们	帮	帮	REC	IND

58. 他们相互帮助。

i²⁴	ɔ³¹li⁵³	te³³	da²¹	po³¹	o³¹.
他们	礼物	赠	REC	PERF	IND

59. 他们互相赠送了礼物。

i²⁴	tɕʰɔ³³mɔ⁵³	a³¹	ka³³	xa²¹ɕa²⁴	da²¹.
他们	老人	OM	帮助	照顾	REC

60. 他们互相照顾父母。

i²⁴	mɛ⁵⁴tɕʰɔ³³	ka³³	pu⁵³	da²¹
他们	背包	帮助	背	REC

61. 他们互相背包。

另外，da²¹ 已成为黏着的构词语素，用来构成相互义谓词，如："交尾"tɕʰɔ³³da²¹、"传染"kɛ²¹da²¹、"订婚"sa³¹da²¹、"交换"pa³³da²¹、"摔跤"bɛ⁵³da²¹、"划"拳 le³¹da²¹、"比赛"i³¹da²¹、"打架"dɔ⁵⁴da²¹、"聊天儿"tɔ⁵³u²⁴da²¹、"吵架"de⁵³da²¹、"遇见"pʰu⁵³da²¹、"帮忙"ga³³da²¹等。但 da²¹ 虽然是接近相互态的语素，但缺乏类推性，即拉祜熙方言中不是所有的相互义动词词根都可加语素 da²¹ 构成相互义谓词，所以不能算真正的"态"。

4.2.2.2　词汇手段

另外，拉祜熙方言除了比较常用后附缀代词 da^{21} 表相互义外，还可以用词汇手段表相互义，用指示性词语"双方"$ni^{33}fu^{53}$ 表达相互义。

| $ta^{53}ka^{31}$ | te^{33} | $ni^{33}fu^{53}$ | $d\mathrm{o}^{53}t\mathrm{co}^{53}$ | $te^{33}t\mathrm{co}^{53}$ | dza^{53}. |
| 生意 | 做 | REC | 相信 | 重要 | 很 |

62. 做生意相互信任很重要。

| $\mathrm{o}^{31}t\mathrm{sh}\mathrm{o}^{33}$ | $te^{53}g\varepsilon^{33}$ | $ni^{33}fu^{53}$ | da^{21} | a^{53} | $q\mathrm{o}^{54}$. |
| 朋友 | 一起 | REC | 好 | NEG | 说 |

63. 朋友相互之间不言谢。

另外，汉语的相互义还可以借助句法格式，特别是惯用格式来表达。如："你不相信我，我不相信你，大家还怎么做朋友？"但拉祜熙话不同，不可以使用句法格式，只能使用上面所讨论的后附缀词和词汇手段表达。

4.2.3　疑问代词

4.2.3.1　疑问代词的疑问用法

刘丹青（2017 年）指出疑问代词（interrogative pronouns），指在特指疑问句里代替疑问点的词语。本书中的疑问代词是从广义的角度出发，包括疑问代词和疑问代词短语，拉祜熙方言的疑问代词没有数标记，不带类、性、格范畴标记，可以分为普通疑问代词和选择性疑问代词。如下表所示：

表 4　拉祜熙疑问代词

	询问对象	疑问代词
普通疑问代词	问人	谁 $a^{33}su^{33}$、什么人 $q^{h}a^{31}l\varepsilon^{24}tsh\mathrm{o}^{33}$
	问物	什么 $a^{33}th\mathrm{o}^{53}$ 或 $q^{h}a^{31}l\varepsilon^{24}$
	问时间	什么时候 $q^{h}a^{31}tha^{54}$
	问处所	哪里 $q^{h}\mathrm{o}^{31}nu^{33}$ 或 $q^{h}\mathrm{o}^{31}q\mathrm{o}^{33}$、什么地方 $q^{h}\mathrm{o}^{31}te^{53}mi^{31}g\gamma^{31}$
	问数量	多少 $q^{h}a^{31}m\varepsilon^{33}/q^{h}a^{31}l\varepsilon^{53}/q^{h}a^{31}ni^{33}$
	问方式、情状及程度	怎么 $q^{h}a^{31}l\varepsilon^{24}$、啥样 $q^{h}\mathrm{o}^{31}l\varepsilon^{24}tsh\mathrm{o}^{31}$
	问原因	为什么 $q^{h}\mathrm{o}^{31}l\varepsilon^{24}te^{33}l\varepsilon^{33}$、$a^{33}pha^{53}te^{33}$
选择性疑问代词	问人	哪位 $q^{h}\mathrm{o}^{31}te^{33}\gamma a^{53}$、哪一位 $a^{33}su^{33}te^{33}\gamma a^{53}$、哪些（人）$a^{33}su^{33}a^{33}su^{33}$
	问物	哪个 $q^{h}a^{31}l\varepsilon^{33}$
	问时间	哪一天 $q^{h}\mathrm{o}^{31}te^{53}ni^{33}$（$l\varepsilon^{33}$）、几点 $q^{h}a^{31}te^{53}na^{31}l\varepsilon^{21}$
	问数量	几 $q^{h}a^{31}ni^{53}a^{31}$ 或 $q^{h}a^{31}t\varepsilon^{33}$、哪些 $q^{h}\mathrm{o}^{31}li^{53}$

拉祜熙方言中有些疑问代词可只能作论元，不能作定语。如"什么"a³³pʰa³³：单独作论元如"吃什么？"a³³pʰa³³什么tsa⁵³吃ve³³NOMINle³³INTER；但不能作定语，如"吃什么东西？"不能说成 *a³³pʰa³³什么 kʰu⁵³东西tsa⁵³吃ve³³NOMINle³³INTER，即"什么"a³³pʰa³³不能作定语修饰"东西"kʰu⁵³。又如：

mɛ³¹	ve³³	tsa⁵³	tu³¹	qʰɔ³¹qʰɔ³³	tsɔ³¹	le³³?
美味	RM	吃	NOMIN	哪里	有	INTER

64. 什么地方有好吃的？

此句中"哪里"qʰɔ³¹qʰɔ³³后面也不能再加被修饰的名词。

另外，狭义的疑问代名词中也有兼具定语功能的词，如a³³su³³可以修饰后面的名词。例如：

a³³su³³	zɔ⁵³	ɔ³¹pa²¹	tɕi³¹	gu²¹	po³¹	le³³?
谁	他	爸爸	走	去	PERF	INTER

65. 谁的爸爸走了？

此句中，疑问代词 a³³su³³修饰后面的名词性成分 zɔ⁵³ɔ³¹pa²¹。a³³su³³是既能作论元，又能自由作定语的疑问代词。但"疑问代词"qʰɔ³¹te³³是只能修饰或限定名词的形容词性疑问代词，它不是代名词。例如：

tsa⁵³	tu³¹	tɕi³¹	qʰɔ³¹te³³	mu⁵³mi³¹	tsɔ³¹	le³³?
吃	NOMIN	这	哪个	地方	有	INTER

66. 哪个地方有这种吃的？

此句中，疑问代词 qʰɔ³¹te³³修饰后面的名词"地方"mu⁵³mi³¹。

4.2.3.2　疑问代词的非疑问用法

朱德熙（2016 年）指出疑问代词有以下两种情形不表示疑问：一是表示周遍性；二是用疑问代词来指称不知道或说不出来的人、事物、处所、时间等。拉祜熙方言中的疑问代词也有非疑问用法。

1. 表示周遍性，让所涉及的范围没有例外。

a³³su³³	zɛ³¹	nu²⁴	te³³	ya³³,	a³³su³³	lɔ³¹li²¹	vɤ³¹	ya³³.
谁	房子	大	盖	得	谁	汽车	买	得

67. 谁谁谁盖了大房子，谁谁谁买了汽车。

ŋɤ³¹	a³³su³³	kɛ³³	kʰui³³mi²¹	a⁵³	tɕi³¹	dzɔ³³.
我们	谁	都	昆明	NEG	去	EXP

68. 我们谁都没有去过昆明。

zɔ⁵³	qʰa³¹ŋu³³	kɛ³³	a⁵³	tɕi³¹	dzɔ³³.
他	哪里	都	NEG	去	EXP

69. 他哪里都没去过。

2. 指称不知道或说不出来的人、事物、处所、时间等。

ŋa³¹	ɕi³¹	ga⁵³	za²¹ni³³	a³³su³³	la³¹	dzɔ³³.
我	知道	想	今天	谁	来	PAST

70. 我想知道今天谁来过。

a³³su³³	ŋa³¹	a³¹	o²⁴	la⁵³	dzɔ³³ve³³a³¹	ɕu³¹a³¹.
谁	我	OM	说	来	PAST	好像

71. 我记得谁跟我说过来着。

qʰa³¹te⁵³ni³³	a³³qo⁵⁴	ŋa³¹	nɔ³¹	a³¹	tsa³³	tsa³³	la³³.
哪天	某	我	你	OM	去	找	IND

72. 哪天我去找你。

ŋɔ²⁴a³¹qo³³	mɔ³¹	dzɔ³³ve³³a³¹	su³¹	dza⁵³,	qʰɔ³¹lɛ³³na³¹	mɔ³¹
看起来	见	PAST	像	很	哪	见

dzɔ³³ve³³a³¹	kʰɔ⁵³.
PAST	好像

73. 看上去很面熟，似乎在哪儿见过似的。

疑问代词这个次类是根据语用功能划分出来的，内部成员之间不属于同一语类，概据提问的范畴分属于名词、数词、动词、形容词、副词等句法特征。疑问代词的功能除了代替疑问点，还可以标示此句为疑问句类。也就是说疑问代词不仅具有代替疑问点的功能还标示了发问这种言语行为。具体请见 8.1 节的讨论。

4.3　介　词

介词（adposition）是带有普遍性的重要虚词词类，基本作用是给谓语或小句引介间接题元或其他附加性题元，可以分为前置词（preposition）和后置词（postposition）。藏缅语的语言多属于后置词语言，从语法化理论和类型学来看，后置词多来自于方位名词，残留了一些名词的特性，故本书将与名词关系密切的介词放在本章讨论。

拉祜语作为藏缅语族彝语支中一种独立的语言，基本语序是 SOV，后置词占绝对优势，拉祜熙话的后置词有如下特征：主要来源于名词；可以支配且只能支配一个名词性论元，即为谓语引介论元；表示间接题元而非直接题元；不能直接充当谓语；构成的介词短语在句法上可以充当谓语核心的状语；修饰后置词的成分作状语是修饰整个谓语的。

4.3.1 后置词与格形态

同日语相似，拉祜熙话的介词和格形态界限模糊，都是用名词后的虚词标记，其独立性也相近。但只有表示直接题元的主格标记和宾格标记属于格形态，而其他表示间接题元的标记才被分析为后置词。例如下面这个句子中，宾语 zɔ³¹带宾格标记 a³¹：

mɤ³³na⁵⁴	zɔ³¹	a³¹	tsa⁵³.
狼	绵羊	OM	吃 74. 狼吃绵羊。

但当绵羊 zɔ³¹这个题元充当话题时，宾语成分不能再带宾格标记，而要在名词后加话题标记 lɛ³¹，或者采用话题零标记形式更优势。不允许出现 a³¹-lɛ³¹、lɛ³¹-a³¹这样的标记叠加，如下所示：

zɔ³¹	(lɛ³¹)	mɤ³³na⁵⁴	tsa⁵³	qʰa³³	po³¹.
绵羊	TM	狼	吃	SUF	PERF

75. 绵羊，被狼吃了。

但是间接题元则可以与保留后置词，如表处所的处所格标记 ɔ³¹，在其后再加话题标记 lɛ³¹，或者采用话题零标记形式更显优势。如下所示：

tsa³¹la⁵³	kʰui³³mi²¹	ɔ³¹	tɕi³¹-	a³¹te³³	ve³³.
扎拉	昆明	LOC	去 FUT	IND	76. 扎拉要去昆明。

kʰui³³mi²¹	ɔ³¹	(lɛ³¹)	tsa³¹la⁵³	tɕi³¹-	a³¹te³³	ve³³.
昆明	LOC	TM	扎拉	去 FUT	IND	77. 昆明啊,扎拉要去了。

另外，间接题元也可以与后置词连用，如表受益格的受益标记 te³³lɛ³³，可以和宾格标记 a³¹叠加使用，如下所示：

ŋa³¹	za⁵³pa³¹	a³¹	te³³lɛ³³	ɣa⁵³	tsa³³	ga³³	ve³³.
我	儿子	OM	POST	力气	去	帮助	IND

78. 我为了儿子才去打工的。

4.3.2 后置词与连词

拉祜熙话中的一些词较难明确区分是介词还是连词。介词和连词的主要区别是介词引介名词性论元，而连词引介从属小句。拉祜熙话的 qo³³：

ɣɯ³¹lu²⁴	la³¹	qo³³,	ŋɤ³¹	kɛ³³	a⁵³	tɕi³¹	o³¹.
洪水	来	CONJ	我们	就	NEG	去	句末语气词

79. 如果发洪水，我们就不去了。

ɔ³¹dʑu³³	qo³³	ɔ³¹dʑu³³,	la³¹to³³	a³³tɕi²⁴	tsa⁵³.
米线	POST	米线	随便	一点	吃

80. 米线就米线吧，随便吃点。

第一个句子中 qo³³ 带一个小句，qo³³ 可以分析为连词；第二个句子 qo³³ 带一个同一性话题的名词论元，qo³³ 可以分析为后置介词或话题标记。

4.3.3　后置词不允许悬空

汉语普通话的前置词基本不允许悬空，如果论元移出，必须在原位放一个复指代词；后置词不允许悬空，即使加了复指代词也不合母语人的语感。拉祜语是使用后置词的语言，跨语言研究显示，后置词一般更不容许悬空。拉祜熙话的后置词同样不允许悬空，即使论元移出去了，也必须在原位放一个复指代词。如：

ŋɤ³¹	lɛ³¹	lɔ³¹	qa²⁴pʰɛ³³	ta²¹(te³³)lɛ³³	sɔ³¹	pa³³	ga³¹	la³¹	ve³³.
我们	COP	河	上游	POST	这里	换	到	给	IND

81. 我们是从河上游搬过来的。

*lɔ³¹	qa²⁴pʰɛ³³	lɛ³¹	ŋɤ³¹	[tᵢ]	ta²¹te³³lɛ³³	sɔ³¹	pa³³	la⁵³	ve³³.
lɔ³¹	qa²⁴pʰɛ³³	lɛ³¹	ŋɤ³¹	o³³ᵢ	ta²¹te³³lɛ³³	sɔ³¹	pa³³	la⁵³	ve³³.
河	上游	TM	我们	那	POST	这里	换	给	IND

82. 上游，我们从那搬过来的。

例句中，将"上游"话题化移至句首后，小句中后置词 ta²¹te³³lɛ³³ 前就留有一个空位（trace），但拉祜语不允许这样的空位出现，必须在该位置放入一个复指代词"那" o³³。

4.3.4　可以修饰后置词的成分

从类型学的角度看，修饰前/后置词的成分实际上应当是修饰整个介词短语的，与介词短语连用的修饰性成分常常不是真的修饰介词短语，而是修饰整个谓语。拉祜熙话中也存在这样的普遍现象，如：

ŋɤ³¹	lɛ³¹	ɔ³¹tɕɛ³¹	tɕɛ³¹	lɔ³¹	qa²⁴pʰɛ³³	ta²¹(te³³)lɛ³³	sɔ³¹	pa³³	ga³¹
我们	COP	真	真	河	上游	POST	这里	换	到

ga³¹	ve³³.
给	IND

83. 我们真的是从河上游搬过来的。

ŋa³¹	qʰa³¹tʰa⁵³	kɛ³³	za⁵³pa³¹	a³¹	te³³lɛ³³	ɣa⁵³	tsa³³	ga³³	ve³³.
我	经常	都	儿子	OM	POST	力气	去	帮助	IND

84. 我经常为了儿子去打工。

上面句子中的修饰性成分 ɔ³¹tɕɛ³¹tɕɛ³¹和 qʰa³¹tʰa⁵³kɛ³³作状语修饰整个介词短语或者说是整个谓语成分，而不只是修饰后置词 ta²¹(te³³)le³³或 te³³le³³，ɔ³¹tɕɛ³¹tɕɛ³¹是修饰 lɔ³¹qa²⁴pʰɛ³³ta²¹(te³³)le³³sɔ³¹pa³³ga³¹ga³¹整个谓语成分，qʰa³¹tʰa⁵³kɛ³³是修饰 za⁵³pa³¹a³¹te³³lɛ³³ɣa⁵³tsa³³ga³³整个谓语成分，它们整块出现在 OV 之前的位置。

另外，拉祜熙话中以绝对优势使用后置词，在我们搜集到的语料中，仅发现了 2 个前置词，前置连词"但是"za²¹qʰa⁵³和"后来"ɔ³¹qʰa⁵³nɔ³¹，具体详见第 7 章复合句。

4.4　指量结构修饰名词

4.4.1　指示词

指示词（demonstratives）的主要功能是加在名词上起指示作用，可以分为指示代词（demonstrative pronouns）和指示形容词（demonstrative adjective）。指示代词能代替名词充当论元，既可以加在名词上，也可以单独作为名词来使用；而指示形容词不能单用，只能加在名词性单位上。拉祜纳方言和拉祜熙方言的指示词在句法功能上无差别，差别集中在语音、词汇上，我们将拉祜纳和拉祜熙的指示词整理分类如下表所示：

表 5　拉祜熙与拉祜纳指示词比较表

		近指		远指 1		远指 2
基本指示词	这	拉祜熙 ɕe³¹	那	拉祜熙 o³³	那	拉祜熙 o³³lo³³
		拉祜纳 tɕʰi³³		拉祜纳 o⁵³		拉祜纳 o⁵³:
事物指示词	这个	拉祜熙 ɕe³¹这te⁵³_	那个	拉祜熙 o³³那te⁵³_	那个	拉祜熙 o³³lo³³te⁵³
		拉祜纳 tɕʰi³¹ve³³		拉祜纳 o⁵³ve³³		拉祜纳 o⁵³:ve³³
处所指示词	这里	拉祜熙 sɔ³¹（ɕe³³）	那里	拉祜熙 o³³（ɕe³³）	那里	拉祜熙 o³³lo³³ɕe³³
		拉祜纳 tɕʰo³¹（ka³¹）		拉祜纳 o⁵³（ka³¹）		拉祜纳 o⁵³:（ka³¹）
数量指示词	这些	拉祜熙 sɔ³¹te⁵³tsu⁵³（sɔ³¹ve³³）	那些	拉祜 o³³te⁵³tsu⁵³（o³³ve³³）	那些	拉祜熙 o³³lo³³ve³³
		拉祜纳 tɕʰi³³te⁵³ɣɯ³¹		拉祜纳 o⁵³te⁵³ɣɯ³¹		拉祜纳 o⁵³:te⁵³ɣɯ³¹
性状方式指示词	这样	拉祜熙 se³¹lɛ²⁴（sa³¹lɛ²⁴）	那样	拉祜熙 o³³lɛ²⁴	那样	拉祜熙 o³³lo³³lɛ²⁴
		拉祜纳 tɕi³³qʰe³³		拉祜纳 o⁵³qʰe³³		拉祜纳 o⁵³:qʰe³³
程度指示词	这么	拉祜熙 sa³¹lɛ²⁴tɕɛ³³tɕɛ³³	那么	拉祜熙 o³³tɕɛ³³	那么	拉祜熙 o³³lo³³tɕɛ³³
		拉祜纳 tɕi³³na³⁵		拉祜纳 qʰa³¹na³⁵		拉祜纳 qʰa³¹:na³⁵

注：处所指示词是指指示处所的指示词，其余依次类推。

从上表中可以看出，拉祜熙方言的事物、处所、数量指示词、性状方式指示词主要由基本指示语素 ɕe³¹（近指）、o³³（远指）构成；处所指示词的近指和远指有别，近指方所词和基本指示词异根，例 ɕe³¹—sɔ³¹（ɕe³³），而远指处所指示词是由基本指示语素前加（近指）或后加（远指）其他成分组合而成的，例 o³³—o³³（ɕe³³）；性状指示词和程度指示词的近指是通过改变元音或辅音，例 ɕe³¹—se³¹—sa³¹，远指指示词则由基本指示语素加其他成分组合而成的，例 o³³—o³³lɛ²⁴—o³³tɕɛ³³。另外，拉祜语的指示词等级为三分，拉祜熙方言远指指示词加词缀 lo³³，而拉祜纳则用用超音段的手段表达，"那" o⁵³:。

4.4.1.1　拉祜熙方言指示词的句法功能

从句法功能角度来看，指示代词指能代替名词充当论元的指示词，指示形容词则指只能作定语的指示词。拉祜熙方言的指示词兼有独立作论元和限定名词的双重功能。

4.4.1.1.1　指示代词

拉祜熙方言中有可以代替名词独立充当论元的指示代词。例如：

ka²⁴	ɕe³¹	tɛ⁵³	da²¹	a³¹.	
事	这	一	好	IND	85. 这是件好事。

o³³	lɛ³¹	nɔ³¹	ve³³	la²¹gɔ³¹.	
那	COP	你	POSS	手镯	86. 那是你的手镯。

na³³xɔ̃⁵⁴	o³³ɕe³¹	tɛ⁵⁴	la³¹.	
帽子	那	放	CON	87. 帽子放在那里。

ŋa³¹	sɔ³¹ɕe³¹	xu²⁴	la³¹.	
我	这	站	CON	88. 我站在这里。

指示代词没有类、性和格范畴的变化，但有数范畴，且同名词一致，即有单数和复数的对立，表示单复数的差异远指和远指也有所不同，远指指示代词用分析性手段，单数用"那个" o³³那tɛ⁵³，复数用"那些" o³³tɛ⁵³tsu⁵³或 o³³ve³³；而近指指示代词用屈折式构词，即词形差异表示单复数之别，单数用"这个" ɕe³¹这tɛ⁵³，复数用"这些" sɔ³¹tɛ⁵³tsu⁵³或 sɔ³¹ve³³。

4.4.1.1.2　指示形容词

指示形容词指能作定语的指示词，有限定名词的功能。例如：

na³³xɔ̃⁵⁴	ɕe³¹	lɛ³¹	i²⁴	ve³³.	
帽子	这	COP	她们	转指	89. 这帽子是她们的。

la²¹pi²¹	ɕe³¹	tɛ⁵³	lɛ³¹	ŋa³¹	ve³³.	
戒指	这	一	COP	我	转指	90. 这个戒指是我的。

la²¹pi²¹	o³³		tɛ⁵³	lɛ³¹	nɔ³¹	ve³³.	
戒指	那	一	COP	你	转指		91. 那个戒指是你的。

mɛ⁵⁴tsʰɔ³³	o³³	lɛ³¹	zɔ⁵³	fi³³	ve³³	la⁵³?
背包	那	COP	她	做	转指	INTER

92. 那是她（女）织的背包吗？

同汉语普通话和英语一样，拉祜熙的指示词具备限定名词的功能，既可以同数词组合后再限定名词，也可以直接限定名词，指示词位于名词之后，语序为"名词+指示词"，与SOV基本语序相和谐。

4.4.1.2　指示词的强调用法

常常用感叹句表达强调。

a³³pʰa⁵³te³³lɛ³³	sa³¹lɛ²⁴	ve³³	tɕɔ³³	tsɔ³¹	ve³³	na³¹!
怎么	这样	RM	人	有	IND	INTER

93. 怎么会有这样的人呢！

qʰa³¹te³³kɛ³³	sa³¹lɛ²⁴	te³³	a⁵³	pʰɛ²¹!
无论如何	这样	做	NEG	行

94. 可不能这么做呀！

4.4.1.3　指示词兼有定标记

拉祜熙话没有专用的有定性指称标记，而是将指示词作为有定标记，但只是兼直指功能，是非强制的。

li²¹ma²¹pa³¹	a⁵³pɔ³¹	la³¹.	
老师	明天	来	95. 老师明天来。（无定）

li²¹ma²¹pa³¹	o³³	te⁵³	ya⁵³	a⁵³pɔ³¹	la³¹.	
老师	那	一	位	明天	来	96. 那位老师明天来。（有定）

另外，有定和无定，还可以用句末语气词表达，详见4.5.2.2。

4.4.1.4　指示词的分类

指示词有现场指示（deixis）的作用，以说、听双方的谈话现场为视点来确定的。拉祜熙话指示词距离义系统的分布不在同一语义层次上，首先有远指和近指两组之分，近指—"这"sɔ³¹ɕe³³，远指—"那"o³³ɕe³³；其次，远指的内部根据实际需要还可以再细分距离等级，远指—"那"o³³ɕe³³，较远指—"那"o³³lo³³ɕe³³，更远指—o³³:lo³³ɕe³³。拉祜熙话用象似性的语音手段表示指示词所表达距离的远近，即用更长的音来表示更远，o³³:lo³³ɕe³³就是靠第一音节的元音音长，音拉得越长所指事物也就越远。这是一种语音象征手段，还不是一种固定的语法现象。

4.4.1.4.1　基本指示词

拉祜熙方言的基本指示词可以单独充当论元成分，既能做主语又可做宾语。例如：

| ŋa³¹ | sɔ³¹ | xu²⁴ | la³¹. | | |
| 我 | 这 | 站 | CON | | 97. 我站在这里。 |

| o³³ | lɛ³¹ | | zɔ⁵³ | ve³³ | a³³po²¹ | |
| 那 | COP | | 他 | POSS | 衣服 | 98. 那是他的衣服。 |

刘丹青（2017）指出，中性指示代词表达没有空间距离义和其他各种参项的范畴义的指示代词。陈玉洁（2011）认为中性指示词指的是仅实现指示功能，不附加距离区别等语义特征的指示。拉祜熙方言没有专门的中性指示词，和英语相似，用无标记的"那" o³³ 表达中性指示。例如英语中倾向性问"What's that?"，拉祜熙方言也倾向性用无标记的"那" o³³。

| o³³ve³³ | qʰa³¹ | lɛ³¹ | le³³? | | |
| 那 | 什么 | COP | INTER | | 99. 那是什么？ |

| o³³ | lɛ³¹ | qʰa³¹lɛ³³ | ɔ³¹tsʐ³¹ɔ³¹za³¹ | le³³? | |
| 那 | COP | 什么 | 原因 | INTER | 100. 那是什么原因？ |

4.4.1.4.2　个体指示

拉祜熙方言中指事物和指人的个体指示都用 ɕe³¹tɛ⁵³ 或 o³³tɛ⁵³，用"基本指示词+数词+（量词）"的结构构成个体指示。例如：

| na³³xɔ̃⁵⁴ | ɕe³¹ | tɛ⁵³ | lɛ³¹ | zɔ⁵³ | ve³³. | |
| 帽子 | 这 | 一 | COP | 她 | 转指 | 101. 这个帽子是他的。 |

| na³³xɔ̃⁵⁴ | o³³ | tɛ⁵³ | lɛ³¹ | nɔ³¹ | ve³³. | |
| 帽子 | 那 | 一 | COP | 你 | 转指 | 102. 那个帽子是你的。 |

| ɕe³¹ | te³³ | ya⁵³ | lɛ³¹ | ŋa³¹vi²⁴ma³³. | |
| 这 | 一 | 位 | COP | 我姐姐 | 103. 这个人是我姐姐。 |

| o³³ | te³³ | ya⁵³ | lɛ³¹ | ŋa³¹a³³tɛ³³. | |
| 那 | 一 | 位 | COP | 我爸爸 | 104. 那个人是我爸爸。 |

指示词的同位语用法，如：

| a³³pʰo²¹ | ni²⁴ | lɛ³³ | vɤ²¹ | a³¹ | ve³³ | ɕe³¹ | ma³³ | lɛ³¹ | ŋa³¹ | a³³ma³³. |
| 衣服 | 红 | CRS | 穿 | CON | NOMIN | 这 | FEM | COP | 我 | 妈妈 |

105. 这位穿红衣服的人是我妈妈。

4.4.1.4.3　处所指示词

处所指示词可以充当论元，可以做主语或宾语，构成的方式近指和远指有区别。例如：

| sɔ³¹ | ve³³ | a³³sa³³ | da²¹ | dza⁵³. |
| 这里 | POSS | 玉米 | 好 | 很 |

106. 这里的玉米长得还不错。

na²¹tua²⁴　tsʰɔ³³　qʰa³³pɤ³¹　kɛ³³　sɔ³¹　tɕɔ³¹　ve³³.

南段　　人　　全部　　都　这里　住　　NOMIN

107. 南段人都住在这里。

o³³lo³³　lɛ³¹　ŋa³¹　ɤ³¹la³³　kɯ³¹　mi³¹gɯ³¹.

那里　COP　我　长大　处　土地

108. 那儿是我的家乡。

la³¹xu³¹　za⁵³　mɛ⁵³tɕa⁵³　kɛ³³　o³³ɕe³³　tɕɔ³¹　a³¹　ve³³.

拉祜　人　大多数　都　那里　住　CON　IND

109. 拉祜人大多数都住在那里。

可以用作限定成分，修饰名词，如：

zɔ⁵³　sɔ³¹ɕe³¹/o³³ɕe³¹　tsʰɔ³³　a⁵³　xe⁵⁴.

他　这里/那里　人　NEG　INTJ

110. 他不是这里/那里人。

处所指示词 sɔ³¹还可以用来指说话的时间，表达从空间到时间的隐喻。如：

za²¹ni³³　ve³³　ka²⁴　lɛ³³　sɔ³¹　tɕʰɛ³³　te³³　ga³¹　vɤ³¹.

今天　RM　活　就　这里　刚　干　到　IMPERF

111. 今天的活就干到这里。

4.4.1.4.4　数量指示词

指示数量的指示词 ɕɛ³¹ve³³、ɕɛ³¹te⁵³tɕu⁵³、o³³ve³³、o³³te⁵³tɕu⁵⁴可以充当限定语，主要修饰名词性成分。

sɔ³¹ve³³　kʰo⁵³　te⁵³　ɣa⁵³　te⁵³　pu³³.

这些　东西　一　位　一　份　　112. 这些东西一人一份。

o³³ve³³　ka²⁴　zɛ⁵³tɕɔ⁵³　dza⁵³.

那些　事　重要　很　　113. 那些事情很重要。

ŋa³¹　ve³³　sɔ³¹te⁵³ve³³　ka²⁴　ŋa³¹qʰa⁵³ŋa³¹　tsa³³　te³³.

我　POSS　这些　事　我自己　去　做

114. 我的这些事情自己去办吧！

ka²⁴　sɔ³¹ve³³　i²⁴　qo⁵⁴　lɛ³¹　i²⁴qʰa⁵³i²⁴　tsa³³　te³³　a³³.

事情　这些　他们　说　COP　他们自己　去　做　IND

115. 这些问题他们说自己去解决。

ni³¹　ve³³　o³³te⁵³tɕu⁵⁴　ka²⁴　ni³¹qʰa⁵³ni³¹　tɕa³³　te³³.

你们　POSS　那些　事　你们自己　去　做

116. 你们的那些活就自己去做吧！

可以单独充当论元成分，如：

zɔ⁵³	sa³¹tɕɛ³³	ɣa⁵³	po³¹	ve³³	ŋa³¹	a⁵³	ɕi³¹.
他	这么	赢	PERF	CONJ	我	NEG	知道

117. 我不知道他赢了这么多！

4.4.1.4.5　性状、方式指示词

拉祜熙的性状、方式指示词有 sa³¹lɛ²⁴、sa³¹li⁵³、o³³lɛ²⁴等，远指的性状指示词也是由远指基本指示语素加其他成分组合而成的，如 o³³lɛ²⁴。例句如下：

za²¹qʰa⁵³	sa³¹lɛ²⁴	te³³	su³³	a⁵³	tʰo²¹	i²⁴	qʰa³¹lɛ²⁴	qɔ²¹	te³³.
如果	这样	做	谁	NEG	同意	他们	怎么	又	做

118. 如果有人不同意这样做怎么办。

ɕe³¹tɛ⁵³	sa³¹lɛ²⁴	te³³,	o³³tɛ⁵³	o³³lɛ²⁴	te³³.
这个	这样	做	那个	那样	做

119. 这个要这样弄，那个要那样弄。

ka²⁴	sa³¹li⁵³	sa³¹lɛ²⁴	te³³	tɕɔ⁵³.
工作	这类	这样	做	modality

120. 这类工作要这么做。

sa³¹lɛ²⁴	ve³³	ku⁵³	ŋa³¹	a⁵³	zu³¹.
这样	RM	东西	我	NEG	要

121. 这样的东西我不要。

ɔ³¹tɕɛ³¹	dɔ⁵³	a⁵³	ga³¹,		
真	想	NEG	到		

ka²⁴	zɔ⁵³	sa³¹lɛ²⁴	te³³pʰɛ²¹	po³¹	lɔ³³.
事情	他	这样	做成	PERF	句末语气词

122. 真的想不到，事情被他做成这样。

la³¹	te⁵³	tʰi⁵³	dʑʅ³¹	te⁵³	kɔ³³,	kʰu⁵³	ɕe³¹	ni⁵³	tsʅ³¹	zu³¹	a³¹.
茶	一	包	酒	一	瓶	东西	这	两	样	要	IND

123. 要一包茶、一瓶酒，这么两样东西。

4.4.1.4.6　程度指示词

程度指示词"这么" sa³¹tɕɛ³³，主要用于状语位置，修饰表示程度的动词性短语或形容词，例句如下：

za⁵³	ɕe³¹	tɛ⁵³	a³³pʰa⁵³te³³	lɛ³¹	sa³¹tɕɛ³³	tɕʰɔ³³
小孩	这	一	怎么	COP	这么	人

kʰɔ⁵³	a⁵³	na³³	pɤ²⁴	na³¹!		
话	NEG	听	会	mirative		

124. 这个小孩怎么这么不乖啊！

a³³pʰa⁵³	te³³	lɛ³¹	sa³¹tɕɛ³³	ɣɯ³³	tɕʰa²¹	ve³³	na³¹.
怎么	做	COP	这么	弄	脏	IND	mirative

125. 怎么弄得这么脏啊！

ɣɔ⁵³tɕa²⁴	sa³¹tɕɛ³³	qʰa⁵⁴	ve³³	lɔ³³.
菜	这么	贵	IND	mirative

126. 菜这么贵！

nɔ³¹	zɔ⁵³	a³¹	o³³tɕɛ³³	ŋɔ²⁴	bɔ³¹	ve³³	lɔ³³.
你	他	OM	那么	见	懒	IND	mirative

127. 你就那么讨厌他嘛！

o³³tɕɛ³³	mɛ³¹	ve³³	a⁵³	ɣa³³	tsa⁵³	dzɔ³³.
那么	美味	RM	NEG	得	吃	PAST

128. 没吃过那么好吃的（东西）！

4.4.2 量词

量词是开放性词类。陆丙甫、金立鑫（2015）指出，不同语言中类词（量词）的数量有所不同，一些语言的数量多，要求所有的名词或绝大多数名词在一定条件下需加类词，汉语是类词语言，英语不是类词语言。①拉祜语中的量词比较丰富，属于类词语言。刘丹青（2017：280）指出，从跨语言的角度看，汉语中称为量词的词类至少应分两大类，计量单位词和分类词（classifier）。在拉祜熙方言中，量词也可以按照这样的标准划分。

4.4.2.1 计量单位词

计量单位词可以分为度量衡单位词、时间单位词、容器单位词。

4.4.2.1.1 度量衡单位词

拉祜熙方言中度量衡标准量词以及口语中常用的公制度量衡单位词可以大致分为以下几个小类，列举如下：

1. 面积单位词：亩 ɣɔ³³
2. 长度单位词：尺 sɔ³¹、寸 tsɿ²⁴、米（公尺）ku³³tsʰɿ²¹、公里 ku³³li⁵³、里 li⁵³、公尺 ku³³tsʰɿ²¹、拃 tʰu³³、庹（丈）lo³¹、步 pi³¹
3. 重量单位词：斤 ki³¹、两 lɔ³³、分 xa³³、厘 li²¹、钱 pɛ²¹、克 kʰɣ³³（汉借）
4. 容积单位词：斗 qʰɔ³¹lɔ³¹、升 bɔ²⁴sɤ³³
5. 货值单位词：角 xi²⁴、元 va²¹
6. 其他度量衡单位词：次 qɔ²¹

---

① 陆丙甫、金立鑫：《语言类型学教程》，北京大学出版社 2015 年版，第 74 页。

4.4.2.1.2 时间单位词

拉祜熙方言的时间单位词有 tɕu³³世、qʰɔ²¹年（岁）、xa³³pa³³月、ni³³日、na²¹li²¹小时、na²¹li²¹点，例如：ni⁵³tɕu³³两世、ŋa⁵³qʰɔ²¹五年、tɛ⁵³qʰɔ²¹一岁、ɕɛ⁵⁴xa³³pa³³三月、ni⁵³tɕʰi³³ni³³二十日、ni⁵³na²¹li²¹两小时、sɿ³¹na²¹li²¹七点。

4.4.2.1.3 容器单位词

一些容器单位词与名词兼类，能够容纳或承载其他物体的名词可兼类用作容器单位词，并且名词与单位词的搭配具有临时性。如：桶（桶）tʰu⁵⁴、碗（碗）kʰɛ⁵³、棵（树）tɕɛ³¹、间（房子）zɛ³¹、杯（杯子）kʰɛ⁵³、瓶（瓶子）kɔ³³、袋（大口袋）tʰu²⁴、袋（小口袋）tʰi⁵⁴、节 bɔ²⁴（拉祜族特有的容器单位词，用竹子自制的衡量器，一 bɔ²⁴即为一节竹筒）等。另外，单位词不受音节的限制，除了这些单音节词外还有少部分双音节词，如笼笆（笼笆）qʰɔ³¹lɔ³¹、锅（锅）lɔ³¹kɔ³³、壶（铜壶）tʰo³¹kɔ²⁴等。

4.4.2.2 分类词（classifier）

从语言类型学的角度来看，分类词属于给名词分类的词，反映的是一个社会团体对名词的认知和分类。拉祜熙方言对名词的"类"的分类依据主要是基于物理基础的，如"一节竹子"va⁵³竹子 tɛ⁵³₋pɔ²¹节、"一块石头"xa²⁴puɯ³³石头 tɛ⁵³₋ɕi³¹块/颗等是对事物的形状及尺寸的感知。除此之外，再附以功能和社会性的分类，如"一句歌词"le²¹qʰɔ⁵³歌词 tɛ⁵³₋pɤ³¹句、"一位学生"li²¹xe⁵³za⁵³学生 tɛ⁵³₋ɣa⁵³位等。另外，拉祜熙同汉语一样，采用分析性的名词分类手段，既使用分类词（个体量词），也可理解为类别标记。陆丙甫、金立鑫（2015）指出，名词前用什么类词通常是依据名词的特征，但是哪类名词使用哪类类词（量词），界限和理据并不十分清晰。拉祜熙的分类词不能对名词分类有系统性的影响，对常用名词的分类不太系统和均衡，可以分为名量词和动量词。

4.4.2.2.1 名量词

拉祜熙话的名量词没有全覆盖，即不是每个名词都有类别标记，谓语动词也不会根据所组合的名词而有形态或类的一致，主要分为个体量词、集合量词、种类量词三类。

4.4.2.2.1.1 个体量词

拉祜熙方言中的泛化量词为 a³¹，大量未被分类的名词可以配或只能配严重泛化、没有语义且无分类作用的 a³¹，这和汉语的"个"类似。如 a³¹可以和以下名词搭配：刀 a³³tʰɔ³³、凳子 ta²⁴kɔ³¹、床 ku²¹、轮子 a³³ɕɛ⁵⁴lɛ⁵⁴、桶 tʰu⁵⁴qo³¹、碗 kʰɛ⁵³、包 mɛ⁵⁴tɕʰɔ³³、锅 lɔ³¹kɔ³³、头 to²¹qo²¹、电灯 ti²⁴tʐ³³等等。并且，在发音时该音弱化。

拉祜熙方言个体量词与名词的搭配列表如下：

表6　拉祜熙话个体量词与名词搭配表

量词	量名搭配
个 pʰɛ³¹	指扁状容器，如碗 kʰɛ⁵³、盘子 kʰɛ⁵³pɛ³³lɛ⁵⁴、叶子 sʅ⁵⁴pʰɛ²¹
位 ɣa⁵³	指人名词，如人 tsʰɔ⁵³、学生 li²¹xe⁵³za⁵³、老人 tsʰɔ³³mɔ⁵³
只 kʰɛ³³	生命度低于人的鬼、动物及工具类等，如鬼 tsʰɔ⁵³qo³¹、猴子 mɔ²¹、鸡 ɣa⁵⁴、牛 ŋu⁵³、马 mu⁵³、狗 pʰɯ⁵³、羊 a³³tsʰɣ³¹、狼 mɤ³³na⁵⁴、车 lɔ³¹li²¹等。
只 pa²⁴	可见的成双的物品或身体部分中的一个，如鞋子 kɛ³¹、眼睛 mɛ⁵⁴qʰa³³、手 la²¹qɔ³¹、耳朵 na²¹pu³³tɕʰi³³等。
件 qʰo⁵⁴	衣服 a³³po²¹、裙子 tʰɛ³³
棵 tɕɛ³¹	树 sʅ⁵⁴tɕɛ³¹、竹子 va⁵³
节 pɔ²¹	竹子 va⁵³、甘蔗 pu⁵³tsʰʅ³³
朵 ve⁵⁴	花 sʅ⁵⁴ve⁵⁴
张、颗 ɕi³¹	嘴 mɔ³¹qɔ³³、珠子 dʑʅ³¹ɕi³¹、石头 xa²⁴pɯ³³、麦子 zʅ³³tsa³¹、沙子 ɕɛ⁵³ɕi³¹、砖 li³³ki²⁴ɕi³¹
床 qʰo⁵³	被子 qɔ⁵⁴lɔ⁵⁴、席子 ɣu²⁴zi³³
把 lɛ³¹	锁 ti²⁴tu³¹
条 tɕa⁵⁴	绳子 tsa⁵⁴kʰɛ³³、路 za²¹qɔ³³
条 lɔ³¹	河（江）lɔ³¹
根 ta³¹	棍子 sʅ⁵⁴qʰɔ⁵³
块 kʰɔ³³	肥皂 sa³³pɛ²¹
块 ki²⁴	西瓜 ɕi³³kua³³ɕi³¹
座 ka³¹	桥 kʰo²⁴
粒 qʰa³³	米 tsa³¹qʰa³³
顿 po³¹	饭 ɔ³¹
剂 tʰi⁵⁴	汤药 na⁵⁴tsʰʅ⁵⁴ɣɯ³¹
股 dɔ⁵³	味道 ɔ³¹pe²¹、水 a³³ka⁵⁴
行 tɕɔ⁵⁴	字 li²¹
件 za³¹	事情 ka²⁴、衣服 a³³po²¹
滴 mɛ⁵⁴	水 a³³ka⁵⁴、油 sa³¹tsu³³、煤油 na³¹ma⁵³、眼泪 mɛ⁵⁴ɣɯ³¹、血 sʅ³¹
张 qo⁵⁴	纸 li²¹qo⁵⁴、图画 ɔ³¹xa³³
块 pe⁵⁴	地 mi³¹gɯ³¹

续表

量词	量名搭配
句 pɤ³¹	话 tɔ⁵³、歌词 le²¹qʰɔ⁵³
段 tɔ³³	路 za²¹qɔ³³、感情 xa²¹da²¹
卷 dɔ³³	布 pʰa³³、纸 le²¹qo⁵⁴
层 tʰa²¹	楼层 zɛ³¹
层 to⁵⁴	油 sa³¹tsu³³

4.4.2.2.1.2 部分量词

表7 拉祜熙方言部分量词与名词搭配表

量词	量名搭配
份 pu³³	饭 ɔ³¹、菜 ɣɔ⁵³
半 kʰu³¹	西瓜 ɕi³³kua³³ɕi³¹、桃子 a³³va⁵³ɕi³¹、石榴 sŋ³¹le²⁴ɕi³¹、黄瓜 a³³pʰɛ⁵³ɕi³
团 di³¹	毛线 ɣa²¹kʰɛ³³、云 mo³¹fi²¹
堆 pʰo⁵⁴	粪 qʰɔ⁵³、煤 mei²¹tʰa²⁴、土 a³³dze²¹、沙子 ɛɛ⁵³ɕi³¹
部分 pɛ³¹	学生 li²¹xe⁵³za⁵³

4.4.2.2.1.3 集合量词

表8 拉祜熙方言集合量词与名词搭配表

量词	量名搭配
盒 pɔ³³qo³¹	香烟 su²⁴ni⁵³、银子 pʰu³³、硬币 pʰu³³ɣɔ³³li³³
串 tʰɔ³³	珠子 dʐŋ³¹ɕi³¹、葡萄 pʰu³¹tau³³ɕi³¹
双 tɕɛ³³	鞋子 kɛ³¹、手 la²¹qɔ³¹、眼睛 mɛ⁵⁴qʰa³³、手套 la²¹dɔ⁵³、筷子 a⁵³tsu³³、翅膀 ɔ³¹tu³¹la²¹qa²⁴、眼镜 mɛ⁵⁴kɛ³¹、耳环 na³¹fu³³dzo³¹za⁵⁴
捧 to⁵⁴	米 tsa³¹qʰa³³、土 a³³dze²¹、花 si⁵⁴ve⁵⁴、水 a³³ka⁵⁴
把 ka⁵³	米 tsa³¹qʰa³³、土 a³³dze²¹、
把 tsʰŋ⁵³	菜 ɣɔ⁵³tɕa²⁴、小麦 zŋ³³tsa³¹
捆 tsʰŋ²¹	草 mu²¹、柴 a³¹mi³¹、小麦 zŋ³³tsa³¹
些 a³³tɕi²⁴	东西 kʰu⁵³、话 tɔ⁵³
桶 tʰu⁵⁴	水 a³³ka⁵⁴、金子 su³³、水 a³³ka⁵⁴、油 sa³¹tsu³³
驮 ta⁵³	东西 kʰu⁵³、米 tsa³¹qʰa³³

量词	量名搭配
排 pʰa³¹	房子 zɛ³¹、树 sɿ⁵⁴
包 tʰi⁵³	糖 tsʰɿ³³、烟 su²⁴lo³¹、茶 la³¹
群 tɕu⁵³	羊 a³¹tsʰɤ²¹、人 tsʰɔ³³、猎人 sa³¹bɔ⁵⁴pa³¹
滩 pe³³	水 a³³ka⁵⁴、泥 u³³nɛ⁵⁴bɛ⁵⁴
炷 qʰɔ³¹	烟 su²⁴lo³¹

4.4.2.2.1.4　种类量词

种类量词是指把对象当做一类计量的词。拉祜熙方言的种类量词只有"种、类" tsɤ³¹。

na⁵⁴tsʰi⁵³	ɕe³¹ve³³lɛ³¹	sɿ⁵⁴gɯ³³	na⁵⁴tsʰi⁵³	te⁵³tɕʰi³³	tsɤ³¹	pʰa⁵⁴	te⁵³gɯ³³
药	这种	树根	药	十	种	多	一起

te³³	tɔ⁵⁴la³³	a³¹	ve³³.
做	出来	TAM	IND

129. 这种草药是由十多种草药配成的。

ŋa³¹	kʰu⁵³	ni⁵³	tsɤ³¹	vɤ³¹	po³¹,	a³³pu²¹	te⁵³	qʰu⁵⁴	xa³¹	te⁵³	qʰu⁵⁴.
我	东西	两	种	买	PERF	衣服	一	件	裤子	一	件

130. 我买了两样东西，一件衣服、一条裤子。

4.4.2.2.2　动量词

动量词用于计量动作的量。拉祜熙方言的动量词主要有以下几类：专用的动量词，借用临时名词做动量词，以及使用同形的动词做动量词。

4.4.2.2.2.1　专用动量词

拉祜熙方言中专用的动量词主要有：回（下）qɔ²¹、下 qʰɛ³³、顿 po³¹、会儿 dɤ³¹、遍（次）pɔ⁵⁴、声 pɯ²¹等。例句如下：

kʰui³³mi²¹	te⁵³	qɔ²¹	tɕi³¹	dzɔ³³.	
昆明	一	次	去	PAST	131. 去过一次昆明。

a³³tɕʰi⁵³	te⁵³	qɔ²¹	mɤ³¹.	
哈欠	一	次	打	132. 打一个哈欠。

te⁵³	qɔ²¹	a⁵³	ɣa⁵³	te⁵³	qʰɛ³³	tʰa³³.	
一	下	NEG	赢	一	下	打	133. 输一次手板上打一下。

ɔ⁵³	te⁵³	po³¹	tɕa⁵³	ni⁵³	na³¹li²¹	ka³¹.	
饭	一	顿	吃	两	时间	到	134. 一顿饭吃了两小时。

ka²⁴　　te⁵³　　dʐ³¹　　te³³.

农活　　一　　会　　做　　　　　　　　135. 做一会儿农活。

zɔ⁵³　　te⁵³　　dʐ³¹　　lɔ³³　　la³¹　　ve³³.

他　　一　　会　　等　　CON　　IND　　　　136. 等他一会儿。

nɔ³¹qʰa⁵³nɔ³¹　　te⁵³　　dʐ³¹　　ŋɔ²⁴.

你自己　　一　　下　　看　　　　　　137. 您亲自看一下吧。

zɔ⁵³　　li²¹　　ni⁵³　　pɔ⁵⁴　　ŋɔ²⁴　　po³¹.

他　　信　　两　　遍　　看　　PERF　　　138. 他看了两遍信。

nɔ³¹　　te⁵³　　pɔ⁵⁴　　qɔ²¹　　te³³　　qʰa⁵⁴　　ŋɔ²⁴.

你　　一　　遍　　再　　做　　试　　看　　139. 你再做一遍试试。

xa³³　　ɔ⁵³　　qɔ²¹　　tʰɛ²⁴　　po³¹.

地　　四　　遍　　犁　　PERF　　　　140. 犁了四遍地。

nɔ³¹　　ɛɛ³³　　pɔ⁵⁴　　dɔ⁵³　　a³¹.

你　　三　　次　　打　　TAM　　　　141. 打你三次。

te⁵³　　pʐ³¹　　ku³¹.

一　　声　　喊　　　　　　　　142. 喊一声。

4.4.2.2.2.2　临时动量词

拉祜熙方言中部分身体器官名词均可做临时量词，如"身"to³³可以用做临时量词，构成方式为"CL+NUM+N"。如："洒了一身的水"tu³³_身 tɛ⁵³_一 a³³ka⁵⁴_水 pu³¹_洒 nɛ⁵⁴_湿 po³¹_PERF，又如，"一头"to³¹qo¹¹_头 tɛ⁵³_一、"一脸"mɛ⁵⁴fu⁵³_脸 tɛ⁵³_一、"一嘴"mɔ²¹qɔ³³_嘴 tɛ⁵³_一、"一肚子"ɣʐ⁵³pi³¹_肚子 tɛ⁵³_一等。

相比拉祜熙方言，拉祜纳方言虽同样可以用身体器官名词做临时量词，但语序不一样，如下所示，数词要放在临时量词的前面，构成"N+ NUM+ CL"结构。

i³⁵ka⁵⁴　　　　te⁵³　　　　to³³　　pɛ⁵³　　pu³¹　　la⁵³.

水　　一　　身　　溅　　洒　　DIR　　143. 洒了一身水。

ɔ³¹u³³　　　　te⁵³　　　　u³⁵qo¹¹　　gu⁵⁴　　ɣa³³.

包　　一　　头　　磕　　得　　　　　144. 磕了一头包。

na¹¹mʐ¹¹ɣʐ³¹　　te⁵³　　　　pʰu⁵³mɛ⁵⁴　　ɛɛ⁵⁴　　pu³¹　　la⁵³.

墨水　　一　　脸　　泼　　洒　　DIR　　145. 泼了一脸墨。

ɔ³¹mu³³　　　　te⁵³　　　　mɔ²¹qɔ³³　　ɣa³³　　tɕa⁵³.

毛　　一　　嘴　　得　　吃　　　　　146. 吃了一嘴毛。

te^{53}	ɣu^{53}pi^{31}　bɤ^{21}	kɤ^{33}	ta^{31}.	
一	肚子　生气	放	CON	147. 生了一肚子气。

dʑe^{21}mei^{33}	te^{53}	na^{11}qʰɔ^{53}	nɛ^{35}	ɣa^{33}.
灰	一	鼻子	粘	得

148. 粘了一鼻子灰。

4.4.2.2.3　不定动量词

表不确定量的动量词。如：

mu^{21}qʰu^{33}	qʰɔ^{33}	ɔ^{31}	te^{53}	pɤ^{31}	tɕɔ^{31}	ɕe^{31}　a^{31}.
锅	里	饭	一	口	有	还　IND

149. 锅里头还有口饭。

dʐɿ^{31}kʰɛ^{53}	qʰɔ^{33}	dʐɿ^{31}	te^{53}	pɤ^{31}	tɕɔ^{31}	ɕe^{31}　a^{31}.
杯	里	酒	一	口	有	还　IND

150. 杯里头还有口酒。

拉祜熙的分类词在计数时同汉语相似，以实义名词为核心，计量单位为定语，分类词是名词的限定成分，位于中心名词之后。不与数词结合时，名词并不需要加分类词。另外，量词不能不加数词或指示词而单独限定名词，也不能单独作为一个论元或题元使用。

4.4.2.3　量词的构形重叠

主要从两个方面来考虑量词能否重叠：第一，量词可以重叠的类别。拉祜熙方言中可以重叠的量词有名量词、动量词、时间单位词、容器单位词、度量衡单位词。第二，量词的音节数。拉祜熙方言中单、双音节量词均可重叠，双音节量词不多，并且只重叠最后一个音节。如"箩筐"qʰɔ^{21}lɔ^{21}，重叠为qʰɔ^{21}lɔ^{21}lɔ^{21}，这样的重叠有表达"接近、大概、大约"的意思。

tɕa^{31}qʰa^{33}	te^{53}	qʰɔ^{21}lɔ^{21}	lɛ^{31}	tɕɔ^{31}.
米	一	箩筐	COP	有

151. 有一箩筐米。

tɕa^{31}qʰa^{33}	te^{53}	qʰɔ^{21}lɔ^{21}lɔ^{21}	lɛ^{31}	tɕɔ^{31}.
米	一	箩筐	COP	有

152. 米 差不多有一箩筐。

la^{31}	te^{53}	tʰo^{21}kɔ^{24}	lɛ^{31}	tɕɔ^{31}.
茶	一	壶	COP	有

153. 有一壶茶。

la^{31}	te^{53}	tʰo^{21}kɔ^{24}kɔ^{24}	lɛ^{31}	tɕɔ^{31}.
茶	一	壶	COP	有

154. 茶差不多有一壶。

ɔ^{31}	te^{53}	lɔ^{21}kɔ^{33}	lɛ^{31}	tɕɔ^{31}.
饭	一	锅	COP	有

155. 有一锅饭。

ɔ^{31}	te^{53}	lɔ^{21}kɔ^{33}kɔ^{33}	lɛ^{31}	tɕɔ^{31}.
饭	一	锅	COP	有

156. 饭差不多有一锅。

4.4.2.3.1　名量词重叠

拉祜熙方言中的名量词（包括个体量词、集合量词、种类量词）基本都可以重叠，并且有两种重叠形式。如："颗" ɕi³¹，可以重叠为 te⁵³₋ɕi³¹颗ɕi³¹颗，也可以重叠为四字格 ABAB 形式 te⁵³₋ɕi³¹颗te⁵³₋ɕi³¹颗；"堆" pʰo⁵⁴，可以重叠为 te⁵³₋pʰo⁵⁴堆pʰo⁵⁴堆，也可以重叠为四字格 ABAB 形式 te⁵³₋pʰo⁵⁴堆te⁵³₋pʰo⁵⁴堆。

但有少量几个词的重叠较为特殊，只能重叠为四字格形式。如："条" lɔ³¹，优势重叠为 te⁵³lɔ³¹te⁵³lɔ³¹，不能重叠为*te⁵³lɔ³¹lɔ³¹；"节" pɔ²¹，重叠形式为 te⁵³pɔ²¹te⁵³pɔ²¹。又如双音节的 "盒" pɔ³³qo³¹，重叠形式为 te⁵³pɔ³³qo³¹te⁵³pɔ³³qo³¹。

另外，"说一些话" tɔ⁵³话a³³tɕi²⁴一些u²⁴说，重叠时只重叠最后一个音节，tɔ⁵³a³³tɕi²⁴tɕi²⁴u²⁴，重叠后起强调作用，表达出 "不要说太多的话，只说一点点就可以了" 的意思。

4.4.2.3.2　动量词重叠

拉祜熙方言中动量词也可以重叠，如"微风阵阵" mu⁵³xu³³风pʰɤ³¹pʰɤ³¹阵阵、"有的声音好听，有的声音不好听。"te⁵³₋kʰɔ⁵³声kʰɔ⁵³声qo³³就na³³听ɕa³³好，te⁵³₋kʰɔ⁵³声kʰɔ⁵³声qo³³就a⁵³NEGna³³听ɕa³³好。另外，回（下）qo²¹、下 qʰɛ³³、顿 po³¹、会儿 dɤ³¹、遍（次）pɔ⁵⁴、声 pɯ²¹等均可以重叠。例如：

ŋa³¹	ɕe³³	te⁵³	qɔ²¹	qɔ²¹	tɕa³³	gɯ⁵³	la³³.
我	这	一	次	次	去	玩	IND

157. 来我这里玩一次。

ɔ³¹	te⁵³	po³¹	po³¹	tɕa³³	tɕa⁵³	la³³.
饭	一	顿	顿	去	吃	IND

158. 来吃一顿饭。

nɔ³¹	te⁵³	pɯ²¹	pɯ²¹	tɕa³³	u²⁴	vi⁵³.
你	一	声	声	去	说	DIR

159. 你去和他说一声。

4.4.2.3.3　时间量词重叠

时间单位词可以重叠的不多，只有 "年" qʰɔ²¹和 "天" ni³³可以重叠，重叠后表示 "有些年" 和 "有些天" 的意思，例句如下：

zɔ⁵³	te⁵³	qʰɔ²¹	qʰɔ²¹	qo³³	qɔ³¹la³¹,	te⁵³	qʰɔ²¹	a⁵³	qɔ³¹la³¹.
他	一	年	年	TM	回来	一	年	NEG	回来

160. 他有些年回来，有些年不回来。

ŋa³¹	te⁵³	ni³³	ni³³	qo³³	tɕi²¹,	te⁵³	ni³³	ni³³	qo³³	a⁵³	tɕi²¹.
我	一	天	天	TM	去	一	天	天	就	NEG	去

161. 我有些天去，有些天不去。

4.4.2.3.4　容器单位词重叠

容器单位词基本都可以重叠，重叠后有表示部分量"有的"的意思。如：

tʰu⁵³	sɔ³¹ve³³,	te⁵³	tʰu⁵³	tʰu⁵³	qo³³	bi⁵³
桶	这些	一	桶	桶	TM	满

te⁵³	tʰu⁵³	tʰu⁵³	qo³³	a⁵³	bi⁵³.
一	桶	桶	TM	NEG	满

162. 这些桶，有的桶满，有的桶不满。

kʰɛ⁵³	sɔ³¹ve³³	te⁵³	kʰɛ⁵³	kʰɛ⁵³	qo³³	ɣ³¹,
碗	这些	一	碗	碗	TM	大

te³³	kʰɛ⁵³	kʰɛ⁵³	qo³³	i³³.
一	碗	碗	TM	小

163. 这些碗，有的碗大，有的碗小。

4.4.2.3.5　度量衡单位词重叠

和汉语不同，拉祜熙方言的大部分度量衡单位词可以重叠，重叠后表达"差不多"的意思。如：

pʰa³³	te⁵³	ɕɔ³¹	ɕɔ³¹	tɕɔ³¹	vɛ²⁴.
布	一	尺	尺	有	POT

164. 布差不多有一尺长。

mi³¹gɯ³¹	ɕe³¹	te⁵³	pe⁵⁴	te⁵³	mu⁵³	mu⁵³	tɕɔ³¹	zo³¹	vɛ²⁴.
地	这	一	块	一	亩	亩	有	是	POT

165. 这一块地差不多有一亩。

pʰu³³	te⁵³	tʰu³³	tʰu³³	pu⁵³	la³¹
钱	一	扡	扡	背	CON

166. 差不多背着一扡厚的钱。

tɕa³¹qʰa³³	te⁵³	ki³¹	ki³¹	tɕɔ³¹
米	一	斤	斤	有

167. 差不多有一斤米。

dʑŋ³¹	te⁵³	lɔ³³	lɔ³³	dɔ³¹	po³¹
酒	一	两	两	喝	PERF

168. 差不多喝了一两酒。

　　汉语的度量衡单位词被拉祜熙方言借用过来后也可以重叠，如"米（公尺）"ku³³tsʰ̩²¹、"丈"tɕa²⁴。例句如下：

tsa⁵⁴kʰɛ³³	te⁵³	ku³³tsʰ̩²¹tsʰ̩²¹		tɕɔ³¹.	
绳子	一	米		有	169. 绳子差不多有一米长。
mu³³	fu⁵³	te⁵³	tɕa²⁴tɕa²⁴	tɕɔ³¹	
高	处	一	丈丈	有	170. 差不多有一丈高。

4.4.2.4　反响型量词

　　反响型量词也称为拷贝型量词，是从结构关系考虑的，是与被修饰名词同形或部分同形的量词，李宇明（2000 年）认为这可能是量词的最初形式。拉祜熙话的反响型量词可能是量词的最初来源，但在现代拉祜语中的表现形式已不多见，例如：

zɛ³¹	te⁵³	zɛ³¹		qʰa⁵⁴	te⁵³	qʰa⁵⁴	
房	一	repeater	一间房	村	一	repeater	一个村
lɔ³¹	te⁵³	lɔ³¹		ɔ³¹qʰɔ³³	te⁵³	qʰɔ³³	
河	一	repeater	一条河	洞	一	repeater	一个洞

　　李知恩（2011）通过对汉语普通话及方言、中国境内少数民族语以及东南亚 98 种语言中的量词进行功能考察，发现了量词的 14 种功能，认为这些功能中"计量"是量词最基本的功能，其他功能都是从此基本功能上发展而来的。我们认为拉祜熙话中的量词首先可能来源于名词，对名词有分类作用，继而演变出计量的功能，且后来演变的计量功能成为其基本且常用的功能。

4.4.3　指量结构

　　同汉语类似，拉祜熙话的名词大多属于集合名词，名词本身没有单复数之别，区别手段靠其带的数量或指量词语。

4.4.3.1　基本构成

　　本节只讨论基本指示限定词"这"ɕe³¹、"那"o³³修饰量词的情况。在汉语普通话中，基本指示词可以不加量词直接修饰名词，如"这人""那人"。和汉语不同，当名词为指人名词时，拉祜熙方言不能省略量词，指量结构由"基本指示限定词+数词+量词"构成。例如：

ɕe³¹	te⁵³	ɣa⁵³	lɛ³¹	ŋa³¹vi²⁴ma³³.	
这	一	位	COP	我姐姐	171. 这个人是我姐姐。
o³³	te⁵³	ɣa⁵³	lɛ³¹	ŋa³¹a³³tɛ³³.	
那	一	位	COP	我爸爸	172. 那个人是我爸爸。

　　既不能省略数词 te³³，也不能省略量词 ɣa⁵³。因此，像"这位"

*ɕɛ³¹ɣa⁵³或"那一"*o³³te⁵³都是不合法的。

但当名词为指物名词，数量为单数时，则排斥个体量词，即"指示词+数词 te⁵³+名词"；名词为复数时，强制使用量词，即"指示词+数词+量词+名词"。关于这一点，拉祜熙方言和拉祜纳方言略有不同，拉祜纳方言的指量结构修饰名词时，无论单复数，指示词、数词和量词三个词类一个都不能少，即"指示词+数词+量词+名词"，如"这一位"tɕi³¹这 te⁵³一 ɣa³¹位、"那一个"o⁵³那 te⁵³一 ma³¹个。所以我们认为，两种方言相比较，拉祜纳方言属于量词发达型语言，而拉祜熙话则属于数词发达型的语言。

拉祜熙话的量词为个体量词时，有单复数之分，单数时排斥量词，复数时不排斥。例如：

li²¹pɤ⁵³	o³³	tɛ⁵³		lɛ³¹	ŋa³¹	ve³³.	
书	那	一		COP	我	转指	173. 那本书是我的。

li²¹pɤ⁵³	o³³	ni⁵³	a³¹	lɛ³¹	ŋa³¹	ve³³.	
书	那	二	本	COP	我	转指	174. 那两本书是我的。

suɯ³³	ɕe³¹	tɛ⁵³		lɛ³¹	ŋa³¹	ve³³.	
金子	这	一		COP	我	转指	175. 这一块金子是我的。

suɯ³³	ɕe³¹	ni⁵³	a³¹	lɛ³¹	ŋa³¹	ve³³.	
金子	这	二	块	COP	我	转指	176. 这二块金子是我的。

量词为集合量词时，均不可以省略量词。如：

li²¹pɤ⁵³	o³³	te⁵³	tʰi⁵³	lɛ³¹	ŋa³¹	ve³³.	
书	那	一	包	COP	我	转指	177. 那包书是我的。

li²¹pɤ⁵³	o³³	ni⁵³	tʰi⁵³	lɛ³¹	ŋa³¹	ve³³.	
书	那	二	包	COP	我	转指	178. 那两包书是我的。

suɯ³³	ɕe³¹	te⁵³	tʰu⁵⁴	lɛ³¹	ŋa³¹	ve³³.	
金子	这	一	桶	COP	我	转指	179. 这一桶金子是我的。

suɯ³³	ɕe³¹	ni⁵³	tʰu⁵⁴	lɛ³¹	ŋa³¹	ve³³.	
金子	这	二	桶	COP	我	转指	180. 这两桶金子是我的。

但也有特例，像"米"tsa³¹qʰa³³、"麦子"z̩³³tsa³¹以及"衣服"a³³pu²¹等名词，不论是个体量词还是集合量词，不论是单复数构成指量结构时都需加上量词。如：

tsa³¹qʰa³³	ɕe³¹	te⁵³	ɕi³¹	lɛ³¹	ŋa³¹	ve³³.	
米	这	一	粒	COP	我	转指	181. 这一粒米是我的。

tsa³¹qʰa³³	ɕe³¹	ni⁵³	ɕi³¹	lɛ³¹	ŋa³¹	ve³³.	
米	这	二	粒	COP	我	转指	182. 这两粒米是我的。

$tsa^{31}q^ha^{33}$	$ɕe^{31}$	te^{53}	ka^{53}	$lɛ^{31}$	$ŋa^{31}$	$ve^{33}.$	
米	这	一	把	COP	我	转指	183. 这一把米是我的。
$tsa^{31}q^ha^{33}$	$ɕe^{31}$	ni^{53}	ka^{53}	$lɛ^{31}$	$ŋa^{31}$	$ve^{33}.$	
米	这	二	把	COP	我	转指	184. 这二把米是我的。
$a^{33}pu^{21}$	$ɕe^{31}$	te^{53}	q^hu^{54}	$lɛ^{31}$	$ŋa^{31}$	$ve^{33}.$	
衣服	这	一	件	COP	我	转指	185. 这件衣服是我的。
$a^{33}pu^{21}$	$ɕe^{31}$	ni^{53}	q^hu^{54}	$lɛ^{31}$	$ŋa^{31}$	$ve^{33}.$	
衣服	这	二	件	COP	我	转指	186. 这两件衣服是我的。

基于语种特有的规则，有些名词没有数的对立，没有明显的认知基础。我们认为，拉祜熙话中"米""麦子"这些名词通常都是以集合名词（set noun）的形式出现，很少以个体名词出现，所以当无论单复数，个体量词都为必加项。而"衣服"$a^{33}pu^{21}$在拉祜熙方言中词义扩大，通常既可以单指"衣服"又可以同时指"衣服+裤子"，所以当它们以个体名词出现时，无论是单复数，个体量词都为必加项。

4.4.3.2　语序表现

Greenberg（1963）《某些主要跟语序有关的语法共性》（陆丙甫译）一文中共性 20 指出，当任何一个或者所有的下述成分（指别词、数词、描写性形容词）居于名词之前时，它们总以这种语序出现。如果它们后置，语序或者依旧，或者完全相反。拉祜熙话指量结构的语序为"中心名词+指示词+数词+量词"，也就是"指数量"结构后置于中心名词，这符合以 SOV 为基本语序的类型特点。但由于与汉语大规模的语言接触，现在长期居住在城镇的人讲的拉祜语中也出现"指示词+数词+量词+中心名词"的语序。

4.4.3.3　语音表现

当只有数词"一"时，语音表现为 te^{53}；当数词"一"+量词时，则元音低化为 e，即音变为 te^{53}。如"那本书"$li^{21}pɤ^{53}$书o^{33}那te^{53}一，"那包书"$li^{21}pɤ^{53}$书o^{33}那te^{53}一t^hi^{53}包。

4.5　数量结构修饰名词

4.5.1　数词

数词是用来计数的词，是开放性的词类，可分为基本数词和序数词。在拉祜熙方言中基数词和序数词都后置于名词，基本数词用于 N+NUM+CL 句法槽里，序数词用于 N+NUM+CL+$ve^{33}$$_{CONJ}$$te^{53}$_句法槽里。例如：

sɔ⁵³	qo³¹	ŋa⁵³	a³¹			
背	篓	五	个			187. 五个背篓
sɔ⁵³	qo³¹	ŋa⁵³	a³¹	ve³³	tɛ⁵³	
背	篓	五	个	CONJ	一	188. 第五个背篓
tsʰɔ³³	ɛɛ⁵⁴	ɣa⁵³				
人	三	个				189. 三个人
tsʰɔ³³	ɛɛ⁵⁴	ɣa⁵³	ve³³	tɛ⁵³		
人	三	个	CONJ	一		190. 第三个人
kʰɛ⁵³	ni⁵³	pʰɛ³¹				
碗	二	个				191. 两个碗
kʰɛ⁵³	ni⁵³	pʰɛ³¹	ve³³	tɛ⁵³		
碗	二	个	CONJ	一		192. 第二个碗

4.5.1.1　基本数词

拉祜熙方言同其他量词语言一样，基本数词没有名词形式，也没有专用的形式用于定语。基本数词是由个位数词和位数词通过一定的规则组合而成的。

4.4.1.1.1　个位数词与位数词

拉祜熙话的个位数词有：一 tɛ⁵³、二 ni⁵³、三 ɛɛ⁵⁴、四 ɔ̃⁵³、五 ŋa⁵³、六 kʰɔ²¹、七 sɿ³¹、八 xe²⁴、九 qo⁵³。位数词有：十 tɕʰi³³、百 xa³³、千 xɿ²⁴、万 va³¹。

需要注意的是"二"ni⁵³的发音存在代际差异，年长或受汉语影响较少的人发成 ni⁵³，而部分受汉语方言影响较多的年轻的人则发成 ni⁵³。

4.5.1.1.2　复合数词的构造规则

复合数词的构造规则有如下几条：

第一，位数词前的个位数词用作系数词，"系数词+位数词"构成一个系位结构，两者是相乘的关系。如 4×100＝ 400。需要说明的是：1、位数词"十"tɕʰi³³前的系数词强制出现，特别是系数词为"一"时，即只允许 tɛ⁵³_tɕʰi³³_+、tɛ⁵³_tɕʰi³³+ni_二、tɛ⁵³_tɕʰi³³+kʰɔ²¹_六等，而*tɕʰi³³_十、*tɕʰi³³+ni⁵³_二、*tɕʰi³³+kʰɔ²¹_六不合法；2、限制位数词十 tɕʰi³³、百 xa³³、千 xɿ²⁴、万 va³¹之前出现系数词"一"+数词"十"tɛ⁵³tɕʰi³³，即不能说*tɛ⁵³tɕʰi³³tɕʰi³³、*tɛ⁵³tɕʰi³³xa³³、*tɛ⁵³tɕʰi³³xɿ²⁴、*tɛ⁵³tɕʰi³³va³¹；3、同一数词在不同位置有读音的差别，如"一"为个位数词时读作 tɛ⁵³，而处在系数词时读作 te⁵³，如"十一"读作 te⁵³_tɕʰi³³_+tɛ⁵³_。

第二，拉祜熙方言中间空缺的系位构造数值为零时不能用"零"补，而是用连接词 lɛ³³连接，如"一百零一"te⁵³_xa³³_百lɛ³³_CONJte⁵³_、"一百零五"te⁵³_xa³³_百lɛ³³_CONJŋa⁵³_五。

第三，系位构造的排列顺序是由大到小，个位数排在最后，可单独构成一个单位，其间均为相加的关系。如"五万二千四百六十五"ŋa⁵³₅ va³¹₋万ni⁵³₋二xĩ²⁴₋千ɔ³¹₋四xa³³₋百khɔ²¹₋六tɕhi³³₋十ŋa³¹₋五，就是5×10000＋2×1000＋4×100＋6×10＋5＝52465。

第四，位数词最大的表达只有"万"va³¹，连续的位数词以四位为限，即十tɕhi³³、百xa³³、千xĩ²⁴、万va³¹，以后每隔四位再设一个位数，如"三百万"ɛɛ⁵⁴xa³³va³¹就是3×100×10 000＝3 000 000。

第五，和汉语不同，拉祜熙方言中"百"xa³³以上位数之后的余数如是整数，则余数部分的位数不能省略。如"三万九"ɛɛ⁵⁴₋三va³¹₋万qɔ⁵³₋九xĩ²⁴₋千、"七千九"sʅ³¹₋七xĩ²⁴₋千qɔ⁵³₋九xa³³₋百。

4.5.1.1.3　分数

分数的构成方式为"Num＋pu³³分＋ve³³M＋Num＋pu³³分"，分母在前，分子在后，结构标记ve³³可省略。例如：

ni⁵³	pu³³	(ve³³)	te⁵³	pu³³	
二	分	M	一	分	二分之一
ɛɛ⁵⁴	pu³³	(ve³³)	te⁵³	pu³³	
三	分	M	一	分	三分之一
ɛɛ⁵⁴	pu³³	(ve³³)	ni⁵³	pu³³	
三	分	M	二	分	三分之二
ɔ⁵³	pu³³	(ve³³)	ɛɛ⁵³	pu³³	
四	分	M	三	分	四分之三
tɕhi³³	pu³³	(ve³³)	qɔ⁵³	pu³³	
十	分	M	九	分	十分之九
xa³³	pu³³	(ve³³)	ɛɛ⁵³	pu³³	
百	分	M	三	分	百分之三
xa³³	pu³³	(ve³³)	ŋa⁵³ tɕhi³³	pu³³	
百	分	M	五十	分	百分之五十
xĩ²⁴	pu³³	(ve³³)	ni⁵³	pu³³	
千	分	M	二	分	千分之二
va³¹	pu³³	(ve³³)	te⁵³	pu³³	
万	分	M	一	分	万分之一

4.5.1.2　序数词

序数词是用来表示次序或用来编号的数词。从跨语言的角度来看，序数词多由基数词派生而来，并且最初和最末的序数词通常有特殊的形式，拉祜熙方言适用此条普遍规则。

4.5.1.2.1　一般次序

十以内的，除了第一和最末有特殊的词表达外，其余都用"Num＋a³¹↑＋ve³³_M＋tɛ⁵³_"的方式构成。

za³¹qɔ³³puɯ³¹tɛ⁵³	第一	ɔ³¹mɤ⁵³lɛ³³tɛ⁵³	最后一个
ni⁵³a³¹ve³³tɛ⁵³	第二	ɕɛ⁵⁴a³¹ve³³tɛ⁵³	第三
ɔ̃⁵³a³¹ve³³tɛ⁵³	第四	ŋa⁵³a³¹ve³³tɛ⁵³	第五
kʰɔ²¹a³¹ve³³tɛ⁵³	第六	sɿ³¹a³¹ve³³tɛ⁵³	第七
xe²⁴a³¹ve³³tɛ⁵³	第八	qɔ⁵³a³¹ve³³tɛ⁵³	第九
te⁵³tɕʰi³³a³¹ve³³tɛ⁵³	第十	te⁵³tɕʰi³³tɛ⁵³a³¹ve³³tɛ⁵³	第十一
ni⁵³tɕʰi³³a³¹ve³³tɛ⁵³	第二十	ni⁵³tɕʰi³³sɿ³¹a³¹ve³³tɛ⁵³	第二十七

说明："第一"za³¹qɔ³³puɯ³¹tɛ⁵³，za³¹qɔ³³为"路"，puɯ³¹为"带领"，tɛ⁵³为"一"，由"带路（人）"引申而来。"最后一个"ɔ³¹mɤ⁵³lɛ³³tɛ⁵³，ɔ³¹mɤ⁵³为"末梢"，lɛ³³为"幺，最末"，tɛ⁵³为"一"。

4.5.1.2.2　长幼次序

长幼次序的表达也用序数词。最长和最小的有特殊的表达方式，如：老大且不分男女 za⁵³uɯ³¹_大、老幺且不分男女 za⁵³lɛ³³、老大且为男孩 za⁵³pa³¹uɯ³¹、老大且为女孩 za³³mi⁵³uɯ³¹、老幺且为男孩 za⁵³pa³¹lɛ³³、老幺且为女孩 za³³mi⁵³lɛ³³。

其余排序均是由基数词派生而来，且必需男女分开排序。

构成方式为"za⁵³pa³¹_男孩或 za³³mi⁵³_女孩＋Num＋ɣa⁵³↑＋tɛ⁵³_"。如：

za³³mi⁵³ni⁵³ɣa⁵³tɛ⁵³	老二（女）	za⁵³pa³¹ni⁵³ɣa⁵³tɛ⁵³	老二（男）
za³³mi⁵³ɕɛ⁵⁴ɣa⁵³tɛ⁵³	老三（女）	za⁵³pa³¹ɕɛ⁵⁴ɣa⁵³tɛ⁵³	老三（男）
za³³mi⁵³ɔ̃⁵³ɣa⁵³tɛ⁵³	老四（女）	za⁵³pa³¹ɔ̃⁵³ɣa⁵³tɛ⁵³	老四（男）

数词"一"tɛ⁵³在这里有指示功能，表示"那一位"的意思。如果去掉 tɛ⁵³，za³³mi⁵³ni⁵³ɣa⁵³意思变为"两个女孩"。

4.5.1.2.3　时间次序

时间表达也是用序数词。

1. 日次序的表达法的构成方式为"十二属相＋ni³³_日"

fa⁵⁴ni³³	鼠日	ŋu⁵³ni³³	牛日	la⁵³ni³³	虎日
tʰɔ³³ni³³	兔日	lɔ⁵³ni³³	龙日	ɕɛ³³ni³³	蛇日
mu⁵³ni³³	马日	zo³¹ni³³	羊日	mɔ²¹ni³³	猴日
xa⁵⁴ni³³	鸡日	pʰuɯ⁵³ni³³	狗日	va²¹ni³³	猪日

2. 周次序的表达法

当地 5 天赶一次集（当地澜沧方言称为赶街），所以星期的表达方式以 5 天为一个周期。赶集当天称为 tsɿ³³ni³³，第二天称为 tsɿ³³cɔ⁵⁴ni⁵³ni³³，第三天称为 tsʅ³³dɔ⁵⁴ɕɛ⁵⁴ni³³，第四天称为 tsʅ³³dɔ⁵⁴ɜ⁵³ni³³，第五天称为 tsʅ³³dɔ⁵⁴ŋa⁵³ni³³。

3. 月

计月的表示法是全部借用汉语词。

zi³¹zɛ³³	一月	ɣ²⁴zɛ³³	二月	sa³³zɛ³³	三月
sʅ²⁴zɛ³³	四月	vu⁵³zɛ³³	五月	lu³¹zɛ³³	六月
tɕʰi³¹zɛ³³	七月	pa³¹zɛ³³	八月	tɕiu⁵³zɛ³³	九月
sʅ³¹zɛ³³	十月	sʅ³¹zi³³zɛ³³	十一月	sʅ³¹ɣ²⁴zɛ³³	十二月

4. 农历初一到初十六的构成方式为"qʰɔ²¹年sʅ²⁴新＋Num＋ni³³日"，例如：

qʰɔ²¹sʅ²⁴te⁵³ni³³	初一	qʰɔ²¹sʅ²⁴ɔ³¹qʰa⁵³nɔ³¹te⁵³ni³³	初二
qʰɔ²¹sʅ²⁴ɕɛ⁵⁴ni³³	初三	qʰɔ²¹sʅ²⁴ɔ⁵³ni³³	初四
qʰɔ²¹sʅ²⁴ŋa⁵³ni³³	初五	qʰɔ²¹sʅ²⁴kʰɔ²¹ni³³	初六
qʰɔ²¹sʅ²⁴ɿ³¹ni³³	初七	qʰɔ²¹sʅ²⁴xi²⁴ni³³	初八
qʰɔ²¹sʅ²⁴qɔ⁵³ni³³	初九	qʰɔ²¹sʅ²⁴te⁵³tɕʰi³³ni³³	初十
qʰɔ²¹sʅ²⁴te⁵³tɕʰi³³tɛ⁵³ni³³	初十一	qʰɔ²¹sʅ²⁴te⁵³tɕʰi³³ni⁵³ni³³	初十二
qʰɔ²¹sʅ²⁴te⁵³tɕʰi³³ɕɛ⁵⁴ni³³	初十三	qʰɔ²¹sʅ²⁴te⁵³tɕʰi³³ɔ⁵³ni³³	初十四
qʰɔ²¹sʅ²⁴te⁵³tɕʰi³³ŋa⁵³ni³³	初十五	qʰɔ²¹sʅ²⁴te⁵³tɕʰi³³kʰɔ²¹ni³³	初十六

5. 用"Num＋xa³³pa³³月＋Num＋ni³³日"的构成方式表示某月某日。例如：

te⁵³xa³³pa³³te⁵³ni³³	一月一日
ɔ⁵³xa³³pa³³qɔ⁵³ni³³	四月九日
sʅ³¹xa³³pa³³te⁵³tɕʰi³³ŋa⁵³ni³³	七月十五日
te⁵³tɕʰi³³ni⁵³xa³³pa³³sʅ³¹ni³³	十二月七日

4.5.1.3 特殊的数词

4.5.1.3.1 概数

拉祜熙方言用相邻系数词连用表概数意义，如"一两个"tɛ⁵³₋ ni⁵³₋ a³¹₊个，"八九个"xe²⁴₈qɔ⁵³₉a³¹₊个等等。

"大约/大概"的构成方式为"Num＋a³¹₊个＋ve³³CONJ＋vɛ²⁴POT"。如："大约五十个"ŋa⁵³tɕʰi³³₅₊＋a³¹₊个 ve³³CONJvɛ²⁴POT；"大约一百多个"te⁵³xa³³₋ pʰa⁵³多 ve³³CONJvɛ²⁴POT；"大约半年"te⁵³₋qʰɔ²¹年pa²⁴半 ve³³CONJvɛ²⁴POT。再者，还可以用"几"qʰa⁵³te³³表达大约/大概。如：

kʰɛ⁵³	qʰɔ³³	tsa³³qʰa³³	qʰa⁵³te³³	ɕi³¹	tɕɔ³¹	ve³³.
碗	里	米	几	粒	有	IND

193. 碗里还有几粒米。

另外，a³³la³¹qʰe³³表示"不及"，如："差不多一百"a³³la³¹qʰe³³差不多 te⁵³xa³³

4.5.1.3.2　倍数

倍数的构成方式为"Num＋pu³³倍"，如，"一倍"te⁵³₋pu³³倍，"二倍"ni⁵³₋pu³³倍，"三倍"ɕɛ⁵⁴₌pu³³倍以此类推。

又如，"几倍"qʰa³¹多少te⁵³一pu³³倍，"几十倍"qʰa³¹多少te⁵³一tɕʰi³³+pu³³倍，"多少倍"qʰa³¹多少mɛ³³多pu³³倍。

4.5.1.3.3　半数

拉祜熙半数的表达法有："一半儿"te⁵³₋pa²⁴半；"一半多"te⁵³₋pa²⁴半pʰa⁵³多。如："半碗"kʰɛ⁵³碗te⁵³₋pa²⁴半、"半颗"ɕi³¹颗te⁵³₋pa²⁴半、"半锅"lɔ³¹kɔ³³锅te⁵³₋pa²⁴半。

另外，"年"和"天"的半数表示为："五岁半"ŋa⁵³五qʰɔ²¹岁pa²⁴半、"半天"te⁵³₋ni³³天pa²⁴半。

4.5.1.4　量化词

量化词（quantifier）是除数词以外表示数量的词语，加在名词短语之上使之带有数量特征的限定词。有两个类别：全称量化词（universal quantifier）和部分量化词（existent quantifier）。

第一，全称量化词表示论域范围内的全部成员，在语义上有不同的属性，分为逐指性的（distributive）和集体性的（collective）。逐指性的全量词即覆盖集合内的所有成员时，凸显集合内的成员个体的量化词"每一"te⁵³₋+量词+lɛ³³lɛ³³SUF（注：该词不是一个语法词，而是一个音系词），如"每一间"te⁵³ka³¹le³³lɛ³³、"每一天"te³³ni³³lɛ³³lɛ³³等；集体性的全量词就将所有成员的集合视为一个整体的量化词有"所有/全部"qʰa³³pɤ³¹。

第二，部分量化词，也称存在量化词，表示论域范围内部分成员，如"一些"a³³tɕi²⁴，另外，拉祜熙话用容器单位词重叠表部分量，详见 4.3.2 量词。

第三，拉祜熙话还有极少量的复合量化词，如"无论如何"qʰa³¹te³³kɛ³³，在我们搜集到的语料中只找到这一个复合量化词。

4.5.2　数量结构修饰名词

童芳华、邓晓华（2019）指出，个体量词是一种与数和名词构成的一种向心结构……在语法上，量词附着于数词，但在语音和语义上又指向中心名词。①拉祜熙方言的数（单数）量修饰名词的结构中量词在一定条件下可以省略。

---

① 童芳华、邓晓华：《个体量词的跨语言新视野》，《语言研究》2019 年第 1 期。

4.5.2.1　基本构成

在数量名结构中，数词实际上表现为黏着成分，即限定名词时必须同量词一起使用，即数词和量词的结合是强制性的，语序为"N＋Num＋CL"。例如：

$ɔ^{31}pa^{33}$	te^{53}	a^{31}		$ŋu^{53}$	te^{53}	$kʰɛ^{33}$
粑粑	一	个	一个粑粑	牛	一	头	一头牛
$ɔ^{31}pa^{33}$	ni^{33}	a^{31}		$ŋu^{53}$	ni^{33}	$kʰɛ^{33}$
粑粑	二	个	二个粑粑	牛	二	头	两头牛

"人"有专用的量词——$ɣa^{53}$，其本身的类别义很强，可以代替核心名词表达事物的类别，即强制省略中心名词，如："一个人"可以说 te^{53}-$ɣa^{53}$位，而不用说成 $tsʰɔ^{33}$人te^{53}-$ɣa^{53}$位。

数量结构修饰名词时，还可以在数词前面加形容词，可以插入的形容词有"薄、大、小、满"。如：

sa^{31}	pa^{53}	te^{53}	pe^{31}	
肉	薄	一	片	194. 一薄片儿肉
$ɔ^{31}$	$nɛ^{24}$	ni^{33}	$kʰɛ^{53}$	
饭	小	二	碗	195. 两小碗饭
$dʑŋ^{31}$	be^{54}	te^{53}	$kʰɛ^{53}$	
酒	满	一	杯	196. 一满杯酒

4.5.2.2　数量名结构的功能

4.5.2.2.1　数量名短语的两种解读

李艳惠、陆丙甫（2002）指出"数量名"结构中数目表达的双重性：一是以数词为核心的不具有指称性的数目短语（Number Phrase），表示数量；二是不以数词为核心的不定性的指称性短语。[①]拉祜熙方言也同样存在这两种不同的解读。

4.5.2.2.1.1　数量用法

数量名短语只做数量用法时主要有以下几种情况：

第一，用于数学计算或回答数量时。

$nɔ^{31}$	$ɔ^{31}pa^{33}$	ni^{53}		a^{31}	tsa^{53},
你	粑粑	二		个	吃
$zɔ^{53}$	$ɔ^{31}pa^{33}$	ni^{53}		a^{31}	tsa^{53},
他	粑粑	二		个	吃

---

① 李艳惠、陆丙甫：《数目短语》，《中国语文》2002 年第 4 期。

ni³¹	ɔ³¹pa³³	qʰa³³pɤ³¹lɛ⁵³	qʰa³³tɛ⁵³	tsa⁵³	a³¹	le³¹ʔ?
你	粑粑	全部	多少	吃	TAM	INTER

197. 你吃了两块粑粑，他吃了两块粑粑，你们一共吃了几块粑粑？

nɔ³¹	zɛ³¹	qʰɔ³³	tsʰɔ³³	qʰa³¹tɛ⁵³	ɣa⁵³	la³¹	a³¹	le³¹ʔ?
你	家	里	人	多少	个	来	TAM	INTER

198. A：你家来了几个人？

ɕɛ⁵⁴				ɣa⁵³.
三				位

198. B：三个人。

第二，也可以不在同一个小句中表达数量。

ni³³	ɣa⁵³	ve³³	a³³ka⁵⁴	te⁵³	tʰu⁵⁴qo³¹	te³³nɛ²⁴	tɕʰi⁵³	a³¹	ve³³,
二	位	TM	水	一	桶	只	抬	TAM	IND

tɕʰi⁵³	a⁵³		lo³¹	ve²⁴.
抬	NEG		够	POT

199. 两个人只抬一桶水，太轻松了吧。

第三，比较句容易同数量发生关系。

te⁵³	ɣa⁵³	ka²⁴	te³³	a³¹	ve³³	ni⁵³	ɣa⁵³	ka²⁴	te³³	a³¹	ve³³
一	位	活	做	TAM	CONJ	二	位	活	做	TAM	IND

tɕɛ³³	a⁵³	gɛ³¹.
更	NEG	快

200. 一个人干活不如两个人干活快。

第四，数量分配结构只能与数量发生关系。

te⁵³	ɣa⁵³	ve³³	xa³³	te⁵³	ɣɔ³³	gɛ⁵³.
一	个	TM	地	一	亩	耕

201. 一个人耕一亩地。

4.5.2.2.1.2　指称用法

拉祜熙话中数量名短语用做指称用法时主要表达的是不定指。例如：

tsʰɔ³³	ŋa⁵³tɕʰi³³	ɣa⁵³	la³¹	a³¹	ve³³.
人	五十	位	来	TAM	IND

202. 来了五十个人。

ŋa³¹	ga³¹	tʰa⁵³	tsʰɔ³³	ɕɛ⁵⁴	ɣa⁵³	ɔ³¹	tsa⁵³	tɕɔ³¹a³¹	ve³³.
我	到	时候	人	三	位	饭	吃	PROG	IND

203. 我到的时候，三个人正在吃饭。

另外，很多语言的无定标记来自于数词，如英语表无定的标记不定冠词 a/an 来自于数词 one；北京话中接近不定冠词的"一"（阳平）由数量短语"一个"脱落而成。拉祜熙话中用句末语气词兼表无定，且这个标记是强制性的。例如：

su³³tsʰɔ³³		la³¹	po³¹.	
客人		来	PERF	204. 客人来了。（有定）

su³³tsʰɔ³³		la³¹	lɔ³³.	
客人		来	表无定的句末语气词	205. 来客人了。（无定）

与汉语借助动词前的位置表明有定不同，拉祜熙话用句末语气词表有定或无定。第一个例句中的 po³¹ 是完成体的助动词，兼表有定；第二例句中的句末语气词 lɔ³³ 表无定。

4.5.2.3　特指不定与非特指不定的句法区别

如果说定指和不定指是对有指成分的分类，那么特指和非特指就是对不定成分的再分类。比较下面两个例句。

ŋa³¹	li²¹xe⁵³kɯ³¹	tɕʰɔ³³	te⁵³	ɣa⁵³	nɔ³¹xɔ³³	tsa³³	tsa³³.
我	学校	里	一	位	OM	去	找

206. 我到学校里去找个人（特指）。

ŋa³¹	li²¹xe⁵³kɯ³¹	tɕʰɔ³³	te⁵³	ɣa⁵³	tsa³³	tsa³³.
我	学校	里	一	位	去	找

207. 我到学校里去找个人（来干活）。（非特指）。

两个例句中，数量短语"一位"te⁵³ɣa⁵³ 前省略了中心名词"人"tsʰɔ³³，这样的省略与"人"的专用量词 ɣa⁵³ 相关，关于这点我们已经在"4.5.2 数量结构修饰名词"介绍过，这里不再赘述。

拉祜语没有冠词，不用于回指的"一+量词"可以看作是无定的形式标记。第一句是特指句，所指为一个已经确定的指称对象，发话人自己可以辨认，只是因为一些客观或主观的原因，不愿意给出信息。拉祜熙话在数量结构后加后置词 nɔ³¹xɔ³³ 作为标记。而第二句为非特指句，所指没有一个确定的指称对象，发话人自己也无法辨认或无法给出信息。拉祜熙话中"一+量词"结构后无后置词作标记。下面一组例句也是在数量结构后加后置词表特指。

ka²⁴	ɕe³¹	tɛ⁵³	te⁵³	da²¹	ga⁵³	qo³³,
事情	这	一	做	好	好	想

tsʰɔ³³	ni⁵³	ɣa⁵³	nɔ³¹xɔ³³	qɔ²¹	ɣa³³	tɕa³³	ɕe³¹	a³¹.
人	两	个	OM	再	得	找	还	IND

208. 这件事情要想做好，还得有两个人。（特指）。

ka²⁴	ɕe³¹	tɛ⁵³	te⁵³	da²¹	ga⁵³	qo³³	
事情	这	一	做	好	好	想	
tsʰɔ³³	ni⁵³	ɣa⁵³	qɔ²¹	ɣa³³	tɕa³³	ɕe³¹	a³¹.
人	两	个	再	得	找	还	IND

209. 这件事情要想做好，还得再加两个人。（非特指）

第一个例句中"两个人"tsʰɔ³³ni⁵³ɣa⁵³结构之后带有标记 nɔ³¹xɔ³³，这里的名词语有确定且唯一的指称对象，只是发话人出于主或客观原因没有透露出过多信息，只给受话人传递了发话人想传递的核心信息。此时，发话人自己可以识别指称对象，而受话人不能掌握指称对象的具体所指；第二个例句中"两个人"tsʰɔ³³ni⁵³ɣa⁵³结构之后没有任何标记，发话人的意图只是告知受话人这件事，不需要受话人知道指称对象的具体所指，尽量减少信息量，所以使用不带标记的形式就足够了。

4.6　领属结构修饰名词

领属结构表达的是领属关系，其核心语义是表达所有权关系（ownership），亲属关系（kinship）以及整体—部分关系（whole-part），另外还有社会关系及处所的领有等也可看成领属关系。

4.6.1　领属结构的基本构成

拉祜熙方言没有专用的领属代词，也没有领属格形式，但有普遍性属于语义概念的领属，能用于领属结构的标记主要有两类：泛用定语标记 ve³³和指示词兼作标记。拉祜熙的领属标记 ve³³和汉语普通话的"的"相似，它们都既有黏着性又有分析性。领属结构的组成部分主要有两个：领有者（Possessor，以下简称 Pr）和被领有者（Possessed，以下简称 Pd）。拉祜熙话的领属结构主要有以下几种：1、Pr+ve³³+Pd；2、Pr+Pd；3、Pd+DEM

4.6.1.1　带标记领属结构　Pr+ve³³+Pd

这是拉祜熙方言领属结构中最广泛使用的一种结构，分为以下几种具体情况。

第一，Pr 为代词，Pd 为指人名词：

zɔ⁵³	ve³³	za⁵³pa³¹		她的儿子
他	POSS	儿子		她的儿子
i²⁴	ve³³	qʰa⁵⁴ɕɛ³³		他们的头人
他们	POSS	头人		他们的头人

第二，Pr 为代词，Pd 为普通名词：

ŋa³¹	ve³³	su³¹tɕʰi³³	
我	POSS	牙齿	我的牙齿
ŋɤ³¹	ve³³	qʰa⁵⁴	
我们	POSS	村寨	我们的村寨

第三，Pr 为代词，Pd 为处所词：

nɔ³¹	ve³³	qʰa⁵³nɔ³¹	
你	POSS	后面	你的后面
ni³¹	ve³³	ɣɯ⁵³sʅ³¹	
你们	POSS	前面	你们的前面

第四，Pr 为指人名词，Pd 为指人名词：

tsa³¹la⁵³	ve³³	za⁵³pa³¹	
扎拉	POSS	儿子	扎拉的儿子
tsa³¹la⁵³	ve³³	ɔ³¹vi²⁴ɔ³¹ŋa²⁴	
扎拉	POSS	亲戚	扎拉的亲戚

第五，Pr 为指人名词，Pd 为普通名词：

tsa³¹la⁵³	ve³³	li²¹pɤ⁵³	扎拉的书
扎拉	POSS	书	
tsa³¹la⁵³	i²⁴	ve³³	la²¹qɔ³¹
扎拉	他们	POSS	手	扎拉他们的手

第六，Pr 为指人名词，Pd 为处所词：

nɔ³¹vi²⁴ma³³	ve³³	ɣɯ⁵³sʅ³¹fu⁵³	
你姐姐	POSS	对面	你姐姐的对面
tsa³¹la⁵³	i²⁴	ve³³	la³¹fa³¹fu⁵³
扎拉	他们	POSS	左边	扎拉他们的左边

第七，Pr 为普通名词，Pd 为普通名词：

ɔ³¹kɔ³³	ve³³	ɔ³¹xu⁵⁴	
瓶子	POSS	盖	瓶子的盖
qʰa⁵⁴	ve³³	la⁵³mi³¹	
村寨	POSS	门	村寨的门

但是，和汉语普通话略有不同的是拉祜纳方言和拉祜熙方言中，Pd 为人名时，领有者 Pr 只能倾向于用复数人称代词允当，不太能接受单数人称代词、人名、集体或非集体指人名词，例如：

ŋɤ³¹	ve³³	tsa³¹la⁵³			
我们	POSS	扎拉			我们的扎拉
? ŋa³¹	ve³³	tsa³¹la⁵³			
我	POSS	扎拉			? 我的扎拉
?na³³pʰɤ³¹	ve³³	tsa³¹la⁵³			
娜迫	POSS	扎拉			? 娜迫的扎拉
?zɔ⁵³	te⁵³	zɛ³¹	ve³³	tsa³¹la⁵³	
他	一	家	POSS	扎拉	他家的扎拉
?zɔ⁵³	u³³tsɿ²⁴pa³¹	ve³³	tsa³¹la⁵³		
他	舅舅	POSS	扎拉		? 他舅舅的扎拉
?zɔ⁵³	u³³tsɿ²⁴pa³¹	te⁵³	zɛ³¹	ve³³	tsa³¹la⁵³
他	舅舅	一	家	POSS	扎拉　他舅舅家的扎拉

以上打问号的结构均很难让母语人接受，因为在拉祜族的文化语境中，很难出现一个人完全领有另一个人的情况。领有人时，只有在 Pd 为亲属称谓时才合法，如：

na³³pʰɤ³¹	ve³³	a³³kɔ³³	
娜迫	POSS	哥哥	娜迫的哥哥

综上所述，除了 Pr 为指人名词，Pd 为亲属称谓这种情况外，如 Pr 是由单数或个体充当时，表达个体领属关系；如 Pr 是由复数或集体充当时，表达共同领属关系。

下面，我们再来看看 Pr 为指人名词，Pd 为亲属称谓这种情况。Pr 由单数或个体充当时，仍表达个体领属关系；但 Pr 为集体名词时分以下几种情况：

第一，Pd 是单人领有的亲属称谓词时，只能属于个体领属关系。

na³³pʰɤ³¹		ve³³	ɔ³¹pʰɔ³³	
娜迫		POSS	丈夫	娜迫的丈夫
*na³³pʰɤ³¹	i²⁴	ve³³	ɔ³¹pʰɔ³³	
娜迫	她们	POSS	丈夫	*娜迫她们的丈夫
tsa³¹la⁵³		ve³³	ɔ³¹mi⁵³	
扎拉		POSS	妻子	扎拉的妻子
*tsa³¹la⁵³	i²⁴	ve³³	ɔ³¹mi⁵³	
扎拉	他们	POSS	妻子	*扎拉他们的妻子

第二，Pd 是多人领有亲属称谓词时，既可以表达集体领属关系，又可以表达个体领属关系。

na³³pʰɣ³¹		ve³³	a³³kɔ³³	
娜迫		POSS	哥哥	娜迫的哥哥
na³³pʰɣ³¹	i²⁴	ve³³	a³³kɔ³³	
娜迫	她们	POSS	哥哥	娜迫她们的哥哥
tsa³¹la⁵³		ve³³	za⁵³pa³¹	
扎拉		POSS	儿子	扎拉的儿子
tsa³¹la⁵³	i²⁴	ve³³	za⁵³pa³¹	
扎拉	他们	POSS	儿子	扎拉他们的儿子

4.6.1.2　并置结构 Pr+Pd

拉祜熙方言可用无标记的并置领属结构"Pr+Pd",主要有以下几类:1、Pd 为亲属—集体名词;2、Pd 为人名;3、Pd 为处所词。

4.6.1.2.1　Pd 是亲属—集体名词

亲属—集体名词是指亲属关系名词以及表示社会关系、角色、群体和机构的名词。

1. Pd 为指人关系名词

拉祜熙方言中当 Pd 为指人关系名词时,只允许由人称代词或充当 Pr 构成无标记领属关系。下面就这两种情况分别进行讨论。

第一种情况:Pr(人称代词)+Pd(指人关系名词),除单人领有的亲属称谓词(丈夫和妻子)外,Pr 既可以是单数人称代词又可以是复数人称代词。如:

ŋa³¹	a³³ta³³		nɔ³¹	vi²⁴ma³³	
我	爷爷	我爷爷	你	姐姐	你姐姐
ŋɣ³¹	a³³ta³³		ni³¹	a³³kɔ³³	
我们	爷爷	我们爷爷	你们	哥哥	你们哥哥
zɔ⁵³	ɔ³¹mi⁵³		i²⁴	za⁵³pa³¹	
他	妻子	他妻子	他们	儿子	他们儿子

可让度领属与不可让度领属这一对立可能影响领属关系标记的类型。张敏(1998)指出汉语表现出"亲属关系或身体部分一般物件"的序列。同汉语相同,拉祜熙方言也表现出此序列"代词+名词",亲属关系更容易用省略标记[ve³³]直接组合的领属关系,即由代词与核心名词直接组合。另外,有拉祜语中用 ŋa³¹ 表达有血缘关系的 Pr,用 a³¹ 表达无血缘关系的 Pr。ŋa³¹vi²⁴ma³³ 表示在同一家庭中与自己有血缘关系的姐姐或关系特别亲密的干姐姐,而 a³¹vi²⁴ma³³ 可以用于任何与自己无血缘关系的年长于自己的女性。除"父亲""母亲"和单人领有的亲属称谓词"丈夫""妻子"以外的亲属称谓都适用此项规则。

ŋa³¹	vi²⁴ma³³			a³¹	vi²⁴ma³³	
我	姐姐	我姐姐		前缀	姐姐	阿姐
ŋa³¹	ŋa²⁴pa³¹			a³¹	ŋa²⁴pa³¹	
我	弟弟	我弟弟		前缀	弟弟	阿弟

第一人称或第二人称与第三人称或指人名词领有的亲属称谓词是"父或母"时，选用的亲属称谓词不同，而其他亲属称谓词没有这种现象。如下所示：

ŋa³¹/ɔ³¹	a³³ma³³		ŋa³¹/ɔ³¹	a³³tɛ³³	
我/你	妈妈	我/你妈妈	我/你	爸爸	我/你爸爸
zɔ⁵³/tsa³¹la⁵³	ɔ³¹zi³¹		zɔ⁵³/tsa³¹la⁵³	ɔ³¹pa²¹	
他/扎拉	妈妈	他/扎拉妈妈	他/扎拉	爸爸	他/扎拉爸爸

第二种情况，Pr（指人名词）+zɔ⁵³他+Pd（指人关系名词），同汉语一样，当 Pr 是由指人名词充当时，Pd 必须加第三人称代词"他"zɔ⁵³才能构成无标记领属，否则句子不合法。例如：

tsa³¹la⁵³	zɔ⁵³	a³³pa³¹	*tsa³¹la⁵³	a³³pa³¹	
扎拉	他	爸爸	扎拉	爸爸	扎拉他爸爸
na³³pʰɤ³¹	zɔ⁵³	za⁵³pa³¹	*na³³pʰɤ³¹	za⁵³pa³¹	
娜迫	他	儿子	娜迫	儿子	娜迫她儿子

从语义关系来看，"Pr+Pd"领属结构一般只表示个体领属，ŋa³¹我 a³³ta³³爷爷表达单个人的爷爷。如果表示共同领属，ŋɤ³¹我们 a³³ta³³爷爷的表达方式是非优势的，优势的表达方式直接为 a³³ta³³爷爷。

2. Pd 为社会机构

和汉语不同，拉祜熙方言中如 Pd 为部分人所在的社会机构如"学校、村寨、集市"等，构成并置领属结构时，Pr 不仅允许由复数人称代词充当，还允许单数人称代词充当。

ŋɤ³¹	li²¹xe⁵³kɯ³¹		ni³¹	qʰa⁵⁴	
我们	学校	我们学校	你们	村	你们村
i²⁴	li²¹ma³¹kɯ³¹				
他们	教室	他们教室			
ŋa³¹	li²¹xe⁵³kɯ³¹		nɔ³¹	qʰa⁵⁴	
我	学校	我学校	你	村	你村
zɔ⁵³	tʂɿ³³xo²⁴kɯ³¹				
他	集市	他集市			

Pr 无论为单数或复数人称代词都排斥领属标记 ve³³，如果单数人称代

词与 Pd 间加上领属标记 ve³³，意思略有变化，变为 Pr 可能是拥有 Pd 的产权或领导职位之人。比较下面的句子：

zɔ⁵³	ve³³	qʰa⁵⁴	
他	POSS	村	他村子（他管理的村子）

zɔ⁵³	qʰa⁵⁴	
他	村	他的村子（他居住的村子）

zɔ⁵³ve³³qʰa⁵⁴，句中的"他"zɔ⁵³ 可能是拥有村长职位之人。而集市 tsʅ³³xo³⁵kɯ³¹和学校 li²¹xe⁵³kɯ³¹则并未明显表达出这样的意思，因为一般情况下不太可能出现某一个人开办一个集市或学校的情况。

4.6.1.2.2　Pd 为人名

和汉语不同，Pd 由人名充当时，Pr 不仅允许由复数人称代词充当，还允许单数人称代词充当，构成无标记领属结构。例如：

ŋɤ³¹	tsa³¹la⁵³		ŋa³¹	tsa³¹la⁵³	
我们	扎拉	我们扎拉	我	扎拉	我扎拉（我家的扎拉）

ni³¹	na³³pʰɤ³¹		nɔ³¹	na³³pʰɤ³¹	
你们	娜迫	你们娜迫	你	娜迫	你娜迫（你家的娜迫）

需要注意的是，ŋa³¹tsa³¹la⁵³和 nɔ³¹na³³pʰɤ³¹还可以表达"我是扎拉""你是娜迫"的意思。在拉祜熙方言里，此句既没有用叹词 zao³¹，又不习惯加系词 lɛ³¹，不能说成*ŋa³¹lɛ³¹tsa³¹la⁵³或*ŋa³¹tsa³¹la⁵³zao³¹，此点我们将在 6.5.4 节中详细讨论。

请看下面的例句：

ŋa³¹	tsa³¹la⁵³	tsʰu³³	dza⁵³.	
我	扎拉	胖	很	210. 我家的扎拉很胖。

nɔ³¹	na³³pʰɤ³¹	ŋɔ²⁴sa³³	dza⁵³.	
你	娜迫	漂亮	很	211. 你家的娜迫很漂亮。

拉祜熙方言中，以不加 ve³³的并置结构更显优势，[ŋa³¹tsa³¹la⁵³tsʰu³³dza⁵³]比[ŋa³¹ve³³tsa³¹la⁵³tsʰu³³dza⁵³]显得更自然。

4.6.1.2.3　Pd 为处所词

Pd 为处所词时，是否加标记 ve³³则表达了不同的意思。例如：

a2. ŋa³¹我	li²¹xe⁵³kɯ³¹学校		我学校（我读书的地方）
b2. ŋa³¹我	ve³³POSS	li²¹xe⁵³kɯ³¹学校	我的学校（学校是我开办的）
a3. nɔ³¹你	qʰa⁵⁴村		你村（你的村子）
b3. nɔ³¹你	ve³³POSS	qʰa⁵⁴村	你的村（可能此人为村长）

拉祜熙话中，表达汉语"我的学校"的意思时，不能加标记 ve³³；如加了标记则表达了"该学校是我开办"的意思。另外，Pd 由处所词充当，Pr

为指人或物名词时，表达了空间领有关系，既允许有标记领属又允许无标记领属。例如：

ŋa³¹	（ve³³）	qʰa⁵³nɔ³¹	
我	POSS	后面	我（的）后面
ni³¹	（ve³³）	ɣɯ⁵³sl̩³¹	
你们	POSS	前面	你们（的）前面
tsa³¹la⁵³	（ve³³）	la³¹fa³¹fu⁵³	
扎拉	POSS	左边	扎拉（的）左边
a³³ta³³	（ve³³）	ɔ³¹pa⁵³	
爷爷	POSS	附近	爷爷他们（的）附近
pʰɯ⁵³	（ve³³）	qʰa⁵³nɔ³¹	
狗	POSS	后面	狗（的）后面
ku²¹	（ve³³）	ɔ³¹xɔ²⁴te³³fu⁵³	
床	POSS	下面	床（的）下面

4.5.1.3　指示词作连接成分的领属结构 Pd+DEM

拉祜熙方言还可以用指示词"这"ɕe³¹、"那"o⁵³作连接成分构成领属结构。例如：

tsʰɔ³³	ɕe³¹	
人	这	这人
mu⁵³mi³¹	o³³	
地方	那	那地方
ta³³qo³¹	tɕʰi³¹ve³³	
柜子	这个	这个柜子
ŋɛ³³mɤ³³kɯ³¹	o⁵³ve³³	
椅子	那个	那个椅子

4.6.2　亲属—集体关系领属的表达

4.6.2.1　特殊的领属关系

4.6.2.1.1　包括领属和排除领属

汉语普通话是有排除式和包括式的语言，与此不同，拉祜熙方言的第一人称复数没有包括式与排除式的对立，"我们"ŋɤ³¹既可表达包括式又表达排除式。

zɔ⁵³	ɔ³¹	tsa⁵³	bvu³¹,	ŋɤ³¹	tsa³³	tsa⁵³	a³¹	vɤ³¹.
他	饭	吃	饱	我们	找	吃	IND	OPT

212. 他吃过饭了，我们去吃吧。

zɔ^{53}　ɔ^{31}　a^{53}　tsa^{53}　ɕe^{31},　ŋɤ^{31}　tsa^{33}　tsa^{53}　a^{31}　vɤ^{31}.

他　饭　NEG　吃　还　我们　找　吃　IND　OPT

213. 他还没吃饭，咱们去吃吧。

由于拉祜熙话中复数第一人称代词没有包括与排除的区别，所以领属结构也没有相应的区别。但由于拉祜熙方言在亲属称谓上有血缘关系和非血缘关系的区别，所以在领属结构上也略有区别。如两个人同时拥有一个爷爷时可以问："扎拉，爷爷在家吗？" tsa^{31}la^{53}_{扎拉} a^{33}ta^{33}pa^{31}_{爷爷} zɛ^{31}_家 qʰɔ^{33}_里 tɕʰɔ^{33}a^{31}ve^{33}_{PROG}la^{31}_{INTER}；如果对话双方不是同一个爷，就要在亲属称谓前加上表示与自己有血缘的词 ŋa^{31}_我，且去掉统称前缀 a^{33}，即 ŋa^{31}_我ta^{33}pa^{31}_{爷爷}。

4.6.2.1.2　分配性领属

唐正大（2014）指出"共同领有"和"分配性领有"是领属关系中一个重要的类型学参项。拉祜熙方言没有单独的形式表达分配性领属。

1. 当 Pd 是单人领有的亲属称谓词"丈夫""妻子"时，可用"Pr+Pd"领属结构。例如：

i^{24}　ɔ^{31}pʰɔ^{33}　tɕa^{31}　so^{33}　ti^{33}　tɕi^{21}　gɯ^{31}　po^{31}.

他们　丈夫　田　都　种　去　去　PERF

214. 他们的丈夫都去插秧了。

ni^{31}　ɔ^{31}mi^{53}　ɣɔ^{53}tɕa^{31}　so^{33}　ti^{33}　tɕi^{21}　gɯ^{31}　po^{31}.

你们　妻子　菜　都　种　去　去　PERF

215. 你们的妻子都去种菜了。

2. 当 Pd 是非单人领有的亲属称谓词时，则要采用其他的形式。例如：

ŋɤ^{31}　te^{53}　pa^{33}　li^{21}xi^{53}za^{53}　qʰa^{33}pɤ^{31}　ni^{53}tɕʰi^{33}　ɣa^{53}

我们　一　班　学生　一共　二十　位

tsɔ^{33},　i^{24}　ɔ^{31}pa^{31}　qʰa^{33}pɤ^{31}　ge^{33}　xa^{33}qɔ^{53}pa^{31}.

有　他们　爸爸　都　一起　农民

216. 我们班共有 20 个学生，他们的爸爸都是农民。

我们再看下面的一句，"?扎拉和娜迫的朋友是农民。"此句在汉语中是有歧义的，歧义在于"朋友"是扎拉和娜迫"共同领有"还是"个人领有"的问题。在拉祜熙方言中，此句同样是歧义句。那么，如果是共同领有，表达方式应该如下：

tsa^{31}la^{53}　lɛ^{33}　na^{33}pʰɤ^{31}　i^{24}　ve^{33}　ɔ^{31}tsʰɔ^{53}　lɛ^{31}　xa^{33}qɔ^{53}pa^{31}.

扎拉　CONJ　娜迫　他们　POSS　朋友　COP　农民

217. 扎拉和娜迫（他们）的朋友是农民。

在共同领有的两个人后面加上复数人称代词构成同位结构后就避免了歧义。

4.6.2.2　几种亲属—集体领属表达的差别

带标记结构"Pr+ve³³+Pd"和并置结构"Pr+Pd"结构在语义、指称和句法上存在区别。

4.6.2.2.1　语义上的差别

第一,"Pr+ve³³+Pd"是典型的领属结构,后面一般不加同位结构。而"Pr+Pd"更像确定指标,类似于专名,主要功能是充当论元成分,后面可以加同位结构。下面两个例句中 b 组句比 a 组句合法:

*ŋa³¹	ve³³	a³³ta³³	ɕe³¹	te³³	ya⁵³	fa³¹pʏ²⁴	dʑa⁵³.
我	POSS	爷爷	这	一	位	节俭	很

218a. *我的爷爷这个人很节俭。

ŋa³¹a³³ta³³		ɕe³¹	te³³	ya⁵³	fa³¹pʏ²⁴	dʑa⁵³.
我爷爷		这	一	位	节俭	很

218b1. 我爷爷这个人很节俭。

ŋa³¹a³³ta³³		zɔ⁵³	fa³¹pʏ²⁴	dʑa⁵³.
我爷爷		他	节俭	很

218b2. 我爷爷他很节俭。

ŋa³¹a³³ta³³	zɔ⁵³	ɕe³¹	te³³	ya⁵³	fa³¹pʏ²⁴	dʑa⁵³
我爷爷	他	这	一	位	节俭	很

218b3. 我爷爷他这个人很节俭。

第二,"Pr+ve³³+Pd"还用于强调领属关系。

zɔ⁵³	lɛ³¹	ŋa³¹	ve³³	u³³tsʅ²⁴pa³¹,	nɔ³¹	ve³³	u³³tsʅ²⁴pa³¹	a⁵³	xe⁵⁴.
他	COP	我	POSS	舅舅	你	POSS	舅舅	NEG	INTJ

219. 他是我的舅舅,不是你的舅舅。

第三,"Pr+ve³³+Pd"用于一些主观表情性的领属结构,表达感叹、无奈等。Pr 仅限于第一人称代词,标记 ve³³前可加修饰成分。和汉语不同的是,标记前的修饰成分不仅可以是部分形容词还可以是副词 dʑa⁵³很。如"我的好奶奶呀,你怎么去得这么早呀!"一句中"我的好奶奶"ŋa³¹我 da²¹好 dʑa⁵³很 ve³³POSSa³³tsʅ²⁴奶奶;"我的好孩子,快回来呀!"一句中"我的好孩子"ŋa³¹我 tsʰɔ³³kʰɔ⁵³na³³puɯ²⁴乖 dʑa⁵³很 ve³³POSSza⁵³pa³¹孩子。

4.6.2.2.2　指称上的差别

"Pr+ve³³+Pd"可表非特指,而"Pr+Pd"结构可表特指。如一个未婚的男士提出对未来妻子的预期标准,因是非特指的,故只能用"Pr+ve³³+Pd"

结构。试比较下面的例句。

ŋa³¹	ve³³	ɔ³¹mi⁵³	a⁵³	ŋɔ²⁴sa³³	a⁵³	pʰɛ²¹.
我	POSS	妻子	NEG	漂亮	NEG	行

220a. 我的妻子要长得漂亮才行。

ˀŋa³¹	ɔ³¹mi⁵³	a⁵³	ŋɔ²⁴sa³³	a⁵³	pʰɛ²¹.
我	妻子	NEG	漂亮	NEG	行

220b.ˀ 我妻子要长得漂亮才行。

4.6.2.2.3　句法上的差别

第一，与汉语不同，虽然拉祜熙方言的"Pr+ve³³+Pd"和"Pr+Pd"结构均可受外延性定语的修饰，但"Pr+Pd"结构更为常用。例如：

a1.　　zɔ⁵³他 ve³³POSSu³³tsʅ²⁴pa³¹舅舅 ɛɛ⁵⁴三 ɣa⁵³位　　　　　　　　他的三个舅舅

b1.　　zɔ⁵³他 u³³tsʅ²⁴pa³¹舅舅 ɛɛ⁵⁴三 ɣa⁵³位　　　　　　　　　　他三个舅舅

a2.　　zɔ⁵³他 u³³tsʅ²⁴pa³¹舅舅 o³³那 te⁵³一 ɣa⁵³位　　　　　　　　他那个舅舅

b2.　　ˀzɔ⁵³他 ve³³POSSu³³tsʅ²⁴pa³¹舅舅 o³³那 te⁵³一 ɣa⁵³位　　　　他的那个舅舅

省略标记 ve³³ 的并置领属结构 a2 为优势结构。

第二，"Pr+Pd"和"Pr+ve³³+Pd"结构都可以受内涵性定语的修饰，如"扎拉在昆明的弟弟"，tsa³¹la⁵³扎拉 ɔ³¹ŋa²⁴pa³¹弟弟 kʰui³³mi²¹昆明 tɕʰɔ³³aˀ³¹ve³³PROGte⁵³一 ɣa³¹位；也可以说成 tsa³¹la⁵³扎拉 ve³³POSSɔ³¹ŋa²⁴pa³¹弟弟 kʰui³³mi²¹昆明 tɕʰɔ³³aˀ³¹ve³³PROGte⁵³一 ɣa³¹位；或者用同位语结构，tsa³¹la⁵³扎拉 zɔ⁵³他 ɔ³¹ŋa²⁴pa³¹弟弟 kʰui³³mi²¹昆明 tɕʰɔ³³aˀ³¹ve³³PROGte⁵³一 ɣa³¹位。又如"扎拉的调皮弟弟"，tsa³¹la⁵³扎拉 ɔ³¹ŋa²⁴pa³¹弟弟 ɣu⁵³调皮 dza⁵³很；也可以说成 tsa³¹la⁵³扎拉 ve³³POSSɔ³¹ŋa²⁴pa³¹弟弟 ɣu⁵³调皮 dza⁵³很；或用同位语结构 tsa³¹la⁵³扎拉 zɔ⁵³他 ɔ³¹ŋa²⁴pa³¹弟弟 ɣu⁵³调皮 dza⁵³很。

第三，"Pr+ve³³+Pd"结构中的 Pd 可以自由地的扩展为两类并列结构，而"Pr+Pd"结构中的 Pd 不能。

tsa³¹la⁵³	ve³³	ɔ³¹vi²⁴pa³¹	lɛ³³	ɔ³¹ŋa²⁴pa³¹	
扎拉	POSS	哥哥	CONJ	弟弟	扎拉的哥哥和弟弟

*tsa³¹la⁵³	ɔ³¹vi²⁴pa³¹	lɛ³³	ɔ³¹ŋa²⁴pa³¹	
扎拉	哥哥	CONJ	弟弟	*扎拉哥哥和弟弟

4.6.3　所有权关系领属的表达

4.6.3.1　是否用标记的差异

比较下面的几个例句：

zɔ⁵³	zu³¹	ve³³	lɛ³¹	ŋa³¹	ve³³	mi³¹gɯ³¹,	nɔ³¹	ve³³	mi³¹gɯ³¹
他	要	转指	COP	我	POSS	土地	你	POSS	土地

a⁵³	xe⁵⁴.
NEG	INTJ

221. 他要的是我的土地，不是你的土地。

zɔ⁵³	zu³¹	ve³³	lɛ³¹	ŋa³¹	ve³³	mi³¹gɯ³¹	o³³	te⁵³	pi⁵⁴,
他	要	转指	COP	我	POSS	土地	那	一	块

nɔ³¹	ve³³	mi³¹gɯ³¹	o³³	te⁵³	pi⁵⁴	a⁵³	xe⁵⁴.
你	POSS	土地	那	一	块	NEG	INTJ

222. 他要的是我的那块土地，不是你的那块土地。

ˀzɔ⁵³	zu³¹	ve³³	lɛ³¹	ŋa³¹	mi³¹gɯ³¹	o³³	te⁵³	pi⁵⁴,
他	要	转指	COP	我	土地	那	一	块

nɔ³¹	mi³¹gɯ³¹	o³³	te⁵³	pi⁵⁴	a⁵³	xe⁵⁴.
你	土地	那	一	块	NEG	INTJ

223. 他要的是我那块土地，不是你那块土地。

第二句话，同汉语一样，可以在 Pd 前加数量成分。

第三句话，和汉语不同，汉语中去掉标记"的"后该句依旧成立，但在拉祜熙方言中去掉标记 ve³³ 后，为非优势语，这点同吴语柯桥话类似（盛益民 2014 年）。

4.6.3.2　是否用指示词的差异

zɔ⁵³	ve³³	ti³³mi³³	mɛ⁵³	dʑa⁵³.	
他	POSS	水田	多	很	224a.他的水田很多。

zɔ⁵³	o³³	ti³³mi³³	mɛ⁵³	dʑa⁵³.	
他	那	水田	多	很	224b1.ˀ他那水田很多。

*zɔ⁵³	o³³	ve³³	ti³³mi³³	mɛ⁵³	dʑa⁵³.	
他	那	POSS	水田	多	很	224b2.*他那的水田很多。

zɔ⁵³	o³³kʰo³³	ti³³mi³³	mɛ⁵³	dʑa⁵³.	
他	那里	水田	多	很	224c1.*他那里水田很多

zɔ⁵³	o³³kʰo³³	ve³³	ti³³mi³³	mɛ⁵³	dʑa⁵³.	
他	那里	POSS	水田	多	很	224c2.他那里的水田很多。

zɔ⁵³	ve³³	o³³	ti³³mi³³	mɛ⁵³	dʑa⁵³.	
他	POSS	那	水田	多	很	224d.*他的那水田很多。

从以上例子可以看出，用指示词 o³³那时排斥标记 ve³³，b2 和 d 不合法。

4.7　内涵性定语

刘丹青（2008）将定语分为"外延性定语"和"内涵性定语"，前文所论述的指量定语、数量定语、领属定语等都属外延性定语。本节我们将讨论拉祜熙方言的内涵性定语。内涵性定语是同实词性或开放性词类充当，是给整个名词语增加词汇性语义要素（即内涵）的定语，包括描写性和限定性定语，由名词、区别词、形容词、动词、介词短语及定语从句等充当。①

4.7.1　组合式内涵性定语

拉祜熙方言组合式内涵定性定语为带关系标记 ve³³ 的定中结构。

1. 形容词充当修饰语

ɕi³¹pɤ³³te³³pɤ²⁴		ve³³	tsʰɔ³³		
聪明		RM	人		聪明的人
ni³³		ve³³	sๅ⁵⁴ve⁵⁴		
红		RM	花		红色的花
da²¹pɤ²⁴	dza⁵³	ve³³	za³³mi⁵³xa²⁴		
漂亮	很	RM	姑娘		很漂亮的姑娘
ŋɔ²⁴sa³³	dza⁵³	ve³³	sๅ⁵⁴ve⁵⁴		
美丽	很	RM	花		很美丽的花儿

2. 名词充当修饰语

lɔ³¹nɛ²⁴	（ve³³）	a³³ka⁵⁴		
小河	RM	水		小河的水
za²¹ni³³	ve³³	tʰɛ²⁴ɣu⁵³		
今天	RM	戏		今天的戏

3. 动词充当修饰语

na³¹qʰa⁵³		ve³³	tsʰɔ³³mɔ⁵³		
呻吟		RM	老人		呻吟的老人
pʰɛ²¹	tɔ⁵⁴	la³³	ve³³	a³³ka⁵⁴	
溅	出	SUF	RM	水	溅出的水
pʰe⁵³	a³¹	ve³³	dʑๅ³³pʰe⁵³		
编	CON	RM	辫子		编的辫子

---

①　刘丹青：《汉语名词性短语的句法类型特征》，《中国语文》2008 年第 3 期。

4. 状态词做修饰语时，必须加标记 ve³³构成组合式定中结构，不能无标记构成黏合式定中结构。

pʰu³³	lɛ⁵³	ve³³	a³³po²¹	
白	CRS	RM	衣服	雪白的衣服

pa⁵³	lɛ⁵³	ve³³	sa³¹	
薄	CRS	RM	肉	薄薄的肉

ni³³	lɛ⁵³	ve³³	mɛ⁵⁴qʰa³³	
红	CRS	RM	眼睛	红通通的眼睛

na⁵⁴	kʰɤ³¹	lɛ⁵³	ve³³	pʰa³³ɕi⁵⁴tu³¹	
黑	漆	CRS	RM	抹布	黑漆漆的抹布

5. 小句做修饰语时，必须加标记 ve³³构成组合式定中结构，不能无标记构成黏合式定中结构。

tsʰɔ³³	pfu⁵³	a³¹	ve³³	ku⁵³	
人	背	CON	RM	东西	人背过来的东西

tsa³¹la⁵³	tɕa³¹	ve³³	va²¹	
扎拉	喂	RM	猪	扎拉喂的猪

li²¹	ɣo³³	ve³³	za⁵³nɛ²⁴	
书	读	RM	孩子	读书的孩子

xu²⁴ve³³	a³¹	ve³³	a³³po²¹	
晒	CON	RM	衣服	晒着的衣服

ɔ³¹sŋ²⁴	vɤ³¹	a³¹	ve³³	xa²¹	
新	买	CON	RM	裤子	新买的裤子

4.7.2　黏合式内涵性定语

1. 形容词直接修饰名词构成黏合式内涵性定语，形容词与中心词多为单音节性质。例如：

ŋa⁵³	ɯ³¹	大鱼（比较大的）	ŋa⁵³	nu²⁴	大鱼（特大的）
鱼	大		鱼	大	
zɛ³¹	mu³³	高楼	qʰɔ³³	mu³³	高山
房	高		山	高	
tsʰɔ³³	da²¹	好人	pʰa³³	ni³³	红布
人	好		布	红	

2. 名词直接修饰名词构成黏合式内涵性定语，如：

la²⁴tsʰa³³	tsʰɔ³³	澜沧人	pʰa³³	kɛ³¹	布鞋
澜沧	人		布	鞋	

sı⁵⁴tʰɛ³³pɯ³³　　　　　　ta³³qo³¹

木头　　　　　　　　柜子　　　　　　　　木头柜子

3. 动词修饰名词构成黏合式内涵性定语，如：

va²¹sa³¹　　　tɕʰi⁵⁴　　　　　　　　　　ɔ³¹pa³³　　te³¹

猪肉　　　烤　　　烤猪肉　　　　　　粑粑　　舂　　春粑粑

ta²⁴zo³³　　　zo³³　　　　　　　　　　　ti²⁴ɕi³¹　　mɯ⁵⁴

秋千　　　荡　　　荡秋千　　　　　　口哨　　吹　　吹口哨

黏合式定语的指称属性同光杆名词相似。

4.8　修饰语的共现与语序

　　Greenberg（1963）《某些主要跟语序有关的语法共性》（陆丙甫译）一文中共性 21 指出：如果某些或所有副词后置于它们所修饰的形容词，那么这种语言中的形容词也后置于名词，而且以动词前置于名词性宾语为优势语序。拉祜熙方言是 SOV 语言，使用后置词，副词后置于所修饰性的形容词，如"很胖的猪"tsʰu³³胖 dʑa⁵³很 ve³³RMva²¹猪；"很漂亮的姑娘"ŋɔ²⁴sa³³漂亮 dʑa⁵³很 ve³³RMʑa³³mi⁵³nɛ²⁴小女孩；"这里的玉米长得很好。"sɔ³¹ɕe³³这里 ve³³RMa³³sa³³玉米 da²¹好 dʑa⁵³很。形容词既有后置于名词的情况，也有位于中心词之前的情况。如：

gɔ³¹　　kɯ³¹　　nu³³tɕa⁵⁴le²⁴　　kɯ³¹　　ve³³　　zɛ³¹　　qʰɔ³³

冷　　地方　　潮湿　　　　　处　　　RM　　房间　　里

225. 阴冷潮湿的房间。

　　形容词短语和形容词的句法功能存在差别，各语言中形容词最原型的句法功能是不带标记作名词定语。如："黑狗"pʰɤ⁵³狗 na⁵⁴黑；"小鸟"ŋa⁵⁴鸟 zɛ⁵³小；而直接作定语的形容词是不能扩展的，必须在定语后加标记 ve³³，如"泥泞的路"u³³nɛ⁵⁴de³³泥泞 ve³³RM za³¹qɔ³³路；"硬的石头"dʑa⁵³硬 ve³³RM xa²⁴pɯ³³ɕi³¹石头。另外，关于形容词短语的结构，详见第 4.8.3 重成分移位。

4.8.1　多项黏合式定语共现的语序

　　拉祜熙方言中超过两项的多项黏合式内涵性定语共现的情况较少，且形容词后置和前置于中心名词的两种语序都有。如：

pʰa³³　　na⁵⁴　　a³³po²¹

布　　　黑　　　衣服　　　　　　　　黑色布上衣

dʑe²¹　　kʰɛ⁵³　　pi²¹

土	碗	旧	旧土碗

a³³sa³³	nu⁵³	nɛ²⁴
玉米	嫩	小	小嫩玉米

汉语普通话的所有修饰语均位于名词之前，这种现象在世界语言中并不占多数，与日语同属 SOV 语序类型的拉祜语，修饰语的语序也不尽在名词之前。如数词、量词、指示词、部分表属性的词、副词作定语等都在名词之后。如"旧土碗"dʑe²¹₊khɛ⁵³碗pi²¹旧，修饰语 dʑe²¹和修饰语 pi²¹旧分别位于中心名词的两端；而"小嫩玉米"a³³sa³³玉米 nu⁵³嫩 nɛ²⁴小中修饰语 nu⁵³嫩和 nɛ²⁴小均后置于中心名词。上文 4.7.2 中涉及数量、指量结构时，也将数词、量词及指示词后置于核心。

4.8.2 多项定语共现的语序

在不同语言中，多项修饰语共现时，修饰语间的排列规则既有着相同的规律，也有着各自语言的个性特点。从跨语言的角度看，影响因素主要有两点：第一，修饰语与名词核心的关系紧密度是影响较大的因素，越是语义上接近核心的，位置上越靠近核心。第二，内在的、恒久的属性的修饰语更靠近核心名词，而外在的、临时的属性的修饰语离核心较远。此外，音节韵律、黏合式或组合式的定语区分也会影响修饰语的语序。拉祜熙方言多项定语共现时的语序也基本遵循上述规律，如下所示：

领属语+颜色+质料+中心名词+外观+数量

ŋa³¹	ve³³	phɯ²⁴lɛ⁵³	ve³³	sa³³	la⁵³	a³³po²¹	ga³¹la²¹	te³³	qho⁵³.
我	POSS	灰色	RM	棉	CRS	衣服	花	一	件

226. 我的一件灰色的带花纹的棉质衣服。

4.8.2.1 领属定语总是位于修饰语和中心名词前。

ŋa³¹	ve³³	a³³po²¹	o³³	te³³	qho⁵³.	
我	POSS	衣服	那	一	件	227. 我的那件衣服。

zɔ⁵³	ve³³	dʑŋ³¹	khɛ⁵³	ni⁵³	a³¹.	
他	POSS	酒	杯	二	个	228. 他的两个酒杯。

4.8.2.2 标记 ve³³

汉语多项定语共现时语序有 2 种，既可以说"白的圆石头"也可以说"圆的白石头"，即标记"的"放在第一个修饰词后，而拉祜熙方言的标记 ve³³只能放在两个修饰词后，且形容词后需加状态词后缀 lɛ⁵³变成状态词。如：

ɣɔ³³	lɛ⁵³	phu³³	lɛ⁵³	ve³³	xa²⁴pɯ³³ɕi³¹	
圆	CRS	白	CRS	RM	石头	圆白的石头

pʰu³³	lɛ⁵³	ɣɔ³³	lɛ⁵³	ve³³	xa²⁴pɯ³³ɕi³¹	
白	CRS	圆	CRS	RM	石头	白圆的石头

4.8.2.3　数量短语

"我新买的两条黑色的小狗"一句在汉语普通话中，数量短语可以变换位置，"我新买的黑色的两条小狗"或"两条我新买的黑色的小狗"均合法。但在拉祜熙话中数量短语的位置却没有这么灵活，以下例句中 b 句和 c 句不合法。

a.

ŋa³¹	ɔ³¹sʅ²⁴	vɣ³¹-	a³¹ve³³	na⁵⁴	lɛ⁵³	ve³³	pʰɯ⁵³	za⁵³nɛ²⁴	ni⁵³	kʰɛ³³
我	新	买	PAST	黑	CRS	RM	狗	幼崽	二	条

b.

*ŋa³¹	ɔ³¹sʅ²⁴	vɣ³¹-	a³¹ve³³	ni⁵³	kʰɛ³³	na⁵⁴	lɛ⁵³	ve³³	pʰɯ⁵³	za⁵³nɛ²⁴
我	新	买	PAST	二	条	黑	CRS	RM	狗	幼崽

c.

*ni⁵³	kʰɛ³³	ŋa³¹	ɔ³¹sʅ²⁴	vɣ³¹-	a³¹ve³³	na⁵⁴	lɛ⁵³	ve³³	pʰɯ⁵³	za⁵³nɛ²⁴
二	条	我	新	买	PAST	黑	CRS	RM	狗	幼崽

4.8.2.4　指量短语

汉语中"我新买的<u>那条</u>黑色小狗"一句，可以将指量短语"那条"前移，变成"<u>那条</u>我新买的黑色小狗"或"我<u>那条</u>新买的黑色小狗"，但在拉祜熙话中，它们的位置不可移动，a 和 b 两组句子中，第 1 句均为合法句，而第 2 句和第 3 句不合法。

a1.

ŋa³¹	ɔ³¹sʅ²⁴	vɣ³¹-	a³¹ve³³	na⁵⁴	lɛ⁵³	ve³³	pʰɯ⁵³	za⁵³nɛ²⁴	o³³	te⁵³	kʰɛ³³
我	新	买	PAST	黑	CRS	RM	狗	幼崽	那	一	条

a2.

o³³	te⁵³	kʰɛ³³	ŋa³¹	ɔ³¹sʅ²⁴	vɣ³¹-	a³¹ve³³	na³³	lɛ⁵³	ve³³	pʰɯ⁵³	za⁵³nɛ²⁴
那	一	条	我	新	买	PAST	黑	CRS	RM	狗	幼崽

a3.

*ŋa³¹	o³³	te⁵³	kʰɛ³³	ɔ³¹sʅ²⁴	vɣ³¹-	a³¹ve³³	na³³	lɛ⁵³	ve³³	pʰɯ⁵³	za⁵³nɛ²⁴
我	那	一	条	新	买	PAST	黑	CRS	RM	狗	幼崽

b1.

ŋa³¹	ɔ³¹sʅ²⁴	vɣ³¹-	a³¹ve³³	pʰɯ⁵³	za⁵³nɛ²⁴	o³³	te⁵³.
我	新	买	PAST	狗	幼崽	那	一

b2.

*o³³	te⁵³	ŋa³¹	ɔ³¹sʅ²⁴	vɣ³¹-	a³¹ve³³	pʰɯ⁵³	za⁵³nɛ²⁴.
那	一	我	新	买	PAST	狗	幼崽

b3.

*ŋa³¹	o³³	te⁵³	ɔ³¹sʅ²⁴	vɣ³¹-	a³¹ve³³	pʰɯ⁵³	za⁵³nɛ²⁴.
我	那	一	新	买	PAST	狗	幼崽

指称和量化的定语只用来确定外延，无关内涵。而领属语虽然由名词充当，但也是外延起作用，而非内涵。所以领属语（我）、数量和指量结构离中心名词较远，而揭示内涵性的属性定语，如"黑的"na^{54}黑$lε^{53}$CRS、"花"$ga^{31}la^{21}$等就更靠近核心。另外，修饰语同现于一个名词短语时也存在相互排斥的情况，如部分量化词与指示词"这些"$sɔ^{31}ve^{33}$相排斥，而全量词和指示词"这些"$sɔ^{31}ve^{33}$不相排斥。如可以说"所有这些学生"$sɔ^{31}ve^{33}$这些$li^{21}xe^{53}za^{53}$学生$qʰa^{33}pɤ^{31}$全部，不能说"*部分这些学生"$sɔ^{31}ve^{33}$这些$li^{21}xe^{53}za^{53}$学生$te^{53}pε^{31}$部分；但无论全量词还是部分量化词与指示词"这"$ɕe^{31}$都不相排斥，既可以说"这全部学生"$li^{21}xe^{53}za^{53}$学生$ɕe^{31}$这$qʰa^{33}pɤ^{31}$全部，又可以说"这部分学生"$li^{21}xe^{53}za^{53}$学生$ɕe^{31}$这$te^{53}pε^{31}$部分。

4.8.3 重成分移位

重成分移位（Heavy shift），是指将较长和/或内部结构复杂的单位进行某种句法移位（movement）或置位（placement），以避免因成分过重而导致不和谐的句法现象。本书所关注的移位只指表层结构的移位（visible movement）关系，不涉及深层结构（D-structure）、逻辑式（Logic Form）层面和隐性成分的移位。英语有用移位将重成分调整在后的倾向，汉语的"把"字句也属于重成分移位的常用策略。拉祜熙话中也存在重成分移位的句法现象，可以移位的结构有形容词短语和作宾语的名词短语。

4.8.3.1 形容词短语

戴庆厦（2002）指出，景颇语及其他藏缅语中形容词修饰名词中有两种语序，"N+A"和"A+N"，前者主要用于构成定名复合词或一部分定名短语，是固有语序；后者主要用于结构较松散，有定语标记，长而复杂的形容词短语作定语的句法结构中，是后起的。拉祜语作为藏缅语中独立的一支语言，同样存在这种普遍现象。拉祜熙话的形容词短语存在两种语序：在后的修饰语轻成分，不带标记的"N+A"语序，如"黑狗"$pʰɤ^{53}$狗na^{54}黑、"小鸟"$ŋa^{54}$鸟$zε^{53}$小等等；在前的修饰语重成分带标记ve^{33}，如"很高的山"mu^{33}高dza^{53}很ve^{33}RM$qʰɔ^{33}$山、"美丽的花儿"$ŋɔ^{24}$舒服$sa^{33}$$dza^{53}$很$ve^{33}RMʂ̩^{54}ve^{54}$花等等。刘丹青（2017）认为，形容词短语作定语的两种语序并存，历史上恰好是由重成分移位形成的。在拉祜熙话中，拉祜熙话将重成分前移至核心名词之前，但仍在小句结构成分的内部，而不是结构的外围。重的成分位移的方向是前移（左移），与英语的重成分后移（右移）的方向正相反。

4.8.3.2 名词短语

作宾语的名词短语也是容易发生重成分移位的句法成分，汉语和英语相似，都是将重成分后移，而拉祜熙话正相反，是将修饰语重成分前移。

试比较下面两组例句：

na³³lɔ⁵³	tsa³¹la⁵³	a³¹	mɛ⁵⁴tɕʰɔ³³	pi⁵³	vi⁵³.
娜俅	扎拉	OM	包包	送	DIR

229. 娜俅送了扎拉包包。

na³³lɔ⁵³	ɔ³¹pa⁵³	qʰa⁵⁴	ve³³	da²¹	dza⁵³	ɔ³¹kʰa⁵⁴	mu³³	dza⁵³	ɯ³¹	dza⁵³
娜俅	旁边	村	RM	好	很	个头	高	很	大	很

ve³³	tsa³¹la⁵³	a³¹	mɛ⁵⁴tɕʰɔ³³	pi⁵³	vi⁵³.
RM	扎拉	OM	包包	送	DIR

230. 娜俅送了包包给邻村长相俊美、身材高大的扎拉。

例 230 句在汉语中是给予类双宾语结构句，直接宾语较短，而间接宾语过长，就需要将间接宾语移至直接宾语的后面并使用介词"给"。但拉祜熙话是将重成分前移至核心名词之前，且加关系化标记 ve³³。指示词做定语时，也可置于核心名词之后，与其他修饰成分分别位于名词的左右两端，构成框式结构。例如：

tsa³¹la⁵³	a³³mɔ⁵⁴qɔ³³	te³³	ɣa³³	tɕʰɛ³³nɛ³¹lɛ³³	ve³³	ŋɯ³¹	o³³ve³³	ŋa³¹
扎拉	昨天	做	得	刚	RM	芦笙	那些	我

ve³³	mɛ⁵⁴tɕʰɔ³³	qʰɔ³³	tsa³³	zu³¹	kɯ³³	la³¹.
POSS	包包	里	找	拿	放	着

231. 扎拉把昨天刚做好的那些芦笙放在我的包包里。

另外，宾语通过话题化前移至句首也是拉祜熙话将重宾语前移的策略之一。试比较下面的句子：

nɔ³¹	zɛ⁵³	pɣ³¹	po³¹	la³¹	tsa³¹la⁵³	nɔ³¹	a³¹	pi⁵³	la⁵³	ve³³	pʰu³³?
你	花	完	PERF	INTER	扎拉	你	OM	送	DIR	RM	钱

232. 你花了扎拉给你的钱没有？

tsa³¹la⁵³	nɔ³¹	a³¹	pi⁵³	la⁵³	ve³³	pʰu³³	nɔ³¹	zɛ⁵³	pɣ³¹	po³¹	la³¹?
扎拉	你	OM	送	DIR	RM	钱	你	花	完	PERF	INTER

233. 扎拉给你的钱你花了没有？

后句为话题结构，理解该句的时间要短于前句，拉祜语是话题显赫的语言，所以后一句的使用较前一句更为优势。

4.9　名词及名词短语的并列

拉祜熙方言用于名词及名词短语的并列标记是 lɛ³³，例如：

tsa³¹la⁵³	lɛ³³	na³³pʰɣ³¹		扎拉和娜迫
扎拉	CONJ	娜迫		

三项并列时，和汉语的标记"和"只倾向出现在最后两项之间不同，拉祜熙话的 lɛ³³，除了可以出现在最后两项之间外，可以同时出现在第一项和第二项的中间，如：

tsa³¹la⁵³	（lɛ³³）	na³³pʰɤ³¹	lɛ³³	tsa⁵³zɔ³¹	
扎拉	CONJ	娜迫	CONJ	扎约	扎拉、娜迫和扎约

拉祜语的并列标记属于居中型 AmB，且并列标记 lɛ³³靠近左面的并列项，与前一个并列项构成一个语音单位，即 Am-B 型，这点与汉语不同，和日语相同。如[a³³sa³³玉米 lɛ³³cM]pu⁵³tsʰ ɹ³³甘蔗，*a³³sa³³玉米[lɛ³³cMpu⁵³tsʰ ɹ³³]。这与日语结构一样，如日语中[toumorokosi 玉米 tocM]satoukibi 甘蔗，*toumorokosi 玉米[tocM]satoukibi 甘蔗。李占炳（2014）指出，居中型和第二位置型中的并列标记有可能前置也有可能后置，不可能绝对完全"中立"地插在并列项的中间。OV 语言倾向于后置并列标志。[①]刘丹青（2013）认为，前置连词和后置连词分别同前置介词和后置介词相和谐，连词的类型显著性体现了语序的和谐性。拉祜语是 SOV 语言，使用后置介词，连词类型也属于后置型。

多项并列时，也和汉语不同，标记 lɛ³³可以同时出现在每项的中间。如："集市上的物品很丰富，有牛肉、猪肉、玉米、辣椒和小番茄。"tsʅ³³xo²⁴kɯ³¹集市 ku⁵³物品 mɛ⁵³多 dza⁵³很, ŋu⁵³sa³¹牛肉 （lɛ³³和） va²¹sa³¹猪肉 （lɛ³³和） a³³sa³³玉米 （lɛ³³和） a⁵³pʰe²¹辣椒 lɛ³³和 pɔ³³le³¹ɕi³¹小番茄 lɛ⁵³这些 kɛ³³都 tɛɔ³¹有

4.10　同位结构

本节主要讨论名词及名词性短语组合而成的同位结构。

4.10.1　由名词构成的同位结构

拉祜熙方言中由名词构成的同位结构主要是"通名+专名"，是一种结构紧密而更接近于词的单位，多用于称呼，表达说话人对所称对象的尊敬或礼貌等。如：

li²¹ma²¹pa³¹	tsa³¹tʰɔ⁵³	
老师	扎妥	扎妥老师
qʰa⁵⁴ɕɛ³³	tsa³¹tʰɔ⁵³	
头人	扎妥	扎妥头人

而近些年，随着与汉语更广泛的接触，也产生了"专名（或部分专名）+通名"的结构，如某文化局局长叫扎迫，周围的人习惯性称他为 tsa³¹

---

① 李占炳：《并列结构的类型学研究》，博士学位论文，上海外国语大学，2014 年，第 38 页。

扎 tɕy²⁴局（汉借）扎局。而扎妥老师也可以说成 tsa³¹tʰɔ⁵³扎妥 li²¹ma²¹pa³¹老师；扎妥头人也可以说成 tsa³¹tʰɔ⁵³扎妥 qʰa⁵⁴ɕɛ³³头人。

4.10.2　由人称代词构成的同位结构

和汉语相似，拉祜熙话中所有人称代词都可以构成这类结构。但哪些类别的代词和名词类别组成有一定的区分。

第一，"单数人称代词+人名"组合，如"我扎拉"ŋa³¹我 tsa³¹la⁵³扎拉，但语序不可以改变，*tsa³¹la⁵³扎拉 ŋa³¹我不合法；也可以同第二人称和第三人称代词组合，如"你扎拉"nɔ³¹你 tsa³¹la⁵³扎拉、"他扎拉"zɔ⁵³他 tsa³¹la⁵³扎拉。但单数人称代词不能同普通名词组合，如不能说"*他老师"*zɔ⁵³他 li²¹ma²¹pa³¹老师。

第二，"复数人称代词+通名"组合构成的同位结构，表示某个人作为通名具有的共同属性的个体。

i²⁴	za³³mi⁵³qɛ²¹	ɔ³¹ɣa⁵³	a⁵³	tsɔ³¹.
他们	女人	力气	NEG	有

234. 他们女人力气小。

ni³¹	za⁵³nɛ²⁴	tɔ⁵³	na²¹tɔ³³	ta³³	u²⁴.
你们	孩子	话	胡乱	NEG	说

235. 你们小孩子不准乱说话！

第三，"复数人称代词+处所指示词"或"处所指示词+名词"组合构成的同位结构。如：

ŋɤ³¹	tɕɔ³¹kɯ³¹	mi³¹gɯ³¹	a⁵³	lɛ³¹	a⁵³	gɔ³¹.
我们	这里	地方	NEG	热	NEG	冷

236. 我们这地方不冷不热。

o³³	kʰui³³mi²¹	mu⁵³mi³¹	lɛ³¹	a⁵³	lɛ³¹	a⁵³	gɔ³¹	ve³³.
那	昆明	地方	COP	NEG	热	NEG	冷	IND

237. 昆明那地方也是不热不冷的。

第四，"人称代词+数量短语"的组合。如：

ŋɤ³¹我们ni³¹两 ɣa⁵³位　　我们两个人　　i²⁴他们ɕɛ⁵⁴三ɣa⁵³位　　他们三个人

第五，和汉语不同，拉祜熙方言没有"人称代词+统称代词"的组合，"我们大家"，只能说成 qʰa³³pɤ³¹大家，而不能说成*ŋɤ³¹我们 qʰa³³pɤ³¹大家。

4.10.3　由指示成分复指构成的同位结构

和汉语不同，专指人时，拉祜熙方言用定指的"指数量"而不是"指数量名"结构进行复指构成同位结构。如指人时，"他这个人！"要说成 zɔ⁵³他 ɕɛ³¹这 tɛ⁵³一_ɣa⁵³位，不能说成*zɔ⁵³他 ɕɛ³¹这 tɛ⁵³一_ɣa⁵³位 tsʰɔ³³人。"你们几个人"说成

ni³¹_{你们} te⁵³tɕu⁵³_{一群（连类标记）}，不能说成*ni³¹_{你们} te⁵³tɕu⁵³_{一群} tsʰɔ³³_人；指物时，用"名指数"结构进行复指构成同位结构。如"扎拉这个名字起得好！"tsa³¹la⁵³_{扎拉} ɔ³¹tsɤ³³_{名字} ɕe³¹_这 tɛ⁵³_一 mɛ³³_起 da²¹_好 dʑa⁵³_很。

Greenberg（1963）《某些主要跟语序有关的语法共性》（陆丙甫译）一文中共性 23 指出，如果同位结构中专用名词一般前置于普通名词，那么这种语言里的中心名词也前置于从属它的领属语成分。如果普通名词一般前置于专用名词，那么，从属的领属语成分绝大多数处于它的中心名词之前。但拉祜熙方言不太符合这一规律，它的专用名词前置于普通名词，即专用名词 tsa³¹la⁵³_{扎拉}前置于普通名词 ɔ³¹tsɤ³³_{名字}，可是它的中心名词却后置于从属它的领属语成分，即"黑色布上衣"pʰa³³_布 na⁵⁴_黑 a³³po²¹_{衣服}中的中心名词"衣服"后置于领属成分"布"和"黑"。

第五章　谓词及谓词性短语

谓词属于开放性词类，拉祜语是 SOV 语言，谓词可以直接做谓语，标示一个句子的结束。朱德熙（1982 年）指出，谓词包括动词和形容词两类。

5.1　动词及动词性短语

动词是表示动作、行为、存现、变化等的一类词，是小句结构的核心。可以带真宾语，可以受否定成分"不"a⁵³修饰，除心理类动词外，其他及物动词不可以受程度副词"很"dza⁵³修饰；不能带真宾语的为不及物动词，一般情况下也不能受程度副词"很"dza⁵³修饰。

5.1.1　动词的类别

5.1.1.1　语义类别

Payne（1997）从语义上将动词分为 14 个类。我们用这种分类方法将拉祜熙方言的动词进行分类：

1. 天气、自然类

打雷 mu⁵³tʰɛ⁵⁴、刮风 mu⁵³xɔ³³mɯ⁵⁴、下雨 mu⁵³zi³¹la³¹、晒 xo²⁴、下雪 ŋɯ³³qa³³、融化 kɯ³¹ve³³等。

2. 状态类

可充当谓语的形容词或状态词，详见 5.2 节。

3. 无意识过程类

死 sŋ³³、融化 kɯ³¹ve³³、腐烂 kɤ⁵³、皱 tsŋ²⁴、裂 pe²¹等。

4. 身体活动类

哭 xɔ³¹、笑 ɣɯ³¹、打嗝 ɤ⁵⁴mɯ³¹、伸懒腰 tsŋ²¹tsɤ³³、咳嗽 tsŋ³¹、打哈欠 xa⁵³mɤ³¹、打瞌睡 zŋ²¹mɯ³³dzo³³等。

5. 位移类

迈 qo⁵³、走（去）tɕi³¹、跑 tɕi²⁴、追 ɣa²¹、进 lo²¹、出 tɔ⁵⁴gɯ²¹等。

6. 位置类

蹲（坐）mɤ³³、趴 bo⁵⁴、摔 li⁵⁴、站 xo²⁴、倚 ŋɛ³³、跪 kʰɯ³³tsŋ²⁴tɛ³³、摆 tɛ⁵⁴等。

7. 自主行为类

笑 ɣɯ³¹、哭 xɔ³¹、看 ŋɔ²⁴、听 na³³、闻 nu³¹、睁 pʰɔ³³、眨 tʰa²¹、嚼 bɛ⁵³等。

8. 行为过程类

掉 tɕʰe³³、找 tsa³³、收拾 ɣu³³ta³¹、洗 tsʰŋ⁵⁴、拴 pʰɛ³³、捆 tsʰŋ²¹等。

9. 制造类

煮 tɕa²⁴、煎（炸）xu³³、蒸 sa²⁴、织 be⁵⁴、烧瓦 bɤ³¹tɕʰe⁵⁴等。

10. 认知类

知道 ɕi³¹、会 pɤ²⁴、忘记 lɤ⁵³、相信 dzɛ³³ve³³等。

11. 感官类

看见 ŋɔ²⁴mɔ³¹、听见 ka⁵³、瞄准 mu³¹tʰe⁵³等。

12. 情感类

高兴 xa³³lɛ³¹、生气 ni³³xɔ³³、讨厌 ŋɔ²⁴bɔ³¹、恨 bɯ²¹、怕 kɯ⁵⁴等。

13. 言说类

说 u²⁴、吆喝 tʰe⁵³ku³¹、回答 qʰɔ²¹、告诉 qo⁵⁴等。

14. 使令类

叫 ku³¹、要 zu³¹等。

5.1.1.2　情状类型（situation type）

Vendler（1967）最先将动词分为四个类别：状态动词（stative verb）指该动词是非动态动词，有持续性；活动动词（activity verb）指没有自然时间终节点；完成动词（achievement verb）指有自然时间终节点；完结动词（accomplishment verb）指无反复性，短时间内发生的事件。后来，Smith（1991）又补充了一类动词：瞬时动词（semelfactive verb）指仅可持续瞬间的动作，无自然终节点，只有一个停止点。拉祜熙方言这四类动词如下所示：

情状类型	拉祜熙方言例词
状态动词	高兴 xa³³lɛ³¹、后悔 tɕi³¹te³³tsŋ⁵³lɛ³³
活动动词	吃 tsa⁵³、爬 ga⁵⁴、追 ɣa²¹
完成动词	输 so⁵³、醒 nɔ⁵³、拿 zu³¹
完结动词	唱歌 qa³³mɤ³¹、讲故事 tɔ⁵³lɔ³³
瞬时动词	敲 dɔ⁵⁴、咳嗽 tsŋ³¹、死 sŋ³³

5.1.2　助动词

助动词是与动词相关的功能词，从跨语言的角度看，大多助动词由动词发展而来。Li&Thompson 以（1981）一文中提出汉语普通话中的助动词有着类似动词的特征却有别于动词的一类词，助动词可以出现于 A-不-A 的问句中，且可以用于不-A 否定句中。文中还为区分助动词和普通动词给出以下 6 条标准：1. 助动词必须与普通动词同现；2. 助动词不能接"着""了""过"等体貌标记；3. 助动词不能接"更"或"很"等加量性副词（intensifier adverb）；4. 助动词不能名词化；5. 助动词不能出现在宾语之前；6. 助动词不能带直接宾语。

拉祜熙方言的助动词位于普通动词（或称为主要动词）之后，这与基本语序 SOV 相和谐，否定形式为 neg+verb+auxiliary。一个句子中由普通动词担负结构的语义内容，而助动词表达、时、体、情态等语法信息。参考以上 Li&Thompson 文中提出的 6 条标准，我们认为，拉祜熙方言助动词的操作性定义如下：1. 助动词必须与普通动词同现，且只能紧跟于普通动词之后；2. 不能接体貌标记；3. 部分助动词可以接"更"或"很"等加量性副词；4. 不能名词化。拉祜熙方言存在两类助动词，分别是情态助动词和时体助动词。

5.1.2.1　情态助动词

拉祜熙方言的情态助动词的肯定、否定形式如下表所示：

表 9　拉祜熙话情态助动词表

肯定	否定
应该 $t\varepsilon\mathrm{o}^{53}$	不应该 a^{53}-verb-$t\varepsilon\mathrm{o}^{53}$
会 $p\gamma^{24}$	不会 a^{53}-verb- $p\gamma^{24}$ 或 verb -a^{53}- $p\gamma^{24}$
要 zu^{31}	不要 a^{53}-verb-zu^{31}
行（肯、可以）$p^h\varepsilon^{21}$	不行 a^{53}-verb-$p^h\varepsilon^{21}$

例句如下：

$n\mathrm{o}^{31}$	xa^{33}	te^{33}-	$t\varepsilon\mathrm{o}^{53}$.	
你	田地	种	应该	1. 你应该种地。

$n\mathrm{o}^{31}$	xa^{33}	a^{53}	te^{33}-	$t\varepsilon\mathrm{o}^{53}$.
你	田地	NEG	种	应该

2. 你不应该种地。

$z\mathrm{o}^{53}$	o^{31}	tsa^{53}-	$p^h\varepsilon^{21}$.

| 他 | 饭 | 吃 | 可以 | | 3. 他可以吃饭。 |

| z_0^{53} | $_0^{31}$ | a^{53} | tsa^{53}- | $p^h\varepsilon^{21}$. |
| 他 | 饭 | NEG | 吃 | 可以 | 4. 他不可以吃饭。 |

从例句中我们可以看出，一般情况下，拉祜熙话的否定成分要加在动词的前面，而不是助动词的前面，这和汉语不同。但"会"$p\gamma^{24}$是个例外，否定成分既可放在动词前又可放在动词后，因为否定是带标记的，这涉及否定成分的辖域问题，此问题我们将在 10.1 否定范畴部分详细讨论。

| z_0^{53} | sa^{31} | b_0^{54}- | $p\gamma^{24}$. |
| 他 | 肉 | 打 | 会 | 5. 他会打猎。 |

否定形式以下两种均可：

| z_0^{53} | sa^{31} | a^{53} | b_0^{54}- | $p\gamma^{24}$. |
| 他 | 肉 | NEG | 打 | 会 | 6. 他不会打猎。 |

| z_0^{53} | sa^{31} | b_0^{54}- | a^{53} | $p\gamma^{24}$. |
| 他 | 肉 | 打 | NEG | 会 | 7. 他不会打猎。 |

否定成分"不"a^{53}位于动词"打"b_0^{54}的前后均可。

| n_0^{31} | xa^{33} | te^{33}- | $p\gamma^{24}$. |
| 你 | 田地 | 种 | 会 | 8. 你会种地。 |

| n_0^{31} | xa^{33} | a^{53} | te^{33}- | $p\gamma^{24}$. |
| 你 | 田地 | NEG | 种 | 会 | 9. 你不会种地。 |

| n_0^{31} | xa^{33} | te^{33}- | a^{53} | $p\gamma^{24}$. |
| 你 | 田地 | 种 | NEG | 会 | 10. 你不会种地。 |

否定成分"不"a^{53}位于动词"种"te^{33}的前后均可。

和汉语不同，拉祜熙中一些助动词可以接"很"$d\math"{z}a^{53}$这样的加量性副词，如：

| n_0^{31} | xa^{33} | te^{33}- | $t\varepilon_0^{53}$. | | $d\mathz a^{53}$ |
| 你 | 田地 | 种 | 应该 | | 很 | 11.* 你很应该种地。 |

| z_0^{53} | sa^{31} | b_0^{54}- | $p\gamma^{24}$. | | $d\mathz a^{53}$ |
| 他 | 肉 | 打 | 会 | | 很 | 12.? 他很会打猎。 |

| *z_0^{53} | $_0^{31}$ | tsa^{53}- | $p^h\varepsilon^{21}$. | | $d\mathz a^{53}$ |
| 他 | 饭 | 吃 | 可以 | | 很 | 13.* 他很可以吃饭。 |

这些紧跟普通动词后面的情态词，依旧属于助动词，还未语法化为词缀，因为它们可以单独使用。如"他可以吃饭吗？ $z_0^{53}_0^{31}tsa^{53}p^h\varepsilon^{21}tsa^{53}$？"，可以直接使用情态助动词的非完整句作为答句，如"可以 $p^h\varepsilon^{21}$ /不可以 $a^{53}p^h\varepsilon^{21}$"。其他情态助动词同样可以这样使用，$p\gamma^{24}$会 /$a^{53}p\gamma^{24}$不会、$t\varepilon_0^{53}$应该 /$a^{53}t\varepilon_0^{53}$不应该、$zu^{31}$要/$a^{53}zu^{31}$不要。

5.1.2.2　时体助动词

拉祜熙方言中没有时范畴，但存在"时"的表达，即语言普遍存在的三分系统"过去—现在—将来"。因拉祜语属于分析性相对较强的语言（戴庆厦 2014），形态变化不丰富，时的变化是通过在普通动词之后附加时体标记，即时体助动词。

5.1.2.2.1　现在时

现在时是与说话时间关系最密切的时，用于包括时间在内的一个时间跨度内有效的事件或命题。指说话时刻发生的行为，通常与一定的体形态配合，如"现在进行时"，即"现在时进行体"。拉祜熙的现在进行时是在普通动词后加时标记 tɕʰe⁵³a³¹或 tsʅ²⁴la³¹。例如：

ŋɤ³¹	ni³¹	ɣa⁵³	ve³³	za⁵³	ɔ³¹	tɕa⁵³-	tsʅ²⁴la³¹.
我们	二	个	POSS	孩子	饭	吃	PROG

14. 我俩的孩子在吃饭。

ɕe³¹tɛ⁵³	nɔ³¹	vɤ³¹-	tsʅ²⁴la³¹	la³¹?		
这个	你	买	PROG	INTER		15. 你在买这个吗？

zɔ⁵³	tɕi³¹-	tɕɔ³¹a³¹	ve³³.		
他	去	PROG	IND		16. 他正在去。

zɔ⁵³	va⁵³va⁵³	tɕi³¹-	tsʅ²⁴la³¹.	
他	快快	走	PROG	17. 他正在快走。

tɕɔ³¹a³¹和 tsʅ²⁴la³¹均可用于肯定句和疑问句，但 tɕɔ³¹a³¹用于肯定句时后面必须紧跟直陈语气词 ve³³，而 tsʅ²⁴la³¹没有这样的限制。

5.1.2.2.2　将来时

第一，拉祜熙话在普通动词后附加助动词 a³¹te³³或 tu³¹表达一般将来时。例如：

ɕe³¹tɛ⁵³	nɔ³¹	vɤ³¹-	a³¹te³³	la³¹?		
这个	你	买	FUT	INTER		18. 你要买这个吗？

zɔ⁵³	tɕe³¹-	a³¹te³³	ve³³.		
他	去	FUT	IND		19. 他要去。

tsa³¹la⁵³	kʰui³³mi²¹	ɔ³¹	tɕi³¹-	a³¹te³³	ve³³.	
扎拉	昆明	POST	去	FUT	IND	20. 扎拉要去昆明。

另外，拉祜熙话可以用情态助动词"要" tu³¹表将来时。从跨语言的角度看，将来时与情态或体相融合，特别是可能、允许、意愿之类的情态都含将来义，更容易借用以兼表将来。例如：

tsa³¹la⁵³	lɛ³¹	na³³lɔ⁵³	zɔ⁵³	a³¹	la³¹	de⁵³-	tu³¹.
扎拉	TM	娜俫	他	OM	疯狂地	骂	要

21. 扎拉啊，娜俫要骂死他了。

ŋa³¹a³³ma³³　　ŋa³¹　　a³¹　　do⁵⁴　　tu³¹　　ve³³.

我妈妈　　　　我　　OM　　打　　要　　NOMIN

22. 妈妈会打我的。

第二，拉祜熙话存在将来时完成体，表示将来的将来。相对于时间基点，命题表达到此时将成过去或完成的事件，是将来时和完成体的结合，即将来时完成体。例句如下：

no³¹　　　　a⁵³po³¹　　　qʰa⁵⁴　　qʰo³³　　ga³¹　　a³¹te³³　　　tʰa⁵³

你　　　　明天　　　村　　里　　到　　FUT　　时候

i²⁴　　　　xa³³　　　qo³³　　　pɤ³¹　　　po³¹.

他们　　　地　　挖　　　完　　PERF

23. 你明天将要到村子的时候，他们已经挖完地了。

第三，将来进行时，即将来时和进行时的结合，例如：

no³¹　　　　a⁵³po³¹　　　qʰa⁵⁴　　qʰo³³　　ga³¹　　a³¹te³³

你　　　　明天　　　村　　里　　到　　FUT

i²⁴　　　　tɕi³¹　　　a³¹vɤ³¹　　　　te³³　　　tsʅ²⁴la³¹.

他们　　　走　　　EMPERE　　　做　　PROG

24. 你明天到村子的时候，他们正准备要走。

5.1.2.2.3　过去时

最简单的时形态系统可能就是现在同过去的对立。拉祜熙方言的过去时可以分为一般过去时和过去完成时。

5.1.2.2.3.1　一般过去时

拉祜熙话的过去时只是一个与现在时刻相对立的笼统的过去时间，不再按照距离现在的远近程作进一步的细分。表过去时的助动词 dzo³³ve³³a³¹ 或 dzo³³ve³³，位于普通动词之后。例句如下：

ɕe³¹ve³³　　no³¹　　vɤ³¹-　　　dzo³³ve³³　　la³¹?

这个　　你　　买　　　PAST　　INTER

25. 你买了这个吗？

zo⁵³　　　tɕi³¹-　　dzo³³ve³³.

他　　去　　PAST

26. 他去过。

a³³su³³　　ŋa³¹　　a³¹　　o²⁴-　　la⁵³-　　dzo³³ve³³a³¹　　su³¹　　　a³¹.

谁　　我　　POST　　说　　DIR　　PAST　　　好像　　IND

27. 我记得谁跟我说过来着。

ŋo²⁴a³¹qo³³　　mo³¹-　　dzo³³ve³³a³¹　　su³¹　　dza⁵³,　　qʰo³¹lɛ³³na³¹　　mo³¹-

看起来　　见　　PAST　　　像　　很　　　哪　　　见

dʑɔ³³ve³³a³¹　　　　　kʰɔ⁵³.

PAST　　　　　　　好像

28. 看上去很面熟，似乎在哪儿见过似的。

拉祜熙话没有对一般过去时再进行进一步的划分，但拉祜纳话的过去时会按照距离现在的远近程作进一步的细分。如：

zɔ⁵³　　qe³³　　o³¹.

他　　走　　TAM　　　　　　　29. 他走了。（离开的时间较短）

zɔ⁵³　　qe³³　　ɕe³¹o³¹.

他　　走　　TAM　　　　　　　30. 他走了。（离开的时间较长）

我们认为，o³¹和ɕe³¹o³¹应该属于语气（mood），故我们采用刘丹青（2017）的方法，笼统的用 TAM（tense、aspect、mood）进行标注。

5.1.2.2.3.2　过去时完成体

拉祜熙话存在相对于过去某一时点的相对时态，过去时和完成体的结合，表示过去的过去，即过去时完成体。例句如下：

sʅ⁵⁴ɕi³¹　　　sɔ³¹ve³³　　　ŋa³¹　　　sɔ³³　　　　　　tɕa⁵³　　dʑɔ³³　　po³¹.

水果　　　这些　　　我　　统统　　　　　吃　　PAST　　PERF

31. 这几种水果我统统吃过了。

ŋa³¹　　dʑʅ³¹　　dɔ³¹　　dʑɔ³³　　po³¹.

我　　酒　　喝　　PAST　　PERF

32. 我喝过酒了。

5.1.2.2.3.3　过去将来时

过去将来时，即以某一绝对过去时为基准的相对将来时。拉祜熙话用过去时和将来时两种表达手段结合表达过去将来时。

zɔ⁵³　　qo⁵⁴　　dʑɔ³³a³¹ve³³　　　lɛ³³　　　zɔ⁵³　　la³¹　　tu³¹　　ve³³.

他　　说　　PAST　　　　　CONJ　　他　　来　　FUT　　IND

33. 他说过他要来的。（He said he would come.）

5.1.2.2.4　完成体助动词

表完成体的助动词 po³¹和表未完成体的助动词 ɕe²¹和 vɤ³¹，位于普通动词之后。例句如下：

zɔ⁵³　　tɔ⁵³gɤ³¹-　　po³¹　　　　vɛ²⁴.

他　　出去　　PERF　　POT　　　　　34. 他好像出去了。

ɔ³¹　　tsa⁵³-　　　po³¹.

饭　　吃　　　PERF　　　　　　　　35. 饭已经吃完了。

ɔ³¹	a⁵³	tsa⁵³-	ɕe²¹.		
饭	NEG	吃	IMPERF		36. 还没吃饭。

nɔ³¹	tɕa³¹	ti³³-	po³¹.		
你	秧	栽	PERF		37. 你已经插完了秧。

nɔ³¹	tɕa³¹	a⁵³	ti³³-	ɕe²¹.	
你	秧	NEG	栽	IMPERF	38. 你还没插秧。

zɔ⁵³	zɿ²¹-	po³¹.		
他	睡	PERF		39. 他睡够了。

zɔ⁵³	zɿ²¹-	a⁵³	bo³¹	ɕe²¹.	
他	睡	NEG	够	IMPERF	40. 他还没睡够。

zɔ⁵³	tsa⁵³-	po³¹.		
他	吃	PERF		41. 他吃完了。

zɔ⁵³	tsa⁵³-	a⁵³	pɤ³¹	ɕe²¹.	
他	吃	NEG	完	IMPERF	42. 他还没吃完。

未完成体的助动词 ɕe²¹ 必须要和否定成分 a⁵³ 搭配使用，构成 a⁵³+V+ɕe²¹ 的结构，而 vɤ³¹ 则不受此限制，见例句24。

5.1.2.2.5　持续体助动词

表持续体的助动词 qʰa³³ɕi³¹ 和 la³¹ 或 a³¹，位于普通动词之后。例句如下：

a³³sa³³tɕɛ³¹	o³³ve³³	a⁵³	xe⁵⁴	qo³³	a³³tɕi²⁴	qo²¹	tɕa²⁴-	qʰa⁵³ɕi³¹!
玉米棒	那个	NEG	INTJ	CONJ	一会	再	煮	CON

43. 那个玉米要不再煮一会儿！

nɔ³¹	a³³tɕi²⁴	tɕi³¹-	qʰa⁵³ɕi³¹.	
你	一点	走	CON	44. 你再走一点。

zɔ⁵³	mɛ⁵³ve³³tsʰo³³	ve³³	ka²⁴	qʰa³³dɛ²¹	dɔ⁵³-	la³¹.
他	大家	POSS	事	好好地	想	CON

45. 他对大家的事一直很关心。

zɔ⁵³	qʰa³³dɛ²¹	na³³	la³¹.	
他	仔细	听	CON	46. 他仔细地听着。

la⁵³mi²¹	pʰɔ³³	a³¹	lɛ³³	zɿ²¹.	
门	开	CON	CONJ	睡觉	47. 开着门睡觉。

小结：拉祜语几乎没有形态上的变化，没有时范畴，但是用紧跟普通动词之后的时体助动词表示时的变化。拉祜熙三时例词如下所示：

现在（进行）	过去	将来	汉义
vɤ³¹-tɕʰe⁵³a³¹	vɤ³¹-dzo³³ve³³	vɤ³¹-a³¹te³³	买
tɕi³¹-tsɿ²⁴la³¹	tɕi³¹-dzo³³ve³³	tɕi³¹-a³¹te³³	走

另外，泛时包括过去、现在、将来所在时间的时间特征。从跨语言的情况来看，专表此义的形态可能不常见，较可能的是用现在时形式表泛时义。拉祜语是分析性语言，形态不发达。所以和英语的现在时不同，即动词不是通过形态变化表达时的概念，而是通过在普通动词后附加时体助动词的形式。英语中使用现在时形式表泛时义，如 The sun rises in the east。而拉祜熙方言则采用无标记的形式。因为相较过去时和将来时，现在时更容易以无标记的形式出现。例如：

mu⁵³ni³³　　pɤ³¹tɔ⁵⁴　　te⁵³　　fu⁵³　　tɔ⁵⁴la³³.

太阳　　　东边　　　一　　边　　出来　　　　　　48. 太阳从东方升起来。

拉祜语存在体范畴，其他与体相关的讨论详见 9.2 体范畴。

5.2　性质形容词与状态形容词

现在有关汉语形容词研究中，对形容词词类的地位有较大争议，形容词是否应归入动词还是一个独立的词类？刘丹青（2017）认为，在名、动、形三大类实词中，形容词本身的词类地位最不确定。……形容词是否是一个普遍性的词类至今仍是语法理论界包括类型学界内部很有争议的论题。[①]

拉祜熙方言的形容词是否是一个独立的类，是我们首先要关注的问题。我们参考 Dixon（2004）提出确定形容词是否独立成类的三个标准，我们认为拉祜熙方言属于存在形容词词类的语言，且它的形容词是近谓型形容词，即句法功能上接近动词的形容词。结合拉祜熙话形容词与动词的异同点，我们认为拉祜熙话形容词的操作性定义如下：

第一，绝大部分形容词可以受否定成分"不"a⁵³修饰，如："不干净"a⁵³pɔ⁵³；"不清楚"a⁵³ɣa³³da²¹。只有少量双音节形容词不能受否定成分"不"a⁵³修饰，而只能受否定成分+叹词"不是"a⁵³xe⁵⁴修饰，如："不新"要说ɔ³¹sɿ²⁴a⁵³xe⁵⁴，而*ɔ³¹ɔ³¹sɿ²⁴不合法；"不旧"要说 ɔ³¹pi²¹a⁵³xe⁵⁴，而*a⁵³ɔ³¹pi²¹不合法、"不年轻"要说 za⁵³nɛ³¹a⁵³xe⁵⁴，而*a⁵³za⁵³nɛ³¹不合法。

和汉语略有不同，拉祜熙方言的单双音节的动词几乎均可受否定成分"不"a⁵³修饰，单音节动词如："没有"a⁵³tsɔ³¹；"不笑"a⁵³ɣɯ³¹；"不知道"a⁵³ɕi³¹等等；而双音节动词的构词形式均为"N+V"，否定成分"不"a⁵³要加在中间，如："不刮风"mu⁵³xɔ³³风a⁵³不mɯ⁵⁴刮；"不打嗝"ɤ⁵⁴嗝a⁵³不mɯ³¹打、"不伸懒腰"tsɿ²¹腰a⁵³不tsɤ³³伸。这和否定算子的句法位置更加内嵌有关，具体讨论详见 9.1 否定范畴。

[①]　刘丹青：《语法调查研究手册》，商务印书馆 2017 年版，第 84-85 页。

第二，形容词能受程度副词"很"dʑa⁵³的修饰，如："很白"pʰu³³dʑa⁵³；"很高"mu³³dʑa⁵³；"很漂亮"ŋɔ²⁴sa³³dʑa⁵³等。而动词中只有表心理活动的一类词能受"很"dʑa⁵³的修饰，如："我很想你"ŋa³¹我 nɔ³¹你 a³¹patientdɔ⁵³想 dʑa⁵³很；"我很高兴"ŋa³¹我 xa³³lɛ³¹高兴 dʑa⁵³很。

第三，作定语是形容词在句法上的根本特点。类型学认为，修饰语和被修饰语之间是否需要加标记，是鉴别形容词的最重要的标准。拉祜熙方言的形容词中存在一批可以不加标记直接修饰名词的形容词，如："高山"qʰɔ³³山 mu³³高；"红布"pʰa³³布 ni³³红。而动词只有烹调类等少量动词可以不加标记直接修饰名词，如："炸花生"mi³¹nɔ⁵⁴ɕi³¹花生 xu³³炸；"蒸肉"sa³¹肉 sa²⁴蒸等。

第四，少部分形容词可以重叠，如："大大小小"ɯ³¹ɯ³¹i³³i³³；"慢慢的"a³³lɔ³¹lɔ³¹。而动词几乎无重叠形式。

第五，形容词不能带宾语，而动词可以带宾语。

第六，形容词可以作差比句的比较参项，这是其重要功能之一。而光杆动词不能做差比句的比较参项。

第七，形容词可以直接作谓语而无须系词，而且优势是排斥系词。但不可以像动词一样直接加时体标记（时体助动词）。

5.2.1 性质形容词

在形容词基础上派生而成的归为"形源状态词"；在名词基础上派生而成的归为"名源状态词"；在动词基础上派生而成的归为"动源状态词"。拉祜熙方言的形容词还可以下分两个次类，分别是性质形容词和状态形容词。

5.2.1.1 语义分类

从语义上可以将拉祜熙话的性质形容词分为以下几类：

1. 空间尺寸：

高 mu³³、短 ŋɛ³³、宽 qɔ³¹、远 vɤ⁵³、近 ne⁵³、厚 tʰu³³等。

2. 几何形状：

扁 pa³³、圆 ɣɔ³³、弯 qɔ²¹、歪 dʑɛ²⁴等。

3. 颜色：

黑 na⁵⁴、白 pʰu³³、红（紫）ni³³、黄 sɤ³³、绿（蓝）ni̵³³、灰 pʰɤ²⁴等。

拉祜语的基本颜色词，即焦点色为：黑 na⁵⁴、红 ni³³、黄 sɤ³³、绿 ni̵³³、白 pʰu³³五个颜色，其他下位颜色词为此五种颜色词内更具体的颜色。

4. 质量：

对 tɕɔ⁵³、错 za²¹、好 da²¹、坏 lo³¹、真 tɕɛ³¹、假 xe³¹等。

5. 与时间、价格、温度等数值相关的词：

晚 pʰɤ²¹、快 gɛ³¹、慢 dʑo³³、贵 qʰa⁵⁴、冷 ka⁵⁴等。

6. 与人有关的词，如长相、感官、性格、道德等：

漂亮 ŋɔ²⁴sa³³、酸 tɕe³³、苦 qʰa⁵³、乖 na³³pɯ²⁴、老实 tʰe⁵³、笨 tsʰɔ³³qa³¹等。

7. 其他：

方便 te³³sa³³、顺利 tʰe⁵³ve³³、麻烦 tɛ³³xa²¹、准确 tsɔ⁵⁴dza⁵³等。

5.2.1.2　构形重叠

拉祜熙方言中可以重叠的形容词非常少，从收集到的语料中只能找到以下例词，它们重叠后，整个重叠式在功能上就相当于状态形容词。如下表所示：

表 10　拉祜熙话状态形容词表

非重叠式		重叠式	
圆	ɣɔ³³	圆圆的	ɣɔ³³ɣɔ³³lɛ⁵³
扁	pa³³	扁扁的	pa³³pa³³lɛ⁵³
薄	pa⁵³	薄薄的	pa⁵³pa⁵³lɛ⁵³
稀（～饭）	nɛ⁵⁴	稀稀的	nɛ⁵⁴nɛ⁵⁴lɛ⁵³
稀（菜种得～）	pa⁵³	稀稀的	pa⁵³pa⁵³lɛ⁵³
松	qɔ⁵³	松松的	qɔ⁵³qɔ⁵³lɛ⁵³
慢	lɔ³¹	慢慢的	a³³lɔ³¹lɔ³¹
轻	za³¹	轻轻的	a³³za³¹za³¹
多	mɛ⁵³	多多的	mɛ⁵³mɛ⁵³a³¹
饱	bvu⁵⁴	饱饱的	qʰa³³bvu⁵⁴bvu⁵⁴
满	fu³³	满满的	fu³³fu³³

从上表可以看出，单音节形容词允许直接重叠构成状态词的只有"满"fu³³，而其他单音节形容词基本不允许直接重叠构成状态词，需要在其重叠后加词缀 lɛ⁵³或 a³¹或 qʰa³³才能构成副词性的状态词。关于这点，我们将在 6.2 状态词一节中详细叙述。另外，少部分形容词重叠后再和指示词结合构成状态形容词，如"这么多多" ɕe³¹这 mɛ⁵³多 mɛ⁵³多或"那么多多" o³³那 mɛ⁵³多 mɛ⁵³多。

pʰu³³　　ɕe³¹　　mɛ⁵³　　mɛ⁵³　　kʰɤ³¹

钱　　　这　　　多　　　多　　　赚　　　　　49. 赚这么多多的钱。

另外，拉祜语的一些形容词重叠后变成四音格词形式，刘劲荣（2009）

收集了较全面的例词，拉祜熙与之相似，在这里我们就不再赘述。只简单
列举几个例子如下：

xa³³lɛ³¹xa³³qa³³	高高兴兴	qɔ²¹qɔ²¹tɛ³³tɛ³³	弯弯曲曲
bi⁵⁴pʰɤ³¹bi⁵⁴lɤ²⁴	过剩	qa²¹bɯ³¹qa²¹tʰɛ³³	笨手笨脚

5.2.1.3　性质形容词受修饰语

刘丹青（2017年）指出："程度范畴是与该属性社会公认的平均程度相
比。……形容词的程度常常用程度副词之类分析性手段表示。"[①]拉祜熙话
表最大量的修饰语主要是后置程度副词"很"dʑa⁵³和"最"tɕɛ³¹，这两个副
词不仅可以连用 tɕɛ³¹ 甚至还可以重叠，这也是拉祜熙话凸显的句法特点之
一。而表偏小量的"一点"a³³tɕi²⁴则前置于形容词。如：

偏小量	a³³tɕi²⁴一点 mu³³高
偏大量	mu³³高 dʑa⁵³很
极大量	mu³³高 dʑa⁵³很 tɕɛ³¹最
最大量	mu³³高 dʑa⁵³很 tɕɛ³¹最 tɕɛ³¹最
过量	mu³³高 dʑa⁵³很 ɣɯ²¹大

拉祜熙方言中表增加程度的手段有三种，第一种是使用超音段方法，
通过拉长程度副词"很"dʑa⁵³的音长表增加程度；第二种是将程度副词重
叠或连用，如："太糊涂"a³³nɔ⁵³a³³tʰɛ³³糊涂 tɕɛ³¹太 tɕɛ³¹太，"山最高"mu³³高
dʑa⁵³很 tɕɛ³¹最 tɕɛ³¹最；还有一种是通过内部屈折的形态变化表达程度的加深。
例如：

qʰɔ³³pɤ³³	dʑa⁵³	ŋɯ³³	qa³³-	la³¹	ve³³	**pʰu³³**	lɛ⁵³,
山坡	边	雪	下	CON	CONJ	白	CRS

qʰɔ³³pɤ³³	qʰo⁵³	ve³³	ŋɯ³³	a³³tɕi²⁴	qɔ²¹	**pʰo²⁴**,
山坡	顶	POSS	雪	一点	又	白

qʰɔ³³	qʰo⁵³	tʰa³¹	ve³³	ŋɯ³³	**pʰu³³**	qʰo⁵³	qɔ²¹	**pʰu³³**.
山	顶	上	POSS	雪	白	上	又	白

50. 山边的雪是白的，山坡上的雪更白，而山顶的雪最白。

但这种形态变化的表达方式只限于"白色""红色"和"绿色"。我们
将拉祜熙话中焦点颜色词中比较级、最高级的变化如下所示：

	原级	比较级	最高级
白色	pʰu³³	pʰo²⁴lɛ⁵³	qɔ²¹pʰu³³qʰo⁵³qɔ²¹pʰu³³
红色	ni³³	ni²⁴lɛ⁵³	ni²⁴qʰo⁵³ni²⁴
绿色	ni³³	ni²⁴lɛ⁵³	ni²⁴qʰo⁵³ni²⁴

---

① 刘丹青：《语法调查研究手册》，商务印书馆 2017 年版，第 534 页。

黑色	na⁵⁴	na⁵⁴lɛ⁵³	na⁵⁴qʰo⁵³na⁵⁴
黄色	sɤ³³	sɤ³³lɛ⁵³	sɤ³³qʰo⁵³sɤ³³

从上表中我们可以看出，"白色"比较级的元音和声调均发生变化，元音由后高元音 u 低化为 o，声调由平调 33 变为升调 24。而最高级没有屈折变化，只通过分析性手段表达；"红色"和"绿色（蓝色）"的比较级和最高级的声调发生变化，由平调 33 变为升调 24；其余的颜色词则通过分析性手段表达程度的加深。另外，句中的副词"又"qɔ²¹虽然不是形态成分，但它更接近分析性比较标记，属于分析性副词。

5.2.2　状态形容词

拉祜熙状态形容词比较丰富，在一定程度上，也更加接近谓词性形容词。

5.2.2.1　构成形式

和汉语的状态形容词大多由形容词重叠加后缀的构成方式不同，拉祜熙大部分的状态形容词是由四音格词构成，此外还有少量的后缀式和"指示词+形容词"重叠式。

5.2.2.1.1　后缀式

1. AB

这是后缀式中最常见的构成方式，形容词加后缀 lɛ⁵³，很多性质形容词可以用此方式构成状态形容词。例如："红的"ni²⁴lɛ⁵³、"黑的"na²⁴lɛ⁵³、"陡的"tɕe³³lɛ⁵³、"歪的"dʑɛ²⁴lɛ⁵³、"热的"lɛ²⁴lɛ⁵³、"松的"qɔ⁵³lɛ⁵³。

另外，一些性质形容词还可以用摹状貌的方法加后缀构成状态形容词，如"黑的"是 na²⁴lɛ⁵³，比这个程度更强的黑色是 na⁵⁴kʰɯ²¹，kʰɯ²¹是"糊"，表达"黑"的样子就像烧煳了似的；"白的"是 pʰu²⁴lɛ⁵³，程度更深的白是 ɔ³¹pʰu³³ɛɛ²⁴，ɛɛ²⁴是"玉"，表达白得像玉一样无暇；"红的"是 ni²⁴lɛ⁵³，程度更强的红是 ɔ³¹ni³³u⁵³，u⁵³是"兴奋的样子"，表达红彤彤的颜色可以使人兴奋。

2. AAB

上文已经提到过，我们能找到的拉祜熙方言中性质形容词直接重叠后加附缀 lɛ⁵³的例词非常少，只有"圆圆的"ɣɔ³³ɣɔ³³lɛ⁵³、"薄薄的"pa⁵³pa⁵³lɛ⁵³、"快快的"va⁵³va⁵³lɛ⁵³等。

3. ABB

前缀+重叠性质形容词。如："慢慢的"a³³lɔ³¹lɔ³¹、"轻轻的"a³³za³¹za³¹、"新新的"ɔ³¹sʅ²⁴sʅ²⁴、"饱饱的"qʰa³³bvu⁵⁴bvu⁵⁴。这样的状态形容词也非常少，我们仅能找到这几例。

5.2.2.1.2　指示词"这"ɕe³¹或"那"o³³+性质形容词重叠。如：

o³³mɛ⁵³mɛ⁵³　　（那么）多多的　　　ɕe³¹mu³³mu³³　（这么）高高的

ɕe³¹mu³³mu³³　（这么）久久的

5.2.2.1.3　四音格式

拉祜语的四音格词非常丰富，其中的状态形容词也非常丰富。刘劲荣（2009）收集到了很多四音格词的状态形容词[①]，拉祜纳方言与拉祜熙方言相同，基本上只在语音和词汇上存在微差。所以，在这里我们只简单列举如下：

ɕe³¹ma³³qɔ⁵³ma³³　这么多多　　ba²⁴lɛ⁵³ke²⁴lɛ⁵³　干干净净

na⁵⁴lɛ⁵³ze²⁴lɛ⁵³　黑油油　　　na⁵⁴kʰɯ²¹na⁵⁴xo⁵⁴　黑咕隆咚

pɯ³¹li³³pɯ³¹ta⁵⁴　乱七八糟　　pʰe⁵⁴dɔ⁵³pʰe⁵⁴ba³¹　蹦蹦跳跳

pɔ⁵⁴lo²¹pɔ⁵⁴lo²¹　跑跑跳跳　　pʰɛ³¹na⁵³tɕʰe²¹na⁵³　辣疼辣疼

ɔ³¹ɣɤ⁵⁴ba³³ba³³　金光闪闪　　pʰu²⁴lɛ⁵³ba³³lɛ⁵³　白晃晃

ke³¹ke³¹ma²¹ma²¹　慌里慌张　　tsʰɔ³¹u⁵³tsʰɔ³³pɛ⁵³　流里流气

拉祜熙话中通过性质形容词重叠构成状态形容词的构词方式虽然并不丰富，但是它却用另外一种方式——四音格词的方式来弥补这一不足，这或许是补偿原则（compensatory）的一种体现。

5.2.2.2　语义区别：强化和弱化

拉祜熙话表达同一维向程度的时候，可以通过声调的变化（平调变成升调）表达程度强化，还可以通过增加音长和音节数的手段表达，音长越长，程度越高；音节越多，程度越高。例如：

"红"ni³³——ni²⁴lɛ⁵³(ni²⁴:lɛ⁵³)——ɔ³¹ni³³u⁵³

"白"pʰu³³——pʰu²⁴lɛ⁵³(pʰu²⁴:lɛ⁵³)——ɔ³¹pʰu³³ɛɛ²⁴

"黑"na⁵⁴——na²⁴lɛ⁵³(na²⁴:lɛ⁵³)——na⁵⁴kʰɯ²¹——na⁵⁴lɛ⁵³ze²⁴lɛ⁵³。

5.2.3　性质形容词与状态形容词的句法功能

5.2.3.1　做谓语

性质形容词能够无须系词直接做谓语，但大多要被程度副词修饰或用于对举语境时，下面是性质形容词做谓语的例句：

a³³mi²¹　　ve³³　　　mu⁵³xɔ³³　ɯ³¹　　　dza⁵³,

昨天　　　POSS　　风　　　　大　　　很

za²¹ni³³　mu⁵³xɔ³³　a³³mi²¹　　mu⁵³xɔ³³　qʰu⁵³　　ɯ³¹　a³¹.

今天　　　风　　　　昨天　　　风　　　　比　　　大　　IND

51. 昨天的风很大，今天的风比昨天的风还大。

---

① 刘劲荣：《拉祜语四音格词研究》，2009 年版，附录。

za²¹ni³³ xɔ³³ a³¹, a³³mi²¹ ka⁵⁴ a³¹.

今天 热 IND 昨天 冷 IND 52. 今天热，昨天冷。

状态形容词也无须系词可直接做谓语，但不能受程度副词修饰，且无须对比环境就可以直接做谓语，例如：

zɛ³¹ ba²⁴lɛ⁵³ke²⁴lɛ⁵³.

屋子 干干净净 53. 屋子干干净净。

sɯ³³ ɔ³¹ɣɤ⁵⁴ba³³ba³³.

金子 金光闪闪 54. 金子金光闪闪。

zɔ⁵³ ve³³ ɔ³¹tu³³ xɔ̃³³ zɿ⁵³mu³¹ fu³³fu³³.

她 POSS 身体 上 毛草 满满的

55. 她的身上全是草屑。

5.2.3.2 做定语

性质形容词可以直接修饰名词，或加定语标记 ve³³ 修饰名词做定语。如：

ɕi³¹pɤ²⁴te³³pɤ²⁴ ve³³ tshɔ³³ tsɔ³¹ dza⁵³, tshɔ³³ bɔ³¹ qo³³ xa²¹ dza⁵³.

聪明 POSS 人 富 很, 人 懒 TM 穷 很

56. 聪明的人富有，懒惰的人贫穷。

状态形容词也可以后置，直接修饰名词或加定语标记 ve³³ 修饰名词做定语，但以不加定语标记稍显优。

phu³³ phu²⁴lɛ⁵³ba³³lɛ⁵³

银子 白晃晃

phu²⁴lɛ⁵³ba³³lɛ⁵³ （ve³³） phu³³

白晃晃 RM 银子 57. 白晃晃的银子。

sɿ⁵⁴ɕi³¹ ɣɔ³³ɣɔ³³lɛ⁵³

水果 圆圆的

ɣɔ³³ɣɔ³³lɛ⁵³ （ve³³） sɿ⁵⁴ɕi³¹

圆圆的 RM 水果 58. 圆圆的水果。

li²¹qo⁵⁴ pa⁵³pa⁵³lɛ⁵³

纸 薄薄的

pa⁵³pa⁵³lɛ⁵³ （ve³³） li²¹qo⁵⁴

薄薄的 RM 纸 59. 薄薄的纸。

我们认为，"懒" bɔ³¹ 为原型形容词，原型形容词以单音词为典型，做定语时原型性质形容词是无标记的，且后置于中心名词。但四音格词形式的非原型形容词，如"聪明" ɕi³¹pɤ²⁴te³³pɤ²⁴ 做定语时多为有标记的，且标记内嵌于中间位置，我们认为这可能是关系化的结果。而状态形容词与单音节的原型单音节形容词类似，做定语时以无标记且后置于中心名词为优势。

5.2.3.3　做状语

性质形容词与状态形容词都可以直接与动词组合，并且状态形容词与动词组合时还可以前置于动词。例如：

tsa⁵³　　bvu⁵⁴.　　　　　　tsa⁵³　　bvu⁵⁴　bvu⁵⁴.

吃　　　饱　60. 吃饱。　　吃　　饱　　饱　61. 吃得饱饱的。

　　　　　　　　　　　　　　qʰa³³bu⁵⁴bu⁵⁴　tsa⁵³.

　　　　　　　　　　　　　　饱饱的　　　　吃　62. 饱饱的吃。

tɕɔ²¹ɕi⁵⁴　kɛ³¹　　dza⁵³　po³¹　ve³³.

打扫　　　干净　很　　PERF　IND　63. 打扫得很干净。

zɛ³¹　　ba²⁴lɛ⁵³ke²⁴lɛ⁵³　ɕi⁵⁴

屋子　　干干净净　　　　打扫　64. 屋子打扫得干干净净。

zɔ⁵³　　za²¹qɔ³³　dzo⁵³　dʑo⁵³　dza⁵³.

他　　　路　　　走　　慢　　很　65. 他走路很慢。

zɔ⁵³　　za²¹qɔ³³　a³³lɔ³¹lɔ³¹　dʑo⁵³　tɕʰe⁵³a³¹.

他　　　路　　　慢慢的　　　走　　PROG　66. 他走路慢慢的。

状态形容词不能受程度副词"很"dza⁵³修饰，但性质形容词可以且以受程度副词修饰为优势。另外，同汉语类似，拉祜熙话中的性质形容词更倾向于恒久，相对更具有恒定性；而状态形容词更倾向于偶然，相对更具有临时性。

5.2.3.4　谓语形容词的形态特征

拉祜语的动词没有形态，而是用虚词的手段表达时体，但这些时体助动词不能用于谓语形容词，例如：

sɿ⁵⁴ve⁵⁴　ni³³　lɛ⁵³　pʰɛ²¹　po³¹.

花　　　红　　CRS　变　　PERF　67. 花红了。

sɿ⁵⁴ve⁵⁴　ni³³　lɛ⁵³　pʰɛ²¹　a³¹te³³

花　　　红　　CRS　变　　FUT　68. 花很快要变红了。

时体助动词po³¹和a³¹te³³只能紧紧依附于普通动词pʰɛ²¹，而性质形容词ni³³加上状态标记，变成状态形容词。四音格形式的状态形容词pʰu²⁴lɛ⁵³ba³³lɛ⁵³同样不能有形态的变化。例如：

pʰu³³　　　pʰu²⁴lɛ⁵³ba³³lɛ⁵³

银子　　　白晃晃　69. 银子白晃晃的。

pʰu³³　a³³ni³³　tʰa⁵³　pʰu²⁴lɛ⁵³ba³³lɛ⁵³

银子　以前　　时候　白晃晃　70. 银子曾经是白晃晃的。

5.3　谓词重叠的构形与构式

　　汉语普通话的单音节动词 A，重叠形式为 AA，如"看"—"看看"、"尝"—"尝尝"等。双音节动词 AB，除动宾形式外重叠形式均为 ABAB，如"考虑"—"考虑考虑"、"了解"—"了解了解"；如果是动宾形式，重叠形式为 AAB，如"洗澡"—"洗洗澡"、"唱歌"—"唱唱歌"。

　　拉祜熙话的谓词重叠形式和汉语不同，单音节动词不能直接重叠为 AA 形式，但可以形成 V q^ha^{33}中级$\eta\mathfrak{o}^{24}$看 的构式。如：

汉语	拉祜熙方言	汉语	拉祜熙方言
看看	$\eta\mathfrak{o}^{24}q^ha^{33}\eta\mathfrak{o}^{24}$	试试	$te^{33}q^ha^{33}\eta\mathfrak{o}^{24}$
尝尝	$tsa^{53}q^ha^{33}\eta\mathfrak{o}^{24}$	想想	$d\mathfrak{o}^{53}q^ha^{33}\eta\mathfrak{o}^{24}$

　　而双音节动词一律不能直接重叠，如"唱歌"$qa^{33}m\gamma^{31}$，如果重叠为* $qa^{33}m\gamma^{31}qa^{33}m\gamma^{31}$就不合法。

　　另外，单音节动词还可以形成"动词+副词'也'$k\varepsilon^{33}$+动词+情态助动词'会'$p\gamma^{24}$"的构形构式。例如：

tsa^{53}	$k\varepsilon^{33}$	tsa^{53}	$p\gamma^{24}$		$d\mathfrak{o}^{31}$	$k\varepsilon^{33}$	$d\mathfrak{o}^{31}$	$p\gamma^{24}$	
吃	也	吃	会	吃也会吃	喝	也	喝	会	喝也会喝
u^{24}	$k\varepsilon^{33}$	u^{24}	$p\gamma^{24}$		te^{33}	$k\varepsilon^{33}$	te^{33}	$p\gamma^{24}$	
说	也	说	会	说也会说	做	也	做	会	做也会做
qa^{33}	$k\varepsilon^{33}$	qa^{33}	$p\gamma^{24}$		$m\mu^{54}$	$k\varepsilon^{33}$	$m\mu^{54}$	$p\gamma^{24}$	
唱	也	唱	会	唱也会唱	吹	也	吹	会	吹也会吹
$d\mathfrak{o}^{53}$	$k\varepsilon^{33}$	$d\mathfrak{o}^{53}$	$p\gamma^{24}$		de^{53}	$k\varepsilon^{33}$	de^{53}	$p\gamma^{24}$	
想	也	想	会	想也会想	骂	也	骂	会	骂也会骂

　　很多双音节谓词也可以形成类似的构形构式"动词第一个语素+ $k\varepsilon^{33}$+动词+$p\gamma^{24}$"。例如：

xa^{33}	$k\varepsilon^{33}$	$xa^{33}l\varepsilon^{31}$	$p\gamma^{24}$	
语素	也	高兴	会	高也会高兴
ni^{33}	$k\varepsilon^{33}$	$ni^{33}x\mathfrak{o}^{33}$	$p\gamma^{24}$	
心	也	心急	会	心也会心急
$d\mathfrak{o}^{53}$	$k\varepsilon^{33}$	$d\mathfrak{o}^{53}xa^{31}$	$p\gamma^{24}$	
想	也	难过	会	难也会难过
za^{21}	$k\varepsilon^{33}$	$za^{21}t\mathfrak{o}^{33}$	$p\gamma^{24}$	
语素	也	害羞	会	害也会害羞

ŋɔ²⁴	kɛ³³	ŋɔ²⁴bɔ³¹	pɤ²⁴	
看	也	讨厌	会	讨也会讨厌
dɔ⁵³	kɛ³³	dɔ⁵³po²¹	pɤ²⁴	
想	也	开窍	会	开也会开窍
dɔ⁵³	kɛ³³	dɔ⁵³ŋɔ²⁴	pɤ²⁴	
想	也	思考	会	思也会思考
mɛ⁵⁴	kɛ³³	mɛ⁵⁴fu²⁴	pɤ²⁴	
语素	也	忌妒	会	忌也会忌妒

5.4　修饰谓词及谓词性短语的状语成分

从语言类型学的角度看，在普遍性句法理论中，修饰谓词及谓词性短语（以下简称 VP）的成分，无论在 VP 前还是在 VP 后，我们都称之为状语。我们认为拉祜熙话中的状语是可前可后的，但以后置状语为优势，主要有"谓+状""状+谓""状+状+谓"及"状+谓+状"四种语序，第四种语序我们可以称之为框式副词结构。

5.4.1　构成形式

5.4.1.1　"谓+状"或"谓+状+状"

这是拉祜熙方言中最基本的副词修饰谓词性成分的构成方式，是后置状语。例如：

zɔ⁵³	tshɤ³¹tɕi²¹	da²¹	dza⁵³.		
他	成绩	好	很	71. 他成绩很好。	

xa³³pa³³te⁵³le³³le³³		khɤ³³khɤ³³	ga³¹qo⁵⁴	xa³³pa³³	ɣɔ³³	dza⁵³	ve³³.
每个月		中	到达	月亮	圆	很	IND

72. 每个月中的月亮最圆。

lɔ³¹qa²⁴	ɕe³¹	te³³	lɔ³¹	a³³tɕi²⁴	qɔ³¹	dza⁵³.	
河	这	一	条	一点	宽	很	73. 这条河比较宽。

pʰiao²⁴	a⁵³	tsɔ³¹	ve³³	lɔ³¹li²¹	qho³³	a⁵³	ɣa³³	ta⁵⁴
票	NEG	有	转指	车	里	NEG	得	上

tɕɛ³¹	tɕɛ³¹.							
真	真							

74. 没有票的一律不准上车。

5.4.1.2 "状+谓" 或 "状+状+谓"

拉祜熙话中也可以状语前置，构成"状+谓"的结构。如：

qʰa⁵⁴ɕɛ³³	tɔ⁵³	te⁵³	pɤ³¹	kɛ³³	a⁵³	u²⁴	tɕi³¹kɯ³¹	lɔ³³.
村长	话	一	句	都	NEG	说	走掉	句末语气词

75. 村长连一句话也没说就走了。

zɔ⁵³	qʰa⁵³nɔ²¹	kɛ³³	te⁵³	po⁵⁴	tɕi³¹	ve³³.
他	后来	也	一	趟	去	IND

76. 她后来也去了一趟。

拉祜熙话的副词既可以重叠又可以连用，构成"状+状+谓"结构。例如：

te³³	ni³³	ɣa⁵³	tɕɛ³³	nɛ²⁴	tsɔ³¹.
一	两	位	仅	只	有

77. 仅仅有一两位。

tsa³¹ɕi³¹	qʰa³³pɤ³¹	kɛ³³	tɕa⁵³	pɤ³¹	po³¹.
粮食	全部	都	吃	完	PERF

78. 所有的粮食全都吃光了。

具体讨论参见 6.4 节中的副词连用。

5.4.1.3 "状+谓+状"

副词居于谓词性成分两边，构成框式副词。例如：

lɔ³¹qa²⁴	ɕe³¹	te³³	lɔ³¹	**qʰa³³tɕɔ⁵³**	qɔ³¹	**dza⁵³.**
河	这	一	条	相当	宽	很

79. 这条河相当宽。

tsa³¹la⁵³	te³³tɕɛ³¹,	na³³lɔ⁵³	**kɛ³³**	te³³	**tɕɛ³¹**	**dza⁵³.**
扎拉	认真	娜俫	也	做	真	很

80. 扎拉认真，娜俫也很认真。

ɣa⁵⁴fu³³qa³¹	ve³³	ɔ³¹fu⁵³	a⁵³	mu³³,		
公鸡	RM	价格	NEG	高		
ɣa⁵⁴:zi³¹:pɤ³¹	ve³³	ɔ³¹fu⁵³	**kɛ³³**	thu²⁴	**dza⁵³.**	
母鸡	RM	价格	也	便宜	很	

81. 公鸡的价格不高，母鸡的价格也很便宜。

以上例句中的 qʰa³³tɕɔ⁵³ 和 dza⁵³、kɛ³³ 和 dza⁵³ 分别位于核心形容词的两端，紧密度相同，这在拉祜熙方言中是比较固定的语序。

5.4.2 句法语义属性

拉祜熙方言的状语分为程度状语、结果—趋向状语、状态—结果—程度状语以及度量状语。

5.4.2.1　程度状语

表示程度的状语，是由副词"很"dza⁵³充当的程度状语。

zɔ⁵³	ɕɔ³¹xɔ̃³³	ve³³	ɔ³¹lɔ³³	ɕi³¹	dza⁵³	ve³³.
他	这里	RM	情况	知道	很	IND

82. 这里的情况他很熟悉。

nɔ³¹	da²¹	dza⁵³.		83. 你很漂亮。
你	漂亮	很		

zɔ⁵³	tɔ⁵³	u²⁴	mɛ⁵³	dza⁵³.	84. 她话很多。
她	话	说	多	很	

5.4.2.2　结果—趋向状语

包括动结式和动趋式。

1. 动结式

拉祜熙方言的动结式结构连接不如汉语那么紧密。汉语中"洗干净"不能说"*洗很干净"，即动词和结果之间不能加任何的程度副词。但拉祜熙话中可以加程度副词。如"洗干净"tsʰɿ⁵³洗pɔ⁵⁴干净，可以说成tsʰɿ⁵³洗pɔ⁵³干净 dza⁵³很。又如：

na³³	ɣa³³		na³³	ɣa³³	dza⁵³	
听	清楚	听清楚	听	清楚	很	*听很清楚

dzɔ²¹ɕi⁵⁴	pɔ⁵⁴		dzɔ²¹ɕi⁵⁴	pɔ⁵⁴	dza⁵³	
打扫	干净	打扫干净	打扫	干净	很	*打扫很干净

我们认为，这与语序有关，汉语的副词要加在结果之前，这样就使得修饰语不合法地位于了动词和结果之间。而拉祜熙话的副词作为修饰语要位于谓词之后，这样就不会影响原本的动结式结构。

2. 动趋式

动趋式的结构比动结式更紧密，这点与汉语正好相反。汉语中"跑进来"，中间可以插入体标记，可以说"跑了进来"。但拉祜熙话"跑进来"tɕi²⁴跑lɔ²¹la³³进来，中间不能加任何成分，动词与趋向动词之前结合得更紧密。汉语双音节趋向补语可以插进处所成分，如"跑进教室来"，但拉祜熙话的处所成分却前置于动词，li²¹xe⁵³zɛ³¹教室 qʰɔ³³里 tɕi²⁴跑 lɔ²¹la³³进来。这些也与该语言的语序息息相关。

5.4.2.3　状态—结果—程度状语

1. 表示状态，不使用标记词。

za²¹qɔ³³	dzɔ⁵³	va⁵³	dza⁵³.	85. 走得很快。
路	走	快	很	

qo^{54}	xɔ^{21}	po^{31}				86. 说得对。
说	正确	PERF				

2. 表示结果—程度，标记词是 ve^{33}，且使用标记词稍显优。

tɔ^{53}	u^{24}	ve^{33}	mo^{31}qo^{33}	kɛ^{33}	u^{33}kʰɛ^{53}	po^{31}.
话	说	M	嘴巴	也	干	PERF

87. 说得嘴都干了。

ŋa^{31}	dɔ^{53}	ve^{33}	ŋa^{31}	a^{53}	za^{21}.
我	想	M	我	NEG	错

88. 我觉得我没错。

ka^{24}	ɕe^{31}	te^{33}	sa^{33}	ve^{33}	a^{53}	dɔ^{53}.
事情	这	做	容易	RM	NEG	想

89. 别（不要）把事情看得太简单了。

5.4.2.4　度量状语

有些学者称之为"度量成分"（measure words），不算严格意义上的句法成分。在这里我们认同此观点，认为拉祜熙方言的度量状语为不带标记的并置结构，如：

zɔ^{53}	ŋa^{31}	nɔ^{31}xɔ̃^{24}	ɕɛ^{54}	qɔ^{21}	ŋɔ^{24}	po^{31}.
他	我	OM	三	次	看	PERF

90. 他看了我三次。

zɔ^{53}	xa^{33}	xa^{33}pa^{33}	tɛ^{53}	gɛ^{54}	po^{31}.
他	地	月	一	挖	PERF

91. 他挖了一个月的地。

朱德熙（1982）将汉语中不带"的"的度量成分处理为准宾语，但这准宾语不涉及动词的论元结构，二价动词带了主宾语后仍可以带度量成分，这和拉祜熙话相似。例如：

ŋa^{31}	li^{21}	te^{53}	qʰɔ^{21}	xe^{53}	lɛ^{33}	a^{53}	qɔ^{21}	xe^{53}	o^{31}.
我	书	一	年	读	就	NEG	又	读	TAM

92. 我读了一年书就退学了。

和汉语用定语标记"的"将度量成分嫁接到宾语上不同，拉祜熙方言将度量成分放置于动词之前。相比汉语，拉祜熙方言的度量成分处理为度量状语更合适。

5.5　动词连用

动词连用（a string of verbs）是指一个句子中用两个及以上的动词或动

词短语表达同一个事件。James A.Matisoff（1982）年指出，汉藏语中的很多语言都存在动词连用现象，特别是在拉祜语（本书注：泰北拉祜纳方言）中，两个以上的动词绑定在一起形成简单的并置结构，且究其原因是因为其语言固有的语义特征。[①]同拉祜纳话一样，拉祜熙话中有着严格意义的动词连用，连用的动词间不需要任何的连接手段，即动词不带宾语或辅助成分而直接组合。例如：

qʰa³¹te⁵³ni³³	a³³qo⁵⁴	ŋa³¹	nɔ³¹	a³¹	tsa³³	tsa³³	la³³.
哪一天	某	我	你	patient	去	找	IND

93. 哪天我去找你。

拉祜熙方言的动词连用具备以下几个主要特征：1. 单述谓性（monopredicative reading）；2. 单小句性（monoclausality）；3. 论元共享；4. 语法范畴共享；5. 语义相关性。

5.5.1　普通动词连用时的数量

Matisoff（1991）认为拉祜语中连用的动词可以达到5个，而这些动词均为普通动词（true verbs）。和拉祜纳话相同，我们搜集到的拉祜熙方言语料中，也可以最多连用5个严格意义上的动词。例如：

ŋɤ³¹	qʰɔ³³qʰo⁵⁴	sa³¹	**tsa³³**	**dɔ⁵⁴**	**tɕʰi⁵⁴**	**tsa⁵³**	**tɕi³¹.**
我们	山上	肉	去	打	烧	吃	去

94. 我们到山上打猎烤肉吃。

如有6个以上的普通动词连用，中间就需加连接词 lɛ³³，例如：

tsʰɔ³³za⁵³	ɣa⁵⁴	**ɣa²¹**	**dɔ⁵⁴**	lɛ³³	**tɕʰŋ⁵⁴**	**tsa⁵³**	**tsa²⁴**	**tsa⁵³**	ve³³.
人们	鸡	追	打	CONJ	烧	吃	煮	吃	IND

95. 人们抓到鸡，杀鸡，然后一部分烤着吃，一部分煮着吃。

从例句中我们发现，一个句子或小句中，几个并置的动词之间存在着暂时的连贯性，即这些动词按着时间的先后顺序进行排序。如"到山上打猎烤肉吃"，要先"去"tsa³³"打"dɔ⁵⁴回来，再"烧"tɕʰi⁵⁴火，最后"吃"tsa⁵³"去"tɕi³¹。其实，在拉祜熙方言中5个动词连用的现象并不太常见，大部分为2到3个普通动词连用。例如：

zɔ⁵³	qɔ³¹la³¹	pʰu³³	**tsa³³**	**zu³¹.**	
他	回来	钱	去	拿	96. 他回来取钱。

---

① James A. Matisoff, The Grammar of Lahu, second printing, University of California Press, Berkeley and Los Angeles ,Caliornia,1982，Page199.

ŋa³¹	zɔ⁵³	a³¹	**lɔ³³**	**sɤ²¹**	**ɣa³³**	po³¹.	
我	他	patient	**等**	**接**	**得**	PERF	97. 我接到了他。

zɔ⁵³	ka²⁴	**te³³**	**tɕi³¹**	po³¹.	
他	事	**做**	**去**	PERF	98. 他去工作了。

tho³¹pʰɔ²⁴na⁵⁴	da²¹	ve³³	a⁵³	tsɔ³¹,
火药枪	好	NOMIN	NEG	有

zɛ³¹pa³¹nu²⁴	**dɔ⁵⁴**	**ɣa³³**	a⁵³	dɔ⁵³.
狗熊	**打**	**得**	NEG	想

99. 没有好的火药枪，就别想猎到狗熊。

zɔ⁵³	xɔ̃⁵⁴tɕʰɛ³³	tɛ⁵³	a³¹	**vɤ³¹**	**ɣa³³**	ve³³	a⁵³	ŋɛ³³.
他	铁锅	一	个	**买**	**得**	NOMIN	NEG	容易

100. 他好不容易才买到了一个铁锅。

ŋa³¹	qʰɔ³³qʰo⁵⁴	sa³¹	**tsa³³**	**do⁵⁴**	**tɕi³¹**	ve³³.
我	山上	肉	**去**	**打**	**去**	IND

101. 我到山上打猎去了。

ŋɤ³¹	ti³³mi³³	qʰɔ³³	a³³sa³³	**tsa³³**	**tɕʰi⁵⁴**	**tsa⁵³**	vɤ³¹	vɛ²⁴.
我们	田	里	玉米	**去**	**烧**	**吃**	语气词	POT

102. 我们去田里烤玉米吃吧。

　　此外，从以上例句中我们可以发现普通动词"去/找"tsa³³的用处最为广泛，可以与很多普通动词连用，我们姑且称之为"泛用动词"。如汉语中"看（电视）""吃（肉）"，均为单个动词领有的 VP，但拉祜语习惯表达为"tsa³³找ŋɔ²⁴看""tsa³³找tsa⁵³吃"。

5.5.2　普通动词与时体助动词连用

　　除了普通动词可以连用外，普通动词与时体助动词也可以连用，例如：

ŋɤ³¹	a³³mi³³	sa³¹	tsa²⁴	tsa⁵³-	dzɔ³³ve³³a³¹.
我们	昨天	肉	煮	吃	PAST

103. 我们昨天煮过肉吃。

ŋɤ³¹	sa³¹	tsa²⁴	tsa⁵³-	tsʅ²⁴la³¹.
我们	肉	煮	吃	PROG

104. 我们正在煮肉吃。

ŋɤ³¹	tɤ⁵³dɤ²¹	sa³¹	tsa²⁴	tsa⁵³-	a³¹te³³.
我们	待会	肉	煮	吃	FUT

105. 我们待会（将要）煮肉吃吧。

ŋɤ^{31}　　　sa^{31}　　　tsa^{24}　　　tsa^{53}-　　po^{31}.

我们　　　肉　　　煮　　　吃　　　PERF

106. 我们已经把肉煮着吃完了。

Matisoff（1982）指出，这些连用的动词有主次之分，一个联结结构（concatenation）中有一个"主要动词"（main verb），其余均为"万能动词"（本书认为称为"次要动词"更贴切，原文见下。）（versatile verb），"万能动词"分布于主要动词的两侧，位于主要动词之前的称为"前置万能动词"（pre-head versatiles），位于主要动词之后的称为"后置万能动词"（post-head versatiles），如"他回来取钱"。例句 103 中，动词"吃"tsa^{33}为主要动词，而动词"煮"tsa^{24}位于 tsa^{53}的左侧，为前置万能动词。

我们基本赞同 Matisoff 先生的观点，我们认为，拉祜语动词连用结构中的动词的确存在主次之分，但应分为两种情况区别分析：

第一，一个句子中，普通动词严格意义上的连用，即中间不需要任何的连接手段辅助成分而直接组合的，如例句 97"我接到了他。"，"主要动词"只有一个"接"sɤ^{21}，其余 2 个动词为"次要动词"；第二，一个句子中存在 6 个以上的普通动词时，需加连接词 lɛ^{33}，如例句 95"人们抓到鸡，杀鸡，然后一部分烤着吃，一部分煮着吃。"，"主要动词"有 2 个"打"dɔ^{54}和"吃"tsa^{53}，其余 4 个动词为"次要动词"。另外，我们认为"主要动词"（main verb）应该称为"核心动词"更为贴切，因为它在一个 VP 中起着核心作用，而"万能动词"（versatile verb）应该称为"次要动词"，而这些"次要动词"更容易在语法化的过程中逐渐虚化。

刘丹青（2017）认为连用的动词在语义上可能存在不完全平等的地位，在句法作用上也会出现差异，并可能进而经过语法化后使一些动词虚化为虚词。如汉语中"我得看孩子。"一句中的"得"。在现代拉祜熙方言中，连用的动词在语义上基本保持着平等的地位，但也有少部分动词开始出现了虚化的现象。上面例句 94——"我们到山上打猎烤肉吃。"，此句中的 5 个连用动词"去"tsa^{33}、"打"dɔ^{54}、"烧"tɕhi^{54}、"吃"tsa^{53}、"去"tɕi^{31}，在语义上几乎具有平等的地位，不同于下面的例句：

tɕi^{31}　　　lɛ^{33}　　　ti^{24}sʅ^{24}　　tsa^{33}　　　ŋɔ^{24}.　　　　107. A:去看电视吧。

去　　　CONJ　　电视　　找　　　看

a^{53}　　　tɕi^{31}　　　ŋa^{31}　　　za^{53}nɛ^{24}　　ɣa^{33}　　　ŋɔ^{24}.　　　107. B:不，我要看孩子。

NEG　　去　　　我　　　小孩　　　要　　　看

B 答句中，动词"看"ŋɔ^{24}为主要动词（核心动词），"要"ɣa^{33}为次要动词（非核心动词），去掉后基本不改变句子的意思。再如："我得砍柴"

ŋa³¹我 sʅ⁵⁴柴 ɣa³³得 tɔ⁵⁴砍，tɔ⁵⁴为核心动词，ɣa³³为次要动词，去掉后基本对原意无影响。因为，我们也认为动词 ɣa³³得、要可能正在虚化当中。

5.5.3　由普通动词构成的动词连用

5.5.3.1　共享施事

指各连用动词之间同享一个施事，根据语义关系，主要分为以下几种情况：

第一，Vp 之间是先后的时间关系，中间使用连接词 lɛ³³。

tɕi³¹	lɛ³³	la⁵³mi³¹	tsa³³	xo⁵⁴.	108. 走过去关门。
走	CONJ	门	去	关	

la⁵³mi²¹	pʰɔ³³	lɛ³³	ɔ³¹	tsa³³	lu²¹	tsa⁵³.	109. 开门进去吃饭。
门	开	CONJ	饭	去	进	吃	

第二，前项是后项的方式，如果同一个主体发出不同的动作时可以使用动词连用，但不同主体发出动作时，中间需使用连接词 lɛ³³。

tɕi²⁴	tɕi³¹.		
跑	去		110. 跑着去。

la⁵³mi²¹	pʰɔ³³	a³¹	lɛ³³	zʅ²¹.	
门	开	CON	CONJ	睡觉	111. 开着门睡觉。

第三，前项是后项动作所使用的工具或手段，中间使用连接词 lɛ³³。

kʰɛ⁵³	zu³¹	lɛ³³	ɔ³¹	kɤ³³.	
碗	拿	CONJ	饭	盛	112. 拿碗盛饭。

sʅ⁵⁴qʰɔ⁵³	ɣɔ⁵⁴	lɛ³³	tsʰɔ³³	a³¹	dɔ⁵⁴.	
木棍	捡	CONJ	人	patient	打	113. 拾起木棍打人。

第四，前项与后项之间是因果或目的关系，中间使用连接词 lɛ³³。

tɔ⁵³u²⁴da²¹tu³¹	ka³¹gɯ⁵³	lɛ³³	ɔ³¹	tsa⁵³	lɤ⁵³.	
手机	玩	CONJ	饭	吃	忘	114. 玩手机忘了吃饭。

mi³¹gɯ³¹	vɤ³¹	a³³tɕe³³	lɛ³³	ɣa³³-	te⁵³	qʰɔ²¹	-ga³³.
土地	买	FUT	CONJ	力气	一	年	帮

115. 为了买地打了一年的工。

最后一个例句中，ɣa³³ga³³语义较松散，ɣa³³，名词，力气；ga³³，动词，帮助。两个音节连用表示"打工"的意思，但时间名词成分"一年"要加在两个音节中间，而不能置前或置后。

5.5.3.2　共享受事

指各连用动词之间共享一个受事，根据前项动词的类别主要分为以下三种情况：

第一，"制作"类动词

va²¹sa²¹	tɕʰi⁵⁴	tsa⁵³			116. 猪肉烤着吃。
猪肉	烤	吃			

pʰa³³kɛ²¹	te⁵³	tɕɛ³³	te³³	zɿ²⁴	117. 做双布鞋穿。
布鞋	一	双	做	穿	

第二，"取得"类动词

la²¹pe²¹	te⁵³	vɤ³¹	zɿ²⁴		118. 买个戒指戴。
戒指	一	买	戴		

a³³ka⁵⁴	te⁵³	pɤ³³	lɔ³¹	dɔ³¹	119. 讨杯水喝。
水	一	杯	讨	喝	

第三，"给予"类动词

nɔ³¹	a³¹	su³³be⁵⁴	tɛ⁵³	pi⁵³	la³³	lɛ³³	xa³³	qa³¹	tsɿ²⁴
你	patient	铁锹	一	给	SUF	CONJ	地	挖	CAUS

120. 送个铁锹给你挖地。

5.5.3.3　施事转换

根据前项动词的不同可以分为两类，由使令义动词充当和由非使令义动词充当。

第一，前项动词由使令义动词充当。例如：

zɔ⁵³	a³¹	bi³¹	lɛ³³	xa³³	qɔ⁵³	tsɿ³³.
他	patient	劝	CONJ	地	挖	CAUS

121. 劝他挖地。

zɔ⁵³	a³¹	ku³¹	lɛ³³	la⁵³mi³¹	pʰɔ³³	tsɿ³³.
他	patient	叫	CONJ	门	开	CAUS

122. 叫他开门。

a³³pu³¹ɕi³¹	a⁵³	tsa³¹	vi⁵³.		
多依果	NEG	吃	DIR		

123. 不给他吃多依果。

第二，前项动词由非使令义动词充当。例如：

zɔ⁵³	a³¹	lɤ⁵³	lɛ³³	qʰa⁵⁴ɛɛ³³	te³³	tsɿ³³
他	patient	选	CONJ	头人	做	CAUS

124. 选他当头人。

zɔ⁵³	ka²⁴	a⁵³	te³³	pɤ²⁴	lɛ³³	de⁵³	pʰɤ⁵³
他	事情	NEG	做	会	CONJ	骂	收拾

125. 批评他不工作。

zɔ⁵³	pʰu³³	ze³³	ɕa³¹dza⁵³	lɛ³³	ŋɔ²⁴	bɔ³¹
他	钱	用	厉害	CONJ	看	懒

126. 讨厌他太会花钱。

5.6 谓词的配价

本小节从动词的配价和形容词的配价两个方面进行讨论。

5.6.1 动词的配价

"配价"是语法研究中一个重要的问题，"价"（valency），原是化学中的术语，指分子结构中各元素原子数目之间的比例关系。法国语言学家Lucicen Tesniere（1953）将这个概念借用到语言学中，指一个动词能够支配一种性质的名词性词语的数量。拉祜熙方言中的动词根据这样的分法可分为一价动词，二价动词和三价动词。

5.6.1.1 一价动词

一个动词如果能支配一种性质的名词性词语，它就是一价动词。例如：

ŋa³¹	tsi³¹	ve³³.		
我	咳嗽	IND		127. 我咳嗽。

zɔ⁵³	bvu⁵⁴	po³¹.		
他	醉	PERF		128. 他喝醉了。

ŋa³¹	nɔ⁵³	po³¹.		
我	醒	PERF		129. 我醒了。

nɔ³¹	ɣa⁵³tɕi⁵³	tɕi³¹	ɕe³¹.	
你	休息	走	句末语气词	130. 你去休息吧！

kʰɤ³³qo²¹	pɛ³¹	po³¹.		
脚	发炎	PERF		131. 脚发炎了。

zɔ⁵³	xa³³	qɔ⁵⁴	tɕi³¹	po³¹.
他	地	挖	去	PERF
				132. 他去劳动了。

5.6.1.2 二价动词

一个动词如果能支配二种性质的名词性词语，它就是二价动词，两个论元均位于动词的左侧，构成"NP1+NP2+VP"的格式。例如：

ŋa³¹	qʰɔ³³qʰo⁵³	ta⁵⁴	ve³³.	
我	山顶	上	IND	133. 我上山了。

nɔ³¹	li²¹	vu³¹.		
你	字	写		134. 你写字。

ŋa³¹	ɔ³¹	te³³.		
我	饭	做		135. 我做饭。

ŋa³¹	nɔ³¹	nɔ³¹	xa³³lɛ³¹.		
我	你	OM	喜欢		136. 我喜欢你。

nɔ³¹	ŋa³¹	nɔ³¹	te⁵⁴ma⁵³.		
你	我	OM	批评		137. 你批评我。

nɔ³¹	ŋa³¹	nɔ³¹	te⁵³	dɤ³¹	lɔ³³-	ɕe³¹.
你	我	OM	一	下	等	语气词

138. 你等我一下。

5.6.1.3 三价动词

一个动词如果能支配三种性质的名词性词语，它就是三价动词，基本用于"给予类"句式，施事（受损者）和与事（受益者）位于动词的左侧，而受事（给予物）位于动词的右侧，构成"NP1+NP2+VP+ NP3"的格式。例如：

ŋa³¹	nɔ³¹	a³¹	za³¹qɔ³³	u²⁴ma³¹.	
我	你	patient	路	告诉	139. 我告诉你路。

ŋa³¹	nɔ³¹	a³¹	tɔ⁵³	na³³.	
我	你	patient	话	问	140. 我问你话。

zɔ⁵³	ŋa³¹	a³¹	sʅ⁵⁴ɕi³¹	lɔ³¹la⁵³.	
他	我	patient	水果	送	141. 他送我水果。

zɔ⁵³	ŋa³¹	a³¹	pʰu³³	ŋa³¹.	
他	我	patient	钱	借	142. 他借我钱。

ŋa³¹	nɔ³¹	a³¹	e³¹-	la⁵³	ve³³	vɤ²⁴tʰi²¹.
我	你	patient	回答	给	RM	问题

143. 我回答你的问题。

5.6.1.4 动词的减价

被动态是减少动词之价的方式，但拉祜语中被动态是一种边缘结构（详见 6.3.2 被动结构），除此之外，拉祜语还可以通过以下几种方式减少动词的价。

第一，通过不标明直接宾语的方式，由及物动词构成不及物动词。这种情况在拉祜熙话中比较常见，大多数及物动词都可以不带宾语使用，即拉祜熙话的及物动词在带不带宾语上面表现得较为自由，以不及物的形式出现是常规表现。如：

na³³pʰɤ³¹	ɔ³¹	tsa⁵³	tɕɔ³¹a³¹	ve³³.	
娜迫	饭	吃	PROG	IND	144. 娜迫在吃饭。

na³³pʰɤ³¹	tsa⁵³	tɕɔ³¹a³¹	ve³³.	
娜迫	吃	PROG	IND	145. 娜迫在吃。

第二，通过不标明及物动词主语的方式，由及物动词构成不及物动词。如：

a³³sa³³　　tɕa²⁴　　tsʅ²⁴la³¹.

玉米　　煮　　PROG　　　　　　　　　　146. 正在煮着玉米。

na³³pʰɤ³¹　　a³³sa³³　　tɕa²⁴　　tsʅ²⁴la³¹.

娜迫　　玉米　　煮　　PROG　　　　　147. 娜迫正在煮着玉米。

这种给动词减价的形式，既将原施事主语删除，又将原受事主语提升至主语，动词上也没有被动态的形式表现。这种方式在拉祜熙话中比较常见，可以直接让受事作主语构成意合式被动句，特别是生命度低的受事名词，可以较为自由地充当意合被动句的主语。

第三，通过把及物动词的主语和直接宾语表达成主语的方式，把及物动词构成相互性不及物动词。如：

na³³pʰɤ³¹　　lɛ³³　　tsa³¹la⁵³　　dɔ⁵⁴　　da²¹　　tsʅ²⁴la³¹.

娜迫　　CONJ　　扎拉　　打　　REC　　PROG　　148. 娜迫和扎拉在打架。

na³³pʰɤ³¹　　tsa³¹la⁵³　　a³¹　　dɔ⁵⁴　　tsʅ²⁴la³¹.

娜迫　　扎拉　　patient　　打　　PROG　　　　149. 娜迫在打扎拉。

动词的相互义也是减少配价的因素之一。相互性动词的主语都是并列结构或复数，主语也就包括了施事和受事。拉祜熙话中的动词如果没有相互动词词项，则需要在后面加表相互的后附缀相互代词 da²¹。

5.6.1.5　动词的增价

使动态对动词来说普遍具有增价作用，致使范畴是语言中普遍具有的范畴，拉祜熙话中也存在致使结构，参见 6.3.1 致使结构，本小节我们只描写有关动词增价的方式。

tsa³¹la⁵³　　zɔ⁵³　　ɔ³¹pa³¹　　nɔ³¹xɔ³³　　xa³³　　te⁵³　　mu⁵³　　tʰɛ³¹qʰɔ³¹　　tsʅ³³.

扎拉　　他　　爸爸　　patient　　地　　一　　亩　　赔　　CAUS

150. 扎拉让她父亲赔了一亩地。

"赔" tʰɛ³¹qʰɔ³¹ 本身是一个可以带一个宾语的二价及物动词，上面中因带了一个使役标记 tsʅ³³，所以就多带了一个使动宾语 "他爸爸" zɔ⁵³ɔ³¹pa³¹，这个宾语才是动作 tʰɛ³¹qʰɔ³¹ 的真正施事。此句中动词原来的受事 "地" xa³³ 位于直接宾语的位置，不带宾语标记，以零形式表示，而被使者 "他爸爸" zɔ⁵³ɔ³¹pa³¹ 带有受事标记，实际上充当间接宾语。被使者本为动词的施事，由于致使者占了主语的位置，所以被使者只能降格。科姆里（转引自刘丹青《语法调查研究手册》）从认为很多语言里起作用的一个等级序列为：主语＞直接宾语＞间接宾语＞旁格宾语。拉祜熙话也依此等级序列依次降格，及物动词使动态句子中，宾语位置被受事论元占据，被使者没有宾语之位，只能降为间接宾语；在不及物动词的使动态中，原动词本身没有受事论元，所以被使者就降格为直接宾语。如：

ɣa⁵⁴	sɿ³³	po³¹.	
鸡	死	PERF	151. 鸡死了。

zɔ⁵³	ɣa⁵⁴	xɯ³³	pɛ³¹	po³¹.	
他	鸡	弄	死	PERF	152. 他把鸡弄死了。

5.6.2　形容词的配价

拉祜熙方言中的形容词一般只带一个论元，如"竹子高"va⁵³竹子 mu³³高；"高（的）竹子"va⁵³竹子 mu³³高或 va⁵³竹子 mu³³高 ve³³NOMIN。另外，还有带二个论元的形容词，而形容词的另一个论元通常需要通过加介词或格形态或话题成分等手段出现。如拉祜熙话中"熟悉"ɕi³¹ 是个二元形容词，需要主体和客体两个论元同时出现。例如：

tsʰɔ³³	ɕe³¹	te⁵³	ɣa⁵³	ŋɤ³¹	qʰa⁵⁴	a³¹	ɕi³¹	dʑa⁵³.
人	这	一	位	我们	村寨	patient	熟悉	很

153. 这个人对我们村寨很熟悉。

此句中，"这个人"是"熟悉"的主体；"我们村寨"是"熟悉"的客体，拉祜熙话用受事标记引介客体。

tsʰɔ³³	ɕe³¹	te⁵³	ɣa⁵³	a³¹	ŋɤ³¹	ɕi³¹	da²¹	dʑa⁵³.
人	这	一	位	patient	我们	熟悉	REC	很

154. 这个人我们很熟悉。

此句中，"这个人"是充当了话题，作"熟悉"的客体，同样用受事标记引介客体。

5.7　谓词及谓词性短语的名物化

拉祜熙方言的名物化标记是 ve³³或 tu³¹，在谓词性短语后加上名物化标记后可以实现名物化。例如：

tɕa⁵³	ve³³	lɛ³¹	ka²⁴	no²⁴	tɛ⁵³	za³¹.
吃	NOMIN	COP	事情	大	一	件

155. 吃是件大事。

va²¹	ɕe³¹	te⁵³	tɕu⁵³,	tsʰu³³	ve³³	gɛ⁵³ba³¹,
猪	这	一	群	肥	NOMIN	宰掉

gɔ³¹	ve³³	qʰɔ³³qʰo⁵³	pʰɛ⁵³	pɤ³³.
瘦	NOMIN	山上	放	丢

156. 这些猪，肥的宰掉，瘦的放到山上去。

5.7.1　动词加名物化标记

在动词后加名物化标记 ve³³实现名物化。例如：

tsa⁵³ve³³	吃的	vɤ²¹ve³³	穿的
ŋu⁵³xɔ̃²⁴ve³³	放牛的	dʐŋ³¹dɔ³¹ve³³	喝酒的
su³³dɔ⁵⁴ve³³	打铁的	zɛ³¹te³³ve³³	盖房子的
sŋ⁵⁴tʰɛ³³ta⁵³ve³³	抬木头的	tɕi³¹a⁵³ɣa⁵³ve³³	走不动的
tɕi²⁴ve³³po⁵⁴ve³³	跑的跳的	qa³³lɛ³¹a⁵³da²¹ve³³	唱得不好的
pʰu³³tsʰŋ⁵³lɛ³¹a⁵³qʰɔ²¹ve³³	借钱不还的		

例句如下：

tɔ³¹	lɛ³³	kɯ³¹	ve³³	za²¹qɔ³³	tɕi³¹	ve³³	ɔ³¹ɣa⁵³	a⁵³-	pɤ³¹.
平	CRS	处	RM	路	走	RM	力气	NEG	会

157. 平路走起来省力气。

另外，一些词将名物化标记换成 tu³¹也可以实现名物化，意思变为"做某事用的器物或工具"。如：

tsa⁵³tu³¹	吃的	vɤ²¹tu³¹	穿的
ŋu⁵³xɔ̃²⁴tu³¹	放牛用的	dʐŋ³¹dɔ³¹tu³¹	喝酒用的
su³³dɔ⁵⁴tu³¹	打铁用的	zɛ³¹te³³tu³¹	盖房子用的
sŋ⁵⁴tʰɛ³³ta⁵³tu³¹	抬木头用的		

例句如下：

sŋ⁵⁴	ɕe³¹	lɛ³¹	zɛ³¹	te³³	tu³¹.
木头	这	COP	房子	做	NOMIN

158. 这木头是盖房子用的。

5.7.2　形容词加名物化标记

在形容词加名物化标记 ve³³实现名物化。例如：

ni³³ve³³	红的	pʰu³³ve³³	白的
su²¹sa³¹ve³³	麻烦的	ɣɔ³³ve³³	圆的
vɤ⁵³ve³³	远的	za²¹tɔ³³ve³³	害羞的
tsɔ³¹sa³³ve³³	舒服的	xa³³lɛ³¹ve³³	高兴的

例句如下：

ni³³	ve³³	da²¹,	pʰu³³	ve³³	a⁵³	da²¹.
红	NOMIN	好	白	NOMIN	不	好

159. 红的好，白的不好。

另外，一些词将名物化标记换成 tu³¹也可以实现名物化，意思变为"会使人感到怎么样的"。如：

su²¹sa³¹tu³¹	感到麻烦的	vɤ⁵³tu³¹	觉得远的
xa³³lɛ³¹tu³¹	感到高兴的	za²¹tɔ³³tu³¹	感到害羞的
tsɔ³¹sa³³tu³¹	感到舒服的		

例句如下：

ka²⁴	ɕe³¹	tɛ⁵³	xa³³lɛ³¹	tu³¹	a⁵³	tsɔ³¹.
事情	这	一	高兴	NOMIN	NEG	有

160. 这件事情没什么值得高兴的。

5.8　谓词及谓词性短语的并列

拉祜熙方言中两个并列的谓词及谓词性短语有着明显的并列关系而非递进关系，则可以不使用任何连词连接并列的谓词性成分，即做论元的两个谓词性成分中间不需加任何成分即可接连。以下例句中并列关系明显：

na³³pʰɤ³¹	tsʰɔ³³	kʰɔ⁵³	na³³	pɤ²⁴	za²¹kɛ³³za²¹tɔ³³	pɤ²⁴.
娜迫	人	话	听	会	害羞	会

161. 娜迫听话而且害羞。

但是，如果两个并列的谓词及谓词性短语的并列关系不明显时，需要使用连接词 lɛ³³连接，凸显它们之间的并列关系。

pʰu³³	ɕe³¹	xa³³	qɔ⁵³	lɛ³³	a³³sa³³	ti³³	ve³³	a⁵³	lɔ²¹.
钱	这	地	挖	CONJ	玉米	种	NOMIN	NEG	够

162. 这些钱不够挖地和种玉米。

但一般情况下，拉祜熙方言习惯于将谓词名物化后，再将之作为论元分别放置于连接词 lɛ³³的左右。也就是说，拉祜熙话不常使用形容词及形容词性短语的并列形式。例如：

ɯ³¹	ve³³	(lɛ³³)	i³³	ve³³	a⁵³	ɕi³¹.
大	NOMIN	CONJ	小	NOMIN	NEG	知道

163. 不知道大的和小的。

将形容词"大"ɯ³¹和"小"i³³名物化后再作为论元放置于并列肢中，连词 lɛ³³可不用，且以不用稍显优。另外，谓词及谓词性短语的并列标记同体词性的相同，属于居中型 Am-B，拉祜熙话是 SOV 语言，倾向于使用后置并列标志。

第六章　简单句

本书将句法单位分为简单句（simple sentence）、复合句（compound sentence）和复杂句（complex sentence）。只由一套主语+谓语（+宾语）构成的句法单位称为小句（clause）；在言语交际中，有独立语调的小句称为简单句；有两个及以上的小句组成，并共同充当一个独立单位的句法单位称为复合句；如果一个小句在另一个小句中充当主语、宾语、定语或状语，则该小句则称为从句或子句（subordinate clause），带有从句（子句）的称为主句或母句（matrix clause），而这类拥有主句及从句的句法单位称为复杂句。

本章讨论简单句。

6.1　简单句的主要类型

简单句的主要类型分为完整句和非完整句。

6.1.1　完整句

由一套完整的主谓结构构成的句子称为完整句。拉祜熙方言中名词性短语、动词性短语、形容词短语、状态词均可以充当完整句的谓词成分，相对应的句子分别称为名词谓语句、动词谓语句、形容词谓语句和状态词谓语句。其中，动词谓语句是简单句的主要类型，我们将在 6.2 至 6.5 节做专门讨论，本节只讨论其他三类。

6.1.1.1　名词谓语句

由名词性成分充当谓语的句子，分为三种情况：

第一，由名词或修饰语修饰的名词性短语直接做谓语。例如：

za²¹ni³³		qʰɔ²¹pi³¹.				
今天		除夕				1. 今天除夕。

tsʰɔ³³	o³³	te⁵³	ɣa⁵³	ɔ³¹kʰa⁵⁴	mu³³	a³¹.
人	那	一	个	个子	高	IND	2. 那个人挺高的个子。

第二，由数量短语或数量名短语直接充当谓语。例如：

tsa³¹la⁵³	ɕɛ⁵⁴tɕʰi³³		qʰɔ²¹.				
扎拉	三十		岁				3. 扎拉三十岁。
pʰa³³kɛ³¹	i²⁴	te⁵³	ɣa⁵³	te⁵³	tɕɛ³³.		
布鞋	他们	一	位	一	双		4. 布鞋他们一人一双。

6.1.1.2 形容词谓语句

由形容词充当谓语的句子，成句条件分为以下几种情况：

第一，一般只出现在对举语境中或有重音成分的时候。

za²¹ni³³	xɔ³³	a³¹,	a³³mi²¹	ka⁵⁴	a³¹.	
今天	热	IND	昨天	冷	IND	5. 今天热，昨天冷。

ɕe³¹ve³³	ɯ³¹	a³¹.				
这个	大	IND				6. 这个大。

第二，用在差比句中。例如：

a³³tɛ³³	lɛ³¹	a³³ma³³	qʰo⁵³	ɯ³¹	a³¹	ve³³.	
爸爸	TM	妈妈	上面	大	CON	IND	7. 爸爸比妈妈大。

sɔ³¹	o³³ɕe³³	tɕe³³	a⁵³	qɔ³¹.		
这	那里	更	NEG	宽		8. 这里不如那里宽敞。

第三，形容词后加程度副词"很" dʐa⁵³或有修饰形容词作用的数量短语"一点点" a³³tɕi²⁴tɕi²⁴。例如：

zɛ³¹	qɔ³¹	dʐa⁵³.	
屋	宽	很	9. 屋子挺宽敞的。

za²¹ni³³	xɔ³³	dʐa⁵³.	
今天	热	很	10. 今天很热。

zɔ⁵³	a³³tɕi²⁴tɕi²⁴	qa²¹.	
他	一点点	笨	11. 他有点笨。

第四，形容词或状态词加时体助动词表达状态的变化。例如：

na³¹	kʰɛ⁵³	po³¹	
病	好	PERF	12. 病好了。

sɿ⁵⁴ve⁵⁴	ni³³	lɛ⁵³	po³¹	
花	红	CRS	PERF	13. 花红了。

sa³¹	na⁵⁴	po³¹	
肉	黑	PERF	14. 肉黑了。

第五，形容词的否定形式为 a⁵³NEG+A。例如：

tsʰɔ³³	o³³	te⁵³	ɣa⁵³	a⁵³	mu³³.	
人	那	一	位	NEG	高	15. 那个人不高。

tsa³¹la⁵³	a⁵³	ŋɔ²⁴sa³³.	
扎拉	NEG	漂亮	16. 扎拉不好看。

与汉语普通话的少部分形容词是二价的，可以带两个论元不同，拉祜熙方言中的形容词都是一价的，我们搜集到的语料中未发现二价形容词。

6.1.1.3　状态词谓语句

由状态词充当谓语的句子。

aᵃ³³vaˣ⁵³ɕi³¹	ɣɔ³³ɣɔ³³	lɛ⁵³	
桃子	圆圆	CRS	17. 桃子圆圆的。

tsa³¹la⁵³	qa²¹bɯ³¹qa²¹tʰɛ³³		
扎拉	笨手笨脚		18. 扎拉笨手笨脚的。

za³¹qɔ³³	qɔ²¹qɔ²¹tɛ³³tɛ³³		
路	弯弯曲曲		19. 路弯弯曲曲的。

qɔ⁵⁴lɔ⁵⁴	pa⁵³pa⁵³	lɛ⁵³	
被子	薄薄	CRS	20. 被子薄薄的。

mɛ⁵⁴fu⁵³	ɔ³¹pʰu³³ɕɛ²⁴		
脸	白白的		21. 脸白白的。

a³³po²¹	ɔ³¹sɹ²⁴sɹ²⁴		
衣服	新新的		22. 衣服新新的。

ɣu⁵⁴pi³¹	qʰa³³bvu⁵⁴bvu⁵⁴		
肚子	饱饱的		23. 肚子饱饱的。

sɯ³³	ɔ³¹ɣʵ⁵⁴ba³³ba³³		
金子	金光闪闪		24. 金子金光闪闪的。

6.1.2　非完整句

非完整句可以分为两类：一类是省略了完整句中部分成分，另一类是畸零句。本节主要讨论畸零句。

畸零句具有独立成句的交际功能，在某些方面不符合句子构成的通常规则，扩展性和类推性都很有限，表义作用区别于常见的能生成无限多句子的常规（canonical）句子类型。拉祜熙方言中也存在畸零句，例如：

tsa³¹la⁵³	ve³³	ɔ³¹ŋa²⁴pa²¹	kʰui³³mi²¹	tɕi³¹	gu³¹	po³¹.
扎拉	POSS	弟弟	昆明	去	去	PERF

25. A：扎拉的弟弟去昆明了。

tsa³¹la⁵³		ɛ³¹ʔ
扎拉		INTER

25. B：扎拉呢？

a³³ma³³,	ŋa³¹	ve³³	tʰɛ³³	ɛ³¹ʔ	
妈妈	我	POSS	裙子	INTER	26. 妈，我裙子呢？

nɔ³¹	tɕa³¹		qa²¹!	（na³³）	qa²¹!
你	（扎:male）		笨	（娜:FEM）	笨　27. 你个笨蛋！

tsa³¹la⁵³	va²¹	lɛ²⁴!
扎拉	猪	一样　　　　　　　28. 扎拉这只猪！

在这里，以上例句也可以处理为次要句型，因为这几句话中的名词有固定语义的作用，已经具有了句式的意义，可视为次要句型。而一些情况不必处理为次要句型，如名词性短语在特定的语境下独立发挥交际作用。例如：

tsa⁵³	ve³³	sɔ³³	zu³¹-	a³¹	po³¹	la³¹?
吃	NOMIN	都	拿	CON	PERF	NINTER

29. A：吃的都带齐了吗？

ɔ³¹		ɔ³¹tɕʰi⁵³		a⁵³ɣɯ³¹.
饭		菜		汤

29. B：饭、菜、汤。

6.2　动词谓语句的论元结构及配置

论元分核心论元和旁格论元两类，主语、宾语及话题成分均可以是核心论元，而旁格论元均由介词引介在句子中充当状语。话题成分编码的核心论元问题我们在 6.6 节做专题讨论，充当状语的旁格论元我们在 6.4 节中再进行讨论，而本节我们只讨论用主语和宾语编码的核心论元。

动词根据所带论元的数量，分为不及物动词（只带一个论元）、单及物动词（带两个论元）、双及物动词（带三个论元），相对应的句子我们称为不及物句、单及物句和双及物句。

6.2.1　不及物句及其论元配置

不及物动词可分为非作格（unergative）动词和非宾格（unaccusative）动词。非作格动词的论元是其施事者，如：笑 ɣɯ³¹、哭 xɔ³¹、走 tɕi³¹等；非宾格动词的论元是其受事者，如：死 sɪ³³、掉 tɕʰe³³、裂 pe²¹等。

不及物动词的论元配置方式主要有两种，一种是主语+动词，另一种是宾语+动词。

第一，主语+动词。如：

tsa³¹la⁵³	ve³³	a³³ta³³pɔ³¹	sɪ³³	po³¹.
扎拉	POSS	爷爷	死	PERF　30. 扎拉的爷爷死了。

tsa³¹la⁵³	na³¹	po³¹.		
扎拉	病	PERF		31. 扎拉病了。
mɔ²¹	tɕi²⁴	gɯ²¹	po³¹.	
猴子	跑	走	PERF	32. 猴子跑了。

在 5.5 节中我们讨论过拉祜语动词连用的问题，从上面的例子我们可以看出，两个连用的动词 tɕi²⁴ 和 gɯ²¹，可以共用一个论元。

第二，宾语+动词。如：

mu⁵³zɿ³¹	la³¹	po³¹.		
雨	来	PERF		33. 下雨了。
mu⁵³xɔ³³	mɯ⁵⁴	po³¹.		
风	刮	PERF		34. 刮风了。
mu⁵³ni³³	tɔ⁵⁴la³¹	po³¹.		
太阳	出来	PERF		35. 出太阳了。
su³³	la³¹	po³¹.		
客人	来	PERF		36. 来客人了。

主要是表示自然现象以及存现宾语的句子。

拉祜熙方言和汉语一样，不及物动词的论元结构还有表处所的宾语、时量宾语和动量宾语等。例如：

zɔ⁵³	kʰui³³mi²¹	tɕi³¹-	po³¹.			
他	昆明	去	PERF			37. 他去昆明了。
mu⁵³ka⁵⁴za⁵³	va³³ŋɯ³³	ɛɛ⁵³	qɔ²¹	qa³³	po³¹.	
冬天	雪	三	次	下	PERF	38. 冬天下了三次雪。
nɔ³¹	za²¹qɔ³³	pɤ³¹	a³³tɕi²⁴	zɿ²¹-	ɕi³¹.	
你	路	领	一会	睡	CON	39. 你先睡一会儿。

6.2.2　单及物句及其论元配置

朱德熙（1982）将汉语的及物动词分为体宾动词和谓宾动词，认为体宾动词只能带体词性宾语，如骑（马）、买（票）、喝（一杯）等；谓宾动词只能带谓词性宾语，如会（写）、打算（参加）、希望（回信）等。根据这种方法，拉祜熙及物动词也可分为体宾动词和谓宾动词。拉祜熙体宾动词如：

ɣɔ⁵³	pʰɤ⁵⁴	摘菜		a³³po²¹	xo²⁴	晒衣
菜	摘			衣	晒	
ɣɔ⁵³	ɣɛ³¹	切菜		a³³ka⁵⁴	pu³¹	洒水
菜	切			水	洒	

bɤ³¹	tɕʰe⁵⁴		a³³tʰɔ³³	sɤ³¹	
瓦	烧	烧瓦	刀	磨	磨刀
sʅ⁵⁴	dʑe⁵⁴		la²¹ɕi³¹qʰɔ⁵³	ŋɯ⁵⁴	
木	劈	劈柴	指甲	剪	剪指甲
sa³¹	tsa²⁴		ta²⁴zo³³	zo³³	
肉	煮	炖肉	秋千	荡	荡秋千

拉祜熙谓宾动词如:

tɕi²¹	pʰɛ²¹		vu²¹	pɤ²⁴	
去	能	能去	写	会	会写
kʰɔ²¹	ga⁵³		zu³¹da³¹	ga⁵³	
加入	想	打算参加	结婚	想	想结婚
pʰu³³qʰɔ²¹	e³¹la³³				
还钱	答应	答应还钱			
li²¹	qʰɔ²¹la³³	tsʅ³³	ga⁵³		
信	回	CAUS	想	希望回信	

6.2.2.1 体词性单宾语

6.2.2.1.1 动词带单宾语

从语义角色划分,体词性单宾语的类型主要有以下同种:

1. 宾语是动作的受事,例如:刨食 ga⁵⁴食 tɕa⁵³刨、掏耳朵 na³¹pu³³耳朵 qɛ²⁴掏、荡秋千 ta²⁴zo³³秋千 zo³³荡等。

2. 宾语是动作的施事、当事等,例如:淋雨 mu⁵³zi³¹雨 te³¹淋、下雪 ŋɯ³³雪 qa³³下、地震 mi³¹震动 xi⁵⁴地等。

3. 宾语是动作产生的结果,例如:盖房子 zɛ³¹房子 te³³盖、变魔术 fa³¹sʅ²⁴魔术 te³³做、纺线 ya²¹线 kʰɛ³³纺等。

4. 宾语是动作发生的处所,例如:在昆明 kʰui³³mi²¹昆明 tɕʰe⁵³在、去澜沧 la²⁴tɕa³³澜沧 tɕi²¹去等。

5. 宾语是动作延续的时间、发生的次数等,例如:等一会儿 te⁵³dɤ²¹一会儿 lɔ³³等、做两次 ni⁵³二 qɔ²¹次 te³³做等。

6. 宾语是动作的取得物

朱德熙(1979)指出,取得类应符合以下条件:1. 存在着"得者"和"失者";2. 存在得者所得即失者所失之物;3. "得者"主动使"物"由"失者"转移至"得者"。拉祜熙话中取得类动词主要有:抢 lu³³、偷 qʰɔ⁵³、骗 xe³¹、吃 tsa⁵³、喝 dɔ³¹、借 tsʰʅ⁵³、买 vɤ³¹、拿 zu³¹等。和汉语的"取得类"双宾句不同,拉祜熙话的"取得类"均是带有领属结构的单宾句,即只能用"领属结构+数量结构+V"或"领属结构+数量结构+动趋式"单及物句结构表达。例如：

zɔ⁵³	ve³³	su²⁴	te⁵³	kʰɔ³³	tsʰɿ⁵³	po³¹.
他	POSS	烟	一	支	抽	PERF

40. 抽了他一支烟。

i²⁴	ve³³	pʰu³³	te⁵³	lɔ³³	so³³	po³¹.
他们	POSS	银子	一	两	收	PERF

41. 收了他们一两银子。

ŋa³¹	ve³³	pʰu³³	te⁵³	lɔ³³	lu³³	vɤ³³	po³¹.
我	POSS	银子	一	两	抢	DIR	PERF

42. 抢（走）了我一两银子。

nɔ³¹	ve³³	pʰu³³	te⁵³	lɔ³³	xe³¹	vɤ³³	po³¹.
你	POSS	银子	一	两	骗	DIR	PERF

43. 骗（走）了你一两银子。

zɔ⁵³	ve³³	pʰu³³	te⁵³	lɔ³³	tsʰɿ⁵³	po³¹.
他	POSS	银子	一	两	借	PERF

44. 借了他一两银子。

i²⁴	ve³³	xa³³	te⁵³	ɣɔ³³	vɤ³¹	po³¹.
他们	POSS	地	一	亩	买	PERF

45. 买了他们一亩地。

ŋa³¹	ve³³	a³³va⁵³ɕi³¹	tɛ⁵³	zu³¹	vɤ³³	po³¹.
我	POSS	桃子	一	拿	DIR	PERF

46. 拿（走）了我一个桃子。

此类结构可以换成由求索者用后置介词 ɕi³³引出的宾介状语结构。例如：

zɔ⁵³	ɕi³³	pʰu³³	te⁵³	lɔ³³	tsʰɿ⁵³	po³¹.
他	COM	银子	一	两	借	PERF

47. 向他借了一两银子。

i²⁴	ɕi³³	xa³³	te⁵³	ɣɔ³³	vɤ³¹	po³¹.
他们	COM	地	一	亩	买	PERF

48. 向他们买了一亩地。

关于后置伴随标记 ɕi³³我们将在 9.7 节"趋向范畴"中详细讨论。

6.2.2.1.2　黏合式动补宾语带单宾语

6.2.2.1.2.1　动结式

当指量、数量结构充当动结式的宾语时，无论是陈述句还是祈使句，指量和数量结构只能加在动词与中心名词之间，不能加在整个状动结构之后，试比较：

ɔ³¹	ɕe³¹	te⁵³	po³¹	tsa⁵³	bvu⁵⁴			
饭	这	一	顿	吃	饱			

*ɔ³¹	tsa⁵³	bvu⁵⁴	ɕe³¹	te⁵³	po³¹			
饭	吃	饱	这	一	顿		49. 吃完这顿饭。	

dʐɿ³¹	te⁵³	qɔ²¹	dɔ³¹	bvu⁵⁴			
酒	一	次	喝	醉			

*dʐɿ³¹	dɔ³¹	bvu⁵⁴	te⁵³	qɔ²¹			
酒	喝	醉	一	次		50. 喝醉一次酒。	

ɣɔ⁵³tɕa²⁴	ɛɛ⁵⁴	tsʰɿ²¹	vɤ³¹	po³¹			
菜	三	捆	买	PERF			

*ɣɔ⁵³tɕa²⁴	vɤ³¹	po³¹	ɛɛ⁵⁴	tsʰɿ²¹			
菜	买	PERF	三	捆		51. 买了三捆菜。	

zɔ⁵³	ɣɔ⁵³tɕa²⁴	ɛɛ⁵⁴	tsʰɿ²¹	vɤ³¹-	po³¹.		
他	菜	三	捆	买	PERF		

*zɔ⁵³	ɣɔ⁵³tɕa²⁴	vɤ³¹-	po³¹	ɛɛ⁵⁴	tsʰɿ²¹.		
他	菜	买	PERF	三	捆		52. 他买了三捆菜了。

又如：

zɔ⁵³	ɔ³¹	ɕe³¹	te⁵³	po³¹	tsa⁵³	bvu⁵⁴	vi⁵³	ɕe²¹	lɛ³³,
他	饭	这	一	顿	吃	饱	DIR	TAM	CONJ

ŋa³¹	zɔ⁵³	a³¹	qɔ²¹	u²⁴	vi⁵³	a³¹.			
我	他	OM	再	说	DIR	IND			

53. 等他吃完这顿饭，我再跟他说。

而*zɔ⁵³他ɔ³¹饭tsa⁵³吃bvu⁵⁴饱ɕe³¹这te⁵³一po³¹顿则不合法。

6.2.2.1.2.2　动趋式

1. 由简单趋向状语充当时，例如：

zu³¹	vɤ³³		54. 拿走。
拿	DIR		

a³³tɕi²⁴	zu³¹	va³³	55. 拿些来。
一些	拿	来	

具体请参看 9.7 趋向范畴。

2. 由复合趋向状语充当趋向状语时，拉祜熙方言不能像汉语那样随意变化趋向状语的位置，复合趋向状语必须位于动词的两侧，即宾语只能位于"N+数量结构+V+趋向状语"句法槽中。试比较下面的例句：

汉语普通话：

拿一碗水上来——拿上来一碗水——拿上一碗水来

拉祜熙方言：

a³³ka⁵⁴	te⁵³	kʰɛ⁵³	zu³¹	ta⁵⁴	va³³
水	一	碗	拿	上	DIR
*a³³ka⁵⁴	zu³¹	ta⁵⁴	va³³	te⁵³	kʰɛ⁵³
水	拿	上	DIR	一	碗
*a³³ka⁵⁴	zu³¹	ta⁵⁴	te⁵³	kʰɛ⁵³	va³³
水	拿	上	一	碗	DIR
*zu³¹	ta⁵⁴	va³³	te⁵³	kʰɛ⁵³	a³³ka⁵⁴
拿	上	DIR	一	碗	水

3. 动趋式带处所题元时，处所成分只能出现在动词之前。如："他已经逃出澜沧了。"zɔ⁵³他 la²⁴tɕa³³澜沧 pʰɔ³³逃 tɔ⁵⁴出 gɯ²¹去 pɔ³¹PERF；又如："大米刚从房间拿出去，我就有点担心了。"tsa³¹qʰa³³大米 zɛ³¹家 qʰɔ³³里 zu³¹拿 tɔ⁵⁴出 tɕʰɛ³³nɛ³¹刚 lɛ³³CONJ，ŋa³¹我 a³³tɕi²⁴一点 dɔ⁵³xa³¹担心 pɔ³¹PERF。

6.2.2.1.3　动词构式带宾语或状语

在"5.3 谓词重叠的构形与构式"一节中我们提到过拉祜熙的动词可以形成"V+qʰa³³中缀+ŋɔ²⁴看"和"V+kɛ³³也+V+pɤ²⁴会"的构式。这两种构式均可带宾语。例如：

ti²⁴s̩²⁴	ŋɔ²⁴	qʰa³³	ŋɔ²⁴	
电视	看	中缀	看	看看电视
s̩⁵⁴ɕi³¹	tsa⁵³	qʰa³³	ŋɔ²⁴	
水果	吃	中缀	看	尝尝水果
pa²⁴fa³¹	dɔ⁵³	qʰa³³	ŋɔ²⁴	
办法	想	中缀	看	想想办法
a³³po²¹	te³³	qʰa³³	ŋɔ²⁴	
衣服	做	中缀	看	试试衣服

又如：

tsa³¹la⁵³	ɔ³¹	tsa⁵³	kɛ³³	tsa⁵³	pɤ²⁴,	dʑi³¹	dɔ³¹	kɛ³³	dɔ³¹	pɤ²⁴.
扎拉	饭	吃	也	吃	会	酒	喝	也	喝	会

56. 扎拉既能吃也能喝。

tsa³¹la⁵³	u²⁴	kɛ³³	u²⁴	pɤ²⁴,	te³³	kɛ³³	te³³	pɤ²⁴.
扎拉	说	也	说	会	做	也	做	会

57. 扎拉既会说又会做。

ŋa³¹	li³¹kʰɔ³³	qa³³	kɛ³³	qa³³	pɤ²⁴,
我	歌	唱	也	唱	会

a³³dɔ³³qo³¹	mɯ⁵⁴	kɛ³³	mɯ⁵⁴	pɤ²⁴.
笛子	吹	也	吹	会

58. 我既会唱歌又会吹笛子。

zɔ⁵³	ka²⁴	dɔ⁵³	kɛ³³	dɔ⁵³	pɤ²⁴	dza⁵³.
他	事情	想	也	想	会	很

59. 他很善于思考。

zɔ⁵³ɔ³¹pa³¹	tsʰɔ³³	a³¹	de⁵³	kɛ³³	de⁵³	pɤ²⁴	dza⁵³.
他爸爸	人	patient	骂	也	骂	会	很

60. 他爸爸很严厉。

6.2.2.1.4 动宾短语的构形重叠

重叠式表示动作反复进行，例如拉祜语用四音格词的形式表达，这样的结构也影响了当地的澜沧方言。如：

lɔ³¹li²¹	ɣa²¹	tʰa⁵³	kɯ⁵⁴tɕʰɔ³³kɯ⁵⁴tɕʰɔ³³	tɕi³¹
车	开	时候	一忍一忍	走

"开车一忍一忍的。"（一忍一忍：形容新手司机开车时缩手缩脚的样子）

zɔ⁵³	kʰɯ³³tʰɔ⁵³kʰɯ³³ŋɛ⁵⁴ (kʰɯ³³ɕi⁵⁴kʰɯ³³la⁵⁴)	tɕɔ³¹
他	脚掰脚掰	有

"他走路脚掰脚掰的。"（脚掰脚掰：形容人走路时一瘸一拐的样子）

zɔ⁵³	tɕʰi⁵³tɕʰi⁵³te³³la³¹
他	一愣一愣

"他一愣一愣的。"（一愣一愣：形容人愣头愣脑的样子）

6.2.2.2 谓词性宾语

拉祜熙方言的谓宾动词主要包括：情态助动词"能"pʰɛ²¹、"会"pɤ²⁴、感知动词"想"ga⁵³以及形容词"好"da²¹等。例句如下：

nɔ³¹	tɕi²¹	pʰɛ²¹	la³¹	a⁵³	pʰɛ²¹	la³¹?
你	去	能	INTER	NEG	能	INTER

61a. 你能不能去？

ŋa³¹	tɕi²¹	pʰɛ²¹				
我	去	能				61b. 我能去。

nɔ³¹	qʰa³¹lɛ²⁴	dɔ⁵³	a³¹ve³³	le³¹?	
你	怎么样	想	FUT	INTER	62a. 你打算怎样？

ŋa³¹	tɕa³³	kʰɔ²¹	ga⁵³.	
我	去	加入	想	62b. 我打算参加。

no^{31}	$q^ha^{31}l\epsilon^{24}$	do^{53}	$\epsilon^{31}?$	
你	怎么样	想	INTER	63a. 你感觉如何？

da^{21}	$v\epsilon^{24}$	
好	POT	63b. 觉得不错。

6.2.2.3 动词带准双宾语

动词带两个真宾语的情况我们将在"6.2.3 双及物句"中进行详细讨论，本节中只讨论动词带准双宾语的情况。

6.2.2.3.1 语序问题

在拉祜熙方言中，准双宾结构基本上只有一种语序，即"真宾语+准宾语+V"，试比较下面的句子：

zo^{53}	a^{31}	$a^{33}t\varepsilon i^{24}$	lo^{33}	$a^{31}ve^{33}$		
他	patient	一会儿	等	AUX		64. 等他一会儿。

zo^{53}	a^{31}	te^{53}	$p\gamma^{31}$	ku^{31}	$a^{31}ve^{33}$	
他	patient	一	句	叫	AUX	65. 叫他一声。

zo^{53}	a^{31}	te^{53}	ni^{53}	$p\gamma^{31}$	de^{53}	$p^h\varepsilon^{53}$
他	patient	一	二	句	骂	AUX

66. 骂他几句。

zo^{53}	a^{31}	te^{53}	qo^{21}	do^{54}	vi^{53}	
他	patient	一	次	打	DIR	67. 打了他一次。

zo^{53}	a^{31}	te^{53}	$p\gamma^{31}$	ku^{31}	vi^{53}	po^{31}
他	patient	一	句	叫	DIR	PERF

68. 叫了他一声。

可以给准宾语前面可以加修饰语成分，例如：

ηa^{31}	zo^{53}	a^{31}	do^{54}	$m\varepsilon^{33}$	$d\underline{z}a^{53}$	$po^{31}.$	
我	他	patient	打	多	很	PERF	69. 我打过他好几次。

6.2.2.3.2 成分构成

拉祜熙方言的准双宾结构中，真宾语可以由人称代词或由指人名词充当。先来看"真宾语+数量宾语+A"，例句如下：

no^{31}	ηa^{31}	$o^{31}xo^{24}$	ni^{53}	q^ho^{21}	$i^{33}\text{-}$	$la^{31}.$	
你	我	下面	二	岁	小	CON	70. 你比我小两岁。

ηa^{31}	$tsa^{31}la^{53}$	k^ho^{33}	ni^{53}	q^ho^{21}	$ɯ^{31}\text{-}$	$la^{31}.$	
我	扎拉	上面	二	岁	大	CON	71. 我大扎拉两岁。

同样，准宾语既可以由人称代词，也可以由指人名词充当。

ηa^{31}	$no^{31}xo^{33}$	$a^{33}t\varepsilon i^{24}$	ga^{33}	$la^{53}.$	
我	patient	一点	帮	DIR	72. 帮我一把。

$tsa^{31}la^{53}$	$no^{31}xo^{33}$	$a^{33}t\varepsilon i^{24}$	ga^{33}	$vi^{53}.$	
扎拉	patient	一点	帮	DIR	73. 帮扎拉一把。

6.2.3　双及物句及其论元配置

双及物句是使用频率较高的一种句法结构。刘丹青（2001）指出，"双及物结构（ditransitive construction）是一种论元结构，即由双及物（三价）动词构成的，在主语以外带一个客体和一个与事的结构，在句法上可以表现为多种句式，有的是双宾语句，有的不是。"[1]该文还指出汉语普通话及部分方言主要有四种双及物结构：1、V+O_t+O_r；2、V+O_r+O_t；3、V+O_t+V（给）+O_r；4、V+V（给）+O_r+O_t。[2]拉祜熙方言中的双及物结构也有如下 4 类：

第一，S+O_r+a^{31}_{OM}+O_t+V（$pi^{53}_{给}$）。

ŋa³¹	pʰɯ⁵³	a³¹	sa³¹	te⁵³	pe⁵⁴	pi⁵³	po³¹.
我	狗	patient	肉	一	块	给	PERF

74. 我给了狗一块肉。

第二，S+O_t+V+$lɛ^{33}_{CONJ}$+O_r+a^{31}_{OM}+V（$pi^{53}_{给}$）。

ŋa³¹	sa³¹	te⁵³	pe⁵⁴	zu³¹	lɛ³³	pʰɯ⁵³	a³¹	pi⁵³	po³¹.
我	肉	一	块	拿	CONJ	狗	patient	给	PERF

75. 我拿了一块肉给狗。

第三，S+O_r+$a^{31}_{patient}$+O_t+V+V（$pi^{53}_{给}$）。

ŋa³¹	pʰɯ⁵³	a³¹	sa³¹	te⁵³	pe⁵⁴	zu³¹	vi⁵³	pi⁵³.
我	狗	patient	肉	一	块	拿	DIR	给

76. 我拿给狗一块肉。

第四，S+O_t+O_r+a^{31}_{OM}+V（$pi^{53}_{给}$）。

ŋa³¹	sa³¹	te⁵³	pe⁵⁴	pʰɯ⁵³	a³¹	pi⁵³	po³¹.
我	肉	一	块	狗	patient	给	PERF

77. 我把一块肉给了狗。

陆丙甫（2009）对 128 种语言做过调查，认为基本语序为 SOV 语言的双及物句中语序"间接宾语+直接宾语+动词"占有绝对优势。[3]拉祜语中前三种结构为常见语序，即 O_r + O_t + V 的语序，而第四种结构的语序为 O_t + O_r + V，这是话题化的结果。

根据语义，我们把拉祜熙方言的双及物结构分为给予类、传达类和表称类。

6.2.3.1　给予类

"给予类"是双及物句中最具普遍性的。拉祜熙话中，可以用于"给予

---

① 刘丹青：《汉语双及物结构的类型学考察》，《中国语文》2001 年第 5 期。

② Or 表示间接宾语，Ot 表示直接宾语。

③ 陆丙甫、罗天华：《中国境内的双及物结构语序》，《汉藏语学报》2009 年第 3 期。

类"的动词主要有："给" pi⁵³、"拿" zu³¹、卖 xɔ̃⁵³、输 so⁵³、付、赔、送 te³³、分 pɛ³¹、喂 tɕa²¹、打 dɔ⁵⁴。可以充当直接宾语的主要是数量名短语或光杆名词；可以充当间接宾语的主要是人称代词或指人名词，间接宾语（接事）带有标记 a³¹。例句如下：

ŋa³¹	zɔ⁵³	a³¹	xa³³	te⁵³	ɣɔ³³	xɔ̃⁵³	vi⁵³.
我	他	patient	地	一	亩	卖	DIR

78. 我卖（给）他一亩地。

ŋa³¹	zɔ⁵³	a³¹	pʰu³³	te⁵³	lɔ³³	ɣa⁵³	la⁵³.
我	他	patient	钱	一	两	赢	DIR

79. 我赢了他一两银子。

ŋa³¹	zɔ⁵³	a³¹	pʰu³³	te⁵³	lɔ³³	zɔ³¹	vi⁵³.
我	他	patient	钱	一	两	付	DIR

80. 我付（给）他一两银子。

ŋa³¹	zɔ⁵³	a³¹	xa³³	te⁵³	ɣɔ³³	qʰɔ²¹	vi⁵³.
我	他	patient	地	一	亩	赔	DIR

81. 我赔他一亩地。

ŋa³¹	na³³lɔ⁵³	a³¹	a³³po²¹	te⁵³	qʰo⁵⁴	pi⁵³.
我	娜俕	patient	衣服	一	件	DIR

82. 我送娜俕一件衣服。

ŋa³¹	tsa³¹la⁵³	a³¹	a³³va⁵³ɕi³¹	tɛ⁵³	pɛ³¹	vi⁵³.
我	扎拉	patient	桃子	一	分	DIR

83. 我分扎拉一个桃子。

ŋa³¹	zɔ⁵³	a³¹	ɔ³¹	tsa²¹	vi⁵³.
我	他	patient	饭	吃	DIR

84. 我喂他吃饭。

ŋa³¹	zɔ⁵³	a³¹	ti²⁴xua²⁴	dɔ⁵⁴	vi⁵³.
我	他	patient	电话	打	DIR

85. 我给他打电话。

　　我们从以上例句中可以发现，在拉祜语的给予类句子，如果间接宾语是第三人称代词（包括单复数），"给出去"时要将 la⁵³ 变成 vi⁵³，或者直接去掉 la⁵³，并且以直接去掉 la⁵³ 稍显优，关于这点详见9.7.2。试比较下面两种方言给予类的句子：

拉祜熙方言	ŋa³¹	nɔ³¹	a³¹	su²⁴	pi⁵³	**la⁵³**.
	我	你	patient	烟	给	DIR

拉祜纳方言	ŋa^{31}	no^{31}	tʰa^{21}	su^{35}	pi^{53}	**la^{53}**.
	我	你	patient	烟	给	DIR

a1 我给你烟。

拉祜熙方言	nɔ^{31}	ŋa^{31}	a^{31}	su^{24}	pi^{53}	**la^{53}**.
	你	我	patient	烟	给	DIR

拉祜纳方言	nɔ^{31}	ŋa^{31}	tʰa^{21}	su^{3}	pe^{21}	**la^{53}**.
	你	我	patient	烟	给	DIR

a2 你给我烟。

拉祜熙方言	ŋa^{31}	zɔ^{53}	a^{31}	su^{24}	pi^{53}	**(vi^{53})**.
	我	他	patient	烟	给	DIR

拉祜纳方言	ŋa^{31}	zɔ^{53}	tʰa^{21}	su^{35}	pi^{53}.	
	我	他	patient	烟	给	

a3 我给他烟。

拉祜熙方言	zɔ^{53}	ŋa^{31}	a^{31}	su^{24}	pi^{53}	**la^{53}**.
	他	我	patient	烟	给	DIR

拉祜纳方言	zɔ^{53}	ŋa^{31}	tʰa^{21}	su^{35}	pe^{21}	**la^{53}**.
	他	我	OM	烟	给	DIR

a4 他给我烟。

拉祜熙方言	ŋa^{31}	no^{31}	a^{31}	ti^{24}xua^{24}	dɔ^{54}	**la^{53}**.
	我	你	patient	电话	打	DIR

拉祜纳方言	ŋa^{31}	no^{31}	tʰa^{21}	ti^{35}xua^{35}	dɔ^{54}	**la^{53}**.
	我	你	patient	电话	打	DIR

b1 我给你打电话。

拉祜熙方言	no^{31}	ŋa^{31}	a^{31}	ti^{24}xua^{24}	dɔ^{54}	**la^{53}**.
	你	我	patient	电话	打	DIR

拉祜纳方言	no^{31}	ŋa^{31}	tʰa^{21}	ti^{35}xua^{35}	dɔ^{54}	**la^{53}**.
	你	我	OM	电话	打	DIR

b2 你给我打电话。

拉祜熙方言	ŋa^{31}	zɔ^{53}	a^{31}	ti^{24}xua^{24}	dɔ^{54}	**vi^{53}**.
	我	他	patient	电话	打	DIR

拉祜纳方言	ŋa^{31}	zɔ^{53}	tʰa^{21}	ti^{35}xua^{35}	dɔ^{54}	pi^{53}.
	我	他	OM	电话	打	DIR

b3 我给他打电话。

拉祜熙方言	zɔ^{53}	ŋa^{31}	a^{31}	ti^{24}xua^{24}	dɔ^{54}	**la^{53}**.
	他	我	patient	电话	打	DIR

拉祜纳方言	zɔ⁵³	ŋa³¹	tʰa²¹	ti³⁵xua³⁵	dɔ⁵⁴	**la⁵³**.
	他	我	OM	电话	打	DIR

b4 他给我打电话。

另外，直接宾语也可以提到句首，做话题。例如：

na³³lɔ⁵³	a³¹	a³³po²¹	te⁵³	qʰo⁵⁴	pi⁵³.
娜偑	patient	衣服	一	件	给

a³³po²¹	te⁵³	qʰo⁵⁴	na³³lɔ⁵³	a³¹	pi⁵³.
衣服	一	件	娜偑	patient	给

86. 送娜偑一件衣服。

6.2.3.2 传达类

拉祜熙方言中能够构成传达类双及物结构的传达类动词主要有：问 na³³、教 ma³¹、打 dɔ⁵⁴等。

nɔ³¹	a³¹	ka²⁴	tɛ⁵³	na³³	ga⁵³.	
你	patient	事	一	问	想	87. 问你件事。

nɔ³¹	a³¹	ka²⁴	tɛ⁵³	na³³	ga⁵³.	
你	patient	事	一	问	想	88. 求你件事。

zɔ⁵³	a³¹	la⁵³xu²¹kʰɔ⁵³	ma²¹	vi⁵³.	
他	patient	拉祜话	教	DIR	89. 教他拉祜语。

这类结构不能变换为其他双及物结构。

6.2.3.3 表称类

拉祜熙方言中能够构成传达类双及物结构的表称类动词主要有：叫 ku³¹、骂 de⁵³、说 u²⁴、选 zɻ³³等。

zɔ⁵³	a³¹	kʰɻ³³ŋe³³pa³¹	ku³¹	vi⁵³.		90. 叫他瘸子。
他	patient	瘸子	叫	DIR		

ŋa³¹	a³¹	tsʰɔ³³qa³¹	de⁵³	la⁵³.		91. 骂我傻子。
我	patient	傻子	骂	DIR		

zɔ⁵³	a³¹	lɻ⁵⁴	lɛ³³	qʰa⁵⁴ɕɛ³³	te³³	tsɻ³³.
他	patient	选	CONJ	头人	当	CAUS 92. 选他（当）头人。

这类结构也不能变换为其他双及物结构。

王双成（2001）指出，凡是受事和与事区别的语言中，受事是动词更为直接、更无标记的论元，而与事是动词更为疏远、更有标记的论元。比如藏语、土族语、撒拉语、保安语等语言的给予类双及物句中，间接宾语都是有标记的，直接宾语则是零标记。[①]同样，拉祜语是给受事做标记的语言，在它的双及物句中，也是在给间接宾语做标记的。从以上的例句中可以看到，所有的受事标记 a³¹都紧跟间接宾语"狗"pʰɯ⁵³，而直接宾语"肉"sa³¹则是零标记。正是因为有了这样的格标记才能严格且容易的区分直接宾语和间接宾语，从而不会造成混淆。

6.3　论元编码方式的调整

拉祜熙方言可以采用致使、被动、处置、相互等句法手段调节句中语义角色的句法关系。

6.3.1　致使结构

致使结构（causative construction）是指可以表达一个致使情景的结构，而致使情景是语言中一个重要的语义范畴。Comrie（1989）认为，致使情景是一个由两个微观情景构成的复杂的宏观情景，这两个微观情景分别是成因和结果。

6.3.1.1　使役表达的类型

使役表达分为三种类型：1. 分析型；2. 形态型；3. 词汇型（综合型）。我们认为，拉祜熙方言的致使结构以分析型为主，形态型为辅。

拉祜熙方言中部分动词使用形态音位交替来构成使动和自动的对立，由自动到使动的内部语音交替既有音位交替（音段交替），又有超音段成分的交替，分别有清、浊音交替；送气与不送气交替；声调交替。例如：

自动		使动	
tsa⁵³	吃	tsa²¹	喂（使吃）
tu²¹	烧、着、燃	tu²⁴	使烧、点燃
kʰu²¹	啃	kʰu²⁴	使啃
pu⁵³	背	pu²¹	使背
dɔ³¹	喝	tɔ³³	使喝
zʅ²¹	睡	xi²⁴	使睡
tsʅ²¹	抽	tsʅ²⁴	使抽
vɤ²¹	穿（裤子）	fɤ²⁴	使穿（裤子）
va²¹	躲/藏	fa²⁴	使藏
pa⁵⁴	垮	pʰɛ⁵⁴	拆（使垮）

---

① 王双成：《青海西宁方言的给予类双及物结构》，《方言》2001 年第 1 期，第 16 页。

kʰu²¹	啃	kʰu²⁴	使啃
pu⁵³	背	pu²¹	使背
nɔ⁵³	醒	nɔ²¹	使醒

马学良（2003）指出，清表使动，浊表自动在羌语支语言乃至整个藏缅语中有一定普遍性，但可用的动词数量不多。

另外，拉祜熙话还可以通过异根的手段表示"死" sʅ³³ 和"使死（弄死）" pɛ³¹。例句如下：

ɣa⁵⁴　　　　sʅ³³　　　　po³¹.
鸡　　　　死　　　　PERF　　　　　　　　　　93. 鸡死了。

zɔ⁵³　　　ɣa⁵⁴　　　xɯ³³　　　pɛ³¹　　　po³¹.
他　　　鸡　　　弄　　　死　　　PERF　　　　94. 他把鸡弄死了。

我们搜集到的拉祜熙语料中，通过形态手段表使役的只有这些，主要还是以分析手段为主，即通过在普通动词后加助动词 tsʅ³³ 的方式。

6.3.1.2　语义角度划分的致使结构

盛益民（2014）认为，从语义角度划分，致使结构可以分为 5 大类：致使、使令、促使、任凭和允许。

6.3.1.2.1　致使

拉祜熙方言用使役词 tsʅ³³ 构成狭义致使结构。致使事件（causing event）是指构成成因的事件。汉语中"使"字致使结构的致使事件可以由致使小句构成的事件充当，如"扎拉家穷，使他辍学了。""淋了雨使我生病了。"但拉祜熙方言中带有 tsʅ³³ 的致使事件不能由致使小句构成。试比较以下例句：

a:　　　tsa³¹la⁵³　　　za³¹qʰɔ³³　　　xa³¹　　　**pa³³tɔ³³**　　　,
　　　扎拉　　　家里　　　穷　　　CONJ

　　　zɔ⁵³　　　li³　　　a⁵³　　　ɣa³³　　　xɛ⁵³　　　o³³.
　　　他　　　书　　　NEG　　　得　　　学　　　TAM

b:　　　*tsa³¹la⁵³　　　za³¹qʰɔ³³　　　xa³¹,
　　　扎拉　　　家里　　　穷

　　　zɔ⁵³　　　li³　　　a⁵³　　　ɣa³³　　　xɛ⁵³　　　**tsʅ³³**　　　o³³.
　　　他　　　书　　　NEG　　　得　　　学　　　CAUS　　　TAM

95. 扎拉家穷，使他辍学了。

a:　　　mu⁵³zi³¹　　　ti³¹　　　**pa³³tɔ³³**　　　ŋa³¹　　　na³¹　　　　　　po³¹.

b:　　　*mu⁵³zi³¹　　　ti³¹,　　　　　　ŋa³¹　　　na³¹　　　**tsʅ³³**　　　po³¹.
　　　雨　　　淋　　　CONJ　　　我　　　病　　　CAUS　　　PERF

96. 淋了雨使我生病了。

b组是不合法的句子，从以上例子可以看出，致使事件不能由致使小句构成，只能用后置连词pa³³tɔ³³构成因果关系句。

拉祜熙话中也可以由名词性成分充当致使事件，主要是由致使事件的责任者充当。例如：

tsa³¹la⁵³	zɔ⁵³	ɔ³¹pa³¹	nɔ³¹xɔ³³	xa³³	te⁵³	mu⁵³	tʰɛ³¹qʰɔ³¹	tsʅ³³.
扎拉	他	爸爸	patient	地	一	亩	赔	CAUS

97. 扎拉让她父亲赔了一亩地。

6.3.1.2.2 使令

使令相当于指令致使，拉祜熙方言同样用tsʅ³³表达使令。例如：

qʰa⁵⁴ɕɛ³³	tsa³¹la⁵³	nɔ³¹xɔ³³	zɛ³¹	tɕa³³	ɕi⁵⁴	tsʅ³³.
头人	扎拉	patient	家	去	扫	CAUS

98. 头人让扎拉去扫地。

xa³³	qɔ⁵³	ve³³	lɛ³¹	xɔ²⁴qʰa⁵⁴qa²¹	a³¹		tɕa³³	qɔ⁵³	tsʅ³³.
地	挖	转指	就	男人		patient	去	挖	CAUS

99. 挖地的事情让男人去做吧。

tsa³¹la⁵³	ŋa³¹	a³¹	ku³¹	lɛ³³	zɔ⁵³	ɕi³³	xa³³	ka³³	qɔ⁵³
扎拉	我	patient	叫	CONJ	他	POST	地	帮	挖

tsʅ³³	la⁵³.
CAUS	DIR

100. 扎拉叫我帮他挖地。

zɔ⁵³	tsa³¹la⁵³	nɔ³¹xɔ³³	za³¹	qʰɔ³³	ti²⁴sʅ²⁴	ŋɔ²⁴	tsʅ³³.
他	扎拉	patient	家	里	电视	看	CAUS

101. 他叫扎拉在家看电视。

nɔ³¹	tsa³¹la⁵³	nɔ³¹xɔ³³	kʰɛ⁵³	te⁵³	tsa³³	zu³¹	va³³	tsʅ³³.
你	扎拉	patient	碗	一	去	拿	DIR	CAUS

102. 你让扎拉去拿个碗来。

但是，充当致使者的名词性成分必须是具有高生命度的指人名词、代词或拟人化的组织机构。下面的这个句子不合法：

*pʰɯ⁵³	o³³	kʰɛ³³	ŋa³¹	nɔ³¹xɔ³³	tɕa³¹	tsʅ³³.
狗	那	只	我	patient	喂	CAUS

103. 那只狗叫我喂它。

6.3.1.2.3 促使

拉祜熙方言表达促使结构同样用tsʅ³³。如：

nɔ³¹	tsa³¹la⁵³	nɔ³¹xɔ³³	a³³tɕi²⁴	ka³³ga³³	vi⁵³,
你	扎拉	patient	一点	帮助	DIR

zɔ⁵³　　　　za²¹qɔ³³　　　pɤ³¹　　　　tɛ⁵³　　　ɣa³³　　　tsɿ³³.

他　　　　路　　　　领　　　　一　　　得　　　CAUS

104. 你帮扎拉一把，让他拿个第一名。

a³³mi³¹　　　mɛ⁵³tsʰɔ³³　　　kɤ³³　　　a³³tɕi²⁴　　　tu³¹　　　da²¹　　　tsɿ³³.

火　　　　多些　　　　装　　　一点　　　烧　　　好　　　CAUS

105. 多加些柴火，让它烧得快点儿。

nɔ³¹　　a³³lɛ²¹　　mɛ⁵³　　mɛ⁵³　　ta⁵³　　kʰɔ²¹　　a³³lɛ²¹　　ta³³　　qʰa⁵³　　tsɿ³³.

你　　盐　　多　　多　　NEG　　放　　盐　　NEG　　咸　　CAUS

106. 你少放些盐，让它淡一点儿。

zɔ⁵³　　a⁵³　　te³³　　o³³,　　nɔ³¹　　a³¹　　qʰa⁵⁴ɕɛ³³　　te³³　　tsɿ³³　　la⁵³.

他　　NEG　　做　　TAM　　你　　patient　　头人　　做　　CAUS　　DIR

107. 他退出了，让你当头人。

6.3.1.2.4　允许

拉祜熙方言同样用 tsɿ³³ 表达允许结构。

nɔ³¹　　zɔ⁵³　　nɔ³¹xɔ³³　　lo²¹　　la³³　　tsɿ³³.　　　　　　108. 你让他进来吧。

你　　他　　patient　　进来　　DIR　　CAUS

ŋa³¹　　zɔ⁵³　　nɔ³¹xɔ³³　　qʰa⁵⁴qʰɔ³³　　tɔ⁵⁴　　gɯ³¹　　tsɿ³³.　　109. 我让他离开村子。

我　　他　　patient　　村子　　出　　去　　CAUS

qʰa⁵⁴ɕɛ³³　　tsa³¹la⁵³　　nɔ³¹xɔ³³　　tɕi³¹　　gɯ³¹　　tsɿ³³.　　110. 头人让扎拉离开。

头人　　扎拉　　patient　　走　　去　　CAUS

6.3.1.3　有意致使和非意志性的致使

从跨语言的角度看，有些语言中，由于被致使者的施事性不同，会造成形式上的差别。但在拉祜熙话中无论致使者是有意还是无意造成该事件，动词都是一样的，没有区别。如：

zɔ⁵³　　tsa³¹la⁵³　　dʐu⁵⁴　　pɛ³¹　　po³¹.

他　　扎拉　　捅　　死　　PERF　　　　111. 他杀死了扎拉。（故意）

zɔ⁵³　　mu⁵³zɛ³³　　xɯ³³　　pɛ³¹　　po³¹.

他　　萤火虫　　弄　　死　　PERF　　　　112. 他弄死了萤火虫。（不小心）

另外，tsɿ³³ 主要用于有意致使，而事件性的非意志性的致使者一般选择无标记形式。例如：

a³³ka⁵⁴　　za³¹qɔ³³　　a³¹　　　tɔ³¹　　tsʰɿ⁵³　　qʰa³³　　lɛ³³.

水　　　路　　patient　　挡　　堵　　SUF　　CONJ

zɔ⁵³　　la³¹　　a⁵³　　　ga³¹　　o³¹.

他　　来　　NEG　　到　　TAM

113. 洪水封路，（使）他不能来了。

qʰa⁵⁴ɕɛ³³	zɔ⁵³	nɔ³¹xɔ³³	la³¹	tsɿ³³	ve³³.	
头人	他	patient	来	CAUS	IND	114. 头人让他来的。

6.3.1.4　被致使者可以有条件的省略

同汉语类似，拉祜熙话中在某些致使动词所引导的分析性致使表达中可以有条件的省略被致使者。如：

qʰa⁵⁴ɕɛ³³	a⁵³	tɕi³¹	tsɿ³³	la³¹.
头人	NEG	去	CAUS	IND

115. 村长不让去。

qʰa⁵⁴ɕɛ³³	zɔ⁵³/ŋɿ³¹	a³¹	a⁵³	tɕi³¹	tsɿ³³	la³¹.
头人	他/我们	patient	NEG	去	CAUS	IND

116. 村长不让[他/我们]去。

括号内可以出现被使者，也可以省略，且这样的省略不会造成歧义。

6.3.2　被动结构

拉祜熙方言是分析性较强的语言，形态不发达，不存在被动态，也没有专门表示被动的标记，受事是被动句的主语，施事是被动句的宾语。例如：

zɔ⁵³	a³¹	ŋa³¹	dɔ⁵⁴	po³¹.	
他	patient	我	打	PERF	117. 他被我打了。

或者将受事话题化，例如：

zɔ⁵³	lɛ³³	tsa³¹la⁵³	ku³¹	tɕi³¹	gɯ³¹	po³¹.	
他	TM	扎拉	叫	走	去	PERF	118. 他被扎拉叫走了。

另外，还可以用连词"因为"nɔ³¹xɔ̃³³表达被动结构。

zɔ⁵³	za⁵³	nɔ³¹xɔ̃³³	bɯ²¹	na³¹	ve³³.	
他	孩子	patient	气	病	IND	119. 他被孩子气病了。

与主动句相比，拉祜熙被动句中的受事是主动句中的宾语，共用一个标记，即受事标记与宾语标记相同。

试比较以下主动词和被动句：

主动句：

pʰɯ⁵³	ɔ³¹yu⁵³qo³³	gɯ³¹	tsa⁵³.
狗	骨头	啃	吃

120a. 狗啃骨头。

被动句：

ɔ³¹yu⁵³qo³³	pʰɯ⁵³	gɯ³¹	tsa⁵³	po³¹.
骨头	狗	啃	吃	PERF

120b. 骨头被狗吃了。

主动句： ɔ^{33}tɛ^{33} ʑɔ^{53} a^{31} ɣa^{21} tɔ^{54}gɯ^{31} po^{31}.
父亲 他 patient 赶 出去 PERF
121a. 父亲把他赶了出去。

被动句： ʑɔ^{53} a^{31} ɔ^{31}tɛ^{33} ɣa^{21} tɔ^{54}gɯ^{31} po^{31}.
他 patient 父亲 赶 出去 PERF
121b. 他被父亲赶了出去。

主动句： ŋa^{31} ʑɔ^{53} a^{31} dɔ^{54} po^{31}.
我 他 patient 打 PERF
122a. 我打了他。

被动句： ʑɔ^{53} a^{31} ŋa^{31} dɔ^{54} po^{31}.
他 patient 我 打 PERF
122b. 他被我打了。

主动句： ʑɔ^{53} tɕa^{53} tu^{31} q^{h}a^{33}pɤ^{31} sɔ^{33} tɕa^{53} pɤ^{31} po^{31}.
他 吃 NOMIN 全部 都 吃 完 PERF
123a. 他吃光了所有的东西。

被动句： tɕa^{53} tu^{31} q^{h}a^{33}pɤ^{31} ʑɔ^{53} sɔ^{33} tɕa^{53} po^{31}.
吃 NOMIN 全部 他 都 吃 PERF
123b. 所有的东西都被他吃光了。

主动句： na^{33}lɔ^{53} ŋa^{31} a^{31} a^{33}po^{21} te^{53} q^{h}o^{54} pi^{53} la^{53} ve^{33}
娜倮 我 patient 衣服 一 件 送 DIR IND
124a. 娜倮送给我一件衣服。

被动句： a^{33}po^{21} o^{33} te^{53} q^{h}o^{54} na^{33}lɔ^{53} ŋa^{31} a^{31} pi^{53} po^{31}.
衣服 那 一 件 娜倮 我 patient 送 PERF
124b1. 那件衣服被娜倮送给我了。

被动句： ŋa^{31} a^{31} na^{33}lɔ^{53} a^{33}po^{21} o^{33} te^{53} q^{h}o^{54} pi^{53} la^{53} po^{31}.
我 patient 娜倮 衣服 那 一 件 送 DIR PERF
124b2.? 我被娜倮送给了一件衣服。

124b2 一句在汉语里不太自然，因为汉语中比较排斥与事充当被动句主语。和汉语不同，拉祜熙话不排斥与事充当被动句主语，这也说明了，相校汉语，拉祜语是话题更为优先的语言，ŋa^{31}在这里实际上已经话题化了。

另外，同汉语普通话一样，拉祜熙话中的被动句可以隐去施事。例如：

la^{53}mi^{31} dɔ^{54}pa^{54} po^{31}.
门 打坏 PERF 125. 门被砸坏了。

a³³po²¹	sʅ³³tɕe³¹	po³¹.				
衣服	撕	PERF			126. 衣服被撕破了。	

汉语带标记的被动句的主语被看作"额外"论元，即这种被动句的直接受事出现在宾语位置，主语反而成了一个"额外"论元。拉祜熙话中这样的结构只能用领属结构，或用连接词 le³³连接两个在语意上有关联的小句。例如：

tsa³¹la⁵³	ve³³	a³³sa³³	le³³	su³³	qhɔ⁵³	vɤ³¹	po³¹.
扎拉	POSS	玉米	CONJ	别人	偷	DIR	PERF

127. 扎拉家被偷了玉米。

khu⁵³xɔ⁵³pa³¹	o³³	te⁵³	ya⁵³	lɔ³¹li²¹	gu⁵⁴	kɤ³³	le³³
小贩子	那	一	个	汽车	撞	DIR	CONJ
pha⁵³du³¹	te⁵³	pa²⁴	thɛ⁵³	po³¹			
大腿	一	条	断	PERF			

128. 那个小贩子被汽车撞断了一条腿。

zɔ⁵³	la⁵³mi³¹	a³¹	thi³¹zɔ³³	le³³	to²¹qo²¹ɕi³¹	phu⁵³dɔ⁵⁴la³³	po³¹.
他	门	patient	撞上	CONJ	头	肿起来	PERF

129. 他的头被门撞出一个大包。

我们认为，拉祜语的（包括拉祜纳方言和拉祜熙方言）被动句是一种边缘结构，即被动式相对来说显得不太重要，原因有如下两点：

第一，拉祜语是有格范畴的语言，受事标记为a³¹或nɔ³¹xɔ̃³³。在表被动的句子中，只需使用受事标记即可清晰地指出受事，为无被动标记提供了条件。也正因为如此，拉祜熙方言没有严格意义上的被动标记，也不需要被动标记就可以清楚地知道哪个是施事，哪个是受事。主动句变成被动句时，如果施事和受事在同一个生命度上，把带有受事标记的受事提到主语的位置上；如果施事和受事不在同一个生命度上，只需把受事提到主语位置上即可，无须受事标记。

第二，拉祜语是话题优先（Topic-prominent）的语言，在某种程度上讲，我们认为，拉祜语比汉语普通话的话题凸显程度更高。在句子结构中，主题起着更重要的作用，而不是主语。Li&Thompson（1976）指出，话题优先的语言被动态不发达，因为用被动态表示的意义在话题优先语言中通常用受事话题结构来表示，受事只居话题之位而不必抢占施事的主语之位，主语仍由施事充当，动词不需要变成被动态。[①]所以，像朝鲜语、

① Li,Charles N.Sandra A.Thompson,Subject and Topic,转引自刘丹青《语法调查研究手册》，商务印书馆2017年版，第429页。

拉祜语（包括拉祜纳方言和拉祜熙方言）这样的话题发达的语言，常用受事话题结构来表达被动义，而被动态是一种边缘结构也属正常。关于话题优先的问题我们将在 6.6 节“话题成分”中进行详细讨论。

6.3.3 处置结构

汉语普通话的处置结构标记是“把”，汉语处置结构标记“把”引出的论元（即“把”字宾语）是汉语中特有的，属于动词的“额外论元”。和汉语不同，拉祜语没有专门的处置结构标记，施事是主语，受事是宾语。如果生命度在同一个等级上时，使用受事标记；如果生命度不在同一个等级上，则不使用受事标记。例如：

na^{33}lɔ^{53}	tsa^{31}la^{33}	nɔ^{31}xɔ̃^{33}	qʰa^{33}	dʑa^{53}	lɛ^{33}	te^{53}	pɔ^{54}
娜倮	扎拉	patient	狠	狠	CONJ	一	顿
de^{53}ma^{31}	vi^{53}	ve^{33}.					
批评	DIR	IND					

130. 娜倮把扎拉狠狠地批评了一顿。

nɔ^{31}	pʰu^{33}	qʰa^{33}pɤ^{31}	lɛ^{24}	ta^{33}qo^{31}	qʰɔ^{33}	tsa^{33}	kɯ^{33}	la^{31}.
你	钱	一共	都	盒子	里	装	地方	IND

131. 你把钱都放到盒子里。

拉祜熙话的处置结构，不受语义限制，积极事件和消极事件均可用处置结构。例如：

ʑɔ^{53}	te^{53}dɤ^{31}nɛ^{24}lɛ^{53}	kɛ^{33}	ŋa^{31}	ve^{33}	sɤ^{33}lɤ^{33}tɕi^{33}	ɣu^{33}	ɣa^{33}	po^{31}.
他	一会儿	就	我	POSS	收音机	修	得	PERF

132. 他一会儿就把我的收音机修好了。

tsa^{31}la^{33}	kʰɛ^{53}	o^{33}	tɛ^{53}	dɔ^{54}kʰo^{53}	po^{31}.
扎拉	碗	那	一	摔碎	PERF

133. 扎拉把那个碗摔碎了。

充当处置对象的成分，既可以是特指的，也可以是非特指的。例如：

tsa^{31}la^{53}	ɔ^{31}tu^{33}	a^{33}po^{21}	o^{33}	te^{53}	kʰo^{54}	qo^{24}	vɤ^{21}	la^{31}.
扎拉	身	衣服	那	一	件	披	穿	IND

134. 扎拉把那件衣服披在身上。

ʑɔ^{53}	i^{21}pu^{24}	ʑu^{31}	lɛ^{33}	mu^{53}ʑi^{31}	tɕa^{54}	kɯ^{31}	bɛ^{33}	tsʰɿ^{53}	po^{31}.
他	塑料布	拿	CONJ	雨	滴	处	盖	挡	PERF

135. 他用塑料布把漏雨的地方盖住了。

mɯ^{33}nɛ^{54}	o^{33}	te^{53}	kʰɛ^{33}	na^{21}pu^{33}tɕʰi^{33}	te^{53}	pa^{24}
猫咪	那	一	只	耳朵	一	只

pʰɯ^{53}　　　　tɕʰe^{21}ba^{31}　　　vi^{53}　　　ve^{33}.
狗　　　　　　咬掉　　　　　　DIR　　　IND

136. 那只猫让狗把耳朵给咬掉了一只。

6.3.4　相互结构

拉祜熙话表示相互（reciprocal）义的词（附缀）有两个，分别是 ni^{33}fu^{53} 和 da^{21}。我们在 4.2.2 介绍过后附缀相互词 da^{21}。da^{21}必须直接黏附于动词后。而 ni^{33}fu^{53}是一个独立的词，相似于汉语的"相互/双方"一词。例如：

ka^{24}　　　ɕe^{31}　　te^{53}　　ni^{33}fu^{53}　　kɛ^{33}　　a^{53}　　　te^{33}　　ga^{53}.
事情　　　这　　一　　REC　　　都　　NEG　　做　　想

137. 这事双方都不想做。

sa^{31}lɛ^{24}　　qo^{33},　　ni^{33}fu^{53}　　kɛ^{33}　　da^{21}　　kɯ^{31}　　tɕɔ^{31}.
这样　　CONJ　　REC　　　都　　好　　处　　有

138. 这样的话对双方都有好处。

拉祜熙话中表示相互的方式主要有以下两种：一种是句子中只需出现一个论元即可，这种形式改变了论元结构。例如：

ta^{53}ka^{31}　te^{33}　ni^{33}fu^{53}　dɔ^{53}tɔ^{53}　te^{33}tɕɔ^{53}　dʑa^{53}.
生意　　做　REC　　相信　　重要　　很

139. 做生意相互信任很重要。

ŋɤ^{31}　　tɔ^{53}　　a^{53}　　u^{24}　　da^{21}.
我们　　话　NEG　说　REC

140. 我们互相不说话。

ti^{33}mi^{33}　di^{33}　tʰa^{53}　i^{24}　ni^{33}　ɣa^{53}　ka^{33}ga^{33}　da^{21}　ve^{33}.
田　　种　时候　他们　两　位　帮忙　REC　IND

141. 种田的时候他们互相帮忙。

另一种方式是两个论元均需出现在句子中。例如：

i^{24}　　nɔ^{31}　　ŋa^{31}　　a^{53}　　fɤ^{31}　　da^{21}.
他们　你　我　NEG　分　REC

142. 他们不分你我。

nɔ^{31}　　ŋa^{31}　　a^{53}　　ɕi^{31}　　da^{21}.
你　我　NEG　认识　REC

143. 你我相互不认识。

na^{33}lɔ^{53}　te^{53}　zɛ^{31}　lɛ^{33}　tsa^{31}la^{53}　te^{53}　zɛ^{31}
娜倮　一　家　CONJ　扎拉　一　家

ʐu³¹	da²¹	tu³¹	qo⁵⁴	da²¹	la³¹	ve³³.
要	REC	FUT	说	REC	CON	IND

144. 娜俣家和扎拉家约定好之间相互通婚。

同汉语普通话一样，拉祜熙话中可以用疑问词"谁"a³³su³³加后附缀相互代词 da²¹表达相互。

i²⁴	a³³su³³	te⁵³	ɣa⁵³	kɛ³³	a²⁴	ɕi³¹	da²¹.
他们	谁	一	位	也	NEG	认识	REC

145. 他们谁也不认识谁。

人称代词配对的结构，例如：

ŋɤ³¹	ni³³	ɣa⁵³,	nɔ³¹	ŋa³¹	a³¹	kɛ³³fa²¹,
我们	二	位	你	我	patient	喜欢

ŋa³¹	nɔ³¹	a³¹	kɛ³³fa²¹.
我	你	patient	喜欢

146. 我们俩，你喜欢我，我喜欢你。

i²⁴	ni³³	ɣa⁵³,	nɔ³¹	qo³³	ŋa³¹	a³¹	di⁵³.
他们	二	位	你	TM	我	patient	责怪

ŋa³¹	qo³³	nɔ³¹	a³¹	di⁵³.
我	TM	你	patient	责怪

147. 他们俩，你怪我，我怪你。

指人名词配对的结构，例如：

tsa³¹la⁵³	lɛ³³	na³³pʰɤ³¹	te⁵³gɛ³³	xa³³	qɔ⁵³	tɕi³¹	gɯ²¹	po³¹.
扎拉	CONJ	娜迫	一起	地	挖	去	去	PERF

148. 扎拉和娜迫一起挖地去了。

人称代词和指人名词配对的结构，例如：

zɔ⁵³	lɛ³³	tsa³¹la⁵³	te⁵³gɛ³³	xa³³	qɔ⁵³	tɕi³¹	gɯ²¹	po³¹.
他	CONJ	扎拉	一起	地	挖	走	去	PERF

149. 他和扎拉一起挖地去了。

6.4　状　语

刘丹青（2017）指出，从语义功能看，状语首先要分出论元性状语和非论元性状语。前者是谓词的必要成分，即使充当状语，仍具有补足语（complement）的身份。后者是加接在核心的成分上，是真正的加接语（adjunct）。从句法形式上划分，状语的类别有：副词状语、形容词状语、名词状语、介宾状语、小句状语等。[①]

拉祜熙方言中可以充当状语的成分有副词、拟声词、状态词、形容词、介词短语等。其中副词、状态词及形容词做状语的情况我们已经在 5.4 节中已经讨论过，而状语小句将在 7.4 复杂句一节中具体讨论。本节只讨论状语副词、拟声词以及介词短语作状语的情况。

6.4.1　介词短语做状语

介词（adposition）分为前置介词（prepostion）和后置介词（postpostion），拉祜语是 SOV 语言，使用后置介词。介词短语是指含名词成分的状语，拉祜熙方言用介词短语充当后置状语。

6.4.1.1　处所类介词

6.4.1.1.1　起点

起点（source）指的是移动的起始位置。拉祜熙使用后置词 ta^{21} 或 $ta^{21}te^{33}$ 引介时间起点、空间起点和抽象概念的起点，且大部分句子以省略 te^{33} 稍显优。

6.4.1.1.1.1　空间起点

$\eta\gamma^{31}$	$l\varepsilon^{31}$	$l\mathrm{o}^{31}$	$qa^{24}p^h\varepsilon^{33}$	$ta^{21}(te^{33})$	$l\varepsilon^{33}$	$s\mathrm{o}^{31}$	pa^{33}
我们	COP	河	上游	POST	CONJ	这里	换

ga^{31}	la^{31}	ve^{33}.
到	DIR	NOMIN

150. 我们是从河上游搬过来的。

$q^ho^{33}q^ho^{53}$	$ta^{31}(te^{33})$	$l\varepsilon^{33}$	$q^ho^{33}m\varepsilon^{21}mi^{33}$	ga^{31}	$\varepsilon\varepsilon^{54}t\varepsilon h^i{}^{33}$	$ku^{33}li^{53}$
山顶	POST	CONJ	山下	到	三十	公里

p^ha^{54}	$t\varepsilon o^{31}$.
多	有

151. 山上到山下有三十多里地。

6.4.1.1.1.2　抽象概念起点

$\eta\gamma^{31}$	$\mathrm{o}^{31}to^{21}qo^{21}$	$ta^{21}te^{33}$.
我们	源头	POST

152. 我们从头开始吧！

6.4.1.1.2　目标

目标（direct）指移动的方向。拉祜熙方言用"到" ga^{31} 引介目标成分，但 ga^{31} 没有虚化为介词，仍然是实义动词。

---

① 刘丹青：《语法调查研究手册》，商务印书馆 2017 年版，第 83 页。

za²¹qɔ³³	sɔ³¹	te⁵³	pa²⁴	ta²¹(te³³)	lɛ³³	o³³	te⁵³	pa²⁴	ga³¹
路	这	一	边	POST	CONJ	那	一	边	到

qʰa³³pɤ³¹	xa²⁴puɪ³³ɕi³¹		nɛ²⁴	qʰɔ⁵³	la³¹	ve³³.			
全部	石头		小	铺	CON	IND			

153. 从路这头到路那头铺的全是小石头。

ɕi²⁴tsʰɤ²¹	ga³¹	ve³³	za²¹qɔ³³	vɤ⁵³	dʑa⁵³	ɕe³¹.
县城	到	POSS	路	远	很	还

154. 到县城还有好远的路呢！

6.4.1.1.3　存在

存在指行为发生或存在的位置（location）。

6.4.1.1.3.1　后置处所词与存在动词

拉祜熙方言用"有"tɕɔ³¹表存在。但我们认为，tɕɔ³¹不是介词，仍然是存在动词，试比较下面的句子：

a³³kɔ³³	tɕɛ²⁴qu⁵⁴	ɣu³³	ve³³	xe⁵³	tɕɔ³¹-	la²¹.
哥哥	锄头	修	CONJ	学	有	CON

155. 哥哥在学习锄头修理。

"哥哥在学习锄头修理。"一句中，tɕɔ³¹是普通动词，后面跟表持续体的时体助动词 la³¹。

汉语普通话用前置词"在"引介行为发生或存在的位置，但一般情况下，拉祜语不使用介词引介，而是直接用"处所+动词"的结构。例如：

nɔ³¹	ɔ³¹	qʰɔ²¹	tsa⁵³	ve³³	le³¹?	
你	饭	哪	吃	IND	INTER	156a. 你在哪吃饭？

ŋa³¹	ɔ³¹	za³¹	qʰɔ³³	tsa⁵³	ve³³.	
我	饭	家	里	吃	IND	156b. 我在家里吃的饭。

zɔ⁵³	mi³¹guɪ³¹	li²¹	vu²¹	tɕʰe⁵³a³¹.	
他	地	字	写	PROG	157. 他在地上写字。

6.4.1.1.3.2　"家"义处所词

拉祜熙方言"家"义处所词是 za³¹家qʰɔ³³里和 te⁵³‑zɛ³¹家，za³¹qʰɔ³³加在指人名词及亲属称谓词之后；te⁵³zɛ³¹加在疑问代词和单（复）数人称代词之后。

kʰɛ⁵³	tsa³¹la⁵³	za³¹	qʰɔ³³	tɛ⁵⁴	la³¹.	
碗	扎拉	家	里	放	CON	134. 碗放在扎拉家。

kʰɛ⁵³	ɕe³¹	te⁵³	lɛ³³	ŋa³¹vi²⁴ma³³	za³¹	qʰɔ³³	zu³¹	va³¹	ve³³.
碗	这	一	TM	我姐姐	家	里	拿	DIR	IND

158. 这个碗是从我姐姐家拿来的。

za⁵³mi⁵³	ɕe³¹	tɛ⁵³	lɛ³³	a³³su³³	te⁵³	zɛ³¹	ve³³	le³¹?
姑娘	这	一	TM	谁	一	房子	IND	INTER

159. 这是谁家的姑娘？

ŋa³¹	te⁵³	zɛ³¹		nɔ³¹	te⁵³	zɛ³¹	
我	一	家	我家	你	一	家	你家
zɔ⁵³	te⁵³	zɛ³¹		ŋɤ³¹	te⁵³	zɛ³¹	
他	一	家	他家	我们	一	家	我们家
ni³¹	te⁵³	zɛ³¹		i²⁴	te⁵³	zɛ³¹	
你们	一	家	你们家	他们	一	家	他们家

我们注意到，zɛ³¹本意是"屋子"，意义引申后变为"家"za³¹，元音发生改变，由ɛ低化为a。例如：za³¹家qhɔ³³里、tshɔ³³xa²¹za⁵³穷人家。

6.4.1.2　时间类介词

6.4.1.1.1.1　时间起点与终点

拉祜熙话引介时间起点的后置词与引介空间起点的后置词相同，都是ta²¹(te³³)。例如：

zɔ⁵³	qo³³	za⁵³	nɛ²⁴	tʰa⁵³	ta²¹(te³³)	tsa⁵³	ve³³	xa³³lɛ³¹.
他	TM	孩子	小	时候	POST	吃	NOMIN	喜欢

160. 他从小就喜欢吃。

zɔ⁵³	qo³³	za⁵³nɛ²⁴	tʰa⁵³	ta²¹(te³³)	li²¹	ŋɔ²⁴	ve³³	xa³³lɛ³¹.
他	TM	小孩	时候	POST	书	看	NOMIN	喜欢

161. 他从小就喜欢读书。

a³³ni³³qhɔ²¹	mu⁵³ka⁵⁴za⁵³	ta²¹(te³³)	lɛ³³	ŋɤ³¹	ŋa⁵³	zu³¹	a⁵³	ɣa³³.
去年	冬天	POST	CONJ	我们	鱼	拿	NEG	得

162. 从去年冬天开始我们就没有捕到鱼了。

同空间目标一样，用动词"到"ga³¹引介目标成分。例如：

ɕe³¹qhɔ²¹	ga³¹	lɛ³³,
今年	到	CONJ

ŋɤ³¹	sŋ⁵⁴	qha³³pɤ³¹	ɕɛ⁵⁴xe²⁴	tɛɛ³¹	ti³³	ɣa³³.
我们	树	总共	三千	棵	栽	得

163. 到今年为止，我们总共植树三千棵。

qhɔ²¹xɔ²⁴tʰa⁵³	a⁵³	ga³¹,
年底	不	到,

za³¹	qhɔ³³	ve³³	tsa³¹qha³³	kɛ³³	tɕa⁵³	pɤ³¹	po³¹.
家	里	POSS	粮食	都	吃	完	PERF

164. 不到年底，家里的粮食都吃光了。

6.4.1.3 对象类介词

6.4.1.3.1 来源者

拉祜熙方言用后置词"ɕi³³"引介获得性事件的来源者，例如：

nɔ³¹	zɔ⁵³	ɕi³³	tsa³¹ɕi³¹	zu³¹	tɕɔ³³	dʑa⁵³.
你	他	POST	谷子	拿	最	很

165. 你最好向他要谷子。

zɔ⁵³	ɕi³³	xa³³	te⁵³	ɣɔ³³	zu³¹.
他	POST	地	一	亩	拿

166. 跟他要一亩地。

具体讨论详见 9.7 趋向范畴。

6.4.1.3.2 受益者

拉祜熙方言用后置受事标记 nɔ³¹xɔ̃³³ 或 a³³ 引介受益者，例如：

tsa³¹la³³	mu⁵³	nɔ³¹xɔ̃³³	zɿ⁵³	te³³	dɔ⁵³	tsa²¹	vi⁵³	ve³³.
扎拉	马	patient	草	一	把	喂	DIR	IND

167. 扎拉给马喂了一把稻草。

na⁵³tsʰɿ⁵³	ɕe³¹	te³³	tʰi⁵⁴	ŋa³¹	nɔ³¹	ga³³	lɛ³³	zɔ⁵³	a³³
药	这	一	包	我	你	帮	CONJ	他	patient

tsa³³	zu³¹	vi⁵³.
去	拿	DIR

168. 这包药我替你带给他吧！

ŋa³¹	nɔ³¹	a³¹	pa²⁴fa³¹	ga³³	dɔ⁵³	la⁵³.
我	你	patient	办法	帮	想	DIR

169. 我给你想办法。

6.4.1.3.3 受损者

和汉语普通话一样，拉祜熙话中引介受益者和受损者的后置词均为受事标记 nɔ³¹xɔ̃³³，或采用受事零标记的形式。例如：

na³³lɔ⁵³	tsa³¹la³³	nɔ³¹xɔ̃³³	qʰa³³	dʑa⁵³	lɛ³³	te⁵³	qɔ²¹	de⁵³ma³¹
娜倮	扎拉	patient	狠	狠	TM	一	次	批评

vi⁵³	po³¹.
DIR	PERF

170. 娜倮把扎拉狠狠地批评了一顿。

当施受关系明显时，可以省略受事标记。如：

sɿ⁵⁴tsɿ⁵³	ɕe³¹	te⁵³	pi⁵⁴	lo²⁴	mu⁵³xɔ³³	lo²⁴	sɔ³³	muɯ⁵⁴	kɔ⁵³	po³¹.
树林	这	一	片	大	风	大	都	吹	倒	PERF

171. 这一大片树林都让狂风给吹倒了。

或者，用领属结构充当受损者。例如：

nɔ³¹	ve³³	pʰu³³	ŋa³¹	xɯ³³	mɛ²⁴	po³¹.
你	POSS	钱	我	弄	丢	PERF

172. 钱我给你弄丢了。

6.4.1.3.4 动作方向

拉祜熙话用受事标记引介动作方向，即动作所指向的涉及者。例如：

ɕe³¹	te⁵³	tsɤ³¹	ka²⁴	ŋa³¹	ɣu⁵³sʅ³¹	qʰa⁵⁴ɕɛ³³	a³¹	u²⁴	vi⁵³	po³¹.
这	一	件	事	我	以前	村长	patient	说	DIR	PERF

173. 这件事我过去对村长讲过。

zɔ⁵³	ŋa³¹	a³³	ɣɯ³¹	ma²¹	la⁵³	lɛ³³	tɔ⁵³	a⁵³	u²⁴.
他	我	patient	笑	教	DIR	TM	说	NEG	话

174. 他冲我笑笑没说话。

zɔ⁵³	ŋa³¹	nɔ³¹xɔ̃³³	qʰa³¹tʰa⁵⁴	kɛ³³	pʰɛ²¹bɔ³¹	dza⁵³.
他	我	patient	一直	都	客气	很

175. 他对我一直很客气。

6.4.1.3.5 伴随者

拉祜熙话用受事标记或 qʰa⁵³ɕi³³ 后边 ɣa²¹ 跟 引介伴随对象。例如：

ŋa³¹	zɔ⁵³	nɔ³¹xɔ̃³³	lɛ³³	ɕi³¹	dza⁵³.
我	他	patient	CONJ	认识	很

176. 我跟他很熟悉。

nɔ³¹	zɔ⁵³	qʰa⁵³ɕi³³	ɣa²¹	lɛ³³	te⁵³gu³³	ɔ³¹ni³³ɔ³¹xa²⁴	qʰa³³da²¹	kɔ²⁴.
你	他	后边	跟	TM	一起	日子	好好	过

177. 你可要跟他好好过日子呀！

6.4.1.3.6 比较对象

用 qʰo⁵³ 上头 或 ɔ³¹xɔ̃²⁴ 下头 引介差比的比较基准，而比较主体话题化。例如：

a³³kɔ³³	lɛ³¹	ɔ³¹ŋa²⁴	qʰo⁵³	mu³³	dza⁵³.
哥哥	TM	弟弟	上头	高	很

178. 哥哥比弟弟高多了。

a³³ma³³	a³³pa³³	ɔ³¹xɔ²⁴	ɛɛ⁵⁴	qʰɔ²¹	i³³	ve³³.
妈妈	爸爸	下头	三	岁	小	IND

179. 妈妈比爸爸小三岁。

或者，用后置介词 ɕi³³ 引介差比的比较基准，例如：

ŋa³¹	nɔ³¹	ɕi³³	ɔ³¹ɣa⁵³	a⁵³	te⁵⁴da²¹	ga⁵³.
我	你	COM	力气	NEG	比赛	想

180. 我不想跟你比力气。

关于比较结构，具体参见 9.6 节。

6.4.1.4　其他类介词

6.4.1.4.1　工具

　　与汉语使用前置词"用"引介动作所凭借的工作或材料不同，拉祜熙话没有相应的后置词引介，只有实义动词"拿"zu³¹。例如：

zɔ⁵³	su³³tsa⁵⁴kʰɛ³³	zu³¹	lɛ³³	xa⁵³	te⁵³	kʰɛ³³	tʰɔ³³	ɣa³³.
他	铁丝	拿	CONJ	野羊	一	只	套	得

181. 他用铁丝套住了一头野羊。

xa³³	ɕe³¹	te⁵³	ɣɔ³³	lɛ³¹	ŋa³¹	pʰu³³	te⁵³	lɔ³³	zu³¹	vɤ³¹	a³¹	ve³³.
地	这	一	亩	TM	我	钱	一	两	拿	买	CON	IND

182. 这亩地是我用一两银子买的。

　　或者既不用动词也不用后置词。例如：

ŋa³¹	a³³tʰɔ³³	ɕe³¹	te⁵³	ta³¹	zu³¹	lɛ³³	sa³¹	ɣɛ³¹.
我	刀	这	一	把	拿	CONJ	肉	切

183. 我用这把刀切肉。

6.4.1.4.2　凭借和依照

　　拉祜熙话没有后置词引介凭借或依照的机会，只能用动词"找"tsa³³或者不用任何介词引介。

ɔ³¹za⁵³	tsa³³	lɛ³³	ta³¹tsʰ ɯ²⁴lɛ⁵³	qʰɔ⁵³	tɔ⁵⁴	gɯ³¹.
机会	找	CONJ	悄悄地	偷偷	出	去

184. 趁机溜了出去。

ɔ³¹	lɛ³¹	tʰa⁵³	va⁵³va⁵³	tsa⁵³.
饭	热	时候	快快	吃

185. 饭趁热吃。

6.4.1.4.3　目的和原因

　　拉祜熙方言用后置受事标记或动词"想"ga⁵³引介目的成分。例如：

a³³ma³³	ŋa³¹	nɔ³¹xɔ̃³³	a³³po²¹	sɿ²⁴	te⁵³	qʰo⁵⁴	fi³³	la⁵³	po³¹.
妈妈	我	patient	衣服	新	一	件	缝	给	PERF

186. 妈妈为我缝了件新衣服。

i²⁴	qʰa³³pɤ³¹	kɛ³³	kʰɛ²⁴	tsa⁵³	dʑ³¹	dɔ³¹	ga⁵³	lɛ³³	la⁵³	ve³³.
他们	一共	也	喜	吃	酒	喝	想	CONJ	DIR	IND

187. 他们都是为了喝喜酒来的。

6.4.1.4.4　包括和排除

　　拉祜熙话用 kɛ³³_也+sɔ³¹_算+qo³³_{TM} 表示包括。例如：

tsa³¹la³³	kɛ³³	sɔ³¹	qo³³	qʰa³³pɤ³¹	ɛɛ⁵⁴	ɣa⁵³.
扎拉	也	算	TM	一共	三	位

188. 包括扎拉一共三人。

mɛ⁵⁴tɕʰɔ³³	kɛ³³	sɔ³¹	qo³³	qʰa³³pɤ³¹	te⁵³tɕʰi³³	va²¹.
背包	也	算	TM	一共	十	元

189. 连背包一共 10 块钱。

用 a⁵³_NEG+sɔ³¹_算+qo³³_TM 表示排除。例如：

tsa³¹la³³	a⁵³	sɔ³¹	qo³³	tsʰɔ³³	ɛɛ⁵⁴	ɣa⁵³	tsʰa³³	ɕe³¹	a³¹.
扎拉	NEG	算	TM	人	三	位	差	还	DEB

190. 除了扎拉还需要三个人。

或者用 kɛ³³_也+qɔ³¹_还 表示排除。例如：

tsa⁵³	bvu⁵⁴	kɛ³³	qɔ³¹	tsa⁵³	ve³³.
吃	饱	也	还	吃	IND

191. 除了吃还是吃。

6.4.2 副词做状语

副词是表示程度、时间、范围、频率、否定、语义等的词，最主要的功能是做状语。拉祜熙方言大多数是后置副词作状语，只有少数是前置状语。

6.4.2.1 副词的语义分类

根据语义，拉祜熙话的副词可以分为以下几类，下面分别讨论。

6.4.2.1.1 情状副词

情状副词是指描述行为或动作发生时的情形（状况）的词。情状副词在拉祜熙方言中数量有限，有：同独类的[①]"一起"te⁵³gɛ³³、方式类的"满满"fu³³fu³³。例如：

te⁵³gɛ³³	xa³³qɔ⁵³pa³¹	tsʰɔ³³	qʰa³³pɤ³¹	ɛɛ⁵⁴xa³³	ɣa⁵³	pʰa⁵⁴	tsɔ³¹.
一起	劳动	人	一共	三百	位	多	有

192. 参加劳动的人总共有三百多。

ŋɤ³¹	te⁵³gɛ³³	tɕi³¹	vɤ³¹.		
我们	一起	走	OPT	193. 我们一起走吧！	

zɔ⁵³	ve³³	ɔ³¹tu³³	xɔ̃³³	zɿ⁵³mu²¹	fu³³fu³³		
她	POSS	身体	上	茅草	满满	194. 她的身上全是草屑。	

---

① 采用史金生（2011）的方法，将情状副词分为意志、时机、同独、依照、方式五小类。

6.4.2.1.2　否定副词

即表达否定的副词。拉祜熙话中表达否定的词有："不" a⁵³，别 "ta⁵³"。具体请参见 9.1 节否定范畴。

6.4.2.1.3　程度副词

程度副词是指描述动作或行为的性质或状态的范围程度的词。拉祜熙方言的程度副词主要有：很 dʑa⁵³、一点 a³³tɕi²⁴、相当 qha³³tɕɔ⁵³、太 la⁵³、真 tɕɛ³¹、更/仅 qɔ²¹。

nɔ³¹	ŋɔ²⁴sa³³	dʑa⁵³.
你	漂亮	很

195. 你很漂亮。

lɔ³¹qa²⁴	ɕe³¹	te⁵³	lɔ³¹	a³³tɕi²⁴	qɔ³¹.
河	这	一	条	一点	宽

196. 这条河有点宽。

lɔ³¹qa²⁴	ɕe³¹	te³³	lɔ³¹	qha³³tɕɔ⁵³	qɔ³¹	dʑa⁵³.
河	这	一	条	相当	宽	很

197. 这条河相当宽。

za²¹ni³³	a⁵³	la⁵³	xɔ³³.
今天	NEG	太	热

198. 今天不太热。

za²¹ni³³	xɔ³³	dʑa⁵³	tɕɛ³¹	tɕɛ³¹.
今天	热	很	真	真

199. 今天特别热。

a³³tʰɔ³³	ɕe³¹	te⁵³	tsʅ⁵⁴	dʑa⁵³	tɕɛ³¹	tɕɛ³¹.
刀	这	一	快	很	真	真

200. 这把刀快极了。

tsa³¹la⁵³	te³³tɕɛ³¹,	na³³lɔ⁵³	a³³tɕi²⁴	qɔ²¹	te³³	tɕɛ³¹.
扎拉	认真	娜傈	一点	更	做	真

201. 扎拉认真，娜傈更认真。

6.4.2.1.4　范围副词是表示动作范围的词，主要分为总括和限定两类。

第一，表总括，主要有"一共、全部" qʰa³³pɤ³¹、"都" kɛ³³、统统 sɔ³³等。

su33	qʰa³³pɤ³¹	ɕɛ³³	ɣa⁵³	la³¹.
客人	一共	三	个	来

202. 一共来了三位客人。

qha⁵⁴	qhɔ³³	tsʰɔ³³	qʰa³³pɤ³¹	zɔ⁵³	a³¹	xa³³lɛ³¹	ve³³
寨子	里	人	全部	他	patient	喜欢	IND

a⁵³	xe⁵⁴.
NEG	INTJ

203. 不是所有的村民都喜欢他。

tsa³¹ɕi³¹	qʰa³³pɤ³¹	kɛ³³	tɕa⁵³	pɤ³¹	po³¹.
粮食	全部	都	吃	完	PERF

204. 所有的粮食全都吃光了。

qʰa⁵⁴ɕɛ³³	tɔ⁵³	te⁵³	pɤ²¹	kɛ³³	a⁵³	u²⁴	tɕi³¹	gɯ³¹	po³¹.
村长	话	一	句	都	没	说	走	去	PERF

205. 村长一句话都没说就走了。

ɕe³¹	te⁵³	qʰa⁵⁴	tsʰɔ³³	mɛ⁵³	tsʰɔ³³	kɛ³³	la⁵³xu²¹	za⁵³.
这	一	村	人	多	人	都	拉祜	人

206. 这个村大多数村民是拉祜族。

sɿ⁵⁴ɕi³¹	sɔ³¹ve³³	ŋa³¹	sɔ³³	tɕa⁵³	dzɔ³³	po³¹.
水果	这些	我	统统	吃	PAST	PERF

207. 这几种水果我统统吃过了。

第二，表限定，主要有"只/仅"tɕɛ³³、"就/只"nɛ²⁴。

o³³	te⁵³	ni³³	la³¹	ve³³	tsʰɔ³³	te⁵³xa³³	ɣa⁵³	pʰa⁵⁴	tɕɛ³³.
那	一	天	来	RM	人	一百	位	多	仅

208. 那天仅仅来了一百多人。

i²⁴	te⁵³	qʰa⁵⁴	na⁵⁴tsʰɿ⁵³	ɣu³³	pɤ²⁴	ve³³	tsʰɔ³³	te³³
他们	一	村	病	看	会	POSS	人	一

ni³³	ɣa⁵³	tɕɛ³³	nɛ²⁴	tsɔ³¹.				
两	位	仅	只	有				

209. 他们村仅有一两个人懂得医病。

zɔ⁵³	te³³	ɣa⁵³	nɛ²⁴	lɛ⁵³	tɔ⁵³	a⁵³	u²⁴.
他	一	位	只	就	话	NEG	说

210. 就他一个人没说话。

6.4.2.1.5　时间副词

时间副词指表示动作或状态时间的词。拉祜熙的时间副词主要分为以下三类：

第一，时量副词

1. 频率类，表示重复量。又分为高频和低频。

①高频用副词"一直"xe²⁴，例如：

qʰa⁵⁴ɕɛ³³	kɛ³³	tɕi³¹	ga⁵³	xe²⁴	qo⁵⁴.
村长	也	去	想	一直	说

211. 村长一直也想去。

另外，频率还可以用 qʰa³¹tʰa⁵³_{任何时候}+kɛ³³_都的结构表示，但是 xe²⁴qʰa³¹tʰa⁵³

任何时候+kɛ³³都不是时量副词。例如：

ɕi³³tɕʰi³³lu³¹	mu⁵³pʰɤ²¹	zɔ⁵³	qʰa³¹	tʰa⁵³	kɛ³³	zɛ³¹	qʰɔ³³	a⁵³	qɔ²¹	la³¹.
星期六	晚上	他	任何	时候	都	家	里	NEG	回	来

212. 星期六晚上他通常不回家。

ɕe³¹ve³³	qʰɔ²¹	su³³	qʰa³¹	tʰa⁵⁴	kɛ³³	zɔ⁵³	a³¹
这些	年	别人	任何	时候	都	他	patient

ka²⁴	ɕe³¹	tɛ⁵³	u²⁴	ma³¹	vi⁵³	tɕʰe⁵³la³¹.
事	这	一	说	教	DIR	PROG

213. 这些年常常有人向他说起这件事。

②低频用"有时"te³³pɔ⁵⁴pɔ⁵⁴tʰa⁵³表示。例如：

zɔ⁵³	te³³pɔ⁵⁴pɔ⁵⁴tʰa⁵³	dzɿ³¹	te⁵³	ni⁵³	kʰɛ53	dɔ³¹.
他	有时	酒	一	两	杯	喝

214. 他有时也喝几杯白酒。

（2）幅度类，表示延续量。主要有："永远"te⁵³tɕʰi³³ku⁵³、"暂时"la²¹xa²⁴。例如：

ŋa³¹	te⁵³tɕʰi³³ku⁵³	nɔ³¹	a³¹	fa³¹.		
我	永远	你	patient	喜欢	215. 我永远爱你。

ka²⁴	ɕe³¹	tɛ⁵³	la²¹xa²⁴	sa³¹lɛ²⁴	te³³.	
事	一	件	暂时	这样	做	216. 这件事暂时这样做。

第二，时态副词

主要有："还"ɕi³¹a³¹、"早早地"te⁵³ŋa²¹等。例句如下：

xa³³	ɕe³¹	te⁵³	ɣɔ³³	nɔ³¹	ve³³	qɔ²¹	xe⁵⁴	ɕe³¹	a³¹.
地	这	一	亩	你	转指	再	INTJ	还	IND

217. 这亩地仍旧是你的。

xa³³	ɕe³¹	te⁵³	ɣɔ³³	te⁵³ŋa²¹	kɛ³³	ŋa³¹	ve³³.
地	这	一	亩	早早地	就	我	转指

218. 这亩地老早就是我的了。

第三，时间关系副词

主要有"再"qɔ²¹、"刚刚"tɕʰɛ³³nɛ²¹。例如：

na³¹mɯ³¹tɕʰi³³	ɔ³¹za⁵³	a⁵³	tsɔ³¹,	mu⁵³ni³³za²¹	tʰa⁵³	qɔ²¹	tɕi³¹.
上午	时间	NEG	有	下午	时候	再	去

219. 上午没有时间了，下午再去吧。

zɔ⁵³	tɕʰɛ³³nɛ²¹	qɔ²¹la³¹.
他	刚刚	回来

220. 他刚回来。

以及用表时间关系的结构“随后”te^{33}dɤ^{31}$_{\text{一会}}$ nɛ^{24}$_{\text{就}}$和“忽然”te^{53}k^{h}ɛ^{33}$_{\text{一下}}$ nɛ^{24}$_{\text{就}}$表达，例如：

mu^{53}lɔ^{31}qu^{33}	te^{53}k^{h}ɛ^{33}	nɛ^{24}	lɛ^{33}	va^{53}ɕi^{31}	la^{31}.	
天	一下	就	CONJ	冰雹	下	221. 天忽然下起了冰雹。

ŋa^{31}	te^{33}dɤ^{31}	nɛ^{24}	lɛ^{33}	la^{31}	ve^{33}.	
我	一会	就	CONJ	来	IND	222. 我随后就来。

6.4.2.1.6 语气副词

语气副词表示或强调说话人主观态度或情感的词。拉祜熙常见的有：“只好/只有”tɕe^{31}、“幸亏”tsɔ^{53}ɕe^{31}、“到底/真的”ɔ^{31}tɕɛ^{31}、“差点”a^{33}la^{31}mɛ^{24}等。例如：

ŋɤ^{31}	te^{21}dɤ^{53}	qɔ^{21}	lɔ^{33}	ve^{33}	tɕe^{31}.	
我们	一会	再	等	CONJ	只好	223. 我们只好再等一等。

tsɔ^{53}ɕe^{31}	na^{33}lɔ^{53}	la^{31}	ve^{33}.	
幸亏	娜倮	来	IND	224. 幸亏娜倮来了。

mi^{31}qo^{31}	ɕe^{31}	tɛ^{53}	ɔ^{31}q^{h}ɔ^{33}	ɔ^{31}tɕɛ^{31}	lɛ^{33}	a^{33}t^{h}ɔ^{53}p^{h}a^{53}	fa^{24}
地窖	这	一	里面	到底	CONJ	什么	藏
ve^{33}	le^{33}?						
IND	INTER						

225. 这个地窖里藏的到底是什么？

ɔ^{31}tɕɛ^{31}	ʑɔ^{53}	qo^{54}	ve^{33}	na^{33}	la^{31}	a^{33}	xe^{54}	lɛ^{33}
到底	他	说	NOMIN	听	INTER	NEG	INTJ	CONJ
ŋɤ^{31}	qo^{54}	ve^{33}	na^{33}	la^{31}?				
我们	说	NOMIN	听	INTER				

226. 到底是听他的还是听我们的？

ʑɔ^{53}	a^{31}	a^{33}la^{31}mɛ^{24}	p^{h}ɯ^{53}	tɕ^{h}e^{21}	po^{31}.
他	patient	差一点	狗	咬	PERF

227. 他差点被狗咬了。

6.4.2.2 副词的形态

6.4.2.2.1 构形重叠

拉祜熙单音节副词 tɕɛ^{31}可以重叠，重叠之后起增量作用。例如：

p^{h}iao^{24}	a^{53}	tsɔ^{31}	ve^{33}	lɔ^{31}li^{21}	q^{h}ɔ^{33}	a^{53}	ɣa^{33}	ta^{54}	tɕɛ^{31}	tɕɛ^{31}.
票	NEG	有	转指	车	里	NEG	得	上	真	真

228. 没有票的一律不准上车。

a⁵³	ŋɛ³³	tɕɛ³¹	tɕɛ³¹	ve³³!
NEG	容易	真	真	IND

229. 太了不起啦！

双音节副语 a³³tɕi²⁴ 可以重叠最后一个音节，构成 XYY 式，起增量作用。例如：

dʑŋ³¹	a³³tɕi²⁴tɕi²⁴	do³¹.
酒	一点点	喝

230. 喝一点点酒。

6.4.2.2.2　副词连用及顺序

拉祜熙方言以 2 至 3 个副词连用为常见，例如：

tsa³¹ɕi³¹	qʰa³³pɤ³¹	kɛ³³	tɕa⁵³	pɤ³¹	po³¹.
粮食	全部	都	吃	结束	PERF

231. 所有的粮食全都吃光了。

ŋɤ³¹ni³³ɣa⁵³	ve³³	ɔ³¹tsʰɔ⁵³te³³	da²¹	dza⁵³	tɕɛ³¹	tɕɛ³¹.
我俩	POSS	关系	好	很	真	真

232. 我们俩的关系一直很好。

副词连用的"谓+状+状"和"状+状+谓"两种结构可以看作状语本身被修饰的情况，修饰状语的成分也称为状语，由状语带状语所构成的短语称为状语短语。例如：

no³¹	lɛ³¹	a³³tɕi²⁴	kɛ³³	a⁵³	mɔ⁵³.
你	COP	一点	都	NEG	老

233. 你一点都不老。

ŋɤ³¹ɣa⁵³	ve³³	ɔ³¹tsʰɔ⁵³te³³	da²¹	dza⁵³	tɕɛ³¹	tɕɛ³¹.
我俩	POSS	关系	好	很	真	真

234. 我们俩的关系一直很好。

上面例句中的 a³³tɕi²⁴ 是修饰状语 kɛ³³，而不是修饰整个 kɛ³³a⁵³mɔ⁵³；tɕɛ³¹tɕɛ³¹ 是修饰状语 dza⁵³，而不是修饰整个 dza⁵³da²¹。所以上述结构中是真正的状语短语。但拉祜熙话中可以修饰状语的状语种类和词项非常有限，在我们搜集到的语料中只找到 a³³tɕi²⁴ 和 tɕɛ³¹ 两个副词。同理，被状语修饰的状语成分也只有特定的 kɛ³³ 和 dza⁵³ 两个副词。

从语义角度考察拉祜熙话副词共现时按如下序列排列：

语气＞程度＞范围＞情状

例句如下：

ŋɤ³¹	te⁵³	pa³³	li²¹xi⁵³ʑa⁵³	qʰa³³pɤ³¹	ni⁵³tɕʰi³³	ɣa⁵³
我们	一	班	学生	一共	二十	位

tso³³,	i²⁴	ɔ³¹pa³¹	qʰa³³pɤ³¹	kɛ³³	xa³³qɔ⁵³pa³¹.
有	他们	爸爸	都	也	农民

235. 我们班共有 20 个学生，他们的爸爸都是农民。

nɔ³¹	lɛ³¹	a³³tɕi²⁴	kɛ³³	a⁵³	mɔ⁵³.
你	COP	一点	都	NEG	老

236. 你一点都不老。

ni³³	ɕɛ⁵⁴	ɣa⁵³	tɕɛ³³	nɛ²⁴	tsɔ³¹.
两	三	位	仅	仅	有

237. 仅仅有两三位。

6.4.2.2.3　副词的句法功能

副词的句法功能主要是做状语，充当谓词性成分的修饰语。拉祜熙方言的状语大多为后置状语，后置于谓词性成分。也有少数前置或位于谓词的两端，构成框式副词。例如：

lɔ³¹qa²⁴	ɕe³¹	te³³	lɔ³¹	qʰa³³tsɔ⁵³	qɔ³¹	dʑa⁵³.
河	这	一	条	相当	宽	很

238. 这条河相当宽。

tsa³¹la³³	te³³	tɕɛ³¹,	na³³lɔ⁵³	kɛ³³	te³³	tɕɛ³¹	dʑa⁵³.
扎拉	做	真	娜倮	也	做	真	很

239. 扎拉认真，娜倮也很认真。

而语气副词既可以用于主语之前，也可以用于主语之后。例如：

mi³¹qo³¹	ɕe³¹	tɛ⁵³	ɔ³¹qʰo³³	ɔ³¹tɕɛ³¹	le³³	a³³tʰɔ⁵³pʰa⁵³	fa²⁴
地窖	这	一	里面	到底	CONJ	什么	藏

ve³³	le³³?
IND	INTER

240. 这个地窖里藏的到底是什么？

ɔ³¹tɕɛ³¹	zɔ⁵³	qo⁵⁴	ve³³	na³³	la³¹	a³³	xe⁵⁴
到底	他	说	NOMIN	听	INTER	NEG	INTJ

lɛ³³	ŋɤ³¹	qo⁵⁴	ve³³	na³³	la³¹?
CONJ	我们	说	NOMIN	听	INTER

241. 到底是听他的还是听我们的？

6.4.3　拟声词做状语

拟声词（onomaTopoeia），又称象声词，指模拟客观世界各种事物或动作发出响声的一类词，属于开放性词类。拟声词能产性强，可以临时创造，也可以有重叠或变音形式。

6.4.3.1　拟声词的构成

拉祜熙话拟声词分为基式（又可以称简单式）和重叠式（又可以称复杂式）。关于拉祜纳话的拟声词，胡方方（2012）已有较详细的论述，本节在胡方方论文的基础上，对拉祜熙方言的构成形式做简单的介绍。

6.4.3.1.1　基式

基式可以是单音节的，例如：ao^{24} 形容人因疼痛而发出的声音、$tsʰao^{31}$ 流水的声音、pu^{31} 放屁的声音、po^{21} 爆炸声、i^{24} 杀猪时猪叫的声音、xu^{31} 火烧得旺时发出的声音、fu^{31} 群鸟飞过时的声音、$kʰɯ^{54}$ 老鼠行出时发出的声音、$tsʅ^{24}$ 老鼠叫的声音、$tʌ^{54}$ 滴水声

6.4.3.1.2　重叠式

因为客观事物或动作发出的声音可以是连续的，所以基式的拟声词也就可以以重叠的形式模拟。拉祜熙话同很多语言一样常常使用重叠的手段，重叠的形式可以分为完全重叠和变形重叠。

6.4.3.1.2.1　单音节

1. 完全重叠

单音节基式基本都可以完全重叠，还可以是三叠、四叠甚至更多。例如：ao^{24}——$ao^{24}ao^{24}ao^{24}$；$kʰɯ^{54}$——$kʰɯ^{54}kʰɯ^{54}kʰɯ^{54}$；$pʰa^{31}$——$pʰa^{31}pʰa^{31}pʰa^{31}$ 等等。

2. 变形重叠

单音节基式还可以变形重叠，X——XY。例如：$pʰa^{31}$——$pʰa^{31}la^{31}$；$tɔ^{33}$——$tɔ^{33}ti^{33}tɔ^{33}ti^{33}$ 等等。

6.4.3.1.2.2　双音节

双音节 XY 的重叠方式有三种：

第一种完全重叠，也是最常见的形式 XY——XYXY，例如：$kʰɛ^{33}lɛ^{33}$——$kʰɛ^{33}lɛ^{33}kʰɛ^{33}lɛ^{33}$；$qe^{33}qo^{54}$——$qe^{33}qo^{54}qe^{33}qo^{54}$；$ti^{33}tʌ^{54}$——$ti^{33}tʌ^{54}ti^{33}tʌ^{54}$；$pʰi^{31}pʰa^{31}$——$pʰi^{31}pʰa^{31}pʰi^{31}pʰa^{31}$；$ti^{33}ta^{31}$——$ti^{33}ta^{31}ti^{33}ta^{31}$ 等等。

第二种完全重叠，这种形式不太常见 XY——XXYY，例如：$lo^{54}lɛ^{54}$——$lo^{54}lo^{54}lɛ^{54}lɛ^{54}$；$qɛ^{21}quai^{21}$——$qɛ^{21}qɛ^{21}quai^{21}quai^{21}$；$po^{31}tʌ^{31}$——$po^{31}po^{31}tʌ^{31}tʌ^{31}$。

第三种是部分重叠，只重叠最后一个音节，且最后一个音节可三叠或四叠 XY——XYY，例如：$i^{24}xɛ^{21}$——$i^{24}xɛ^{21}xɛ^{21}$；$i^{24}xa^{31}$——$i^{24}xa^{31}xa^{31}$；$tʌ^{33}lʌ^{33}$——$tʌ^{33}lʌ^{33}lʌ^{33}lʌ^{33}$；$ki^{33}li^{33}$——$ki^{33}li^{33}li^{33}li^{33}$ 等等。

6.4.3.2　拟声词的功能

拟声词的功能主要是做修饰语。

第一，拟声词最主要句法功能是做状语，一般都需加标记 $te^{33}lɛ^{33}$。

例如：

zɔ⁵³	tɤ³³lɤ³³lɤ³³lɤ³³	te³³lɛ³³	lɔ³¹kɔ³³	dɔ⁵⁴	pa⁵⁴	o³¹.
他	嘚嘟嘟嘟	M	锅	打	坏	REAL

242. 他把锅嘚嘟嘟嘟地打碎了。

第二，拟声词可以做定语，一般需加泛用定语标记 ve³³。例如：

ŋu⁵³	mu³¹pa³³	ve³³	ku³¹	kʰɔ⁵³	ka⁵³.
牛	哞哞	RM	叫	声	听见

243. 听见牛哞哞的叫声。

第三，拟声词还可以以"一声"te⁵³kʰɛ³³作为其中心语，一起构成同位性短语。例如：

po²¹	te⁵³kʰɛ³³	ka⁵³pa³¹	na⁵⁴	vu³¹	po³¹.
嘣	一声	听到	枪	响	PERF

244. 叭一声，枪响了。

相较于其他词类，拟声词更容易出现局部突破音系的现象，如模拟人因疼痛而发出的声音 ao²⁴中的二合复元音 ao 只出现于拟声词和专用肯定叹词 zao³¹，而不见于象声词和叹词以外的词。

6.5　特殊的动词谓语句

孙文访（2015）以 70 种语言和汉语方言为样本语言，将世界语言归纳为 6 种类型："有"型语言、"是"型语言、"有在"型语言、"有是"型语言（认为此类型倾向于编码为 SOV 型语言）、"是有"型语言和"有在是"型语言，由此构成的处所句、存在句、领有句、判断句等特殊的动词谓语句。

6.5.1　处所句

拉祜熙话的处所句构成的基本结构只有一种，即"主体+处所成分+tɕʰe⁵³在+ PROG"。例如：

nɔ³¹	qʰɔ³¹qʰɔ³³	tɕʰe⁵³	a³¹ve³³	la³¹?	
你	哪里	在	PROG	呢？	245a. 你在哪儿？
ŋa³¹	li²¹xe⁵³ku³¹	tɕʰe⁵³	a³¹ve³³.		
我	学校	在	PROG		245b. 我在学校。
zɔ⁵³	qʰɔ³¹qʰɔ³³	tɕʰe⁵³	a³¹ve³³	la³¹?	
他	哪里	在	PROG	呢？	246a. 他在哪儿？

zɔ⁵³	tsɿ³³xo²⁴kɯ³¹	tɕʰe⁵³	a³¹ve³³.	
他	集市	在	PROG	246b. 他在集市里。

如果是否定形式，基本结构为"主体+处所成分+a⁵³NEG+tɕʰe⁵³在"，否定形式省略时体助动词。

tsa³¹la⁵³	za³¹	qʰɔ³³	tɕʰe⁵³	a³¹ve³³.	
扎拉	家	里	在	PROG	247. 扎拉在家里。

tsa³¹la⁵³	za³¹	qʰɔ³³	a⁵³	tɕʰe⁵³.	
扎拉	家	里	不	在	248. 扎拉不在家里。

ŋa³¹	la²⁴tɕa³³	tɕʰe⁵³	a³¹ve³³.	
我	澜沧	在	PROG	249. 我在澜沧。

ŋa³¹	la²⁴tɕa³³	a⁵³	tɕʰe⁵³.	
我	澜沧	不	在	250. 我不在澜沧。

6.5.2　存现句和隐现句

存现句分为存在句和隐现句，是表达人或事物"存在"或"消失"的一种动词谓语句。

6.5.2.1　存在句

拉祜熙话中用 tɕɔ³¹有 表达有存在功能的存在句，分为肯定形式和否定形式。

6.5.2.1.1　肯定形式存在句

拉祜熙话是 SOV 语言，动词标志着一句话的完结，所以用于表达存在句的 tɕɔ³¹有 位于句末。肯定形式的基本结构为"处所成分+存在主体+tɕɔ³¹有"或"处所成分+存在主体+V+ la³¹CON"或"处所成分+存在主体+tɛ⁵⁴摆/放+la³¹CON"。例如：

tʰa³³pɛ³³tɕi³¹	ɔ³¹xa³³	tɛ⁵³	tɕɔ³¹.	
墙壁	画	一	有	251. 墙上有一幅画。

tʰa³³pɛ³³tɕi³¹	ɔ³¹xa³³	qo²⁴	la³¹.	
墙壁	画	挂	CON	252. 墙上挂着画。

tsɔ³¹tsɿ³³	tʰa²¹	ŋa³¹	ve³³	su²⁴	tɛ⁵⁴	la³¹.	
桌子	上	我	POSS	烟	摆	CON	253. 桌子上放着我的烟。

lɔ³¹qa³¹	ɔ³¹pʰɛ³³	tsɿ³³	te⁵³	ka³¹	tsɔ³¹,	
河	头	集市	一	个	有	

ŋɤ³¹	qʰa³¹tʰa⁵³	kɛ³³	o³³lo³³	kʰu⁵³	pa³³	da²¹.
我们	经常	都	那里	东西	交换	REC

254. 上游有一个集市，我们常在那儿换东西。

ŋɤ³¹	ni³¹	ɣa⁵³	ve³³	mɛ⁵⁴tshɔ³³	qhɔ³³	li²¹pɤ⁵³	te⁵³	pɤ⁵³	tɕɔ³¹.
我们	两	个	POSS	包	里	书本	一	本	有

255. 我俩的书包里有一本书。

存在主体可以是无定的数量名，和汉语不同，拉祜熙话中没有"几"这样无定的表达方法，只能用相邻数词连用表概数的手段表达。例如：

xa³³	qhɔ³³	pu⁵³tsʰŋ³³	ɕɛ⁵⁴	ɔ̃⁵³	tɕɛ³¹	ti³³	la³¹.
地	里	甘蔗	三	四	株	种	CON

256. 地上种着几株甘蔗。

tʰa³³pɛ³³tɕi³¹	ɔ³¹xa³³	te⁵³	ni⁵³	a³¹	qo²⁴	la³¹.
墙壁	画	一	两	个	挂	CON

257. 墙上挂着几幅画。

存在主体可以是光杆名词。例如：

xa³³	qhɔ³³	pu⁵³tsʰŋ³³	ti³³	la³¹.
地	里	甘蔗	种	CON

258. 地上种着甘蔗。

tʰa³³pɛ³³tɕi³¹	ɔ³¹xa³³	qo²⁴	la³¹.
墙壁	画	挂	CON

259. 墙上挂着画。

6.5.2.1.2　否定形式的存在句

存在句否定形式的基本构式为"处所成分+存在主体+NEG+tɕɔ³¹_有"，比较下面的句子：

za³¹	qhɔ³³	tshɔ³³	te⁵³	ɣa³¹	tɕɔ³¹.
屋	里	人	一	位	有

260. 屋里有一个人。

za³¹	qhɔ³³	tshɔ³³	a⁵³	tɕɔ³¹.
屋	里	人	NEG	有

261. 屋里没有人。

tʰa³³pɛ³³tɕi³¹	ɔ³¹xa³³	te⁵³	tɕɔ³¹.
墙壁	画	一	有

262. 墙上有一幅画。

tʰa³³pɛ³³tɕi³¹	ɔ³¹xa³³	a⁵³	tɕɔ³¹.
墙壁	画	NEG	有

263. 墙上没有画。

强调形式为"处所成分+存在主体+te⁵³/tɛ⁵³_+（量）+kɛ³³_都+NEG+tɕɔ³¹_有"，例如：

za³¹	qhɔ³³	tshɔ³³	te⁵³	ɣa³¹	kɛ³³	a⁵³	tɕɔ³¹.
屋	里	人	一	位	都	NEG	有

264. 屋里一个人都没有。

tʰa³³pɛ³³tɕi³¹	ɔ³¹xa³³	te⁵³	kɛ³³	a⁵³	tɕɔ³¹.
墙壁	画	一	都	NEG	有

265. 墙上一幅画都没有。

6.5.2.2　隐现句

拉祜熙话使用"处所成分+隐现主体+V"结构表达隐现句。例如：

qʰa⁵⁴qʰɔ³³	ɕɛ³¹qʰɔ²¹	ku⁵³	mɛ²⁴	mɛ⁵³	dza⁵³	po³¹.
村里	今年	东西	丢	多	很	PERF

266. 村里今年丢了好多东西。

zɔ⁵³	te⁵³	zɛ³¹	ɕe³¹qʰɔ²¹	tsʰɔ³³	sɿ³³	mɛ⁵³	po³¹.
他	一	家	今年	人	死	多	PERF

267. 他家今年死了好几个人。

6.5.3　领有句

表达领属的方式分为定语领属（attributive possesstion）和谓语领属（predicative possession），定语领属在第四章中已经讨论过，本节主要讨论谓语领属。

6.5.3.1　基本构成

拉祜熙话领有句的基本构成形式为"领有者+领有物+tɕɔ³¹有"。例如：

ŋa³¹/nɔ³¹/ zɔ⁵³	li²¹pɤ⁵³	te⁵³	pɤ⁵³	tɕɔ³¹.
我/你/他	书	一	本	有

268. 我/你/他有一本书。

ŋa³¹	a³³kɔ³³	li²¹pɤ⁵³	te⁵³	pɤ⁵³	tɕɔ³¹.
我	哥	书	一	本	有

269. 我的哥哥有一本书。

领有物也可以是光杆名词，例如：

zɔ⁵³	ɔ³¹tɕɛ³¹	pʰu³³	tɕɔ³¹.
他	真的	钱	有

270. 他肯定有钱。

tsa³¹la⁵³	za³¹	qʰɔ³³	lɔ³¹li²¹	tɕɔ³¹.
扎拉	家	里	汽车	有

271. 扎拉家有汽车。

否定句中，领有物一般只能由光杆名词充当，使用"领有者+领有物+a⁵³NEG+tɕɔ³¹有"的构成形式。

tsa³¹la⁵³	za³¹	qʰɔ³³	lɔ³¹li²¹	a⁵³	tɕɔ³¹.
扎拉	家	里	汽车	NEG	有

272. 扎拉家没有汽车。

*nɔ³¹	li²¹pɤ⁵³	te⁵³	pɤ⁵³	a⁵³	tɕɔ³¹.
你	书	一	本	NEG	有

273.* 你没有一本书。

6.5.3.2　表义类别

第一，表达领属关系。例如：

ŋa³¹	za⁵³	ni⁵³	ɣa⁵³	tɕɔ³¹.
我	孩子	二	位	有

274. 我有 2 个孩子。

ŋa³¹	za²¹ni³³	ɔ³¹za⁵³	tɕɔ³¹.
我	今天	时间	有

275. 我今天有时间。

第二，表达某一事物中包含另一事物的包含关系。例如：

qʰa⁵⁴	ɕe³¹	te⁵³	qʰa⁵⁴	tsʰɔ³³	qʰa³³pɤ³¹	ɕɛ⁵⁴tɕʰi³³	ɣa⁵³	tɕɔ³¹.
村	这	一	村	人	一共	三十	位	有

276. 这个村共有 30 位村民。

| tsa³¹la⁵³ | xe²⁴tɕʰi³³ | qʰɔ²¹ | tɕɔ³¹ | po³¹. | |
| 扎拉 | 八十 | 岁 | 有 | PERF | 277. 扎拉有八十岁了。 |

另外，包含关系的引申用法也可以用 tɕɔ³¹ 表达，表示到一定的数量或程度。例如：

| va⁵³ | ɕe³¹ | te⁵³ | tɕɛ³¹ | mu³³fu³³ | te⁵³tɕʰi³³ | mi³³ | tɕɔ³¹. |
| 竹子 | 这 | 一 | 株 | 高度 | 十 | 米 | 有 |

278. 这颗竹子有十米高。

第三，表达某一事物中包括某些组成部分的包括关系。例如：

| la³¹ | xɔ³¹tɕʰa³¹ | lɛ³³ | lu³¹tɕʰa³¹ | ni⁵³ | tsɤ³¹ | tɕɔ³¹. |
| 茶 | 红茶 | 和 | 绿茶 | 两 | 种 | 有 |

279. 茶有红茶和绿茶两种。

汉语的领有句，可以在"有"后加数量短语表达数量不确定，如"住了有一年左右了。"或"赢了有十来万。"也可以用"有"表达时间关系，如"有几点了？"或"有没有到5点？"和汉语不同，拉祜熙方言不能使用领有句表达这样的意思。

6.5.4　系词句

系词句是指用来定义或归类的判断命题句，是世界语言中普遍使用的基本句式。国际上把系词联系的成分看作表语或系词补足语，在句子结构中具有谓语性，应归入谓语类而非宾语。系词没有动词义，无法支配名词或形容词，它只是帮助联系和引出对主语进行定义、归类、描述的名词或形容词。从类型学的角度看，格形态发达的语言，系词联系和引出的表语一般不取宾格。如日语中，及物动词的宾语必须带宾格标记，而其表语却不带宾格标记。和日语相似，拉祜熙话中的表语成分也不带宾语标记。

6.5.4.1　基本构成

Dryer（1992）指出，OV 语言倾向使用"表语+系词"语序，而 VO 语言倾向使用"系词+表语"的语序。拉祜熙话是 OV 语言，但它的系词句的基本句式为"主语+（系词 lɛ³¹）+表语（名词性或形容词性成分）"，不符合上述倾向性。这可能是因为拉祜语的系词 lɛ³¹ 更可能是充当话题标记的作用，拉祜语是话题显赫的语言，话题标记来源于系动词，详见 6.6 话题成分。下面我们从表义类型和表语的类型两方面来讨论系词句。

6.5.4.1.1　表义类型

第一，归类性判断句，主语和表语间是种与类的关系，不能互换位置。例如：

zɔ⁵³	lɛ³¹	li²¹ma²¹pa²¹.		
他	COP	老师		280. 他是老师。

nɔ³¹	lɛ³¹	a³³xɛ³¹.		
你	COP	汉族		281. 你是汉人。

ɕe³¹	lɛ³¹	a³³zɔ³³tɕɛ³¹.		
这	COP	红毛树		282. 这是红毛树。

zɔ⁵³	lɛ³¹	tsa³¹qa³¹	qʰa⁵³	qʰɔ³³	tsʰɔ³³	kɛ³³	ɕi³¹	pɤ³¹.
他	COP	哑巴	村子	里	人	都	知道	会

283. 他是哑巴，村里人谁都知道。

zɔ⁵³	lɛ³¹	la³³xu³¹za⁵³.		
他	COP	拉祜人		284. 他是拉祜人。

以上句子中的主语和表语不能互换，*la³³xu³¹za⁵³lɛ³¹zɔ⁵³、*a³³zɔ³³tɕɛ³¹ lɛ³¹ɕe³¹等都是不合法的。

第二，同一性判断句，主语和表语有着同等关系，互换位置不影响表义。例如：

sa³¹	sɔ²¹	ve³³		lɛ³¹	a³³tʰɔ³³	ɕe³¹	te⁵³	ta³¹.
肉	切	转指		COP	刀	这	一	把

285. 切肉的是这把刀。

a³³tʰɔ³³	ɕe³¹	te⁵³	ta³¹	lɛ³¹	sa³¹	sɔ²¹	ve³³.
刀	这	一	把	COP	肉	切	转指

286. 这把刀是切肉的。

za⁵³ɣu³¹	ta²⁴xui²⁴	lɛ³¹	lɔ³¹qa²⁴	dza⁵³	kʰai³³	ve³³.
群众	大会	COP	河	边	开	转指

287. 群众大会是在河边开的。

lɔ³¹qa²⁴	dza⁵³	kʰai³³	ve³³	lɛ³¹	za⁵³ɣu³¹	ta²⁴xui²⁴.
河	边	开	转指	COP	群众	大会

288. 在河边开的是群众大会。

系词可以分为定义性系词（归类性系词）和同一性系词，同汉语一样，拉祜熙话的定义性系词和同一性系词都是lɛ³¹。

第三，表示存在，例如：

ta³³qo³¹	qʰɔ³³	lɛ³¹	a³³tʰɔ⁵³le³³?	
柜子	里	COP	什么	289a. 柜子里是什么东西？

lɛ³¹	na³³xɔ⁵⁴	
COP	帽子	289b. 是帽子。

kʰai³³xui³³　　kɯ³¹　　　lɛ³¹　　　lɔ³¹qa²⁴　　dʐa⁵³.

开会　　　　处　　COP　　河　边　　　290. 开会的（地方）是在河边。

第四，用于说明自然现象或情况，例如：

mu⁵³ni³³　　lɛ³¹　　pɤ³¹tɔ⁵⁴　　te⁵³　　fu⁵³　　tɔ⁵⁴la³³.

太阳　　COP　　东边　　一　　边　　出来　　291. 太阳是从东方升起来的。

zɔ⁵³　　　o³³　　　tʰa⁵³　　　lɛ³¹　　　sa³¹bɔ⁵⁴pa³¹.

他　　那　　时候　　COP　　猎人　　　292. 他曾经是猎人。

6.5.4.1.2　表语的类型

可以充当系词 lɛ³¹ 的表语成分主要有以下几种：

第一，由转指标记 ve³³ 构成的短语。例如：

a³³tʰɔ³³　ɕe³¹　te⁵³　ta³¹　lɛ³¹　　sa³¹　sɔ²¹　ve³³.

刀　　这　一　把　COP　肉　切　转指　　293. 这把刀是切肉的。

tsa³¹la⁵³　　lɛ³¹　　　xa³³　qɔ⁵³　　ve³³.

扎拉　　COP　　地　挖　转指　　　　294. 扎拉是挖地的。

li²¹pɤ⁵³　　ɕe³¹　　te⁵³　　lɛ³¹　　ŋa³¹　　　ve³³.

书　　这　一　COP　我　　转指　　　295. 这本书是我的。

xa³³　　　ɕe³¹　　te⁵³　pe⁵⁴　lɛ³¹　　tsa³¹la⁵³　ve³³.

地　　这　一　块　COP　扎拉　转指　296. 这块地是扎拉的。

第二，可以是光杆名词或代词。例如：

tsa³¹la⁵³　　lɛ³¹　　　li²¹ma²¹pa²¹.

扎拉　　COP　　老师　　　　　　297. 扎拉是老师。

zɔ⁵³　　　lɛ³¹　　la³³xu³¹za⁵³,　a³³xɛ³¹　　a⁵³　　xe⁵⁴.

他　　COP　　拉祜人　　汉族　NEG　INTJ

298. 他是拉祜族，不是汉族。

tsa³¹la⁵³　　lɛ³¹　　　zɔ⁵³.

扎拉　　COP　　他　　　　　　　299. 扎拉就是他。

第三，可以是数量名短语或领属结构。例如：

ɕe³¹　　lɛ³¹　　li²¹pɤ⁵³　te⁵³　　pɤ⁵³.

这　COP　书　一　本　　　　　300. 这是一本书。

o³³　　lɛ³¹　　nɔ³¹　　ve³³　　la²¹gɔ³¹.

那　COP　你　POSS　手镯　　　301. 那是你的手镯

第四，动词性短语。例如：

zɔ⁵³　　sa³¹　　te³³　　lɛ³¹　　nɔ³¹　　da²¹　vi⁵³　te³³　　ve³³.

他　这样　做　COP　你　好　DIR　做　转指

302. 他这么做是为了你好。

6.5.4.2 系词 lɛ³¹ 的隐现

世界上的许多语言，单句的系词在某些词汇或句法条件下无须语境就能省略，而及物性单句不能省略动词，故系词的作用不同于及物动词。拉祜熙话有显性的系词 lɛ³¹，词性接近动词，是可选性的，现在时的形式非强调句时系一般采用"零系词"的形式。很多情况下需要表达的谓语范畴可以直接加在表语名词上，表语名词的句法表现就像是动词，即省略系词 lɛ³¹更显优势，下面具体讨论一下 lɛ³¹ 隐现的条件。

6.5.4.2.1 省略 lɛ³¹ 的条件

拉祜熙方言中省略系词的情况比较常见，第一，同拉祜纳话相似，拉祜熙方言中很多判断句都是直接陈述主语，不用任何连接手段，即以省略系词 lɛ³¹ 为优势语句。这也与拉祜语是话题显赫的语言相和谐，越是话题优先的语言，越不需要话题标记，而拉祜语的话题标记来源于系词。例如：

ŋa³¹/nɔ³¹/zɔ⁵³	tsʰɔ³³	da²¹.	
我/你/他	人	好	303. 我/你/他是好人。

ŋa³¹		a³³kɔ³³	qʰa⁵⁴ɛɛ³³.	
我		哥	头人	304. 我的哥哥是头人。

zɔ⁵³	tsa³¹la⁵³.	
他	扎拉	305. 他是扎拉。

ɛɛ³¹	a³³tʰɔ³³	lɛ³¹	nɔ³¹qʰa⁵³nɔ³¹	dɔ⁵⁴	a³¹	ve³³	la⁵³?
这	刀	COP	你自己	打	CON	IND	INTER

306. 这是你自己做的刀吗？

a⁵³	xe⁵⁴,	ŋa³¹	vɤ³¹	a³¹ve³³
NEG	INTJ	我	买	NOMIN

307. 不是，是我买的。

拉祜语属于谓词型形容词语言，形容词无须系词就可以直接作谓语，基本上不存在带形容词性补足语的系词句。例如：

ɛɛ³¹	ka²⁴	da²¹	dza⁵³.	
这	事	好	很	308. 这是件好事。

第二，很多语言，名词不用系词时比形容词更不适合充当各种范畴的载体，所以表达形态意义时往往需要系词显现，名词需要被否定时也常要系词显现。但拉祜语不同，当判断句中有否定成分 a⁵³NEG xe⁵⁴INTJ 修饰时，lɛ³¹一般也要省略。例如：

zɔ⁵³	a³³xɛ³¹	a⁵³	xe⁵⁴.	
他	汉族	NEG	INTJ	309. 他不是汉人。

从类型学的角度看，古汉语的"彼，藏民也"一句中的"也"字判断

句可以归入"助词性系词结构"。[①]拉祜熙话中否定专用叹词 xe⁵⁴ 在此类句型中也有表示判断命题的辅助作用，所以我们姑且将其归入"叹词性系词结构"。

第三，中性问形式和汉语不同，拉祜熙方言的中性问形式，不使用系词 lɛ³³。例如：

zɔ⁵³	la⁵³xu³¹za⁵³	zao³¹	na³¹	a⁵³	xe⁵⁴	na³¹	ŋa³¹	a⁵³	ɕi²¹
他	拉祜人	INTJ	INTER	NEG	INTJ	INTER	我	NEG	知道

310. 我不知道他是不是拉祜人。

6.5.4.2.2　绝对不能省略或不省略是优势语句的条件

第一，lɛ³¹ 绝对不能省略的情况。当系词 lɛ³¹ 同时还充当焦点标记时，绝对不能省略。

su³³	kʰɔ⁵³	qʰɔ⁵³	ve³³	lɛ³¹	qʰa³¹tɛ³¹kɛ³³	ɣa³³	ɕɛ³¹	ve³³.
别人	东西	偷	NOMIN	COP	一定	得	赔	IND

311. 偷了人家的东西是一定要赔偿的。

tɕa⁵³	ve³³	lɛ³¹	ka²⁴	no²⁴	tɛ⁵³	za³¹.
吃	NOMIN	COP	事情	大	一	件

312. 吃是件大事。

ɔ³¹	ni³³	kʰɛ⁵³	tɕa⁵³	ve³³	lɛ³¹	ŋa³¹.
饭	两	碗	吃	NOMIN	COP	我

313. 吃两碗饭的是我。

ŋa³¹	tɕa⁵³	ve³³	lɛ³¹	ɔ³¹	ni³³	kʰɛ⁵³.
我	吃	NOMIN	COP	饭	两	碗

314. 我吃的是两碗饭。

这里的系词 lɛ³¹ 用法如焦点标记，需要重读，这种情况已经不属于名词补足语。

第二，不省略 lɛ³¹ 是优势语句。表语是领属结构时，lɛ³¹ 不省略更显优势。

ɕɛ³¹ve³³	li³¹xeɔza⁵³		lɛ³¹	zɔ⁵³	ve³³	ɔ³¹tsʰɔ⁵³	da²¹.
这个	学生		COP	他	POSS	朋友	好

315. 这个学生是他的好朋友。

ɕɛ³¹ve³³	li²¹xe⁵³za⁵³	lɛ³¹	zɔ⁵³	ni³³	ɣa⁵³	ve³³	ɔ³¹tsʰɔ⁵³	da²¹.
这	学生	COP	他	两	位	POSS	朋友	好

316. 这个学生是他俩的好朋友。

小结：系词句是非普通动词充当谓语的句子，谓语和表语（补足语）是同体成分，拉祜熙话系词 lɛ³¹ 引出的名词性成分起的是主语补足语的作用，而真正的谓语是这个名词性成分；谓语名词（predicate noun）即充当表语的名词没有格标记；从类型学角度看，越是无标记的状况，越容易省

---

① 刘丹青：《语法调查研究手册》，商务印书馆 2017 年版，第 59 页。

略系词。拉祜熙话的系词是可选性的，且大部分情况下以系词隐匿为优势；系词句中各成分的次序受汉语影响，不符合 OV 语言的倾向语序，而采用和 VO 语言一样的"系词+表语"的语序，这可能与 lɛ³¹ 更可能在句中充当话题标记有关。

6.6　话题成分

话题（Topic）原本是语篇性的概念，现在已将它运用到句法研究层面上。关于话题的问题，前人已做过许多深入的研究。Li，Charles N.&Sandra A.Thompson（1976）提出从话题角度划分，语言可以分为 4 种类型；Payne（1997）总结了对于话题的五种理解；Gasde（1999）提出话题要分关涉话题和框架设置话题两大类；曹逢甫（1995）认为汉语的话题有 6 大特征；徐烈炯、刘丹青（2007）提出对话题主要的四类观点等等。关于拉祜纳的话题句，李洁、李景红（2014）的《拉祜语的话题句》；李春风（2015）的《拉祜语的话题标记》等论文有过相关的研究，本节我们在前人研究的基础上讨论一下拉祜熙方言的话题问题。

6.6.1　话题成分及其构成

话题是句法结构概念，话题不等于主语，讨论话题问题时应关注：非主语充当的话题，即主语以外成分的话题化现象；被话题化了的主语，即专用于话题成分的一般主语的语法表现。

6.6.1.1　拉祜熙方言话题的界定

Li，Charles N.&Sandra A.Thompson（1976，李谷城 1984 年摘译）指出，从语言类型学的角度出发，语言可以分为 4 种类型：注重主语（subject-prominent）、注重主题（Topic-prominent）、主语和主题并重、主语和主题均不注重。文章开创性的提出话题优先和主语优先的类型差异问题，认为主题—述题结构式是固有的，而非派生的。并且文章还提出拉祜语属于注重主题的语言，即话题优先的语言。我们基本赞同这个观点，话题是拉祜语的显赫范畴。

我们认为，拉祜熙方言的话题有如下特征：1. 话题是与主语、宾语等并列的句法结构概念；2. 话题总是位于句首的位置，句法形式为"主题+述题（comment）"；3. 话题不能脱离述题单独存在；4. 话题总是有定的；5. 话题可以由话题标记或停顿将其与述题部分隔开；6. 话题标记是后加性的，但是非强制性的；7. 话题不支配反身代词；8. 有关涉话题和框架话题之别。9. 有主话题和次话题之别；10. 一句话中，话题是否可以被人称代词回指，要看话题成分生命度的高低。

6.6.1.2　话题标记

话题标记（Topic marker）是标记话题的重要形式手段之一，拉祜熙话的话题标记主要有 lɛ³¹ 和 qo³³。另外，同汉语一样，除了话题标记外，拉祜熙方言还可以使用句中语气词（提顿词）和句中的停顿凸显话题，拉祜语的提顿词主要有 ɛ³¹、ɔ³¹ 和 ve³³。下面我们就分别讨论一下这几种情况。

6.6.1.2.1　话题标记 lɛ³¹

从跨语言的角度来看，话题标记的作用也不一定限于标示话题，常常兼有或附有其他功能，在一些语言中话题标记常有某种代替系词的作用。lɛ³¹ 是拉祜语中使用频率很高的一个虚词，它在以下例句中除了有话题标记的作用外还有着系动词的作用以及接连话题与述题的作用。

xa³³	ɕe³¹	te⁵³	ɣɔ³³	lɛ³¹	ŋa³¹	pʰu³³	zu⁵³	vɤ³¹	a³¹	ve³³.
地	这	一	亩	TM	我	钱	拿	买	CON	IND

317. 这亩地是我用钱买的。

za⁵³mi⁵³	ɕe³¹	tɛ⁵³	lɛ³¹	a³³su³³	te⁵³	zɛ³¹	ve³³	lɛ³¹?
姑娘	这	一	TM	谁	一	家	IND	INTER

318. 这是谁家的姑娘？

6.6.1.2.2　话题标记 qo³³

qo³³ 也是拉祜熙方言中的话题标记，相当于汉语的"的话"，使用范围和频率低于话题标记 lɛ³¹。例如：

tʰu⁵³	sɔ³¹ve³³,	te⁵³	tʰu⁵³	tʰu⁵³	qo³³	bi⁵³
桶	这些	一	桶	桶	TM	满

te⁵³	tʰu⁵³	tʰu⁵³	qo³³	a⁵³	bi⁵³.
一	桶	桶	TM	NEG	满

319. 这些桶，有的桶满，有的桶不满。

ɕi³¹pɤ²⁴te³³pɤ²⁴	ve³³	tsʰɔ³³	tsɔ³¹	dza⁵³,
聪明	POSS	人	富	很

tsʰɔ³³	bɔ³¹	qo³³	xa²¹	dza⁵³.
人	懒	TM	穷	很

320. 聪明的人富有，懒惰的人贫穷。

条件句天然具有话题性，所以条件句连词和话题标记之间的兼用或互相派生相当常见。拉祜熙话的 qo³³ 也符合此条规律，既有连接词又兼有话题标记的作用。

6.6.1.2.3 提顿词 ɛ³¹、ɔ³¹和 ve³³

nɔ³¹	ɛ³¹,	a³³su³³	mi⁵³qʰa⁵³	ve³³	ka²⁴	a⁵³	te³³.
你	提顿词	别人	自己	POSS	活	NEG	做

321. 你啊，自己的活不做。

tsa³¹la⁵³	ɔ³¹,	a³³tɕi²⁴tɕi²⁴	bɔ³¹.
扎拉	提顿词	一点点	懒

299. 扎拉呢，有点懒。

ɔ³¹	tsa⁵³	ve³³	tsa³¹la⁵³	na³³lɔ³¹	a³¹	a⁵³	ku³¹	vi⁵³.
饭	吃	提顿词	扎拉	娜倮	patient	NEG	叫	DIR

322. 扎拉没叫娜倮吃饭。

nɔ³¹	la³¹	ve³³	ŋa³¹	xa³³lɛ³¹	dʑa⁵³
你	来	提顿词	我	高兴	很

323. 你来我很高兴！

tsʰɔ³³sa³¹mɛ³³	(ve³³)	ta³¹tsʰɿ⁵⁴lɛ²⁴	tsɔ³¹	ɕe³¹!
大家	提顿词	静悄悄的	PROG	IMPERF

324. 大家静一静！

tsʰɔ³³sa³¹mɛ³³	(ve³³)	ta⁵³	tɕi³¹	ɕe²¹!
大家	提顿词	NEG	走	IMPERF

325. 大家别急着走！

6.6.1.3 无标记话题句

拉祜熙话中，话题的句法化程度较高，标记是非强制性的，而且话题标记 lɛ³³一般只出现在有判断义的系词句中，不带标记的非强势话题句占优势。例如：

sɿ⁵⁴	o³³ve³³	ɔ³¹tɕɛ³¹	ɯ³¹.
树	那些	树身	大

326. 那些树树身大。

a³³po²¹	o³³	tɛ⁵⁴	la³¹.
衣服	那里	放	CON

327. 衣服放在那里。

6.6.1.4 话题成分的构成

拉祜熙方言中名词性短语、谓词性短语、小句等成分均能自由地充当话题。

6.6.1.4.1 名词性短语话题化

名词性短语是最常见的容易被话题化的句子成分，该成分做话题的例句上面已列举过很多，这里不再赘述。

6.6.1.4.2 谓词性短语话题化

1. 形容词

tsʰu³³	ve³³	lɛ³¹	zɔ⁵³	kɛ³³	tsʰu³³	a³¹
胖	NOMIN	TM	他	也	胖	IND

za³¹qʰa³³	ka²⁴	a⁵³	te³³	pɤ²⁴.
但是	活	不	做	会

328. 胖么，他长得也挺胖的，但是干活不行。

2. 动词

nɔ³¹	tsa⁵³	kɛ³³	tsa⁵³	po³¹	gɯ⁵³	kɛ³³	gɯ⁵³	po³¹.
你	吃	也	吃	PERF	玩	也	玩	PERF

329. 你吃也吃了，玩也玩了！

tsʰɔ³³	kʰɔ⁵³	na³³	pɯ²⁴	ve³³	lɛ³¹	zɔ⁵³	kɛ³³
人	话	听	会	NOMIN	TM	他	也

tsʰɔ³³	kʰɔ⁵³	na³³	pɯ²⁴	ve³³	sɔ³¹ve³³
人	话	听	会	NOMIN	算是

330. 他听话呢确实也算是听话了。

具体讨论请参见 6.6.2.2.3 同一性话题。

6.6.1.4.3　小句话题化

小句可以充当话题，需要加话题标记 qo³³。例如：

ɣɯ³¹lu²⁴	la³¹	qo³³,	ŋɤ³¹	kɛ³³	a⁵³	tɕi³¹	o³¹.
洪水	来	TM	我们	就	NEG	去	TAM

331. 如果发洪水，我们就不去了。

li²¹ma³¹pa³¹	la³¹	qo³³,
老师	来	TM

ŋɤ³¹	ve³³	za⁵³	kɛ³³	li²¹xe⁵³	tɕi³¹	pʰɛ²¹	ve³³.
我们	POSS	孩子	就	学校	去	行	IND

332. 如果老师来了的话，我们的孩子就可以上学了。

6.6.2　话题结构的结构类型

根据话题在小句中的语序和层次，可以分为主话题（main topic）和次话题（subtopic）。可以区分主次话题的语言一般限于话题优先语言。拉祜熙话属于话题优先的语言中，语言中主话题的话题性强于次话题，而对比性则弱于次话题；句法上次话题与小句结构的整合度更高，话题后更少出现停顿。

6.6.2.1　话题的层级类型

基于话题在小句中的语序和层次，话题还可以分为主话题和次话题。拉祜熙方言中也有类似的划分。例如：

zɔ⁵³	lɛ³¹	dʑŋ³¹	qo³³	dɔ³¹	a³¹	ka²⁴	a⁵³	te³³.
他 T1	TM	酒 T2	TM	喝	TAM	活	NEG	做

333. 他嘛，酒要喝，活不干。

6.6.2.1.1　主话题

徐烈炯、刘丹青（2007）认为主语之前的所有话题成分都是主话题。拉祜熙话中可以由多个话题成分充当主话题，例如：

a³³mi³³,	li²¹xe⁵³kɯ³¹,	li²¹	o³³	te⁵³	pɤ⁵³	tsa³¹la⁵³	zu³¹	vɤ³³	po³¹.
昨天	学校	书	那	一	本	扎拉	拿	DIR	PERF

334. 昨天，学校里，那本书被扎拉拿走了。

施事"扎拉"是主语，位于其之前的 a³³mi³³_{昨天}、li²¹xe⁵³kɯ³¹_{学校}、li²¹o³³te⁵³pɤ⁵³_{那一本书}均可以看作主话题。

6.6.2.1.2　次话题

次话题成分是主语和谓词之间的话题成分。例如：

nɔ³¹	li²¹pɤ⁵³	zu³¹vɤ³³	to³¹	a³¹.
你	书_T	拿走	可以	TAM

335.你书可以拿走了。

另外，含有次话题的句子结构可以做定语。例如：

tsa³¹la⁵³	kʰui³³mi²¹	tɕi³¹	ve³³	ka²⁴	ɕe³¹	te⁵³,
扎拉	昆明	去	RM	事	这	一
qʰa⁵⁴	qʰɔ³³	tsʰɔ³³	kɛ³³	ɕi³¹	po³¹.
村	里	人	都	知道	PERF

336. 扎拉去昆明这件事，村里的人都知道了。

6.6.2.2　话题的结构种类

Gasde（1999）提出话题可以分为关涉话题（aboutness topic）和框架设置话题（frame-setting topic），两类的句法属性差别很大。关涉话题从小句论元结构内部提取出来的，表达一定题元的名词性成分。充当话题后，在其后的述题小句中可以找到一个与话题同指的复指成分或空位，或称为语迹（trace）。

6.6.2.2.1　关涉话题

关涉话题（论元话题、空位话题）来自小句的论元结构内部，是一个从内部提取出来的表达一定题元的名词性成分。充当话题后，在其后的述题小句中可以找到一个与话题同指的空位（语迹）。

6.6.2.2.1.1　各类语义角色充当话题

拉祜熙话中，施事、受事、当事、受益者、接受者、伴随对象、处置对象、被动施事、工具、处所、时间、比较对象等语义角色都能充当话题。例如：

tsa³¹la⁵³	lɛ³¹	ka²⁴	a⁵³	te³³.
扎拉	TM	事情	NEG	做

337. 扎拉嘛，活儿不干。（施事）

tsa³¹la⁵³	lɛ³¹	ŋa³¹	ɕi³¹	ve³³.
扎拉	TM	我	认识	IND

338. 扎拉嘛，我认识。（受事）

tsa³¹la⁵³　　lɛ³¹　　dʐɿ³¹　　dɔ³¹　　　　gaⁱ⁵³pɤ²⁴.
扎拉　　　　TM　　酒　　喝　　　　喜欢

339. 扎拉嘛，最喜欢喝酒了。（当事）

na³³lɔ⁵³　　lɛ³¹　　ŋa³¹　　pʰu³³　　zɔ⁵³　　a³¹　　　tsʰɿ⁵³　　vi⁵³　　po³¹.
娜倮　　　　TM　　我　　钱　　她　　patient　借　　　给　　PERF

340. 娜倮呀，我把钱借给她了。（受益者）

na³³lɔ⁵³　　lɛ³¹　　ŋa³¹　　zɔ⁵³　　a³¹　　　　a³³po²¹　　te⁵³　　qʰo⁵⁴　　pi⁵³.
娜倮　　　　TM　　我　　她　　patient　衣服　　一　　件　　送

341. 娜倮啊，我送她一件衣服。（接受者）

na³³lɔ⁵³　　lɛ³¹　　ŋa³¹　　lɛ³³　　zɔ⁵³　　te⁵³ɡe³³　　xa³³　　qɔ⁵³　　tɕi³¹　　ɡɯ²¹　　po³¹.
娜倮　　　　TM　　我　　CONJ　她　　一起　　地　　挖　　去　　去　　PERF

342. 娜倮啊，我和她一起挖地去了。（伴随对象）

na³³lɔ⁵³　　lɛ³¹　　ŋa³¹　　zɔ⁵³　　a³¹　　　te⁵³　　ni⁵³　　pɤ³¹　　de⁵³　　po³¹.
娜倮　　　　TM　　我　　她　　patient　一　　二　　句　　骂　　PERF

343. 娜倮啊，我骂了她几句。（处置对象）

na³³lɔ⁵³　　lɛ³¹　　zɔ⁵³　　ŋa³¹　　a³¹　　　te⁵³　　ni⁵³　　pɤ³¹　　de⁵³　　po³¹.
娜倮　　　　TM　　她　　我　　patient　一　　二　　句　　骂　　PERF

344. 娜倮啊，我被她骂了几句。（被动施事）

a³³tʰɔ³³　　ɕe³¹　　te⁵³　　ta³¹　　(lɛ³¹)　　ŋa³¹　　zu³¹　　lɛ³³　　sa³¹　　ɣɛ³¹.
刀　　　　这　　一　　把　　TM　　我　　拿　　来　　肉　　切

345. 这把刀我用来切肉。（工具）

la³⁵tsʰa³³　　(lɛ³¹)　　ŋa³¹　　tɕɔ³¹　　kɯ³¹.
澜沧　　　　TM　　我　　在　　处　　　346. 澜沧，我的家乡。（处所）

te⁵³tɕʰi³³　　qʰɔ²¹　　ɡa³¹　　po³¹,　　ŋɤ³¹　　sɔ³¹　　tɕɔ³¹　　a³¹　　　ve³³.
十　　　　年　　到　　PERF　我们　这里　在　　CON　IND

347. 十年了，我们都住在这里。（时间）

a³³kɔ³³　　lɛ³¹　　ɔ³¹ŋa²⁴　　qʰo⁵³　　　　　　　mu³³　　dza⁵³.
哥哥　　　TM　　弟弟　　上头　　　　　高　　很

348. 哥哥比弟弟高多了。（比较对象）

6.6.2.2.1.2　空位

拉祜熙方言的话题句在述题位置上出现空位。例如：

sa³¹　　o³³　　te⁵³　　pe⁵⁴　　(lɛ³¹)　　pʰɯ⁵³　　ɡɯ³¹　　tsa⁵³　　po³¹.
肉　　那　　一　　块　　TM　　狗　　啃　　吃　　PERF

349. 那块肉 ᵢ，狗吃了[tᵢ]。

这个例句中，[sa³¹o³³te⁵³pe⁵⁴]是话题，[ɡɯ³¹tsa⁵³]是受事。很多学者认为它是从[gɯ³¹tsa⁵³]宾语位置上移至句首的，而句首是话题最常见的位置。移位后，留下一个语迹 t，与话题[sa³¹o³³te⁵³pe⁵⁴]同指。且如果在语迹位置上换上复指代词则不太自然，即⁇sa³¹o³³te⁵³pe⁵⁴(lɛ³³)pʰɯ⁵³gɯ³¹tsa⁵³po³¹zɔ⁵³。

另外，如果施事和受事同时位于谓语之前时，就会涉及判定问题。

第一，两个名词性成分中只有一个可以充当谓语的施事，而受事成分充当话题，且以不用话题标记 lɛ³¹稍显优。例如：

lɔ³¹li²¹	(lɛ³¹)	tsa³¹la⁵³	vɤ³¹	ɣa³³	po³¹.
汽车	TM	扎拉	买	得	PERF

350. 汽车 T 扎拉买了。

tsa³¹la⁵³	lɔ³¹li²¹	vɤ³¹	ɣa³³	po³¹.
扎拉	汽车	买	得	PERF

351. 扎拉买了汽车。

第二，如果两个名词性成分都可以充当谓语的施事，无论成分之后有没有话题标记，施事都位于句首，后面的是受事且带受事标记。例如：

tsa³¹la⁵³	ɔ³¹	tsa⁵³	tʰa⁵³	na³³lɔ⁵³	a³¹	a⁵³	ku³¹	vi⁵³.
扎拉	饭	吃	时候	娜倮	patient	NEG	叫	DIR

tsa³¹la⁵³	ɔ³¹	tsa⁵³	ve³³	na³³lɔ⁵³	a³¹	a⁵³	ku³¹	vi⁵³.
扎拉	饭	吃	TM	娜倮	patient	NEG	叫	DIR

ɔ³¹	tsa⁵³	ve³³	tsa³¹la⁵³	na³³lɔ⁵³	a³¹	a⁵³	ku³¹	vi⁵³.
饭	吃	TM	扎拉	娜倮	patient	NEG	叫	DIR

352. 扎拉没叫娜倮吃饭。

6.6.2.2.1.3　回指

谓语前存在两个名词性成分时就涉及语义解读的问题。和汉语不同，拉祜熙方言没有指代动物的"它"，所以在施受关系比较明显时，受事成分充当话题，无须加受事标记，小句中也不使用回指的"它"。例如：

a⁵³tsu³³	o³³	ni⁵³	tɛɛ³³	nɔ³¹	tsʰɿ⁵³	po⁵³	qʰa⁵³.
筷子	那	二	双	你	洗	干净	句末语气词

353. 那两双筷子你把它洗干净。

va²¹	o³³	tɛ⁵³	tsa³¹la⁵³	gɛ⁵³	pe³¹	po³¹.
猪	那	一	扎拉	杀	死	PERF

354. 那头猪扎拉把它杀了。

当两个成分均为指人名词，都可以充当施事时，句首的名词性成分为受事，与代词是共指关系，后面的第二个名词性成分为施事，小句中使用人称代词回指。例如：

tsa³¹la⁵³	lɛ³¹	na³³lɔ⁵³	zɔ⁵³	a³¹	la³¹	de⁵³	tu³¹.
扎拉	TM	娜倮	他	patient	疯狂地	骂	FUT

355. 扎拉啊，娜倮要骂死他了。

在拉祜熙话中，当施受比较明显的时候，受事提到句首做话题，施事放在后面作主语，小句中不用回指；而当施受容易相混时，受事提到句首做话题，小句中依靠受事标记来确定施事和受事。有空位成分时，是 TSV；而有回指成分时是 T$_i$SO$_i$V。

另外，汉语一般不允许介词悬空，因此介词后需要出现代词。如"扎拉，我让他插秧去了。"一句中，前置词"让"后的第三人称代词"他"必须出现，起回指的作用。和汉语不同，拉祜语一般不使用这种句式：*tsa³¹la⁵³ _扎拉_ ŋa³¹ _我_ zɔ⁵³ _他_ a³¹ _patient_ tɕi²¹ _去_ gɯ³¹ _去_ zŋ²⁴ _CAUS_ po³¹ _PERF_.而是使用 SOV 的句式：ŋa³¹ _我_ tsa³¹la⁵³ _扎拉_ a³¹ _patient_ tɕa³¹ti³³ _插秧_ tɕi²¹ _去_ gɯ³¹ _去_ tsŋ²⁴ _CAUS_ po³¹ _PERF_.这是因为拉祜语使用后置受事标记，施受关系一目了然。

6.6.2.2.2　框架设置话题

框架设置话题类似 Chafe（1976）所说的汉语式话题（Chinese style topic）或很多学者认为的非空位话题（non-gap topic），Chafe 认为述题提供了一个时间、空间或个体等方面的话题框架。表明后面述题所陈述的事件或命题在该话题所设置的框架内有效。[①]

第一，话题为时间、空间成分。例如：

a³³mi³³	tsa³¹la⁵³	xa³³	qɔ⁵³	pɤ³¹	po³¹.
昨天	扎拉	地	挖	完	PERF

356. 昨天，扎拉挖完了地。

la³⁵tsʰa³³	xa³³qɔ⁵³pa³¹	la³¹tɕɛ³¹	sɔ³³	ti³³	la³¹.
澜沧	农民	茶树	都	种	CON

357. 澜沧，农民都种茶树。

第二，领属关系。例如：

tsa³¹la⁵³	za³³mi⁵³	ɔ³¹pʰɔ³¹	tsa³³	po³¹.
扎拉	女儿	老公	找	PERF

358. 扎拉，女儿已经结婚了。

这个例句中，"扎拉"tsa³¹la⁵³ 和"女儿"za³³mi⁵³ 构成领属关系。

ŋa³¹a³³tsŋ²⁴	ŋa³¹	zɔ⁵³	ve³³	kʰu⁵³	ta³¹	la³¹	ɕe³¹	a³¹.
我奶奶	我	她	POSS	东西	留	CON	还	IND

359. 我奶奶，我还留着她的东西。

ŋa³¹a³³tsŋ²⁴ _奶奶_ 和 kʰu⁵³ _东西_ 构成领属关系。

第三，上下位关系和种属关系。例如：

---

① 参见刘丹青《语法调查研究手册》，商务印书馆 2017 年版，第 247 页。

sa³¹　　　ŋa³¹　　va²¹sa³¹　　tɕe³³　　nɛ²⁴　　tsa⁵³　　ga³¹.

肉　　　我　　猪肉　　仅　　只　　吃　　喜欢　　360. 肉，我只喜欢猪肉。

la³⁵tsʰa³³　　ve³³　　ɣɔ⁵³tɕʰi³³　　　　tsa³¹la⁵³　　va²¹sa³¹　　tɕe³³　　nɛ²⁴　　tɕʰi⁵⁴　　pɤ²⁴.

澜沧　　POSS　菜　　　　　　扎拉　　　猪肉　　仅　　只　　烤　　　会

361. 澜沧菜，扎拉只会做烤猪肉。

第四，背景关系。例如：

tɕa³¹ti³³　　　　　ve³³　　　　　　lɛ³¹　　　　ŋa³¹　　　ŋɔ²⁴　　　qo³³

插秧　　　　　NOMIN　　　TM　　　我　　　看　　　TM

tsa³¹la⁵³　　　　a³³tɕi²⁴　　　te³³　　　pɤ²⁴　　　a³¹.

扎拉　　　　一点　　　　做　　　会　　　IND

362. 说到插秧，我看还是扎拉好点儿。

第五，条件等分句关系。例如：

nɔ³¹　　　a⁵³　　　tɕi²¹　　qo³³　　ŋa³¹　　kɛ³³　　a⁵³　　　tɕi²¹.

你　　　NEG　　去　　　TM　　我　　也　　NEG　　去

363. 你不去的话，我也不去。

6.6.2.2.3　论元分裂式话题

盛益民（2014）指出，论元分裂式话题是指一个受事类论元被分裂为两个句法成分，一个充当话题，一个充当宾语。适合做分裂式话题的话题成分有：光杆名词或类指名词、受内涵性定语修饰的光杆名词以及受种类量词（种类量词+副词）修饰的名词性短语。

tʰɛ³³　　　zɔ⁵³　　te⁵³　　qʰu⁵⁴　　vɤ³¹　　　po³¹.

裙子　　她　　一　　条　　买　　PERF

364. 裙子，她买了一条。

tʰɛ³³　　　na⁵⁴　　zɔ⁵³　　te⁵³　　　qʰu⁵⁴　　vɤ³¹　　po³¹.

裙子　　黑　　她　　一　　　条　　买　　PERF

365. 黑裙子，她买了一条。

tʰɛ³³　　　ɕe³¹　　tɛ⁵³　　tsɤ³¹　　zɔ⁵³　　te⁵³　　qʰu⁵⁴　　vɤ³¹　　po³¹.

裙子　　这　　一　　种　　她　　一　　条　　买　　PERF

366. 这种裙子，她买了一条。

tʰɛ³³　　　qʰɔ³¹　　te⁵³　　tsɤ³¹　　kɛ³³　　zɔ⁵³　　te⁵³　　tsɤ³¹　　te⁵³　　qʰu⁵⁴　　vɤ³¹　　po³¹.

裙子　　哪　　一　　种　　都　　她　　一　　种　　一　　条　　买　　PERF

367. 每一种裙子，她都买了一条。

6.6.2.2.4　同一性话题

同一性话题（identical topic）又叫拷贝式话题，是指话题与述题中语义相关成分完全或部分同形。同一性话题是拉祜熙话中常见的一种话题句法结构，下面我们就从几个方面分别讨论。

6.6.2.2.4.1 名词性同一性话题

主要是光杆名词、处所名词、人名以及受内涵定语修饰的名词性短语充当同一性话题的名词性成分。

ɔ³¹dʑu³³	qo³³	ɔ³¹dʑu³³,	la³¹to³³	a³³tɕi²⁴	tsa⁵³.
米线	TM	米线	随便	一点	吃

368. 米线就米线吧，随便吃点。

xa³³qa²¹	qo³³	xa³³qa²¹	ɛ³¹,		
外面	TM	外面	句末语气词		

xa³³ga³¹	tɕe³³	a⁵³	tsʰ̩³³	go³¹	kɯ³¹	a⁵³	tɕɔ³¹.
外面	更	NEG	如	凉快	处	NEG	有

369. 院子就院子吧，哪里会比院子里凉快！

tsa³¹la⁵³	qo³³	tsa³¹la⁵³	a⁵³	la³¹,	na³³lɔ⁵³	qo³³	na³³lɔ⁵³	a⁵³	la³¹.
扎拉	TM	扎拉	NEG	来	娜倮	TM	娜倮	NEG	来

370. 扎拉是扎拉没来，娜倮是娜倮没来！

tʰɛ³³	na⁵⁴	qo³³	tʰɛ³³	na⁵⁴	la³¹to³³	a³³pʰa³³	vɤ²¹	kɛ³³	da²¹.
裙子	黑	TM	裙子	黑	随便	什么	穿	都	好

371. 黑裙子就黑裙子吧，随便穿什么都行。

6.6.2.2.4.2 谓词性同一性话题

从形式上看，拉祜熙话允许谓词性成分充当话题，甚至两个动词连用的谓词性成分也可以充当。例如：

tsa⁵³	ga⁵³	qo³³	tsa⁵³	a⁵³	tsa⁵³	ga⁵³	qo³³	ta⁵³	tsa⁵³.
吃	想	TM	吃	NEG	吃	想	TM	NEG	吃

372. 想吃就吃，不想吃就别吃。

a⁵³	te³³	ga⁵³	qo³³	a⁵³	te³³	ga⁵³	
NEG	做	想	TM	NEG	做	想	

a³³pʰa⁵³	u²⁴	kɛ³³	tsʅ²⁴kɯ³¹		a⁵³	tɕɔ³¹.
什么	说	都	意义		NEG	有

373. 不愿意就是不愿意，说什么都没用。

na³³lɔ⁵³	ŋɔ²⁴	lɛ³¹	ŋɔ²⁴sa³³	za³¹qʰa³³	ni³³	a⁵³	da²¹.
娜倮	看	TM	好看	但是	心	NEG	好

374. 娜倮好看是挺好看的，但是良心不好。

6.6.3　话题化的规则

拉祜语是话题显赫的语言。我们认为，拉祜熙方言话题化的条件与规则主要有以下几点：

第一，话题标记的非强制性。有些语言，话题标记具有句法强制性，如景颇语中无论主话题还是次话题都要都要带话题标记 ko³¹。[1]与景颇语不同，拉祜熙话中最常用的话题标记 lɛ³¹是非强制性的，而且在非判断句中通常以不出现稍显优。

第二，话题标记与系动词的关系。戴庆厦（2005）指出，仙岛语的话题助词被广泛使用，但它的系动词一般不用，一般陈述句通常可省略系动词，这可能是话题助词含有判断语义使然。刘丹青（2017）认为，未必是话题标记有判断语气，而是加上话题标记后，话题的主辞性质被确定，才是话题标记有代替系词作用的真正原因之一。我们在第五章和第九章都讨论过拉祜熙话习惯省略系动词 lɛ³¹的问题，如"我是扎拉"习惯说成 ŋa³¹tsa³¹la⁵³而不是*ŋa³¹lɛ³¹tsa³¹la⁵³。我们认为，这可能是因为 lɛ³¹作为话题标记附有系动词的作用的结果。话题标记来源于系动词，lɛ³¹的演变模式是：系动词＞话题标记/焦点标记

第三，关于"出位"与"回指"。"出位"即通过停顿从句子的其他部分分离出来，出位使句子的论元结构变得松散，所以可以在论元的原据之位添加代词一类的回指成分。拉祜熙话话题句的小句中是否需要回指，是根据施受关系是否明显来判定的。当谓语前存在两个名词性成分时，如果动词前的两个名词性成分生命度不对等，施受比较明显的时候，受事提到句首做话题，施事放在后面作主语，小句中不用回指；如果动词前的两个名词性成分生命度一样，施受容易相混时，受事提到句首做话题，小句中依靠受事标记来确定施事和受事。

第四，除了名词性短语可以话题化外，小句的话题化也较常见。另外，形容词及动词等谓词性短语也可以话题化。

6.6.4　话题的话语功能

徐烈炯、刘丹青（2007）指出，话题主要是用来起话语功能的句法成分，话题是话语功能语法化的结果。下面我们只从话题的对比性和延续性方面简单谈谈拉祜熙方言的话语功能。

---

① 刘丹青：《语法调查研究手册》，商务印书馆 2017 年版，第 250 页。

6.6.4.1 话题的对比性

拉祜熙话的对比性话题，无须使用话题标记。

tsa³¹la⁵³	va²¹sa³¹	a⁵³	tsa⁵³	ŋu⁵³sa³¹	tsa⁵³.
扎拉	猪肉	NEG	吃	牛肉	吃

375. 扎拉不吃猪肉，吃牛肉。

tsa³¹la⁵³	tɕi²⁴	tɕi³¹	a⁵³	pʰɛ²¹,
扎拉	跑	去	NEG	行

za²¹qɔ³³	a³³lɔ³¹lɔ³¹	dzo⁵³	tɕi³¹	pʰɛ²¹	a³¹.
路	慢慢地	走	去	行	IND

376. 扎拉不能跑着去，可以慢慢走着去。

6.6.4.2 话题的延续

拉祜熙方言中，当话题是生命度较高的指人名词时，话题才具有话语/篇章的延续功能。试比较下面的句子：

tsa³¹la⁵³	ɔ³¹	kʰɛ⁵³	o³³	tɛ⁵³	dɔ⁵⁴	kʰo³³	po³¹,
扎拉	TM	碗	那	一	打	坏	PERF

tɕʰɛ³³nɛ³¹	xɔ³¹	tsʅ²⁴la³¹.
现在	哭	PROG

377a. 扎拉啊，把那个碗打碎了，现在在哭。

kʰɛ⁵³	o³³	tɛ⁵³	tsa³¹la⁵³	dɔ⁵⁴	kʰo³³	po³¹,	tɕʰɛ³³nɛ³¹	xɔ³¹	tsʅ²⁴la³¹.
碗	那	一	扎拉	打	坏	PERF	现在	哭	PROG

377b. 那个碗被扎拉打碎了，现在在哭。

tsa³¹la⁵³	kʰɛ⁵³	o³³	tɛ⁵³	dɔ⁵⁴	kʰo³³	po³¹,
扎拉	碗	那	一	打	坏	PERF

kʰɛ⁵³	qʰɛ³¹	mi³¹qa²¹	tsɔ³¹	a³¹	ɕe³¹	a³¹.
碗	碎片	地面	有	CON	还	IND

378a. 扎拉把那个碗打碎了，碎片还留在地上。

kʰɛ⁵³	o³³	tɛ⁵³	tsa³¹la⁵³	dɔ⁵⁴	kʰo³³	po³¹,
碗	那	一	扎拉	打	坏	PERF

kʰɛ⁵³	qʰɛ³¹	mi³¹qa²¹	tsɔ³¹	a³¹	ɕe³¹	a³¹.
碗	碎片	地面	有	CON	还	IND

378b. 那个碗被扎拉打碎了，碎片还留在地上。

例句 377 的两个句子中指人的名词性成分不需要在后续句中出现，但例句 378 的两个句子，指物的名词性成分必须出现在后续的句子中。

6.6.4.3 对比性话题的延续

虽然对比性话题和主要谓语之间如果存在其他成分，然而这些名词性成分仍不需要在后续句子中出现。

xa³³	ɕe³¹	te⁵³	ɣɔ³³	tsa³¹la⁵³		vɤ³¹	vɤ³³	po³¹,
地	这	一	亩	扎拉		买	DIR	PERF

o³³	te⁵³	ɣɔ³³	a⁵³		vɤ³¹.
那	一	亩	NEG		买

379. 这亩地呢扎拉买走了，那亩地呢没买。

tʰɛ³³	ɕe³¹	te⁵³	tsɤ³¹	zɔ⁵³	ni⁵³	qʰu⁵⁴	zu³¹	vɤ³³	po³¹,
裙子	这	一	种	她	二	条	拿	DIR	PERF

o³³	te⁵³	tsɤ³¹	a⁵³	zu³¹	vɤ³³.
那	一	种	NEG	拿	DIR

380. 这种裙子她拿走两条，那种没拿。

6.7 焦点结构

强调（emphasis）指说话人为使听话人特别注意言语中的部分重要信息，使用某种语言手段对其加以突显。被强调的部分成分，大都可属于语言学中的焦点（focus）。Lambrecht（1994）将焦点分为整句焦点（sentence focus）和成分焦点（constituent emphasis），其中成分焦点又可分为谓语焦点和论元焦点两小类。整句焦点就是整个句子都是强调的对象，全句均为焦点域，没有预设信息；成分焦点都只落在句子的部分成分上，焦点域以外的信息是预设部分。

6.7.1 整句焦点

Comrie 的调查问卷将整句焦点分为无针对性的强调和有针对性的强调，大致等同于我们下面将要讨论的无针对的整句焦点和有针对的整句焦点。

6.7.1.1 无针对的整句焦点

无针对的整句焦点没有任何预设，针对"发生了什么""怎么了"之类的问题而做出应答的句子都是整句焦点。试比较下面二组句子：

a³³pʰa⁵³te³³	le³³?		
怎么了	INTER		381a. 怎么了？

ŋa³¹	ve³³	mɛ⁵⁴tɕʰɔ³³	mɛ²⁴	po³¹.	
我	POSS	包	丢	PERF	381b. 我的包丢了。

nɔ³¹	ve³³	mɛ⁵⁴tɕʰɔ³³	a³³pʰa⁵³te³³le³³?	
你	POSS	包	怎么了	382a. 你的包怎么了？

ŋa³¹	ve³³	mɛ⁵⁴tɕʰɔ³³	mɛ²⁴	po³¹.	
我	POSS	包	丢	PERF	382b. 我的包丢了。

B1 是整句焦点句，B2 是谓语焦点句。

拉祜熙方言的整句焦点和谓语焦点的异同之处在于以下几点：

第一，可否加话题标记。

无论是整句焦点还是谓语焦点，均可加话题标记。例如：

a³³pʰa⁵³te³³	le³³?		
怎么了	INTER		383a1. 怎么了？

ŋa³¹	ve³³	mɛ⁵⁴tɕʰɔ³³	le³¹	mɛ²⁴	po³¹.	
我	POSS	包	F	丢	PERF	383b1. 我的包啊丢了。

nɔ³¹	ve³³	mɛ⁵⁴tɕʰɔ³³	a³³pʰa⁵³te³³	le³³?	
你	POSS	包	怎么了	INTER	383a2. 你的包怎么了？

ŋa³¹	ve³³	mɛ⁵⁴tɕʰɔ³³	le³¹	mɛ²⁴	po³¹.	
我	POSS	包	F	丢	PERF	383b2. 我的包啊丢了。

第二，重读和可省略性。

第一组句子是整句焦点，所以在 b 答句中的主语"我的包"不能省略且需重读；第二组句子是谓语焦点，b 的答句中，主语"我的包"是已知信息，不用重读且可以省略。

a³³pʰa⁵³te³³	le³³?		
怎么了	INTER		384a1. 怎么了？

*（ŋa³¹	ve³³	mɛ⁵⁴tɕʰɔ³³）	mɛ²⁴	po³¹.	
我	POSS	包	丢	PERF	384b1.*（我的包）丢了。

nɔ³¹	ve³³	mɛ⁵⁴tɕʰɔ³³	a³³pʰa⁵³te³³	le³³?	
你	POSS	包	怎么	INTER	384a2. 你的包怎么了？

（ŋa³¹	ve³³	mɛ⁵⁴tɕʰɔ³³）	mɛ²⁴	po³¹.	
我	POSS	包	丢	PERF	384b2.（我的包）丢了。

第三，主谓易位。

第 1 组对话中"我的包"不是已知信息，所以不能进行主谓易位，而第 2 组则可以主谓易位。

a³³pʰa⁵³te³³	le³¹?		
怎么了	INTER		385a1. 怎么了？

*mɛ²⁴	po³¹,	ŋa³¹	ve³³	mɛ⁵⁴tɕʰɔ³³.	
丢	PERF	我	POSS	包	385b1.* 丢了，我的包。

nɔ³¹	ve³³	mɛ⁵⁴tɕʰɔ³³	a³³pʰa⁵³te³³	le³³?	
你	POSS	包	怎么了	INTER	385a2. 你的包怎么了？

mɛ²⁴	po³¹,	ŋa³¹	ve³³	mɛ⁵⁴tɕʰɔ³³.	
丢	PERF	我	POSS	包	385b2. 丢了，我的包。

6.7.1.2　有针对的整句焦点

有针对性的整句焦点，即整个句子都是预设中被否定或质疑的一个命题，句子是针对这种预设而做出应答的。例如：

zɛ³¹	qʰɔ³³	tɕɔ³¹	a³¹ve³³	(ɔ³¹),	mɛ⁵⁴tɕʰɔ³³	a³³pʰa⁵³te³³le³¹
家	里	在	PROG	TAM	包	怎么

xɤ³³mɛ²⁴	ve³³	le³¹?
弄丢	IND	INTER

386a1. 在家里怎么会丢了包包呢？

ŋa³¹	ve³³	mɛ⁵⁴tɕʰɔ³³	lɛ³¹	mɛ²⁴	po³¹.
我	POSS	包	F	丢	PERF

386b1. 我的包是丢了。

za³¹	qʰɔ³³	tɕɔ³¹	a³¹	kɛ³³
家	里	在	CON	都

mɛ⁵⁴tɕʰɔ³³	xɤ³³mɛ²⁴	ve³³	le³¹	a⁵³	xe⁵⁴	ta³¹.
包	弄丢	IND	INTER	NEG	INTJ	句末语气词

386a2. 我不相信在家里还会把包包弄丢了。

zɔ³¹	ŋa³¹	ve³³	mɛ⁵⁴tɕʰɔ³³	mɛ²⁴	po³¹.
F	我	POSS	包	丢	PERF

386b2. 是我的包丢了。

a 的话是对这一命题的否定或质疑，因此需要 b 用有针对性的整句强调的方式来确认这一命题。

6.7.2　成分焦点

成分焦点，只强调句中的一个成分，即只由句内的某个成分充当焦点。根据有无对比性可以分为非对比性焦点和对比性焦点。

6.7.2.1　非对比性焦点

非对比性焦点又称信息焦点（information focus），特点是非穷尽性和非排他性。例如：

na³³lɔ⁵³	a³³pʰa³³	vɤ³¹	po³¹	ve³³	le³¹?
娜俣	什么	买	PERF	IND	INTER

387a. 娜俣买了什么？

na³³lɔ⁵³	tʰɛ³³	te⁵³	qʰu⁵⁴	vɤ³¹	po³¹.
娜倮	裙子	一	条	买	PERF

387b. 娜倮买了一条裙子。

zɔ⁵³	mɛ⁵⁴tɕʰɔ³³	te⁵³	a³¹	vɤ³¹	po³¹	ɕe³¹.
她	包	一	个	买	PERF	还

387c. 她还买了一个包。

针对 a 的发问，b 的回答中裙子是信息焦点，但这个焦点具有语义上的非穷尽性和非排他性，c 可以继续补充，两者同时为真，并不排斥。

6.7.2.2　对比性焦点

对比性焦点又称窄焦点（narrow focus）。徐烈炯（2005）指出，对比焦点的特点是说话者头脑中有一个范围，从这个范围中挑出一个或几个对象，从而排除其他对象。

na³³lɔ⁵³	a³³pʰa³³	vɤ³¹	po³¹	ve³³	le³¹?		
娜倮	什么	买	PERF	NOMIN	INTER		388a. 娜倮买了什么？

na³³lɔ⁵³	vɤ³¹	ve³³		lɛ³¹	tʰɛ³³	tɛ⁵³.	
娜倮	买	NOMIN	F	裙子	一		388b. 娜倮买的是一条裙子。

na³³lɔ⁵³	vɤ³¹	ve³³		lɛ³¹	mɛ⁵⁴tɕʰɔ³³	tɛ⁵³.	
娜倮	买	NOMIN	F	包	一		388c. 娜倮买的是一个包。

这一组句子中，b 和 c 的答句都是准分裂句，lɛ³¹后的成分是穷尽性的，"娜倮买的是一条裙子"，就只能有这样一种可能，排除了其他任何可能。b 和 c 的答句只能有一句为真。

6.7.2.2.1　通过超音段手段

通过超音段手段表达即在发音时对要强调的部分使用加大音强或拉长音长的超音段手段，以期得到听话人的注意。用重读突出要强调的成分，是人类语言普遍采用的一种手段。拉祜熙方言同样遵循这种方式，在这里我们不再赘述。

首先，在 6.6 一节中我们讨论了同一性话题，其动因是为了强调，同一成分在话题和焦点位置出现了两次，起了肯定后面一个成分的焦点作用。在拉祜语中也用这样的方式强调焦点，这种同一性话题—焦点结构的表达方式也很常用。例如：

tsa³¹la⁵³	tsʰu³³	kɛ³³	tsʰu³³	dza⁵³	pʰu²⁴	kɛ³³	pʰu²⁴	dza⁵³.
扎拉	胖	也	胖	很	白	也	白	很

389. 扎拉长得胖了胖，白了白。（扎拉长得白白胖胖的。）

另外，拉祜熙话还用拉长谓词的音长的超音段手段表达强调或程度之深，如"特别白"，pʰu²⁴:lɛ⁵³；"特别红"，ni²⁴:lɛ⁵³等等。

6.7.2.2.2　通过焦点标记表达

　　从跨语言的角度看，很多语言中的话题标记和焦点标记相同，拉祜语也符合此语言共性。拉祜熙话的标记 lɛ³¹ 是话题标记，也是焦点标记，前置于要强调的成分。试比较下面的句子：

mu⁵³ni³³		pɤ³¹tɔ⁵⁴	te⁵³	fu⁵³	tɔ⁵⁴la³³.	
太阳		东边	一	方向	出来	390. 太阳从东方升起来的。

mu⁵³ni³³	lɛ³¹	pɤ³¹tɔ⁵⁴	te⁵³	fu⁵³	tɔ⁵⁴la³³.	
太阳	F	东边	一	方向	出来	391. 太阳是从东方升起来的。

　　焦点标记 lɛ³¹ 可以在句子中漂移，总是前置于需要强调的成分。试比较下面的句子：

a³³mi³³	tsa³¹la⁵³	lɛ³³	na³³lɔ⁵³	kʰui³³mi²¹	ɔ³¹
昨天	扎拉	CONJ	娜偞	昆明	LOC

ɣa⁵³	ga³³	lɛ³³	tsa³³	ɣa³³	ve³³	pʰu³³	zu³¹	lɛ³³
力气	帮助	CONJ	找	得	RM	钱	拿	CONJ

i²⁴	ɔ³¹pa³¹ɔ³¹i⁵³	nɔ³¹xɔ̃³³	zɛ³¹	lo²⁴	te⁵³	zɛ³¹	vɤ³¹	ve³³	po³¹.
他们	父母	patient	房子	大	一	座	买	IND	PERF

392. 昨天扎拉和娜偞在昆明用打工赚到的钱给他们父母买了个大房子。

a³³mi³³	lɛ³¹	tsa³¹la⁵³	lɛ³³	na³³lɔ⁵³	kʰui³³mi²¹	ɔ³¹
昨天	F	扎拉	CONJ	娜偞	昆明	LOC

ɣa⁵³	ga³³	lɛ³³	tsa³³	ɣa³³	ve³³	pʰu³³	zu³¹	lɛ³³
力气	帮助	CONJ	找	得	RM	钱	拿	CONJ

i²⁴	ɔ³¹pa³¹ɔ³¹i⁵³	nɔ³¹xɔ̃³³	zɛ³¹	lo²⁴	te⁵³	zɛ³¹	vɤ³¹	ve³³	po³¹.
他们	父母	patient	房子	大	一	座	买	IND	PERF

393. 昨天是<u>扎拉</u>和娜偞在昆明用打工赚到的钱给他们父母买了个大房子。[施事]

tsa³¹la⁵³	lɛ³¹	a³³mi³³	na³³lɔ⁵³	ɕi³³	te⁵³gɛ³³	kʰui³³mi²¹	ɔ³¹
扎拉	F	昨天	娜偞	COM	一起	昆明	LOC

ɣa⁵³	ga³³	lɛ³³	tsa³³	ɣa³³	ve³³	pʰu³³	zu³¹	lɛ³³
力气	帮助	CONJ	找	得	RM	钱	拿	CONJ

i²⁴	ɔ³¹pa³¹ɔ³¹i⁵³	nɔ³¹xɔ̃³³	zɛ³¹	lo²⁴	te⁵³	zɛ³¹	vɤ³¹	ve³³	po³¹.
他们	父母	patient	房子	大	一	座	买	NOMIN	PERF

394. 扎拉是<u>昨天</u>和娜偞在昆明用打工赚到的钱给他们父母买了个大房子。[时间]

a³³mi³³	tsa³¹la⁵³	lɛ³¹	na³³lɔ⁵³	ɕi³³	te⁵³gɛ³³	kʰui³³mi²¹	ɔ³¹
昨天	扎拉	F	娜偞	COM	一起	昆明	LOC

ɣa⁵³	ga³³	lɛ³³	tsa³³	ɣa³³	ve³³	pʰu³³	zu³¹	lɛ³³
力气	帮助	CONJ	找	得	RM	钱	拿	CONJ

i²⁴	ɔ³¹pa³¹ɔ³¹i⁵³	nɔ³¹xɔ̃³³	zɛ³¹	lo²⁴	te⁵³	zɛ³¹	vɤ³¹	ve³³	po³¹.
他们	父母	patient	房子	大	一	座	买	IND	PERF

395. 昨天扎拉<u>是</u>**和娜俅**在昆明用打工赚到的钱给他们父母买了个大房子。[伴随者]

a³³mi³³	tsa³¹la⁵³	lɛ³³	na³³lɔ⁵³	**lɛ³¹**	kʰui³³mi²¹	ɔ³¹
昨天	扎拉	CONJ	娜俅	**F**	昆明	LOC

ɣa⁵³	ga³³	lɛ³³	tsa³³	ɣa³³	ve³³	pʰu³³	zu³¹	lɛ³³
力气	帮助	CONJ	找	得	RM	钱	拿	CONJ

i²⁴	ɔ³¹pa³¹ɔ³¹i⁵³	nɔ³¹xɔ̃³³	zɛ³¹	lo²⁴	te⁵³	zɛ³¹	vɤ³¹	ve³³	po³¹.
他们	父母	patient	房子	大	一	座	买	NOMIN	PERF

396. 昨天扎拉和娜俅<u>在昆明</u>用打工赚到的钱给他们父母买了个大房子。[处所]

a³³mi³³	tsa³¹la⁵³	lɛ³³	na³³lɔ⁵³	kʰui³³mi²¹	ɔ³¹
昨天	扎拉	CONJ	娜俅	昆明	LOC

ɣa⁵³	ga³³	lɛ³³	tsa³³	ɣa³³	ve³³	pʰu³³	zu³¹	lɛ³³
力气	帮助	CONJ	找	得	RM	钱	拿	CONJ

i²⁴	ɔ³¹pa³¹ɔ³¹i⁵³	nɔ³¹xɔ̃³³	vɤ³¹	ve³³	vi⁵³	**lɛ³¹**
他们	父母	patient	买	NOMIN	给	**F**

zɛ³¹	lo²⁴	te⁵³	zɛ³¹
房子	大	一	座

397. 昨天扎拉和娜俅在昆明用打工赚到的钱给他们父母买的<u>是</u>**个大房子**。[受事]

但是[工具]、[受益者]和[谓语]前不能用焦点标记。

另外，在汉语普通话中焦点标记可以用在句首，但拉祜熙话则不可以。
试比较下面的句子：

*lɛ³¹	na³³lɔ⁵³	tsa³¹la⁵³	a³¹	a⁵³	ɕi³¹.
F	娜俅	扎拉	patient	NEG	认识

398. 是娜俅不认识扎拉。

na³³lɔ⁵³	lɛ³¹	tsa³¹la⁵³	a⁵³	ɕi³¹.
娜俅	**F**	扎拉	NEG	认识

399. 娜俅是不认识扎拉。

na³³lɔ⁵³	a⁵³	ɕi³¹	ve³³	lɛ³¹	tsa³¹la⁵³.
娜俅	NEG	认识	POSS	**F**	扎拉

400. 娜俅不认识的是扎拉。

6.7.2.2.3　分裂结构

分裂句是很多语言用来表达对比焦点的手段，分裂（cleft）的意思是将一个单小句的句子变成一个双小句的句子，但句子的论元结构保持不变。汉语普通话也有类似分裂句的结构，"是……V 的 O"，如"我是昨天买的票。"

　　拉祜熙方言中也存在这种分裂句的结构。例如：

na³³lɔ⁵³	lɛ³¹	za²¹ni³³	mɛ⁵⁴tɕɔ³³	vɤ³¹	ve³³.
娜倮	F	今天	包	买	IND

401. 娜倮是今天买的包。

tsa³¹la⁵³	lɛ³¹	za²¹ni³³	va²¹	dɔ⁵⁴	ve³³.
扎拉	F	今天	猪	杀	IND

402. 扎拉是今天杀的猪。

6.7.2.2.4　焦点敏感算子

　　焦点敏感算子（focus-sensitive operator）又称聚焦词（focusalizer），作用是与句子中的一个实词性焦点成分相关联。徐烈炯、潘海华（2005）一书中指出，有些副词本身就是焦点敏感算子，是表达焦点结构的手段之一。拉祜熙话中有些副语或状语成分是焦点敏感算子，主要有"只/仅"tɕɛ³³或nɛ²⁴、"通常"或"总是"qʰa³¹什么tʰa⁵³时候kɛ³³都等，tɕɛ³³后置于要强调的名词性成分，qʰa³¹tʰa⁵³kɛ³³前置于要强调的名词性成分。例如：

za²¹ni³³	xa³³	a⁵³	tsa³³	qɔ³³	ve³³	tsa³¹la⁵³	tɕɛ³³	nɛ²⁴.
今天	地	NEG	去	挖	CONJ	扎拉	仅	只

403a1. 只有扎拉今天没去挖地。

tsa³¹la⁵³	xa³³	a⁵³	tsa³³	qɔ³³	ve³³	za²¹ni³³	tɕɛ³³	nɛ²⁴.
扎拉	地	NEG	去	挖	CONJ	今天	仅	只

403a2. 扎拉只有今天没去挖地。

tsa³¹la⁵³	qʰa³¹	tʰa⁵³	kɛ³³	na³¹mɯ³¹tɕʰi³³	xa³³	qɔ³³.
扎拉	什么	时候	都	上午	地	挖

403b1. 扎拉通常是上午挖地。

qʰa³¹	tʰa⁵³	kɛ³³	tsa³¹la⁵³	na³¹mɯ³¹tɕʰi³³	xa³³	qɔ³³.
什么	时候	都	扎拉	上午	地	挖

403b2. 通常是扎拉上午挖地。

tsa³¹la⁵³	na³¹mɯ³¹tɕʰi³³	qʰa³¹	tʰa⁵³	kɛ³³	xa³³	qɔ³³.
扎拉	上午	什么	时候	都	地	挖

403b3. 扎拉上午通常是挖地。

tsa³¹la⁵³	nɛ²⁴	qʰa³¹	tʰa⁵³	kɛ³³	mu⁵³pʰɤ³¹	xɔ³¹.
扎拉	小	什么	时候	都	晚上	哭

403c1. 小扎拉总是在晚上哭。

tsa³¹la⁵³		nɛ²⁴	mu⁵³pʰɤ³¹		qʰa³¹	tʰa⁵³	kɛ³³	xɔ³¹.
扎拉		小	晚上		什么	时候	都	哭

403c2. 小扎拉在晚上总是哭。

mu⁵³pʰɤ³¹	qʰa³¹	tʰa⁵³	kɛ³³	tsa³¹la⁵³	nɛ²⁴	xɔ³¹	tɕɔ³¹	la³¹.
晚上	什么	时候	都	扎拉	小	哭	有	CON

403c3. 在晚上，总是小扎拉在哭。

第七章　复杂句和复合句

在句子的结构类型上，国内传统上是分为单句和复句，而类型学则是采用三分法，"简单句、复合句和复杂句"。本书采用类型学语法框架下的三分法，上一章节我们已经讨论了简单句，本章将要考察拉祜熙话的复合句和复杂句。复合句是指由两个及以上的小句组成且共同充当一个独立单位的句法单位；复杂句是指拥有主句及从句的句法单位。本章中 7.1 至 7.3 节属于复杂句讨论的范畴，7.4 节讨论复合句。

7.1　名词从句

从句（subordinate clause）是现代语法理论中的概念，包括名词从句、形容词从句、状语从句等。名词从句又称补足语从句（complement clause）指由名词成分充当谓语论元的从句，包括主语从句、宾语从句和表语从句。

从跨语言的角度看，许多语言的名词从句必须有专用的标记，而以 SOV 为基本语序，且使用后置词的语言里，它的标句词（complementizer）常常也是后置的，即标句词位于从句的末尾。拉祜熙方言的主语从句和宾语从句也以后置的标句词为主，下面我们分别进行讨论。

7.1.1　主语从句

拉祜熙话中的主语一般是以一个独立的词出现，包括名词（短语）、代词等。主语从句指由小句充当主语的句子。拉祜熙方言的主语从句的标句词是后置于从句的末尾的 ve^{33}，其虽强势出现，但却是非强制性的。

7.1.1.1　主语小句的形式

陈述形式和疑问形式均可以充当主语小句。

7.1.1.1.1　陈述形式

充当主语小句的陈述形式既可以是主谓齐全的小句形式，也可以是主语省略或隐含的谓词短语形式。例如：

tsa³¹la⁵³	kʰui³³mi²¹	tɕi²¹	ve³³	te⁵³tɕʰi³³	ni³³	ga⁵³	po³¹.
扎拉	昆明	去	COMP	十	天	到	PERF

1. 扎拉去昆明有十天了。

nɔ³¹	sa³¹lɛ²⁴	te³³	ve³³	lɛ³¹	tɕɔ⁵³	dʐa⁵³.
你	这样	做	COMP	COP	对	很

2. 你这样做是正确的。

su³³	a³¹	dɔ⁵³	ve³³	lɛ³¹	a⁵³	tɕɔ⁵³,
别人	patient	打	COMP	TM	NEG	对

qʰa⁵³nɔ³¹tʰa⁵³	qo³³	sa³¹lɛ²⁴	ta⁵³	te³³.
以后	TM	这样	NEG	做

3. 打人不对,以后不能这样做了。

te⁵³gɯ³³	tɔ⁵³	u²⁴	da²¹	gɯ³¹	ve³³	lɛ³¹	ɔ³¹tsʰɔ⁵³	pʰɛ²¹	pʏ²⁴a³¹.
一起	话	说	REC	玩	COMP	TM	朋友	成为	容易

4. 一起聊聊天可以增进感情。

7.1.1.1.2　疑问形式

充当主语从句的疑问形式可以分为特指问和正反问。

7.1.1.1.2.1　特指问形式

特指问形式可以做主语小句,例如:

ʑa³¹qʰɔ³³	a³³su³³	tsɔ³¹	a³¹	kɛ³³	a⁵³	kɛ³³.
家里	谁	在	CON	都	NEG	关系

5. 谁在家都没有关系。

a³³su³³	tɕi²¹	kɛ³³	pʰɛ²¹.
谁	去	都	行

6. 谁去都可以。

7.1.1.1.2.2　正反问形式

正反问形式可以做主语小句,例如:

tɕi²¹	a⁵³	tɕi²¹	kɛ³³	pʰɛ²¹.
去	NEG	去	都	行

7. 去不去都行。

tsa³¹la⁵³	xa³³	ɕe³¹	te⁵³	ɣɔ³³	vʏ³¹	a⁵³	vʏ³¹	ve³³
扎拉	地	这	一	亩	买	NEG	买	COMP

ŋa³¹	a⁵³	ɕi³¹
我	NEG	知道

8. 扎拉买不买这亩地我不知道。

7.1.1.2　主句谓语的类别

郑怀德(1984)、陶言敏(2007)、盛益民(2014)等学者讨论过汉语充当主语从句主句谓语的各种形式,参考前人的研究成果,下面我们从以下几方面讨论可以充当拉祜熙方言主语从句谓语的各类谓语。

7.1.1.1.1 动词短语

可用于主语从句的主句谓语谓词主要有：

第一，系动词 lɛ³¹或准系动词"一样"qʰa³³su³¹。例如：

nɔ³¹	a³¹	zɛ³¹	qʰɔ³³	tsɔ³¹	la³¹	tsŋ²⁴	ga⁵³	ve³³
他	patient	家	里	在	CON	CAUS	想	NOMIN

lɛ³¹	ŋa³¹	ve³³	dɔ⁵³qʰa⁵³.
COP	我	POSS	想法

9. 叫他待在家里是我的想法。

tsa³¹la⁵³	tɕi²¹	a³¹	qo³³	ŋa³¹	tɕi²¹	a³¹	ve³³	qʰa³³su³¹.
扎拉	去	TAM	TM	我	去	TAM	NOMIN	一样

10. 扎拉去了等于我去了。

第二，领属动词"有"tsɔ⁵³。例如：

qʰa⁵⁴	qʰɔ³³	pʰɛ²¹la³³tu³³la³³	tsʰɔ³³sa³¹mɛ³³	ve³³	ɣa⁵³tʰi²¹	te³³	tsɔ⁵³.
村寨	里	发展	大家	RM	力气	做	有

11. 村寨发展需要大家的努力。

7.1.1.1.2 形容词短语，由形容词充当主句谓语。例如：

tɕa³¹ti³³	ve³³	ka²⁴	ɕe³¹	kɛ³³	te³³	xa³¹.
插秧	POSS	事情	这	也	做	难

12. 插秧这种活也挺难的。

nɔ³¹	i²⁴	a³¹	ka²⁴	ga³³	te³³	fu⁵³	a⁵³	qʰɔ³¹.
你	他们	patient	事情	帮	做	价值	NEG	回

13. 你帮他们干活不值得。

7.1.2 宾语从句

7.1.2.1 宾语从句的构成

宾语从句指由小句充当宾语的句子。

7.1.2.1.1 宾语从句的形式

陈述形式和疑问形式均可以充当宾语小句。

第一，陈述形式。例如：

tsa³¹la⁵³	qo⁵⁴	lɛ³³	zɔ⁵³	a⁵³pɔ³¹	a⁵³	la⁵³	o³¹.
扎拉	告诉	CONJ	他	明天	NEG	来	TAM

14. 扎拉说他明天不来了。

nɔ³¹	tsa³¹la⁵³	sɿ³³	po³¹	dɔ⁵³	a³¹	ve³³.
他	扎拉	死	PERF	想	CON	IND

15. 他以为扎拉死了。

第二，疑问形式。例如：

由疑问形式充当宾语的小句，可以是正反问的形式。例如：

zɔ⁵³	la⁵³xu³¹za⁵³	zao³¹	na³¹	a⁵³	xe⁵⁴	na³¹	ŋa³¹	a⁵³	ɕi²¹
他	拉祜人	INTJ	INTER	NEG	INTJ	INTER	我	NEG	知道

16. 我不知道他是不是拉祜人。

也可以是特指问的形式，例如：

na³³lɔ⁵³	qo⁵⁴	lɛ³³	za²¹pʰɤ³¹	a³³pʰa⁵³	ɣɔ⁵³tsa²⁴	tsa⁵³	a³¹	tɕe⁵³.
娜倮	告诉	CONJ	今晚	什么	菜	吃	CON	COMP

17. 娜倮说今天晚饭吃什么。

7.1.2.1.2　小句主语的隐现

小句的主语可以出现也可以隐含。

7.1.2.1.2.1　小句主语出现

一些动词，如"想"dɔ⁵³、"害怕"dɔ⁵³xa³³"忘记"lɤ⁵³等，可以连接主谓齐全的宾语从句。例如：

tsa³¹la⁵³	na³³lɔ⁵³	ɔ³¹qʰa⁵³nɔ³¹	lɛ³³	dʑa⁵³	la⁵³	ve³³	a³¹	dɔ⁵³xa³³.
扎拉	娜倮	后面	落	很	来	RM	时候	害怕

18. 扎拉怕娜倮来得太晚。

tsa³¹la⁵³	a⁵³po³¹	la⁵³	tu³¹	ŋa³¹	lɤ⁵³	po³¹.
扎拉	明天	来	FUT	我	忘记	PERF

19. 我忘记扎拉明天要来了。

7.1.2.1.2.2　小句主语隐含

一些宾语从句的小句可以将主语隐含，例如：

tsa³¹la⁵³	qo⁵⁴	lɛ³³	a⁵³	lɔ³¹	tɕe⁵³.
扎拉	告诉	CONJ	NEG	来	COMP

20. 扎拉说不来了。

ku⁵³	qʰɔ²¹	tɕ⁵⁴	a³¹	ve³³	ŋa³¹	lɤ⁵³	po³¹.
东西	哪	放	CON	NOMIN	我	忘记	PERF

21. 东西我忘了放哪儿了。

zɔ⁵³	tsa³¹la⁵³	a³¹	a⁵³po³¹	la⁵³	tu³¹	e³¹ve³³	po³¹.
他	扎拉	patient	明天	来	FUT	答应	PERF

22. 他答应扎拉明天来。

7.1.2.1.3　直接引语和间接引语

汉语普通话中"说"可以引出直接引语和间接引语，而"道"只能引出直接引语，需要加在动词上，是直接引语的标句词。而英语正好相反，直接引语不能加宾语从句标记 that，而间接引语可以加 that，并且标句词 that 是加在从句上的。试比较下面的句子：

英语	汉语普通话
Nina said (*that): "I believed you."	妮娜说（道）："我相信你。"
Nina said (that)She had believed you.	妮娜说（*道）她相信你。"

拉祜语和汉语不同，但和英语相似。拉祜熙方言的直接引语中使用标句词 ve³³，间接引语中使用后置的标句词 tɕe⁵³，位于小句末尾。

直接引语，例如：

dʑɻ⁵³	qo⁵⁴	ve³³:	"za³³	no³¹	a³³te³³	ŋa³¹	za⁵³
龙	说	COMP	大象	你	为什么	我	孩子

tɕi³¹	fɤ³³	pɛ³¹	po³¹?"
去	甩	死	PERF

23. 龙说道："大象你为什么把我的孩子甩死了呢？"

直接引语中除了 qo⁵⁴说 ve³³COMP 搭配外，还有 ku³¹叫 ve³³COMP、na³³问 vi⁵³DIR ve³³COMP 等。

间接引语，例如：

tsa³¹la⁵³	a⁵³po³¹	a⁵³	tɕi³¹	**tɕe⁵³**.
扎拉	明天	NEG	去	**COMP**

24. 听说扎拉明天不来了。

间接引语中的标句词 tɕe⁵³是强制性使用的，表示该句是转述别人的话，自身在从句中不担当角色，类似英语的补足语标记 that。

7.1.2.2　从句标记

拉祜熙话中宾语从句既可以不加从句标记，例如：

no³¹	tsa³¹la⁵³	sɿ³³	po³¹	do⁵³	a³¹	ve³³.
他	扎拉	死	PERF	想	CON	IND

25. 他以为扎拉死了。

又可以使用后置的标句词 lɛ³³，位于从句的末尾，有连接的作用。例如：

tsa³¹la⁵³	na³³lo⁵³	a³¹	ka²⁴	ɕe³¹	tɛ⁵³	tsɿ³³	lɛ³³	ŋa³¹
扎拉	娜偑	patient	事情	这	一	CAUS	COMP	我

buɯ²¹	dʑa⁵³.
恨	很

26. 我恨扎拉让娜偑知道了这件事。

另外，言说类动词"说" qo⁵⁴后面则强制带标句词 ve³³。例如：

na³³lɔ⁵³	qo⁵⁴	ve³³	zɔ⁵³	a⁵³pɔ³¹	a⁵³	la⁵³	o³¹.
娜俣	告诉	COMP	他	明天	NEG	来	IND

27. 娜俣说他明天不来了。

7.1.2.3　主句动词

从语义上划分，拉祜熙方言可以带宾语从句的动词主要有以下几小类：

7.1.2.3.1　言说类："问" na³³、"埋怨" u²⁴、"告诉/提醒" qo⁵⁴等。例如：

tsa³¹la⁵³	ŋa³¹	a³¹	a³³su³³	ka²⁴	a⁵³	tsa³³	te³³	la⁵³
扎拉	我	patient	谁	事情	NEG	去	做	来

ve³³	qo⁵⁴	na³³	la⁵³.					
NOMIN	说	问	来					

28. 扎拉问我谁没来干活。

tsa³¹la⁵³	na³³lɔ⁵³	ka²⁴	a⁵³	tsa³³	te³³	la⁵³	ve³³	nɔ³¹xɔ̃³³	u²⁴.
扎拉	娜俣	事情	NEG	去	做	来	NOMIN	OM	说

29. 扎拉埋怨娜俣没来干活。

tsa³¹la⁵³	na³³lɔ⁵³	ka²⁴	a⁵³	tsa³³	te³³	la⁵³	qo⁵⁴.
扎拉	娜俣	事情	NEG	去	做	DIR	告诉

30. 扎拉提醒娜俣没来干活。

ŋa³¹	qo⁵⁴	ve³³	lɛ³³	na³³lɔ⁵³	ka²⁴	a⁵³	tsa³³	te³³	la⁵³.
我	告诉	COMP	CONJ	娜俣	事情	NEG	去	做	DIR

31. 我猜娜俣没来干活。

7.1.2.3.2　认知类："看见" mɔ³¹、"帮助" ga³³等。例如：

na³³lɔ⁵³	ka²⁴	a⁵³	tsa³³	te³³	la⁵³	mɔ³¹.
娜俣	事情	NEG	去	做	来	看见

32. 我看见娜俣没来干活。

ɣɯ³¹sa³³	ga³³	ŋɔ²⁴	a³¹	lɛ³³	na³³lɔ⁵³	a⁵³	sɿ³³	ɕe²¹.
厄莎	帮助	看	CON	CONJ	娜俣	NEG	死	还

33. 厄莎保佑娜俣还活着。

7.1.2.3.3　情感类："怕" le⁵³kɤ⁵⁴、"不满意" a⁵³dɔ⁵³、"恨" bɯ²¹等。例如：

ŋa³¹	tsa³¹la⁵³	a⁵³pɔ³¹	a⁵³	la⁵³	le⁵³kɤ⁵⁴.
我	扎拉	明天	NEG	来	害怕

34. 我怕扎拉明天不来。

tsa³¹la⁵³	ɔ³¹qʰa⁵³nɔ³¹		lɛ³³	lɛ³³	ŋa³¹	a⁵³	dɔ⁵³.
扎拉	后面		落	CONJ	我	NEG	满意

35. 我嫌扎拉来晚了。

tsa³¹la⁵³	na³³lɔ⁵³	a³¹	ka²⁴	ɕe³¹	tɛ⁵³	tsɻ³³	lɛ³³	ŋa³¹
扎拉	娜俵	patient	事情	这	一	CAUS	CONJ	我

bɯ²¹	dʑa⁵³.
恨	很

36. 我恨扎拉让娜俵知道了这件事。

7.1.2.3.4 关系类："装作" ti³³、"一样" a³¹lɛ²⁴或 "等于" qʰa³³su³¹等。例如：

nɔ³¹	ka²⁴	ɕe³¹	tɛ⁵³	a⁵³	ɕi³¹	ve³³	a³¹lɛ²⁴	ti³³.
你	事情	这	一	NEG	知道	NOMIN	一样	装作

37. 你当不知道这件事。

ɕe³¹	lɛ³³	tsa³¹la⁵³	a⁵³	tɕi³¹	ga⁵³	qo⁵⁴	ve³³	a³¹lɛ²⁴	qʰa³³su³¹.
这	TM	扎拉	NEG	去	想	告诉	NOMIN	一样	等于

38. 这个等于说是扎拉不想去。

7.1.3 表语从句

表语从句指的是小句充当系动词"是" lɛ³¹的表语。例如：

tsa³¹la⁵³	lɛ³¹	na³³lɔ⁵³	a³¹	tsa³³	ŋɔ²⁴	la³¹	ve³³.
扎拉	COP	娜俵	patient	去	看	CON	NOMIN

39. 扎拉来就是来看娜俵的。

ŋa³¹	lɛ³¹	ɔ³¹	tsa⁵³	ɯ³¹	la³¹	ve³³.
我	COP	饭	吃	长	CON	NOMIN

40. 我是吃大米长大的。

小结：拉祜语中的名词从句标记 ve³³同名物化标记相同，或者我们可以将其看作是在小句尾加名物化标记 ve³³，从而将该小句转变成名词从句，这在拉祜语中是很常见、也很自然的一种句法结构。Matisoff（1982）指出，对于熟悉印欧语言的语言学家来说，很难接受将整个小句当作一个整体名词，尽管这些句子并非嵌入句，且事实上它们独立成句。而把整个句子当作名词并非拉祜语所独有，整个藏缅语言都是这样，一些毫无关联的语言如日语也是这样。[①]当然，从类型学的角度看，拉祜语和日语有着相同的基本语序 SOV，所以名物化从句是两种语言常见的一种句法结构也显得很正

---

① James A. Matisoff, The Grammar of Lahu, second printing, University of California Press, Berkeley and Los Angeles ,Caliornia,1982，P.451.

常。例如：

na³³lɔ⁵³	a³³pʰa³⁵	vɤ³¹	po³¹	ve³³	le³³?
娜俁	什么	买	PERF	NOMIN	INTER

41. 娜俁买了什么？

此句中，在"娜俁买了什么"na³³lɔ⁵³a³³pʰa³⁵vɤ³¹po³¹句尾加标记 ve³³，我们可以将它看作一个整体名词，再加上疑问标记 le³³。另外，ve³³是拉祜熙话中使用频率最高，兼有句法功能最多的一个虚词。我们认为，本小节的几个例句中 ve³³同时还兼有直陈语气词的句法功能（直陈语气词的讨论详见9.3.1 式范畴），有关直陈语气词和名词化标记是否来源相同，在拉祜语中哪个是先起的句法功能等问题还需要搜集更多的语料进行句法测试后再进行深层次的讨论。

7.2 形容词从句

形容词的基本功能是作定语，而关系从句的作用也是作定语，功能上相当于一个形容词，因此称为形容词从句。形容词从句下面又分关系从句（relative clause）和同位语从句（appositive clause）两类。

7.2.1 关系从句

关系从句是关系化的结果，其实质是一个小句中的名词被关系化后，提取出来做了核心名词，该核心名词在从句中也有一个句法位置，包括主语和宾语等，既可以是空位，也可以是代词复指；同时小句的其余部分成为关系从句，通过这种形式形成的结构称为关系从句结构，具有 NP 表指称和做论元的功能。

7.2.1.1 关系从句结构的构成

戴庆厦、傅爱兰（2002）指出，藏缅语中，形容词作定语一般有两种语序，一种语序适合于复合词等较紧密的结构；另一种语序适合于较松散的可以扩展的定语。刘丹青（2017）认为，后一种语序就可看作关系从句，因为藏缅语的形容词是无须系词可以直接作谓语的。

属于藏缅语族的拉祜熙方言，同样适用这种类型学规律。当修饰语与中心名词结合成紧密的复合词时用"N+A"结构，如"黑狗"pʰɯ⁵³狗na⁵⁴黑；"花蝴蝶"pɛ⁵³qu³¹lu³¹蝴蝶ga³¹la³¹花；"高楼"zɛ³¹房mu³³高。当结构为较松散且可以扩展的关系从句结构时则使用"A +ve³³RM+N"，如"很漂亮的女孩子"da²¹pɤ²⁴漂亮dza⁵³很ve³³RMza³³mi⁵³xa²⁴姑娘；"红色的花"ni³³红ve³³RMʂ⁵⁴ve⁵⁴花。

7.2.1.2　关系从句标记

拉祜熙话关系从句的标记使用泛用定语标记 ve³³，是纯粹的联系项，没有实在语义，不在从句中充当成分，没有语义上的代替作用，且以使用定语标记为强势。例如：

a³³sɿ³³	na³³	ve³³	qa³³mu³¹	kʰɔ⁵³	ŋa³¹	na³³	dzɔ³³	po³¹.
刚才	听	RM	歌	声音	我	听	EXP	PERF

42. 刚才听的曲子我听过了。

tsa³¹la³³	lɛ³¹	i²⁴	qʰa⁵⁴	qʰɔ⁵³	ɔ³¹qʰɔ²¹	ɯ³¹	dza⁵³	ve³³	tsʰɔ³³mɔ⁵³.
扎拉	COP	他们	村	里	年龄	大	很	RM	老人

43. 扎拉是他们村里年龄最大的老人。

ŋa³¹	vɤ³¹	ve³³	xa³³	ɕe³¹	te⁵³	ɣɔ³³	no³¹	vɤ³¹	ve³³	o³³	te⁵³
我	买	RM	地	这	一	亩	你	买	RM	那	一

ɣɔ³³	tɕe³³	a⁵³tsʰɿ³³	qʰa⁵⁴	ɣɔ³³	no³¹	vɤ³¹	ve³³.
亩	更	不止	贵	亩	你	买	转指

44. 我买的这亩地比你买的那亩地贵。

a⁵³	la³¹	ɕi³¹	ve³³	o³³	te³³	ya⁵³	a³³su³³	le³³?
NEG	来	还	RM	那	一	位	谁	INTER

45. 还没有来的那个人是谁？

拉祜熙话属于核心居后类型的语言，也可以使用不带标记的关系从句。例如：

ŋa³¹	ɣɔ⁵³tɕa²⁴	te³³	gɯ³¹.
我	菜	做	处

46. 我种菜的地方。

7.2.1.3　核心名词的位置

Comrie（1989）指出，关系从句和核心名词的语序主要有以下三类：1. 关系从句前置于核心名词；2. 关系从句后置于核心名词；3. 核心名词内嵌于关系从句。Dryer（1992，1998，1999 等）指出，VO 语言几乎一律用"N+relative clause"的语序，OV 语言"N+relative clause"或"relative clause+N"两种语序均常见。拉祜语是 SOV 语言，只使用"relative clause+N"这种语序，即关系从句前置于核心名词。

lɔ³¹kɔ³³	tɕa²⁴	a³¹	ve³³	a³³sa³³.
锅	煮	CON	RM	玉米

47. 锅里煮着的玉米。

mu³³	lɛ³³	tʰe⁵³	lɛ³³	ve³³	va⁵³	o³³	te⁵³	tɕɛ³¹	tɔ⁵⁴.
高	CRS	直	CRS	RM	竹子	那	一	颗	砍

48. 砍高高直直的那颗竹子。

tsa³¹la⁵³	qɔ⁵³	ve³³	xa³³	ɕe³¹	te⁵³	ɣɔ³³	lɛ³¹	ŋa³¹	ve³³.
扎拉	挖	RM	地	这	一	亩	COP	我	转指

49. 扎拉挖的这亩地是我的。

7.2.1.4　限制性从句与非限制性从句

限制性从句（restrictive relative clause）和非限制性从句（non-restrictive relative clause）是关系从句的重要分类，限制性从句比非限制性从句更占优势。汉语的关系从句主要使用限制性的，而非限定关系从句习惯用复句表达。拉祜熙话同汉语一样，关系从句也主要是限制性的，非限定从句多用小句系列等手段表达，详见第八章。

ŋa³¹	qɔ⁵³	tsa³³	pʰɛ²¹	ve³³	xa³³	te⁵³	ɣɔ³³	vɤ³¹	ga⁵³.
我	挖	找	能	RM	地	一	亩	买	想

50. 我想买一亩能耕种的地。（限制性从句）

ŋa³¹	xa³³	te⁵³	ɣɔ³³	vɤ³¹	po³¹,	xa³³	o³³	tɛ⁵³	kʰɯ⁵³	dza⁵³.
我	地	一	亩	买	PERF	地	那	一	肥	很

51. 我买了一亩地，那地很肥沃。（非限制性从句）

7.2.1.5　关系化

在一种语言中不是所有的句法成分都能发生关系化，有些不能关系化的成分也是难以用特指问提问的成分。

7.2.1.5.1　话题

sɿ⁵⁴	ɕe³¹	te⁵³	tɕɛ³¹	sɿ⁵⁴pʰɛ²¹	ɯ³¹.
树	这	一	棵	叶子	大

52. 这棵树叶子大。

ɕe³¹	te⁵³	tɕɛ³¹	sɿ⁵⁴pʰɛ²¹	ɯ³¹	ve³³	sɿ⁵⁴.
这	一	棵	叶子	大	RM	树

53. 这棵叶子大的树。

7.2.1.5.2　主语

tsa³¹la⁵³	xa³³	qɔ⁵³	tsɿ²⁴la³¹.
扎拉	地	挖	PROG

54. 扎拉在挖地。

xa³³	qɔ⁵³	tsɿ²⁴la³¹	ve³³	tsa³¹la⁵³.
地	挖	PROG	RM	扎拉

55. 在挖地的扎拉。

7.2.1.5.3　宾语

tsa³¹la⁵³	xa³³	qɔ⁵³	tsɿ²⁴la³¹.
扎拉	地	挖	PROG

56. 扎拉在挖地。

tsa³¹la⁵³	qɔ⁵³	tsɻ²⁴la³¹	ve³³	xa³³.	
扎拉	挖	PROG	RM	地	57. 扎拉在挖的地。

7.2.1.5.4　双宾结构直接宾语

ŋa³¹	tsa³¹la⁵³	a³¹	xa³³	te⁵³	ɣɔ³³	pi⁵³	vi⁵³.
我	扎拉	patient	地	一	亩	送	DIR

58. 我送扎拉一亩地。

ŋa³¹	tsa³¹la⁵³	a³¹	pi⁵³	ve³³	xa³³	te⁵³	ɣɔ³³.
我	扎拉	patient	送	RM	地	一	亩

59. 我送扎拉的一亩地。

7.2.1.5.5　双宾结构间接宾语

ŋa³¹	tsa³¹la⁵³	a³¹	xa³³	te⁵³	ɣɔ³³	pi⁵³	vi⁵³.	
我	扎拉	patient	地	一	亩	送	DIR	60. 我送扎拉一亩地。

ˀŋa³¹	xa³³	te⁵³	ɣɔ³³	pi⁵³	vi⁵³	tsa³¹la⁵³.	
我	地	一	亩	送	DIR	扎拉	61.* 我送一亩地的扎拉。

　　汉语普通话中双宾结构中的间接宾语很难关系化，但拉祜熙母语人的语感中，在特定语境下可以进行关系化。

7.2.1.5.6　比较句基准

ŋa³¹	tsa³¹la⁵³	a³¹	tɕɛ³³	a⁵³tsʰɻ³³	mu³³.	
我	扎拉	patient	更	不止	高	62. 我比扎拉高。

ŋa³¹	tɕɛ³³	a⁵³tsʰɻ³³	mu³³	ve³³	tsa³¹la⁵³.	
我	更	不止	高	RM	扎拉	63. 比我高的扎拉。

7.2.1.5.7　旁格成分

tsa³¹la⁵³	na³³lɔ⁵³	nɔ³¹xɔ̃³³	dʑɻ³¹	te⁵³	kʰɛ⁵³	ka³³	kɯ³³	vi⁵³.
扎拉	娜倮	patient	酒	一	碗	帮	倒	DIR

64. 扎拉帮娜倮给了扎迫一碗酒。

tsa³¹la⁵³	zɔ⁵³	a³¹	dʑɻ³¹	te⁵³	kʰɛ⁵³	ka³³	kɯ³³	vi⁵³	ve³³
扎拉	他	patient	酒	一	碗	帮	倒	DIR	RM

o³³	te³³	ya⁵³.
那	一	位

65. 扎拉帮她给了扎迫一碗酒的那个人。

7.2.1.5.8　表语

tsa³¹la⁵³	lɛ³¹	li²¹xe⁵³za⁵³.	
扎拉	COP	学生	66. 扎拉是学生。

*lɛ³¹	li²¹xe⁵³za⁵³	ve³³	tsa³¹la⁵³.	
COP	学生	RM	扎拉	?是学生的扎拉。

汉语普通话中的对表语进行关系化有点难以接受，但拉祜熙话中的表语不可以进行关系化，系动词也不可以位于句首。

7.2.1.5.9 领属语

tsa³¹la⁵³	ve³³	za³³mi⁵³	ŋɔ²⁴sa³³	dza⁵³.
扎拉	RM	女儿	漂亮	很

67. 扎拉的女儿很漂亮。

ʔza³³mi⁵³	ŋɔ²⁴sa³³	dza⁵³	ve³³	tsa³¹la⁵³.
女儿	漂亮	很	RM	扎拉

ʔ女儿很漂亮的扎拉。

同汉语一样，拉祜熙话很难对领属语结构进行关系化。

7.2.1.5.10 连谓结构

tsa³¹la⁵³	tsʰɔ³³mɔ⁵³	o³³	te⁵³	ɣa⁵³	xa³³	ka³³	qɔ⁵³	vi⁵³.
扎拉	老人	那	一	位	地	帮	挖	DIR

68. 扎拉替那个老人挖地。

ʔtsa³¹la⁵³	xa³³	ka³³	qɔ⁵³	vi⁵³	ve³³	tsʰɔ³³mɔ⁵³	o³³	te⁵³	ɣa⁵³.
扎拉	地	帮	挖	DIR	RM	老人	那	一	位

ʔ扎拉替挖地的那个老人。

同汉语一样，拉祜熙话对介词宾语进行关系化的接受程度不太高。

关于名词短语的可及性等级序列问题，盛益民（2014）认为话题优先语言的关系化等级序列为：

主语/话题＞直接宾语＞间接宾语＞旁格成分＞领属定语＞比较句基准

我们认为，拉祜熙方言也是话题优先的语言，名词短语的可及性等级序列和汉语略有不同，应为：

主语/话题＞直接宾语＞比较句基准＞间接宾语＞旁格成分＞领属定语＞连谓结构

7.2.2 同位语从句

同位语从句是形容词从句中除关系从句外的另一大类。拉祜熙话的同位语从句标记与关系从句的标句词相同，同是 ve³³。例如：

nɔ³¹	ka²⁴	a⁵³	te³³	ga⁵³	ve³³	dɔ⁵³qʰa⁵³	o³³	tɛ⁵³	lɛ³¹	a⁵³	xɔ³¹.
你	事情	NEG	做	想	COMP	想法	那	一	COP	NEG	对

69. 你不想干活的那种想法是错误的。

充当同位语从句的核心名词可以是 dɔ⁵³qʰa⁵³想法等。例如：

nɔ³¹	ka²⁴	a⁵³	te³³	ga⁵³	ve³³	dɔ⁵³qʰa⁵³	o³³	tɛ⁵³
你	事情	NEG	做	想	COMP	想法	那	一

nɔ³¹	a³¹	a³³su³³	ma²¹	la⁵³	ve³³		le³³?
你	patient	谁	教	DIR	IND		INTER

70. 你不想干活的那种想法是谁教你的？

nɔ³¹	ka²⁴	a⁵³	te³³	ga⁵³	ve³³	dɔ⁵³qʰa⁵³	o³³	tɛ⁵³
你	事情	NEG	做	想	COMP	想法	那	一

ŋɤ³¹	sɔ³³	ɕi³¹	po³¹.
我们	全部	知道	PERF

71. 你不想干活的那种想法我们都知道了。

另外，同位语从句可以容纳正反疑问形式，例如：

nɔ³¹	ka²⁴	te³³	a⁵³	te³³	ga⁵³	ve³³	dɔ⁵³qʰa⁵³	ɕe³¹	tɛ⁵³
你	事情	做	NEG	做	想	COMP	想法	这	一

ŋa³¹	a⁵³	ɕi³¹.
我	NEG	知道

72. 你想不想干活的这种想法我不知道。

当关系从句和同位语从句共现时，只能有关系从句在前，同位语从句在后这一种语序。例如：

nɔ³¹	ka²⁴	a⁵³	te³³	ga⁵³	ve³³	dɔ⁵³qʰa⁵³	ɕe³¹	tɛ⁵³	a³¹
你	事情	NEG	做	想	COMP	想法	这	一	个

li²¹ma²¹pa³¹	de⁵³	tsɿ²⁴	la³¹.
老师	骂	CAUS	CON

73. [老师在批评着][你不想干活]这种想法。

7.3　状语从句

状语从句包括作为状语表示时间、处所、原因、目的、方式等的小句，本节我们讨论拉祜熙话的状语从句。

7.3.1　状语从句标记

状语从句的连接词又称从属句标记，拉祜熙方言的状语从句标记是连词性的从属句标记，有：qʰa⁵³nɔ²¹ 以后、pa³³tɔ³³ 因为、nɔ³¹xɔ̃³³ 因为、qʰa³³ 如果 qo³³ 的话、qo³³ 的话、tʰa⁵³ 时候 等。但是 tʰa⁵³ 时候 既是时间名词，又可以带小句直接充当时间状语，类似于汉语的"时候"和日语表示时间的 toki。tʰa⁵³ 正在语法化的过程中，仍然有实词的作用，还未完全虚化为一个标记。

7.3.2　状语从句类型

拉祜熙方言的状语从句类型分为以下几小类，我们进行分别讨论。

7.3.2.1　时间状语从句

主句和从句发生的时间背景是同时关系，例如：

zɔ⁵³	xa³³	tʰɛ²⁴	tsɔ³¹la³¹	tʰa⁵³	ŋa³¹	sɿ³¹mɤ³³	qa³³	la³¹
他	地	犁	PROG	时候	我	睡觉	SUF	CON

ɕe³¹	ve³³.
还	IND

74. 他犁田的时候，我还在睡觉呢。

za⁵³pa³¹	za³¹	qʰɔ³³	qɔ²¹la³¹	tʰa⁵³
儿子	家	里	回来	时候

zɔ⁵³	ni³³qʰɔ³³	a³³tɕi²⁴	tɕɔ³¹	sa³³	a³¹.
她	心里	一点	有	舒服	IND

75. 在儿子回家的时候，她才稍微安心一些。

以状语从句作为时间的起点，例如：

ɔ³¹tsʰɔ⁵³	tɕi³¹	gɯ³¹	vi⁵³	qʰa⁵³nɔ²¹,	zɔ⁵³	lɛ³¹	ɔ³¹	tsa³³	ta³¹	te³³.
客人	走	去	让	以后:CONJ	他	才	饭	去	开始	做

76. 客人走了以后，他才开始煮饭。

以状语从句作为时间的终点，例如：

tsa³¹la⁵³	la³¹	tʰa⁵³	ga³¹	lɛ³³,
扎拉	来	时候	到	CONJ

ŋɤ³¹	tsʰɔ³³	ŋa⁵³	ɣa⁵³	xa³³	qɔ⁵³	tsɿ²⁴la³¹	po³¹.
我们	人	五	位	地	挖	PROG	PERF

77. 到扎拉来为止，我们已经有五个人在挖地了。

7.3.2.2　原因状语从句

根据原因小句（p）与结果小句（q）的相对位置，拉祜熙话的状语从句可以分为两类：由因推果和由果溯因。

拉祜熙话由因推果的原因状语从句使用"p+pa³³tɔ³³因为，q"的结构，即在原因小句中使用后置连词 pa³³tɔ³³因为。例如：

lɔ³¹li²¹	a⁵³	la³¹	ve³³	pa³³tɔ³³,
车	NEG	来	NOMIN	因为:CONJ

tsʰɔ³³sa³¹mɛ³³mɛ³³	lɔ³³	la³¹	ve³³.
大家	等	CON	IND

78. 因为车还没有来，大家只好等着。

zɔ⁵³	ni³³	ɯ³¹	ve³³	pa³³tɔ³³,		ɔ³³	te⁵³	ni³³	lɔ³¹
他	心	大	NOMIN	因为: CONJ		那	一	天	河

qa²⁴	dza⁵³	zɔ⁵³	te³³	ɣa⁵³	tɕɛ³³	nɛ²⁴	tɕi³¹	pɤ³¹	ve³³.
边	很	他	一	位	仅	只	去	敢	IND

79. 因为只有他的胆子大，那天就他一个人敢去河边。

也可以在原因小句中使用后置连词 lɛ³³，例如：

zɔ⁵³	mu⁵³zi³¹	la³¹	le⁵⁴gɯ⁵⁴	lɛ³³,	tsɔ²¹	tɛ⁵³	pu⁵³	a³¹	ve³³.
他	雨	下	担心	CONJ	伞	一	背	CON	IND

80. 他担心会下雨，所以带了一把雨伞。

还可以在原因小句中同时使用后置连词 pa³³tɔ³³因为 和后置连词 lɛ³³，例如：

ŋa³¹	xɤ³¹	dza⁵³	ve³³	pa³³tɔ³³	lɛ³³,
我	累	很	NOMIN	因为: CONJ	CONJ

a³³tɕi²⁴	kɛ³³	a⁵³	tɕi³¹	ga⁵³.
一点	也	NEG	去	想

81. 因为我实在太累了，所以一点都不想去。

另外，又可以使用"p+lɛ³³，ɔ³¹lɛ²⁴te³³lɛ³³所以+q"的结构，例如：

nu³¹ma³³	ɣa³¹	mɔ³¹	lɛ³³,
努妈	得	看	CONJ

ɔ³¹lɛ²⁴te³³lɛ³³	ɔ³¹nu³¹ma³³	dɔ⁵³	ve³³	ɔ³¹ɔ³³pʰa⁵³	ni³³	a³³	te⁵³
所以	努妈	想	COMP	欧帕	心	NEG	直

82. 努妈（部落）看见后，所以努妈心里想着，欧帕（部落）心不好。

拉祜熙话由果溯因的原因状语从句使用"q，p+nɔ³¹xɔ³³因为或 pa³³tɔ³³因为"的结构，即在原因小句中使用后置连词 nɔ³¹xɔ³³因为或 pa³³tɔ³³因为。例如：

zɔ⁵³	xa³³	qɔ⁵³	a⁵³	ɣa⁵³	ve³³	lɛ³³,
他	地	挖	NEG	赢	IND	CONJ

zɔ⁵³	xɯ³¹	dza⁵³	ɕe³¹	ve³³	a³¹	pa³³tɔ³³(nɔ³¹xɔ³³).
他	累	很	还	NOMIN	IND	因为: CONJ

83. 他之所以挖不了地，是因为他累了。

zɔ⁵³	tɕʰe³³qʰa³³	za²¹	vɯ³³	ve³³,	qʰa³³pɤ³¹	kɛ³³	nɔ³¹	pa³³tɔ³³(nɔ³¹xɔ³³).
他	掉	下	去	CONJ	全部	都	你	因为: CONJ

84. 他掉下去，都是因为你的缘故。

zɔ⁵³	nɔ³¹	a³¹	ta⁵³	la³¹	qɔ⁵⁴	la⁵³	ve³³	lɛ³³,
他	你	patient	NEG	来	说	DIR	IND	CONJ

mu⁵³zi³¹	la³¹	ve³³	pa³³tɔ³³.
雨	来	IND	因为: CONJ

85. 难怪他叫你别来，因为下雨了。

7.3.2.3　目的状语从句

从语言共性来看，目的状语从句有后置于主句的倾向。但拉祜熙方言和汉语普通话一样，目的小句既可以前置于也可以后置于结果小句。目的状语从句可分为积极性目的和消极性目的，下面我们分别讨论。

1. 积极性目的

第一，目的小句前置于结果小句，例如：

te^{53}	na^{21}	ga^{31}	vi^{53}	te^{33}	lɛ^{33},	zɔ^{53}	za^{21}qɔ^{33}	nɛ^{24}	tɕi^{31}	ve^{33}.
一	早	到	DIR	做	CONJ	他	路	小	走	IND

86. 为了早点到，他走了小路。

第二，目的小句后置于结果小句，例如：

ŋa^{31}	ɔ^{31}ma^{24}	te^{53}	ɣa^{53}	tɕa^{33}	ve^{33}	pa^{33}tɔ^{33}	lɛ^{33},
我	女婿	一	个	找	NOMIN	因为:CONJ	CONJ

tɕʰɔ^{33}mɔ^{53}	a^{31}	xa^{21}ɕa^{24}	pa^{31}	tɕɔ^{31}	vi^{53}	te^{33}lɛ^{33}.
老人	patient	照顾	者	有	DIR	为了: CONJ

87. 我之所以招个女婿入赘，是为了老了有人照顾。

2. 消极性目的

第一，目的小句前置于结果小句，例如：

su^{33}	xe^{31}	la^{53}	ve^{33}	a^{31}	fa^{31}	ve^{33}	pa^{33}tɔ^{33},
谁	骗	DIR	NOMIN	IND	防	NOMIN	因为: CONJ

i^{24}	te^{53}	ɣa^{53}	kɛ^{33}	a^{53}	tɕi^{31}.
他们	一	位	都	NEG	去

88. 为了防止被骗，他们都不肯去。

第二，目的小句后置于结果小句，例如：

nɔ^{31}	a^{33}tɕi^{24}	te^{53}	na^{21}	tɕi^{31},	ɔ^{31}	a^{53}	ɣa^{33}	tɕa^{53}	va^{24}.
你	一点	一	早	去	饭	NEG	得	吃	POT

89. 你早点去，省得吃不上饭。

ɔ^{31}	o^{33}	te^{53}	kʰɛ^{53}	nɔ^{31}	a^{33}tɕi^{24}	lɛ^{31}	qʰa^{33}	ɕi^{31},
饭	那	一	碗	你	一点	热	下	先

tɕi^{33}nu^{31}	la^{33}	ve^{33}	a^{31}	fa^{31}.
馊	变	NOMIN	IND	防

90. 那碗饭你再热一下，防止馊掉。

7.3.2.4　条件状语从句

从语言共性来看，条件状语从句有前置于主句的倾向。大多拉祜熙话的条件状语从句也遵循这种规律。从逻辑关系上来划分，拉祜熙方言的条件状语从句可以分为充分条件句、必要条件句和无条件句三类。

1. 充分条件句

拉祜熙方言表达条件关系的方式是在条件小句中使用后置连接词 qo^{33} 的话，构成"p+qo^{33} 的话: CONJ，q"的结构。例如：

$\gamma u^{31}lu^{24}$	la^{31}	qo^{33},	$\eta\gamma^{31}$	$k\epsilon^{33}$	a^{53}	$t\epsilon i^{31}$	o^{31}.
洪水	来	CONJ	我们	就	NEG	去	TAM

91. 如果发洪水，我们就不去了。

$li^{21}ma^{31}pa^{31}$	la^{31}	qo^{33},					
老师	来	的话:CONJ					

$\eta\gamma^{31}$	ve^{33}	za^{53}	$k\epsilon^{33}$	$li^{21}xe^{53}$	$t\epsilon i^{31}$	$p^h\epsilon^{21}$	ve^{33}.
我们	POSS	孩子	就	学校	去	行	IND

92. 如果老师来了，我们的孩子就可以上学了。

我们认为，这里的 qo^{33} 有话题标记的作用。

或连用两个后置连词 q^ha^{33} 如果 qo^{33} 的话。例如：

$mu^{53}sa^{24}mi^{31}sa^{24}$	da^{21}	q^ha^{33}		qo^{33},		
天气	好	如果: CONJ		的话:CONJ		

$\eta\gamma^{31}$	$l\epsilon^{31}$	$na^{31}t\mathfrak{o}^{24}$	$t\epsilon i^{31}$	ve^{33}.
我们	就	南段	去	IND

93. 如果天气好的话，我们就到南段去。

2. 必要条件句

连用副词 $t\epsilon e^{33}$ 仅 和 $n\epsilon^{24}$ 只，构成"p+$t\epsilon e^{33}$ 仅 $n\epsilon^{24}$ 只，q+ $k\epsilon^{33}$ 都"的结构。例如：

va^{21}	sa^{31}	$l\epsilon^{31}$	$t\epsilon^hi^{54}$	$t\epsilon a^{53}$	ve^{33}	$t\epsilon e^{33}$	$n\epsilon^{24}$	$m\epsilon^{31}$	a^{31},
猪	肉	COP	烤	吃	NOMIN	仅	只	香	IND

$o^{31}nu^{33}$	te^{33}	$t\epsilon a^{53}$	ve^{33}	$q^ha^{33}p\gamma^{31}$	$k\epsilon^{33}$	a^{53}	$m\epsilon^{31}$.
其他	做	吃	NOMIN	全部	都	NEG	香

94. 猪肉只有烤着吃才好吃，其他做法都不好吃。

条件小句可以采用正反问的疑问形式，例如：

$n\mathfrak{o}^{31}$	$t\epsilon i^{31}$	a^{53}	xe^{54}	$l\epsilon^{31}$	$z\mathfrak{o}^{33}$	$k\epsilon^{33}$	a^{53}	$t\epsilon i^{31}$.
你	去	NEG	INTJ	CONJ	他	也	NEG	去

95. 除非你去，否则他也不去。

条件状语从句也有后置于主句的情况，例如：

zɔ⁵³	a⁵³	dɔ⁵³	xa³¹	tsʅ³³		te³³lɛ³³		
他	NEG	想	难	CAUS		CONJ		

nɔ³¹	tɕi³¹	ve³³		tɕe³³	nɛ²⁴	tɕɔ³¹	ve³³.
你	去	NOMIN		仅	只	有	IND

96. 只有你去，他才不担心。

3. 无条件句

qʰa³¹lɛ²⁴	te³³	kɛ³³	nɔ³¹	ŋa³¹	a³¹	te⁵³	pɤ³¹	u²⁴	la⁵³	dzɔ⁵³.
怎样	做	都	你	我	patient	一	句	说	DIR	应该

97. 无论怎么样，你都要和我说一声。

la⁵³	a⁵³	la⁵³	kɛ³³	nɔ³¹	ŋa³¹	a³¹	te⁵³	pɤ³¹	u²⁴	la⁵³	dzɔ⁵³.
来	NEG	来	都	你	我	patient	一	句	说	DIR	应该

98. 不管来不来，你都要和我说一声。

7.3.2.5　程度状语从句

指由小句作为比较基准的状语从句。例如：

zɔ⁵³	pɔ⁵³pɛ³¹	a³¹lɛ³³,	za²¹qɔ³³	dzu⁵³	dzu³³	dza⁵³.
他	乌龟	像	路	走	慢	很

99. 他像乌龟似的，走得很慢。

7.3.2.6　让步状语从句

黎锦熙（1924）、吕叔湘（1982）指出，让步状语从句可以分为容让（叙实性让步）和纵予（非叙实性让步）。

za²¹qʰa⁵³是具有副词功能的从属关系连词，表达结果、目的等，从跨语言的角度看，状语从属连词的位置更倾向于前置于小句，据 Dryer（2013）统计，659 种样本语言中，398 种语言中的状语从属连词前置于小句，96 种语言后置于小句，还有 8 种语言位于从属句的内部。[①] 另外，za²¹qʰa⁵³和后面的小句有语音停顿，独立性较强，和纯粹表示关联关系的连词有一定区别，所以语序类型的表现形式有所不同。

1. 叙实性让步

第一，用"X+lɛ³¹_TM+_X"结构来表达叙实性让步状语从句，且 lɛ³¹左右两侧的形式必须相同。例如：

tsa³¹la⁵³	mu³³	lɛ³¹	mu³³	a³¹	za²¹qʰa⁵³	qɛ²¹ku³³	dza⁵³.
扎拉	高	TM	高	IND	但	瘦	很

100. 扎拉高是高，但是太瘦了。

---

①　参见陆丙甫、金立鑫《语言类型学教程》，北京大学出版社 2015 年版，第 79 页。

ŋɤ³¹	guɯ⁵³	lɛ³¹	guɯ⁵³	za²¹qʰa⁵³	ŋɤ³¹	pʰu³³	a⁵³	te³³.
我们	玩	TM	玩	但是	我们	钱	不	做

101. 我们玩归玩，但是我们不赌博。

da²¹	lɛ³¹	da²¹	a³¹	za²¹qʰa⁵³	a⁵³	pʰɛ²¹	ta³¹.
好	TM	好	IND	但是	NEG	行	POT

102. 好倒是好，就是不安全。

第二，用"X+qo³³的话:CONJ+X"结构来表达叙实性让步状语从句，且 qo³³ 左右两侧的形式必须相同。例如：

nɔ³¹	a⁵³	ɕi³¹	qo³³	a⁵³	ɕi³¹
你	NEG	知道	的话:CONJ	NEG	知道

za²¹qʰa⁵³	nɔ³¹	na²¹tɔ³³	u²⁴	a⁵³	pʰɛ²¹.
但是	你	随便	说	NEG	行

103. 你不知道归不知道，但你不能乱说。

2. 非叙实性让步

拉祜熙话连用后置词 qo³³的话和副词 kɛ³³也构成"p+qo³³的话 kɛ³³也, q"结构。

ŋa³¹	phu³³	tsɔ³¹	ve³³	qo³³	kɛ³³,
我	钱	有	NOMIN	的话:CONJ	也

o³³	fu⁵³	a⁵³	tsa³³	tɕi³¹	tsɔ³¹	ga⁵³.
那	边	NEG	找	去	住	想

104. 就算我有钱，也不想搬到那边去住。

mi³¹guɯ³¹	sa³¹mɛ³³	tsɔ³¹	ve³³,	qha³¹	te⁵³	qhɔ²¹	tsa³¹ɕi³¹	a⁵³tɕi²⁴
地	多	有	IND	哪	一	年	粮食	一点

nɛ²⁴	zu³¹	ɣa³³	qo³³	kɛ³³,	mu⁵³mi³¹za⁵³	kɛ³³	yu⁵³pi³¹	a⁵³
收	拿	得	CONJ	也	老百姓	也	肚子	NEG

mɤ³¹	pɤ²⁴.
饿	会

105. 有这么多地，即便哪年歉收了，老百姓也不会饿肚子了。

或者用后置连词 ve³³，例如：

zɔ⁵³	ni³³ɣa³³li³³	xa³³	qo⁵³	tɕi³¹	ve³³,	mu⁵³zi³¹	la³¹	kɛ³³.
他	每天	地	挖	去	CONJ	雨	来	也

106. 他天天去挖地的，就算下雨也去。

另外，非叙实性让步状语从句中还有一类比较特殊的"极性让步状语从句"，使用"qʰa³¹te³³怎么样 kɛ³³也p, q"结构。例如：

qʰa³¹te³³	kɛ³³	a⁵³	da²¹	tɕe³¹	tɕe³¹	a⁵³	xe⁵⁴.
怎么样	也	NEG	好	真	真	NEG	INTJ

107. 再怎么坏也坏不到哪去。

关于复杂句语序的小结：语序问题是语言类型学的研究的核心问题，特别是基本语序与其他一些具体语序之间的联系问题，这里我们主要讨论一下拉祜语复杂句中的一些与语序有关的问题：第一，陆丙甫、金立鑫（2015）年指出，VO 语言中标句符一般位于从句句首，而 OV 语言中标句符位于从句句尾。[①]拉祜语是 SOV 语言，符合此条语言共性，名词从句、形容词从句和状语从句的标句词均位于小句的句尾。第二，状语从句和主句之间的语序问题也与基本语序相关，陆丙甫、金立鑫（2015）年指出，在 VO 语言中，从句倾向后置于主句；在 OV 语言中，从句倾向于前置主句。拉祜语是 OV 语言，状语从句位于主句之前，符合此条共性。

7.4　复合句

拉祜熙方言连接复合句的手段主要有两种，后置连词和前置连词，但后置连词占绝对优势，前置连词非常少，同时也可以使用无标记的复合句。

1. 可以使用后置连词连接复合句，例如：

la²¹	dɔ³¹	tʰa²¹nu³³	qo³³	dzʅ³¹	dɔ³¹	a⁵³qʰɤ³³	o³³.
茶	喝	与其	CONJ	酒	喝	不如	IND

108. 与其喝茶，不如喝酒。

2. 也可以使用前置连词连接复合句，例如：

mu⁵³sa²⁴mi³¹sa²⁴		ka⁵⁴	dza⁵³	qo⁵⁴	kɛ³³,		
天气		冷	很	说	也		

za²¹qʰa⁵³		ɔ³¹ba³¹	tɔ⁵⁴	gɯ³¹	ve³³	tsʰɔ³³	mɛ⁵³	dza⁵³.
但是:CONJ		外边	出	去	RM	人	多	很

109. 虽然天气很冷，但是出去外面的人还是很多。

3. 无标记复合句，例如：

ŋa³¹	te³³	ɣa⁵³	nɛ²⁴	tɕi³¹	kɛ³³	
我	一	位	只	走	也	

i²⁴	ɕi³³	te⁵³gɛ³³	a⁵³	tɕi³¹	ga⁵³	o³³.
他们	COM	一起	NEG	走	想	IND

110. 我宁可一个人去，也不想和他们一起去。

7.4.1　并列关系

并列复合句（coordination）的两个小句均是独立的，不是相互依存的关系。

---

① 陆丙甫、金立鑫：《语言类型学教程》，北京大学出版社 2015 年版，第 121 页。

7.4.1.1 等立关系

拉祜熙话等立关系又可以分为同类、同时、列举、交替、追加。

7.4.1.1.1 同类关系

拉祜熙话同类的联合关系用"kɛ³³也…+lɛ³³,kɛ³³也…"结构来表达。例如：

zɔ⁵³	la³³xu³¹	tɔ⁵³	kɛ³³	u²⁴	pɤ²⁴		lɛ³³
他	拉祜	话	也	说	会		CONJ

a³³xɛ²¹	tɔ⁵³	kɛ³³	u²⁴	pɤ²⁴.
汉族	话	也	说	会

111. 他又会说拉祜话又会说汉话。

7.4.1.1.2 同时关系

同时关系使用嵌入式的连词 te⁵³pa²⁴一边，构成"…te⁵³pa²⁴…，…te⁵³pa²⁴…"结构。例如：

ŋa³¹	lɛ³³	su³³	ni³³	ɣa⁵³,	dz̩³¹	te⁵³pa²⁴	dɔ³¹,
我	CONJ	客人	二	位	酒	CONJ	喝

su²⁴	te⁵³pa²⁴	tsʰ̩³¹,	tɔ⁵³	te⁵³pa²⁴	u²⁴.
烟	CONJ	抽	话	CONJ	说

112. 我和两个客人，一边饮酒，一边吸烟，一边说话。

7.4.1.1.3 例举关系：

例举关系用"tɛ⁵³一lɛ³¹COP…，ɔ³¹nu³³其他 tɛ⁵³一lɛ³¹COP…"结构来表达。例如：

ŋa³¹	a⁵³	tɕi³¹	ga⁵³	ve³³	ni⁵³	a³¹	pa³³tɔ³³
我	NEG	去	想	RM	二	个	原因

te⁵³	lɛ³¹	za²¹qɔ³³	a⁵³	la⁵⁴	da²¹,		
一	COP	路	NEG	太	好		

ɔ³¹nu³³	tɛ⁵³	lɛ³¹	tsʰɔ³³	mɛ⁵³	dʑa⁵³.
其他	一	COP	人	多	很

113. 我不想去的原因有两个，一方面路不太好，另一方面去的人太多了。

7.4.1.1.4 交替关系

交替关系，即时间上的反复交替进行，拉祜熙话用"tɛ⁵³一+cl+cl+qo³³的话：CONJ…，tɛ⁵³一+cl+cl+qo³³CONJ…"结构来表达。例如：

zɔ⁵³	te³³	pɔ⁵⁴	pɔ⁵⁴	qo³³	ɔ³¹	tsa⁵³	ga⁵³
他	一	次	次	CONJ	饭	吃	想

te³³	pɔ⁵⁴	pɔ⁵⁴	qo³³	ɔ³¹dzu³³	tsa⁵³	ga⁵³.
一	次	次	CONJ	米线	吃	想

114. 他有时喜欢吃米饭，有时喜欢吃米线。

7.4.1.1.5　追加关系

追加关系，即补充小句具有追加性，拉祜熙话用"…kɛ³³也…"结构来表达。例如：

例如：

tsa³¹la⁵³	ɔ³¹kʰa⁵⁴	nɛ³¹	dʐa⁵³,	ŋɔ²⁴	kɛ³³	a⁵³	ŋɔ²⁴	sa³³.
扎拉	个子	矮	很	看	也	NEG	看	好

115. 扎拉太矮，而且长得不好看。

ŋa³¹	a³³po²¹	vɤ²¹	la³¹	po³¹	kɛ³³
我	衣服	穿	CON	PERF	也

qo²¹	ka⁵⁴	dʐa⁵³	ɕe³¹	dɔ⁵³	a³¹.
又	冷	很	还	想	IND

116. 我虽然穿了棉袄，还是觉得很冷。

7.4.2　选择关系

拉祜熙话选择关系的表达主要有两类结构：一类是疑问形式的选择关系，另一类是肯定形式的选择关系。疑问形式的选择关系在第八章节中详细讨论，这里不再赘述。

肯定形式的选择关系，可以使用 a⁵³ NEG xe⁵⁴ INTJ qo³³ 的话:CONJ 构成 "a⁵³xe⁵⁴qo³³+P，a⁵³xe⁵⁴qo³³+P"的结构来表达。例如：

ɕe³¹qhɔ²¹	pʰu³³	tsa³³	ɣa³³,					
今年	钱	找	得					

ŋa³¹	za³¹	qʰɔ³³	a⁵³	xe⁵⁴	qo³³	ŋu⁵³	te⁵³	kʰɛ³³	tsa³³	vɤ³¹,
我	家	里	NEG	INTJ	CONJ	牛	一	头	去	买

a⁵³	xe⁵⁴	qo³³	mu⁵³	te⁵³	kʰɛ³³	tsa³³	vɤ³¹.
NEG	INTJ	CONJ	马	一	头	去	买

117. 今年挣了钱，我家或者买一头牛，或者买一匹马。

a⁵³	xe⁵⁴	qo³³	tɕa³³mɛ²⁴	tɕa⁵³	qʰa³³,
NEG	INTJ	CONJ	老虎	吃	SUF

a⁵³	xe⁵⁴	qo³³	tɕa³¹mɛ²⁴	dɔ⁵⁴	pɛ³¹	qʰa³³.
NEG	INTJ	CONJ	老虎	打	死	SUF

118. 或者被老虎吃掉，或者把老虎打死。

7.4.3　承接关系

承接关系还可以分为时间上的承接关系和事理上的承接关系。

7.4.3.1　时间承接

拉祜熙话可以使用后置连词 q^{h}a^{53}nɔ^{31}_{以后}+（lɛ^{33}_{CONJ}），连接时间上的承接关系，例如：

qɔ^{31}	lɔ^{33}	q^{h}a^{33}ɕi^{31},	a^{33}ma^{33}	la^{31}	q^{h}a^{53}nɔ^{31}	lɛ^{33}
再	等	一下	妈妈	来	以后	CONJ

nɔ^{31}	a^{31}	a^{33}ka^{54}	tsʰ1^{53}	la^{53}	vi^{53}.
你	patient	水	洗	给	DIR

119. 再等等，等妈妈来了再给你洗澡。

也可以使用 "…lɛ^{33}_{CONJ}，ɔ^{31}qʰa^{53}nɔ^{31}_{以后}…" 结构来表达，例如：

ŋɤ^{31}	zɔ^{53}	a^{31}	a^{53}	tɕi^{31}	a^{53}	ta^{31}	tɕi^{31}	tʂ1^{33}	lɛ^{33},
我们	他	patient	NEG	去	NEG	行	去	CAUS	CONJ

ɔ^{31}qʰa^{53}nɔ^{31}	zɔ^{53}	ɔ^{31}tɕi^{31}	la^{31}	po^{31}.
后来	他	真的	来	PERF

120. 我们让他一定要去，后来他就真的来了。

7.4.3.2　事理上的承接关系

拉祜熙话可以使用 o^{53}a^{33}_{那样}qo^{33}_{的话，CONJ} 连接承接关系，例如：

ti^{33}mi^{33}	te^{53}	ɣɔ^{33}	tʰɛ^{24}	po^{31},
田	一	亩	犁	PERF

o^{53}a^{33}	qo^{33}	tɕa^{31}	ti^{33}	lɔ^{21}	po^{31}.
那样	CONJ	秧	插	够	PERF

121. 挖了一亩地，那就够插秧的了。

7.4.4　递进关系

拉祜熙方言的递进关系可以分为三种：正向递进、反向递进和衬托递进。

7.4.4.1　正向递进

正向递进，即前一个小句用肯定，后一个小句表正向顺势推进。拉祜熙方言用 "p+tɕɛ^{31}_仅nɛ^{24}_只+否定成分，kɛ^{33}_也+q" 结构表达。例如：

zɔ^{53}	qa^{33}mɤ^{31}	ga^{53}	pɤ^{24}	ve^{33}	tɕɛ^{31}	nɛ^{24}	a^{53}	xe^{54}
她	唱歌	想	会	NOMIN	仅	只	NEG	INTJ

qa^{33}	kɛ^{33}	qʰe^{54}	ga^{53}	pɤ^{24}	a^{31}.
跳	也	舞	想	会	IND

122. 她不仅喜欢唱歌还喜欢跳舞。

7.4.4.2　反向递进

反向递进，即前一个小句用否定，后一个小句表反向顺势推进。拉祜熙话使用后置连词 qo³³和关联副词 qɔ²¹ "…qo³³_CONJ，…qɔ²¹_又…" 表达反向递进结构。例如：

a³³ma³³	zɔ⁵³	a³¹	a⁵³	di⁵³	a⁵³	qo³³,
妈妈	他	patient	NEG	骂	NEG	CONJ

zɔ⁵³	a³¹	qɔ²¹	tɕʰi⁵³ɔ²¹	vi⁵³	po³¹.
他	patient	又	表扬	DIR	PERF

123. 妈妈不仅不骂他，反而表扬了他。

7.4.4.3 衬托递进

拉祜熙话主要使用关联副词 "…kɛ³¹_都，…lɛ³¹_就…" 结构表达衬托递进关系。例如：

zɔ⁵³	ɔ³¹zi²¹	kɛ³¹	zɔ⁵³	a³¹	u²⁴	a⁵³	pɤ²¹,
他	妈妈	都	他	patient	说	NEG	敢

zɔ⁵³	ɔ³¹mi⁵³	lɛ³¹	ta³¹	qo⁵⁴.
他	媳妇	就	NEG	说

124. 他妈妈都不敢管他，更何况他媳妇。

7.4.5 取舍关系

拉祜熙话主要使用异句框式连词 "tʰa²¹nu³³_与其 qo³³_CONJ…a⁵³qʰɤ³³_不如…" 构成先取后舍的取舍关系，例如：

la²¹	dɔ³¹	tʰa²¹nu³³	qo³³	dʑɿ³¹	dɔ³¹	a⁵³qʰɤ³³	o³³.
茶	喝	与其	CONJ	酒	喝	不如	IND

125. 与其喝茶，不如喝酒。

拉祜熙话主要使用关联副词 "nɛ²⁴_只…kɛ³³_也…否定成分…" 构成先舍后取的取舍关系，例如：

ŋa³¹	te³³	ɣa⁵³	nɛ²⁴	tɕi³¹	kɛ³³
我	一	位	只	走	也

i²⁴	ɕi³³	te⁵³gɛ³³	a⁵³	tɕi³¹	ga⁵³	o³³.
他们	COM	一起	NEG	走	想	IND

126. 我宁可一个人去，也不想和他们一起去。

7.4.6 转折关系

转折关系分为对比性转折关系和限制性的转折关系。

7.4.7.1 对比性转折关系

表达对比性的转折关系，使用前置连接词引介转折关系小句，采用

"p，za^{21}qha^{53}但是:CONJ +q" 的结构，q 是说话人的反预期信息。例如：

mu^{53}sa^{24}mi^{31}sa^{24}　　　ka^{54}　　dza^{53}　qo^{54}　　kɛ^{33},

天气　　　　　　　冷　　很　　说　　也

za^{21}qha^{53}　　　　ɔ^{31}ba^{31}　tɔ^{54}　guɯ^{31}　ve^{33}　tsʰɔ^{33}　mɛ^{53}　dza^{53}.

CONJ　　　　外边　出　去　RM　人　多　很

127. 虽然天气很冷，但是外出的人还很多。

na^{21}tɔ^{33}kɔ^{53}ɣu^{53}tɔ^{33}pa^{31}　　xe^{31}　　　　　pɤ^{24}　　dza^{53},

坏人　　　　　　　　骗　　　　　会　　很

za^{21}qha^{53}　　　　tsʰɔ^{33}tɕɛ^{31}tɕɛ^{31}　nɔ^{31}xɔ^{33}　xe^{31}　a^{53}　　ɣa^{33}.

CONJ　　　　聪明人　　　　patient　骗　NEG　得

128. 虽然坏人很狡猾，但是欺骗不了聪明人。

a^{33}ni^{33}　　　tʰa^{53}　　qʰɔ^{21}tɕa^{53}　tʰa^{53}　tsʰɔ^{33}　mɛ^{53}　dza^{53},

昨天　　时候　　过年　　时　人　多　很

za^{21}qha^{33}　　　tɕʰɛ^{33}nɛ^{31}　tsʰɔ^{33}　　ɣa^{21}　te^{33}　ɣa^{21}　a^{53}　tɕɔ^{31}　o^{31}.

CONJ　现在　　人　越　做　越　NEG　有　TAM

129. 以前过年时人很多，可是现在人越来越少了。

7.4.6.2　限制性的转折关系

用副词 tɕɛ^{33}只或 a^{53}NEG xe^{54}INTJ qo^{33}CONJ 表达补充、限制的转折关系。例如：

zɔ^{53}　　tsʰɔ^{33}　da^{21}　dza^{53}　a^{53}　　ŋɔ^{24}　ɛa^{33}　ve^{33}　　　tɕɛ^{33}.

他　人　好　很　NEG　看　好　NOMIN　仅

130. 他人很好，只是长得丑。

va^{21}　　ɔ^{31}　　tsa^{31}　qo^{33}　　qha^{33}da^{21}　　tsa^{31}　ɛe^{31},

猪　食　喂　CONJ　好好地　　喂　还

a^{53}　xe^{54}　qo^{33}　　va^{21}　ɣa^{31}　tsa^{31}　ɣa^{31}　gɔ^{31}　po^{31}.

NEG　INTJ　CONJ　猪　越　喂　越　瘦　PERF

131. 喂猪要仔细，否则猪越喂越瘦。

小结：第一，拉祜语复合句中小句和小句之间的连接词有副词性的，如 kɛ^{33}；也有连词性的，如 lɛ^{33}和 qo^{33}；第二，拉祜语的基本语序是 SOV，使用后置词，复合句中的连接词以后置连接词占绝对优势。在我们搜集到的拉祜熙话语料中，只找到"但是"za^{21}qha^{53}和"以后、后来"ɔ^{31}qha^{53}nɔ^{31}这 2 个前置连接词，关于这点，在拉祜纳方言中也相同。我们在前面讨论过这是因为 za^{21}qha^{53}和 ɔ^{31}qha^{53}nɔ^{31}与纯粹表示关联关系的连词有一定区别，它们更具独立性，它们不仅与前面的小句有语音上的停顿，与后面的小句也存在着语音停顿，所以 za²¹qʰa⁵³和 ɔ³¹qʰa⁵³nɔ³¹并不算严格意义上的前置连接词，而是具有一定独立性的短语结构。第三，表达"选择关系/转折关系"的 a⁵³_NEGxe⁵⁴_INTJqo³³_的话: CONJ 和表达"承接关系"的 o⁵³a³³_那样 qo³³_的话: CONJ 也不是严格意义上的"前置连词"，而是具有一定独立性的短语结构，它们与后面的小句也存在语音停顿，并不是严格意义上的前置连接词。

第八章　句子的功能类型

句子类型简称句类（sentence-types），主要是指句子的功能类型，也就是语句在交际中的作用分出的句子类别，包括陈述句、疑问句、祈使句、感叹句等。陈述句在前几章节中已经进行了详细地讨论，本章只讨论疑问句、祈使句、感叹句这三个句类，最后一部分讨论具有代句词功能的叹词。

8.1　疑问句

按语句的基本功能划分，普遍存在于人类语言中的疑问句类别有两种：是非问（polarity question）和特指问（Wh-question）。与汉语将选择问和反复问句单列一类不同，根据拉祜熙方言自身的特点，我们将两者归入是非问句中。

8.1.1　是非问

是非问句又叫极性问或两极问，即要求在肯定和否定两者中作出回答。最关键的共同特征是可以用点头或摇头来回答。[①]

1. 在形式手段上，疑问句和陈述句无语序差别。在语调上，是非问倾向采用降调。另外，汉语可以单用升调表示是非疑问句，如"你买了这个？"和汉语不同，拉祜熙方言不存在单用升调表示是非疑问句的情况，必须靠句末疑问语气词表疑问，如：

ɕe³¹ve³³　　nɔ³¹　　vɤ³¹-　　dʑɔ³³ve³³　　la³¹?　　　1. 你买了这个吗？

这个　　　　你　　买　　PAST　　　INTER

如果去掉疑问语气词 la³¹此句不合法* ɕe³¹ve³³nɔ³¹vɤ³¹dʑɔ³³ve³³。

2. 应答词

首先，拉祜熙方言存在简短应答词，应答词在句法上属于叹词。汉语的应答词"是、不"本身是谓词，与汉语不同，拉祜熙方言的应答词只能

---

① 刘丹青：《语法调查研究手册》，商务印书馆 2017 年版，第 9 页。

单说，从不与其他成分组合，功能是代替问句所包含的命题或负命题，和英语的 YES 类似，词性为叹词。

tsa^{31}la^{53}	pɤ^{33}tɕi^{33}	tɕi^{31}-	po^{31}	zao^{31}	la^{31}	a^{53}	xe^{54}	la^{31}?
扎拉	北京	去	PERF	INTJ	INTER	NEG	INTJ	INTER

2. 扎拉是不是去了北京？

肯定回答：　　　　　　zao^{31}.

　　　　　　　　　　　INTJ　　　　　　　　　　　　　是的。

否定回答：　　　　　　a^{53}　　　　xe^{54}.

　　　　　　　　　　　NEG　　　　　INTJ　　　　　　不是。

　　拉祜熙的 zao^{31} 和 xe^{54} 可以代替命题，但本身不能与表示这些命题的句子组合。和拉祜纳方言不同，拉祜熙话中的 zao^{31} 不能与其他成分组合成句，只能在表示肯定的答句中使用，如："我是娜妮"一句，拉祜纳方言为 ŋa^{31}lɛ^{31}na^{33}ni^{33}zɔ^{31}（两种方言的元音不同，拉祜纳为 zɔ^{31}，而拉祜熙话为复元音 zao^{31}），但拉祜熙方言中只能说 ŋa^{31}na^{33}ni^{33}，既没有叹词 zao^{31}，又不习惯加系动词 lɛ^{31}。所以，拉祜熙话简短式肯定回答 zao^{31} 和否定性回答 a^{53}xe^{54} 在句法上的性质是代替命题式而非命题省略式。另外，关于否定性回答 a^{53}xe^{54} 我们将在 9.1 否定范畴中详细讨论。

　　其次，"答句定位型"和"问答关系型"是根据是非问句的肯定或否定回答存在的两种不同的模型。和汉语普通话及日语一样，拉祜熙方言属于"问答关系型"，即就答案是否符合问句命题的肯定或否定而用"是或不"作答。

zɔ^{53}	a^{53}	tɕi^{31}	a^{31}	ve^{33}	la^{31}?
他	NEG	去	TAM	IND	INTER	3. 他没去吗？

　　当答句与问句相反是肯定句，就根据答句与问句不一致的情况用否定成分作答，如事实是他去了，要说成"不，他去了。"。

a^{33}	xe^{54},	zɔ^{53}	tɕi^{31}	a^{31}	ve^{33}.
NEG	INTJ	他	去	TAM	IND	4. 不，他去了。

　　假如答句跟问句一样是否定的，就根据问答一致的情况用肯定词回答。如事实是他没有去，就要说成"是的，他没去。"。

zao^{31},	zɔ^{53}	a^{53}-	tɕi^{31}.
INTJ	他	NEG	去	5. 是的，他没去。

　　拉祜熙话没有专用的答句形式，答句在语法上不区别于一般句子，zɔ^{53}他 tɕi^{31}去 和 zɔ^{53}他 a^{53}NEGtɕi^{31}去 在非答句中也可以使用，答句并没有被标志为一种区别性的言语行为。

8.1.1.1　中性问句

中性问句不预先期待肯定或否定的回答，肯定或否定回答的可能性是相等的。例句如下：

o³³	ve³³	mu⁵³zi³¹za⁵³	xɔ³³	la³¹	a⁵³	xɔ³³	la³¹?
那里	POSS	夏天	热	INTER	NEG	热	INTER

6. 那里夏天热不热？

zɔ⁵³	ɯ³¹	ve³³	ŋɔ²⁴sa³³	la³¹	a⁵³	ŋɔ²⁴sa³³	la³¹?
他	长	RM	好看	INTER	NEG	好看	INTER

7. 他长得好看不好看？

nɔ³¹	tsa³¹la⁵³	nɔ³¹xɔ̃³³	dɔ⁵³	la³¹	a⁵³	dɔ⁵³	la³¹?
你	扎拉	patient	想	INTER	NEG	想	INTER

8. 你想不想扎拉？

8.1.1.2　引导性问句

指问话人在问话时引导对方说出自己预期的问题答案，分为期待肯定性回答问句和期待否定性回答问句。如"你肯不肯去"nɔ³¹你 tɕi²¹去 la³¹INTER a⁵³NEGtɕi²¹去 la³¹INTER?是中性问，问话人没有预期的答案。

第一，期待肯定性回答问句。

nɔ³¹	tɕi²¹	ɛ³¹?		9. 你去啊？
你	去	INTER		

此句的问话人期待应答者回答是"是的，我去。"

第二，期待否定性回答问句。

nɔ³¹	tɕi²¹	a³¹te³³	la³¹?		10. 你肯去吗？
你	去	desiderative	INTER		

此句的问话人期待应答者回答是"不，我不肯去。"。又如：

nɔ³¹	na³³	ɣa³³	da²¹	po³¹	la³¹?	
你	听	得	好	PERF	INTER	11. 你已经听清楚了？

此句的问话人期待应答者回答是"不，我没听清楚。"

8.1.1.3　附加问

附加问（tag question），先用一个陈述小句，再附加一个疑问小句，两句一起表示疑问语气，这是用复句的手段表达疑问。例句如下：

zɔ⁵³	nɔ³¹	o³³	la⁵³	po³¹,	zao³¹	la³¹?
他	你	告诉	DIR	PERF	INTJ	INTER

12. 他已经告诉你了，是吗？

zɔ⁵³	nɔ³¹	o³³	la⁵³	po³¹,	a⁵³	xe⁵⁴	la³¹?
他	你	告诉	DIR	PERF	NEG	INTJ	INTER

13. 他已经告诉你了，不是吗？

zɔ⁵³	nɔ³¹	a⁵³	o³³	la⁵³	ɕe³¹,	zao³¹	la³¹?
他	你	NEG	告诉	DIR	还	INTJ	INTER

14. 他没有告诉你，对吗？

zɔ⁵³	nɔ³¹	o³³	la⁵³	po³¹,	zao³¹	la³¹	a⁵³	xe⁵⁴	la³¹?
他	你	告诉	DIR	PERF	INTJ	INTER	NEG	INTJ	INTER

15. 他已经告诉你了，是不是？

8.1.1.4　选择问

在科姆里的问卷中将选择问作为和引导性问句、中性问句并列的一类，属于是非问的一个小类。本书采用相同的方法，认为拉祜熙方言中选择问和是非问用同样的疑问标记 la³¹或 a³¹la³¹，选择问应属于是非问中的一个小类。原因如下：

1. 在语调上，选择问的语调和一般的是非问一样为降调。

2. 在选择问句中宾语作疑问选项比主语自由。例如"你吃米饭还是米线？"nɔ³¹你ɔ³¹米饭tsa⁵³吃la³¹ INTER a⁵³NEGxe⁵⁴INTJlɛ³³CONJ ɔ³¹dʑu³³米线tsa⁵³吃la³¹INTER？比"米饭还是米线好吃"ɔ³¹米饭la³¹INTER a⁵³NEGxe⁵⁴INTJlɛ³³CONJ ɔ³¹dʑu³³米线me³¹好吃la³¹INTER 更自然，而后者更自然的说法是"米饭好吃还是米线好吃？"ɔ³¹米饭me³¹好吃a³¹la³¹INTER, a⁵³NEGxe⁵⁴INTJlɛ³³CONJ ɔ³¹dʑu³³米线me³¹好吃a³¹la³¹INTER？

3. 选择问句中使用"否定成分+连接词"连接前后两个语义项，可以大概相当于汉语"不是的话"的意思。陈述句中的"否定成分+话题标记"是强制性的，而选择问句中的"否定成分+话题标记"是非强制性的。并且选择问句中的"否定成分+话题标记"可以省略，但陈述句中的不能省略。例如：

zɔ⁵³	ɔ³¹	a⁵³	xe⁵⁴	qo³³	ɔ³¹dʑu³³	tsa⁵³	ga⁵³	pɤ²⁴	a³¹.
他	米饭	NEG	INTJ	CONJ	米线	吃	要	会	IND

16. 他经常吃米饭或米线。

zɔ⁵³	ɔ³¹	tsa⁵³	ga⁵³	pɤ²⁴	a³¹la³¹	a⁵³	xe⁵⁴	qo³³	ɔ³¹dʑu³³
他	米饭	吃	要	会	INTER	NEG	INTJ	CONJ	米线

tsa⁵³	ga⁵³	pɤ²⁴	a³¹la³¹?
吃	要	会	INTER

17. 他经常吃米饭还是米线？

4. 虽然拉祜熙方言是 SOV 语言，使用后置宾语标记，也以使用后置连接词为优势。但在这里，无论是陈述句中还是选择问句中，"否定成分+连词"却都位于后项语义小句之前。

选择问句例句又如：

nɔ³¹　　za²¹ni³³　tɕi³¹　a³¹la³¹　　a⁵³　　xe⁵⁴　lɛ³³　　　a²⁴pɔ²¹　tɕi³¹　a³¹la³¹?

你　　今天　　去　　INTER　NEG　INTJ　CONJ　明天　　去　　INTER

18. 你是今天去，还是明天去？

nɔ³¹　　lɛ³¹　a³³kɔ³³　la³¹　　　a⁵³　　xe⁵⁴　lɛ³³　　　ɔ³¹ŋa²⁴pa³¹　la³¹?

你　　COP　哥哥　INTER　NEG　INTJ　CONJ　弟弟　　　INTER

19. 你是哥哥呢，还是弟弟呢？

8.1.1.4　反复问

反复问又叫正反问，是采用选择问的形式而起是非问的功能。拉祜熙方言的反复问句中，在正、反两者之间要有框架式连接成分……la³¹（a³¹la³¹）……la³¹（a³¹la³¹），这种反复问保留了较多选择问句的特点。

1. 在语调上，反复问的语调和选择问一样为降调。

nɔ³¹　ɔ³¹　tsa⁵³　po³¹　la³¹　　a⁵³　　tɕa⁵³　ɕe³¹　la³¹?

你　饭　吃　PERF　INTER　NEG　吃　还　INTER

20. 你吃没吃饭？

2. 当动词带有宾语时，宾语只出现一次，并且是在整个正反问形式之前，形成 OVNegV 型。V 不能省略，且否定成分也不能省略。

nɔ³¹　　a²⁴pɔ³¹　kʰui³³mi²¹　tɕi³¹　a³¹la³¹　　a⁵³　tɕi³¹　a³¹la³¹?

你　　明天　　昆明　　去　　INTER　NEG　去　INTER

21. 你明天去不去昆明呢？

8.1.2　特指问

即特指疑问句，不能用点头或摇头来回答。拉祜熙方言的特指问句有以下几个方面的特点。

8.1.2.1　语调

在语调上，反复问的语调和是非问一样为平调。例如：

zɔ⁵³　a³³su³³　le³³?　　　　　　　　22. 他是谁？

他　谁　INTER

8.1.2.2　疑问代词的位置

与英语中疑问词必须置于句首不同，拉祜熙方言和汉语相似，是疑问代词位置与陈述句无别的语言。如：

nɔ³¹　　ɔ³¹tsʰɔ⁵³　le³¹　　　qhɔ³¹　te³³　ɣa⁵³　le³³?

你　　朋友　　COP　　哪　一　个　INTER

23. 哪位是你的朋友？

a³³sŋ³³	ŋa³¹	nɔ³¹xɔ̃³³	ti²⁴xua²⁴	dɔ⁵⁴	la⁵³	ve³³	a³³su³³	na³¹?
刚才	我	patient	电话	打	DIR	NOMIN	谁	INTER

24. 谁刚才给我打电话了呢？

8.1.2.3　被提问的成分

8.1.2.3.1　拉祜熙话是特指疑问词无须移位的语言，相比疑问词可以移位的语言来说，有更多的成分是可以被提问的，但也并非所有的成分都能被疑问代词提问，如不能对谓语动词提问以及不能对带宾语等补足成分的动词提问。如：

zɔ⁵³	o⁵³	te⁵³	ɣa⁵³	tsʰɔ³³	nɔ³¹xɔ̃³³	bɯ²¹	sŋ³³	ɛ³¹.
他	那	一	位	人	patient	恨	死	TAM

25. 他恨死那个人了。

这句不能对动词恨提问，不能说成 *zɔ⁵³他 o⁵³那 te⁵³一 ɣa⁵³位 nɔ³¹xɔ̃³³patientqʰa³¹lɛ²⁴怎么。

zɔ⁵³	tsa³¹la⁵³	de⁵³	vi⁵³	lɛ³³	xɔ³¹	po³¹.
他	扎拉	骂	DIR	CONJ	哭	PERF

26. 他骂得扎拉哭了。

这句不能对带宾语等补足成分的动词提问，能说成 *zɔ⁵³他 tsa³¹la⁵³扎拉 qʰa³¹lɛ²⁴怎么 xɔ³¹哭。

8.1.2.3.2　有些句子成分容易被提问，而有些句子成分不能被提问或直接转化为疑问代词有不同程度的难度。

8.1.2.3.2.1　容易被提问的句子成分有如下七个，分别是主语、宾语、时间状语、地点状语、方式/原因、时间和状态补语。针对下面这个陈述句，可以有 5 个句法成分被提问。

tsa³¹la⁵³	te⁵³qʰe³³	nɛ²⁴	kʰui³³mi²¹	ɔ³¹	ka²⁴	te³³	tsa³³
扎拉	一会	小	昆明	LOC	事情	做	吃

kɯ³¹	tsa³³	ɣa³³	pu³¹.
处	找	得	conclussive auxiliary

27. 扎拉很快在昆明找到了工作。

第一，可以对主语提问：

a³³su³³	te⁵³qʰe³³	ne²⁴	kʰui³³mi²¹	ɔ³¹	ka²⁴	te³³	tsa⁵³	kɯ³¹
谁	一会	小	昆明	LOC	事情	做	吃	处

tsa³³	ɣa³³	pu³¹	lɛ³¹?
找	得	conclussive auxiliary	INTER

28. 谁很快在昆明找到工作？

第二，可以对宾语提问：

tsa⁵³la⁵³	te⁵³qʰe³³	ne²⁴	kʰui³³mi²¹	ɔ³¹	a³³pʰa⁵³	tsa³³	ɣa³³	ve³³
扎拉	一会	小	昆明	LOC	什么	找	到	IND

le³³?
INTER

29. 扎拉很快在昆明找到了什么？

第三，可以对时间状语提问：

tsa³¹la⁵³	kʰui³³mi²¹	ɔ³¹	qʰa³¹mu³³	lɔ³³	qʰa⁵³nɔ³¹	lɛ³³
扎拉	昆明	POST	多久	等	以后	CONJ

ka²⁴	te³³	tsa³³	kɯ³¹	tsa³³	ɣa³³	ve³³	le³³?
事情	做	吃	处	找	得	IND	INTER

30. 扎拉在昆明等多久找到工作了？

第四，可以对地点状语提问：

tsa³¹la⁵³	te⁵³qʰe³³	ne²⁴	qʰɔ³¹qʰɔ³³	ka²⁴	te³³	tsa³³	kɯ³¹
扎拉	一会	小	哪里	事情	做	吃	处

tsa³³	ɣa³³	ve³³	le³³?
找	得	IND	INTER

31. 扎拉很快在哪里找到了工作？

第五，可以对方式、原因提问：

tsa³¹la⁵³	kʰui³³mi²¹	ɔ³¹	qʰa³¹lɛ³³te³³lɛ³³	ka²⁴	te³³	tsa³³
扎拉	昆明	LOC	怎么	事情	做	吃

kɯ³¹	tsa³³	ɣa³³	ve³³	le³³?
处	找	得	IND	INTER

32. 扎拉在昆明怎么找到了工作？

针对下面这个陈述句，可以有 2 个句法成分被提问。

tsa³¹la⁵³	a³³ni³³tʰa⁵³	kʰui³³mi²¹	ɔ³¹	ka²⁴	te³³	tsa³³	kɯ³¹
扎拉	以前	昆明	LOC	事情	做	吃	处

tsa³³	ve³³	ɕɔ⁵³	dʑa⁵³.
找	IND	顺利	很

33. 扎拉以前在昆明工作找得很顺利。

第六，可以对时间提问：

tsa³¹la⁵³	qʰa³¹tʰa⁵⁴	te⁵³ʐa⁵³	kʰui³³mi²¹	ɔ³¹	ka²⁴	te³³	tsa³³
扎拉	什么	时候	昆明	LOC	事情	做	吃

kɯ³¹	tsa³³	ve³³	ɕɔ⁵³-	a³¹	le³³?
处	找	NOMIN	顺利	CON	INTER

34. 扎拉在昆明工作找得很顺利？

第七，可以对状态补语提问：

tsa³¹la⁵³	a³³ni³³tʰa³³	kʰui³³mi²¹	ɔ³¹	ka²⁴	te³³	tsa³³	kɯ³¹
扎拉	以前	昆明	LOC	事情	做	吃	处

tsa³³	ve³³	qʰa³¹lɛ³³	le³³?
找	NOMIN	怎么样	INTER

35. 扎拉以前在昆明工作找得怎么样？

以上例句我们可以看出，在主句中容易被提问的成分有主语、宾语、表示时间地点方式等的状语、原因以及状态补语，而不能对谓语动词、状态这些成分提问，即这些成分直接转化为疑问代词有不同程度的难度。如下所示：

第一，不能对谓语动词提问：

*tsa³¹la⁵³	te⁵³qʰe³³	ne²⁴	kʰun³³mi²¹	ɔ³¹	ka²⁴	te³³	tsa³³	kɯ³¹
扎拉	一会	小	昆明	LOC	事情	做	吃	处

qʰa³¹lɛ³³	le³³?
怎么	INTER

36.* 扎拉很快在昆明怎么样了工作？

第二，不能对状态提问：

*tsa³¹la⁵³	qʰa³¹lɛ³³	kʰun³³mi²¹	ɔ³¹	ka²⁴	te³³	tsa³³	kɯ³¹
扎拉	怎么	昆明	LOC	事情	做	吃	处

tsa³³	ɣa³³?	le³³?
找	得	INTER

37.* 扎拉在昆明怎么找到了工作？

请注意，此句合法是因为变成对原因式方式提问，而不是对状态提问。

8.1.2.4 疑问代词

疑问代词是根据疑问功能划分出来的词类，我们在第四章已经以列表的形式呈现了拉祜熙方言的疑问代词，分为普通疑问代词和选择性疑问代词。

8.1.2.4.1 普通疑问代词

普通疑问代词根据询问的本体意义可以分类如下：

1. 问人

拉祜熙方言中问人的普通疑问代词有 2 个："谁" a³³su³³和"什么人" qʰɔ³¹lɛ³³tsʰɔ³³。例句如下：

zɔ⁵³	lɛ³¹	nɔ³¹	ve³³	qʰa³¹lɛ²⁴	tsʰɔ³³	le³³?
他	COP	你	POSS	什么	人	INTER

38. 他是你的什么人？

a³³su³³   lɛ³¹   tsa³¹la⁵³?

谁   COP   扎拉   39. 谁是扎拉？

2. 问事物

问物的普通疑问代词有 2 个：“什么”a³³thɔ⁵³/qʰa³¹lɛ³³。例句如下：

a³³thɔ⁵³   lɛ³¹   a³³qo⁵⁴ʣ̩³¹?

什么   COP   鸡爪谷酒   40. 什么是鸡爪谷酒？

nɔ³¹   qʰa³¹lɛ²⁴   ve³³   a³³tɕi²⁴   tsa⁵³   ga⁵³?

你   什么   转指   一点   吃   想   41. 你想吃点什么？

3. 问时间

问时间的普通疑问代词有 1 个：“什么时候”qʰa³¹tʰa⁵⁴te³³za⁵³。例句如下：

nɔ³¹   qʰa³¹tʰa⁵⁴te³³za⁵³   ɕa²¹   tsa³³   bɔ⁵⁴?

你   什么时候   肉   去   打   42. 你什么时候去打猎？

4. 问处所

问处所的普通疑问代词有 1 个：“哪儿”qʰa³¹nu³³。例句如下：

qʰa³¹nu³³   ɔ²⁴qa³¹   tsa³³   ɣɤ³¹   ɣa³³   na³¹?

哪儿   水牛   找   买   得   INTER   43. 哪儿能买到水牛？

i²⁴   qʰa³¹nu³³   la³¹   ve³³   na³¹?

他们   哪儿   来   IND   INTER   44. 他们从哪儿来的？

5. 问数量

问数量的普通疑问代词有 3 个，分别是 qʰa³¹tɛ⁵³、qʰa³¹mɛ³³和 qʰa³¹ni³³。例句如下：

nɔ³¹   te⁵³   zɛ³¹   ŋu⁵³   qʰa³¹tɛ⁵³   kʰɛ³³   tɕɔ³¹   le³³?

你   一   家   牛   多少   只   有   INTER

45. 你家有多少头牛？

nɔ³¹   pʰu³³   qʰa³¹mɛ³³   tsɔ³¹   le³³?

你   钱   多少   有   INTER

46. 你有多少钱？

nɔ³¹   va²¹   qʰa³¹ni⁵³a³¹   xu³³   a³¹   ve³³   le³³?

你   猪   多少   养   CON   IND   INTER

47. 你养了多少头猪？

6. 问方式、情状及程度

问方式、情状及程度的普通疑问代词有：“怎么”qʰa³¹lɛ²⁴。例句如下：

zɔ⁵³   za²¹ni³³   qʰa³¹lɛ²⁴   na³¹?

他   今天   怎么   INTER   48. 他今天怎么了？

nɔ³¹　　qʰa³¹lɛ²⁴　te³³　　　　ga⁵³?

你　　　怎么　　　做　　　想　　　　　　　49. 你想怎么样?

tɕɔ³³　tɕi³¹　te³³　ɣa⁵³　qʰɔ³¹lɛ²⁴tsɔ³¹　e³¹?

人　　　这　　　一　　位　　怎么样　　　　INTER　　50. 这个人怎么样?

7. 问原因

问原因的词有"为什么"qʰɔ³¹lɛ²⁴te³³和 a³³pʰa⁵³te³³。例句如下:

zɔ⁵³　　qʰɔ³¹lɛ²⁴　te³³　a⁵³　la³¹　ve³³　le³³?

他　　　为什么　　做　　NEG　来　　IND　INTER

51. 他为什么不来?

ɕe³¹　a³³pʰa⁵³　te³³　na³¹?

这　　为什么　　做　　INTER　　52. 这是什么原因? /这是为什么?

8.1.2.4.2　选择性疑问代词

1. 问人

选择性疑问代词问人的有:a³³su³³a³³su³³哪些(人)、a³³su³³te³³ɣa⁵³哪一位、哪位 qʰɔ³¹te³³ɣa⁵³。例句如下:

a³³su³³　　a³³su³³　tɕi³¹-　a³¹　ve³³　le³³?　53. 哪些人去了?

谁　　　　谁　　　去　　TAM　IND　INTER

a³³su³³te³³ɣa⁵³　tɕi³¹-　a³¹　ve³³　le³³?　54. 哪一位去了?

哪一位　　　　去　　TAM　IND　INTER

tsa⁵³zɔ³¹　qʰɔ³¹　te³³　　ɣa⁵³　le³³?　55. 扎约是哪一位呢?

扎约　　　哪　　一　　　位　　INTER

拉祜熙方言没有数范畴,但有时可以通过重叠手段表示复数,如问"谁去了?"a³³su³³谁 tɕi³¹去 a³¹TAMve³³INDlɛ³³INTER?(无论单复数),也可以问"哪一位去了?"a³³su³³谁 te³³一 ɣa⁵³位 tɕi³¹去 a³¹TAMve³³INDlɛ³³INTER?(知道单数)或"哪些去了?"a³³su³³谁a³³su³³谁 tɕi³¹去 a³¹TAMve³³INDlɛ³³INTER?(知道复数)。

2. 问物

选择性疑问代词问物的是"哪个"qʰa³¹lɛ³³。例句如下:

zɔ⁵³　a³³tsʰɣ³¹　qʰa³¹lɛ³³　te⁵³　kʰɛ³³　zu³¹　na³¹,

他　　羊　　　　哪个　　　一　　只　　要　　INTER

ɣ³¹　ve³³　na³¹　i³³　ve³³　na³¹?

大　NOMIN　INTER　ADJ　NOMIN　INTER

56. 他要哪只羊,大的还是小的?

3. 问时间

选择性疑问代词问时间的是"哪一天"qʰɔ³¹te⁵³ni³³,几点 qʰa³¹te⁵³na³¹le²¹。例句如下:

nɔ³¹	qhɔ³¹	te⁵³	ni³³	ɣa³³	la³¹?	57. 你哪天来？
你	哪	一	天	得	INTER	

zɔ⁵³	qhɔ³¹	te⁵³	ni³³	la²⁴tɕa³³	la³¹?	58. 他哪天来澜沧？
他	哪	一	天	澜沧	INTER	

tɕʰɛ³³nɛ²¹	qʰa³¹te⁵³na³¹le²¹	ga³¹	po³¹	le³³?	59. 现在几点了？
现在	几点	到	PERF	INTER	

4. 问处所

选择性疑问代词问处所的是"哪"qhɔ³¹。例句如下：

ni³¹	lɛ³¹	za³¹qɔ³³	qhɔ³¹	te⁵³	tɕa⁵⁴	qhɔ³³pɣ³³	ta⁵⁴	ve³³	na³¹?
你们	COP	路	哪	一	条	山	上	IND	INTER

60. 你们是从哪条路上山的？

5. 问数量

选择性疑问代词问数量的是："几"qʰa³¹ni⁵³a³¹/qʰa³¹tɛ³³，"哪些"qhɔ³¹li⁵³。例句如下：

kʰu⁵³	sɔ³¹ve³³	ɔ³¹qhɔ³³	nɔ³¹	ve³³	qʰa³¹ni⁵³a³¹	tsɔ³¹	ve³³	na³¹?
东西	这些	里面	你	POSS	几个	有	IND	INTER

61. 这些东西中有几个是你的？

nɔ³¹	ve³³	kʰu⁵³	qhɔ³¹li⁵³	le³³?
你	POSS	东西	哪些	INTER

62. 哪些东西是你的？

拉祜熙话是疑问代词不通过移位构成疑问句的，所以疑问代词与陈述句中的相应成分相比，没有结构的变化和语调上的变化。语调上的变化即指成为语调的核心，也就是说整个句子的语调以疑问代词为核心。

8.1.3 回声问

回声问（echo question）是指听话人没听清说话人的话而就此提出的问句，目的是为了清楚确认前面人刚说过的话，结构上同前面说话人的语句有明显的关联，很大程度上是重复前面人的话。

8.1.3.1 是非回声问

是非回声问是用是非问进行回声提问，既可针对陈述句提问，也可针对疑问句提问。例如：

ŋa³¹	kʰui³³mi²¹	ɔ³¹	tɕi³¹-	a³¹te³³	ve³³.
我	昆明	LOC	去	FUT	IND

63. A：我要去昆明。

nɔ³¹	kʰui³³mi²¹	ɔ³¹	tɕi³¹-	a³¹te³³	la³¹?
你	昆明	LOC	去	FUT	INTER

63. B：你要去昆明？

A 句是陈述句，B 基本重复 A 的话，但人称由第一人称变为第二人称，换成自己的视点，回声提问时必须加句末疑问语气词 la³¹，且语调为降调。

tsa³¹la⁵³/ŋa³¹	a³³mɔ⁵⁴qɔ³³	a⁵³	tɕi³¹	la³¹?
扎拉/我	昨天	NEG	去	INTER

64.A：扎拉/我昨天没去？

tsa³¹la⁵³/nɔ³¹	a³³mɔ⁵⁴qɔ³³	a⁵³	tɕi³¹	la³¹?
扎拉/你	昨天	NEG	去	INTER

64.B：扎拉/你昨天没去？

A 句也可以为是非疑问句，B 基本重复 A 的话，人称视点可以调整也可以不作调整，拉祜语属于没有纯语调问句的语言，所以必须添加疑问标记，即句末必须加疑问语气词 la³¹。

8.1.3.2 特指回声问

特指回声问又称疑问代词回声问，指只针对发话人句子中自己没听清楚的要素发问。

1. 当听话人没听清发话人某一部分的话语时，直接针对没有听清的那部分用特指问进行提问，既可针对陈述句，也可针对疑问句进行回声问，使用句末语气词 le³³，句末的语调为降调。例如：

ŋa³¹	kʰui³³mi²¹	tɕi³¹	a³¹te³³	ve³³.
我	昆明	去	FUT	IND

65. A：我要去昆明。

nɔ³¹	qʰɔ³¹	tɕi³¹	a³¹te³³	le³³?	或者	qʰɔ³¹	le³³?
你	哪	去	FUT	INTER		哪儿	INTER

65. B：（你要去）哪儿？

B 句是针对 A 句中的地点提出回声问的，既可以针对没听清的特定部分直接提问"哪儿" qʰɔ³¹le³³；也可以保留 A 陈述句中的已知信息，语序和结构基本不变，只将没听清的要素换成特殊疑问词，在句末加疑问语气词。例如：

tsa³¹la⁵³	a³³mɔ⁵⁴qɔ³³	a³³pʰa⁵³te³³lɛ³³	a⁵³	la³¹	ve³³	le³³?
扎拉	昨天	为什么	NEG	来	IND	INTER

66. A：扎拉昨天为什么没来？

a³³su³³	a³³mɔ⁵⁴qɔ³³	a³³pʰa⁵³	te³³	a⁵³	la³¹	ve³³	le³³?
谁	昨天	什么	做	NEG	来	IND	INTER

66. B1：谁昨天为什么没来？

tsa³¹la⁵³	qʰa³¹	tʰa⁵⁴	a³³pʰa⁵³	te³³	a⁵³	la³¹	ve³³	le³³?
扎拉	什么	时候	为什么	做	NEG	来	IND	INTER

66. B2：扎拉什么时候为什么没来？

tsa³¹la⁵³	a³³mɔ⁵⁴qo³³	a³³pʰa⁵³	te³³	qʰa³¹lɛ²⁴	te³³	tsʅ²⁴	e³¹?
扎拉	昨天	什么	做	怎么了	做	CAUS	INTER

66. B3：扎拉昨天为什么怎么了？

A 问了一句话，B 没有听清其中的主语/状语/谓语，所以用指人的人称代词"谁"a³³su³³/时间疑问代词 qʰa³¹tʰa⁵⁴/方式、情状疑问代词 qʰa³¹lɛ²⁴提出回声问。B 组的三个句子中，均有两个疑问代词，但"为什么"a³³pʰa⁵³是 A 原句中就有的，a³³su³³、qʰa³¹tʰa⁵⁴和 qʰa³¹lɛ²⁴才是 B 未听清而提问的成分，是真正的疑问焦点。

2. 一般的特指问句只允许针对一项提问，而特指回声问允许出现对多项提问，有多个疑问焦点。如：

tsa³¹la⁵³	lɛ³³	na³³pʰɤ³¹	ni⁵³	a³¹	xa³³	qɔ⁵³	tɕi³¹	guɯ²¹	po³¹.
扎拉	CONJ	娜迫	两	个	地	挖	走	去	PERF

67. A：扎拉和娜迫挖地去了。

a³³su³³	lɛ³³	na³³pʰɤ³¹	ni⁵³	a³¹	a³³pʰa³³	tsa³³	te³³	tɕi³¹	guɯ²¹
谁	CONJ	娜迫	两	个	什么	去	做	走	去

po³¹	le³³?
PERF	INTER

67. B：谁和娜迫干什么去了？

B 句基本在重复 A 句的陈述句，语序和结构基本无差别，听将没听清的部分换成相应的疑问代词，在句末加疑问语气词 le³³，语调为平调。

3. 如果整句话都没听清楚，则用 xa²⁴a³¹提问，语调为降调。例如：

tsa³¹la⁵³	a³³mɔ⁵⁴qo³³	a³³pʰa³³	te³³	a⁵³	la³¹	ve³³	le³³?
扎拉	昨天	什么	做	NEG	来	IND	INTER

68. A：扎拉昨天为什么没来？

xa²⁴	a³¹?
啊	语气词

68. B：什么？

此句是针对整句发问，不存在针对哪些成分的问题。

8.2 祈使句

祈使句是一种具有交际功能的主要句类，表达命令、建议、提醒、叮嘱、威胁等祈使语气（mood），并且用不同句末语气词表示祈使语气，如 $\varepsilon\varepsilon^{31}$、$la^{33}$、$la^{21}$、$n\varepsilon^{31}$、$v\varepsilon\varepsilon^{24}$、$va^{24}$、$ve^{33}le^{33}$、$ve^{33}o^{31}$、$o^{31}$等。

8.2.1 肯定性祈使

朱德熙（1982）年指出，祈使句的主语只能是"你、你们、我们"，不能是第一人称代词"我"和第三人称代词"他、他们"，如果把祈使用的主语换成"我、他、他们"，祈使句就会改变性质转换成陈述句。[①]拉祜语的祈使句以第二人称代词为主语，是祈使句的最基本形式，也是最自然的祈使句。分为以下三种情况：

第一，无标记形式，即主语零形式。例如：

mu^{33}	la^{33}!	
坐	句末语气词	69. 请坐！
la^{31}	$\varepsilon\varepsilon^{31}$!	
来	句末语气词	70. 来吧！

非强调式或对比的情况下，祈使句的主语默认为第二人称，且常无人称代词出现。

第二，有标记形式，即主语以第二人称单数形式出现。例如：

| $na^{33}lo^{53}$ | no^{31} | te^{53} | $d\gamma^{31}$ | la^{31} | $\varepsilon\varepsilon^{31}$! |
| 娜俅 | 你 | 一 | 下 | 来 | 句末语气词 |

71. 娜俅你来一下。

| no^{31} | le^{31} | $tsho^{33}$ | qho^{53} | $qha^{33}da^{21}$ | na^{33} | $\varepsilon\varepsilon^{31}$! |
| 你 | 就 | 人 | 话 | 好好地 | 听 | 句末语气词 |

72. 你就老实点吧！

由于拉祜语的人称代词是自由代词，且动词没有一致关系标记，故第二人称代词的隐现较为自由。即使不是强调或对比的语境中，受语境信息是否充足的影响，第二人称代词的隐现都比较自由。如果主语以有标记的形式出现，在语用方面，一是有加重语气的作用，二是可以强调说话者的意图。

第三，受话者由总括代词充当。例如：

| $ts^ho^{33}sa^{31}m\varepsilon^{33}$ | ve^{33} | $ta^{31}ts^h\gamma^{54}l\varepsilon^{24}$ | tso^{31} | $\varepsilon\varepsilon^{31}$! |
| 大家 | TM | 静悄悄 | 有 | 句末语气词 |

73. 大家静一静！

---

① 朱德熙：《语法讲义》，商务印书馆 2016 年版，第 205 页。

8.2.1.1　命令

多使用句末语气词 la²¹，表达命令、要求、请求、乞求等祈使强度不同的语气。例如：

va⁵³	tɕi³¹!					
快	走			74. 快走！		
mɤ³³	la²¹!					
坐	句末语气词			75. 坐下！		
xo²⁴	la²¹!					
站	句末语气词			76. 站着！		
ŋɔ²⁴	la²¹!					
看	句末语气词			77. 小心！		
ni³¹	va⁵³va⁵³ti⁵⁴!					
你们	快快的			78. 你们给我快点儿！		
li²¹	ɛɛ⁵⁴	a³¹	vu²¹	ya³³	po³¹!	
信	三	封	写	得	PERF	79. 写好三封信！
kʰɛ⁵³	o³³	ni⁵³	a³¹	zu³¹	va³³!	
碗	那	二	个	拿	DIR	80. 把那两个碗拿过来！

根据说话人说话时语气的强弱表达出不同的祈使强度，如"坐下"mɤ³³la³¹，la³¹为松音31调时，语气较弱，表达出许可或商量的语气，而 la²¹为紧音21调时，语气较强，则表达出命令或要求的语气。

8.2.1.2　建议

建议的句末语气词多使用 le³³、o³¹或 vɛ²⁴，建议的祈使句还可以用"不是就"a⁵³ₙₑGₓxe⁵⁴ᵢₙₜⱼqo³³꜀ₒₙⱼ结构引导出，分为已然行为的建议和未然行为的建议。

第一，已然行为的建议。例如：

ni³¹	qʰa³¹lɛ²⁴	te³³	zɔ⁵³	a³¹	xa³³	a³³tɕi²⁴	mɛ⁵³tsʰɔ³³	a⁵³
你们	怎么	做	他	patient	地	一点	稍多	NEG

pi⁵³	ve³³	le³³!						
DIR	IND	句末语气词						

81. 你们怎么不多给他一些地呢！

qʰa³¹lɛ²⁴	te³³	za²¹qo³³	pɤ²¹	tsa⁵³qʰa³³ŋɔ²⁴	ve³³	le³³!
什么	做	先	领	尝尝看	IND	句末语气词

82. 为什么不先尝尝呢！

zɔ⁵³　　　　　　tɕi³¹　　　　　vi⁵³　　　　　o³¹!

他　　　　　　走　　　　　DIR　　　　句末语气词

83. 让他走吧。

第二，未然行为的建议。例如：

或者用"不是的话"a⁵³xe⁵⁴qo³³引导出表建议的祈使句。

a⁵³　　　xe⁵⁴　　qo³³　　ŋa³¹　　za³¹　　qʰɔ³³　　qɔ²¹a³¹vɤ³¹　　vɛ²⁴!

NEG　　INTJ　　TM　　我　　家　　里　　回去　　　　　POT

84. 要不我还是回家吧！

a³³sa³³　tɕɛ³¹　o³³ve³³　a⁵³　　xe⁵⁴　　qo³³　　a³³tɕi²⁴　qɔ³¹　tɕa²⁴-　qʰa³³ɕi³¹!

玉米　棒　那个　NEG　INTJ　CONJ　一会　再　煮　CON

85. 那个玉米要不再煮一会儿！

8.2.1.3　提醒

提醒的句末语气词是语气词 va²⁴，例句如下：

tɕʰi⁵⁴　　　　va²⁴!

烫　　　　句末语气词　　　　　　　　　　86. 小心烫到！

la²¹ni³³　　sɔ⁵⁴　　　va²⁴!

手指　　切　　　句末语气词　　　　　87. 小心切到手！

tsʰɔ³³　　a³¹　　buɯ⁵⁴　　va²⁴!

人　　POST　挤　　句末语气词　　　88. 小心挤到人！

提醒类祈使句是用肯定形式表达否定意义，突出可预见性的消极结果，句中无显性的否定成分，但否定的语义已暗含在句子中，以间接的方式委婉地将"不要""别"等否定性意愿传达给听话人。拉祜语的句末语气词 va²⁴是专门用于提醒类祈使句中，有表达警示等语用功能。

8.2.1.4　叮嘱

表叮嘱的句末语气词是 nɛ²¹，或者用 qʰa³¹te³³怎么kɛ³³也引导出表叮嘱的祈使句。

qʰa³¹te³³kɛ³³　fa³¹　　la²¹!

无论如何　　防　句末语气词

89. 千万要小心呀！

xa³³　　ɕe³¹　　te⁵³　　pi⁵³　　nɔ³¹　　qʰa³¹te³³　kɛ³³　　zɔ⁵³　　a³¹　　pi⁵³　　nɛ²¹!

地　　这　　一　　块　　你　　怎么　　也　　他　　patient　DIR　语气词

90. 这块地你千万要给他呀！

nɔ³¹　　　a³³lɔ²⁴lɔ²⁴　　tɕi³¹,　　　tɕi³¹　　　da²¹　　　nɛ³¹!

你　　慢慢地　　走　　走　　好　　句末语气词

91. 您慢走，走好哇！

nɔ³¹	zɔ⁵³	ɕi³³	ɔ³¹ni³³ɔ³¹xa²⁴	qha³³dɛ²¹	kɔ²⁴	nɛ³¹!
你	他	COM	日子	好好地	过	句末语气词

92. 你可要跟他好好过日子呀！

8.2.1.5 威胁

表威胁的祈使句可以不使用句末语气词。例句如下：

nɔ³¹	tsa⁵³	ŋɔ²⁴!		93. 你敢吃！
你	吃	看		

nɔ³¹	tɕi³¹	ŋɔ²⁴!		94. 你敢走！
你	走	看		

8.2.2 否定性祈使

否定性祈使用来表达禁止、批评或阻止，是语气较强硬的一种句式，其话语功能是用来表达发话人的负面立场或态度。从跨语言的角度看，很多语言都有不同于陈述句的专用祈使否定成分。拉祜熙方言也有专用的否定祈使形式，它的否定成分有陈述式和祈使式之别，陈述句的否定成分为 a⁵³⁻³¹，祈使句的否定成分则是 ta⁵³。

a⁵³	da²¹!		95. 不好！
NEG	好		

ta⁵³	pʰɛ²¹bɔ³¹,	tsa⁵³	ɛɛ³¹!	96. 别客气，请吃啊！
NEG	客气	吃	句末语气词	

8.2.2.1 禁止

(tsʰɔ³³)	ta⁵³	te³³tu⁵³		97. 禁止通行！
（人）	NEG	行走		

nɔ³¹	xa³³	qʰɔ³³	ka²⁴	te³³	tɕɔ⁵³,	ta⁵³	tɕa³³	gɯ⁵³!
你	地	里	事情	做	应该	NEG	去	玩

98. 你最好在地里干活，别出去玩！

ta⁵³	xi⁵⁴		99. 别动！
NEG	动		

ta⁵³	tsa⁵³		100. 别吃！
NEG	吃		

另外，比禁止式更委婉些的言语行为还有告诫式，例如：

nɔ³¹	dʑŋ³¹	a⁵³	dɔ³¹	tɕɔ⁵³!	101. 你不应该喝酒！
你	酒	NEG	喝	应该	

8.2.2.2　劝阻

mu⁵³ka⁵⁴za⁵³		a³³ka⁵⁴	gɔ³¹	ta⁵³	dɔ³¹!	
冬天		水	冷	NEG	喝	102. 冬天别喝凉水！

ta⁵³	tɕi³¹	o³¹	
NEG	去	TAM	103. 别去了！

　　祈使句否定成分 ta⁵³ 后面只能带谓词性成分，不能带体词性成分。如"你别去"nɔ³¹ta⁵³tɕi³¹，不能说成*ta⁵³nɔ³¹tɕi³¹。不能和情态动词搭配，如"不应该喝"只能说 a⁵³dɔ³¹tɕɔ⁵³，而不能说成*ta⁵³dɔ³¹tɕɔ⁵³，也就是说否定祈使句中只能用陈述句的否定用否定成分 a³¹，而不能用 ta⁵³。

　　另外，和汉语不同，拉祜熙话不习惯连用两个否定形式表示肯定，如"你别不去呀！"只能使用肯定形式 nɔ³¹你 tɕi³¹去 ɛ³¹INTJ，不能说成ʔʔnɔ³¹你 a⁵³NEGtɕi³¹去 ta⁵³ NEG te³³做。

8.3　感叹句

　　感叹句是一种具有交际功能的句类，表达赞叹、慨叹、惊讶、领悟、叹息、高兴等语气，并且用不同句末语气词表示感叹语气，如 ɛ³¹、a³¹、o³³、lɔ³³等。例句如下：

xɔ²⁴	dza⁵³	ve³³	ɣɔ⁵³tsa²⁴	ɛ³¹!	
香	很	POSS	菜	句末语气词	104. 好香的菜啊！

a⁵³	ŋɛ³³	tɕɛ³¹	tɕɛ³¹	ve³³!	
NEG	容易	真	真	句末语气词	105. 太了不起啦！

nɔ³¹	ŋɤ³¹	tɤ³¹	sɿ³³	la⁵³	ve³³	o³¹!
你	我们	吓	死	给	IND	句末语气词

106. 你吓死我们啦！

xɛ⁵³	dza⁵³	ve³³	xɔ³³qʰa⁵⁴xa²⁴	lɛ³¹!	
壮	很	RM	小伙子	句末语气词	107. 多壮的小伙子呀！

o³¹lɛ²⁴	qo³³	da²¹	dza⁵³	a³¹!	
那样	CONJ	好	多	句末语气词	108. 那该多好啊！

za⁵³nɛ²⁴	ɕe³¹	na³³	pɯ²⁴	dza⁵³	a³¹!
孩子	这	听	modality	很	句末语气词

109. 这孩子好乖呀！

zɔ⁵³	lɛ³¹	tsʰɔ³³	da²¹	te⁵³	ɣa⁵³	tɛɛ³¹	tɛɛ³¹	lɔ³³!
她	COP	人	好	一	位	真	真	句末语气词

110. 她是个好人哪！

ɕe³¹	lɛ³¹	ŋɤ³¹	ve³³	la³³xu³¹za³¹	tu³¹da²¹	ve³³	a³¹!
这	COP	我们	POSS	拉祜人	骄傲	IND	句末语气词

111. 这是我们拉祜人的骄傲哇！

te⁵³gɛ³³	da²¹	dza⁵³	ve³³	ɔ³¹tsʰɔ⁵³	te³³	ɣa⁵³	kɛ³³	a⁵³	tsɔ³¹
大伙	好	很	POSS	朋友	一	位	也	NEG	有

ɕe³¹	a³¹!
还	句末语气词

112. 大伙儿失去了一位多好的朋友啊！

拉祜语感叹句的表达主要依靠句末语气词。句末语气词既可能属于全句，也可能只属于句中的部分成分，还有可能是两种情况的融合。但拉祜语中这些表达感叹的句末语气词是加在整个句子上头的，因为通过不同句末语气词的加入可以帮助句子成立，可以凸现说话人的情感，而这样情感的表达是属于整个句子的，而不是句子中的部分成分。

8.4 代句词：叹词

叹词（interjections）是跨语言普遍性最强的封闭性词类，是人类用来表达感叹、呼应和应答等内心感受的词，可以单独成句且不与其他词语发生句法组合关系，其本质是代句词。在句法上，叹词是不与其他词类发生句法组合关系的词类，分为感叹类、陈述类、祈使类、疑问类、称呼招呼类五类。

8.4.1 感叹类

感叹类叹词在话语中可以单独构成感叹句，用来表达情感反应的叹词。

ɔ:³³表示惊讶，xo³¹表示鄙视，pʰɛ⁵⁴表示斥责，a³¹lau²⁴表示感叹，ɛ³¹表示提醒，a³³lɤ³³用来表达疼痛时的呼喊，ɣɯ³¹sa³³o³¹用力地呼喊上天（ɣɯ³¹sa³³是拉祜语原始宗教中最大的天神）。例如：

ɔ:³³!	nɔ³¹	ŋa³¹	tɤ³¹	sɿ³³-	la³³	ve³³	o³³!
哎呀:INTJ	你	我	吓	死	CON	IND	句末语气词

113. 哎呀，你可吓死我啦！

xo^{31}!	z̩^{21}	ma^{54}	ma^{54}!
哼:INTJ	梦	做	做

114. 哼，做梦！

pʰɛ^{54}!	a^{53}	za^{21}tɔ^{33}	pɤ^{24}!
呸:INTJ	NEG	害羞	会

115. 呸，真不要脸！

pʰɛ^{54}!	nɔ^{31}	tsʰɔ^{33}	mɛ^{53}	ta^{53}	fu^{24}!
呸:INTJ	你	人	脸	NEG	喷

116. 呸！你不要血口喷人！

a^{31}lau^{24}:!	nɔ^{31}	ga^{31}	la^{33}	lɔ^{33}li^{31}!
妈呀:INTJ	你	到	来	总算

117. 我的妈呀，你到底来了！

ɛ^{31}!	tɔ^{53}	a^{24}za^{24}za^{24}	u^{24}!
INTJ	话	小小地	说

118. 哎，小声点儿！

a^{33}lɤ^{33}!	ŋa^{31}	na^{31}	dza^{53}!
唉哟:INTJ	我	疼	很

119. 唉哟！疼死我了！

a^{33}lɤ^{33}!	na^{31}	dza^{53} tɕɛ^{31}ve^{33}	o^{31}!
哎呀:INTJ	疼	很　真 IND	句末语气词

120. 哎呀，真疼呀！

ɣɯ^{31}sa^{33}o^{31}!	ɕe^{31}	xɤ^{33}xɤ^{33}	lɛ^{31}!
天哪:INTJ	这	大大	句末语气词

121. 天哪，这么大呀！

8.4.2　陈述类

陈述类叹词可以分为指示类和应答类。

8.4.2.1　指示类

指示叹词用于出示位于说话人眼前的事物，可以单独成句用来回答问题。拉祜熙方言中的指示叹词有 xɛ^{24}和动词兼用指示叹词的 ŋɔ^{24}。例句如下：

ŋɔ^{24},	ɕe^{31}	lɛ^{31}	ŋa^{31}	ve^{33}	zɛ^{31}!
看:INTJ	这	COP	我	POSS	家

122. 看，这就是我的家！

ŋa^{31}	ve^{33}	tʰɛ^{33}	ɛ^{31}?
我	POSS	裙子	INTER

123. A：我的裙子呢？

xɛ^{24}.
给:INTJ

124. B：给。

8.4.2.2　应答类

应答是应答人在陈述自己对发话人话语的接收状态或评判。拉祜熙方言的应答类叹词有 xa^{24}、e^{31}和 zao^{31}。例句如下：

tsa^{33}pʰɤ^{31}!
扎迫

125. A：扎迫！

xa²⁴或 e³¹.					126. B：诶。
INTJ					
li²¹pɤ⁵³	ee³¹	nɔ³¹	ve³³	la³¹?	
书	这	你	POSS	INTER	127. A：这是你的书吗？
zao³¹.					
INTJ					128. B：嗯。
ɔ³¹	tsa⁵³	o³¹.			
饭	吃	TAM			129. A：吃饭了！
e³¹.					
INTJ					130. B：好。

8.4.3　祈使类

祈使类叹词一般用于驱赶或喂食动物用的，如驱赶牛这样的大型牲畜用 e²⁴；唤家禽类鸡或鸭吃食用 ku⁵³；唤猪吃食用 i⁵³；唤狗用 e⁵³。另外，狗在拉祜族人的心中有着特殊的地位，拉祜族有着不许食狗肉的古老传统，在创世史诗和迁徙史诗中有着关于狗用自己的尾巴带给人们粮食种子或狗用自己的奶水哺育人类的传说故事。我们认为，历史上拉祜族是游猎民族，打猎时狗是人们的重要帮手，所以狗在人们生活中有着重要的作用。拉祜族家家养狗，并且习惯于给狗起名字，起名方式也与人的起名方式类似。如雄性的黑色的狗就叫 tsa³³ₓₐna⁵⁴黑，雌性的黄色的狗就叫 na³³娜sɤ³³黄。在唤狗时，会加上名字，如 tsa³³na⁵⁴，e⁵³，e⁵³，e⁵³。

8.4.4　疑问类

拉祜熙话中表达疑问类的叹词主要有 xa³⁵和 xa²⁴。例句如下：

tsa³³pʰɤ³¹	a⁵³	la³¹	o³¹?	
扎迫	NEG	来	INTER	131. A：扎迫不来了。
xa³⁵				
INTJ				132. B：啊？（意思是怎么会这样？）
tsa³³pʰɤ³¹	a⁵³	la³¹	o³¹?	
扎迫	NEG	来	INTER	133. A：扎迫不来了。
xa²⁴				
INTJ				134. B：啊？（没听清发话人说的话。）

从以下例句中我们可以看出，表示惊讶和请发话人重复的叹词声韵相

同，只靠声调的不同进行区分。刘丹青（2017）认为一种语言中的感叹词可能存在超出常规音系的音，如普通话中鼻辅音自成音节的"哼"hm、hng。陆丙甫、金立鑫（2015）也指出叹词的语音形式经常超越具体语言的音系组配规则，如英语的"psst!""wow!"等。拉祜熙方言中的叹词和拟声词也出现了这样的现象：1. 音系中的升调本来只有 24 调，无 35 调，但表示惊讶类的感叹词 xa³⁵，出现在超出拉祜熙常规音系中的声调；2. 拉祜熙方言的音系中的固有词汇中，二合复元音 ao 只出现于专用肯定叹词 zao³¹以及拟声词中；二合复元音 au 一般只出现于汉语借词中，而固有词汇中其存在于叹词[a³¹lau²⁴:]。

8.4.5　称呼招呼类

称呼招呼类叹词有两种基本功能：

一是社交关系确定语，表示说话人注意到对方并表示问候，主要用于面称，一类是与自己有血缘关系的人，如：年长于自己且有血缘关系的长辈称为"妈"a³³ma³³妈；"爷爷"a³³ta³³爷爷；年长于自己且有血缘关系的平辈女性称为"我姐姐"ŋa³¹我 vi²⁴年长于自己的中缀 ma³³FEM；年小于自己且有血缘关系的平辈男性称为"我弟弟"ŋa³¹我 ŋa²⁴年小于自己的中缀 pa³¹M 等等；另一类与自己无血缘关系的人，如年长于自己且无血缘关系的女性平辈称为"阿姐"a³¹前缀 vi²⁴年长于自己的中缀 ma³³FEM；年小于自己且无血缘关系的男性平辈称为"阿弟"a³¹前缀 ŋa²⁴年小于自己的中缀 pa³¹M；无血缘关系的女性长辈称为 a³¹前缀 vi²⁴年长于自己的中缀 ma³³FEMlo²⁴大；无血缘关系的男性长辈称为 a³¹前缀 vi²⁴年长于自己的中缀 pa³¹Mlo²⁴大。

二是话语关系确定语，表示想要引起听话人的注意，并想与之建立话语关系。如"喂"ɛ⁵³或 ɤ⁵³，但通常情况下这样被认为是不礼貌的，所以不经常使用。

第九章　语义范畴

本章所涉及的语义范畴包括否定范畴、体范畴、式范畴和情态范畴、传信范畴、量范畴、比较范畴和比拟范畴以及趋向范畴，下面我们分别进行讨论。

9.1　否定范畴

否定（negation）是语义范畴中重要的一种，有着跨语言的普遍范畴。虽然每一种语言都有着表达否定的方法，但根据否定手段性质的不同，有些语言使用否定词汇的方法（negative words），有些语言使用形态句法方法（morphosyntactic constructions）。本节只讨论形态句法功能的否定成分。

拉祜熙方言的否定成分 a^{53} 属于前进型（forward-type），即作用方向向右，一般放其右边的成分上，即放在普通动词之前。

9.1.1　否定词的词形特征

拉祜熙方言中，时、体、情态、言语行为等因素对否定词的词形影响不大，但单纯的基本否定算子加上表情态、时、体、言语行为等成分可以构成复杂否定词（complex negatives）。

9.1.1.1　简单否定词 a^{53}

同汉语不一样，拉祜熙话中不存在标准否定和存在否定的区别。拉祜熙话的否定语素只有 a^{53}。标准否定例句如下：

$nɔ^{31}$	a^{53}	$tɕi^{31}$	ve^{33}	$p^hɛ^{21}$		a^{53}	$p^hɛ^{21}$.
你	NEG	去	NOMIN	可以		NEG	可以

1. 你是不是可以不去？

$k^hui^{33}mi^{21}$	$lɛ^{31}$	$ŋa^{31}$	a^{53}	$tɕi^{31}$.
昆明	TM	我	NEG	去

2. 昆明我不去。

$ŋa^{31}$	$tɕa^{31}$	a^{53}	ti^{33}	ga^{53}	$pɤ^{24}$.
我	秧	NEG	栽	喜欢	会

3. 我不喜欢插秧。

存在否定例句如下：

zɔ⁵³	a⁵³	tɕi³¹-	ɕe²¹.	
他	NEG	走	IMPERF	4. 他还没走。

a³³pu³¹ɕi³¹	a⁵³	mɛ³³-	ɕe²¹.	
多依果	NEG	熟	IMPERF	5. 苹果还没熟。

zɔ⁵³	te³³	ɣa⁵³	nɛ²⁴	lɛ³³	tɔ⁵³	a⁵³	u²⁴.
他	一	位	只	就	话	NEG	说	6. 就他一个人没说话。

9.1.1.2　复杂否定词及其形态变化

拉祜熙话的复杂否定词主要由基本否定词 a⁵³ 构成，如："不知道" a⁵³ɕi³¹、"没有" a⁵³tsɔ³¹、"不是" a⁵³xe⁵⁴、"不会" a⁵³pɣ²⁴、"不行" a⁵³pʰɛ²¹、"不要紧" a⁵³kɛ³³、"不好" a⁵³da²¹、"对不起" a⁵³kɛ³³ɕi³¹ 等。这些复杂句否定词主要与时、体、情态、程度及言语行为等因素有关，我们将在下面的内容中具体讨论。本小节只简单列举一些句子如下：

zɔ⁵³	pʰu³³	a⁵³	tsɔ³¹.	
他	钱	NEG	有	7. 他没有钱。

ŋa³¹	a⁵³	ɕi³¹.	
我	NEG	知道	8. 我不知道。

ɣu⁵³sɿ³¹	ve³³	o³³	te³³	qʰa⁵⁴	tsʰɔ³³	qʰa³³pɣ³¹	la⁵³xo³¹za⁵³	a⁵³	xe⁵⁴.
前边	RM	那	一	村	人	全部	拉祜人	NEG	INTJ

9. 前村的人都不是拉祜人。

9.1.2　与时体相关的否定

拉祜熙方言中，否定已然行为、未然行为、经历行为和现在状况均使用否定成分 a⁵³，且均用于普通动词之前。例如：

tsa³³pʰɣ³¹	a³³mi³³	li²¹xe⁵³kɯ³¹	a⁵³	tɕi³¹.	
扎迫	昨天	学校	NEG	去	10. 扎迫昨天没去学校。

a³³po²¹	a⁵³	vi³³-	ɕe²¹.	
衣服	NEG	干	IMPERF	11. 衣服还没有干。

za²¹ni³³	mu⁵³zi³¹	a⁵³	la³¹	ta³¹.	
今天	雨	NEG	下	POT	12. 今天不会下雨。

ŋa³¹	ni⁵³tɕhi³³	qʰɔ²¹	ga³³-	po³¹.	
我	二十	岁	到	PERF	

kʰui³³mi²¹	a⁵³	tɕi³¹-	dzɔ³³	ɕe²¹.	
昆明	NEG	去	PAST	IMPERF	

13. 我20岁了，还没有去过昆明。

ŋa³¹	kʰui³³mi²¹	la³¹-	po³¹,
我	昆明	来	PERF

te⁵³po⁵⁴	kɛ³³	a⁵³	qɔ²¹-	ɕe²¹.
一直	都	NEG	回	IMPERF

14. 我来了昆明，一直没回去。

tsa³³pʰɤ³¹	tɕʰɛ³³nɛ³¹	za³¹qʰɔ³³	a⁵³	tɕʰe⁵³.
扎迫	现在	家	NEG	在

15. 扎拉现在不在家。

ŋa³¹	tɕʰɛ³³nɛ³¹	a⁵³	tsa⁵³	ga⁵³.
我	现在	NEG	吃	想

16. 我现在不想吃饭。

9.1.3　与情态相关的否定

拉祜熙方言的情态助动词及其否定形式如下所示：

肯定	否定
应该 tɕɔ⁵³	不应该 a⁵³-verb-tɕɔ⁵³
会 pɤ²⁴	不会 a⁵³-verb-pɤ²⁴或 verb-a⁵³-pɤ²⁴
要 zu³¹	不要 a⁵³-verb-zu³¹
行（肯、可以）pʰɛ²¹	不行 a⁵³-verb-pʰɛ²¹

在 5.1.2.1 情态助动词一节中我们已经简单讨论过情态助动词的否定：拉祜熙话的否定成分要加在普通动词的前面，而不是情态助动词的前面。只有"会"pɤ²⁴不同，否定成分既可以放在普通动词前又可以放在情态助动词 pɤ²⁴之后。例如：

zɔ⁵³	sa³¹	a⁵³	bɔ⁵⁴	pɤ²⁴.
他	肉	NEG	打	会

zɔ⁵³	sa³¹	bɔ⁵⁴	a⁵³	pɤ²⁴.
他	肉	打	NEG	会

17. 他不会打猎。

否定成分"不"a⁵³位于普通动词"打"bɔ⁵⁴的前后均可。

nɔ³¹	xa³³	a⁵³	te³³	pɤ²⁴.
你	田地	NEG	种	会

nɔ³¹	xa³³	te³³	a⁵³	pɤ²⁴.
你	田地	种	NEG	会

18. 你不会种地。

否定成分"不"a⁵³位于普通动词"种"te³³的前后均可。

否定成分是表达对命题的否定，它是对命题行使否定作用的算子。否定算子处于句子命题部分的最外层，它的辖域（作用域）就是除它之外的整个句子，从上面四个句子中我们发现，否定成分可以内嵌于普通动词和情态助动词之间，相较其他的情态助动词，pɤ²⁴更能接受否定成分内嵌式。

另外，从跨语言的角度看，有些学者认为，否定算子的句法位置总比疑问算子更加内嵌，从以下拉祜熙话的例句中来看的确如此。例如：

zɔ⁵³	sa³¹	a⁵³	bɔ⁵⁴	pɤ²⁴	la³¹?
他	肉	NEG	打	会	INTER

zɔ⁵³	sa³¹	bɔ⁵⁴	a⁵³	pɤ²⁴	la³¹?
他	肉	打	NEG	会	INTER	19. 他不会打猎吗？

又如 5.2 节讨论过的"不刮风"mu⁵³xɔ³³_凤 a⁵³_NEG mɯ⁵⁴_刮；"不打嗝"ɤ⁵⁴_嗝 a⁵³_NEG mɯ³¹_打、"不伸懒腰"tsʅ²¹_腰 a⁵³_NEG tsɤ³³_伸等双音节动词的否定形式均是内嵌式否定。

9.1.4　与程度相关的否定

拉祜熙方言的否定成分 a⁵³可以直接否定程度副词，即 a⁵³_NEG la⁵⁴_太；或者使用"程度副词 tsʅ⁵³_太+否定成分+动词"的结构，构成与程度相关的否定。例如：

na³³pʰɤ³¹	a⁵³	la⁵⁴	ŋɔ²⁴	sa³³.
娜迫	NEG	太	看	舒服

na³³pʰɤ³¹	tsʅ⁵³	a⁵³	ŋɔ²⁴	sa³³.
娜迫	太	NEG	看	舒服	20. 娜迫不太好看。

tsa³¹la⁵³	a⁵³	la⁵⁴	tɕi³¹	ga⁵³.
扎拉	NEG	太	去	想

tsa³¹la⁵³	tsʅ⁵³	a⁵³	tɕi³¹	ga⁵³.
扎拉	太	NEG	去	想	21. 扎拉不太想去。

tsa³¹la⁵³	li²¹xe⁵³	a⁵³	la⁵⁴	tɕʰɤ³¹.
扎拉	学习	NEG	太	成

tsa³¹la⁵³	li²¹xe⁵³	tsʅ⁵³	a⁵³	tɕʰɤ³¹.
扎拉	学习	太	NEG	成	22. 扎拉学习不太好。

ka²⁴	te³³	ve³³	a⁵³	la⁵⁴	sɔ⁵³.
事情	做	NOMIN	NEG	太	顺利

ka²⁴	te³³	ve³³	tsʅ⁵³	a⁵³	sɔ⁵³.
事情	做	NOMIN	太	NEG	顺利

23. 事情进行得不怎么顺利。

tsa³¹la⁵³	za⁵³nɛ²⁴	a³¹	a⁵³	la⁵⁴	xa³³lɛ³¹.
扎拉	孩子	patient	NEG	太	喜欢

tsa³¹la⁵³	za⁵³nɛ²⁴	a³¹	tsʅ⁵³	a⁵³	xa³³lɛ³¹.
扎拉	孩子	patient	太	NEG	喜欢

24. 扎拉不怎么喜欢孩子。

$tsa^{31}la^{53}$	$l\varepsilon^{33}$	$tsa^{33}p^h\gamma^{31}$	$\mathupsilon^{31}ts^h\mathupsilon^{53}$	a^{53}	la^{54}	da^{21}.
扎拉	M	扎迫	朋友	NEG	太	好

$tsa^{31}la^{53}$	$l\varepsilon^{33}$	$tsa^{33}p^h\gamma^{31}$	$\mathupsilon^{31}ts^h\mathupsilon^{53}$	$ts\eta^{53}$	a^{53}	da^{21}.
扎拉	M	扎迫	朋友	太	NEG	好

25. 扎拉和扎迫不怎么要好。

ηa^{31}	$tsa^{31}la^{53}$	a^{31}	$ts\eta^{53}$	$d\mathupsilon^{54}$	a^{53}	γa^{53}.
我	扎拉	patient	太	打	NEG	赢

26. 我不太打得过扎拉。

由以上例句可以看出，否定成分内嵌与否的用词和结构都不尽相同。否定成分非内嵌时构成"NEG+程度副词 la^{54}太+谓词"的结构；而否定成分内嵌时构成"程度副词 $ts\eta^{53}$太+ NEG+谓词"的结构。

9.1.5　否定性回答

同汉语的否定词"不"不同，拉祜熙话的普通否定词 a^{53} 不能单独成句，回答时必须用"a^{53}+VP"的形式。例如：

$n\mathupsilon^{31}$	$a^{24}p\mathupsilon^{31}$	$k^hui^{33}mi^{21}$	$t\varepsilon i^{31}$	$a^{31}la^{31}$	a^{53}	$t\varepsilon i^{31}$	$a^{31}la^{31}$?
你	明天	昆明	去	INTER	NEG	去	INTER

27a. 你明天去不去昆明呢？

a^{53}	$t\varepsilon i^{31}$.
NEG	去

27b. 不去。

$n\mathupsilon^{31}$	a^{53}	$t\varepsilon i^{31}$	ve^{33}	$p^h\varepsilon^{21}$	a^{53}	$p^h\varepsilon^{21}$?
你	NEG	去	NOMIN	可以	NEG	可以

28a. 你可不可以不去？

a^{53}	$p^h\varepsilon^{21}$.
NEG	可以

28b. 不可以。

拉祜熙方言中，除了有类似英语 YES 的专用肯定叹词 zao^{31} 外，还有专用的否定叹词 xe^{54}。现代英语中可以用"Yes or no?"进行是非问的提问，拉祜熙方言也可以用 $xe^{54}na^{31}a^{53}xe^{54}na^{31}$ 进行提问。例如：

$z\mathupsilon^{53}$	$la^{53}xu^{31}za^{53}$	zao^{31}	na^{31}	a^{53}	xe^{54}	na^{31}?
他	拉祜人	INTJ	INTER	NEG	INTJ	INTER

29a. 他是不是拉祜人？

zao^{31}.
INTJ

29b. 是。

a^{53}	xe^{54}.
NEG	INTJ

29c. 不是。

在答句的否定回答句中 xe^{54} 不能换成 zao^{31}，不能说成*$a^{53}zao^{31}$。即 zao^{31}

是专用的肯定叹词，不能前加否定词重新组成否定成分。

两种方言，在是非问句中有所区别：拉祜熙方言的叹词 xe⁵⁴ 不可以单独用于非问句中进行提问；而拉祜纳方言的 xe⁵⁴ 则可以单独用于非问句中进行提问。如下所示：

拉祜熙：	zɔ⁵³	la⁵³xu³¹za⁵³	zao³¹	na³¹	a⁵³	xe⁵⁴	na³¹?
	?zɔ⁵³	la⁵³xu³¹za⁵³	xe⁵⁴	na³¹	a⁵³	xe⁵⁴	na³¹?
	*zɔ⁵³	la⁵³xu³¹za⁵³	zao³¹	na³¹	a⁵³	zao³¹	na³¹?
拉祜纳：	zɔ⁵³	la⁵³xu³¹za⁵³	xe⁵⁴	na³¹	a⁵³	xe⁵⁴	na³¹?
	*zɔ⁵³	la⁵³xu³¹za⁵³	zɔ³¹	na³¹	a⁵³	xe⁵⁴	na³¹
	他	拉祜人	INTJ	INTER	NEG	INTJ	INTER

我们认为，拉祜熙方言和英语更相似，同样有着专用肯定叹词 zao³¹，且可以直接用于是非问句中进行提问；而拉祜纳话虽然也有专用的肯定叹词 zɔ³¹，但 zɔ³¹ 却不能直接用于是非问句中进行提问。试比较下面的英语、汉语普通话、拉祜熙方言和拉祜纳方言的是非问句：

英语：	yes	or	no		
	INTJ	CONJ	NEG		
汉语：	是	或	否		
	COP	CONJ	NEG		
拉祜熙：	zao³¹	na³¹	a⁵³	xe⁵⁴	na³¹
拉祜纳：	xe⁵⁴	na³¹	a⁵³	xe⁵⁴	na³¹
	INTJ	INTER	NEG	INTJ	INTER

9.1.6　与动词连用相关的否定

动词连用是拉祜语的凸显特点，我们在 5.5 "动词连用"一节中已经讨论过，本节将讨论相关的否定形式。拉祜熙方言否定成分的作用方向向右，属前进型语言，它的否定成分前置于所有动词之前。例如：

| ŋa³¹ | nɔ³¹ | a³¹ | a⁵³ | tsa³³ | tsa³³. | |
| 我 | 你 | patient | NEG | 去:V | 找:V | 30. 我不去找你。 |

我们之前讨论过，拉祜语最多五个普通动词连用，而否定成分也只前置于第一个普通动词即可。例如：

| ŋɤ³¹ | qʰɔ³³qʰo⁵⁴ | sa³¹ | a⁵³ | tsa³³ | dɔ⁵⁴ | tɕʰi⁵⁴ | tsa⁵³ | tɕi³¹. |
| 我们 | 山上 | 肉 | NEG | 去:V | 打:V | 烧:V | 吃:V | 去:V |

31. 我们不到山上打猎烤肉吃。

当句子中出现时体助动词时，否定成分位于普通动词之前，而不是时体助动词之前。例如：

ŋɤ³¹	a³³mi³³	sa³¹	a⁵³	tsa²⁴	tsa⁵³-	dzɔ³³.
我们	昨天	肉	NEG	煮	吃	PAST

32. 我们昨天没煮过肉吃。

另外，普通动词前加否定成分时，通常会将时体助动词去掉。试比较下面的例句：

ŋɤ³¹	sa³¹	tsa²⁴	tsa⁵³-	tsʅ²⁴la³¹.	
我们	肉	煮	吃	PROG	33. 我们正在煮肉吃。

ŋɤ³¹	sa³¹	a⁵³	tsa²⁴	tsa⁵³.	
我们	肉	NEG	煮	吃	34. 我们没煮肉吃。

ŋɤ³¹	dɤ⁵³dɤ²¹	sa³¹	tsa²⁴	tsa⁵³-	a³¹te³³.
我们	待会	肉	煮	吃	FUT

35. 我们待会（将要）煮肉吃吧。

ŋɤ³¹	tɤ⁵³dɤ²¹	sa³¹	a⁵³	tsa²⁴	tsa⁵³.	
我们	待会	肉	NEG	煮	吃	36. 我们待会不煮肉吃。

再者，Vp 之间如果是先后的时间关系、前项是后项的方式或者前项是后项动作所使用的工具或手段时，否定成分同样加在第一个动词之前。例如：

la⁵³mi²¹	a⁵³	pʰɔ³³	lɛ³³	ɔ³¹	a⁵³	tsa³³	lu²¹	tsa⁵³.
门	NEG	开	CONJ	饭	NEG	去	进	吃

37. 不开门不进去吃饭。

ŋɤ³¹	la⁵³mi²¹	a⁵³	pʰɔ³³	a³¹	lɛ³³	zʅ²¹.
我们	门	NEG	开	CON	CONJ	睡觉

38. 我们不开着门睡觉。

sʅ⁵⁴qʰɔ⁵³	tsʰɔ³³	a³¹	a⁵³	ɣɔ⁵⁴	dɔ⁵⁴.
木棍	人	patient	NEG	捡	打

39. 不拾起木棍打人。

然而，拉祜熙话中也有"否定方向向左"的特殊情况，如"不新"不能说*a⁵³ₙₑ𝒼ɔ³¹sʅ²⁴新，而要说ɔ³¹sʅ²⁴新a⁵³ₙₑ𝒼xe⁵⁴ᵢₙₜⱼ；"不旧"*a⁵³ₙₑ𝒼ɔ³¹pi²¹旧不合法，而要说ɔ³¹pi²¹旧a⁵³ₙₑ𝒼xe⁵⁴ᵢₙₜⱼ，"不年轻"*a⁵³ₙₑ𝒼za⁵³nɛ³¹年轻不合法，而要说za⁵³nɛ³¹年轻a⁵³ₙₑ𝒼xe⁵⁴ᵢₙₜⱼ等等。否定成分 a⁵³必须紧跟专用否定叹词 xe⁵⁴之前，这里的 a⁵³已成为词内的形态，成为进一步虚化的前附缀（proclitic）。作为附缀，a⁵³没有语音损耗，但本应在否定词辖域之右的谓词（具体说是形容词）被挤到否定词的左边。这种语序和辖域的错配反映的是否定成分a⁵³的附缀化。

9.2 体范畴

时、体等语法范畴在有些语言中可以细加区分。名词性单位需要借助指称义，而动词性单位需要借助于时、体义。时的客观性强，而体的主观性强。

时间是语言中一个重要的语义内容，而时（tense）是语法形态中表现时间的范畴。时以说话时为时间基准，命题所表达的事件或所在的时间位置，时与动词词义的关系不密切，只关注事件发生的时间域，包括现在、过去和将来。拉祜语是分析性较强的语言，形态不发达，没有时范畴。我们已在第五章的时体助动词小节中讨论过拉祜语的"时"。一般在没有时范畴的语言中，体在功能上可以部分代替时的定位作用，但并不会改变其体的本来性质。Comrie 认为"体（aspect）"是观察情状的内部时间构成的不同方式；戴耀晶（1997）在 Comrie 对体的定义的基础上指出，"体是观察时间进程中的事件构成的方式"，并且认为体不仅与动词有关，而且和整个事件有关，并不以说话时间为参照。[①]体与动词义的关系密切，且与动词的整个论元结构有关系。我们认为，拉祜熙方言的体主要以体标记的形式表达，即在普通动词后附加助动词。

9.2.1 完成体

9.2.1.1 一般完成体

完成体（perfect）用于表达命题在基点时间之前已经发生且完成，其影响一直持续到基点时间，也就是说具有现时相关性。拉祜熙方言存在独立的完成体，在普通动词后附加时体助动词 po³¹。例如：

ɔ³¹	tsa⁵³-	po³¹.	
饭	吃	PERF	40. 饭已经吃完了。

nɔ³¹	tɕa³¹	ti³³-	po³¹.	
你	秧	栽	PERF	41. 你已经插完了秧。

在完成体的表达方面，拉祜纳方言和拉祜熙方言略有不同。我们认为，拉祜纳倾向于使用笼统的兼有和 tense、aspect、mood 之义的时体助动词来表达完成体，而拉祜熙方言则更倾向于使用体标记 po³¹ 表达完成体。例如"扎拉挖完了地。"一句，两种方言的句子如下所示：

---

① 参见刘丹青《语法调查研究手册》，上海教育出版社 2017 年版，第 456 页。

拉祜熙方言：	tsa³¹la⁵³	xa³³	qɔ⁵³	pɣ³¹	po³¹.
	扎拉	地	挖	结束	PERF
拉祜纳方言：	tɕa³¹la⁵³	xɛ³³	qɔ⁵³	pɣ³¹	o³¹.
	扎拉	地	挖	结束	TAM

42. 扎拉挖完了地。

拉祜熙方言：	i²⁴	ɔ³¹li⁵³	te³³	da²¹	po³¹-	o³¹.
	他们	礼物	赠	REC	PERF	TAM
拉祜纳方言：	zɔ⁵³xɯ³³	mɔ⁵³	pa³³	da²¹	pɣ³¹	o³¹.
	他们	东西	交换	REC	结束	TAM

43. 他们互相赠送了礼物。

相较拉祜纳话而言，拉祜熙话的完成体是较典型的完成体，因为基点时间可以是言语时间（现在完成体），也可以是作为基点的另一个事件的时间（过去时完成体和将来时完成体）。

9.2.1.2　过去完成体和将来完成体

我们认为，相较汉语普通话，拉祜熙话存在较严格的时体范畴匹配。拉祜熙的完成体除了可以和现在时匹配外，还可以和过去时及将来时匹配，关于这两个时体问题我们在上一小节已经讨论过，在这里不再赘述。另外，未完成体已在 5.1 节中讨论过，这里也不再赘述。

9.2.2　完整体

完整体（perfective）与完成体密切相关，但又有所区别。完整体注重从外部整体上观察动作或事件，不关注过程或事件的阶段，也不注重事件是否有结果；完成体注重从内部观察动作或事件，关注过程或事件的阶段，并且注重事件是否具有现时相关性。拉祜熙方言中，完整体和完成体没有严格的对立，完整体和完成体一样，用时体助动词 po³¹ 表达。

tsa³¹la⁵³	a³³ni³³qʰɔ²¹	kʰui³³mi²¹	tɕi³¹-	po³¹,
扎拉	去年	昆明	去	PERF
ɔ³¹qʰa⁵³nɔ³¹	qɔ²¹	qɔ²¹la³³	ve³³.
后来	又	回来	IND

44. 扎拉去年去了昆明，后来又回来了。（完整体）

| tsa³¹la⁵³ | a³³ni³³qʰɔ²¹ | kʰui³³mi²¹ | | tɕi³¹- | po³¹, |
| 扎拉 | 去年 | 昆明 | | 去 | PERF |

te⁵³	qɔ²¹	kɛ³³	a⁵³	qɔ²¹la⁵³	tɕɔ³¹.
一	次	都	NEG	回来	有

45. 扎拉去年去了昆明，一直没回来。（完成体）

i²⁴	dʑŋ³¹	te⁵³	ni³³	dɔ³¹-	po³¹,
他们	酒	一	天	喝	PERF

tɕʰɛ³³nɛ³¹	kɛ³³	dɔ³¹-	tsŋ²⁴la³¹	ɕe²¹	a³¹.
现在	都	喝	PROG	还	IND

46. 这顿酒他们喝了一天了，还没喝完。（完整体）

9.2.3 经验体

在拉祜熙话中，经验体不是一种独立的体，用过去时完成体表达。

ŋa³¹	ɔ³¹	tsa⁵³	po³¹.
我	饭	吃	PERF

47. 我吃过饭了。（完成体）

ŋa³¹	pa³³tɛ⁵³	sa³¹	tsa⁵³	dzɔ³³	po³¹.
我	兔子	肉	吃	PAST	PERF

48. 我吃过兔子肉。（经验体）

9.2.4 持续体

持续体不关注事件的起点和终点，它关注的是某种静态谓词所表达的持续状态。拉祜熙方言在普通动词后附加持续体标记 la³¹ 表达持续体。

第一，静态动词用于持续体：

zɔ⁵³	lɔ³¹	dza⁵³	tsʰa³¹	xo²⁴-	la³¹.
他	河边	一直	站	CON	

49. 他一直在河边站着。

za³¹	qʰɔ³³	ve³³	ti²⁴tʐ³³	ba³³-	la³¹.
房	里	POSS	电灯	亮	CON

50. 屋子里的灯还亮着。

zɔ⁵³	ŋa³¹	nɔ³¹xɔ̃²⁴	ɣɔ³¹-	la³¹.
他	我	OM	拉	CON

51. 他拉着我。

第二，动态动词用于持续体：

tʰa³³pɛ³³tɕi³¹	ɔ³¹xa³³	tɛ⁵³	qo²⁴-	la³¹.
墙	画 一	挂	CON	

52. 墙上挂着一幅画。

tsɔ³¹tsŋ³³	tʰa²¹	tɛ⁵⁴-	la³¹	ŋa³¹	ve³³	su²⁴.
桌子	上	摆	CON	我	POSS	烟

53. 桌子上放着我的烟。

9.2.5 进行体

进行体用于表达动作或行为在时间中的进行过程，适用于动态动词，不关注动作或行为的起点和终点。拉祜熙话的进行体和进行时表达方式相同。例如：

zɔ⁵³	qa³³mɤ³¹	kʰɔ⁵³	ka³³	tsɿ²⁴la³¹.		
他	歌	声音	唱	PROG		54. 他在唱着歌。

tsa³¹la⁵³	sɿ⁵⁴	tʰu⁵³	tsɿ²⁴la³¹.	
扎拉	树	砍	PROG	55. 扎拉砍着树。

9.2.6　反复体

反复体又分为一次性反复体（又称重行反复体）和持续反复体。拉祜熙方言中没有专门表达一次性反复体的体标记，只能用副词性"又"qɔ²¹表达。例如：

la³¹	pɛ⁵⁴	po³¹,	te⁵³	pɤ³³	qɔ²¹	te³³.
茶	淡	PERF	一	杯	又	做

56. 茶变淡了，重新泡一杯。

另外，拉祜熙方言的持续反复体和汉语相似，用重叠加一些成分构成，例如：

zɔ⁵³	qɔ²¹	tɕi³¹	qɔ²¹	qɔ²¹la³³.	
他	又	走	又	回来	57. 他走来走去。

zɔ⁵³	sa³¹	dɔ⁵³	o³³	dɔ⁵³.	
他	这样	想	那样	想	58. 他想来想去。

9.2.7　瞬间体

指不能延长的一次性结束的动作行为。拉祜熙话用虚词 ni³³表达，例如：

ti²⁴tɤ³³	ba³³	ni³³	te⁵³	qʰɛ³³	te³³	qʰa³³	lɛ³³	lo³¹	po³¹.
电灯	亮	punctual	一	下	做	SUF	CONJ	坏	PERF

59. 灯泡亮一下就坏了。

9.2.8　其他体

惯常体、开始体、完成进行体、单变体等在拉祜熙方言中均不是独立的体，也没有专表这些体的标记。如惯常体用现在时的一般体表示。例句如下：

ŋa³¹	a³³ni³³tʰa⁵³	qʰa⁵³	tʰa⁵³	kɛ³³	lo³¹qa²⁴	qʰɔ³³	ŋa⁵³	tɕa³³	zu³¹.
我	以前	什么	时候	都	河水	里	鱼	去	抓

60. 我以前常常下河抓鱼。

ŋa³¹	qʰa⁵³	tʰa⁵³	kɛ³³	ɔ³¹	tɕa⁵³	ve³³,	ʐ̩³³di³¹	a⁵³	tɕa⁵³.
我	什么	时候	都	饭	吃	CONJ	馒头	NEG	吃

61. 我向来都吃米饭，不吃馒头。

9.3　式范畴和情态范畴

式（mood）和情态（modality）两个概念既有模糊交叉又有不同的分工倾向。式主要是从形式上划分的范畴，而情态主要是从意义上划分出来的范畴；式是指一种由动词的形态表现在命题内容之外的与说话人主观态度有关的范畴，而情态则指说话人对命题的主观态度的语法表征。

9.3.1　式范畴

式/语气范畴是指通过谓词上的形态来体现说话人对命题内容的主观态度，是强化动词与现实关系的范畴。广义的式范畴不仅包括动词的式形态，还应包括附加在整个句子上的虚词，用句末语气词来表达。语气词作为一种分析性的语法手段，虽然不是严格的形态，但也是虚词而非实词性单位。拉祜语的语气词不能单独使用，必须附加在一定单位之后，根本的句法特点是附加性。拉祜语中语气词较丰富，本书将其归入广义的式范畴进行讨论。

9.3.1.1　陈述式与直陈式

陈述式（declarative）是按言语行为划分出来的类，同大多数语言一样，拉祜熙方言的陈述式在形式上和意义上都是无标记的，其基本情况已在其他章节进行过讨论，这里不再赘述。

下面我们讨论一下拉祜熙话中直陈式（indicative）范畴。直陈式是按对命题真实性的态度分出的类别。有学者认为存在零标记形式的直陈式，汉语史上也曾长期使用"也"作为直陈语气词。上海吴语中存在直陈语气词"个"，如：伊明朝会得去个_{他明天会去的}；小张蛮聪明个_{小张很聪明的}。上海话句子中的这个"个"同汉语普通话句子中的"的"不同，"个"是强制性的式标记，而"的"却是可选性的。

与上海话相似，拉祜熙方言也有直陈式标记，并且数量较多，共有 2个，分别是：ve³³和 a³¹。例如：

ŋa³¹	tsa³¹la⁵³	mɛ³³	ve³³.	
我	扎拉	叫	IND	62. 我叫扎拉。

tsa³¹la⁵³	ɔ³¹	ɕɛ⁵⁴	kʰɛ⁵³	qo²¹	tsa³¹	ga³¹	ɕe³¹	a³¹.
扎拉	饭	三	碗	又	吃	到	还	IND

63. 扎拉还能吃三碗饭。

直陈语气词 ve³³ 出现在句末，出现频率最高，语义和功能同汉语史上的"也"和上海话的"个"比较接近，也可以用于疑问句。例如：

zɔ⁵³	tɕi³¹-	a³¹te³³	ve³³.	
他	去	FUT	IND	64. 他要去。

zɔ⁵³	tɕi³¹-	a³¹te³³	ve³³	la³¹?
他	去	FUT	IND	INTER

65. 他要去吗？

nɔ³¹	kʰui³³mi²¹	la⁵³	ve³³.	
你	昆明	来	IND	66. 你从昆明来。

nɔ³¹	kʰui³³mi²¹	la⁵³	ve³³	la³¹?
你	昆明	来	IND	INTER

67. 你从昆明来吗？

9.3.1.2　条件式

拉祜熙方言的条件式通常由句法、连词等手段表示。例如：

ŋa³¹	lɛ³¹	a⁵³	ki³¹	qo³³,
我	COP	NEG	忙	CONJ

ŋa³¹	ɔ³¹tɕɛ³¹	nɔ³¹	a³¹	ga³³	la⁵³.
我	真	你	patient	帮	DIR

68. 要是我不忙，我一定会帮你的忙。

ŋa³¹	lɛ³¹	nɔ³¹	qo³³	ŋa³¹	a⁵³	e³¹	ve³³.
我	COP	你	CONJ	我	NEG	同意	IND

69. 我要是你，我就不同意。

我们在 7.3.2 "条件状语从句"一节中已经讨论论过，在这里不再赘述。拉祜熙方言中的条件句虽然没有在谓语动词上使用区别性的式形态，但是有较接近虚拟式的标记，即用句末语气词表达虚拟语气，反事实条件。试比较下面的句子：

ŋa³¹	a³³mi³³	kʰui³³mi²¹	tɕi³¹	dzɔ³³.
我	昨天	昆明	去	PAST

70. 我昨天去过昆明。

ŋa³¹	a³³mi³³	kʰui³³mi²¹	tɕi³¹	dzɔ³³	qo³³	da²¹	o³¹.
我	昨天	昆明	去	PAST	CONJ	好	句末语气词

71. 我昨天去昆明就好了。（意思是希望去昆明，实际上没去成。）

no³¹	la³¹	tu³¹		te⁵³	na²¹	ɕi³¹		qo³³,
你	来	要		一	早	知道		CONJ

ŋa³¹	xa³³	a⁵³		qɔ⁵³	o³¹.			
我	地	NEG		挖	句末语气词			

72. 早知道你要来嘛，我就不挖地了。

9.3.1.3　愿望式（optative）

愿望式是表达说话人的愿望，而非听者有所作为的动词形态。可以使用动词"想"ga⁵³，例如：

ŋa³¹	ka²⁴	ɕɛ³¹	tɕe⁵³	te³³	ga⁵³.
我	事	这	一	做	想

73. 我想做这件事情。

tsa³¹la⁵³	kʰui³³mi²¹		tɕi³¹		ga⁵³.
扎拉	昆明		去		想

74. 扎拉想去昆明。

也可以使用句末语气词，例如：

ŋa³¹	ve³³	za³³mi⁵³		o³¹,
我	POSS	女儿		句末语气词

no³¹	a⁵³	na³¹	a⁵³	gɔ³¹	va⁵³	va⁵³	ɯ³¹	la³¹	vi⁵³.
你	NEG	病	NEG	冷	快	快	大	长	DIR

75. 我的女儿啊！我希望你能健康长大。

9.3.1.4　能力式

能力式表示主语所具备的能力，是主语导向的情态，拉祜熙话的能力式通常由情态助动词一类的情态成分表达，关于这点我们已经在情态助动词一节中讨论过，这里不再赘述。

拉祜熙方言中使用单独的形式表示学习得来的能力。试比较下面的句子：

tsa³¹la⁵³	dʑɳ³¹	do³¹	**tsa³¹**	dza⁵³.
扎拉	酒	喝	**厉害:AUX**	很

76. 扎拉能喝很多酒。

tsa³¹la⁵³	a³³xɛ³¹	tɔ⁵³	u²⁴	**pɤ²⁴**	dza⁵³.
扎拉	汉族	话	说	**会: modality**	很

77. 扎拉会说汉语。

tsa³¹突出的是自然具备的物理性或体质性能力，而 pɤ²⁴更突出需要通过学习而获得的能力。

另外，使用不同的词表示身体能力和心理能力的对立，试比较下面的句子：

tsa³¹la⁵³	xa³³	qo⁵³	**ɣa³³**	ve³³,	za³¹qʰa³³	zo⁵³	a⁵³	tsa³¹	qɔ⁵³.
扎拉	地	挖	**能**	IND	但是	他	NEG	去	挖

78. 扎拉能挖地，但他不去挖。（体力上能挖地。）

tsa³¹la⁵³	xa³³	qɔ⁵³	**pɤ²⁴**	ve³³,	za³¹qʰa³³	zɔ⁵³	a⁵³	tsa³¹	qɔ⁵³.
扎拉	地	挖	**会**	IND	但是	他	NEG	去	挖

79. 扎拉会挖地，但他不去挖。（心里知道怎么挖地。）

9.3.1.4　身份式及肯定式

语气词 nɛ³¹ 表达身份等级的区别，例如：

ŋa³¹	lɛ³¹	li²¹ma²¹pa³¹	tsa³¹tʰɔ⁵³	nɛ³¹
我	COP	老师	扎妥	EMPH

80. 我是扎妥老师。（电话通话中使用）

句末语气词 nɛ³¹ 只能用于身份高的人对身份低的人说话的句子中，提醒对方注意。又可用于表达强调的句子中，例如：

ta⁵³	te³³	nɛ³¹.	
NEG	做	EMPH	81. 别做！

9.3.1.5　嵌入句中的语气词

拉祜熙话中的语气词 o³¹ 和 a³¹ 可以嵌入句中或小句句末，相当于提顿词，起连接的作用。例如：

tsa³¹la⁵³	a⁵³pɔ³¹	a⁵³	la³¹	o³¹	qo⁵⁴	mo³¹	a³¹.
扎拉	明天	NEG	来	语气词	说	见	IND

82. 听说扎拉明天不来了。

tsa³¹la⁵³	mu³³	lɛ³¹	mu³³	a³¹,	za²¹qʰa⁵³	qɛ²¹ku³³	dza⁵³.
扎拉	高	COP	高	语气词	但	瘦	很

83. 扎拉高是高，但是太瘦了。

语气词普遍存在于汉语及周边语言中，它们是表达"式"的重要分析性手段。拉祜语中的语气词复杂多样，有些可以兼具多范畴的功能，这些不同的语气词体现说话人主观态度的微秒区别，如本书中搜集到的语气词 ve³³、a³¹、o³¹、le³³、lɔ³¹、vɤ³¹ 等可以表达出细小的口气差异。在语音上，这些语气词大都符合附缀的属性，属于向前依附的轻声附缀，辖域为作用于整个句子或小句的功能算子。

9.3.2　情态范畴

Lyons（1997:452，782-849）对"情态"的定义具有代表性，他认为情态是：1. 说话人对句子所表达的命题或命题所描写的情境的观点或态度；2. 说话人的主观态度和观点的语法表现或者语句中的主观性特征；3. 命题以外的成分或修饰成分；4. 情态语句中的非叙实成分。① Palmer（1986）

---

① 参见盛益民《吴语绍兴柯桥话参考语法》，博士学位论文，南开大学，2016 年，第 358 页。

将情态分为事件情态（event modality）和命题情态（Propositional modality），事件情态下分动力情态（dynamic modality）和义务情态（deontic modality），命题情态下分认识情态和传信/示证情态。谢佳玲（2002）将情态分为认识情态、义务情态、动力情态和评价情态（evaluative modality）。

本书在参考前人研究的基础上，主要讨论拉祜熙方言的动力情态、义务情态、认识情态及评价情态。

9.3.2.1　情态的表达手段

De Haan（2006）认为情态在世界语言中有 8 种形式，分别是：1. 情态助动词（modal auxiliary verb）；2. 语气（mood）；3. 情态词缀（modal affixes）；4. 词汇手段（lexical means）；5. 情态副词和形容词（modal adverds and adjectives）；6. 情态插入语（modal tags）；7. 情态小品词（modal particles）；8. 情态格（modal cases）。[①]

拉祜熙方言中表达情态范畴的手段主要有以下 5 种：1. 情态助动词；2. 词汇手段；3. 情态副词；4. 语气；5. 情态小品词（句末语气词）。

9.3.2.2　动力情态

动力情态包含内在能力、条件可能或客观可能、意愿三类。

9.3.2.2.1　内在能力（ability）

内在能力包括心智能力、生理能力和胆量等，是指人或事物的内在条件决定命题实现的客观可能性。

9.3.2.2.1.1　体能

拉祜熙话用 $q^ha^{31}te^{33}$ 怎么 $k\varepsilon^{33}$ 都 或 γa^{33} 得/能 或 ga^{31} 到 表达生理体能。

o^{31}	sa^{31}	$m\varepsilon^{33}$	$m\varepsilon^{33}$	ηa^{31}	$q^ha^{31}te^{33}$	$k\varepsilon^{33}$	tsa^{31}	a^{53}	$p\gamma^{31}$.
饭	这么	多	多	我	怎么	都	吃	NEG	完

84. 这么多饭，我一定吃不完。

$z\mathrm{o}^{53}$	ka^{24}	εe^{31}	$t\varepsilon^{53}$	te^{33}	a^{53}	γa^{33}
他	事情	这	一	做	NEG	得/能

85. 他没有能力完成这件事。

ηa^{31}	o^{31}	$t\varepsilon^{53}$	$k^h\varepsilon^{53}$	$t\varepsilon e^{33}$	$n\varepsilon^{24}$	tsa^{31}	ga^{31}.
我	饭	一	碗	只	仅	吃	到

86. 我只能吃一碗饭。

$tsa^{31}la^{53}$	o^{31}	$\varepsilon\varepsilon^{54}$	$k^h\varepsilon^{53}$	$q\mathrm{o}^{21}$	tsa^{31}	ga^{31}	εe^{31}	a^{31}.
扎拉	饭	三	碗	又	吃	到	还	IND

87. 扎拉还能吃三碗饭。

---

① 参见盛益民《吴语绍兴柯桥话参考语法》，博士学位论文，南开大学，2016 年，第 359 页。

9.3.2.2.1.2　技能

拉祜熙话使用情态动词"会"pɤ²⁴表达通过后天学习获得的技能，例如：

ŋa³¹	xa³³	qɔ⁵³	(a⁵³)	pɤ²⁴.	
我	地	挖	NEG	会	88. 我会/不会挖地。

ŋa³¹	la⁵³xu²¹	tɔ⁵³	u²⁴	pɤ²⁴	dʑa⁵³.	
我	拉祜	话	说	会	很	89. 我会说拉祜语。

9.3.2.2.1.3　胆量

拉祜熙话用"敢"pɤ²¹表示胆量，例如：

zɔ⁵³	te⁵³	ɣa⁵³	nɛ²⁴	zɿ²¹	a⁵³	pɤ²¹.
她	一	个	仅	睡	NEG	敢

90. 她不敢一个人睡觉。

ka²⁴	ɕɛ³¹	tɛ⁵³	ŋa³¹	te³³	pɤ²¹	nɔ³¹	pɤ²¹	la³¹	a⁵³	pɤ²¹	la³¹?
事	这	一	我	做	敢	你	敢	INTER	NEG	敢	INTER

91. 我敢做这件事情，你敢不敢？

9.3.2.2.2　条件可能或客观可能（objective possibility）

条件可能或客观可能是指参与者有条件做某事，即参与者的客观条件决定命题实现的客观可能性，客观可能包括物体的属性、用途等。

9.3.2.2.2.1　基本的客观可能

拉祜熙话用"可以"pʰɛ²¹和"能/得"ɣa³³表达基本的客观可能性，例如：

ŋa³¹	zɔ⁵³	a³¹	qʰa³¹da²¹	a⁵³	ɕi³¹,
我	他	patient	怎么	NEG	认识

ɔ³¹tsʰɔ⁵³	tɕɛ³³	nɛ²⁴	sɔ²⁴	pʰɛ²¹	ve³³.
朋友	仅	只	算	可以	IND

92. 我跟他不太熟，只算是一般朋友。

nɔ³¹	ɣa³³	la³¹	ta³¹	la³¹?	
你	得/能	来	POT	INTER？	93a.你能来吗？

ŋa³¹	ɣa³³	la³¹	ta³¹.	
我	得/能	来	POT	93b.我可能来。

从上面的一些例句中，我们可以看到拉祜熙话中 ɣa³³兼有普通动词"得"和情态助动词"能"的句法功能。

9.3.2.2.2.2　用途

拉祜熙话用情态助动词 pʰɛ²¹表示物体的用途，例如：

dʑɿ³¹	te⁵³	kʰɛ⁵³	su²⁴	ɕɛ⁵³	qʰɔ⁵³	pa³³	pʰɛ²¹	ve³³.
酒	一	杯	烟	三	根	换	可以	IND

94. 一杯酒能换三根烟。

kʰɛ⁵³　　ɕɛ³¹　　tɛ⁵³　　dzɿ³¹　　kɤ³³　　pʰɛ²¹　　ve³³.

碗　　　这　　　一　　　酒　　　装　　　可以　　IND　　95. 这个碗可以装酒。

9.3.2.2.3　意愿（volitive）

拉祜熙话表示意愿的情态方法主要用"想"ga⁵³，例如：

ŋa³¹　　　a³³ka⁵⁴　　　dɔ³¹　　　ga⁵³.

我　　　水　　　喝　　　想　　　　　96. 我要喝水。

tsa³¹la⁵³　　kʰui³³mi²¹　　tɕi³¹　　ga⁵³.

扎拉　　　昆明　　　去　　　想　　　　97. 扎拉想去昆明。

9.3.2.3　义务情态

义务情态包括许可（permission）和义务（obligation）两类。

9.3.2.3.1　许可

许可包括条件许可和道义许可。条件许可又称客观许可，是指参与者外在的客观物质条件决定命题实现的相对合适性；道义许可又称社会许可，是指说话人的命令、权威或社会公约和道德标准等外在的社会条件决定命题的相对合适性。

1. 条件许可/客观许可

拉祜熙话用情态助动词 pʰɛ²¹行、ɣa³³能表达客观许可。例如：

nɔ³¹　　lo²¹　　a⁵³　　pʰɛ²¹.

你　　　进　　　NEG　行

98. 你不能进去。

xɔ³³qo²¹　　a⁵³　　tsɔ³¹　　qo³³　　lɔ³¹qa²⁴　　a³³ka⁵⁴　　kʰa³¹　　a⁵³　　pʰɛ²¹.

船　　　　NEG　有　　　TM　　河　　　　水　　　　过　　　NEG　行

99. 没有船不能过河。

ɣa⁵⁴　　te⁵³　　kʰɛ³³　　tsa³¹qʰa³³　　ŋa⁵³　　bɔ²⁴　　pa³³　　a⁵³　　ɣa³³.

鸡　　　一　　　只　　　粮食　　　　五　　　筒　　　换　　　NEG　得/能

100. 一只鸡不能换五筒粮食。

ɔ²⁴qa³¹　　te⁵³　　kʰɛ³³　　tsa³¹qʰa³³　　ɔ⁵³tɕʰi³³　　bɔ²⁴　　pa³³　　ɣa³³.

水牛　　　一　　　只　　　粮食　　　　四十　　　筒　　　换　　　得/能

101. 一头水牛能换四十筒粮食。

2. 道义许可/社会许可

拉祜熙话用情态助动词 pʰɛ²¹行表达客观许可。例如：

li²¹xe⁵³zɛ³¹　　qʰɔ³³　　su²⁴　　tsʰɿ³¹　　a⁵³　　pʰɛ²¹.

教室　　　　　里　　　烟　　　吸　　　NEG　行

102. 教室里不能抽烟。

za⁵³nɛ²⁴　　ŋa⁵³　　qʰɔ²¹　　ga³¹　　lɛ³³　　li²¹xe⁵³　　pʰɛ²¹.

孩子　　5　　岁　　到　　CONJ　　读书　　行

103. 小孩子 5 岁才能上学。

9.3.2.3.2　义务

拉祜熙话用"应该"tɕɔ⁵³表达义务。例如：

ka²⁴　　ɕe³¹　　te⁵³　　tsɿ³¹　　nɔ³¹　　zɔ⁵³　　a³¹　　ta⁵³　　qo⁵⁴　　vi⁵³　　tɕɔ⁵³.

事　　这　　一　　件　　你　　他　　patient　　NEG　　说　　DIR　　应该

104. 这件事情你不应该告诉他。

tsa³¹la⁵³　　xa³³　　qo⁵³　　tɕi³¹　　tɕɔ⁵³.　　　　　105. 扎拉应该去挖地。

扎拉　　地　　挖　　去　　应该

va²¹　　sa²¹　　tɕʰi⁵⁴　　tsa⁵³　　tɕɔ⁵³.　　　　　106. 猪肉应该烤着吃。

猪　　肉　　烤　　吃　　应该

9.3.2.4　认识情态

认识情态是体现说话人断言确定程度的情态，可以分为表达可能性、盖然性和必然性三类。

9.3.2.4.1　可能性

拉祜熙话用句末语气词 vɛ²⁴表达推测，例如：

zɔ⁵³　　na³¹　　ve³³　　vɛ²⁴.

他　　病　　IND　　POT　　　　　　107. 他可能病了。

zɔ⁵³　　lɛ³¹　　la³³xu³¹za⁵³,　　ɔ³¹tsɿ³³　　lɛ³¹　　tsa³¹la⁵³　　mɛ³³　　ve³³　　vɛ²⁴.

他　　COP　　拉祜人　　名字　　COP　　扎拉　　叫　　IND　　POT

108. 他是拉祜人，名字好像叫扎拉。

也可以用助动词 ta³¹表示推测，例如：

nɔ³¹　　ɣa³³　　la³¹　　ta³¹　　la³¹?

你　　得/能　　来　　POT　　INTER?　　　109. 你能来吗？

ŋa³¹　　ɣa³³　　la³¹　　ta³¹.

我　　得/能　　来　　POT　　　　　　110. 我可能来。

9.3.2.4.2　盖然性

拉祜熙话用 qʰa³¹什么 tʰa⁵³时候 kɛ³³都、qʰa³³te³³怎么 kɛ³³都以及情态助动词 tɕɔ⁵³应该表达盖然性的认识情态。例如：

i²⁴　　qʰa³¹　　tʰa⁵³　　kɛ³³　　ga³³　　da²¹.

他们　　什么　　时候　　都　　帮忙　　REC　　111. 他们总是互相帮助。

zɔ⁵³　　qʰa³³te³³　　kɛ³³　　la³¹　　ve³³.

他　　怎么　　都　　来　　IND　　　　112. 他总会来的。

zɔ⁵³	tɕʰɛ³³nɛ³¹	ɔ³¹	tsa⁵³	tɕʰe⁵³a³¹	tɕɔ⁵³.
他	现在	饭	吃	PROG	应该

113. 现在他应该在吃饭。

9.3.2.4.3 必然性

拉祜熙方言用 ɔ³¹tɕɛ³¹真的 或 qʰa³³te³³怎么kɛ³³都 表达认识情态的必然性。例如：

zɔ⁵³	ɔ³¹tɕɛ³¹	pʰu³³	tɕɔ³¹.			
他	肯定	钱	有			114. 他肯定有钱。

tsa³¹la⁵³	qʰa³³te³³	kɛ³³	la³¹	ve³³.		
扎拉	怎么	都	来	IND		115. 扎拉肯定会来的。

ŋa³¹	ŋɔ²⁴	lɛ³³	tsa³¹la⁵³	a⁵³	la³¹	dɔ⁵³.
我	看	CONJ	扎拉	NEG	来	想

116. 我看扎拉不会来了。

也可以用 la³¹要 或 te³³要 表示推断，例如：

zɔ⁵³	la²¹xa²⁴	za⁵³	dza⁵³	la³¹	ve³³	ɔ³¹.
她	快	孩子	生	要	IND	句末语气词

117. 她很快就要生孩子了。

mu⁵³zi³¹	la³¹	te³³.		
雨	下	FUT		118. 天要下雨了。

9.3.2.5 评价情态

评价情态是指说话人对已知为真的命题的价值判断、观点或态度，包括预期类、愿望类和确认类。

9.3.2.5.1 预期类（presupposition）

1. 合乎

拉祜熙话用 ɔ³¹tɕɛ³¹真的 表达与事实相同的预期，例如：

ŋa³¹	tsa³¹la⁵³	a⁵³	la³¹	qo⁵⁴	ve³³,
我	扎拉	NEG	来	说	CONJ

zɔ⁵³	ɔ³¹tɕɛ³¹	a⁵³	la³¹	ve³³	lɔ³¹.
他	真的	NEG	来	IND	句末语气词

119. 我说扎拉不会来，他果然没来。

2. 不合预期

拉祜熙话用副词"又/反而"qɔ²¹或者"居然/也"kɛ³³表达不合预期的评价情态，例如：

tsa³¹la⁵³	a⁵³	qɔ²¹	la³¹	lɔ³¹.
扎拉	NEG	又/反而	来	句末语气词

120. 反而扎拉没有来。

tsa³¹la⁵³	zɑ³¹	qʰɔ³³	nɔ³¹	kɛ³³	tɕi³¹	ve³³	lɔ³¹.
扎拉	家	里	你	也	去	IND	句末语气词

121. 扎拉家你居然也会去。

或者只使用句末语气词+说话人的语气表达反预期的评价情态，例如：

a³³tsʰɤ³¹	mɛ²⁴	po³¹	lɔ³¹.
羊	丢	PERF	句末语气词

122. 羊竟然丢了。

9.3.2.5.2　愿望类

1. 合乎愿望

表庆幸的用"幸亏"tsɔ⁵³ɕe³¹或者"还好"da²¹ɕe³¹，例如：

tsɔ⁵³ɕe³¹	na³³lɔ⁵³	la³¹	ve³³.
幸亏	娜倮	来	IND

123. 幸亏娜倮来了。

ŋa³¹	a⁵³la³¹mɛ²⁴	le⁵³kɔ⁵³	a³¹te³³,
我	差一点	摔倒	FUT

qʰa³³pa³³qo²¹	a⁵³	pfu⁵³	tsɔ⁵³	lɛ³³	da²¹	ɕe³¹.
背篓	NEG	背	有	CONJ	好	还

124. 我差一点没有摔倒，幸亏没有背竹筐。

还可以用"干脆"te⁵³po³¹nɛ²⁴表决断，例如：

te⁵³po³¹nɛ²⁴	qʰa³³pɤ³¹	a⁵³	zu³¹.
干脆	全部	NEG	要

125. 索性全都不要了。

2. 不合愿望

表不合愿望的用 tɕe³³仅 nɛ²⁴只和 xe²⁴总是 qo⁵⁴说表达，例如：

lɔ³¹li²¹	a⁵³	la³¹	ve³³	pa³³tɔ³³,
车	NEG	来	NOMIN	CONJ

tsʰɔ³³sa³¹mɛ³³mɛ³³	lɔ³³	la³¹	ve³³	tɕe³³	nɛ²⁴	tsɔ³¹	ve³³.
大家	等	CON	NOMIN	仅	只	有	IND

126. 因为车还没有来，大家只好等着。

qʰa⁵⁴ɕɛ³³	kɛ³³	tɕi³¹	ga⁵³	xe²⁴	qo⁵⁴.
村长	也	去	想	总是	说

127. 村长偏偏也想去。

9.3.2.5.3　确认类

确认类还可以下分确定、不确定和追究确认三类：

9.3.2.5.3.1　确定

用 ɔ³¹tɕɛ³¹或 tɕɛ³¹表达确定的确认类，例如：

ŋa³¹	ɔ³¹	ɔ³¹tɕɛ³¹	a⁵³		tsa⁵³	ɕe³¹.	
我	饭	真的	NEG		吃	还	128. 我真的没吃饭。

ŋa³¹	ɔ³¹	a⁵³	tsa⁵³	ga⁵³	tɕɛ³¹	ve³³	
我	饭	NEG	吃	想	真	IND	129. 我的确不想吃饭。

或者用 a⁵³NEGxe⁵⁴INTJxe⁵⁴INTJ 表达，例如：

xa³³	ɕe³¹	te⁵³	ɣɔ³³	tsa³¹la⁵³	qo⁵³	a³¹	ve³³	a⁵³	xe⁵⁴	xe⁵⁴	a³¹.
地	这	一	亩	扎拉	挖	CON	TM	NEG	INTJ	INTJ	IND

130. 这亩地明明不是扎拉挖的。

澜沧土语中表达确认类的命题也受拉祜语影响，如上面这个例句，澜沧土语为"这亩地扎拉挖呢不是呢"。

9.3.2.5.3.2　不确定

拉祜熙话中用同样表示推测的句末语气词 vɛ²⁴表示不确定，例如：

zɔ⁵³	tɛ⁵³	zɛ³¹	nɔ³¹	tɛ⁵³	zɛ³¹	ɕi³³	pʰu³¹
他	一	家	你	一	家	COM	钱

tsʰ̩⁵³	dʑɔ⁵³	ve³³	vɛ²⁴,	ŋa³¹	a⁵³	dɔ⁵³nɔ⁵³.
借	PAST	IND	POT	我	NEG	清楚

131. 他家好像借过你家的钱，我记不清了。

lo³¹li²¹	dɛ³¹	a⁵³	ɣa³³	vɛ²⁴.
车	停	NEG	得/能	POT

132. 车子好像停不住。

9.3.2.5.3.3　追究确认

听话人用 ɔ³¹tɕɛ³¹真的/到底追究确认说话人的命题。例如：

mi³¹qo³¹	ɕe³¹	te⁵³	ɔ³¹qʰɔ³³	ɔ³¹tɕɛ³¹	lɛ³³	a³³tʰɔ⁵³pʰa⁵³	fa²⁴
地窖	这	一	里面	真的/到底	CONJ	什么	藏

ve³³	le³³?
IND	INTER

133. 这个地窖里藏的到底是什么？

ɔ³¹tɕɛ³¹	zɔ⁵³	qo⁵⁴	ve³³	na³³	la³¹
真的/到底	他	说	NOMIN	听	INTER

a³³	xe⁵⁴	lɛ³³	ŋɣ³¹	qo⁵⁴	ve³³	na³³	la³¹?
NEG	INTJ	CONJ	我们	说	NOMIN	听	INTER

134. 到底是听他的还是听我们的？

9.4　传信范畴

Aikhenvald（2004）、Cornillie（2009）将情态（modality）和传信/示证（evidentiality）区分为不同的范畴，本书采用此种观点将两者区分开分别进行讨论。上一小节我们已经讨论过情态范畴，本小节我们将讨论传信范畴。传信范畴主要关注的是信息来源或者是获取途径在一种语言中的表达。传信范畴又可以为分断言式和叙述式两类。

9.4.1　断言式

断言式传信范畴是指说话人对命题确定性的态度通过标明信息来源显示。拉祜熙话不习惯使用直接来源的命题，即非优势使用直接引语，可能与拉祜语在历史上没有文字有关。下面的这个例句为非优势句子：

ʔtsa³¹la⁵³	qo⁵⁴	lɛ³³	zɔ⁵³	a⁵³pɔ³¹	a⁵³	la⁵³	o³¹.
扎拉	告诉	CONJ	他	明天	NEG	来	TAM

135. 扎拉说（道）："我明天不来了。"

从语言共性来看，带标记的命题是推断出来的。拉祜熙话中也是如此，在句末附加标记 tɕe⁵³。例如：

tsa³¹la⁵³	a⁵³pɔ³¹	a⁵³	tɕi³¹	tɕe⁵³(tɕe³¹).
扎拉	明天	NEG	去	COMP

136. 听说扎拉明天不去了。

tsa³¹la⁵³	kʰui³³mi²¹	tɕi²¹	ve³³	tɕe⁵³(tɕe³¹).
扎拉	昆明	去	IND	COMP

137. 据说扎拉去昆明了。

根据发话人与听话人的相对距离进行声调的区分，如果距离近用低降调的 tɕe³¹，反之，距离远用高降调的 tɕe⁵³。

另外，拉祜熙话中动词连用是显赫的句法现象，在传信范畴里也是如此，qo⁵⁴说和 mo³¹见两个动词连用表示"据说"义的，例如：

tsa³¹la⁵³	a⁵³pɔ³¹	a⁵³	la³¹	o³¹	qo⁵⁴	mo³¹	a³¹.
扎拉	明天	NEG	来	语气词	说	见	IND

138. 听说扎拉明天不来了。

tsa³¹la⁵³	kʰui³³mi²¹	tɕi²¹	o³¹	qo⁵⁴	mo³¹	a³¹.
扎拉	昆明	去	语气词	说	见	IND

139. 据说扎拉去昆明了。

9.4.2　叙述式

叙述式又称重述式（renarrative）或报道式（reported mood），表达的意义不完全以事实为依据，多在传说、故事语言中使用。拉祜熙方言的叙述式传信范畴和断言式传信范畴没有差别，同样是在句末附加标记 tɕe⁵³。例如：

la⁵³ xu³¹za⁵³	tɔ⁵⁴la³¹	kɯ³¹,		
拉祜族	出来	处		

la⁵³xu³¹za⁵³	tɔ⁵³la³¹	tɕhi³³xa⁵³	tɕɔ³¹	ve³³	tɕe⁵³,
拉祜族	出来	青海	在	IND	COMP

xa³³qɔ⁵³tɕa⁵³	a⁵³	pɤ²⁴	ɛɛ³¹	tha⁵³,	kha⁵⁴	te³³	sa³¹	bɔ⁵⁴	tɕa⁵³,
劳动	NEG	会	还	时候	弩	做	肉	打	吃

a³³su³³mi³³qha⁵³	ɔ³¹ni³³ɔ³¹xa²⁴	kɔ²⁴	a⁵³	ɣa³³	tɕe⁵³.
自己	日子	过	NEG	得	COMP

140. 据说，拉祜族曾经在青海生活的时候还不会劳作，只会用弩打猎吃，生活过得很辛苦。

ɣɯ³¹sa³³	ɕi³³	ɔ³¹ẓɯ⁵³ɣɯ³¹qha³³	tɕa³³	ve³³	
厄莎	COM	种子	找	NOMIN	

ɣɯ³¹sa³³	tɕhɔ³³za⁵³	ɔ³¹ẓɯ⁵³ɣɯ³¹qha³³	pi⁵³	ve³³	tɕe⁵³.
厄莎	人们	种子	DIR	IND	COMP

141. 于是就从厄莎神那里要来种子，厄莎神给他们的种子可以让他们自己自足。

9.5　量范畴

量范畴又分客观量和主观量。

9.5.1　客观量

客观量又分为全量、部分量和不定量，下面我们分别进行讨论。

9.5.1.1　全量

9.5.1.1.1　表全量的词汇形式

拉祜熙方言用 tshɔ³³人sa³¹这样 mɛ³³多 mɛ³³多、mɛ⁵³多ve³³POSS tshɔ³³人、tshɔ³³人mɛ⁵³多dza⁵³很、tshɔ³³很sa³¹这样 mɛ³³多、tshɔ³³za⁵³人们、te³³一ɣa⁵³位 le³³词缀 le³³词缀等表达人的全量，用 qha³³pɤ³¹全部、te⁵³ka³¹le³³le³³每一间表达事物或地域的全量，用 te⁵³ni³³le³³le³³每天te⁵³qhɔ²¹le³³le³³每年xa³³pa⁵³te⁵³ɕi³¹le³³le³³每月表达时间上的全量。例如：

li²¹xe⁵³ẓɛ³¹	te⁵³ka³¹le³³le³³	kɛ³³	ɣa⁵³	sɛɛ³¹	kɯ³¹	tɕɔ³¹	ve³³.
教学楼	每一间	都	力气	休息	处	有	IND

142. 教学楼每层都有休息室。

9.5.1.1.2　表全量的结构

除了词汇形式外，拉祜熙话还可以用一些句法结构表达全量。

第一，任指用法。任指表达周遍性，所涉及的范围之内没有例外。拉祜熙话用重叠疑问词 qʰɔ³¹qʰɔ³³哪里 + qʰɔ³¹qʰɔ³³哪里 +副词 kɛ³³都表达地域的全量。例如：

qʰɔ³¹fu⁵³ɛɛ³¹fu⁵³	qʰɔ³¹qʰɔ³³	qʰɔ³¹qʰɔ³³	kɛ³³	sŋ⁵⁴	tɛɔ³¹.
四面八方	哪里	哪里	都	树	有

143. 四面八方到处都有树。

关于疑问代词的任指用法我们在 4.2.3.2 小节中已讨论过，在这里不再赘述。

第二，通过对最小量的否定表达全量。可以有两种结构：te⁵³_+CL+N+kɛ³³都+ a⁵³NEG+Vp 或 N+ te⁵³_+CL+kɛ³³都+ a⁵³NEG+Vp。例如：

mu⁵³zŋ³¹	la³¹	tʰa⁵³,	qʰa³¹lɛ²⁴	te⁵³	tsɤ³¹	ka²⁴	kɛ³³	te³³	a⁵³	ɣa³³.
雨	下	时候	任何	一	种	事情	都	做	NEG	得

144. 下雨的时候，任何事情都没有办法做。

ŋa³¹	kʰui³³mi²¹	te⁵³	qɔ²¹	kɛ³³	a⁵³	tɛi³¹	dzɔ³³.
我	昆明	一	次	都	NEG	去	PAST

145. 我从来没有去过昆明。

za³¹	qʰɔ³³	tsʰɔ³³	te⁵³	ɣa⁵³	kɛ³³	a⁵³	tsɔ³¹.
家	里	人	一	位	都	NEG	有

146. 屋里一个人都没有。

tsʰɔ³³	te⁵³	ɣa⁵³	kɛ³³	a⁵³	lo²¹	gɯ³¹.
人	一	位	都	NEG	进	去

147. 没有一个人走进去。

za³¹	qʰɔ³³	ɔ³¹kʰɔ⁵³	a³³tɕi²⁴	kɛ³³	a⁵³	tsɔ³¹.
家	里	声音	一点	都	NEG	有

148. 屋里一点点声音都没有。

9.5.1.2　部分量

和汉语量词重叠表全量不同，拉祜熙方言中部分容器单位量词重叠表部分量，我们在 4.3.2.3.4 节已经讨论过。如：

tʰu⁵³	sɔ³¹ve³³,	te⁵³	tʰu⁵³	tʰu⁵³	qo³³	bi⁵³
桶	这些	一	桶	桶	TM	满

te⁵³	tʰu⁵³	tʰu⁵³	qo³³	a⁵³	bi⁵³.
一	桶	桶	TM	NEG	满

149. 这些桶，有的桶满，有的桶不满。

另外，还可以用"te⁵³‿pɛ³¹部分"表达部分量，可以有"N+te⁵³pɛ³¹"和"te⁵³pɛ³¹+N"两种结构。例如：

te⁵³	pɛ³¹	xa³³	qɔ⁵³-	tsɔ³¹	la³¹,
一	部分	地	挖	PROG	CON

te⁵³	pɛ³¹	tɕa³¹	ti³³-	tsɔ³¹	la³¹.
一	部分	秧	栽	PROG	CON

150. 有些人在挖地，有些人在插秧。

ka²⁴	te⁵³	pɛ³¹	ta⁵³	te³³	tsɔ³¹.
事情	一	部分	NEG	做	有

151. 有些活儿还是别做了。

9.5.1.3　不定量（概数）

拉祜熙话表达不定量的方式主要有以下几种。

9.5.1.3.1　数词连用

拉祜熙方言用邻近的数词连用表不定量，如"一两个"te⁵³‿ni⁵³‿a³¹个、"五六个"ŋa⁵³五khɔ²¹六a³¹个、"一二十个"te⁵³‿ni⁵³‿tɕhi³³十a³¹个、"一两百人"te⁵³‿ni⁵³xa³³二百ɣa⁵³位等等。例如：

tshɔ³³	te⁵³	ni⁵³	ɣa⁵³	nɛ²⁴	lɛ³³,	sa³¹tɕɛ³³tɕɛ³³	a⁵³	la⁵³tɿ³¹.
人	一	两	个	只	CONJ	这么	NEG	害怕

152. 就那么几个人，用不着大惊小怪的。

9.5.1.3.2　概数词

拉祜熙话可以通过词汇手段"大概"a³³la³¹表示概数。例如：

ŋa³¹	khui³³mi²¹	a³³la³¹	te⁵³tɕhi³³	qɔ²¹	tɕi³¹	dzɔ³³	po³¹.
我	昆明	大概	十	次	去	PAST	PERF

153. 我大概去过昆明 10 次。

a³³mi³³xa²⁴	ŋa³¹	a³³la³¹	te⁵³tɕhi³³	qɔ²¹	pha⁵⁴	tu³³la³³	po³¹.
昨晚	我	大概	十	次	多	起来	PERF

154. 昨晚我大概起来十几次。

另外，拉祜熙话还可以用概数词"几"qha³¹表达不定量，置于"N+qha³¹几+NUM+CL"句法槽中，其中个位数字的概数表达用"N+qha³¹几+te³³‿+CL"或"N+qha³¹几+ni⁵³‿+CL"均可。但与汉语和拉祜纳方言略有不同，拉祜熙方言的这种表达方式只能用于否定句，而不能用于肯定句中。例如：

khui³³mi²¹	tɕi³¹	ga⁵³	pa³¹	qha³¹	te⁵³	ɣa⁵³	a⁵³	tsɔ³¹.
昆明	去	想	人	几	一	位	NEG	有

155. 没有几个人愿意去昆明。

tsa³¹la⁵³	za³¹	qʰɔ³³	a³³tsʰɤ³¹	qʰa³¹	ni⁵³	kʰɛ³³	a⁵³	tsɔ³¹.
扎拉	家里	羊	几	二	只	NEG	有	

156. 扎拉家里没几只羊。

qʰa⁵⁴	ɕe³¹	tɛ⁵³	qʰa⁵⁴	tsʰɔ³³	qʰa³¹	te⁵³tɕʰi³³	ɣa⁵³	a⁵³	tsɔ³¹.
村寨	这	一	村	人	几	十	位	NEG	有

157. 这个村子没有几十个人。

9.5.1.3.3　数词、量词加上其他词汇成分

9.5.1.3.3.1　高于标准值

拉祜熙话用"多"pʰa⁵³加在某个标准值之后,如"一百多人"te⁵³ ₋ xa³³ 百 ɣa⁵³ 位 pʰa⁵³ 多;"一半多"te⁵³ ₋ kʰu⁵³ 半 pʰa⁵⁴ 多等等。例句如下:

tsa³¹la⁵³	kʰui³³mi²¹	tɕi³¹	ve³³	xa³³pa³³	te⁵³	pʰa⁵⁴	po³¹.
扎拉	昆明	去	CONJ	月	一	多	PERF

158. 扎拉去昆明一个多月了。

zɔ⁵³	xa³³pa³³	tɛ⁵³	ve³³	pʰu³³	te⁵³xĩ²⁴	va²¹	pʰa⁵⁴	tsa³³	ɣa⁵³.
他	月	一	CONJ	钱	一千	块	多	找	赚

159. 他每月赚一千多块钱。

9.5.1.3.3.2　接近标准值

拉祜熙话中用"a⁵³ NEGxe⁵⁴ INTJqo³³ CONJ+NUM+a³³tɕi²⁴ ₋点+a⁵³ NEGga³¹ 到+a⁵³ NEGxe⁵⁴ INTJqo³³ CONJ+NUM+ a³³tɕi²⁴ ₋点+pʰa⁵⁴ 多"复杂结构表达接近标准值。例如:

zɔ⁵³	xa³³pa³³	tɛ⁵³	ve³³	pʰu³³	tsa³³	ɣa⁵³	ve³³,	a⁵³	xe⁵⁴	qo³³
他	月	一	CONJ	钱	找	赚	IND	NEG	INTJ	CONJ

te⁵³xĩ²⁴	a³³tɕi²⁴	a⁵³	ga³¹	a⁵³	xe⁵⁴	qo³³	te⁵³xĩ²⁴	a³³ tɕi²⁴
一千	一点	NEG	到	NEG	INTJ	CONJ	一千	一点

pʰa⁵⁴.
多

160. 他每月能赚一千块钱左右。

9.5.1.3.3.3　低于标准值

a³³la³¹表示"不及",即低于标准值,例如:

xa³³	a³³la³¹	te⁵³	kʰu⁵³	qɔ⁵³	pɤ³¹	po³¹.
地	不及	一	半	挖	完	PERF

161. 地已经挖完快一半了。

zɔ⁵³	xa³³pa³³	tɛ⁵³	ve³³	pʰu³³	a³³la³¹	te⁵³xĩ²⁴	va²¹	tsa³³	ɣa⁵³.
他	月	一	CONJ	钱	不及	一千	块	找	赚

162. 他每月赚的钱不到一千块。

9.5.2　主观量

主观量是指人们在说话时对"量"的主观评价，分为主观大量和主观小量。主观大量即说话人认为"量"高于主观预期，而主观小量则是说话人认为"量"低于主观预期。

9.5.2.1　主观大量

拉祜熙方言是一种句末语气词非常丰富的语言，表达主观大量时也是使用句末语气词 lɔ³¹。例如：

tsa³¹la⁵³	ɔ³¹	ɕɛ⁵⁴	kʰɛ⁵³	tsa⁵³	pɤ³¹	ve³³	lɔ³¹.
扎拉	饭	三	碗	吃	完	IND	mirative

163. 扎拉竟然吃了三碗饭。

tsa³¹la⁵³	a³³va⁵³ɕi³¹	ŋa⁵³	ɕia³³	vɤ³¹	po³¹	(ve³³)	lɔ³¹.
扎拉	桃子	五	箱	买	PERF	IND	mirative

164. 扎拉买了 5 箱桃子。

9.5.2.2　主观小量

表达主观小量时也是使用句末语气词 lɔ³¹，例如：

tsa³¹la⁵³	ŋa³¹	a³¹	li²¹pɤ⁵³	ni⁵³	pɤ⁵³	nɛ²⁴	pi⁵³	la⁵³	ve³³	lɔ³¹.
扎拉	我	patient	书	二	本	只	送	DIR	IND	mirative

165. 扎拉只送了我两本书。

tsa³¹la⁵³	te⁵³	zɛ³¹	tsʰɔ³³	qʰa³¹	ni⁵³	ɣa⁵³	a⁵³	tsɔ³¹	lɔ³¹.
扎拉	一	家	人	几	二	位	NEG	有	mirative

166. 扎拉家才有几个人。

9.6　比较范畴和比拟范畴

"比较"和"比拟"是两个相关但又有差别的范畴。两者都是基于事物的相似点或相同点，但"比较"注重客观描述事物间的性状、程度和数量等方面的异同，而"比拟"则注重主观描述事物之间的相似点。

9.6.1　比较范畴

Dixon（2008）、Stassen（2011）认为比较结构主要包括三个基本组成成分，两个比较的参与者及比较的属性。比较的参与者一个是指性质属性的主体（Subject，以下简称 S），即比较双方中占据主体地位的一方；另一个是指比较基准（Standard，以下简称 St），即比较双方中占据对象地位的一方，用来比较的参照对象。刘丹青（2017）认为，比较结构还应有第四个基本构成要素，即比较标记，指用来引出比较基准的语法标记或虚词。比较句可分为差比句（comparison of superiority）和等比句（comparison of equality）。

在前人的研究成果上我们认为拉祜熙的比较句应包括以下 5 个组成成分：1. 性质属性的主体，两个比较对象中占主体的一方；2. 比较基准，用来比较的参照对象；3. 比较参项，表示属性的形容词，也称为"比较结果"；4. 比较标记，用来引出比较基准或比较从句的语法标记或虚词；5. 比较成分，指加在属性形容词或其他比较参项上的表示比较程度的成分。拉祜熙方言的比较成分既有形态要素的成分又有分析性的成分。其中前 4 个为基本组成部分（1-4），最后 1 个是附加成分。

9.6.1.1 差比

差比句是一种用语义关系范畴来定性的句子类型，表示两个比较参与者在某一属性上存在程度差异，这种语义关系在不同语言、方言中可以有不同的表达方法，即它的句法实现可以因语言而异。[1]

9.6.1.1.1 比较主体

比较主体一般只能充当主语或话题，不能是谓语部分或其他成分。

zɔ⁵³	ɔ³¹	ɔ³¹dzu³³	a³¹		tɕɛ³³	a⁵³tsʰɿ³³	tsa⁵³	mɛ⁵³	a³¹.
他	米饭	米线	patient		更	不止	吃	多	IND

167. 他吃米饭比吃米线多。/他米饭比米线吃得多。

而英语中基准用来比较的对象，即比较主体还可以是谓语部分或其他成分，如 Clark is more a man than a woman. 一句中比较的是表语 a man 。又如 He eats more fruit than vegetables. 一句中比较的是宾语 fruit。同汉语普通话类似，拉祜熙话中不能拿基准与谓语部分的任何成分相比。

9.6.1.1.2 比较标记

同日语、朝鲜语一样，拉祜熙话也是使用后置词作比较标记（Comparative Marker，以下简称 CM）的语言，拉祜语的标记在中间，符合联系项居中的普遍原则拉祜熙的比较标记分为半虚化的顺向差比标记 qʰɔ⁵³ 和反向差比标记 ɔ³¹xɔ²⁴。形成的格式为"比较主体（S）+比较基准（St）+比较标记（CM）+比较参项（+比较成分）"。

我们认为，拉祜熙话中的"比较标记"qʰɔ⁵³ 和 ɔ³¹xɔ²⁴ 不是完全虚化的虚词，而是处在语法化中途的介于虚实之间的词。马学良（主编 2003:435）指出，哈尼语中要用表示"上面/下面"一类方位名词放在比较基准之后，说明其方位义尚未完全丢失，还不是纯粹的比较标记。同属藏缅语族的拉

---

[1] 刘丹青：《语法调查研究手册》，商务印书馆 2017 年版，第 200 页。

祜熙话也是如此，要在比较基准后加"上头"q^ho^{53}或"下头"$ɔ^{31}xɔ^{24}$，q^ho^{53}和$ɔ^{31}xɔ^{24}$属于半虚化的比较标记。试比较下面的例句：

$zɔ^{53}$	su^{33}	$ɔ^{31}xɔ^{24}$	$nɛ^{31}$.	
他	别人	下头	矮	168. 他比别人矮。

$zɔ^{53}$	su^{33}	q^ho^{53}	mu^{33}.	
他	别人	上头	高	169. 他比别人高。

另外，拉祜熙话中可以在形容词（比较参项）后附加表示比较级的后置副词"很"dza^{53}，即相当于英语 more 这类附加比较成分。例如：

$zɔ^{53}$	su^{33}	$ɔ^{31}xɔ^{24}$	$nɛ^{31}$	dza^{53}.	
他	别人	下头	矮	很	170. 他比别人矮很多。

$ɔ^{31}vi^{24}pa^{31}$	$ɔ^{31}ŋa^{24}pa^{31}$	q^ho^{53}	mu^{33}	dza^{53}.	
哥哥	弟弟	上头	高	很	171. 哥哥比弟弟高多了。

另外，拉祜熙话的程度副词 $tɕɛ^{33}$更（拉祜纳话为 $kɛ^{35}$）也可以用于差比句中，试比较下面的句子：

$tsa^{31}la^{53}$	$tsa^{33}p^hɤ^{31}$	a^{31}	$tɕɛ^{33}$	$a^{53}tsʰ]^{33}$	$tsʰu^{33}$.	
扎拉	扎迫	patient	更	不止	胖	172. 扎拉比扎迫更胖。

$tsa^{31}la^{53}$	$tsa^{33}p^hɤ^{31}$	q^ho^{53}	$tsʰu^{33}$	dza^{53}.	
扎拉	扎迫	上头	胖	很	173. 扎拉比扎迫更胖。

我们认为程度副词 $tɕɛ^{33}$出现的条件一般是：1、前面强制出现比较基准标记（受事标记/宾语标记）a^{31}；2、一般情况下后面要加否定副词 $a^{53}tsʰ]^{33}$不止；3、也可以用于否定差比句中；4、$tɕɛ^{33}$不排斥比较参项后的表示比较级的后置副词"很"dza^{53}。前面我们介绍过，拉祜熙话的副词不仅可以连用，还存在框式副词，这也体现在差比句中。程度副词 $tɕɛ^{33}$后加了否定副词 $a^{53}tsʰ]^{33}$后仍然可以附加副词 dza^{53}。例如：

$zɔ^{53}$	$ɔ^{31}$	$z]^{33}di^{31}$	a^{31}	$tɕɛ^{33}$	$a^{53}tsʰ]^{33}$	tsa^{53}	$mɛ^{53}$	a^{31}.
他	饭	馒头	patient	更	不止	吃	多	IND

174. 他米饭比馒头吃得多。

$pɛ^{31}ba^{24}$	$ɕe^{31}$	te^{53}	$tsɤ^{31}$	o^{33}	te^{53}	$tsɤ^{31}$	a^{31}	$tɕɛ^{33}$	te^{53}	t^hu^{33}
木板	这	一	种	那	一	种	patient	更	一	拃

a^{53}	$tsɔ^{31}$.
NEG	有

175. 这种木板比那种薄一拃。

$ɕe^{31}$	te^{53}	q^ha^{54}	$tsʰɔ^{33}$	$ŋɤ^{31}$	q^ha^{54}	a^{31}	$tɕɛ^{33}$	$a^{53}tsʰ]^{33}$	a^{53}	$mɛ^{53}$.
这	一	村	人	我们	村	patient	更	不止	NEG	多

176. 这个村的人比我们村稍微少一点。

tsa³¹la⁵³	ŋa³¹	a³¹	tɕɛ³³	a⁵³tsʰ ʅ³³	tsʰu³³.	
扎拉	我	patient	更	不止	胖	177. 扎拉比我胖。

tsa³¹la⁵³	ŋa³¹	a³¹	tɕɛ³³	a⁵³tsʰ ʅ³³	tsʰu³³	dza⁵³.
扎拉	我	patient	更	不止	胖	很　　178. 扎拉比我胖很多。

Greenberg（1963）《某些主要跟语序有关的语法共性》（陆丙甫译）一文中共性 22 指出，在形容词比较结构中，如果唯一的或可能交替的语序之一是基准—标记—形容词的话，那么这语言是后置词语言。拉祜熙话符合此条共性。

9.6.1.1.3　比较参项

拉祜熙方言中比较参项的典型成分是形容词，同汉语相似，比较主体只能充当主语或话题，谓语不能作为比较主体，除非将其提升为主语或话题。例如：

zɔ⁵³	ɔ³¹	zʅ³³di³¹	a³¹	tɕɛ³³	a⁵³tsʰ ʅ³³	tsa⁵³	mɛ⁵³	a³¹.
他	饭	馒头	patient	更	不止	吃	多	IND

179. 他米饭比馒头吃得多。

zɔ⁵³	tsa³¹la⁵³	a³¹	tɕɛ³³	a⁵³tsʰ ʅ³³	xɔ²⁴qʰa⁵⁴pa³¹	a³¹su³¹	a³¹.
他	扎拉	patient	更	不止	男人	像	IND

180. 他比扎拉更像一个男人。

9.6.1.1.4　顺向差比与反向差比

同拉祜纳方言一样，拉祜熙话的差比句分顺向差比句与反向差比句两类。

顺向差比，即比较主体"胜过"比较基准，比较参项为正量形容词，如"大"ɯ³¹、"高"mu³³等，比较标记为qʰo⁵³。例如：

za²¹ni³³	ve³³	mu⁵³xɔ³³	a³³mi²¹	qʰo⁵³	ɯ³¹	la³¹.
今天	POSS	风	昨天	上头	大	IND

181. 今天的风比昨天的风还大。

ɔ³¹vi²⁴pa³¹	ɔ³¹ŋa²⁴pa³¹	qʰo⁵³	mu³³	dza⁵³.
哥哥	弟弟	上头	高	很

182. 哥哥比弟弟高很多。

a³³pa³³	a³³ma³³	qʰo⁵³	ɛɛ⁵⁴	qʰɔ²¹	ɯ³¹	la³¹.
爸爸	妈妈	上头	三	岁	大	IND

183. 爸爸比妈妈大三岁。

反向差比，即比较主体"不及"比较基准，比较参项为负量形容词，如"矮"nɛ³¹、"小"等，比较标记为半虚化的"下头"ɔ³¹xɔ²⁴。例如：

a³³ma³³	a³³pa³³	ɔ³¹xɔ²⁴	ɛɛ⁵⁴	qʰɔ²¹	i³³	ve³³.
妈妈	爸爸	下头	三	岁	小	IND　184. 妈妈比爸爸小三岁。

zɔ⁵³	su³³	ɔ³¹xɔ²⁴	nɛ³¹	dza⁵³.
他	别人	下头	矮	很　　　　　　185. 他比别人矮很多。

9.6.1.1.5　语序型差比句或句式差比句

与汉语不同，拉祜熙话中没有语序型差比句，不允许比较基准直接作宾语，如汉语普通话可以说"扎拉胖我一圈。"，但拉祜熙方言中只能说：

tsa³¹la⁵³	ŋa³¹	a³¹	tɕɛ³¹	a⁵³tsʰl̩³³	tsʰu³³.
扎拉	我	patient	更	不止	胖　　186. 扎拉比我胖。

ŋa³¹	zɔ⁵³	qʰo⁵³	to²¹qo²¹	te⁵³	ɕi³¹	mu³³	la³¹.
我	他	上头	头	一	颗	高	IND　187. 我比他高一头。

9.6.1.1.6　成分省略

拉祜熙方言中的比较基准存在省略的现象，作为比较主体的主语或话题化，而不是与整个主句比。试比较下面的句子：

za²¹ni³³	ve³³	mu⁵³xɔ³³	a³³mi²¹	qʰo⁵³	ɯ³¹	la³¹.
今天	POSS	风	昨天	上头	大	IND

?za²¹ni³³	ve³³	mu⁵³xɔ³³	a³³mi²¹	ve³³	mu⁵³xɔ³³	qʰo⁵³	ɯ³¹	la³¹.
今天	POSS	风	昨天	POSS	风	上头	大	IND

188. 今天的风比昨天的风还大。

ŋa³¹	vɤ²¹	ve³³	a³³po²¹	tsa³¹la⁵³	ve³³	a³¹	xɤ³³	a³³tɕi²⁴
我	穿	POSS	衣服	扎拉	POSS	patient	大	一点

a⁵³	tsɔ³¹.
NEG	有

?ŋa³¹	vɤ²¹	ve³³	a³³po²¹	tsa³¹la⁵³	ve³³	a³³po²¹	a³¹
我	穿	POSS	衣服	扎拉	POSS	衣服	patient

xɤ³³	a³³tɕi²⁴	a⁵³	tsɔ³¹.
大	一点	NEG	有

189. 我穿的衣服扎拉的小一点。

以上例句可以认为是一个由小句充当的基准名词，与同样由小句充当的比较主体相比较，故第二句话中的 a³³mi²¹ve³³mu⁵³xɔ³³ 或 tsa³¹la⁵³ve³³a³³po²¹ 小句以省略 a³³mi²¹ 或 a³³po²¹ 更显优势。

但是有一些句子省略句和非省略句均为合法句，试比较下面的句子：

tsa³¹la⁵³	ve³³	xa³³	tsa³³pʰɤ³¹	ve³³	xa³³	a³¹	tɕɛ³³	a⁵³tsʰʅ³³.
扎拉	POSS	地	扎迫	POSS	地	patient	更	不止

190. 扎拉的地比扎迫的地多。

tsa³¹la⁵³	ve³³	xa³³	tsa³³pʰɤ³¹	ve³³	a³¹	tɕɛ³³	a⁵³tsʰʅ³³.
扎拉	POSS	地	扎迫	POSS	patient	更	不止

191. 扎拉的地比扎迫的多。

tsa³¹la⁵³	ve³³	xa³³	tsa³³pʰɤ³¹	a³¹	tɕɛ³³	a⁵³tsʰʅ³³.
扎拉	POSS	地	扎迫	patient	更	不止

192. 扎拉的地比扎迫多。

9.6.1.1.7　否定

拉祜熙方言的否定差比句，也分顺向差比和反向差比，否定词 a⁵³加在比较参项，即形容词的前面。例如：

za²¹ni³³	a³³mi³³	qʰo⁵³	a⁵³	ka⁵⁴.
今天	昨天	上头	NEG	冷

193. 今天不比昨天冷。

tsa³¹la⁵³	ɔ³¹ɣa⁵³	nɔ³¹	qʰo⁵³	a⁵³	ɯ³¹.
扎拉	力气	你	上头	NEG	大

194. 扎拉力气不比你大。

tsa³¹la⁵³	nɔ³¹	qʰo⁵³	a³³tɕi²⁴	kɛ³³	a⁵³	tsʰu³³.
扎拉	你	上头	一点	都	NEG	胖

195. 扎拉一点都不比你胖。

ɕe³¹qʰɔ²¹	pʰu³³	tsa³³	ɣa⁵³	ve³³	a³³ni³³qʰɔ²¹	ve³³	ɔ³¹xɔ²⁴
今年	钱	找	赚	NOMIN	去年	转指	下头

a⁵³	nɛ³¹.
NEG	低

196. 今年收入不会比去年少。

9.6.1.1.8　关联比较

关联比较，即表达两个事件或属性在程度上的正比或反比关系。拉祜熙方言中成正比的关联比较。例如：

xa³³	ɣa⁵³	vɤ³¹	mɛ⁵³	qo³³	ɣa³³	da²¹.
地	赚	买	多	CONJ	越	好

197. 地买得越多越好。

成反比的关联比较例如：

xa³³	ɣa⁵³	vɤ³¹	a⁵³	mɛ⁵³	qo³³	ɣa³³	a⁵³	da²¹.
地	赚	买	NEG	多	CONJ	越	NEG	好

198. 地买得越少越不好。

9.6.1.2 等比

等比句又称平比句，语义成分构成和差比句基本一致，不同在于表程度的等同而非表程度的差异。拉祜熙方言的等比句与差比句句法成分构成基本相同，都有 5 个组成成分：比较主体、比较基准、比较参项、比较标记以及比较成分。但同差比句不一样，等比句不存在顺向和反向之分，例如：

tsa³¹la⁵³	lɛ³³	tsa³³pʰɤ³¹	qʰa³³su³¹	mu³³.	
扎拉	CONJ	扎迫	CM	高	199. 扎拉和扎迫一样高。
tsa³¹la⁵³	lɛ³³	tsa³³pʰɤ³¹	qʰa³³su³¹	nɛ³¹.	
扎拉	CONJ	扎迫	CM	矮	200. 扎拉和扎迫一样矮。

9.6.1.2.1 等比标记

拉祜熙话等比句的同级比较标记是"一样"qʰa³³su³¹，例如：

ŋa³¹	te⁵³	zɛ³¹	ve³³	xa³³	lɛ³³	
我	一	家	POSS	地	CONJ	
zɔ⁵³	te⁵³	zɛ³¹	ve³³	xa³³	qʰa³³su³¹	da²¹.
他	一	家	POSS	地	CM	好

201. 我家的地跟他家的地一样好。

同级等比标记 qʰa³³su³¹ 是虚化中的词，仍然保留着实词的功能，一方面保留着形容词作谓语的功能，例如：

tsa³¹la⁵³	lɛ³³	tsa³³pʰɤ³¹	qʰa³³su³¹.	
扎拉	CONJ	扎迫	一样	202. 扎拉和扎迫一样。

另一方面保留着作副词的功能，例如：

tsa³¹la⁵³	tɕʰɛ³³nɛ³¹	kɛ³³	qʰa³³su³¹	ɕe⁵³	a³¹.	
扎拉	现在	也	一样	聪明	IND	203. 扎拉现在一样聪明。

9.6.1.2.2 双重标记

同差比句一样，等比句也存在双重标记，如之前的例句也可以在形容词后加表示比较级的后置副词"很"dza⁵³。例如：

tsa³¹la⁵³	lɛ³³	tsa³³pʰɤ³¹	qʰa³³su³¹	mu³³	dza⁵³.
扎拉	CONJ	扎迫	CM	高	很

204. 扎拉和扎迫一样很高。

tsa³¹la⁵³	lɛ³³	tsa³³pʰɤ³¹	qʰa³³su³¹	nɛ³¹	dza⁵³.
扎拉	CONJ	扎迫	CM	矮	很

205. 扎拉和扎迫一样很矮。

9.6.2　比拟范畴

拉祜熙方言主要用"像"lɛ²⁴表达比拟句,组成"比较主体+比较基准+比较基准标记+比拟标记 lɛ²⁴像(+比较参项)"结构。例如:

tsa³¹la⁵³	zɔ⁵³	a³¹	lɛ²⁴	ɕe⁵³	a³¹.
扎拉	他	patient	MAR	聪明	IND

206. 扎拉像他那么聪明。

tsa³¹la⁵³	mɔ²¹	a³¹	lɛ²⁴.
扎拉	猴子	patient	MAR

207. 扎拉跟猴子似的。

或者,可以话题化为"比较基准+比较基准标记+比拟标记 lɛ²⁴像(+比较参项)+关系化标记 ve³³+比较主体"结构。例如:

tsa³¹la⁵³	a³¹	lɛ²⁴	ɕe⁵³	ve³³	za⁵³nɛ²⁴.
扎拉	patient	M	聪明	RM	孩子

208. 像扎拉那么聪明的孩子。

mɔ²¹	a³¹	lɛ²⁴	ve³³	tsa³¹la⁵³.
猴子	patient	M	RM	扎拉

209. 跟猴子似的扎拉。

然而,比拟标记 lɛ²⁴是非强制的,例如:

kʰɛ⁵³	mu²¹qʰu³³	a³¹	xɤ³³	xɤ³³.
碗	锅	patient	大	大

210. 碗像锅那么大。

mu²¹qʰu³³	a³¹	xɤ³³	xɤ³³	ve³³	kʰɛ⁵.
锅	patient	大	大	RM	碗

211. 像锅那么大的碗。

澜沧土语也受拉祜语影响,比拟标记非强制使用,第一个的例句澜沧土语为"碗锅那样大大"。

9.7　趋向范畴

趋向范畴是指一种语言里表达"趋向"义的句法手段。趋向范畴分为两种:一是有客观参照物的,如表上、下、前、后、左、右等趋向意义;二是以言谈参与者——说者、听者或双方以外的人为参照趋向的。

9.7.1　直指趋向

在说话人为基准,通过现场指示来确定对象的言语行为叫直指,由此确定的趋向称为"直指趋向"。拉祜熙话中的直指趋向可以分为朝发话人而来的行为和离发话人而去的行为。

9.7.1.1　朝发话人而来的行为

朝发话人而来的行为是指以发话人为目标的趋向义。拉祜熙话用后缀

la³³或 va³³表达向说话人方向的位移。例如：

汉义	拉祜熙方言	汉义	拉祜熙方言
上来	ta⁵³la³³	进来	lo²¹la³³
下来	za²¹la³³	起来	tu³³la³³
出来	tɔ⁵⁴la³³	出来	tɔ⁵⁴la³³
回来	qɔ²¹la³³	拿来	zu³¹va³³

9.7.1.2　离说话人而去的行为

离发话人而去的行为是指以发话人为源点的移动行为。拉祜熙话用"去"gɯ²¹或"走"vɤ³³或"去"pɤ³³表达离说话人方向的而去的含义。例如：

汉义	拉祜熙方言	汉义	拉祜熙方言
上去	ta⁵³gɯ²¹	进去	lo²¹gɯ²¹
下去	za²¹gɯ²¹	拿走	zu³¹vɤ³³
出去	tɔ⁵⁴gɯ²¹	放下去	pʰɛ⁵³qʰa³³pɤ³³
回去	qɔ²¹gɯ²¹		

其中，"放下去"pʰɛ⁵³放 qʰa³³中级 pɤ³³后缀中的 qʰa³³pɤ³³已完成虚化，分别成为无实际意义的中缀和后缀。类似组合还有"拿开"zu³¹qʰa³³pɤ³³、"抬开"tɕʰi⁵³qʰa³³pɤ³³、"扔出去"ba³¹qʰa³³pɤ³³、"放着"ta³¹qʰa³³pɤ³³，等等。

9.7.1.3　la³³和 gɯ²¹的虚化程度不一致，而 va³³和 vɤ³³虚化程度一致。

拉祜熙话中"来"la³³已经完成虚化过程，不能单独使用，是一个虚化的词缀。而"去/玩"gɯ²¹正在虚化当中，虽然已有一定程度的语法化，但还没有达到虚化为一个词缀的程度。试比较下面的句子：

a1	mɔ²¹	tɕi²⁴	gɯ²¹	po³¹.	
	猴子	跑	走	PERF	
a2	*mɔ²¹	tɕi²⁴gɯ²¹		po³¹.	
	猴子	跑走		PERF	212. 猴子跑了。
b1	*zɔ⁵³	nɔ⁵³	la³³	po³¹.	
	他	醒	来	PERF	
b2	zɔ⁵³	nɔ⁵³la³³		po³¹.	
	他	醒来		PERF	213. 他醒来了。

a 组例句中不能将"跑"tɕi²⁴和"去"gɯ²¹两个动词黏合在一起，因为 gɯ²¹只能同"上""下""出""回""进"黏合成 ta⁵³gɯ²¹、za²¹gɯ²¹、tɔ⁵⁴gɯ²¹、qɔ²¹gɯ²¹、lo²¹gɯ²¹等合成词；而 b 组句中不能将"醒"nɔ⁵³和"来"la³³分开，两者的黏合程度很高，la³³已经完成虚化，成为一个不能

单独使用的词缀。再来看几组例句：

zɔ⁵³	lɛ³³	tsa³¹la⁵³	te⁵³gɛ³³	xa³³	qɔ⁵³	**tɕi³¹**	**gɯ²¹**	po³¹.
他	CONJ	扎拉	一起	地	挖	走	去	PERF

214. 他和扎拉一起挖去了。

a³³su³³	lɛ³³	na³³pʰɤ³¹	ni⁵³	a³¹	a³³pʰa³³	tsa³³	te³³	**tɕi³¹**	**gɯ²¹**
谁	CONJ	娜迫	两	个	什么	去	做	去	去

po³¹	le³³?
PERF	INTER

215. 谁和娜迫干什么去了？

zɔ⁵³	la⁵³mi³¹	a³¹	tʰi³¹zɔ³³	lɛ³³	to²¹qo²¹ɕi³¹	**pʰu⁵³dɔ⁵⁴la³³**	po³¹.
他	门	patient	撞上	CONJ	头	肿起来	PERF

216. 他的头被门撞出一个大包。

nɔ³¹	zɔ⁵³	nɔ³¹xɔ³³	**lo²¹la³³**	tsɿ³³.
你	他	patient	进来	CAUS

217. 你让他进来吧。

　　另外，"来"va³³、"走"vɤ³³和"去"pɤ³³的虚化程度一致，词的意义都已完全虚化为词后缀，不能单独使用。但结构上需要它们，否则结构或意义会不完整，关系到结构的合格性。

9.7.2　双及物句中的趋向范畴

　　拉祜熙方言的部分动词带有直指性（deictic）的趋向范畴。与同是藏缅语的麻窝羌语不同，拉祜熙话不是所有的动词作谓语时都要带上趋向词缀，而是只有给予类动词后面才有趋向词，并且这些趋向词是强制使用的。值得注意的是，拉祜熙话中只能称为趋向词，而不能称其为趋向词缀，因为它们并未完全虚化为词缀，而动词连用又是拉祜语中惯用的一种句法形式。例如：

	汉义	拉祜熙方言
Aa1	我给你烟。	ŋa³¹我 nɔ³¹你 a³¹OMsu²⁴烟 pi⁵³给 **la⁵³**.
Ab1	你给我烟。	nɔ³¹你 ŋa³¹我 a³¹OMsu²⁴烟 pi⁵³给 **la⁵³**.
Ac1	我给他烟。	ŋa³¹我 zɔ⁵³他 a³¹OMsu²⁴烟 pi⁵³给 **vi⁵³**.
Ad1	他给我烟。	zɔ⁵³他 ŋa³¹我 a³¹OMsu²⁴烟 pi⁵³给 **la⁵³**.
Ba1	我给你电话。	ŋa³¹我 nɔ³¹你 a³¹OMti²⁴xua²⁴电话 pi⁵³给 **la⁵³**.
Bb1	你给我电话。	nɔ³¹你 ŋa³¹我 a³¹OMti²⁴xua²⁴电话 pi⁵³给 **la⁵³**.
Bc1	我给他电话。	ŋa³¹我 zɔ⁵³他 a³¹OMti²⁴xua²⁴电话 pi⁵³给 **vi⁵³**.
Bd1	他给我电话。	zɔ⁵³他 ŋa³¹我 a³¹OMti²⁴xua²⁴电话 pi⁵³给 **la⁵³**.

只有涉及第三人称且方向是离心时，普通动词后的趋向词由 la⁵³变成 vi⁵³。下面我们再来看看加了普通动词后的情况：

	汉义	拉祜熙方言
Aa2	我给你点烟。	ŋa$^{31}_{我}$ nɔ$^{31}_{你}$ a$^{31}_{OM}$ su$^{24}_{烟}$ tu$^{24}_{点}$ **la⁵³**.
Ab2	你给我点烟。	nɔ$^{31}_{你}$ ŋa$^{31}_{我}$ a$^{31}_{OM}$ su$^{24}_{烟}$ tu$^{24}_{点}$ **la⁵³**.
Ac2	我给他点烟。	ŋa$^{31}_{我}$ zɔ$^{53}_{他}$ a$^{31}_{OM}$ su$^{24}_{烟}$ tu$^{24}_{点}$ **vi⁵³**.
Ad2	他给我点烟。	zɔ$^{53}_{他}$ ŋa$^{31}_{我}$ a$^{31}_{OM}$ su$^{24}_{烟}$ tu$^{24}_{点}$ **la⁵³**.
Ba2	我给你打电话。	ŋa$^{31}_{我}$ nɔ$^{31}_{你}$ a$^{31}_{OM}$ti^{24}xua$^{24}_{电话}$ dɔ$^{54}_{打}$ **la⁵³**.
Bb2	你给我打电话。	nɔ$^{31}_{你}$ ŋa$^{31}_{我}$ a$^{31}_{OM}$ti^{24}xua$^{24}_{电话}$ dɔ^{54} **la⁵³**.
Bc2	我给他打电话。	ŋa$^{31}_{我}$ zɔ$^{53}_{他}$ a$^{31}_{OM}$ti^{24}xua$^{24}_{电话}$ dɔ^{54} **vi⁵³**.
Bd2	他给我打电话。	zɔ$^{53}_{他}$ ŋa$^{31}_{我}$ a$^{31}_{OM}$ti^{24}xua$^{24}_{电话}$ dɔ$^{54}_{打}$ **la⁵³**.
C1	我给你缝衣服。	ŋa$^{31}_{我}$ nɔ$^{31}_{你}$ a$^{31}_{OM}$a^{33}po$^{21}_{衣服}$ fi$^{33}_{缝}$ **la⁵³**.
C2	你给我缝衣服。	nɔ$^{31}_{你}$ ŋa$^{31}_{我}$ a$^{31}_{OM}$a^{33}po$^{21}_{衣服}$ fi$^{33}_{缝}$ **la⁵³**.
C3	我给他缝衣服。	ŋa$^{31}_{我}$ zɔ$^{53}_{他}$ a$^{31}_{OM}$a^{33}po$^{21}_{衣服}$ fi^{33} **vi⁵³**.
C4	他给我缝衣服。	zɔ$^{53}_{他}$ ŋa$^{31}_{我}$ a$^{31}_{OM}$a^{33}po$^{21}_{衣服}$ fi^{33} **la⁵³**.

陆丙甫和金立鑫（2015）称这些与动词同现的词为动词小品词（verb particles），有些小品词有着较明确的意义，用于指示方位或方向的，如"来"va³³（向心）、"走"vɤ³³（离心）和"去"pɤ³³（离心）；而有些小品词的意义是随着动词变化而变化的，没有独立的意义，如 la⁵³（向心）和 vi⁵³（离心）。拉祜熙话中的小品词必须与动词紧紧相连，不可以分开。

9.7.3　伴随标记 ɕi³³

我们从以下两个方面讨论伴随标记 ɕi³³。

第一，拉祜熙方言处所指示词是："这里"（近指）sɔ³¹ɕe³³、"那里"（远指 1）o³³ɕe³³、"那里"（远指 2）o³³lo³³ɕe³³。我们认为后置介词 ɕi³³是由处所指示词的语素 ɕe³³虚化而来。例如：

ŋa³¹	ɕi³³	la³¹.	
我	POST	来	218. 来我这里。

nɔ³¹	ɕi³³	tɕi³¹.	
你	POST	去	219. 去你那里。

zɔ⁵³	ɕi³³	tɕi³¹.	
他	POST	去	220. 去他那里。

而处所指示词语素 ɕe³³的句法功能。例如：

nɔ³¹　　zɛ³¹　　sɔ³¹ɕe³³　　te³³.

你　　　房子　　这里　　　做　　　　　　　　221. 你把房子盖在这里。

o³³ɕe³³　　ta⁵³　　tɕi³¹.

那里　　　NEG　　去　　　　　　　　　　　222. 别去那里。

ɕe³³作为处所指示词的语素语法化后产生音变，现已虚化后为伴随标记 ɕi³³，也就是元音 e 高化为 i。ɕi³³已完成语法过程，是一个虚词了。

我们再来看一下拉祜语的另一个方言—拉祜纳方言的情况。拉祜纳话的处所指示词是："这里"（近指）gɛ³³、"那里"（远指 1）o⁵³、"那里"（远指 2）o⁵³ː。与拉祜熙相似，拉祜纳方言的后置介词，即伴随标记 gɛ³³同样来源于处所指示词，gɛ³³由近指处所指示词 "这里"gɛ³³虚化而来。例如：

ŋa³¹　　gɛ³³　　　　la³¹.

我　　　POST　　　来　　　　　　　　　223. 来我这里。

nɔ³¹　　gɛ³³　　　　qe³³.

你　　　POST　　　去　　　　　　　　　224. 去你那里。

zɔ⁵³　　gɛ³³　　　　qe³³.

他　　　POST　　　去　　　　　　　　　225. 去他那里。

但是，gɛ³³未完成虚化过程，仍有处所指示词的句法功能。例如下面两个句子中，gɛ³³和 o⁵³是实词，是处所指示词。例如：

nɔ³¹　　o⁵³　　ɔ³¹　　tɕa³³　　tɕa⁵³　　qe³³.

你　　　那里　　饭　　找　　　吃　　　去　　226. 去你那里吃饭。

ŋa³¹　　gɛ³³　　ɔ³¹　　tɕa³³　　tɕa⁵³　　la³¹.

我　　　这里　　饭　　找　　　吃　　　来　　227. 来我这里吃饭。

而下面的句子中 gɛ³³为虚词，是后置介词。例如：

nɔ³¹　　zɔ⁵³　　gɛ³³　　ɔ³¹　　tɕa³³　　tɕa⁵³　　qe³³.

你　　　他　　　POST　　饭　　找　　　吃　　　去　　228. 你去他那里吃饭。

该句不能说成* nɔ³¹zɔ⁵³o⁵³ɔ³¹tɕa³³tɕa⁵³qe³³。试比较下面的句子：

zɔ⁵³　　o⁵³　　ɔ³¹　　tɕa³³　　tɕa⁵³　　qe³³.

他　　　那里　　饭　　找　　　吃　　　去　　229a. 他去那里吃饭。

zɔ⁵³　　gɛ³³　　ɔ³¹　　tɕa³³　　tɕa⁵³　　qe³³.

他　　　POST　　饭　　找　　　吃　　　去　　229b. 去他那里吃饭。

a 句中的"那里"o⁵³是处所指示词，而 b 句中虽然汉语普通话也译成"那里"，但在拉祜纳话中，gɛ³³是后置介词，是虚词。另外，gɛ³³在拉祜纳话中也是伴随标记，用法和拉祜熙的 ɕi³³相同。

第二，拉祜熙方言中后置介词 εi^{33} 是伴随标记，可以用于引出宾介状语结构。例如：

| $z\mathfrak{z}^{53}$ | εi^{33} | xa^{33} | te^{53} | | $\gamma\mathfrak{z}^{33}$ | zu^{31}. | |
| 他 | COM | 地 | 一 | | 亩 | 拿 | 230. 跟他要一亩地。 |

| ηa^{31} | $n\mathfrak{z}^{31}$ | εi^{33} | $\mathfrak{z}^{31}\gamma a^{53}$ | a^{53} | $t\varepsilon^{54}da^{21}$ | ga^{53}. |
| 我 | 你 | COM | 力气 | NEG | 比赛 | 想 |

231. 我不想跟你比力气。

| $tsa^{31}la^{53}$ | $l\varepsilon^{33}$ | $a^{33}mi^{33}$ | $na^{33}l\mathfrak{z}^{53}$ | εi^{33} | $te^{53}g\varepsilon^{33}$ | $k^hui^{33}mi^{21}$ | $\mathfrak{z}^{31}$ |
| 扎拉 | F | 昨天 | 娜俅 | COM | 一起 | 昆明 | LOC |

| γa^{53} | ga^{33} | $l\varepsilon^{33}$ | tsa^{33} | γa^{33} | ve^{33} | p^hu^{33} | zu^{31} | $l\varepsilon^{33}$ | i^{24} |
| 力气 | 帮助 | CONJ | 找 | 得 | RM | 钱 | 拿 | CONJ | 他们 |

| $\mathfrak{z}^{31}pa^{31}\mathfrak{z}^{31}i^{53}$ | | $n\mathfrak{z}^{31}x\tilde{\mathfrak{z}}^{33}$ | $z\varepsilon^{31}$ | lo^{24} | te^{53} | $z\varepsilon^{31}$ | $v\gamma^{31}$ | ve^{33} | po^{31}. |
| 父母 | | patient | 房子 | 大 | 一 | 座 | 买 | NOMIN | PERF |

232. 扎拉是昨天跟娜俅在昆明用打工赚到的钱给他们父母买了个大房子。

可以看出，拉祜语中伴随标记后置于伴随项，即 A+COM 结构（A 表示伴随项），拉祜语的基本语序是 SOV，与后置词相和谐，也与 A+COM 结构相和谐。拉祜语伴随标记的演变模式为：处所近指指示词＞后置介词＞伴随标记。

第十章 结语

10.1 南段拉祜熙话语法的总体概括

本书以类型学参考语法为研究框架对南段拉祜熙话的语法进行了尽可能详细的共时描写，内容包括语音、词法和句法等方面，我们认为拉祜熙话的语法特点主要有以下几个方面。

10.1.1 基本语序类型

拉祜熙方言的基本语序是 SOV，以动词标记句子的结束。Greenberg（1963）《某些主要跟语序有关的语法共性》（陆丙甫译）一文中指出，一种语言中基本语序占有极其重要的地位，它与该语言中的很多语法现象有着极其密切的关系。我们根据该论文提出的几个语法共性总结一下与拉祜熙的基本语序有联系的一些语法现象：

第一，使用后置介词。共性 4：采取 SOV 为常规语序的语言在远远超过随机频率的多数情况下，使用后置词。拉祜熙话符合这条共性，拉祜熙话的后置词有受事/宾语标记 nɔ³¹xɜ²⁴或 nɔ³¹或 a³¹；比较基准标记 a³¹；由处所指示词虚化来的后置词 ɕi³³；引介时间起点、空间起点和抽象概念起点的后置词 ta²¹或 ta²¹te³³；半虚化的后置比较标记 qʰo⁵³和 ɔ³¹xɔ²⁴。这些后置词大多是强制性的，在拉祜熙话中具有显赫性。

第二，领属语前置于中心名词。共性 2：使用前置词的语言中，领属语几乎总是后置于中心名词，而使用后置词的语言，领属语几乎总是前置于中心名词。拉祜语也符合此条共性，使用后置词，领属语结构 GN[①]同基本语序 SOV 相和谐。

第三，修饰语后置于被修饰语。共性 21 指出：如果某些或所有副词后置于它们所修饰的形容词，那么这种语言中的形容词也后置于名词，而且以动词前置于名词性宾语为优势语序。修饰语的位置是一种语言中除了基

---

① G 为领属成分，N 为中心语或被领属者。

本语序和领属语的位置外，又一重要指标。拉祜语倾向把修饰或限定成分放在被修饰或被限定的成分之后，即采用 NA 语序[①]。如"黑狗"$pʰɯ^{53}$狗na^{54}黑；"小鸟"$ŋa^{54}$鸟$nɛ^{24}$小；"花蝴蝶"$pɛ^{53}qu^{31}lu^{31}$蝴蝶$ga^{21}tsʅ^{54}$花。也倾向把副词放在它所修饰的形容词后，如"很漂亮"$ŋɔ^{24}$看sa^{33}舒服$dʑa^{53}$很；"很好。"da^{21}好$dʑa^{53}$很。但拉祜语的基本语序却是 SOV，即动词后置于宾语。

第四，疑问语气词位于句末。共性 9：在远远超过随机频率的多数情况下，涉及全句的疑问小词或词缀，在前置词语言中居于句首，而在后置词语言中居于句末。拉祜熙话疑问句语气词 le^{33}、la^{31} 等位于全句的末尾，统领全句的疑问语气/式（mood）；另外，共性 12：陈述句中以 VSO 为优势语序的语言，其特指疑问句总把疑问词或疑问短语放在句首。陈述句以 SOV 为优势语序的语言，不会有这样的变换。拉祜熙方言也符合这条语法共性，拉祜熙特指问句中疑问代词不总是位于句首，疑问词的位置与陈述句无差别。

第五，拉祜熙方言有格范畴。共性 41：如果一种语言里动词后置于名词性主语和宾语是优势语序，那么这种语言几乎都具有格系统。拉祜熙话符合此条语言共性，拉祜语有受事/宾语标记 $nɔ^{31}xɔ̃^{24}$或 $nɔ^{31}$或 a^{31}，是给受事做标记的主—宾格型语言。

拉祜熙话是分析性较强的语言，语序和虚词是表达语法的主要手段，语序固定且虚词丰富。但同日语相似，拉祜熙话不属于单纯依靠语序表示的语言，因为其宾语带有格标记，事实上它是格标记和语序两种手段并用的语言。

10.1.2 拉祜熙方言的句法特点

我们认为，拉祜熙话中的句法特点主要有如下几点：

10.1.2.1 话题显赫

拉祜熙方言中，话题是一个显赫的句法成分。其话题范畴的显赫性主要体现在以下几方面：

第一，话题使用频率高，且具有一定的强制性。拉祜熙话中话题出现的频率非常高，在 6.6 节我们列举的句子中很多句子是强制性地要求受事成分充当话题。使用频率高是话题显赫性的重要体现。

第二，话题标记较丰富，拉祜熙话的话题标记主要有 2 个，分别是 le^{31} 和 qo^{33}，另外还有提顿词 $ɛ^{31}$ 和 ve^{33}，都有话题标记的作用，话题标记丰富是话题显赫的直接体现。

---

① N 为中心语，A 为修饰语。

第三，话题优先及话题结构还可以表达焦点、强调等功能。拉祜熙的话题标记和焦点标记相同，是由系动词演变而来的 lɛ³¹。

10.1.2.2　连用显赫

拉祜熙话中的部分实词和虚词均可以连用：动词、副词、句末语气词均可以连用。

10.1.2.2.1　动词连用

动词连用是拉祜熙话中显赫的句法现象。

第一，和汉语普通话的连动结构不同，拉祜熙话中有着严格意义的动词连用，动词与动词之间不需要任何的连接手段，即不带宾语或辅助成分而直接组合。

第二，连用的动词数量较多。拉祜熙话中最多可以连用 5 个严格意义上的动词。

另外，拉祜熙话中存在时体助动词，而普通动词与时体助动词也可以连用，为了更好地从类型学角度观察彝缅语言的动词连用现象，我们找到同为彝语支的傈僳语和纳西语语料，傈僳动词连用的动词数量最多可达 8 个，纳西语动词连用的动词数量最多可达 4 个。例如：

傈僳语　kʰa³³kʰɯ³¹　ɛ⁴²　pʰu³³　dy⁴²　dʒɛ³³　tɕa⁵⁵　dza³¹　tɕa⁵⁵　do⁴⁴.
　　　　　门　　　　敲　开　进　去　煮　吃　煮　喝

1. 把门撬开进去，然后自己煮饭吃。[①]

纳西语　nuɯ¹¹　ʂɯ³³　ɣ¹¹　hæ⁵⁵　ɲʝi⁵⁵　ndzʐ³³　fæ³³　lɑ¹¹.
　　　　你　肉　拿　切　烧　吃　命令式　祈使语气词

2. 你去拿肉切了烧烤吃吧！[②]

第三，拉祜语大部分句子都以 2 到 3 个普通动词连用为普遍现象。另外，动词"去/找"tɕa³³用处很广泛，可以与很多普通动词搭配连用。我们称之为"泛用动词"。

10.1.2.2.2　副词连用及框式副词

拉祜熙方言中副词最可以连用 3 个，构成"adj+adv+adv+adv"的结构。但以 2 个副词连用更为普遍。另外，拉祜熙话中还存在框式副词，我们在 7.4.2.2.3 "副词的句法功能"一节中讨论过，两个位于形容词的两端的副词，构成框式副词，形成"adv+adj+adv"的结构。

---

① 语料提供者为余群*，傈僳族，傈僳语母语人，居住地德宏州盈江县龙盆村十八岔小组，在此表示感谢！

② 语料提供者为和丽*，纳西族，纳西语片丁话母语人，云南民族大学教师，曾长居丽江市古城区大东乡白水村委会片丁村，在此表示感谢！

10.1.2.2.3 语气词连用

第一，拉祜语中语气词较丰富，有：ve^{33}、a^{31}、o^{31}、le^{33}、$lɔ^{31}$、$vɤ^{31}$和$nɛ^{31}$等。表达直陈的语气词就有 2 个：ve^{33}和a^{31}。

第二，语气词位于句末时可以连用，构成类似黏着语的虚语素同现。如直陈语气词ve^{33}可以同表达建议的句末语气词o^{31}、le^{33}连用，也可以同表达惊异的语气词$lɔ^{31}$连用。另外，句末语气词$vɤ^{31}$和表达可能的语气词$vɛ^{24}$连用。戴庆厦（2016）指出，景颇语的句尾词（句末语气词）分为尾$_1$和尾$_2$两类，尾$_1$紧跟谓语之后通过形态表达谓语的语气以及人称、数、体、方向等语法意义，尾$_2$位于尾$_1$之后，没有形态变化，表达包括信息来源的性质、状态、可靠性、确定性等语法意义。[①]拉祜语中也存在着大体可以分为这两类的句末语气词，正因为在功能上存在互补性，所以才有了语气词连用这种语法现象。连用的语气词在句法结构和语用结构上存在层次问题，呈线性序列位于句末，有着不同的功能和语义结构。

第三，语气词o^{31}和a^{31}可以嵌入小句中，兼有连词的作用，起提顿和连接两个小句的作用。例如：

$tsa^{31}la^{53}$	mu^{33}	$lɛ^{31}$	mu^{33}	a^{31}	$za^{21}q^ha^{53}$	$qɛ^{21}ku^{33}$	dza^{53}.
扎拉	高	COP	高	语气词	但	瘦	很

3. 扎拉高是高，但是太瘦了。

da^{21}	$lɛ^{31}$	da^{21}	a^{31}	$za^{21}q^ha^{53}$	a^{53}	$p^hɛ^{21}$	ta^{31}.
好	COP	好	语气词	但是	NEG	AUX	POT

4. 好倒是好，就是不安全。

$tsa^{31}la^{53}$	$a^{53}pɔ^{31}$	a^{53}	la^{31}	o^{31}	qo^{54}	mo^{31}	a^{31}.
扎拉	明天	NEG	来	语气词	说	见	IND

5. 听说扎拉明天不来了。

$tsa^{31}la^{53}$	$k^hui^{33}mi^{21}$	$tɕi^{21}$	o^{31}	qo^{54}	mo^{31}	a^{31}.
扎拉	昆明	去	语气词	说	见	IND

6. 据说扎拉去昆明了。

10.1.2.3 丰富的虚词

拉祜熙话虚词较丰富，一直以来是拉祜语研究的难点之一。我们将主要的几个虚词的句法功能梳理如下：

第一，虚词ve^{33}。它是拉祜语中用处最广泛的一个虚词，ve^{33}在拉祜熙话中兼具 12 种句法功能，有：名词化标记、关系化标记、领属标记、连接词（既可以连接两个小句又可以用于连接序数词中的前缀和基数词）、主语

---

① 戴庆厦：《景颇语两类句尾词的功能互补》，《云南师范大学学报》2016 年第 7 期，第 4 页。

从句标句词、同位语从句的标句词、直接引语标句词、有话题标记作用的提顿词、数词中分数的结构标记、直陈语气词、表达感叹的句末语气词以及和 dʑɔ³³ 搭配用于表过去的时助动词。

从跨语言的角度看，同某种代词发展出从句联系项的现象确实存在于众多语言。拉祜语也可能存在这种情况，虚词 ve³³ 可能就来自指示词"这些"sɔ³¹ve³³（拉祜熙）、"这个"tɕhi³³ve³³（拉祜纳）、"那些"o³³ve³³（拉祜熙）、"那个"o³³ve³³（拉祜纳），关于 ve³³ 的演变有待于今后的深入研究。

第二，虚词 lɛ³¹。lɛ³¹ 在拉祜语中兼具的句法功能也较丰富，有系动词、话题标记、焦点标记、数词中表示最末的后缀。戴庆厦（2005）和刘丹青（2017）都认为，一些语言中系动词和话题标记有密切的关系。我们认为，拉祜熙话中的话题标记 lɛ³¹ 来源于系动词，且仍附有系动词的作用，lɛ³¹ 的演变模式是：系动词＞话题标记/焦点标记，关于 lɛ³¹ 的具体演变模式将另文讨论。

第三，虚词 lɛ³³。lɛ³³ 的句法功能有：宾语从句的标句词、跨类并列标记（既可以连接体词性并列结构又可以连接谓词性并列结构）、连接词（既可以连接两个名词成分又可以连接两个小句）、数词中连接数词与个位数词的连接词。lɛ³³ 主要的句法功能是连接词，既可以连接小句也可以连接短语结构甚至是词或语素。我们认为初步判断 lɛ³³ 可能是由副词"才"虚化而来的。

第四，a³¹。a³¹ 的句法功能有：宾语标记、受事标记、比较基准标记以及持续体助动词、被动句中兼表被动义、有二价形容词的句子中引介客体。其中，宾语标记和受事标记是 a³¹ 的主要功能，比较基准标记、表被动的功能和引介客体的功能是由此衍生出来的。例如：

tsa³¹la⁵³	tsa³³phɤ³¹	a³¹	tɕɛ³³	a⁵³tshŋ⁵³	tshu³³.
扎拉	扎迫	patient	更	不止	胖

7. 扎拉比扎迫更胖。（比较基准标记）

zɔ⁵³	a³¹	ŋa³¹	dɔ⁵⁴	po³¹.
他	patietn	我	打	PERF

8. 他被我打了。（表被动义）

tshɔ³³	ɕe³¹	te⁵³	ɣa⁵³	ŋɤ³¹	qha⁵⁴	a³¹	ɕi³¹	dʑa⁵³.
人	这	一	位	我们	村寨	patient	熟悉	很

9. 这个人对我们村寨很熟悉。（在有二价形容词的句子中引介客体）

拉祜语是宾格型语言，标记及物动词的受事（P）或宾格（accusative），a³¹ 的宾语标记功能和受事标记功能是原生的。在拉祜熙话的差比句、被动句和二价形容词的句子中，只需使用宾语（受事）标记即可清晰的指出哪个是比较基准或受事（被事）或客体，所以 a³¹ 又衍生出了这些句法功能。

10.1.2.4 名词有格范畴和类称范畴

拉祜熙方言里有格范畴，但拉祜语是分析性语言，形态不发达，采用句法标准划分，即用虚词的手段表示。主要有 6 个格：受事格、宾格、处所格、受益格、来源格和伴随格。

类称范畴是拉祜语名词的重要特征之一，类指有专用的语法形式，即四音格词形式。类指名词的句法环境是属性谓语，不能与事件谓语相配，不能受数量短语、指示词、单数人称代词、限定性名词的修饰，不能带全量成分。

另外，拉祜熙话名词的性范畴没有全部覆盖，指人名词、部分动物名词及少部分低生命度的指物名词可以加阴性和阳性的后缀。其中，低生命度的指物名词如"公磨"mɔ²⁴qo³¹ɔ³¹pa³¹，"母磨"mɔ²⁴qo³¹ɔ³¹ma³³；"雄对叶榕果"ma²⁴nɔ⁵⁴ɕi³¹ɔ³¹pa³¹，"雌对叶榕果"ma²⁴nɔ⁵⁴ɕi³¹ɔ³¹ma³³等。我们认为，这和拉祜族的认知观密切相关，他们认为人世间的万事万物都要成双成对，"天和地是一对、山和水是一对""筷子成双"，这符合拉祜族两性合一的社会性别平等模式。

10.1.2.5 谓词的相关特点

动词连用是拉祜熙话中显赫的句法现象，我们前面已经小结过，这里不再赘述。

拉祜熙方言中的形容词是与动词不同的词类，是一个独立的类，且属于近动型形容词。但相比汉语普通话而言，我们认为，它接近动词的位置更靠右，如下图所示：

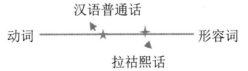

10.1.2.6 专用的肯定叹词和否定叹词

拉祜熙方言中，既有类似英语 YES 的专用肯定叹词 zao³¹，又有专用的否定叹词 xe⁵⁴，且叹语中二合复元音 ao 只出现于专用肯定叹词 zao³¹以及拟声词中，不存在拉祜熙方言音系的固有词汇中。

10.2 本研究的创新和不足

前人的拉祜语语法研究大多关注拉祜语中的普通话，即拉祜纳方言。本书首次以国内外较少人研究的拉祜熙方言为研究对象，创新性的尝试用语言类型学的理论方法对拉祜熙方言的语法进行尽可能详尽的、系统的共时描写。本书将其与同是 SOV 基本语序的日语、景颇语以及语言接触较多的汉语普通话、澜沧土语等进行横向比较，从而获得语言共性或差异的规律。论文所用语言材料翔实丰富，语料都是在几位学习过语言学专业的母语人的帮助下进行收集、记录和校对的，这些都是非常珍贵的。

本书还存在以下不足：1. 长篇语料、生活场景中的语言事实及传统诗歌吟唱等语料收集不够；2. 对一些更细致的语法现象描写不足，部分专题深入不够。有些语言现象只描写出事实，但未能做出深层次的解释。针对这些不足，今后的工作中我将继续以拉祜语各方言为研究对象，在后续的研究中做进一步的补充和关注。

附录A 拉祜熙方言词表

序号	汉义	拉祜熙方言	序号	汉义	拉祜熙方言
1	天	mu⁵³lɔ³¹qu³³	30	雪崩	ŋɯ³³pa⁵⁴
2	天亮	mu⁵³pɔ⁵³	31	雪水	ŋɯ³³ɣɯ³¹
3	阳光	mu⁵³tsʰa³³ɣɤ⁵⁴	32	冰	ŋɯ³³kʰɔ³³
4	日出	mu⁵³ni³³tɔ⁵⁴	33	冰雹	va⁵³ɕi³¹
5	日落	mu⁵³ni³³qɛ³¹	34	结冰	ŋɯ³³di³¹
6	太阳	mu⁵³ni³³	35	融化	kɯ³¹ve³³
7	月亮	xa³³pa³³	36	雾	ɔ³¹sa²⁴
8	星星	mu⁵³kɤ³³ɕi³¹	37	露	tsɿ²¹ɣɤ³¹
9	云	mo³¹fi²¹	38	虹	a³³ma³³na³³sɤ³³tsʰʅ²¹
10	乌云	mu⁵³na⁵⁴	39	日食	mu⁵³ni³³la⁵³tsa⁵³
11	彩云	mɤ³³nɛ⁵⁴sa³³la³³xo²⁴	40	月食	xa³³pa³³pa³¹tsa⁵³
12	风	mu⁵³xɔ³³	41	天气	mu⁵³sa²⁴
13	刮风	mu⁵³xɔ³³mɯ⁵⁴	42	晴	mu⁵³da²¹mu⁵³da²¹
14	风声	mu⁵³xɔ³³kʰɔ⁵³	43	阴	mu⁵³na⁵⁴
15	光	ɔ³¹ɣɤ⁵⁴	44	旱	mu⁵³gu⁵⁴
16	闪电	mu⁵³pɛ³¹ba³³	45	涝	a³³ka⁵⁴lu²⁴
17	雷	mu⁵³tɔ³¹mu⁵³tɔ³¹	46	彗星	mu⁵³kɤ³³qʰɔ⁵³o²¹
18	打雷	mu⁵³tʰɛ⁵⁴	47	北极星	pɤ³¹qɛ³¹ɕi³¹
19	雨	mu⁵³zi³¹	48	七姐妹星	mu⁵³kɤ³³ɣa⁵⁴za⁵³sa³³tɕu⁵³
20	下雨	mu⁵³zi³¹la³¹	49	光	ɔ³¹ɣɤ⁵⁴
21	大雨	mu⁵³zi³¹no²⁴	50	影子	ɔ³¹gɯ³¹xa³³
22	小雨	mu⁵³zi³¹nɛ²⁴	51	蒸汽	ɔ³¹sa²⁴
23	毛毛雨	mu⁵³zi³¹du³³lo³³	52	地	mi³¹
24	暴风雨	mu⁵³zi³¹mu⁵³xɔ³³	53	土地	mi³¹gɯ³¹
25	雨声	mu⁵³zi³¹la³¹kʰɔ⁵³	54	地陷	mi³¹la²¹
26	淋	te³¹	55	地震	mi³¹xi⁵⁴
27	晒	xo²⁴	56	坡地	mi³¹xa³¹
28	雪（霜）	ŋɯ³³	57	荒地	xa³³kɛ²¹
29	下雪	ŋɯ³³qa³³	58	山地	zɛ⁵³xɛ³³

序号	汉义	拉祜熙方言	序号	汉义	拉祜熙方言
59	平地	mi³¹tɔ³¹	89	花岗岩	xa²⁴pɤ³³pa³³la³³
60	地界	mi³¹tsʅ²⁴	90	鹅卵石	xa²⁴pɤ³³lɛ²⁴
61	庄稼地	xa³³mi³¹	91	平原	mɯ⁵³tɔ³¹nu²⁴
62	沼泽地	u³³nɛ⁵⁴	92	滑坡	mi³¹pɛ⁵⁴
63	坝子	mɯ⁵³qʰɔ³³	93	陡坡	mi³¹xa³¹
64	海	na³³tsʰʅ⁵³na³³sa³³lɔ³¹	94	悬崖	xa²⁴pɯ³¹xa²⁴qʰo⁵³
65	水田	ti³³mi³³	95	石板	xa²⁴pɯ³³pa³³la³³nu²⁴
66	梯田	mi³¹lɔ⁵³qa²¹	96	草原	mu²¹de³³
67	田坎	tɛ⁵³na⁵³	97	沙漠	ɕɛ⁵³mɯ³³de³³
68	秧田	xɔ²⁴zi³¹kʰɔ⁵³	98	峡谷	qa³¹le²¹tɕʰi³³
69	试验田	ti³³mi³³te³³ŋɔ²⁴kɯ³¹	99	泥石流	a³³dʑe²¹la³¹za³¹
70	旱地	zɛ⁵³xɛ³³	100	地洞	mi³¹qo³¹
71	田埂	tɛ⁵³na⁵³pu³¹	101	洞口	mi³¹qo³¹qʰo⁵³
72	路	za²¹qɔ³³	102	山路	xa³³tsʰa³¹pɤ³¹za³¹qɔ³³
73	山	qʰɔ³³	103	岔路	za³¹qɔ³³tɕɛ³³
74	山谷	lɔ³¹qʰo²¹	104	大路	za³¹qɔ³³nu²⁴
75	小山	qʰɔ³³pɤ³³nɛ²⁴	105	小路	za³¹qɔ³³nɛ²⁴
76	荒山	xa³³kɛ²¹qʰɔ³³	106	公路	lɔ³¹li²¹za²¹qɔ³³
77	雪山	ŋɯ³³qʰɔ³³	107	桥	kʰo²⁴
78	山顶	qʰɔ³³qʰo⁵³	108	石桥	xa²⁴pɤ³³kʰo²⁴
79	山峰	qʰɔ³³tɕe⁵³le⁵³	109	渡口	pɛ⁵³ɣɔ⁵⁴kɯ³¹
80	山腰	qʰɔ³³kʰɯ³³kʰɯ³³	110	江	lɔ³¹qa²⁴nu²⁴
81	山脚	qʰɔ³³kʰɯ³³pɯ²¹	111	溪	lɔ³¹qa²⁴nɛ²⁴
82	阴山	qʰɔ³³ba³¹la³¹	112	水沟儿	ɣɯ³¹qʰa⁵³
83	阳山	qʰɔ³³tʰi³³kɯ³¹	113	湖	ɣɯ³¹tɤ⁵³nu²⁴
84	窟窿	ɔ³¹qʰɔ³³qʰɔ³³	114	池塘	ɣɯ³¹tɤ⁵³
85	缝儿	ɔ³¹ka³¹nɛ²⁴	115	水坑儿	ɣɯ³¹qʰo²¹
86	石头	xa²⁴pɯ³³	116	井	na³¹bo³³
87	土	a³³dʑe²¹	117	洪水	a³³ka⁵⁴ti³¹
88	岩洞	xa²⁴pɤ³³qo³¹	118	淹	qa³³

续表

序号	汉义	拉祜熙方言	序号	汉义	拉祜熙方言
119	坝	fa²⁴	149	温水	a³³ka⁵⁴lε³¹
120	河岸	lɔ³¹qa²⁴pu³¹pa⁵⁴	150	磁铁	so³³pa³¹so³³ze³¹
121	小河	lɔ³¹nε²⁴	151	金	sɯ³³
122	河水	lɔ³¹qa²⁴a³³ka⁵⁴	152	银	pʰu³³
123	上游	lɔ³¹kʰɔ⁵³	153	铜	tɔ⁵³
124	下游	lɔ³¹qa²⁴mε³¹mi³³	154	铁、钢	su³³
125	漩涡	a³³ka⁵⁴tɕɔ³³ɣɔ⁵³	155	锈	zu⁵³
126	泡沫	ɔ³¹zu²¹	156	生锈	zu⁵³tɕa⁵³
127	泉水	lɔ³¹qa²⁴ta⁵³nε²⁴	157	锡	kʰa²⁴
128	清水	a³³ka⁵⁴kε³¹	158	铝	mu²¹qʰu³³sa³¹
129	瀑布	ɣɯ³¹dʑ̑ʐ⁵³tɕʰe³³	159	铅	tsʐ⁵⁴
130	菜园	ɣɔ⁵³tɕa²⁴kʰo³³	160	尘土	qʰɔ³³bɔ³³
131	果园	sʐ̩⁵⁴ɕi³¹kʰo³³	161	红土	a³³dʑi²¹ni³³
132	泥	u³³nε⁵⁴bε³¹	162	粉末	ɔ³¹mɯ³³tε⁵³nε²⁴
133	草木灰	a³¹mi³¹ɣɯ²¹	163	渣滓	ɔ³¹pe⁵⁴
134	沙子	ɕε⁵³ɕi³¹	164	煤渣	xa²⁴pɯ³³a⁵³tɕʰi³³kʰɔ³³ɔ³¹mɯ³³tε⁵³nε²⁴
135	砖	li³³ki²⁴ɕi³¹	165	锅烟子	mu³³qʰɔ⁵³sa²⁴tsʰu³³
136	瓦	bʐ³¹qʰo⁵³	166	玉	ɕε²⁴
137	煤	xa²⁴pɯ³³a⁵³tɕʰi³³kʰɔ³³	167	玻璃	ki³¹ba²⁴
138	煤油	na³¹ma⁵³	168	硫黄	pu³¹
139	炭	a⁵³tɕʰi³³kʰo³³	169	火药	na⁵⁴mɯ³¹
140	灰	a³³dʑi²¹mɯ³³	170	硝	ma³³
141	灰尘	qʰɔ³³bo³³ta⁵⁴	171	火种	a²⁴tɕʰi³³kʰɔ³³ni³³
142	火	a³¹mi³¹	172	火光	a³¹mi³¹xa³³
143	烟	mu³³qʰɔ⁵³	173	火焰	a³¹mi³¹dʑɔ²¹
144	失火	a³¹mi³¹to²¹	174	火塘	qʰa³³tɕi⁵³qʰɔ³³
145	水	a³³ka⁵⁴	175	打火石	mε⁵⁴dʑɔ²¹ɕi³¹
146	凉水	a³³ka⁵⁴gɔ³¹	176	山火	xa³³tsʰa³¹qʰɔ³³a³¹mi³¹
147	热水	a³³ka⁵⁴tɕʰi⁵³	177	火把	a³¹mi³¹bɔ⁵³
148	开水	a³³ka⁵³bɯ³¹	178	火星	a³¹mi³¹dʑɔ²¹

序号	汉义	拉祜熙方言	序号	汉义	拉祜熙方言
179	火舌	a³¹mi³¹xa³³	207	早晨	na³¹mɯ³¹tɕʰi³³
180	火灾	a³¹mi³¹tu²¹	208	上午	na³¹mɯ³¹tɕʰi³³
181	火铲	a³¹mi³³¹bɛ²⁴qo³¹	209	中午	sɯ³³
182	汽油	na³¹ma⁵³	210	下午	pʰu³³
183	油漆	tɕʰi³¹	211	傍晚	tɔ⁵³
184	时候	ɔ³¹za⁵³	212	白天	sɯ³³
185	什么时候	qʰa³¹tʰa⁵³te³³za⁵³	213	夜晚	zu⁵³
186	现在	tɕʰɛ³³nɛ³¹	214	半夜	zu⁵³tɕa⁵³
187	以前	a³¹ni³³tʰa⁵³	215	每年	kʰa²⁴
188	以后	qʰa⁵³nɔ³¹tʰa⁵³	216	上半年	mu²¹qʰu³³sa³¹
189	一辈子	te⁵³tsui³³te⁵³tsa⁵⁴	217	下半年	tsɤ⁵⁴
190	今年	ɕe³¹qʰɔ²¹	218	过年（过节）	qʰɔ³³bɔ³³
191	明年	nɛ²⁴qʰɔ²¹	219	正月	a³³dʑi²¹ni³³
192	后年	nɛ²⁴ni³³qʰɔ²¹	220	除夕	ɔ³¹mɯ³³tɛ⁵³nɛ²⁴
193	去年	a³³ni³³qʰɔ²¹	221	大年初一	ɔ³¹pe⁵⁴
194	往年	a³³ni³³lo³³tʰa⁵³te⁵³qʰɔ²¹	222	小年	xa²⁴pɯ³³a⁵³tɕʰi³³kʰɔ³³ɔ³¹mɯ³³tɛ⁵³nɛ²⁴
195	前年	a³³ni³³te⁵³qʰɔ²¹	223	元旦	mu³³qʰɔ⁵³sa²⁴tsʰu³³
196	年初	ɕe³¹te⁵³qʰɔ²¹tʰa⁵³	224	清明	ɕɛ²⁴
197	年底	ɕe³¹qʰɔ²¹pɯ³¹tʰa⁵³	225	葫芦节	ki³¹ba²⁴
198	今天	za²¹ni³³	226	七月十五	pu³¹
199	明天	a⁵³pɔ³¹	227	新米节	na⁵⁴mɯ³¹
200	后天	pʰɛ³¹ɔ³¹	228	冬至	ma³³
201	大后天	pʰi³³ɔ³¹	229	腊月	a²⁴tɕʰi³¹kʰɔ³³ni³³
202	昨天	a³³mi³³	230	历书	a³¹mi³¹xa³³
203	前天	a³³sɿ⁵⁴mi³¹	231	阴历（阳历）	a³¹mi³¹dʑɔ²¹
204	大前天	a³³sɿ⁵⁴mi³¹ɔ³¹nu³³te⁵³ni³³	232	星期天	qʰa³³tɕi⁵³qʰɔ³³
205	整天	za²¹ni³³te⁵³ni³³	233	春天	mɛ⁵⁴dʑɔ²¹ɕi³¹
206	每天	te⁵³ni³³le⁵³le³³	234	夏天	xa³³tsʰa³¹qʰɔ³³a³¹mi³¹

序号	汉义	拉祜熙方言	序号	汉义	拉祜熙方言
235	秋天	mu⁵³gɔ³¹za⁵³	265	地方	mu⁵³mi³¹
236	冬天	mu⁵³ka⁵⁴za5⁵³	266	什么地方	a³¹tʰo³³pʰa⁵³mi³¹gɯ³¹
237	每月	xa³³pa³³te⁵³ɕi³¹le³³le³³	267	东	mu⁵³ni³³tɔ⁵³fu⁵³
238	月初	xa³³pa³³ta⁵³	268	南	ɔ³¹xɔ̃²⁴fu⁵³
239	月底	xa³³pa³³tɕʰe⁵⁴	269	西	mu⁵³ni³³qɛ³¹fu⁵³
240	一月	zi³¹zɛ³³	270	北	ɔ³¹na³³fu⁵³
241	二月	ɤ²⁴zɛ³³	271	家里	za³¹qʰɔ³³
242	三月	sa³³zɛ³³	272	城里	tsʰɤ³¹sʅ³¹qʰɔ³³
243	四月	sʅ²⁴zɛ³³	273	乡下	qʰa⁵⁴ qʰɔ³³
244	五月	vu⁵³zɛ³³	274	上面	ɔ³¹pʰɛ³³te³³fu⁵³
245	六月	lu³¹zɛ³³	275	下面	ɔ³¹xɔ̃²⁴te³³fu⁵³
246	七月	tɕʰi³¹zɛ³³	276	左边	la³¹fa³¹fu⁵³
247	八月	pa³¹zɛ³³	277	右边	la³¹zɔ³³fu⁵³
248	九月	tɕiu⁵³zɛ³³	278	中间	kʰɤ³³kʰɤ³³
249	十月	sʅ³¹zɛ³³	279	在……之间	ɔ³¹ka²¹tsɔ³¹
250	十一月	sʅ³¹zi³³zɛ³³	280	前面	ɣɯ⁵³sʅ³¹
251	十二月	sʅ³¹ɤ²⁴zɛ³³	281	在……前	ɣɯ⁵³sʅ³¹fu⁵³tsɔ³¹
252	初一	qʰɔ²¹sʅ²⁴te⁵³ni³³	282	后面	qʰa⁵³nɔ³¹
253	初二	qʰɔ²¹sʅ²⁴ɔ³¹qʰa⁵³nɔ³¹te⁵³ni³³	283	在……后	qʰa⁵³nɔ³¹fu⁵³tsɔ³¹
254	初三	qʰɔ²¹sʅ²⁴ɕɛ⁵⁴ni³³	284	末尾	ɔ³¹mɯ⁵³lɛ³³
255	初四	qʰɔ²¹sʅ²⁴ɔ⁵³ni³³	285	对面	ɣɯ⁵³sʅ³¹fu⁵³mɔ³¹
256	初五	qʰɔ²¹sʅ²⁴ŋa⁵³ni³³	286	面前	ɣɯ⁵³sʅ³¹ɔ³¹pa⁵³ne⁵⁴
257	初六	qʰɔ²¹sʅ²⁴kʰɔ²¹ni³³	287	背后	qʰa⁵³nɔ³¹ɔ³¹pa⁵³ne⁵⁴
258	初七	qʰɔ²¹sʅ²⁴sʅ³¹ni³³	288	里面	ɔ³¹qʰɔ³³te³³fu⁵³
259	初八	qʰɔ²¹sʅ²⁴xi²⁴ni³³	289	外面	ɔ³¹ba³¹te³³fu⁵³
260	初九	qʰɔ²¹sʅ²⁴qɔ⁵³ni³³	290	旁边（附近）	ɔ³¹pa⁵³
261	初十	qʰɔ²¹sʅ²⁴te⁵³tɕʰi³³ni³³	291	表面	ɔ³¹tʰa²¹
262	昼夜	mɔ⁵³qɔ³¹mu⁵³pʰɤ³¹	292	上	ɔ³¹pʰɛ³³
263	半天	te⁵³sa³³ɣɯ⁵³	293	下	ɔ³¹xɔ̃²⁴
264	古时候	a³³ni³³tʰa⁵³te⁵³tsɔ³³	294	边儿	ɔ³¹a⁵³

序号	汉义	拉祜熙方言	序号	汉义	拉祜熙方言
295	角儿	ɔ³¹na²¹	326	松球	tʰɔ⁵³ɕi³¹
296	正面	ɔ³¹pʰɛ³³fu⁵³	327	松针	tʰɔ⁵³mu³³
297	反面	ɔ³¹xɔ²⁴fu⁵³	328	松包	tʰɔ⁵³buɯ³³di³¹
298	周围	ɔ³¹dʑa⁵³ɔ³¹dʑi³³	329	松脂（松香）	a³³kɤ²⁴tsɿ⁵³
299	对岸	o³³lo³³te⁵³pa²⁴	330	松明	a³³kuɯ²⁴
300	门上	la⁵³mi³¹qʰo⁵³	331	桐油	ta²⁴to³¹tsɿ⁵³ɣuɯ³¹
301	楼上	mu⁵³lɔ³¹	332	叶子	sɿ⁵⁴pʰɛ²¹
302	楼下	mi³¹qa³¹	333	花	sɿ⁵⁴ve⁵⁴
303	角落	ɔ³¹mɛ⁵⁴ɕi³¹	334	花蕾	sɿ⁵⁴ve⁵⁴di³¹
304	树	sɿ⁵⁴tɕɛ³¹	335	花瓣	sɿ⁵⁴ve⁵⁴to⁵³lo⁵⁴
305	木头	sɿ⁵⁴tʰɛ³³puɯ³³	336	花蕊	sɿ⁵⁴ve⁵⁴mɤ³³nɛ²⁴
306	松树	tʰɔ⁵³tɕɛ³¹	337	草	mu²¹
307	柏树	zɔ²⁴tɕɛ³¹	338	草根	mu²¹guɯ³³
308	杉树	tʰɔ⁵³muɯ⁵³tɕɛ³¹	339	青苔	ɣɤ³¹mi⁵³
309	柳树	u³³nɛ⁵⁴tɕɛ³¹	340	芦苇	mɛ³¹ɔ³³
310	竹子	va⁵³	341	水葫芦	nɔ²⁴bɔ²⁴
311	笋	va⁵³nɔ²⁴/va⁵³tu³³	342	藤	gɔ⁵³
312	梧桐	pʰɛ³³zɔ⁵³tɕɛ³¹	343	刺	a³³tsʰu⁵³
313	椿树	qa³¹pʰu³³tɕɛ³¹	344	荆藤	tɕa⁵³ti³³qɔ²¹
314	棕树	guɯ³¹mu³³kʰɛ³³tɕɛ³¹	345	瓜蔓	ɔ³¹te³³qɔ²¹
315	桉树	a³³su⁵⁴tɕɛ³¹	346	麻栗花	ɣa⁵³qʰo⁵³tɛ⁵³nɛ⁵³ve⁵⁴
316	水冬瓜树	ŋi³¹sɿ⁵⁴tɕɛ³¹	347	蜜桃花	zi³³ve⁵⁴
317	红毛树	a³³zɔ³³tɕɛ³¹	348	仙人掌	kʰɤ³³dɔ³³lɔ³³
318	蒿子	a³³qʰa⁵³	349	狗尾草	zɿ⁵³kuɯ³¹kʰɤ³³tsɿ²⁴ni³³
319	树皮	sɿ⁵⁴guɯ³¹	350	含羞草	za³¹tɔ³³mu²¹
320	树枝	sɿ⁵⁴qa²⁴nɛ²⁴	351	车前草	mu²¹pa³³la³³
321	树干	sɿ⁵⁴qa²⁴nu²⁴	352	菊花	a³³qʰa⁵³mɤ⁵³ve⁵⁴
322	树梢	sɿ⁵⁴dʐɿ³³	353	桂花	tɕa⁵³kʰa⁵³ve⁵⁴
323	根	guɯ³³	354	杜鹃花	bɔ²⁴qo³³ve⁵⁴
324	树浆	sɿ⁵⁴dʐɿ⁵³	355	鸡冠花	ɣa⁵⁴na³¹dʐɿ³³ve⁵⁴
325	年轮	ɔ³¹tsɿ²⁴	356	葵花	mu⁵³ni³³dʐɿ³³ve⁵⁴

续表

序号	汉义	拉祜熙方言	序号	汉义	拉祜熙方言
357	桃花	a³³va⁵³ve⁵⁴	388	无花果	ɔ³¹mɤ²¹ɕi³¹
358	玫瑰花	a³³tsʰu⁵³sɿ⁵⁴ve⁵⁴	389	果皮	ɔ³¹ɕi³¹qu²⁴
359	李花	a³³kɔ³¹ve⁵⁴	390	果干	ɔ³¹ɕi³¹ku³³kʰɛ⁵⁴
360	山楂花	a³³pu³¹ve⁵⁴	391	葵花籽	mu⁵³ni³³dʐ̩³³ɕi³¹
361	干天果花	ma²⁴a³³ve⁵⁴	392	木耳	mu³¹la³¹bɛ⁵⁴
362	水果	sɿ⁵⁴ɕi³¹	393	蘑菇	mu³¹
363	多依果	a³³pu³¹ɕi³¹	394	香菇	tɕʰi⁵³mu³¹
364	桃子	a³³va⁵³ɕi³¹	395	鸡棕菌	mu³¹lu³³
365	梨	a³³pu³¹tsa²⁴ɕi³¹	396	红菌	mu³¹ni³³ɣɔ³³
366	李子	a³³kɔ³¹ɕi³¹	397	黄菌	na³³bɔ²⁴pa³¹mu³¹tsʰ̩³³
367	橘子	ma²⁴tɕu²⁴ɕi³¹	398	松茸	tsʰ̩⁵⁴qʰa⁵⁴mu³¹
368	柚子	ma²⁴tɕu²⁴ɕi³¹nu²⁴	399	毒菇	tɔ²¹mu³¹
369	柿子	qʰa⁵³po³³ɕi³¹	400	辣菌	mu³¹pʰa³³
370	石榴	sɿ³¹le²⁴ɕi³¹	401	奶浆菌	mu³¹tsʰ̩³³
371	番石榴	ma²⁴ku³¹ɕi³¹	402	马屁泡菌	mu³¹ɕi³¹pʰo⁵⁴
372	栗子	tɕʰi⁵³pɛ⁵³ɕi³¹	403	块菌	mu³¹ka³³tsu³³
373	核桃	xɤ³¹tʰau³³ɕi³¹	404	笋衣	va⁵³qu²⁴
374	甘蔗	pu⁵³tsʰ̩³³	405	籽（瓜子）	ɔ³¹zɿ⁵³
375	圣女果	qʰa⁵⁴qɔ⁵³ɕi³¹	406	薄荷	pɤ²⁴xɔ³³pɤ²⁴xɔ³³
376	西瓜	ɕi³³kua³³ɕi³¹	407	薤头	mi³³tɕe²¹
377	葡萄	pʰu³¹tau³¹ɕi³¹	408	紫苏	mu⁵³nu³¹
378	樱桃	bɛ⁵³ɕi³¹	409	灵芝	mu³¹a²⁴qu³³qo³¹
379	枇杷	tɕʰi³¹pu³³ɕi³¹	410	竹根	va⁵³gu³³
380	壳	ɔ³¹qu²⁴	411	竹节	va⁵³tsɿ²⁴
381	核儿	ɔ³¹zɿ⁵³	412	竹竿	va⁵³tʰɛ³³qo³¹
382	菠萝	tɤ³³mɤ⁵³ɕi³¹	413	柳絮	mi³¹qʰɛ³¹ve⁵⁴
383	香蕉	a³³pɔ⁵³qo³³xɔ²⁴	414	篾条	gɔ⁵³ni³³
384	芭蕉	a³³pɔ⁵³	415	发芽	ɔ³¹tɕa³¹tɕa³¹
385	柠檬	ma²⁴tsɔ³³ɕi³¹	416	结果	ɔ³¹ɕi³¹ŋɔ³¹
386	柑子（橙子）	ma²⁴ni²⁴ɕi³¹	417	成熟	ɔ³¹ɕi³¹mɛ³³
387	山楂	a³³pu³¹ɕi³¹	418	开花	sɿ⁵⁴ve⁵⁴ve⁵⁴

序号	汉义	拉祜熙方言	序号	汉义	拉祜熙方言
419	吐须	mu³³tsʅ⁵⁴tɔ⁵⁴	450	荞麦	ga⁵³ɕi³¹
420	凋谢	ve⁵⁴ɕe²⁴	451	苦荞	ga⁵³qʰa⁵³pɤ³³
421	粮食	ɔ³¹ɕi³¹	452	麦芒	zʅ³³tsʰu⁵³
422	稻子	tsa³¹	453	麦穗	zʅ³³nu³³
423	稻谷	tsa³¹ɕi³¹	454	麦苴	zʅ³³tsa³¹muɯ⁵³dɔ³³
424	稻草	tsa³¹ɣɔ⁵³	455	荞花	ga⁵³ve⁵⁴
425	大麦（小麦）	zʅ³³tsa³¹	456	荞壳	ga⁵³qu²⁴
426	麦秸	zʅ³³tsa³¹ɣɔ⁵³	457	蓖麻	ɣa⁵⁴pʰo⁵⁴ɕi³¹
427	谷子	tsa³¹ɕi³¹	458	豆子	nɔ⁵⁴ɕi³¹
428	高粱	ka³³lia³³	459	豆秸	nɔ⁵⁴ɣɔ⁵³
429	玉米	a³³sa³³	460	豆芽	nɔ⁵⁴zi³¹
430	棉花	sa³³la³³	461	扁豆	nɔ⁵⁴qʰa⁵³ba⁵³
431	油菜	na³¹ma⁵³ɣɔ⁵³	462	蚕豆	nɔ⁵⁴pa³¹tu³³ni³³ɕi³¹
432	芝麻	nu³¹ɕi³¹	463	豌豆	wa³³tɤ²⁴ɕi³¹
433	向日葵	mu⁵³ni³³dzʅ³³ve⁵⁴	464	花生	mi³¹nɔ⁵⁴ɕi³¹
434	种子	ɔ³¹zʅ⁵³	465	黄豆	nɔ⁵⁴kɯ⁵³ɕi³¹
435	秧	xɔ²⁴zi³¹	466	绿豆	qʰɔ²¹tsʅ²⁴nɔ⁵⁴ɕi³¹
436	稻穗	tsa³¹nu³³	467	豇豆	a⁵³tsu³¹ka³³nɔ⁵³
437	抽穗	tsa³¹za⁵³zʅ⁵³	468	大白菜	ɣɔ⁵³pʰɛ³³tsa²⁴
438	大米	tsa³¹qʰa³³	469	包心菜	ɣɔ⁵³tʰe³³ɕi³¹
439	糯米	tsa³¹ŋɔ⁵³	470	芹菜	pʰa²¹a³³
440	红米	tsa³¹qʰa³³ni³³	471	韭菜	sʅ⁵⁴tsʰʅ³³ku⁵³mi³³
441	秕谷	tsa³¹xɤ³¹	472	香菜	ɣa⁵⁴sɔ³³
442	稗子	a³³va²⁴	473	葱	pʰa²¹bo³³
443	糠	va²¹pʰɤ⁵³	474	蒜	xɔ³³lɔ⁵³pʰu³³
444	粟	tɕʰɔ³¹	475	姜	tɕʰu⁵³pʰi³¹
445	玉米包	a³³sa³³tɕɛ²¹	476	辣椒	a⁵³pʰe²¹
446	玉米秆	a³³sa³³ta³¹ɣɔ⁵³	477	青椒	a⁵³pʰe²¹ɕi³¹
447	玉米须	a³³sa³³mu³³tsʅ⁵⁴	478	红椒	a⁵³pʰe²¹ni³³ɕi³¹
448	青稞	zʅ³³	479	干辣椒	a⁵³pʰe²¹ku³³
449	燕麦	zʅ³³ɔ³¹	480	茄子	ma²⁴kʰɯ²⁴ɕi³¹

续表

序号	汉义	拉祜熙方言	序号	汉义	拉祜熙方言
481	西红柿	pɔ³³le³¹ɕi³¹	512	猴子	mɔ²¹
482	萝卜	xɔ²⁴pɤ³¹pʰu³³	513	金丝猴	mɔ²¹ni³³qo³¹
483	胡萝卜	xɔ²⁴pɤ²¹ni³³nɛ²⁴	514	狮子	tsa³¹mɛ³³dzɔ³³mɔ⁵³
484	黄瓜	a³³pʰɛ⁵³ɕi³¹	515	豹	tsa³¹mɛ³³ga²¹
485	丝瓜	tsʰ̩³³qɔ³³ɕi³¹	516	狗熊	ɣɛ³¹
486	南瓜	a³³tɛ³³ɕi³¹	517	熊掌	ɣɛ³¹la²¹qo²¹
487	红薯	mɯ³¹ni³³pʰu³³	518	熊胆	ɣɛ³¹kɯ³³
488	马铃薯	a³³ŋu⁵³mɯ³¹ɕi³¹	519	野猪	xɛ³³va²¹
489	芋头	pɛ⁵³ɕi³¹	520	野狗	xɛ³³pʰɯ⁵³
490	山药	mɯ³¹	521	豪猪	fa⁵⁴pʰu³³
491	冬瓜	pʰɯ⁵³mɤ²⁴ɕi³¹	522	鹿	tɕʰe⁵⁴
492	苦瓜	pa³¹gɔ³³ɕi³¹	523	鹿茸	tɕʰe⁵⁴kʰɔ³³
493	青菜	ɣɔ⁵³tɕa²⁴	524	麂子	tɕʰi³³
494	菜花	ɣɔ⁵³tʰi³³ve⁵⁴	525	狐狸	fa⁵⁴mɯ⁵³ŋa⁵⁴qɛ⁵⁴
495	苋菜 xiàn	na³¹xa³³ɣɔ⁵³	526	狼	mɤ³³na⁵⁴
496	蕨菜	da³¹ɣɔ⁵³	527	黄鼠狼	fa⁵⁴la⁵³
497	卷心菜	ɣɔ⁵³tʰi³³ɕi³¹	528	穿山甲	fa⁵⁴kʰu⁵³
498	苦菜	ɣɔ⁵³na³³qo³¹	529	水獭	ɣɯ³¹fa⁵⁴
499	百合	i³¹pʰu³³	530	旱獭	fa⁵⁴lɔ³¹
500	蒜苗	xɔ³³lɔ⁵³zi³¹	531	田鼠	fa⁵⁴tsʰa²¹
501	春笋（冬笋）	va⁵³tu³³	532	老鼠	fa⁵⁴
502	笋壳	va⁵³qu²⁴	533	母老鼠	fa⁵⁴ze³¹pɤ³¹
503	笋干	va⁵³nɔ²⁴ku³³	534	飞鼠	fa⁵⁴sa³³
504	萝卜干	xɔ²⁴pɤ³¹ku³³	535	反手老鼠	fa⁵⁴la²¹fu⁵³
505	萝卜缨子	xɔ²⁴pɤ³¹gɯ³³	536	松鼠	fa⁵⁴ɛ²⁴tɕʰi³³
506	根茎	ɔ³¹kʰɤ³¹pɤ³¹	537	大象	za³³
507	水滑菜	pʰɛ³¹ɣɔ⁵³	538	象牙	za³³tsɤ³¹
508	鱼腥草	pʰa²¹kʰɔ³³tɕʰi³³	539	象鼻	za³³na³¹qʰɔ⁵³
509	野兽	to³³nu⁵³to³³sa⁵⁴	540	啄木鸟	pɛ³³le³³ŋa⁵⁴
510	老虎	tsa³¹mɛ³³	541	布谷鸟	qʰɔ⁵³pu³³
511	猩猩	mɔ²¹ɔ³³	542	斑鸠	a³³pɯ³³

序号	汉义	拉祜熙方言	序号	汉义	拉祜熙方言
543	燕子	lɔ³¹ɛ³³	574	蟑螂	pi³³pa³³
544	老鹰	a³³tɕe³¹	575	蝗虫	mu⁵³pa³³tɕe²¹
545	鹰爪	a³³tɕe³¹kʰɯ³³	576	螳螂	tsa³³tʂɿ²⁴ɕi³¹tsa⁵³pa³¹
546	猫头鹰	a³³kɔ³¹tɤ³³lɤ³³	577	蟋蟀	pa³³bɔ³³su³¹qa³¹
547	孔雀	a³³ɣɔ³¹	578	蚕丝	pɤ³¹mɤ³¹kʰɛ³³
548	鹦鹉	a³³tɕe⁵³	579	蚕蛹	pu⁵³pɤ³¹u³³
549	白鹤	ɣɔ²¹	580	蜂	pɛ⁵³
550	鹌鹑	u³³mɛ⁵³	581	蜜蜂	pɛ⁵³zɿ⁵³
551	画眉鸟	ŋa⁵⁴mɛ⁵³ku²⁴ga²¹	582	蜂蜜	pɛ⁵³ɣɯ³¹
552	鸟蛋	ŋa⁵⁴u³³ŋa⁵⁴u³³	583	蜂窝	pɛ⁵³pʰo⁵⁴
553	鸟笼	ŋa⁵⁴kʰɔ⁵⁴	584	蜂王	pɛ⁵³dzɔ³³mɔ⁵³/pɛ⁵³zɿ³¹pɤ³¹
554	鸳鸯	ɣɯ³¹kɔ⁵⁴	585	蜂箱	pɛ⁵³qo³¹
555	小米雀	a³³tsa³¹pi²⁴	586	蜂蜡	pɛ⁵³xɔ²¹
556	蛇	vɤ³¹	587	蜂蛹	pɛ⁵³za⁵³
557	毒蛇	vɤ³¹tɔ²¹	588	飞蛾	po³¹fu⁵³
558	蟒蛇	lɛ⁵³	589	萤火虫	mu⁵³zɛ³³
559	水蛇	xa²⁴vɤ³¹	590	白蚁	pɔ³³lɔ³³tɕe²¹li²¹
560	眼镜蛇	vɤ³¹lɔ⁵³pʰu³³	591	蚁窝	pu³³ɣɔ⁵⁴pʰo⁵⁴
561	菜花蛇	vɤ³¹na⁵³pɛ⁵³	592	蚁蛋	pu³³ɣɔ⁵⁴u³³
562	竹叶青	mu⁵³tsɔ³³vɤ³¹	593	田蚂蟥	ve²¹
563	蛇皮	vɤ³¹gɯ³¹	594	山蚂蟥	ve²¹ta⁵³ŋɯ³³
564	七寸	vɤ³¹qɔ³¹ta³¹pɤ³¹	595	牛虻	pa²⁴a̱³³
565	蜕皮	ɔ³¹gɯ³¹qu²⁴xe³¹	596	蠓	tɕɔ²¹qɔ³³
566	蛇胆	vɤ³¹kɯ³³	597	臭虫	xɔ³³sɯ³³
567	蛇洞	vɤ³¹qʰɔ³³	598	毛毛虫	pɯ³¹mɯ³¹
568	蜈蚣	vɤ³¹sɯ³³	599	蛔虫	pu³¹tɛ⁵⁴
569	蜥蜴	tsa³¹mu⁵³kɤ³¹	600	肉（屎）蛆	xɔ⁵⁴
570	壁虎	tsa³¹mu⁵³kɤ³¹po³¹nɛ²⁴	601	滚屎虫	tʂɿ²⁴qɔ²¹pa²¹
571	蝎子	a³³ka³³la²¹	602	绿头蝇	ɛɛ³³pɤ²¹
572	头虱	sɯ³³	603	蜘蛛网	a³³ga³³le³³pʰɯ³³
573	虮子	sɯ³³u³³	604	织网	a³³ga³³le³³pʰɯ³³te³³

续表

序号	汉义	拉祜熙方言	序号	汉义	拉祜熙方言
605	乌龟	pɔ⁵³pɛ³¹	636	交尾	tɕʰɔ³³da²¹
606	蟹夹	a³³ka³³ku²⁴la³¹ma³³qo³¹	637	蝉脱壳	pɤ³¹tɕi⁵³ɔ³¹gɯ³¹qu²⁴xe³¹
607	蜗牛	pu³¹tɕ⁵³nɛ⁵³qo³¹	638	蝙蝠	po³¹la³¹ŋɛ²⁴
608	蚌	lɛ³¹gɛ⁵⁴	639	鸟儿	ŋa⁵⁴
609	田螺	xɔ̃²⁴ɕi³¹	640	麻雀	tsa³¹zɔ⁵⁴
610	蝌蚪	dɯ³¹lɯ⁵³qo³¹ɕi³¹	641	喜鹊	mɯ⁵³ŋa⁵⁴
611	黄鳝	pa³³zi²⁴	642	乌鸦	a³³nɔ⁵³qa²¹
612	泥鳅	u²⁴nɛ⁵⁴ŋa⁵³	643	鸽子	a³³pu³³mɯ⁵³
613	红尾巴鱼	pa³³bo³³	644	翅膀	ɔ³¹tu³¹la²¹qa²⁴
614	饭勺鱼	ŋa⁵³pa³³bɛ³¹	645	爪子	ɔ³¹kʰɯ³¹qɔ²¹
615	大头鱼	pa³³da²⁴qo³¹	646	尾巴	ɔ³¹mɛ³¹tu³³
616	金鱼	ŋa⁵³mɛ⁵⁴qʰa³³gɔ³³	647	窝	ɔ³¹pʰɯ³³
617	带鱼	ŋa⁵³vɛ³¹qɔ²⁴	648	虫子	pɯ³¹mɯ³¹
618	鲈鱼	ŋa⁵³pʰu³³	649	蝴蝶	pɛ⁵³qu³¹lu³¹
619	鱼鳍	ɔ³¹pe³³	650	蜻蜓	tsɔ³³kɔ⁵³
620	鱼刺	ŋa⁵³ɣu⁵³qo³³	651	知了	pɤ³³tɕi⁵³
621	鱼子	ŋa⁵³u³³	652	蚂蚁	pu³³ɣɔ⁵⁴
622	鱼苗	ŋa⁵³zɹ⁵³	653	蚯蚓	pu⁵³ti³¹
623	鱼饵	ŋa⁵³ɔ³¹	654	蚕	pu⁵³pɯ³¹mɯ³¹
624	鱼鳔	ŋa⁵³sa³¹la³¹pʰu⁵³	655	蜘蛛	a³³ga³³le³³
625	鱼鳃	ŋa⁵³na³¹pu³³	656	蚊子	tsɔ³³qɔ⁵³
626	剖鱼	ŋa⁵³pe²⁴	657	苍蝇	pɯ²⁴tɕʰɛ⁵³nɛ²⁴
627	钓鱼竿	ŋa⁵³be²⁴ta³¹	658	跳蚤	pʰɤ⁵³sɯ³³
628	皮子	ɔ³¹gɯ³¹	659	鱼	ŋa⁵³
629	毛	ɔ³¹mu³³	660	白鱼	ŋa⁵³pʰu³³
630	羽毛	ŋa⁵⁴mu³³	661	鲫鱼	ŋa⁵³nɔ²⁴ŋa⁵³
631	角	ɔ³¹kʰɔ³³	662	鳞	ɔ³¹lo⁵⁴ɕɛ⁵⁴
632	蹄子	kʰɤ³³qɔ²¹	663	虾	ku³¹qɔ³¹lɛ²¹
633	发情	ɔ³¹sɹ³¹tsa³³	664	螃蟹	a³³ka³³ku²⁴
634	产患	dza⁵³ve³³	665	青蛙	pa²¹
635	开膛	dzi⁵⁴kʰu⁵³	666	癞蛤蟆	pa²¹gɔ³³

序号	汉义	拉祜熙方言	序号	汉义	拉祜熙方言
667	驴	le³¹tsʅ³³	698	种猪	va²¹pa³¹xɛ³³
668	公驴	le³¹tsʅ³³pa³¹	699	公猪	va²¹pa³¹
669	母驴	le³¹tsʅ³³ma³³	700	母猪	va²¹ma³³
670	骡	lɔ³¹	701	猪崽	va²¹za⁵³nɛ²⁴
671	牛（黄牛）	ŋu⁵³	702	猪圈	va²¹kʰɔ⁵⁴
672	公牛	ŋu⁵³pa³¹	703	养猪	va²¹xu³³
673	母牛	ŋu⁵³ma³³	704	杀猪	va²¹gɛ⁵³
674	放牛	ŋu⁵³xɔ̃²⁴	705	狗	pʰɯ⁵³
675	野牛	xɛ³³ŋu⁵³	706	公狗	pʰɯ⁵³pa³¹
676	水牛	ɔ²⁴qa³¹	707	母狗	pʰɯ⁵³ma³³
677	牛犊	ŋu⁵³za⁵³nɛ²⁴	708	看家狗	zɛ³¹ŋɔ²⁴pa³¹pʰɯ⁵³
678	牛角	ŋu⁵³kʰɔ³³	709	黑狗	pʰɯ⁵³na⁵⁴
679	牛皮	ŋu⁵³gɯ³³ɭ	710	黄狗	pʰɯ⁵³ɕɤ²⁴lɛ⁵³
680	牛筋	ŋu⁵³ku⁵³tɕa⁵⁴	711	花狗	pʰɯ⁵³ga³¹la³¹
681	牛垂皮	ŋu⁵³qɔ³¹pi³¹gɯ³¹	712	猎狗	sa³¹ɣa²¹pʰɯ⁵³
682	牛打架	ŋu⁵³gu⁵³da²¹	713	疯狗	pʰɯ⁵³ɣu⁵³
683	牛反刍	ŋu⁵³ɔ³¹bɛ⁵³	714	狗窝	pʰɯ⁵³zʅ²¹kɤ³¹
684	马	mu⁵³	715	猫	mɯ³³nɛ⁵⁴
685	公马	mu⁵³pa³¹	716	公猫	mɯ³³nɛ⁵⁴pa³¹
686	母马	mu⁵³ma³³	717	母猫	mɯ³³nɛ⁵⁴ma³³
687	马驹	mu⁵³za⁵³nɛ²⁴	718	兔子	pa³³tɛ⁵³
688	马鬃	mu⁵³na²¹dʑʅ³³	719	鸡	ɣa⁵⁴
689	绵羊	zɔ³¹	720	公鸡	ɣa⁵⁴fu³³qa³¹
690	岩羊	xa⁵³	721	母鸡	ɣa⁵⁴zi³¹pɤ³¹
691	羊（山羊）	a³³tsʰɤ³¹	722	下（蛋）	u³³ve³³
692	公羊	a³³tsʰɤ³¹pa³¹	723	孵（小鸡）	mu³¹
693	母羊	a³³tsʰɤ³¹ma³³	724	冠	ɣa⁵⁴na³¹dʑʅ³³
694	羊羔	a³³tsʰɤ³¹za⁵³nɛ²⁴	725	野鸡	xɛ³³ɣa⁵⁴
695	羊毛	a³³tsʰɤ³¹mu³³	726	鸡崽	ɣa⁵⁴za⁵³nɛ²⁴
696	羊皮	a³³tsʰɤ³¹gɯ³¹	727	鸡爪	ɣa⁵⁴kʰɯ³³qɔ²¹
697	猪	va²¹	728	鸡屎	ɣa⁵⁴qʰɔ⁵³

续表

序号	汉义	拉祜熙方言	序号	汉义	拉祜熙方言
729	鸡胗	ɣa⁵⁴ta³¹ta³³	760	磨坊	mɔ²⁴qo³¹zɛ³¹
730	蛋壳	ɣa⁵⁴u³³qu²⁴	761	仓库	tsa³¹tɕi³¹zɛ³¹
731	蛋清	ɣa⁵⁴u³³pʰu³³	762	棚子	xa³³zɛ³¹pu³³
732	蛋黄	ɣa⁵⁴u³³ɕi³³	763	草棚	zʅ⁵³zɛ³¹pu³³
733	鸡内金	ɣa⁵⁴ta³¹ta³³qu²⁴	764	窑	mi³¹qo³¹
734	嗉囊	ɣa⁵⁴pɛ³¹qu³³	765	山寨	qʰɔ³³qʰo⁵³qʰa⁵⁴
735	脚蹼	kʰɯ³³pa³³la³³	766	屋檐	to⁵⁴
736	鸭	a³³pɛ³¹	767	屋顶	zɛ³¹qʰo⁵³
737	鹅	a³³ŋa³³	768	梁	to³¹
738	阉（公猪）	va²¹pa³¹pe²⁴	769	椽子	zɛ³¹dɔ⁵³
739	阉（母猪）	va²¹ma³³tɔ³³ve³³	770	立柱	zɛ³¹kʰɯ⁵³dɔ³³
740	阉（鸡）	ɣa⁵⁴pʰu³³tɔ³³	771	榫头	te⁵³tɔ³³le⁵⁴
741	（狗）叫	lɔ³¹	772	门（大门）	la⁵³mi³¹
742	（公鸡）打鸣儿	fu³³vu³¹	773	寨门	qʰa⁵⁴ta³¹mɤ³¹
743	（牛）叫	ku³¹	774	门口	la⁵³mi³¹qʰɔ³³
744	喂	tɕa³¹	775	臼	ɔ³¹ɕɛ³³
745	杀（小动物）	pe²⁴	776	篦笆	kʰɔ⁵⁴ku³³
746	叮	tɕʰe²¹	777	栏杆	ɔ³¹ɣa³³mɯ⁵³pʰu⁵³tɔ³¹
747	蜇	de⁵³	778	桩子	kʰɔ⁵³la³¹tɕʰe³³
748	爬	ga⁵⁴	779	级	qʰɛ³¹
749	村庄	qʰa⁵⁴	780	木料	sʅ⁵⁴tʰɛ³³
750	过道	ɔ³¹ka³¹tɕi³¹kɯ³¹	781	圆木	sʅ⁵⁴tʰɛ³³le⁵³
751	街道	tsʅ³³qʰɔ³³	782	板子	pɛ³¹ba²⁴
752	盖房子	zɛ³¹te³³	783	墙板	zɛ³¹ku³³
753	房子	zɛ³¹	784	楼板	sʅ⁵⁴ba²⁴qʰɔ⁵³
754	屋子（房间）	te⁵³zɛ³¹	785	木板	sʅ⁵⁴ba²⁴
755	茅屋（草房）	zʅ⁵³zɛ³¹	786	天花板	tʰi³³xua³³pa⁵³
756	楼房（碉楼）	mu⁵³lɔ³¹zɛ³¹	787	门板	la⁵³mi³¹ba²⁴
757	木板房	sʅ⁵⁴ba²⁴zɛ³¹	788	墙壁	tʰa³³pɛ³³tɕi³¹
758	砖瓦房	le³³ki²⁴ɕi³¹zɛ³¹	789	围墙	ku³³tsʅ⁵³
759	碓房	tɕʰɛ³³te³¹zɛ³¹	790	砌墙	kɔ²⁴ve³³

序号	汉义	拉祜熙方言	序号	汉义	拉祜熙方言
791	砖墙	li³³ki²⁴ɕi³¹tʰa³³pɛ³³	822	抽屉	ta³³qɔ³¹ɣɔ³¹tu³¹
792	土墙	a³³ɕi³¹tʰa³³pɛ³³	823	案子	sʅ⁵⁴ba²⁴tsɔ³¹tsʅ³³
793	石墙	xa²⁴pɣ³³kɔ²⁴	824	椅子	ŋɛ³³mɣ³³kɯ³¹
794	外间	ɔ³¹ba³¹te³³fu⁵³zɛ³¹	825	凳子	ta²⁴kɔ³¹
795	里间	o³³qʰɔ³³te⁵⁴ka³¹zɛ³¹	826	马桶	qʰɔ⁵³o³¹kɣ³³kɯ³¹
796	卧室	zʅ²¹kɯ³¹	827	菜刀	ɣɔ⁵³tsa²⁴a³³tʰɔ³³
797	厨房	ɔ³¹te³³ɕa⁵³kɯ³¹	828	瓢	pʰɛ³¹qo³¹
798	灶	xɔ⁵⁴kʰɣ³³	829	缸	i³³mɔ³³qu³¹nu²⁴
799	风箱	zɔ³¹qo³¹	830	坛子	i³³mɔ³³qu³¹nɛ²⁴
800	锅	lɔ³¹kɔ³³	831	瓶子	ɔ³¹kɔ³³
801	厕所	qʰɔ⁵³qo³¹zɛ³¹	832	盖子	ɔ³¹xu⁵⁴
802	檩	qʰɔ⁵⁴bu³³tɕɔ⁵⁴	833	碗	kʰɛ⁵³
803	柱子	zɛ³¹kʰɯ⁵³dɔ³³	834	筷子	a⁵³tsu³³
804	门槛儿	la⁵³mi³¹qʰa³¹	835	汤匙	a⁵³qu³³qo³¹
805	窗	ɔ³¹ɣa³³ta³¹	836	柴火	sʅ⁵⁴
806	梯子	gu³³tɕʰi³³	837	火柴	a³¹mi³¹bɔ²⁴
807	扫帚	mɛ³¹ɕi⁵⁴	838	锁	ti²⁴tu³¹
808	扫地	zɛ³¹ɕi⁵⁴	839	钥匙	be⁵³tu³¹
809	垃圾	kʰu⁵³ɕi⁵⁴kɣ³³	840	暖水瓶	a³³ka⁵⁴tɕa²⁴kɣ³³kɣ³¹
810	家具	kʰu⁵³	841	脸盆（盆）	pʰa²¹tsʅ³³qo³¹
811	东西	sa²⁴pa³¹tʰa³³ku⁵³	842	洗脸水	mɛ⁵⁴fu⁵³tsʅ⁵³a³³ka⁵⁴
812	床	ku²¹	843	毛巾（手绢）	pʰa²⁴tɕe²¹
813	枕头	u³³gɛ⁵³	844	肥皂	sa³³pɛ²¹
814	被子	qɔ⁵⁴lɔ⁵⁴	845	梳子	pɣ²¹
815	棉絮	sa³³la³³tsʰu³³	846	缝衣针	ɣo³¹
816	床单	qɔ⁵³lɔ⁵⁴qʰɔ⁵⁴zʅ³¹tu³¹	847	剪子	tɕɛ³¹tsʅ³³
817	褥子	sa²⁴fɣ³³	848	蜡烛	ŋa⁵³tsʰu³³ta³¹
818	席子	ɣu²⁴zi³³	849	手电筒	ba³³tu⁵³tu³¹
819	蚊帐	pʰa³³ka³¹	850	自行车	so³³ku⁵³nɛ²⁴
820	桌子	tsɔ³¹tsʅ³³	851	箱子	ta³³qo³¹
821	柜子	ta³³qo³¹	852	木箱	sʅ⁵⁴ta³³qo³¹

序号	汉义	拉祜熙方言	序号	汉义	拉祜熙方言
853	皮箱	sa³¹gɯ³¹ta³¹qo³¹	884	炉子	a³³mi³¹tɕɛ³³kɯ³¹
854	衣柜	a³³po²¹ta³¹qo³¹nu²⁴	885	吹火筒	a³³mi³¹mɯ⁵⁴tu³¹
855	饭桌	pʰɯ³³qo³¹	886	火钳	mɛ³³ŋu⁵⁴
856	小板凳	ta²⁴kɔ³¹za⁵³nɛ²⁴	887	铁锅	xɔ⁵⁴tɕʰɛ³³
857	棕垫	gɯ³¹qu²⁴	888	铝锅	tɔ⁵³lɔ³¹kɔ³³
858	电视	ti²⁴sʅ²⁴	889	砂锅	a³³dʑe²¹mu²¹qʰo³³
859	冰箱	sa³¹kɤ³¹ta³¹kɯ³¹	890	小锅	mu²¹qʰo³³nɛ²⁴
860	洗衣机	vɤ³¹ka⁵³tsʰʅ⁵³tu³¹	891	锅盖	mu²¹qʰo³³xu⁵⁴
861	电灯	ti²⁴tɤ³³	892	三脚架	xɔ⁵⁴kʰɯ³³
862	灯泡	tɤ³³pʰau²⁴ɕi³¹	893	锅铲	a⁵³qa³³qo³¹bɛ²⁴
863	电线	ti²⁴ɕi²⁴tsa⁵⁴	894	丝瓜瓢	tsʰʅ³³kɔ³³
864	开关	ɣɔ³¹ba³³tu³¹	895	刷子（锅刷）	gɯ⁵⁴tsʅ⁵³tu³¹
865	油灯	ma⁵³tɤ³³	896	调羹	a⁵³qo³³nɛ²⁴
866	灯罩	tɤ³³ɕi³¹xu⁵⁴	897	勺子	a⁵³qo³³qo³¹nu²⁴
867	灯芯	tɤ³³ɔ²¹tsa⁵⁴nɛ²⁴	898	木勺子	sʅ⁵⁴a⁵³qo³³qo³¹
868	松明灯	tɕi³¹pa³¹	899	饭勺	a⁵³qo³³qo³¹
869	电池	ti²⁴tʰo³¹ɕi³¹	900	砧板	tɔ²⁴tʰi³³
870	钟	na³¹le²¹	901	饭碗	kʰɛ⁵³
871	镜子	mɛ⁵⁴ɣɯ⁵⁴	902	大碗	kʰɛ⁵³qo³¹nu²⁴
872	篮子	la³¹tsʅ³³kʰa³³	903	小碗	kʰɛ⁵³za⁵³nɛ²⁴
873	瓜果盘	ka³³ku³¹le²¹qo³¹	904	木碗	sʅ⁵⁴kʰɛ⁵³
874	背篓	sɔ⁵³qo³¹	905	筷子筒	a⁵³tɕɯ³¹bɔ²⁴qo³¹
875	袋子	tʰu²⁴pɯ³³nɛ²⁴	906	盘子	kʰɛ⁵³pɛ³³lɛ⁵⁴
876	麻袋	tʰu²⁴pɯ³³nu²⁴	907	碟子	kʰɛ⁵³pɛ³³lɛ³³nɛ²⁴
877	钩子	tɕa³³qu²⁴le²¹	908	刀	a³³tʰɔ³³
878	抹布	pʰa³³ɕi⁵⁴tu³¹	909	尖刀	a³³tʰɔ³³mɯ⁵³
879	手纸	le²¹qo⁵⁴ɕi⁵⁴tu³¹	910	刀刃	a³³tʰɔ³³vi⁵³
880	蓑衣	gɯ²¹mu³³po²¹	911	缺口	a³³tʰɔ³³qʰɛ²¹
881	斗笠	na³³xɔ⁵⁴pɛ⁵⁴qo³¹	912	刀面	a³³tʰɔ³³ba²⁴
882	雨衣	zi³¹pu²⁴a³³po²¹	913	刀背	a³³tʰɔ³³sa²⁴
883	雨伞	tɕɔ²¹	914	刀鞘	a³³tʰɔ³³pʰɯ³³

序号	汉义	拉祜熙方言	序号	汉义	拉祜熙方言
915	柴刀	a³³tʰɔ³³tʰe³³le⁵³	946	子弹	na⁵⁴ɕi³¹
916	磨刀石	xa²⁴pɤ³¹a³³tʰɔ³³ɕɤ³¹tu³¹	947	子弹头	na⁵⁴ɕi³¹mɤ⁵³
917	瓦罐	kɔ³¹la³¹qo³¹	948	子弹壳	na⁵⁴ɕi³¹qo²⁴
918	杯子	kʰɛ⁵³	949	土铳	mɛ⁵⁴dzɔ³¹na⁵⁴
919	玻璃杯	ki³¹kʰɛ⁵³	950	炮	mɔ⁵⁴
920	酒杯	dʑ̩³¹kʰɛ⁵³	951	长矛	gɛ⁵³
921	茶杯	la³¹kʰɛ⁵³	952	弓箭	na³³bɔ⁵⁴kʰa⁵⁴tɕi³³
922	蒸笼	sa²⁴qʰa³³qo³¹	953	弓	na³³bɔ⁵⁴
923	笼屉	a³³tʰɔ³³	954	箭	kʰa⁵⁴tɕi³³
924	箅子	sa²⁴pi³³tɔ³¹	955	毒箭	ma⁵³xɛ³¹la³¹ve³³kʰa⁵⁴tɕi³³
925	甑子	sa²⁴qʰa³³	956	箭绳	kʰa⁵⁴tɕa⁵⁴
926	捞箕	kʰɤ²⁴qo³¹	957	马笼头	mu⁵³tɕa³³xɔ³¹
927	烧水壶	tʰo³¹kɔ²⁴qo³¹	958	马鞭	mu⁵³dzɔ³¹tɕa⁵⁴
928	臼窝	tɛ³¹qʰo³¹	959	马鞍	mu⁵³la²⁴qo³¹
929	碓杵	tɛ³¹tu⁵³	960	脚蹬	mu⁵³kʰi³¹a³³
930	工具	zɛ⁵³tu³¹	961	前鞘	mu⁵³qɔ³¹tɕa⁵⁴
931	铁锤	qʰɔ³¹qo³¹	962	后鞘	mu⁵³qʰɔ³¹pi³³tɕa⁵⁴
932	锯子	sʅ⁵⁴ɣɤ²¹tu³¹	963	缰绳	mu⁵³tsa⁵⁴
933	推刨	sʅ⁵⁴tʰu³¹tu³¹	964	缝纫机	tsa³¹qʰɤ³³
934	钻子	bo³¹lo³¹	965	箍	tsʰʅ³¹kɯ²⁴tu³¹
935	凿子	ts⁵³	966	锉子	kʰa²⁴ɕi²⁴
936	墨斗	mɤ³¹tɛ²¹	967	槌子	sʅ⁵⁴qʰɔ²¹qo²¹
937	尺子	tɛ⁵⁴tu³¹	968	锥子	tsa⁵³lɔ⁵³
938	铁丝	su³³tɕa⁵⁴	969	车轴	a³³qɛ⁵⁴lɛ⁵⁴ta³¹qo³¹
939	纺车	tsʰa⁵³gu³³	970	铃	ka³³li³¹ɕi³¹
940	织布机	pʰa³³tsʰɤ⁵³tu³¹	971	蒲团	mɯ³³qʰɔ⁵³mɯ³³qʰɔ⁵³
941	纺线	ɣa²¹kʰɛ³³	972	手表	na³¹le²¹
942	梭子	ɣa²¹lɔ²⁴ɕi³¹	973	眼镜	mɛ⁵⁴kɛ³¹
943	针眼	ɣɔ³¹na³¹pu³³	974	扇子	pʰɯ⁵³tu³¹
944	顶针	la³¹pe³¹	975	拐杖	zʅ⁵³pɤ³¹ta³¹
945	枪	na⁵⁴	976	篦子	pɤ²¹za⁵³

序号	汉义	拉祜熙方言	序号	汉义	拉祜熙方言
977	钱包	pʰu³³du⁵³kɤ³¹	1008	枕芯	u²⁴gɛ⁵⁴pɔ³³
978	大烟	fi²⁴	1009	水池	a³³ka⁵⁴dɤ³³qo³¹
979	烟头	su²⁴lu³¹tɔ³³lɔ³³	1010	沉淀物	a³³ka⁵⁴qʰɔ³³ɔ³¹pe⁵⁴tɕɔ³¹ve³³
980	烟灰	su²⁴ɣɯ³¹	1011	大刀	a³³tʰɔ³³nu²⁴
981	烟丝	su²⁴tsʰɻ³¹kɯ³¹	1012	小刀	a³³tʰɔ³³za⁵³nɛ²⁴
982	烟斗	su²⁴qo³³qo³¹	1013	匕首	a³³tʰɔ³³le²¹
983	水烟筒	a³³ka⁵⁴su²⁴qʰu³³	1014	铁箍	pʰe³³tu³¹
984	烟嘴	su²⁴tsʰɻ³¹kɯ³¹	1015	门帘	pʰa³³ka³¹
985	烟锅	su²⁴qo³³qo³¹mɤ⁵³	1016	火镰	a³³mi³¹bɔ²⁴ɕɛ³¹
986	竹签	sa³¹tʰɔ³³tu³¹	1017	炭火盆	a³³mi³¹tɕʰi³³ni³³qo³¹
987	水桶	a³³ka⁵⁴tʰu⁵⁴qo³¹	1018	瓶塞儿	a³³ka⁵⁴xo⁵⁴
988	洗衣粉	sa³³pɛ³¹mɯ³³	1019	水碓	ɣɯ³¹tɕʰɛ³³
989	花瓶	sɻ⁵⁴ve⁵⁴kɤ³³kɯ³¹	1020	木臼	tɛ³¹mɯ³¹
990	花盆	sɻ⁵⁴ve⁵⁴ti³³kɯ³¹	1021	水碾	a³³ka⁵⁴mɔ²⁴qo³¹
991	刀架	a³³tʰɔ³³pʰɯ³³	1022	拖拉机	tʰɔ³¹la³³tɕi³³
992	刨花	sɻ⁵⁴qu²⁴	1023	驮架	la²⁴qo³¹la²⁴qo³¹
993	锯末	sɻ⁵⁴mɯ³³tɛ⁵⁴	1024	靠背	ŋɛ³³kɯ³¹
994	水磨	a³³ka⁵⁴mɔ²⁴qo³¹	1025	牙刷	su³¹tɕʰi³³gɯ⁵⁴tsʰɻ⁵⁴tu³¹
995	筲箕	kʰɯ²⁴	1026	牙膏	xɛ³¹tu³¹
996	磨盘	mɔ²⁴qo³¹	1027	收音机	sɤ³³lɤ³³tɕi³³
997	磨眼儿	mɔ²⁴qo³¹qʰɔ³³	1028	手机	tɔ⁵³u²⁴da²¹tu³¹
998	小钢磨	mɔ²⁴qo³¹za⁵³nɛ²⁴	1029	飞机	zɛ³¹pu³¹
999	老虎钳	ŋu⁵⁴tɕʰi⁵⁴tu³¹	1030	布	pʰa³³
1000	推剪	to³¹qo³¹mu³³ŋu⁵⁴tu³¹	1031	棉布	sa³³la³³pʰa³³
1001	剃头刀	tɔ³¹qo³¹mu³³kɔ⁵⁴tu³¹	1032	麻布	tɕi³³ku³³pʰa³³
1002	剃须刀	mu³³tsɻ⁵⁴kɔ⁵⁴tu³¹	1033	灯芯绒	pʰa³³ni³³
1003	棉被	qɔ⁵⁴lɔ⁵⁴	1034	线	kʰɛ³³
1004	被里	qɔ⁵⁴lɔ⁵⁴qʰɔ³³	1035	毛线	ɣa³¹kʰɛ³³
1005	被面儿	qɔ⁵⁴lɔ⁵⁴tʰa²¹	1036	棉线	sa³³la³³kʰɛ³³
1006	毯子	mɔ³¹tʰa⁵³	1037	麻线	tɕi³³ku⁵³kʰɛ³³
1007	枕巾	u²⁴gɛ⁵⁴qʰɔ⁵³tu³¹	1038	线团	kʰɛ³³di³¹

序号	汉义	拉祜熙方言	序号	汉义	拉祜熙方言
1039	篾桌	pʰɤ³³qo³¹	1070	夹衣	a³³po²¹dɔ³³lɔ³³nɛ²⁴
1040	衣服	a³³po²¹	1071	短袖	a³³po²¹tɔ⁵³le⁵³
1041	穿	vɤ²¹	1072	扣眼	tɔ³³ɕi³¹pʰɯ³³
1042	脱	qɔ⁵⁴ba³¹	1073	袖口	a³³po²¹la³¹qa²⁴mɤ⁵³
1043	系	pʰɛ³³	1074	衣襟	a³³po²¹me³¹mɤ⁵³
1044	衬衫	a³³po²¹tʰo⁵⁴vɤ²¹	1075	祭祀佛服	a³³po²¹pʰu³³
1045	背心	a³³po²¹ku⁵³tɕa⁵⁴	1076	裙子	tʰɛ³³
1046	毛衣	a³³po²¹be⁵⁴	1077	绣花	tʰɛ³³fi³³
1047	棉衣	sa³³la³³tsʰu³³a³³po²¹	1078	花边	ɔ³¹ve⁵⁴fi³³
1048	袖子	a³³po²¹la³¹qa²⁴	1079	领子	a³³po²¹qɔ²¹
1049	口袋	mɛ⁵⁴tɕʰɔ³³	1080	衣袋	a³³po²¹mɛ⁵⁴tɕʰɔ³³
1050	裤子	xa²¹	1081	内裤	xa²¹tɔ⁵³li⁵³
1051	短裤	xa²¹tɔ⁵³le⁵³	1082	裤裆	xa³¹ka³³tɕɛ³³
1052	裤腿	xa²¹qʰɯ³³	1083	布鞋	pʰa³³kɛ³¹
1053	帽子	na³³xɔ⁵⁴	1084	靴子	kɛ³¹bɔ²⁴qo³¹
1054	鞋子	kɛ³¹	1085	草鞋	kɛ³¹tɛ⁵⁴nɛ⁵⁴
1055	袜子	dɔ⁵³	1086	皮鞋	sa³¹gɯ³¹kɛ³¹
1056	围巾	ɣu³¹ni²⁴	1087	胶鞋	kɛ³¹sɤ³³qo³¹
1057	围裙	ɣɔ⁵³tu³¹	1088	鞋底	kɛ³¹tɔ³¹
1058	尿布	tɕʰi⁵³kɤ³³te³¹tu³¹	1089	鞋后跟	kɛ³¹qʰa⁵³nɔ³¹
1059	扣子	tɔ³³ɕi³¹	1090	鞋带	kɛ³¹tsa⁵⁴
1060	扣	ti²⁴	1091	草帽	na³³xɔ⁵³pɛ⁵³qo³¹
1061	绸子	pu⁵³pʰa³³	1092	皮帽	sa³¹gɯ³¹na³³xɔ⁵³
1062	皮革	sa³¹gɯ³¹	1093	棉帽	sa³³la³³tsʰu³³na³³xɔ⁵³
1063	皮袄	sa³¹gɯ³¹a³³po²¹	1094	手套	la²¹dɔ⁵³
1064	上衣	a³³po²¹	1095	腰带	xa³¹tɕa⁵⁴
1065	内衣	a³³po²¹ɔ³¹qʰɔ³³	1096	围腰帕	nɛ²⁴ti³³
1066	夹袄	a³³po²¹ɛ²⁴	1097	绑腿	kʰɯ³¹sɯ⁵⁴
1067	外衣	ɔ³¹tʰa²¹a³³po²¹	1098	带子	tsa⁵⁴
1068	单衣	a³³po²¹te³³qʰo⁵⁴	1099	头巾	ɣu³¹ni²⁴
1069	长袖	a³³po²¹zɛ³¹le³¹	1100	手镯	la²¹gɔ³¹

续表

序号	汉义	拉祜熙方言	序号	汉义	拉祜熙方言
1101	耳环	na³¹pfu³³dʑo³¹za⁵⁴	1132	鸡蛋	ɣa⁵⁴u³³
1102	项链	qɔ³¹xɔ³³	1133	腌蛋	ɣa⁵⁴u³³tɕe³³
1103	珠子	dʐŋ³¹ɕi³¹	1134	猪油	va²¹tsʰu³³
1104	戒指	la²¹pe²¹	1135	香油	sa³¹tsʰu³³ɣɯ³¹
1105	理发	to³¹qo³¹ŋu⁵³	1136	酱油	tɕʰi³³tɕɛ²⁴
1106	梳头	to³¹qo³¹pɤ³³	1137	盐	a³³lɛ³¹
1107	米饭	ɔ³¹	1138	醋	tɕe³³tsu²⁴
1108	稀饭	ɔ³¹bɛ⁵⁴nɛ⁵⁴	1139	香烟	su²⁴lo³¹
1109	面粉	zŋ³³mɯ³³	1140	旱烟	ma²⁴kʰɤ²⁴su²⁴
1110	米粉	tsa³¹mɯ³³	1141	白酒	tsa³¹ɕi³¹dʐŋ³¹
1111	面条	mi²⁴tʰiau³¹	1142	鸡爪谷酒	a³³qo⁵⁴dʐŋ³¹
1112	面儿	ɔ³¹mɯ³³	1143	糯米酒	tsa³¹ŋɔ⁵³dʐŋ³¹
1113	馒头	zŋ³³di³¹	1144	茶叶	la³¹
1114	包子	zŋ³³pɔ³³	1145	沏	la³¹ti⁵⁴
1115	米线	ɔ³¹dʑu³³	1146	冰棍儿	ŋɯ³³fu⁵³tsʰŋ³³
1116	米干	mi⁵³ka³³	1147	做饭	ɔ³¹te³³
1117	杂菜	ɣɔ⁵³xu³³	1148	炒菜	ɣɔ⁵³tsa²⁴xu³³
1118	荞饼	ga⁵³pɔ³³	1149	煮	tɕa²⁴
1119	豆浆	nɔ⁵⁴ɣɯ³¹	1150	煎（炸）	xu³³
1120	豆腐脑	nɔ⁵⁴ba⁵³	1151	蒸	sa²⁴
1121	元宵	qʰɔ²¹z⁵³nɛ²⁴	1152	揉	zi²¹
1122	粽子	tsa³¹ŋu⁵³ɔ³¹tʰi⁵³	1153	擀	ni²⁴
1123	粑粑	ɔ³¹pa³³	1154	吃	tsa⁵³
1124	菜	ɣɔ⁵³	1155	吃早饭	ti⁵³na²¹ɔ³¹tsa⁵³
1125	干菜	ɣɔ⁵³ku³³	1156	吃午饭	sa²⁴yu⁵³ɔ³¹tsa⁵³
1126	豆腐	nɔ⁵⁴ba⁵³	1157	吃晚饭	mu⁵³pʰɤ³¹ɔ³¹tsa⁵³
1127	猪血	va²¹sŋ³¹	1158	喝	dɔ³¹
1128	猪蹄	va²¹kʰɯ³³	1159	抽	tsʰŋ³¹
1129	猪舌头	va²¹xa³³le⁵⁴	1160	盛（舀）	kɤ³³
1130	猪肝	va²¹ɕɛ²¹	1161	夹	ŋu⁵⁴
1131	下水	ɔ³¹ku⁵³tɕa⁵⁴	1162	渴	ɕe²⁴

序号	汉义	拉祜熙方言	序号	汉义	拉祜熙方言
1163	饿	mɤ²¹	1194	菜汤	ɣɔ⁵³ɣɯ³¹
1164	噎	qa²⁴	1195	臽汤	a⁵³ɣɯ³¹qɔ³¹
1165	食物	tsa⁵³tu³¹	1196	豆腐干	nɔ⁵⁴ba⁵³ku³³
1166	肉	sa³¹	1197	麦饼	z̩³³mɤ³³pɔ³³
1167	肥肉	sa³¹tsu³³	1198	糖	tsʰɿ³³
1168	瘦肉	sa³¹ni³³	1199	白糖	fu⁵³tsʰɿ³³mɤ³³
1169	肉皮	sa³¹gɯ³¹	1200	冰糖	fu⁵³tsʰɿ³³kʰɔ³³
1170	排骨	ɔ³¹ɣɔ⁵³ku³³	1201	红糖	fu⁵³tsʰɿ³³kʰɔ³³ni³³
1171	剔骨头	ɔ³¹ɣɔ⁵³ku³³zu³¹ba³¹	1202	瓜子儿	mu⁵³ni³³dzɿ³³ɕi³¹
1172	扣肉	sa³¹ɣɔ⁵³kʰɔ²¹tsa²⁴	1203	浓茶	la³¹qʰa⁵³
1173	腊肉	sa³¹ku³³	1204	油（统称）	sa³¹tsu³³
1174	熏腊肉	sa³¹a³³mi³¹mu³¹	1205	板油	na⁵³pa⁵³
1175	五花肉	kʰɔ²¹la³¹ve³³va²¹sa³¹tsu³³	1206	猪油	va³¹na⁵³pa⁵³
1176	炖肉	sa³¹tsa²⁴	1207	油渣	sa³¹tsʰu³³pe⁵⁴
1177	坨坨肉	sa³¹di³¹	1208	菜籽油	ɣɔ⁵³sa²⁴tsʰu³³
1178	猪腰子	va²¹la⁵³ɕi³¹	1209	芝麻油	nu³¹tsʰu³³
1179	锅巴	ɔ³¹ŋo²⁴qo⁵⁴	1210	花生油	mi³¹nɔ⁵³tsʰu³³
1180	粉丝	bo²⁴dzu³³	1211	八角	pa³¹kɔ³¹
1181	米线	ɔ³¹dzu³³	1212	花椒	ŋa⁵³tɕo³³mɯ⁵³ɕi³¹
1182	粉条	pɛ⁵³ɕi³¹dzu³³	1213	豆腐渣	nɔ⁵⁴kɯ⁵⁴pe⁵⁴
1183	粉皮	pɛ⁵³ɕi³¹qo⁵⁴	1214	面糊	qʰɔ³¹bɛ⁵⁴nɛ⁵⁴
1184	面片儿	zɿ³³qo⁵⁴	1215	麻花	fu⁵³tsʰɿ³¹tɕa⁵⁴ti³³qɔ³¹
1185	粑粑	ɔ³¹pa³³	1216	烤茶	la³¹xu³³
1186	月饼	zɛ³¹pi⁵³	1217	牛奶	ŋu⁵³zu²⁴ɣɯ³¹
1187	素菜	ɣɔ⁵³tsa²⁴	1218	酒	dzɿ³¹
1188	荤菜	sa³¹ɣɔ⁵³kʰɔ³¹tsa²⁴	1219	蛇胆酒	vɤ³¹kɯ³¹dzɿ³¹
1189	酸菜	ɣɔ⁵³tɕe³³	1220	酒曲	di⁵³
1190	豆豉	nɔ⁵³kɤ⁵³	1221	冷水	a³³ka⁵⁴qɔ³¹
1191	汤	a⁵³ɣɯ³¹	1222	蒸饭	ɔ³¹sa²⁴
1192	米汤	ɔ³¹ɣɯ³¹	1223	夹生饭	ɔ³¹a⁵⁴mɛ³³
1193	肉汤	sa³¹ɣɯ³¹	1224	白饭	ɔ³¹pʰu³³

续表

序号	汉义	拉祜熙方言	序号	汉义	拉祜熙方言
1225	硬饭	ɔ³¹xɛ³³	1256	骨髓	ɔ³¹ɣu⁵³qo³³qʰɔ³³ɔ³¹dʑu³³
1226	软饭	ɔ³¹nu⁵³	1257	肋骨	ɔ³¹ni³³ku⁵³
1227	碎米	tɕa²¹kɛ²¹mɛ⁵⁴	1258	脊椎	tsʅ³¹
1228	咸蛋	ɣa⁵⁴u³³tʰi⁵⁴	1259	头盖骨	to³¹qo³¹qɔ⁵⁴
1229	寡蛋	ɣa⁵⁴u³³qo⁵⁴	1260	肩胛骨	la³¹pʰe³³bo⁵⁴
1230	凉粉	lia³¹fɛ⁵³di³¹	1261	踝骨	kʰɤ³³ŋɛ³¹zu³³
1231	马登果	ma²¹za⁵³ɕi³¹	1262	发髻	dʑʅ³³qʰɔ²¹pu³³
1232	身体	ɔ³¹tu³³	1263	发带	dʑʅ³³tsa⁵⁴
1233	个头	ɔ³¹kʰa⁵⁴	1264	头顶	mɛ⁵⁴qɔ³³tɔ³¹
1234	皮肤	ɔ³¹guɯ³¹	1265	头顶旋窝	ɔ³¹kʰa²⁴ɣɔ⁵³ve³³
1235	皱纹	tsʅ²⁴nɛ⁵⁴	1266	脑髓	ɔ³¹u²⁴nɛ²¹
1236	肌肉	ɔ³¹sa³¹di³¹	1267	后脑	u²⁴mɛ³¹qʰo³¹
1237	血液	ɔ³¹sʅ³¹	1268	囟门	u²⁴nɛ³¹ɣa⁵³
1238	血管	ɔ³¹sʅ³¹qɔ³³	1269	白发	to³¹qo³¹pʰu³³
1239	内脏	u³³pe³¹qʰɔ³³ve³³	1270	鬓角	ŋɛ³¹ŋɔ³¹
1240	呼吸道	sa²⁴ɣɔ³¹tsa⁵⁴	1271	睫毛	mɛ⁵⁴mu³³
1241	心	ni³³ɕi³¹	1272	喉结	qɔ³¹kʰɔ³³le³³ɕi³¹
1242	肝	ɔ³¹ɕɛ³¹	1273	酒窝	ɣɯ³¹qʰo²¹
1243	脾	ɔ³¹ɣu³¹dʑe⁵⁴le⁵⁴	1274	颧骨	mɛ⁵⁴pu³¹
1244	肺	ɔ³¹tsʅ⁵³	1275	太阳穴	ɣɯ³¹tɛ³¹qʰo²¹
1245	肾	ɔ³¹la⁵³ɕi³¹	1276	眼皮	mɛ⁵⁴qo²⁴guɯ³¹
1246	胃	ɔ³¹fɤ²⁴qo³¹	1277	单眼皮	mɛ⁵⁴qo²⁴ɔ³¹tsʅ²⁴a⁵³tɕɔ³¹
1247	胆	ɔ³¹kuɯ³³	1278	双眼皮	mɛ⁵⁴qo²⁴tsʅ²⁴
1248	筋	ɔ³¹ku⁵⁴tɕa⁵⁴	1279	眼角	mɛ⁵⁴qo²⁴tɕi³¹
1249	脉	ɔ³¹sʅ³¹pɔ⁵⁴	1280	眼白	mɛ⁵⁴qʰa³³pʰu³³
1250	肠子	ɔ³¹ɣu³¹	1281	眼屎	mɛ⁵⁴qʰɔ⁵³
1251	大肠	ɔ³¹ɣu³¹mɔ⁵³	1282	耳孔	na³¹pfu³³qʰɔ⁵³
1252	小肠	ɔ³¹ɣu³¹nɛ²⁴	1283	耳垂	na³¹pfu³³tʰɔ³³kuɯ³¹
1253	气管	sa²⁴ɣɔ³¹kuɯ³¹	1284	耳屎	na³¹pfu³³qʰɔ⁵³
1254	食道	tsa⁵⁴za³¹kuɯ³¹	1285	痰	muɯ⁵³ɣuɯ³¹
1255	骨头	ɔ³¹ɣu⁵³qo³³	1286	鼻孔	na³¹qʰɔ⁵³qʰɔ³³

序号	汉义	拉祜熙方言	序号	汉义	拉祜熙方言
1287	鼻尖	na³¹qʰɔ⁵³mɯ⁵³	1318	手茧子	la²¹nu²⁴kɤ²⁴
1288	鼻梁	na³¹qʰɔ⁵³ta³¹	1319	手腕	la²¹mɛ⁵⁴tsʅ²⁴
1289	鼻毛	na³¹qʰɔ⁵³mu³³	1320	汗毛	tsʰɔ³³to³³mu³³
1290	鼻屎	ŋu⁵³qʰɔ⁵³qo⁵⁴lo⁵⁴	1321	汗毛孔	ɔ³¹mu³³zi³¹kɤ³¹
1291	门牙	su³¹pʰɛ⁵³qa³¹	1322	粉刺	pa³¹dzʅ²¹ɕi³¹
1292	犬齿	pʰɤ⁵³tɕɤ³¹	1323	痱子	ɔ³¹ɕi³³sʅ⁵⁴
1293	臼齿	ɣa³¹ɣa³¹	1324	指纹	la²¹mɛ³³ɣɔ⁵⁴
1294	齿龈	su³¹kʰɔ²⁴	1325	两臂中间的部位	la²¹ka²¹
1295	牙缝	su³¹tɕʰi³³ka³¹	1326	虎口	la²¹ni³³ka²¹
1296	牙垢	su³¹tɕʰi³³ka²⁴	1327	倒刺	ɔ³¹gɯ³¹qʰɔ²¹
1297	假牙	su³¹tɕʰi³³te³³kɤ³³	1328	腋窝	la²¹ti²⁴ni³³qa²⁴
1298	小舌	xa³³pi³³zu³³ni³³	1329	腿肚子	pʰa⁵⁴tɤ³³lɤ³³
1299	舌尖	xa³³le⁵⁴mɤ⁵³	1330	腘窝	pʰa⁵⁴qɔ²¹le²¹
1300	兔唇	mɤ⁵³qʰɛ²¹	1331	脚心	kʰɤ³³tu²⁴ku³³kʰɤ³³kʰɤ³³
1301	人中	na³¹qʰɔ⁵³mɤ⁵³tsʰʅ³¹	1332	脚趾	kʰɤ³³ɕi³¹qʰɔ⁵³
1302	络腮胡	ŋɛ³¹ŋɔ²¹	1333	脚印	kʰɤ³³mi³¹xa⁵⁴
1303	八字胡	mu³³tsʅ⁵⁴	1334	响屁	bi²⁴xɔ⁵⁴
1304	乳房	tsu²⁴pɛ⁵⁴	1335	闷屁	bi²⁴tsʅ⁵⁴
1305	乳头	tsu²⁴ɕi³¹qu³³	1336	稀屎	qʰɔ⁵³bɛ⁵⁴nɛ³³
1306	乳汁	tsu²⁴ɣɯ³¹	1337	膀胱	sa³³la³³pʰu⁵³
1307	胸脯	ni³³pɤ³³	1338	子宫	za⁵³lu³¹
1308	腰	tsʅ³¹	1339	阴道	tsʰa³³qʰɔ³³qʰɔ³³
1309	小腹	zʅ⁵³pʰu⁵³	1340	阴毛	tsʰa³³mu³³
1310	肚子	yu⁵⁴pi³¹	1341	睾丸	ni²¹u³³
1311	胎儿	za⁵³xu³³	1342	汗	kɤ³¹
1312	胎衣	za⁵³pʰɯ³³	1343	汗垢	mi⁵⁴
1313	脐带	ɣu⁵³tu³³tɕa⁵⁴	1344	唾沫	mɤ⁵⁴ɣɯ³¹
1314	小产	za⁵³sʅ⁵⁴	1345	头	to²¹qo²¹ɕi³¹
1315	打胎	za³³zu³¹ba³¹	1346	头发	to²¹qo²¹mu³³
1316	手心	la²¹qʰa⁵³	1347	辫子	dzʅ³³pʰe⁵³
1317	手背	la²¹tu²⁴ku³³tʰa³¹	1348	旋	ɔ³¹kʰa²⁴ɣɔ⁵³

续表

序号	汉义	拉祜熙方言	序号	汉义	拉祜熙方言
1349	额头	na²¹qa²¹pɯ³³	1380	无名指	la²¹ma³³tɕɛ³¹
1350	相貌	ɔ³¹to³³ɔ³¹kʰe⁵³	1381	小拇指	la²¹ni³³tsɛ³¹le³¹
1351	脸	mɛ⁵⁴fu⁵³	1382	指甲	la²¹ɕi²¹qʰɔ⁵³
1352	眼睛	mɛ⁵⁴qʰa³³	1383	腿	kʰɯ³³
1353	眼珠	mɛ⁵⁴na⁵⁴	1384	大腿	pʰa⁵⁴du³¹
1354	瞳孔	mɛ⁵⁴za⁵⁴	1385	小腿	na³¹kʰe³¹
1355	眼泪	mɛ⁵⁴ɣɯ³¹	1386	脚	kʰɯ³³tɔ²⁴qo³³
1356	眉毛	mɛ⁵⁴mu³³	1387	小腿前面的部位	na³¹kʰe³¹ta³¹
1357	耳朵	na²¹pu³³tɕʰi³³	1388	脚后跟	kʰɯ³¹mɛ³¹tɕu³³
1358	鼻子	na³¹qʰɔ⁵³	1389	脚底板	kʰɯ³¹tu²⁴qo³³xɔ²⁴
1359	鼻涕	ŋu⁵³qʰɔ⁵³	1390	膝盖	kʰɯ³³tsu²⁴qu³³
1360	擤	xɔ³³	1391	背	pʰɛ³³qʰɔ⁵³de³³
1361	嘴巴	mɔ³¹qɔ³³	1392	肚子	ɣu⁵³pe³¹
1362	嘴唇	mɯ⁵³ŋa³³	1393	肚脐	ɣu⁵³tu³³ɕi³¹
1363	口水	mɯ⁵³ɣɯ³¹	1394	屁股	qʰɔ³³pi²⁴
1364	舌头	xa³³le⁵⁴	1395	肛门	qʰɔ³³pe²⁴qʰɔ³³
1365	牙齿	su³¹tɕʰi³³	1396	阴茎	ni³¹ta³¹
1366	下巴	pa³³ka⁵³	1397	女阴	tsʰa³³pɛ²¹
1367	胡子	mu³³tʂ̩⁵⁴	1398	禽	pa²¹
1368	脖子	qɔ³¹ta³¹pɤ³¹	1399	精液	ni³¹qʰɔ⁵³
1369	喉咙	qɔ³¹qʰɔ³³	1400	来月经	tsʰ̩⁵³tu³³la³¹
1370	肩膀	la²¹pʰe³³	1401	拉屎	qʰɔ⁵³o³¹
1371	胳膊	la²¹ɣɔ⁵³pɔ³¹	1402	撒尿	tɕʰi⁵⁴kɯ³³o³¹
1372	手	la²¹qɔ³¹	1403	放屁	pi²⁴xɔ⁵⁴
1373	左手	la²¹fa³¹	1404	"他妈的"口头禅	na³¹bɯ³¹na³¹qʰa⁵³
1374	右手	la²¹zɔ⁵³	1405	病了	na³¹ve³³
1375	拳头	la²¹tsʰ̩³¹pɯ³³	1406	着凉	ka⁵⁴na³¹
1376	手指	la²¹ni³³	1407	咳嗽	tʂ̩³¹
1377	大拇指	la²¹ma³³qo³¹	1408	发烧	ɔ³¹kɛ³¹na³¹
1378	食指	la²¹ni³³qo⁵³	1409	发抖	ka⁵⁴ve⁵⁴
1379	中指	la²¹ni³³dʐ̩⁵³	1410	肚子疼	ɣu⁵³pi³¹na³¹

序号	汉义	拉祜熙方言	序号	汉义	拉祜熙方言
1411	拉肚子	ɣu⁵³pi³¹lo³³	1442	药酒	na⁵⁴tsʰ̩⁵⁴dzi³¹
1412	患疟疾	na³¹pʰɤ⁵⁴pʰɤ⁵⁴na³¹	1443	草药	s̩⁵⁴gɯ³³na⁵⁴tsʰ̩⁵⁴
1413	中暑	ɣu²⁴pʰu³³pʰɤ⁵⁴	1444	蛇药	vɤ³¹na⁵⁴ts̩⁵⁴
1414	肿	pʰo²¹	1445	毒药	na⁵⁴ts̩⁵⁴tɔ³¹
1415	化脓	bɛ³¹	1446	开药方	na⁵⁴ts̩⁵⁴vɯ³¹
1416	疤	ɔ³¹kɤ²⁴	1447	熬药	na⁵⁴ts̩⁵⁴tsa²⁴
1417	癣	tɕʰe⁵⁴bɤ⁵⁴kɛ³¹	1448	搽药	na⁵⁴ts̩⁵⁴xɛ³¹
1418	痣/麻子	pʰe³³na⁵⁴ɕi³¹	1449	动手术	pe²⁴ɣu³³
1419	青春痘	pa³³z̩³¹ɕi³¹	1450	麻药	dzo⁵⁴tsu⁵³tu³¹
1420	疙瘩	tsa³¹z̩²⁴ɕi³¹	1451	补药	ɔ³¹s̩³¹ɔ⁵³sa³¹pʰɛ³¹na⁵⁴tsʰ̩⁵⁴
1421	狐臭	xa⁵³	1452	忌口	ka³³
1422	看病	na³¹ŋɔ²⁴	1453	治	ɣu³³
1423	诊脉	la³¹mɤ³¹ni²⁴	1454	呕	pʰe³¹
1424	针灸	ka³³tɕɤ³³lo⁵³	1455	发冷	ve⁵⁴na³¹
1425	打针	na⁵⁴tsʰ̩⁵⁴dzo⁵⁴	1456	打冷战	ka⁵⁴na³¹
1426	打吊针	ɣa⁵³ɣɯ³¹na⁵⁴tsʰ̩⁵⁴dzo⁵⁴	1457	传染	kɛ²¹da²¹
1427	吃药	na⁵⁴tsʰ̩⁵⁴tsa⁵⁴	1458	头晕	to³¹qo³¹mɯ³¹
1428	汤药	na⁵⁴tsʰ̩⁵⁴ɣɯ³¹	1459	头疼	to³¹qo³¹na³¹
1429	病轻了	kʰɛ⁵³la³³	1460	按摩	zi²¹
1430	医院	na⁵⁴tsʰ̩⁵⁴ɣu³³kɯ³¹zɛ³¹	1461	穴位	ɔ³¹s̩³¹tsa⁵⁴
1431	药店	na⁵⁴tsʰ̩⁵⁴ɣu³³kɯ³¹	1462	发汗	kɯ³¹tɔ⁵⁴
1432	中医	na⁵⁴tsʰ̩⁵⁴ɣu³³pa³¹	1463	牙痛	su³¹tɕʰi³³na³¹
1433	小病	na³¹ve³³	1464	抽筋	ni³¹ɣɔ³¹
1434	大病	na³¹dza⁵³	1465	抽风	ba³¹lu³¹
1435	内伤	ɔ³¹qʰɔ³³na³¹ve³³	1466	疟疾	na³¹pʰɯ⁵⁴pʰɯ⁵⁴
1436	外伤	ɔ³¹tʰa³¹na³¹ve³³	1467	哮喘	sa²⁴ɣɔ³¹xa³¹
1437	药	na⁵⁴tsʰ̩⁵⁴	1468	麻风	tsʰɔ³³pu⁵⁴
1438	药丸	na⁵⁴tsʰ̩⁵⁴ɕi³¹	1469	水痘	ɣa⁵⁴s̩⁵⁴tɔ⁵⁴
1439	药粉	na⁵⁴tsʰ̩⁵⁴mɯ³³	1470	麻疹	z̩⁵³ni³³xɛ⁵⁴
1440	药水	na⁵⁴tsʰ̩⁵⁴ɣɯ³¹	1471	痢疾	ɣu⁵³pi³¹na³¹ni³³te³³
1441	药膏	na⁵⁴tsʰ̩⁵⁴pau³³	1472	中风	u²⁴nɛ⁵⁴qʰɔ³³s̩³¹lo³¹

续表

序号	汉义	拉祜熙方言	序号	汉义	拉祜熙方言
1473	大脖子病	qɔ²¹pu⁵³kʰɯ³¹	1504	白内障	mɛ⁵⁴pʰɤ³³
1474	骨折	ɔ³¹ɣu²⁴ku³³tʰɛ³³	1505	鸡眼	kʰɯ³³mɛ⁵⁴ɕi³¹
1475	脱臼	mɛ⁵⁴	1506	针眼	mɛ⁵⁴pe²⁴tɔ⁵⁴
1476	伤口	qʰɔ³³kɯ³¹	1507	独眼	mɛ⁵⁴te³³pa²⁴tsu²⁴
1477	痂	ɔ³¹kɯ²⁴	1508	对眼	mɛ⁵⁴xɤ³³
1478	疮	sa³¹tsʰu⁵³	1509	斜眼	mɛ⁵⁴dzɛ²⁴
1479	痔疮	ɔ³¹ɣu³¹le⁵⁴	1510	歪嘴	mɔ²¹qɔ³³qɔ²¹
1480	冻疮	ka⁵⁴tsʰu⁵³ɕi³¹	1511	瘫痪	ni⁵³pe³¹dɔ⁵⁴
1481	起泡	pʰu⁵³tu³³	1512	说媒	li⁵³kɤ³³
1482	水泡	a³³ka⁵⁴ɕi³¹	1513	媒人	tsɿ³³ka³¹pa³¹
1483	血泡	sɿ³¹tʰi⁵⁴	1514	招赘	ma²⁴mɤ³¹
1484	流鼻血	na³¹qʰɔ⁵³sɿ³¹tɔ⁵⁴	1515	接亲	xa²¹zu³¹
1485	梅毒	mɤ³¹tu³¹	1516	抢婚	vɛ³³zu³¹
1486	伤痕	ɔ³¹kɤ²⁴	1517	定婚	dzɛ³¹zu³¹
1487	胀	ɣu⁵³pʰu⁵³	1518	离婚	tɕʰi⁵³ba³¹da²¹
1488	麻	tsʰu⁵³kɯ²⁴	1519	相亲	ma³¹kɤ³³da²¹
1489	僵硬	gu²⁴kɯ²⁴	1520	订婚	sa³¹da²¹
1490	伤	xɯ³³na³¹	1521	嫁妆	ɔ³¹li⁵³
1491	出血	sɿ³¹tɔ⁵⁴	1522	结婚	zu³¹da³¹
1492	瘀血	sɿ³¹tɕa³¹	1523	娶妻子	ɔ³¹mi⁵³zu³¹
1493	茧	pʰu⁵³tɔ⁵⁴	1524	出嫁	kʰɤ⁵³mɤ³¹
1494	雀斑	mɛ⁵⁴fu⁵³mɛ³³	1525	新郎	ɔ³¹pʰɔ³³sɿ²⁴
1495	胎记	mi⁵³qo⁵⁴lu⁵⁴	1526	新娘子	ɔ³¹mi³³sɿ²⁴
1496	结巴	xa³³ŋa³¹	1527	孕妇	za⁵³xu³³ma³³
1497	脚气	kɛ³¹qʰɔ⁵³nu³¹	1528	怀孕	za⁵³xu³³
1498	灰指甲	la²¹ni³³pfu⁵³	1529	害喜	ɔ³¹dɔ³¹ve³³
1499	瘌痢头	to³¹qo³¹bɛ³¹	1530	分娩	za⁵³dza⁵³
1500	左撇子	la²¹fa³¹	1531	流产	za⁵³sɿ⁵⁴ve³³
1501	六指	la²¹ŋɤ³³tɕɛ³¹lɛ³¹	1532	双胞胎	za⁵³tɕe³³lɛ³³
1502	近视眼	mɛ⁵⁴a⁵³mɔ³¹da³¹	1533	坐月子	za⁵³tɕe³³
1503	老花眼	mɛ⁵⁴a⁵³tɕɛ²¹	1534	吃奶	tsu²⁴pe⁵³tsu²⁴

序号	汉义	拉祜熙方言	序号	汉义	拉祜熙方言
1535	断奶	tsu²⁴pɛ⁵³pʰa⁵³	1566	火葬	a³¹mi³¹tɕʰi⁵⁴tu³¹
1536	满月	xa³³pa³³bi⁵³	1567	火葬场	tsʰɔ³³tɕʰi⁵⁴kɯ³¹
1537	生日	dza⁵³ni³³	1568	土葬	mi³¹qʰɔ³³tu³¹
1538	做寿	ɔ³¹bo³³tʰɛ³¹	1569	送魂调	sɿ⁵⁴mu⁵³mi³¹te³³fu⁵³tɕe³¹
1539	死	sɿ³³	1570	坟地	tɕʰi⁵⁴pɛ³³de³³
1540	死（婉称）	a⁵³tsɔ³¹	1571	灵魂	ɔ³¹gɯ³¹xa³³
1541	自杀	mi⁵³qʰa⁵³te³³pɛ³¹	1572	法术	su²⁴qo³¹
1542	咽气	sa²⁴lɛ³³	1573	作法	ta⁵³tsɔ⁵³
1543	入殓	tsʰɔ³³tu³¹	1574	命运	ɔ³¹mi²⁴
1544	棺材	qɔ⁵³qo³¹	1575	打卦	ɣa⁵⁴pu³¹ŋɔ²⁴
1545	出殡	ta⁵⁴tɕi³¹	1576	拜菩萨	lɔ³¹kʰɔ²⁴
1546	坟墓	tɕʰi⁵⁴pɛ³³	1577	佛	qʰa⁵⁴sɤ³¹
1547	上坟	tɕʰi⁵⁴pɛ³³u³³	1578	鬼	tsʰɔ³³qo³¹
1548	纸钱	pʰu³³xe³¹	1579	祸	ve⁵³ba²⁴
1549	厄莎	ɣɯ³¹sa³³	1580	仙	ne⁵³
1550	菩萨	ɣɯ³¹sa³³	1581	巫师	ɕi³¹pa³¹
1551	灶神	ti²⁴va³¹la⁵³	1582	巫婆	mɛ³³kʰo⁵³ma³³
1552	寺庙	sɿ²⁴zɛ²⁴	1583	经书	tɔ⁵³lɔ³³kʰɔ⁵³
1553	神龛	ta⁵³kɤ³¹	1584	龙	dʐŋ⁵³
1554	和尚	pʰa²¹za⁵³	1585	许愿	lɔ³¹kʰɔ²⁴
1555	尼姑	mɛ³³kʰo³³ma³³	1586	还愿	lɔ³¹ɣa³³po³¹
1556	佛爷	fo³¹ɕe³¹pʰa⁵³	1587	占卜	sa³¹ni²⁴lɔ³¹
1557	算命	ɔ³¹bo³³tɕa³³	1588	供祭品	kʰɔ²⁴ta⁵³
1558	运气	ɔ³¹bo³³da²¹	1589	鬼火	mɤ³³ni²⁴a³¹mi³¹ba³³
1559	保佑	ga³³la⁵³ve³³	1590	人	tsʰɔ³³
1560	寿命	ɔ³¹tsu³³ɔ³¹xa³³	1591	男人	xɔ²⁴qʰa⁵³pa³¹
1561	岁数	qʰɔ²¹	1592	女人	za³³mi⁵³qɛ²¹
1562	送葬	ta⁵³tu³¹	1593	单身汉	xɔ²⁴qʰa⁵³xa²⁴kɛ²⁴
1563	尸体	tsʰɔ³³sɿ³³ku³³	1594	老姑娘	za³³mi³³xa²⁴kɛ²⁴
1564	寿衣	tsʰɔ³³sɿ³³a³³po²¹	1595	婴儿	nɛ⁵⁴nɛ²⁴
1565	唱丧歌	tsʰɔ³³sɿ³³qa³³mɯ³¹kʰɔ⁵³	1596	小孩	za⁵³nɛ²⁴

续表

序号	汉义	拉祜熙方言	序号	汉义	拉祜熙方言
1597	男孩	za⁵³pa³¹	1628	裁缝	a³³po²¹fi³³ma³¹
1598	女孩	za³³mi⁵³nɛ²⁴	1629	理发师	to³¹qo³¹mu³³ŋu⁵³pa³¹
1599	老人	tsʰɔ³³kɛ²⁴tsʰɔ³³mɔ⁵³	1630	厨师	ɔ³¹te³³pa³¹
1600	亲戚	ɔ³¹vi²⁴ɔ³¹ŋa²⁴	1631	师傅	pɯ²⁴pa³¹
1601	邻居	ɔ³¹pa⁵³tɕɔ³¹ve³³	1632	徒弟	ɔ³¹la²¹ɔ⁵³
1602	客人	su³³	1633	乞丐	lɔ³¹tsa³³
1603	老太婆	a³³pi³¹tʂʅ²⁴	1634	妓女	mɛ³³ma³¹la²⁴
1604	老头子	ɔ³¹kɛ²⁴/ɔ³¹mɔ⁵³	1635	流氓	tsʰɔ³³xai³¹
1605	年轻人	ɔ³¹qʰɔ³¹i³³	1636	贼	tsʰɔ³³qʰɔ⁵³
1606	小伙子	xɔ³³qʰa⁵⁴xa²⁴	1637	工人	ka²⁴te³³pa³¹
1607	姑娘	za⁵³mi⁵³xa²⁴	1638	医生	na³¹tsʰʅ³¹ɣu³³pa³¹
1608	熟人	tsʰɔ³³ɕi³¹da³¹ve³³	1639	猎人	sa³¹bɔ⁵⁴pa³¹
1609	生人	tsʰɔ³³a⁵³ɕi³¹da³¹	1640	屠夫	sa³¹dɔ⁵⁴pa³¹
1610	富人	tsʰɔ³³tɛ³¹	1641	老板	lɔ³³pa³¹
1611	穷人	tsʰɔ³³xa³¹	1642	强盗	qʰɔ³³tɕa⁵³lu³³tɕa⁵³pa³¹
1612	瞎子	mɛ⁵⁴tɕo²⁴	1643	土匪	tsʰɔ³³qʰɔ³³tsʰɔ³³na⁵⁴
1613	聋子	na³¹pfu³³pɔ⁵³	1644	骗子	xe³¹ve³³
1614	哑巴	tsa³¹qa³¹	1645	兵	ma²¹za⁵³
1615	驼子	tsʅ³¹pɯ³³	1646	老师	li²¹ma²¹pa³¹
1616	瘸子	kʰɤ³³ŋe³³lɛ³³	1647	学生	li²¹xe⁵³za⁵³
1617	疯子	tsʰɔ³³ɣu⁵³	1648	敌人	lɛ³³kɔ³³
1618	傻子	tsʰɔ³³qa³¹	1649	伙伴（朋友）	ɔ³¹tsʰɔ⁵³
1619	笨蛋	a⁵³qa³¹a⁵³ŋɔ³³	1650	裁判	ɔ³¹ka³¹pa³¹
1620	高个儿	ɔ³¹kʰa⁵⁴mu³³	1651	摆渡人	pɛ⁵³ɣɔ⁵³pa³¹
1621	光头	to³¹qo³¹lɛ²⁴	1652	酒鬼	dʑi³¹bu³³pa³¹
1622	胖子	tɕɔ³³tsʰu³³	1653	证人	ga³³u²⁴pa³¹
1623	农民	xa³³qɔ⁵³pa³¹	1654	鳏夫	pɔ³³tsʰʅ⁵³pʰa⁵³
1624	商人	ta⁵³ka²¹te³³pa³¹	1655	寡妇	mɛ³³tsʰʅ⁵³ma³³
1625	手艺人	la⁵³mɤ³³te³¹pa³¹	1656	接生婆	za³³to⁵³tʰi⁵³ma³³
1626	泥水匠	a³³dʑi²¹xɛ³¹pa³¹	1657	石匠	xa²⁴pɤ³³tʰɔ⁵³pa³¹
1627	木匠	sʅ⁵⁴te³³pa³¹	1658	篾匠	xa⁵⁴ɣa²¹pa³¹

序号	汉义	拉祜熙方言	序号	汉义	拉祜熙方言
1659	铁匠	tsa³³li²⁴pa³¹	1690	父母	a³³tɛ³³a³³ma³³
1660	渔夫	ŋa³³zu³¹pa³¹	1691	父亲（爸爸）	a³³pa³³
1661	流浪汉	tsʰɔ³³bɔ³¹pa³¹	1692	母亲（妈妈）	a³³ma³³
1662	叛徒	tsʰɔ³³fu⁵³pa³¹	1693	继父	a³³tɛ³³tɕa²⁴
1663	囚犯	pʰe³³xɔ̃³³	1694	继母	a³³ma³³tɕa²⁴
1664	赶马人	mu⁵³ɣa²¹pa³¹	1695	岳父（公公）	a³³pu³³
1665	国王	dzɔ³³mɔ⁵³	1696	岳母（婆婆）	a³³pi³³
1666	王后	dzɔ³³mɔ⁵³ma³³	1697	婆家	a³¹pu³¹a³³pi³³
1667	头人	qʰa⁵⁴ɕɛ³³	1698	亲家	xɔ³³pʰɔ³³
1668	土司（官）	dzɔ³¹mɔ⁵³	1699	亲家公	xɔ³³pʰɔ³³pa³¹
1669	民族	tsʰɔ³³tsɤ³¹	1700	亲家母	xɔ³³pʰɔ³³mɔ⁵³
1670	拉祜（自称）	la⁵³xu²¹	1701	伯父	a³³pʰa⁵³
1671	藏族	tsa²⁴tsʰu³¹	1702	伯母	a³³ma³³
1672	佤族	a³³va³¹	1703	叔父（姨父）	a³³pʰɛ³³
1673	哈尼族	a³³kʰa³¹	1704	叔母（姨）	a³³mɛ³³
1674	傣族	a³³lɛ²⁴	1705	姑	a³³zɔ³¹
1675	布朗族	a³³bɛ³¹	1706	姑父	a³³zɔ³¹pʰa⁵³
1676	回族	pʰa²⁴ɕi²⁴	1707	舅舅	u³³tsʅ²⁴pa³¹
1677	彝族	zi³³tsʰu³¹	1708	舅妈	a³³zɔ³¹
1678	老百姓	mu⁵³mi³¹za⁵³	1709	大舅	u³³tsʅ²⁴pa³¹nu²⁴
1679	主人	zɛ³¹ɕɛ³¹pʰa⁵³	1710	小舅	u³³tsʅ²⁴pa³¹nɛ²⁴
1680	私生子	za⁵³ɣo⁵⁴nɛ²⁴	1711	大舅母	a³³zo⁵⁴nu²⁴
1681	孤儿	za⁵³tsʰɯ⁵³sɤ³³	1712	小舅母	a³³zo⁵⁴nɛ²⁴
1682	祖宗	tsʰɔ³³mɔ⁵³tsu³³	1713	兄弟姐妹	ɔ³¹vi³¹ɔ³¹ŋa²⁴
1683	长辈	tsʰɔ³³mɔ⁵³	1714	朋友	ɔ³¹tɕʰɔ⁵³ɔ³¹pa⁵⁴
1684	高祖父/母	a³³ta³³za³³la³³	1715	哥哥	a³³kɔ³³/ɔ³¹vi²⁴pa³¹
1685	曾祖父/母	a³¹pu³¹ta³³nu²⁴	1716	嫂子	mɛ⁵⁴
1686	爷爷	a³³ta³³	1717	弟弟	ɔ³¹ŋa²⁴pa³¹
1687	奶奶	a³³tsʅ²⁴	1718	弟媳	ŋa²⁴pa³¹mi⁵³
1688	外祖父	a³³ta³³pɔ³¹	1719	姐姐	a³³vi²⁴ma³³
1689	外祖母	a³³tsʅ²⁴nu²⁴	1720	姐夫	a³³vi²⁴pʰɔ³³/a³³vi²⁴pa³¹

序号	汉义	拉祜熙方言	序号	汉义	拉祜熙方言
1721	妹妹	tsa³³li²⁴pa³¹	1752	母女	ɔ³¹ze³¹ɔ³¹za⁵³mi⁵³
1722	妹夫	ŋa³³zu³¹pa³¹	1753	母子	ɔ³¹ze³¹ɔ³¹za⁵³pa³¹
1723	堂/表兄弟/姐妹	tsʰɔ³³bɔ³¹pa³¹	1754	父子	ɔ³¹pa³¹ɔ³¹za³³pa³¹
1724	堂兄/表哥	tsʰɔ³³fu⁵³pa³¹	1755	父女	ɔ³¹pa³¹ɔ³¹za⁵³mi⁵³
1725	堂姐/表姐	pʰe³³xɔ̃³³	1756	兄弟/姐妹	ɔ³¹vi²⁴ɔ³¹ŋa²⁴
1726	堂弟/表弟	mu⁵³ɣa²¹pa³¹	1757	夫妻	ɔ³¹pʰɔ²⁵ɔ³¹mi⁵³
1727	堂妹/表妹	dzɔ³³mɔ⁵³	1758	名字	ɔ³¹tsɤ³³
1728	夫妻	dzɔ³³mɔ⁵³ma³³	1759	绰号	ɔ³¹tsɤ³³kɔ⁵⁴
1729	丈夫	qʰa⁵⁴ɕɛ³³	1760	姓	ɔ³¹tsɤ³¹
1730	妻子	dzɔ³¹mɔ⁵³	1761	干活儿	ka²⁴tɛ³³
1731	子女	tsʰɔ³³tsɤ³¹	1762	事情	ka²⁴
1732	儿子	la⁵³xu²¹	1763	插秧/种田	tɕa³¹ti³³
1733	儿媳妇	tsa²⁴tsʰu³¹	1764	割稻	tɕa³¹ɣw²¹
1734	女儿	a³³va³¹	1765	种菜	ɣɔ⁵³ti³³
1735	女婿	a³³kʰa³¹	1766	种水稻	ti³³mi³¹tsa³¹ti³³
1736	妯娌	a³³lɛ²⁴	1767	播种	ti³³
1737	连襟	a³³bɛ³¹	1768	点播	te⁵³kɤ³¹ti³³
1738	大舅子	pʰa²⁴ɕi²⁴	1769	撒播	sɤ³¹
1739	小舅子	zi³³tsʰu³¹	1770	犁田	xa³³tʰɛ²⁴
1740	大姨子	mu⁵³mi³¹za⁵³	1771	栽种	ti³³
1741	小姨子	zɛ³¹ɕɛ³¹pʰa⁵³	1772	耙田	ga⁵⁴tʂ̩³³
1742	侄子/外甥	za⁵³ɣɔ⁵⁴nɛ²⁴	1773	挖地	xa³³gɛ⁵⁴
1743	侄女/外甥女	za⁵³tsʰw⁵³sɤ³³	1774	锄地	xa³³tsʰa⁵³
1744	孙子	tsʰɔ³³mɔ⁵³tsu³³	1775	除草	mu³¹ɣɔ³¹ba³¹
1745	孙女	tsʰɔ³³mɔ⁵³	1776	收割	ɣw²¹qɔ³¹la³¹
1746	外孙子	a³³ta³³za³³la³³	1777	开荒	xa³³tɕʰe⁵⁴
1747	外孙女	a³¹pu³¹ta³³nu²⁴	1778	浇水	a³³ka⁵⁴pu³¹
1748	重孙/孙女	a³³ta³³	1779	肥料	kʰw⁵³
1749	曾孙/孙女	a³³tʂ̩²⁴	1780	施肥	kʰw⁵³kɤ³³
1750	男朋友	a³³ta³³pɔ³¹	1781	沤肥	kɤ³³
1751	女朋友	a³³tʂ̩²⁴nu²⁴	1782	掰玉米	a³³sa³³fu⁵⁴

序号	汉义	拉祜熙方言	序号	汉义	拉祜熙方言
1783	杠子	sŋ⁵⁴qʰɔ⁵³ta³¹	1814	羊圈	a³³tsʰɤ³¹kʰɔ⁵⁴
1784	楔子	ɔ³¹ɕɛ³³	1815	鸡窝	ɣa⁵⁴kʰɔ⁵⁴
1785	连枷	tɕa³¹dɔ⁵⁴qɔ²¹	1816	笼子	kʰɔ⁵⁴
1786	连枷把	tɕa³¹dɔ⁵⁴qɔ²¹tu⁵³	1817	猪槽	va²¹lɔ⁵³qo³¹
1787	连枷头	tɕa³¹dɔ⁵⁴qɔ²¹lɛ²¹	1818	木槽	sŋ⁵⁴lɔ⁵³qo³¹
1788	锄柄	tɕɛ²⁴qo³³tu⁵³	1819	谷桶	tsa²¹dzɔ²¹qʰo³¹lɔ³¹
1789	铁锹	su³³be⁵⁴	1820	碾米/舂米	tɕa²¹te³¹
1790	铲子	tsʰa⁵³qɔ²¹	1821	猪草	va²¹ɣɔ⁵³
1791	犁头	tʰɛ²⁴qo³¹	1822	猪食	va²¹ɔ³¹
1792	犁铧	ɛ²⁴nɔ³³ta³¹	1823	犁	tʰɛ²⁴
1793	犁架	tʰɛ²⁴qʰɤ³³	1824	锄头	tɕɛ³¹qu³³
1794	犁弓	tʰɛ²⁴pa³¹qɔ²¹	1825	镰刀	vɛ²¹qo²⁴
1795	犁把	tʰɛ²⁴qo³¹tu⁵³	1826	把儿	a³³tʰɔ³³tu⁵³
1796	铡刀	a³³tʰɔ³³tɔ⁵⁴	1827	扁担	ta⁵⁴tu³¹
1797	耙	ga⁵⁴kʰa³³	1828	箩筐	qʰɔ³¹lɔ³¹
1798	牛轭	ɛ²⁴qɔ²¹lɛ³¹	1829	簸箕	xa⁵⁴
1799	打场	dɔ⁵⁴kɯ³¹	1830	独轮车	a³³qɛ⁵⁴lɛ⁵⁴te⁵³tɕa²¹
1800	晒谷	tsa³¹ɕi³¹xu²⁴	1831	轮子	a³³qɛ⁵⁴lɛ⁵⁴
1801	晒谷场	tsa³¹ɕi³¹xu²⁴kɯ³¹	1832	碓	tɛ³¹qʰo³¹tɛ³¹tu⁵³
1802	风车	mu⁵³xɔ³³tɕɔ³³pe³³le³³	1833	臼	tɕʰɛ³³qo³¹
1803	磙子	ta³¹ta⁵³qo³¹	1834	磨	mɔ²⁴qo³¹
1804	麻绳	tɕa⁵⁴kʰɛ³³	1835	年成	qʰɔ²¹pɤ³¹
1805	撮箕	fɤ²⁴tɕi³³qo³¹qo³¹	1836	走江湖	mu³³mi³¹to⁵³
1806	木耙	ga⁵⁴kʰa³³	1837	打工	ɣa³³ka³³
1807	鞭子	zŋ⁵³pʰi⁵³dzɔ²¹	1838	斧子	kʰɤ³³tɕi³³
1808	牛鼻绳	na³¹qʰɔ⁵³tʰɔ³³	1839	钳子	mɛ³³ŋu⁵⁴
1809	筐	qʰɔ³¹lɔ³¹	1840	螺丝刀	tɕʰi⁵³sŋ³¹
1810	粗/细筛子	kʰɯ²⁴	1841	锤子	qʰɔ³¹qo³¹
1811	圈儿	kʰɔ⁵⁴	1842	钉子	so³³tsu⁵³
1812	牛圈	ŋu⁵³kʰɔ⁵⁴	1843	绳子	tsa⁵⁴kʰɛ³³
1813	马棚	mu⁵³kʰɔ⁵⁴	1844	棍子	sŋ⁵⁴qʰɔ⁵³

续表

序号	汉义	拉祜熙方言	序号	汉义	拉祜熙方言
1845	做买卖	ta⁵⁴ka³¹te³³	1876	输	a³³tsʰɤ³¹kʰɔ⁵⁴
1846	商店	kʰu⁵³xɔ⁵³kɯ³¹	1877	戥子	ɣa⁵⁴kʰɔ⁵⁴
1847	饭馆	ɔ³¹tsa⁵³kɯ³¹	1878	称	kʰɔ⁵⁴
1848	旅馆	zʅ²¹kɯ³¹	1879	秤	va²¹lɔ⁵³qo³¹
1849	贵	qʰa⁵⁴	1880	秤钩	sʅ⁵⁴lɔ⁵³qo³¹
1850	便宜	a³³qʰa⁵⁴	1881	秤盘	tsa²¹dzɔ²¹qʰɔ³¹lɔ³¹
1851	合算	tʰu²⁴ve³³	1882	秤星	tɕa²¹te³¹
1852	折扣	za³¹ve³³	1883	秤砣	va²¹ɣɔ⁵³
1853	亏本	te³³su⁵³	1884	算盘	va²¹ɔ³¹
1854	钱	pʰu³³	1885	火车	tʰɛ²⁴
1855	零钱	pʰu³³xi²⁴nɛ²⁴	1886	汽车	tɕɛ³¹qu³³
1856	硬币	pʰu³³ɣɔ³³li³³	1887	船	vɛ²¹qo²⁴
1857	本钱	ɔ³¹pɯ⁵³	1888	渡船	a³³tʰɔ³³tu⁵³
1858	工钱	ɣa⁵³fu⁵³	1889	划船	ta⁵⁴tu³¹
1859	路费	za³¹qɔ³³fu⁵³	1890	邮局	qʰɔ³¹lɔ³¹
1860	花	vɤ³¹qʰa³³	1891	电话	xa⁵⁴
1861	赚	ɣa³³	1892	机器	a³³qɛ⁵⁴lɛ⁵⁴te⁵³tɕa²¹
1862	挣	tsa³³	1893	赶集	a³³qɛ⁵⁴lɛ⁵⁴
1863	欠	tsʰa³³	1894	集市	tɛ³¹qʰo³¹tɛ³¹tu⁵³
1864	利息	ɔ³¹li²⁴	1895	庙会	tɕʰɛ³³qo³¹
1865	买	vɤ³¹	1896	学校	mɔ²⁴qo³¹
1866	卖	xɔ̃⁵³	1897	教室	qʰɔ²¹pɤ³¹
1867	交换（换）	pa³³da²¹	1898	上学	mu³³mi³¹to⁵³
1868	价钱	ɔ³¹fu⁵³	1899	放学	ɣa³³ka³³
1869	借钱	pʰu³³tsʰʅ⁵³	1900	考试	kʰɤ³³tɕi⁵³
1870	还钱	pʰu³³qʰɔ²¹	1901	书包	mɛ³³ŋu⁵⁴
1871	讨价	dzɛ³¹ta⁵³dzɛ³¹za²¹	1902	本子（书）	tɕʰi⁵³tsʅ³³
1872	还价	qʰɔ²¹ve³³	1903	笔	qʰɔ³¹qo³¹
1873	出租	ŋa³¹ve³³	1904	黑板	so³³tsu⁵³
1874	债	zɤ³¹tsʰa³³va⁵³tsʰa³³	1905	粉笔	tsa⁵⁴kʰɛ³³
1875	赢	ɣa⁵³	1906	信（字）	sʅ⁵⁴qʰɔ⁵³

序号	汉义	拉祜熙方言	序号	汉义	拉祜熙方言
1907	做买卖	ta⁵⁴ka³¹te³³	1938	打弹弓	tʂɿ²⁴qɛ²¹na⁵⁴dɔ⁵⁴
1908	商店	kʰu⁵³xɔ⁵³kɯ³¹	1939	翻筋斗	pa³¹tu³³ni³³
1909	饭馆	ɔ³¹tsa⁵³kɯ³¹	1940	潜水	ɣɯ³¹mɛ²⁴
1910	旅馆	zɿ²¹kɯ³¹	1941	跳舞（打跳）	qa³³qʰe⁵⁴pɔ⁵³te³³
1911	贵	qʰa⁵⁴	1942	芦笙舞（男）	qa³³qʰe⁵⁴
1912	便宜	a³³qʰa⁵⁴	1943	摆舞（女）	pɔ⁵³te³³
1913	合算	tʰu²⁴ve³³	1944	戏	tʰɛ²⁴ɣu⁵³te³³
1914	折扣	za³¹ve³³	1945	射击	bɔ⁵⁴
1915	亏本	te³³su⁵³	1946	球	bo²⁴ɕi³¹
1916	钱	pʰu³³	1947	倒立	kʰɤ³¹mu⁵³lɔ³¹tɕɔ²¹
1917	零钱	pʰu³³xi²⁴nɛ²⁴	1948	对歌	qa³³mɤ³¹da²¹
1918	硬币	pʰu³³ɣɔ³³li³³	1949	唱山歌	qa³³mɤ³¹kʰɔ⁵³
1919	本钱	ɔ³¹pɯ⁵³	1950	棋子	xe⁵⁴ɕi³¹
1920	工钱	ɣa⁵³fu⁵³	1951	比赛	i³¹da²¹
1921	路费	za³¹qɔ³³fu⁵³	1952	游泳	ɣɯ³¹za⁵⁴
1922	花	vɤ³¹qʰa³³	1953	骑马	mu⁵³tsɤ⁵³
1923	赚	ɣa³³	1954	钓鱼	ŋa⁵³be²⁴
1924	挣	tsa³³	1955	响篾	a³³tʰa⁵³
1925	欠	tsʰa³³	1956	芦笙	ŋɯ³¹
1926	利息	ɔ³¹li²⁴	1957	锣鼓	tɕɛ³¹qo³¹
1927	买	vɤ³¹	1958	二胡	tɯ³¹ɕɛ³³
1928	卖	xɔ̃⁵³	1959	笛子	a³³dɔ³³qo³¹
1929	交换（换）	pa³³da²¹	1960	锣	za⁵³qo³¹
1930	价钱	ɔ³¹fu⁵³	1961	钹	tɕʰɛ²⁴
1931	借钱	pʰu³³tsʰɿ⁵³	1962	鼓	tɕɛ³¹
1932	还钱	pʰu³³qʰɔ²¹	1963	腰鼓	tɕɛ³¹qo³¹pfu⁵³
1933	讨价	dʑɛ³¹ta⁵³dʑɛ³¹za²¹	1964	钢琴	ne²⁴gɤ⁵³tu³¹
1934	还价	qʰɔ²¹ve³³	1965	古筝	ɣɔ³¹gɤ⁵³tu³¹
1935	出租	ŋa³¹ve³³	1966	镲	tɕʰɛ³¹qo³¹
1936	债	zɤ³¹tsʰa³³va⁵³tsʰa³³	1967	箫	pi²⁴ɛ³¹
1937	赢	ɣa⁵³	1968	号	bɛ³¹xɛ³³

续表

序号	汉义	拉祜熙方言	序号	汉义	拉祜熙方言
1969	唢呐	sɔ⁵³na²¹	2000	颜色	ɔ³¹za³¹
1970	口弦	ka⁵³la⁵³ni³¹	2001	墨水	mɯ³¹ɣɯ³¹
1971	簧	ɔ³¹xa³³za⁵³	2002	墨汁	ɔ³¹ɣɯ³¹na⁵⁴
1972	哨子	mɯ⁵⁴tu³¹	2003	糨糊	ŋɔ²⁴tu³¹
1973	喇叭	tɔ⁵³u²⁴bu³¹tu³¹	2004	地图	mi³¹gɯ³¹xa³³
1974	木鱼	sʅ⁵⁴qo³¹	2005	图画	ɔ³¹xa³³
1975	国家	kɔ²¹tɕa³³	2006	涂改	ga⁵³ba³¹
1976	政府	tsɤ²⁴fu⁵³	2007	串门儿	tsa³³gɯ⁵³
1977	乡政府	ɕia³³tsɤ²⁴fu⁵³	2008	走亲戚	ɔ³¹ve²⁴ɔ³¹ŋa²⁴tsa³³gɯ⁵³
1978	省	sɤ⁵³	2009	算	sɔ³¹ŋɔ²⁴
1979	县	ɕi²⁴	2010	数	ɣɔ³³
1980	村	qʰa⁵⁴	2011	加	zu³¹kɤ³³
1981	属相	ɔ³¹ni³³	2012	减	zu³¹ba³¹
1982	子	fa⁵⁴ni³³	2013	乘	pɔ⁵³
1983	丑	ŋu⁵³ni³³	2014	除	pɛ³¹
1984	寅	la⁵³ni³³	2015	看	ŋɔ²⁴
1985	卯	tʰɔ³³ni³³	2016	听	na³³
1986	辰	lɔ⁵³ni³³	2017	闻	nu³¹
1987	巳	ɕɛ³³ni³³	2018	吸	ɣɔ³¹qʰɔ²¹
1988	午	mɯ⁵³ni³³	2019	睁	pʰɔ³³
1989	未	zɔ³¹ni³³	2020	闭（眼）	tsʅ²⁴
1990	申	mɔ²¹ni³³	2021	闭（嘴）	mi⁵⁴
1991	酉	xa⁵⁴ni³³	2022	眨	tʰa²¹
1992	戌	pʰɯ⁵³ni³³	2023	张	ŋa²⁴
1993	亥	va²¹ni³³	2024	咬	tɕʰe²¹
1994	印章	li²¹ma³¹dɔ⁵⁴tu³¹	2025	嚼	bɛ⁵³
1995	私章	ŋɤ³¹dɔ⁵⁴tu³¹	2026	咽	lɛ³¹dɔ³¹
1996	记号	ɔ³¹kɯ³¹tɤ²⁴	2027	舔	lɛ³¹
1997	证据	ɔ³¹xai⁵⁴	2028	含	mɔ³¹
1998	照相	ɔ³¹xa³³tʰɔ²¹	2029	亲嘴	nu²⁴da²¹
1999	相片	ɔ³¹xa³³	2030	吮吸	ɣɔ³¹

序号	汉义	拉祜熙方言	序号	汉义	拉祜熙方言
2031	吐	p^he^{21}	2062	抓	zu^{31}
2032	打喷嚏	$ts\textccommabelow{l}^{31}$	2063	抱	$b\varepsilon^{53}$
2033	拿	zu^{31}	2064	背	pfu^{53}
2034	给	pi^{53}	2065	搀	$\gamma\mathfrak{o}^{54}$
2035	摸	k^ha^{54}	2066	推	$t\textctc a^{21}$
2036	伸	$ts^h\gamma^{33}$	2067	摔（跌倒）	li^{54}
2037	挠	ga^{54}	2068	摔（碎了）	$p^h\varepsilon^{53}$
2038	掐	$ts\textcommabelow{l}^{54}$	2069	挤	$b\textbarw^{54}$
2039	拧	$\textipa{N}i^{24}$	2070	挡	t^ha^{31}
2040	捻	ze^{31}	2071	躲	va^{21}
2041	掰	$\textctz^{24}$	2072	藏	fa^{24}
2042	剥	$q^h\mathfrak{o}^{21}$	2073	放	$t\varepsilon^{54}$
2043	撕	$s\textcommabelow{l}^{33}$	2074	摞	t^ho^{54}
2044	折	$q\mathfrak{o}^{21}t\varepsilon^{33}$	2075	埋	po^{21}
2045	拔	$\gamma\mathfrak{o}^{31}$	2076	盖	xo^{54}
2046	摘	sa^{24}	2077	压（摁）	$ni^{24}ni^{24}$
2047	站	xo^{24}	2078	捅（戳）	$\textdz u^{54}$
2048	倚	$\textipa{N}\varepsilon^{33}$	2079	插	$t\textctc^ho^{54}$
2049	蹲（坐）	$m\gamma^{33}$	2080	砍	$t\mathfrak{o}^{54}$
2050	跳	$p\mathfrak{o}^{54}$	2081	剁	$p\gamma^{54}$
2051	迈	qo^{53}	2082	削	$b\varepsilon^{31}$
2052	踩	$\textipa{N}a^{54}$	2083	裂	pe^{21}
2053	翘	qu^{24}	2084	皱	$ts\textcommabelow{l}^{24}$
2054	弯	$q\mathfrak{o}^{21}$	2085	腐烂	$k\gamma^{53}$
2055	挺	t^he^{53}	2086	擦	$\textctc i^{54}$
2056	趴	bo^{54}	2087	倒	$\textdz\textcommabelow{l}^{53}ba^{31}$
2057	爬	ga^{54}	2088	丢弃	$t\textctc^hi^{53}ba^{31}$
2058	走（去）	$t\textctc i^{31}$	2089	投掷	ba^{31}
2059	跑	$t\textctc i^{24}$	2090	掉	$t\textctc^he^{33}$
2060	逃	$p^h\mathfrak{o}^{33}$	2091	滴	$\textdz a^{54}$
2061	追	γa^{21}	2092	丢	ba^{31}

续表

序号	汉义	拉祜熙方言	序号	汉义	拉祜熙方言
2093	找	tsa³³	2124	刷牙	su³¹tɕʰi³³gɯ⁵⁴tsʰɿ⁵³
2094	捡	ɣɔ⁵⁴	2125	洗澡	ɔ³¹to³³tɕʰi⁵³
2095	提（抬）	tɕʰi⁵³	2126	想（思索）	dɔ⁵³ŋɔ²⁴
2096	挑（扛）	ta⁵⁴	2127	想念	dɔ⁵³
2097	举	tɕʰi⁵³tu³³	2128	打算	dɔ⁵³
2098	撑	ka³¹	2129	记得	ɕi³¹
2099	撬	be⁵⁴ɔ²⁴	2130	忘记	lɤ⁵³
2100	挑	lɤ⁵⁴	2131	怕	kɯ⁵⁴
2101	收拾	ɣu³³ta³¹	2132	相信	dʑɛ³³ve³³
2102	挽	qo²⁴	2133	发愁（难过）	dɔ⁵³xa³¹
2103	涮	ɕi⁵⁴	2134	小心	qʰa³³da²¹xɤ³³
2104	洗	tsʰɿ⁵⁴	2135	喜欢	dɔ⁵⁴tɕɔ⁵³
2105	捞	qo²¹	2136	讨厌	ŋɔ²⁴bɔ³¹
2106	拴	pʰɛ³³	2137	舒服	tsɔ³¹sa³³
2107	捆	tsʰɿ²¹	2138	难受	tsɔ³¹xa³¹
2108	解	pʰɛ⁵⁴	2139	高兴	xa³³lɛ³¹
2109	挪	dʑɤ⁵⁴	2140	生气	ni³³xɔ³³
2110	端	tɕʰi⁵³	2141	责怪	xai³¹dʑa⁵³
2111	掺	kʰɔ²¹	2142	后悔	tɕi³¹tɕɿ⁵³lɛ³³
2112	烧	to²⁴	2143	忌妒	mɛ⁵⁴fu²⁴
2113	拆	pʰɛ⁵⁴	2144	害羞	za²¹tɔ³³
2114	转	tɕɔ³³	2145	丢脸	fu⁵³mɛ⁵⁴a³³tɕɔ³¹
2115	捶（打）	dɔ⁵⁴	2146	欺负	na³¹tɔ³³te³³
2116	打架	dɔ⁵⁴da²¹	2147	装（骗）	xe³¹
2117	休息	ɣa⁵³dʑɛ⁵³	2148	疼（心疼）	xa²¹qa²⁴
2118	打哈欠	xa⁵³mɤ³¹	2149	要	zu³¹
2119	打瞌睡	zɿ²¹mɯ³³dʑo³³	2150	有	tsɔ³¹
2120	睡	zɿ²¹	2151	没有	a⁵³tsɔ³¹
2121	打呼噜	zɿ²¹qʰɔ⁵³bu³¹	2152	是	xe⁵⁴
2122	做梦	zɿ²¹ma⁵⁴	2153	不是	a⁵³xe⁵⁴
2123	起床	tu³³la³³	2154	在	tɕɔ³¹

序号	汉义	拉祜熙方言	序号	汉义	拉祜熙方言
2155	不在	a⁵³tɕɔ³¹	2186	刷牙	su³¹tɕʰi³³gɯ⁵⁴tsʰɿ⁵³
2156	知道	ɕi³¹	2187	洗澡	ɔ³¹to³³tɕʰi⁵³
2157	不知道	a⁵³ɕi³¹	2188	想（思索）	dɔ⁵³ŋɔ²⁴
2158	会	pɤ²⁴	2189	想念	dɔ⁵³
2159	不会	a⁵³pɤ²⁴	2190	打算	dɔ⁵³
2160	行（肯、可以）	pʰɛ²¹	2191	记得	ɕi³¹
2161	不行	a⁵³pʰɛ²¹	2192	忘记	lɤ⁵³
2162	应该	tɕɔ⁵³	2193	怕	kɯ⁵⁴
2163	说	u²⁴	2194	相信	dzɛ³³ve³³
2164	话	tɔ⁵³	2195	发愁（难过）	dɔ⁵³xa³¹
2165	聊天儿	tɔ⁵³u²⁴da²¹	2196	小心	qʰa³³da²¹xɤ³³
2166	叫	ku³¹	2197	喜欢	dɔ⁵⁴tɕɔ⁵³
2167	吆喝	tʰe⁵³ku³¹	2198	讨厌	ŋɔ²⁴bɔ³¹
2168	哭	xɔ³¹	2199	舒服	tsɔ³¹sa³³
2169	骂	de⁵³	2200	难受	tsɔ³¹xa³¹
2170	吵架	de⁵³da²¹	2201	高兴	xa³³lɛ³¹
2171	骗（撒谎）	xe³¹	2202	生气	ni³³xɔ³³
2172	哄	be³¹	2203	责怪	xai³¹dza⁵³
2173	吹牛	da³¹qʰu³³	2204	后悔	tɕi³¹te³³tsɿ⁵³lɛ³³
2174	拍马屁	ɣu³³o³¹	2205	忌妒	mɛ⁵⁴fu²⁴
2175	开玩笑	na³¹u²⁴te³³	2206	害羞	za²¹tɔ³³
2176	告诉	qo⁵⁴	2207	丢脸	fu⁵³mɛ⁵⁴a³³tɕɔ³¹
2177	谢谢	ɔ³¹bo³³ɯ³¹dza⁵³	2208	欺负	na³¹tɔ³³te³³
2178	对不起	a⁵³kɛ³³ɕi³¹	2209	装（骗）	xe³¹
2179	再见	qɔ³¹mɔ³¹da²¹	2210	疼（心疼）	xa²¹qa²⁴
2180	燃烧	to²¹	2211	要	zu³¹
2181	哈气	ɔ³¹sa²⁴mɤ³¹	2212	有	tsɔ³¹
2182	浮	da⁵³	2213	没有	a⁵³tsɔ³¹
2183	流	za³¹	2214	是	xe⁵⁴
2184	飞	po³¹	2215	不是	a⁵³xe⁵⁴
2185	住	tsɔ³¹	2216	焖	tɛ³³xu³³

续表

序号	汉义	拉祜熙方言	序号	汉义	拉祜熙方言
2217	炖	tsa²⁴	2248	争	lu³³
2218	烤	tɕʰi⁵⁴	2249	吃亏	so⁵³
2219	腌	tɕe³³	2250	上当	tɕo⁵⁴ɕe³¹
2220	饱（醉）	bvu⁵⁴	2251	道歉	kʰɔ²⁴la⁵³
2221	打嗝	ɤ⁵⁴mɯ³¹	2252	帮忙	ga³³da²¹
2222	讨饭	ɔ³¹lɔ³¹	2253	请客	ku³¹tsa⁵³
2223	酿酒	dʐ̩³¹sa²⁴	2254	送礼	ɔ³¹li⁵³te³³
2224	搬家	zɛ³¹kɯ³¹dʐɤ⁵⁴	2255	告状	tɕa³³qo⁵⁴kɯ³³
2225	分家	zɛ³¹pɛ³¹	2256	犯法	te³³za²¹
2226	开门	la⁵³mi²¹pʰɔ³³	2257	赌博	pʰa²¹dɔ⁵⁴
2227	关门	la⁵³mi²¹xo⁵⁴	2258	坐牢	lɔ³¹ka⁵³
2228	洗脸	mɛ⁵⁴fu⁵³tʂʰ̩⁵³	2259	砍头	to³¹qo²¹tɔ⁵⁴
2229	漱口	mɔ³¹qo³³xɔ³¹	2260	吻	nu²⁴
2230	做鬼脸	mɛ⁵³	2261	呛	ɕi³¹
2231	伸懒腰	tʂ̩²¹tʂɤ³³	2262	呼气	sa²⁴pʰɛ⁵³
2232	点灯	tɤ³³to²⁴	2263	抬头	to³¹qo³¹tɕʰi⁵³
2233	熄灯	tɤ³³mɯ⁵³pɛ³¹	2264	低头	to³¹qo³¹qɔ²¹
2234	说梦话	zl̩²¹ma⁵⁴pɛ²¹	2265	点头（磕头）	to³¹qo³¹pɤ³³
2235	醒	nɔ⁵³	2266	摇头	to³¹qo³¹fɤ³³
2236	晒太阳	mu³³tɕʰa³³lɛ³¹	2267	摇动	xi⁵⁴
2237	烤火	a³¹mi³¹lɛ³¹	2268	招手	la²¹qɔ³¹fɤ³³
2238	暖被窝	qo⁵⁴lɔ⁵⁴lɛ³¹	2269	举手	la²¹qɔ³¹tɕʰi⁵³
2239	等待	lɔ³³	2270	笼手	la²¹qɔ³¹to⁵⁴
2240	走路	za³¹qɔ³³tɕi³¹	2271	拍手	la²¹fa⁵⁴tʰa³³
2241	遇见	pʰu⁵³da²¹	2272	握手	la²¹fa⁵⁴tsa²⁴
2242	进	lo²¹	2273	弹	tʰe⁵³
2243	来	la³¹	2274	掐	tsʰ̩³¹
2244	出	tɔ⁵⁴gɯ²¹	2275	抠	qɛ²⁴
2245	进来	lo³¹la³¹	2276	牵	ɕɛ³³
2246	上来	ta⁵⁴la³¹	2277	扳	ɔ²⁴
2247	下去	za⁵⁴gɯ²¹	2278	捧	to⁵⁴

序号	汉义	拉祜熙方言	序号	汉义	拉祜熙方言
2279	抛	ba³¹	2310	吓	tɤ³¹
2280	掏（扒）	qɛ²⁴za⁵⁴	2311	试	te³³ŋɔ²⁴
2281	骗	pe²⁴	2312	留	tɛ⁵⁴
2282	夹	ŋu⁵⁴	2313	使用	zɛ⁵³
2283	抓	zu³¹	2314	顶（牛打架）	gu⁵⁴
2284	甩	fɤ³³	2315	刨食	ga⁵⁴tɕa⁵³
2285	跟	ɣa²¹	2316	晒衣	a³³po²¹xo²⁴
2286	跪	kʰɯ³³tʂʅ²⁴tɛ³³	2317	摘菜	ɣɔ⁵³pʰɤ⁵⁴
2287	踢	tʰe⁵⁴	2318	切菜	ɣɔ⁵³ɣɛ³¹
2288	躺（靠）	ŋɛ³³	2319	烧开水	a³³ka⁵⁴bɤ³¹tɕa²⁴
2289	侧睡	tɕe³¹tɕe⁵³le⁵³	2320	熬	tɕa²⁴
2290	遗失	mɛ²⁴qɔ²⁴	2321	烘	qɔ³³
2291	堆放	kɤ³³pʰo⁵⁴	2322	蘸	to³¹
2292	叠	tʰo⁵⁴da²¹	2323	溅	pʰɛ²¹
2293	摆	tɛ⁵⁴	2324	洒水	a³³ka⁵⁴pu³¹
2294	搬	zu³¹pɤ³³	2325	返回	qɔ²¹la³¹
2295	塞	do⁵⁴	2326	到达	ga³¹po³¹
2296	抢	lu³³	2327	招待	ŋɔ²⁴da²¹vi⁵³
2297	砸	dɔ⁵⁴	2328	认罪	zɤ²⁴ve³³
2298	刮	kɔ⁵⁴	2329	包庇	po³¹ve³³
2299	揭	pʰɔ³³	2330	卖淫	mɛ³³ma³¹la²⁴
2300	翻	fu⁵⁴	2331	偷盗	qʰɔ⁵³
2301	挂	qo²⁴	2332	毒	tɔ²¹ve³³
2302	包	tʰi⁵⁴	2333	听见	ka⁵³
2303	贴	nɛ²⁴	2334	偷听（打听）	dʑa⁵³na³³
2304	割（锯）	ɣɯ²¹	2335	看见	ŋɔ²⁴mɔ³¹
2305	雕	tʰɔ⁵⁴	2336	瞄准	mu³¹tʰe⁵³
2306	箍	tsʰʅ²¹	2337	剐蹭	kʰɛ⁵³da²¹
2307	装（填）	kɤ³³	2338	啃	bɛ⁵³
2308	卷	lo²¹kɤ²⁴	2339	磕头	to³¹qo³¹pɤ³³
2309	染	xɛ³¹	2340	拖	ɣɔ³¹

续表

序号	汉义	拉祜熙方言	序号	汉义	拉祜熙方言
2341	拍	t^ha^{33}	2372	穿针	$\gamma u^{21}na^{31}s\gamma^{33}$
2342	托	$t\varepsilon hi^{53}$	2373	绣花	$s\eta^{54}ve^{54}fi^{33}$
2343	抽	$fu^{54}\dz\upsilon^{21}$	2374	缠足	$k^h\gamma^{33}t^hi^{54}$
2344	勒	$p^h\varepsilon^{33}$	2375	磨刀	$a^{33}t^h\upsilon^{33}s\gamma^{31}$
2345	抖	$\dz\eta^{54}$	2376	劈柴	$s\eta^{54}\dze^{54}$
2346	挂	$\dz\upsilon^{54}$	2377	酒醒	$k^h\varepsilon^{54}po^{31}$
2347	垫	$q^h\upsilon^{53}$	2378	闩门	$la^{53}mi^{31}ka^{33}$
2348	划	$x\upsilon^{24}$	2379	剪指甲	$la^{21}\varepsilon i^{31}q^h\upsilon^{53}\eta u^{54}$
2349	锉	$g\gamma^{54}$	2380	掏耳朵	$na^{31}pu^{33}q\varepsilon^{24}$
2350	钻	$l\upsilon^{53}tu^{31}l\upsilon^{53}tu^{31}$	2381	动身	$tu^{33}ve^{33}$
2351	捂	xo^{54}	2382	赶路	$g\varepsilon^{31}\varepsilon e^{31}$
2352	渗	$b\varepsilon^{54}$	2383	让路	$za^{21}q^ha^{33}$
2353	滤	li^{24}	2384	劝架	$k^ha^{33}q^ha^{33}$
2354	叼	$m\upsilon^{31}$	2385	报恩	$ga^{33}q^h\upsilon^{21}$
2355	叉腰	$ts\eta^{31}pe^{31}t^h\upsilon^{31}$	2386	报仇	$te^{33}q^h\upsilon^{21}ve^{33}$
2356	赤膊	$\upsilon^{31}ku^{33}ni^{33}$	2387	照顾	$ga^{33}ve^{33}$
2357	敲打	$d\upsilon^{54}$	2388	收礼	$l\upsilon^{33}zu^{31}$
2358	撒娇	$za^{53}ve^{33}$	2389	抢劫	$xe^{24}z\upsilon^{31}$
2359	呻吟	$na^{31}q^ha^{53}$	2390	杀人	$g\varepsilon^{54}p\varepsilon^{31}$
2360	仰睡	$\varepsilon\varepsilon^{54}q^ha^{33}p^hu^{33}z\eta^{21}$	2391	劳改	$lau^{31}kai^{53}$
2361	喂草	$mu^{21}zu^{33}t\varepsilon a^{21}$	2392	鞭打	$t\varepsilon a^{53}k^h\varepsilon^{33}\dz\upsilon^{21}$
2362	放养	$va^{21}\eta u^{54}p^h\varepsilon^{53}$	2393	胜利	$\gamma a^{53}ve^{33}$
2363	装索	$va^{33}t^h\upsilon^{33}$	2394	失败	$te^{33}a^{53}ts\gamma^{31}$
2364	拔毛	$\upsilon^{31}mu^{33}\gamma\upsilon^{31}$	2395	瞪	$\eta u^{24}k\gamma^{33}$
2365	燎毛	$\upsilon^{31}mu^{33}tu^{24}t\varepsilon hi^{54}$	2396	拽	$\gamma\upsilon^{31}$
2366	剥皮	$\upsilon^{31}g\mu^{31}qu^{24}q^h\upsilon^{21}$	2397	捋	εo^{54}
2367	烧瓦	$b\gamma^{31}t\varepsilon he^{54}$	2398	搁	$t\varepsilon^{54}$
2368	烧砖	$li^{33}ki^{24}\varepsilon i^{31}t\varepsilon he^{54}$	2399	揣	$k\gamma^{33}$
2369	烧窑	$b\gamma^{31}qo^{31}$	2400	携带	$k\gamma^{33}t\varepsilon he^{54}$
2370	烧石灰	$pu^{33}t\varepsilon he^{54}$	2401	蹦	$p\upsilon^{54}g\mu^{53}$
2371	刷墙	$x\varepsilon^{31}$	2402	跺脚	$p\upsilon^{54}\eta a^{54}$

序号	汉义	拉祜熙方言	序号	汉义	拉祜熙方言
2403	打滚	tʰa³³	2434	恼火	ni³³tɕo³³
2404	扑	tɕʰi⁵³	2435	心痛	ni³³ɕi³¹na³¹
2405	粘	fu⁵⁴dzɔ²¹	2436	记仇	ni³³qʰɔ³³tsʐ²⁴
2406	剖	pʰɛ³³	2437	害	na²¹tɔ³³te³³
2407	挤（牛奶）	dʑŋ⁵⁴	2438	反悔	dɔ⁵⁴fu³³
2408	劈	dzo⁵⁴	2439	可惜	fa²¹dza⁵³
2409	漆	qʰɔ⁵³	2440	声音	ɔ³¹kʰɔ⁵³
2410	搓	xɔ²⁴	2441	喊	ku³¹
2411	钉	gɤ⁵⁴	2442	问	na³³
2412	绞	lɔ⁵³tu³¹lɔ⁵³tu³¹	2443	答应	e³¹ve³³
2413	蒙	xo⁵⁴	2444	介绍	tsa³³sʐ³¹ma³¹
2414	胡	bɛ⁵⁴	2445	回答	qʰɔ²¹
2415	和	li²⁴	2446	造谣	na³¹tɔ³³ɣu²⁴
2416	发脾气	mɔ³¹	2447	凸	qʰu⁵³
2417	赌气	tsʅ³¹pe³¹tʰɔ³¹	2448	凹	qʰu²¹
2418	生长	ɔ³¹ku³³ni³³	2449	正	ɔ³¹tɕɛ³¹
2419	打猎	dɔ⁵⁴	2450	反	fu⁵⁴
2420	蛀	za⁵³ve³³	2451	斜	dzɛ²⁴
2421	系围裙	na³¹qʰa⁵³	2452	横	ve³¹
2422	打结	ɛɛ⁵⁴qʰa³³pʰu³³zŋ²¹	2453	竖	tu³³
2423	认得	mu²¹zu³¹tɕa²¹	2454	活	te²¹
2424	伤心	va²¹ŋu⁵⁴pʰɛ⁵³	2455	满	be⁵⁴
2425	讨喜	va³³tʰɔ³³	2456	足	lɔ²¹
2426	恨	ɔ³¹mu³³ɣɔ³¹	2457	光滑	le⁵⁴
2427	满意	ɔ³¹mu³³tu²⁴tɕʰi⁵⁴	2458	冷清	gɔ³¹tsu²⁴
2428	着急	ɔ³¹gɯ³¹qu²⁴qʰɔ²¹	2459	浊	di³¹
2429	理睬	bɤ³¹tɕʰe⁵⁴	2460	空	qɔ⁵³qe³³
2430	担心	li³³ki²⁴ɕi³¹tɕʰe⁵⁴	2461	嫩	nu⁵³
2431	放心	bɤ³¹qo³¹	2462	生	tɕɛ⁵³
2432	愿意	pu³³tɕʰe⁵⁴	2463	熟	mɛ³³
2433	变	xɛ³¹	2464	乱	ɔ³¹pɤ³¹ɔ³¹ta⁵⁴

续表

序号	汉义	拉祜熙方言	序号	汉义	拉祜熙方言
2465	真	tɕɛ³¹	2496	胆小	ni³³i³³
2466	假	xe³¹	2497	慌张	ki³¹pɯ²⁴
2467	暗	xɔ³¹to³¹	2498	麻利	va⁵³dʑa⁵³
2468	闷热	xɔ³³mo³¹	2499	节俭	tɕʰɛ³³dʑa⁵³
2469	破	qʰɔ³³	2500	厉害	tɕʰɤ³³dʑa⁵³
2470	缩	tɕɛ²¹	2501	勇敢	sɿ³³a⁵³kɯ⁵⁴
2471	困了	xɤ³¹a³¹	2502	可怜	xa²¹qa²⁴
2472	瘪	pa³³	2503	麻烦	tɛ³³xa²¹
2473	倒	fu⁵³	2504	光荣（出名）	ɔ³¹mi³¹ɔ³¹qʰa⁵³da²¹
2474	纯	kɛ³¹	2505	孤独	te³³ɣa⁵³nɛ²⁴lɛ⁵³
2475	枯	pʰɯ⁵³	2506	亲	qɔ³³
2476	潮	bɛ⁵⁴	2507	齐心	tɛ⁵³nɛ²⁴lɛ⁵³
2477	强	xɛ⁵³a³¹	2508	贪心	ni³³a⁵³lɔ²¹
2478	弱	zɔ⁵⁴	2509	拖拉	te³³bɔ³¹te³³ka⁵⁴
2479	焦	kʰɤ²¹	2510	大（粗）	ɯ³¹
2480	清楚	ɕi³¹po³¹	2511	小	i³³
2481	模糊	a⁵³tɕɛ²¹	2512	细	nɛ²⁴
2482	准确	tsɔ⁵⁴dʑa⁵³	2513	长（线～）	zɤ³¹
2483	耐用	zi³¹	2514	短（线～）	ŋɤ³³
2484	空闲	ɣa³³tsɔ³¹	2515	长（时间～）	mu³³
2485	涩	tsɿ²⁴	2516	短（时间～）	a⁵³mu³³
2486	脆	kɤ⁵³lɤ⁵³kɤ⁵³lɤ⁵³	2517	长（衣服～）	zɛ³¹
2487	霉烂	vu³¹ba³¹	2518	短（衣服～）	ŋɤ³³
2488	不要紧	a⁵³kɛ³³	2519	宽	qɔ³¹
2489	方便	te³³sa³³	2520	窄	i³³
2490	浪费	te³³ba³¹	2521	高	mu³³
2491	疏忽大意	qʰa³³da²¹a²⁴xɤ³³	2522	低（矮）	nɛ³¹
2492	顺利	tʰe⁵³ve³³	2523	远	vɤ⁵³
2493	聪明	ɕi³¹pɤ²⁴te³³pɤ²⁴	2524	近	ne⁵³
2494	狡猾	te³³xe³¹	2525	深	na²⁴
2495	大胆	ni³³ɯ³¹	2526	浅	a³³na²⁴

序号	汉义	拉祜熙方言	序号	汉义	拉祜熙方言
2527	清	kɛ³¹	2558	亮	ba³³
2528	浑	pʰɯ³³	2559	热	xɔ³³
2529	圆	ɣɔ³³	2560	暖和	lɛ²⁴lɛ⁵³
2530	扁	pa³³	2561	凉	gɔ³¹
2531	方	fa³³	2562	冷	ka⁵⁴
2532	边	tɕi²¹	2563	干	vi³³
2533	尖	tɕʰe²⁴	2564	湿	bɛ⁵⁴
2534	平	tɔ³¹	2565	脏	tsʰa²¹
2535	瘦肉	sa³¹ni³³	2566	快（锋利）	tʂ⁵⁴
2536	肥（胖）	tsʰu³³	2567	钝	a³³tʂ⁵⁴
2537	瘦	gɔ³¹	2568	快（快慢）	gɛ³¹
2538	黑	na⁵⁴	2569	慢	dʑo³³
2539	白	pʰu³³	2570	早	na²¹
2540	红（紫）	ni³³	2571	晚（来～了）	lɛ³³
2541	黄	sɤ³³	2572	晚（天色～）	pʰɤ²¹
2542	蓝（绿）	ni³³	2573	松	qɔ⁵³
2543	灰	pʰɤ²⁴	2574	紧	ki⁵³
2544	多	mɛ⁵³	2575	容易	te³³ɕa³³
2545	少	a³³mɛ⁵³	2576	难	xa³¹
2546	重	xɛ⁵³	2577	新	ɔ³¹sʅ²⁴
2547	轻	lɔ³¹	2578	旧	ɔ³¹pi²¹
2548	直	tʰe⁵³	2579	老	mɔ⁵³
2549	陡	tɕe³³	2580	年轻	za⁵³nɛ³¹
2550	弯	qɔ²¹	2581	软	nu⁵³
2551	歪	dʑɛ²⁴	2582	硬	xɛ³³
2552	厚	tʰu³³	2583	烂（煮得～）	nɛ⁵⁴
2553	薄	pa⁵³	2584	糊	kʰɯ²¹
2554	稠	a³³lɛ⁵⁴	2585	结实	zi³¹
2555	密	mɛ⁵³	2586	破	pa⁵⁴
2556	稀（～饭）	nɛ⁵⁴	2587	富	tsɔ³¹
2557	稀疏	pa⁵³	2588	穷	xa²¹

续表

序号	汉义	拉祜熙方言	序号	汉义	拉祜熙方言
2589	忙	ki³¹	2620	顽皮	ɣu⁵³dʑa⁵³
2590	闲	tɛɔ³¹	2621	老实	tʰe⁵³
2591	累	xɤ³¹	2622	傻（笨）	qa²¹
2592	疼	na³¹	2623	大方	za³¹dʑa⁵³
2593	痒	xɛ⁵⁴	2624	小气	ŋa³³dʑa⁵³
2594	热闹	di⁵⁴	2625	直爽	tʰe³³lɛ³³
2595	熟悉	ɕi³¹dʑa⁵³	2626	犟	a⁵³na³³
2596	陌生	a⁵³mɔ³¹dʑɔ³³	2627	一	tɛ⁵³
2597	味道	ɔ³¹pe²¹	2628	二	ni⁵³
2598	气味	ɔ³¹pe²¹nu³¹	2629	三	ɕɛ⁵⁴
2599	咸	qʰa⁵³	2630	四	ɔ̃⁵³
2600	淡	a³³pɛ⁵⁴a⁵³lɔ²¹	2631	五	ŋa⁵³
2601	酸	tɕi³³	2632	六	kʰɔ²¹
2602	甜	tsʰ1̩³³	2633	七	s1̩³¹
2603	苦	qʰa⁵³	2634	八	xe²⁴
2604	辣	pʰɛ³³	2635	九	qɔ⁵³
2605	鲜	mɛ³¹	2636	十	te⁵³tɕʰi³³
2606	香	xɔ̃²⁴	2637	十一	te⁵³tɕʰi³³tɛ⁵³
2607	臭	nu³¹	2638	十二	te⁵³tɕʰi³³ni⁵³
2608	馊	tɕe³³nu³¹	2639	十三	te⁵³tɕʰi³³ɕɛ⁵⁴
2609	腥	tsʰ1̩⁵³	2640	十四	te⁵³tɕʰi³³ɔ̃⁵³
2610	好	da²¹	2641	十五	te⁵³tɕʰi³³ŋa⁵³
2611	坏	lo³¹	2642	十六	te⁵³tɕʰi³³kʰɔ²¹
2612	差	a⁵³da²¹	2643	十七	te⁵³tɕʰi³³s1̩³¹
2613	对	tɛɔ⁵³	2644	十八	te⁵³tɕʰi³³xe²⁴
2614	错	za²¹	2645	十九	te⁵³tɕʰi³³qɔ⁵³
2615	漂亮	ŋɔ²⁴sa³³	2646	二十	ni⁵³tɕʰi³³
2616	丑	ŋɔ²⁴a⁵³sa³³	2647	二十一	ni⁵³tɕʰi³³tɛ⁵³
2617	勤快	va⁵³dʑa⁵³	2648	三十	ɕɛ⁵⁴tɕʰi³³
2618	懒	bɔ³¹	2649	四十	ɔ̃⁵³tɕʰi³³
2619	乖	na³³pɯ²⁴	2650	五十	ŋa⁵³tɕʰi³³

序号	汉义	拉祜熙方言	序号	汉义	拉祜熙方言
2651	六十	kʰɔ²¹tɕʰi³³	2682	把（一～刀）	lɛ³¹
2652	七十	sɿ³¹tɕʰi³³	2683	根	tɕa⁵⁴
2653	八十	xe²⁴tɕʰi³³	2684	支	ta³¹
2654	九十	qɔ⁵³tɕʰi³³	2685	副（一～眼镜）	tɛ⁵³
2655	一百	te⁵³xa³³	2686	面（一～镜子）	tɛ⁵³
2656	一百零一	te⁵³xa³³tɛ⁵³	2687	块（一～香皂）	kʰɔ³³
2657	一百零五	te⁵³xa³³ŋa⁵³	2688	辆（一～车）	kʰɛ³³
2658	一百五十	te⁵³xa³³ŋa⁵³tɕʰi³³	2689	座（一～房子）	zɛ³¹
2659	一千	te⁵³xĩ²⁴	2690	座（一～桥）	kʰo²⁴
2660	一万	te⁵³va³¹	2691	条（一～河）	lɔ³¹
2661	第一	pɤ³¹tɛ⁵³	2692	条（一～路）	tɕa⁵⁴
2662	第二	pɤ³¹ni⁵³	2693	棵（一～树）	tɕɛ³¹
2663	第三	pɤ³¹ɕɛ³³	2694	朵（一～花）	ve⁵⁴
2664	百把个/千把个	mɛ³³	2695	颗（一～珠子）	ɕi³¹
2665	左右	mɛ³³	2696	粒（一～米）	qʰa³³
2666	大约	a³³la³¹	2697	顿（一～饭）	po³¹
2667	半个	te⁵³pa²⁴	2698	剂（一～中药）	tʰi⁵⁴
2668	几个	qʰa³¹te⁵³ɣa⁵³	2699	股（一～香味）	dɔ⁵³
2669	三四个	ɕɛ³³ɔ⁵³ɣa⁵³	2700	行（一～字）	tɕɔ⁵⁴
2670	十几个/十多个	te⁵³tɕʰi³³pʰa⁵³	2701	块（一～钱）	va²¹
2671	倍	pa²⁴	2702	毛（一～钱）	xi²⁴
2672	二两	ni⁵³lɔ³³	2703	件（一～事情）	za³¹
2673	俩	ni⁵³ɣa⁵³	2704	一点儿	a³³ɕi²⁴lɛ⁵³
2674	仨	ɕɛ³³ɣa⁵³	2705	些（一～东西）	tsɤ³¹
2675	个把	te⁵³ɣa⁵³nɛ²⁴	2706	下（打一～）	qʰɛ³³
2676	个	ɣa⁵³	2707	一会儿	dɤ³¹nɛ²⁴
2677	匹（头、只、条）	kʰɛ³³	2708	顿（打一～）	lo³³dɔ⁵⁴
2678	张（一～嘴）	ɕi³¹	2709	阵（一～雨）	dɤ³¹
2679	张（一～桌子）	pʰɯ³³	2710	趟（去了一～）	pɔ⁵⁴
2680	床/领（一～被子）	qʰo⁵³	2711	串（一～葡萄）	tʰɔ³³
2681	双	tɕɛ³³	2712	间（一～房）	ka³¹

续表

序号	汉义	拉祜熙方言	序号	汉义	拉祜熙方言
2713	堆	p^ho^{54}	2744	这样	$sa^{31}lɛ^{24}$
2714	节	$tɔ^{33}$	2745	那样	$o^{33}lɛ^{24}$
2715	本（一～书）	$pɤ^{53}$	2746	怎样	$q^ha^{31}lɛ^{24}$
2716	句（一～话）	$pɤ^{31}$	2747	这么	$sa^{31}tɕɛ^{33}$
2717	拃	t^hu^{33}	2748	怎么	$sa^{31}lɛ^{24}$
2718	庹（丈）	lo^{31}	2749	什么	$a^{33}t^hɔ^{53}le^{33}$
2719	寸	$tsŋ^{24}$	2750	为什么	$q^ha^{31}lɛ^{24}te^{33}le^{33}$
2720	尺	$sɔ^{31}$	2751	干什么	$a^{33}t^hɔ^{53}te^{33}le^{33}$
2721	斤	ki^{31}	2752	多少	$q^ha^{31}mɛ^{33}le^{33}$
2722	两	$lɔ^{33}$	2753	多久	$ɔ^{31}za^{53}q^ha^{31}mu^{33}$
2723	分	xa^{33}	2754	我	$ŋa^{31}$
2724	厘	li^{21}	2755	你（您）	$nɔ^{31}$
2725	钱	$pɛ^{21}$	2756	他（她）	$zɔ^{53}$
2726	斗	$q^hɔ^{31}lɔ^{31}$	2757	我们（咱们）	$ŋɤ^{31}$
2727	升	$bɔ^{24}$	2758	你们	ni^{31}
2728	亩	$ɣɔ^{33}$	2759	他们（她们、它们）	i^{24}
2729	里	$tɔ^{33}tɔ^{33}$	2760	我俩	$ŋɤ^{31}ni^{33}ɣa^{53}$
2730	步	pi^{31}	2761	你俩	$ni^{31}ɣa^{53}$
2731	次	$qɔ^{21}$	2762	他俩	$i^{24}ni^{33}ɣa^{53}$
2732	这些（近指）	$sɔ^{31}ve^{33}$	2763	我爸	$ŋa^{31}a^{33}tɛ^{33}$
2733	那些（中指）	$o^{33}ve^{33}$	2764	你爸	$nɔ^{31}a^{33}tɛ^{33}$
2734	那些（远指）	$o^{33}lo^{33}ve^{33}$	2765	他爸	$zɔ^{53}a^{33}tɛ^{33}$
2735	哪些	$q^hɔ^{31}le^{33}$	2766	大家	$q^ha^{33}pɤ^{31}lɛ^{53}$
2736	这个	$ɕe^{31}tɛ^{53}$	2767	自己	$ŋa^{31}q^ha^{53}ŋa^{31}$
2737	那个	$o^{33}tɛ^{53}$	2768	别人	$su^{33}ts^hɔ^{33}$
2738	哪个	$q^hɔ^{31}tɛ^{53}le^{33}$	2769	人家	su^{33}
2739	谁	su^{33}	2770	每人	$te^{33}ɣa^{53}le^{33}$
2740	这里（近指）	$sɔ^{31}ɕe^{33}$	2771	人们	$ts^hɔ^{33}za^{53}$
2741	那里（中指）	$o^{33}ɕe^{33}$	2772	到底（差不多）	$q^ha^{31}tɕɛ^{33}$
2742	那里（远指）	$o^{33}lo^{33}ɕe^{33}$	2773	起码	$q^ha^{31}te^{33}qo^{54}kɛ^{33}$
2743	哪里	$q^hɔ^{21}le^{33}$	2774	马上	$la^{31}xa^{24}$

序号	汉义	拉祜熙方言	序号	汉义	拉祜熙方言
2775	先	za²¹qɔ³³pɤ³¹	2806	只	nɛ²⁴
2776	后	qʰa⁵³nɔ³¹	2807	刚（～好）	tsɔ⁵³
2777	一直	qʰa³¹tʰa⁵³kɛ³³	2808	刚（～到）	tɕʰɛ³³nɛ³¹lɛ³³
2778	从前	a³³sʅ²⁴tʰa⁵³	2809	才	tɕʰɛ³³nɛ³¹
2779	后来	qʰa⁵³nɔ³¹	2810	就	qo⁵⁴
2780	来不及	a⁵³ɣa³³ta⁵⁴	2811	经常	qʰa³¹tʰa⁵³
2781	来得及	ɣa³³ta⁵³ɕe³¹	2812	又（他～来了）	qɔ²¹
2782	偷偷地	dza⁵⁴qʰɔ⁵⁴ve³³	2813	还（他～没回家）	ɕe³¹
2783	够（～好）	da²¹pɤ³¹	2814	再（你明天～来）	qɔ²¹
2784	真（～好）	ɔ³¹tɕɛ³¹	2815	也（我～去）	kɛ³³
2785	好（～看）	sa³³	2816	但是	za³¹qʰa³³
2786	难（～看）	xa³¹	2817	反正	sa³¹tɕɛ³³
2787	完全	qʰa³³pɤ³¹lɛ⁵³	2818	没有（昨天我～去）	a⁵³tɕɔ³¹
2788	全部	qʰa³³pɤ³¹	2819	不（明天我～去）	a⁵³
2789	难道	qʰa³¹lɛ³³te³³	2820	别（你～去）	a⁵³zu³¹
2790	究竟	xe⁵⁴	2821	甭	ta⁵⁴
2791	也许	na³¹	2822	快（天～亮了）	ge³¹
2792	一定	ɔ³¹tɕɛ³¹	2823	差点儿（～摔倒了）	a³³tɕi²⁴tsʰa³³
2793	暂时	te⁵³dɤ³¹	2824	宁可（～买贵的）	tɕɔ³¹ga⁵³
2794	互相	da²¹ɣ	2825	故意（～打破的）	na³¹tɔ³³
2795	居然	qo³³	2826	白（～跑一趟）	u⁵³su³³ga³¹
2796	趁	tʰa⁵³	2827	肯定（～是他干的）	za³¹
2797	像	su³¹	2828	可能（～是他干的）	vɛ²⁴
2798	归	tɕɔ⁵³	2829	一边（～走，～说）	te³³tɔ³³
2799	很（非常）	dza⁵³	2830	和	lɛ³³
2800	更	a⁵³tsʰʅ³³	2831	对（他～我很好）	xɔ³¹
2801	最	tɕɛ³¹	2832	往（～东走）	sɔ³¹fu⁵³
2802	一点	a³³tɕi²⁴	2833	向（～他借一本书）	tɕi³¹
2803	都	lɛ²⁴	2834	按（～他的要求做）	lɛ²⁴
2804	一共	qʰa³³pɤ³¹	2835	替（～他写信）	ga³³te³³
2805	一起	te⁵³gɯ³³	2836	如果	za³¹qʰa⁵³

序号	汉义	拉祜熙方言	序号	汉义	拉祜熙方言
2837	不管	$q^ha^{31}l\varepsilon^{24}a^{53}te^{33}$	2842	出去	$t\mathfrak{o}^{54}g\mathfrak{w}^{21}$
2838	上去	$ta^{53}la^{33}$	2843	回来	$q\mathfrak{o}^{21}la^{31}$
2839	下来	$za^{21}la^{33}$	2844	起来	$tu^{33}la^{33}$
2840	进去	$lo^{21}g\mathfrak{w}^{21}$	2845	汉族	$a^{33}x\varepsilon^{31}$
2841	出来	$t\mathfrak{o}^{54}la^{33}$			

附录 B　长篇语料

（一）

to³³nu⁵³to³³ɕa⁵⁴　　te⁵³　kʰɛ³³　nɔ³¹　　　te⁵³　kʰɛ³³　tɤ³¹　tɕi²⁴　ve³³　　　tɔ⁵³lɔ³³kʰɔ⁵³
野生动物　　　　一　只　patient　　一　只　吓　跑　RM　　　故事

te⁵³　xa²⁴　tʰa⁵³,　pɔ²⁴pɔ²¹　ku³¹　　ve³³　　"ŋɛ²⁴"　te³³　ku³¹　　　lɛ³³,
一　　晚上　时候　猫头鹰　叫　　COMP　IDEO　一　声　　　CONJ

tɕʰi³³　tɤ³¹　　　tɕi²⁴　lɛ³³,　fa⁵⁴tɕʰɛ⁵⁴　　nɛ²⁴　　qʰɔ³³　ŋa⁵⁴　　tsʰɤ⁵³,
麂子　吓　　　跑　CONJ　老鼠　　　小　　洞　　踩　　堵

fa⁵⁴tɕʰɛ⁵⁴　nɛ⁵⁴　tɕi²⁴　　tɔ⁵⁴la³³　lɛ³³,　　pʰɤ⁵³mɤ³³　tɕɛ³¹kʰɔ⁵³　tɔ⁵⁴　tɕʰi⁵⁴,
老鼠　　小　跑　　出来　CONJ　　冬瓜　　　蒂　　咬　断

pʰɤ⁵³mɤ³³ɕi³¹　pu³³　za²¹　　nu³¹bɛ³³tɕɛ³¹　te³¹,　　nu³¹bɛ³³ɕi³¹　qa³³
冬瓜　　　滚　下　　芝麻　　　压　　芝麻籽　　落

pu³³ɣɔ⁵⁴tsɤ⁵⁴　zɛ³¹　qʰɔ³³　lo²¹,　xɛ³³ɣa⁵⁴　　ɣɔ⁵⁴　tɕa⁵³.
蚂蚁　　　家　里　进　　山鸡　　捡　吃

pu³³ɣɔ⁵⁴tsɤ⁵⁴　zɛ³¹　ga⁵⁴　pʰɛ⁵³,　xɛ³³ɣa⁵⁴　kʰɤ³³qɔ³¹　pu³³ɣɔ⁵⁴tsɤ⁵⁴
蚂蚁　　　家　抓　坏　　山鸡　脚　　蚂蚁

de⁵³,　xɛ³³ɣa⁵⁴　　po³¹　va⁵³　u³¹li⁵³tsɤ³³,　va⁵³　ɣu³¹li⁵³tsɤ³³　te³¹tʰɤ³³,
咬　山鸡　飞　竹　末梢　竹　末梢　压断

xɛ³³　va²¹　pa³¹　tsɤ³¹qɔ³³　gɛ⁵³　gɯ³¹,xɛ³³　va²¹　pa³¹
野　猪　M　腰　　刮蹭 到　野　猪　M

tɕi²⁴　vɤ³³　lɛ³³　a³³pɔ⁵³tɕɛ³¹　vu⁵³　kɔ⁵³　po³¹,　po³¹la²¹ŋɛ²⁴ po³¹
跑　DIR　CONJ　芭蕉树　拱　倒　PERF　蝙蝠　飞

tɔ⁵⁴　la³³　za³³　na³¹qʰɔ⁵³　qʰɔ³³　lo²¹,　za³³　tɕi²⁴　vɤ³³
出　DIR　大象　鼻子　里　进　大象　跑　DIR

lɛ³³　dʑɤ⁵³　za⁵³　fɤ³³　pɛ³¹　po³¹.
CONJ　龙　幼崽　甩　死　PERF

dʑŋ⁵³	qo⁵⁴	ve³³:"	za³³	nɔ³¹	a³³te³³	ŋa³¹	za⁵³
龙	说	COMP	大象	你	为什么	我	孩子

tɕi³¹	fɣ³³	pɛ³¹	po³¹?"	"ŋa³¹	fɣ³³	pɛ³¹	ga⁵³	fɣ³³	pɛ³¹
去	甩	死	PERF	我	甩	死	想	甩	死

ve³³	a⁵³	xe⁵⁴.	po³¹la²¹ŋɛ²⁴	zɔ⁵³	ŋa³¹	na³¹qʰɔ⁵³	qʰɔ³³
NOMIN	NEG	INTJ	蝙蝠	它	我	鼻子	里

po³¹	lo²¹	la³³	ve³³."	dʑŋ⁵³	qo⁵⁴	ve³³:	"po³¹la²¹ŋɛ²⁴
飞	进	DIR	IND	龙	说	COMP	蝙蝠

nɔ³¹	a³³te³³	za³³	na³¹qʰɔ⁵³	qʰɔ³³	tɕi³¹	po³¹	lo²¹	e³³?"
你	为什么	大象	鼻子	里	去	飞	进	INTER

"ŋa³¹	po³¹	lo²¹	ga⁵³	po³¹	lo²¹	ve³³	a⁵³	xe⁵⁴,	xɛ³³
我	飞	进	想	飞	进	NOMIN	NEG	INTJ	野

va²¹	pa³¹	zɔ⁵³	ŋa³¹	tɕɛ³¹	vu⁵³	kɔ⁵³	la⁵³	ve³³."
猪	M	它	我	树	拱	倒	DIR	IND

dʑŋ³³	qo⁵⁴	ve³³:"	a³³te³³	xɛ³³	va²¹	pa³¹	nɔ³¹	vu⁵³	kɔ⁵³
龙	说	COMP	为什么	野	猪	M	你	拱	倒

a³³pɔ⁵³tɕɛ³¹?"	"ŋa³¹	vu⁵³	kɔ⁵³	ga⁵³	vu⁵³	kɔ⁵³	ve³³
芭蕉树	我	拱	倒	想	拱	倒	NOMIN

a⁵³	xe⁵⁴,	va⁵³	ɣu³¹li⁵³dʑŋ³³	te³¹	tʰɛ³³	lɛ³³,	ŋa³¹	dʑŋ³¹
NEG	INTJ	竹	末梢	压	断	CONJ	我	背

qo³³	gɛ⁵³	guɯ³³	ve³³."	"a³³ te³³	va⁵³	u³¹li⁵³dʑŋ³¹	nɔ³¹	xɛ³³
刮	蹭	到	IND	为什么	竹	末梢	你	野

va²¹	pa³¹	dʑŋ³¹qo³³	tɕi³¹	gɛ⁵³?"	"ŋa³¹	gɛ⁵³	guɯ³³	ga⁵³	gɛ⁵³
猪	M	背	去	蹭	我	蹭	到	想	蹭

guɯ³³	a⁵³	xe⁵⁴,	xɛ³³	ɣa⁵⁴	zɔ⁵³	ŋa³¹	tɕɛ³¹	tsa³³	po³¹
到	NEG	INTJ	野	鸡	它	我	树	找	飞

mɣ³³	la⁵³."	"a³³te³³	xɛ³³	ɣa⁵⁴	nɔ³¹	va⁵³	ɣu³¹li⁵³dʑŋ³³	tɕi³¹
坐	DIR	为什么	野	鸡	你	竹	末梢	去

po³¹	mɣ³³?"	"ŋa³¹	po³¹	mɣ³³	ga⁵³	po³¹	mɣ³³	a⁵³	xe⁵⁴,
飞	坐	我	飞	坐	想	飞	坐	NEG	INTJ

pu³¹ɣɔ³³tsŋ³³	zɔ⁵³	ŋa³¹	kʰɣ³¹	qo³¹	de⁵³	ve³³	lɔ³³."
蚂蚁	它	我	脚	又	咬	IND	TAM

"pu³³ɣɔ⁵⁴tsŋ⁵⁴	nɔ³¹	a³³te³³	xɛ³³	ɣa⁵⁴	kʰɣ³¹	tɕi³¹	de⁵³	e³³?"
蚂蚁	你	为什么	野	鸡	脚	去	咬	INTER

"ŋa³¹ de⁵³ ga⁵³ de⁵³ a⁵³ xe⁵⁴, nu³¹bɛ³³ɕi³¹ zɔ⁵³ ŋa³¹
我　咬　想　咬　NEG　INTJ　芝麻　它　我

zɛ³¹ qʰɔ³³ qa³³ gɯ³³ ve³³ lɔ³³." "nu³¹bɛ³³ɕi³¹ nɔ³¹ a³³te³³
家　里　落　到　IND　TAM　芝麻　你　为什么

pu³³ɣɔ⁵⁴tsʐ⁵⁴ za³¹ qʰɔ³³ tɕi³¹ qa³³ gɯ³³?" "ŋa³¹ qa³³ gɯ³³
蚂蚁　家　里　去　落　到　我　落　到

a⁵³ xe⁵⁴, pʰɯ⁵³mɤ³¹ɕi³¹ zɔ⁵³ ŋa³¹ tɕɛ³¹ pu³³ te³¹ ve³³
NEG　INTJ　冬瓜　它　我　树　滚　压　IND

lɔ³³." "pʰɯ⁵³mɤ³¹ɕi³¹ nɔ³¹ a³³ te³³ nu³¹bɛ³³ɕi³¹ tɕi³¹ pu³³ te³¹?"
TEM　冬瓜　你　为什么　芝麻　去　滚　压

"ŋa³¹ pu³³ te³¹ ga⁵³ pu³³ te³¹ a⁵³ xe⁵⁴, fa⁵⁴tɕʰɛ²⁴
我　滚　压　想　滚　压　NEG　INTJ　老鼠

nɛ⁵⁴ zɔ⁵³ ŋa³¹ tɕɛ³¹kʰɔ⁵³ tɔ⁵⁴ tɕʰi⁵⁴ ve³³ lɔ³³." "fa⁵⁴tɕʰɛ⁵⁴
小　它　我　蒂　咬　断　IND　TAM　老鼠

nɛ⁵⁴ nɔ³¹ a³³te³³ pʰɯ⁵³mɤ³¹ɕi³¹ tɕɛ³¹kʰɔ⁵³ tɕi³¹ tɔ⁵⁴ tɕʰi⁵⁴
小　你　为什么　冬瓜　瓜蒂　去　咬　断

ve³³ le³³?" "ŋa³¹ tɔ⁵⁴ tɕʰi⁵⁴ ga⁵³ tɔ⁵⁴ tɕʰi⁵⁴ a⁵³
IND　INTER　我　咬　断　想　咬　断　NEG

xe⁵⁴, tɕʰi³³ zɔ⁵³ ŋa³¹ qʰɔ³³ ŋa̱⁵⁴ tsʰʐ⁵⁴ ve³³ lɔ³³."
INTJ　麂子　它　我　洞　踩　堵　IND　TAM

"a³³te³³ tɕʰʐ³³ nɔ³¹ fa⁵⁴tɕʰɛ⁵⁴ nɛ⁵⁴ qʰɔ³³ tɕi³¹ ŋa̱⁵⁴ tsʰʐ⁵⁴
为什么　麂子　你　老鼠　小　洞　去　踩　堵

ve³³ le³³?" "ŋa³¹ ŋa̱⁵⁴ tsʰʐ⁵⁴ ga⁵³ ŋa̱⁵⁴ tsʰʐ⁵⁴ a⁵³
IND　INTER　我　踩　堵　想　踩　堵　NEG

xe⁵⁴, pɔ²⁴pɔ³¹ zɔ⁵³ "ŋiɛ²⁴" te³³ ve³³ lɔ³³."
INTJ　猫头鹰　它　"唉"　一　IND　TAM

pɔ²⁴pɔ²¹ zɔ⁵³ ɔ³¹nu³³ qo⁵⁴ tɕi³¹ kɯ³¹ a⁵³ tɕɔ³¹ lɛ³³
猫头鹰　它　其他　说　去　处　NEG　有　CONJ

mɔ²¹qɔ³³ sʐ³³ ŋa²⁴ vi⁵³ ve³³. dʑɔ⁵³ nu²⁴. pɔ²⁴pɔ²¹
嘴巴　撕　裂　DIR　IND　龙　大　猫头鹰

mɔ²¹qɔ³³ sʐ³³ ŋa²⁴ lɛ³³ tɕʰi⁵³ ba³¹ po³¹ vi⁵³ ve³³.
嘴巴　撕　裂　CONJ　扔　丢　PERF　DIR　IND

pɔ²⁴pɔ²¹ mɔ²¹qɔ³³ sʐ³¹ ni²⁴ lɛ³³ tɔ⁵⁴ la³³ ve³³, pɔ²⁴pɔ²¹ zɔ⁵³ za²¹tɔ³³
猫头鹰　嘴巴　血　红　CRS　出　DIR　IND　猫头鹰　它　害羞

le³³	qo⁵⁴	ve³³	ŋa³¹	ma²⁴la⁵³	ɣa⁵³	pɛ⁵³	ve³³.	dʑ̩⁵³	nu²⁴
CRS	说	COMP	我	麻拉树	得	嚼	IND	龙	大

ɣa³³	ka⁵³	le³³	zu³¹	sʐ̩⁵⁴pɤ²⁴	qʰɔ³³	ba³¹	gɯ³³	vi⁵³	ve³³.
得	听	CONJ	拿	树丛	里	丢	去	DIR	IND

pɔ²⁴pɔ²¹	zɔ⁵³	qo⁵⁴	ve³³:	"ŋa³¹	mu⁵³	ɣa³³	tɕi⁵³		ve³³
猫头鹰	它	说	COMP	我	马	得	骑		NOMIN

qʰa³³su³¹.	tɕʰɛ³³nɛ³¹	tɕu³³qʰa³³	ga³¹	zɔ⁵³	sʐ̩⁵⁴pɤ⁵³	qʰɔ³³	z̩³¹	ve³³.
一样	现在	一直	到	它	树丛	里	睡	IND

译文:

吓跑一只动物的故事

　　有一天晚上,猫头鹰"唉"地叫了一声,麂子被吓到跑起来,结果把老鼠洞踩塌了。老鼠从洞里逃出来,把冬瓜蒂咬断。冬瓜滚下去压到了芝麻,芝麻籽掉落到蚂蚁的家里,山鸡跑来捡着吃,结果破坏了蚂蚁窝,蚂蚁纷纷上来咬山鸡的脚,山鸡一下就飞到了竹梢上,竹梢被压断了,野猪从下面经过,腰就被压断的竹梢刮到了,野猪吓得飞快地跑起来,结果把芭蕉树拱倒了。在芭蕉树上安家的蝙蝠惊散,飞到大象的鼻子里去了。大象鼻子一阵痒,跑去河边甩鼻子,不小心把龙崽甩死了。

　　龙说:"大象,你为什么把我的孩子甩死了?""不是我想甩死的,蝙蝠它飞到我的鼻子里面了。"龙说:"蝙蝠你为什么飞到大象鼻子里面去呢?""不是我想飞进去的,野猪它把我的树拱倒了。"龙说:"野猪你为什么把芭蕉树拱倒了?""不是我想拱倒的,竹梢被压断了,我的背被刮到了。"龙说:"竹梢你为什么去刮野猪的背?""不是我想刮蹭的,山鸡它飞来落在我的枝头。"龙说:"山鸡你为什么飞落到竹梢?""不是我想飞落的,蚂蚁它咬了我的脚。"龙说:"蚂蚁你为什么去咬山鸡的脚?""不是我想咬,芝麻它落到我家里了。"龙说:"芝麻你为什么落到蚂蚁家里了?""不是我想落的,冬瓜它把我的枝压断了。"龙说:"冬瓜你为什么去压芝麻?""不是我想压的,老鼠它把我的瓜蒂咬断了。"龙说:"老鼠你为什么咬断冬瓜的瓜蒂?""不是我想咬断的,麂子它把我的洞踩塌了。"龙说:"麂子你为什么踩塌了老鼠的洞?""不是我想踩塌的,猫头鹰它'唉'地叫了一声。"

　　猫头鹰有苦说不出,嘴巴也被撕裂了。龙把猫头鹰的嘴巴撕裂丢掉了。猫头鹰嘴巴上的血淌了下来。它害羞地说:"我是嚼麻拉树嚼的嘴才这么红。"龙听到了,对猫头鹰的表现很气愤,就把它拿起来丢进了树丛里面。

猫头鹰还嘴硬地说："我就像骑马一样。"所以一直到现在猫头鹰都还在在树丛里面睡着。

（二）

kʰɯ³³qɔ²¹ pa³¹ lɛ³³ mɛ⁵⁴tɕo²⁴pa³¹ ve³³ tɔ⁵³lɔ³³kʰɔ⁵³
瘸子 M CONJ 瞎子 POSS 故事

kʰɯ³³qɔ²¹pa³¹ lɛ³³ mɛ⁵⁴tɕo²⁴pa³¹, te⁵³ ɣa⁵³ mɛ⁵⁴ a⁵³ mɔ³¹,
瘸子 CONJ 瞎子 一 位 眼睛 NEG 看见

te⁵³ ɣa⁵³ tɕi³¹ a⁵³ ga³¹, xa³³ kɛ³³ qɔ⁵³ tɕa⁵³ a⁵³
一 位 走 NEG 到 地 都 挖 吃 NEG

ɣa³³. ɣɯ³¹sa³³ ɕi³³ na⁵⁴tsʰ̩⁵³ tsa³³ yu³³ qo⁵⁴ dʑɛ³¹ da²¹
得 厄莎 POST 药 找 治 说 商量 REC

ve³³, mɛ⁵⁴tɕo²⁴pa³¹ zɔ⁵³ kʰɯ³³qɔ²¹pa³¹ nɔ³¹xɔ̃³³ pu⁵³ lɛ³³,
IND 瞎子 他 瘸子 patient 背 CONJ

kʰɯ³³qɔ²¹pa³¹ zɔ⁵³ mɛ⁵⁴tɕo²⁴pa³¹ nɔ³¹xɔ̃³³ za³¹qɔ³³ ma³¹ vi⁵³
瘸子 他 瞎子 patient 路 教 DIR

ve³³ mɛ⁵⁴tɕo²⁴pa³¹ zɔ⁵³ kʰɯ³³ za³¹qɔ³³ qʰa³¹ te⁵³ qʰa⁵³ u²⁴
NOMIN 瞎子 他 瘸子 路 哪 一 条-CL 说

ma³¹ vi⁵³ qo³³ qʰa³¹ te⁵³ qʰa⁵³ tɕi³¹ ve³³.
教 DIR 就 哪 一- 条 走 IND

ɣɯ³¹sa³³ ɕi³³ ga³¹ ve³³, ɣɯ³¹sa³³ tɕʰɛ³³ te³¹ ts̩²⁴ ve³³,
厄莎 POST 到 IND 厄莎 米 春 CAUS IND

mɛ⁵⁴tɕo²⁴pa³¹ tɕʰɛ³³ te³¹, kʰɯ³³qɔ²¹pa³¹ tɕʰɛ³³ tsa³¹ xa³³ ve³³.
瞎子 米 春 瘸子 米 找 簸 IND

te⁵³ ni³³ ga³¹ lɛ³³, ɣɯ³¹sa³³ zɔ⁵³ ni⁵³ ɣa⁵³ tɔ⁵⁴ u²⁴ pi⁵³
一 天 到 CONJ 厄莎 他 二 位 话 说 DIR

ve³³: "ni⁵³ ɣa⁵³ nɔ³¹xɔ̃³³ tsa³³ yu³³ la⁵³ ve³³ a⁵³
COMP 二 位 patient 找 治 DIR NOMIN NEG

dɔ⁵³ tɔ⁵⁴ la³³, qɔ²¹ lɛ³³ za³¹qɔ³³ qʰo⁵³ ga³¹ qo³³ s̩⁵⁴
想 出 DIR 回 CONJ 路 上 到 就 树

qo³¹ qʰo³³ ŋa⁵⁴ po³¹ lo²¹ gɯ³¹ ve³³ mɔ³¹qo³³ ta⁵⁴ lɛ³³
洞 里 鸟 飞 进 去 CONJ 看见 上 CONJ

qɛ²⁴ qʰa³³ ŋɔ²⁴, qʰa³¹lɛ²⁴ ve³³ mɔ³¹ kɛ³³ ta⁵³ pʰɛ⁵³ ki⁵³
掏 SUF 看 什么 NOMIN 看 都 NEG 放 紧

lɛ⁵³　　　zu³¹ti³¹　a³¹,　　qo⁵⁴　　pi⁵³　　ve³³.　　mɛ⁵⁴tɕo²⁴pa³¹　kʰɯ³³qɔ²¹pa³¹
CRS　　　拿　　CON　说　　　DIR　IND　　　瞎子　　　　　瘸子

pu⁵³　　　vɤ³³　　lɛ³³　　qɔ²¹　　ve³³.
背　　　　回　　CONJ　又　　IND

za³¹qɔ³³　　qʰa⁵³ɕɛ³³　ga³¹　　　lɛ³³　　za³¹qɔ³³　qʰo⁵³　　sʅ⁵⁴　　qo³¹
路　　　　上　　　　　到　　　CONJ　路　　　上　　　树　　洞

qʰɔ³³　　ŋa⁵⁴　　po³¹　　lo²¹　　gɯ³¹　ve³³　　　ɣa³³　　mo³¹,　　kʰɯ³³qɔ²¹pa³¹
里　　　鸟　　　飞　　　进　　去　　NOMIN　得　　看见　　　瘸子

zɔ⁵³　　mɛ⁵⁴tɕo²⁴pa³¹　nɔ³¹　　qo⁵⁴　　pi⁵³　　ve³³:　"nɔ³¹　sʅ⁵⁴tɕʰɛ³¹　tʰa⁵⁴
他　　瞎子　　　　　patient　说　　DIR　　COMP　你　树　　　　上

lɛ³³　　qɛ²⁴qʰa³³ŋɔ²⁴."　mɛ⁵⁴tɕo²⁴pa³¹　zɔ⁵³　　ta⁵⁴　　lɛ³³　　qɛ²⁴　　ve³³,
CONJ　掏掏看　　　　瞎子　　　　　他　　上　　CONJ　掏　　　IND

vɤ³¹　　nu²⁴　　te⁵³　　kʰɛ³³　zu³¹　　tɔ⁵⁴　　la³³　　ve³³.　　kʰɯ³³qɔ²¹pa³¹
蛇　　　大　　　一　　　条　　拿　　出　　　DIR　IND　　　瘸子

mo³¹　　lɛ³³　　kɯ⁵⁴　　lɛ³³　　ku³¹　　ve³³:　"ta⁵³　　pʰɛ⁵³　　qʰa³³pɤ³³　la³³
看　　　CONJ　害怕　　CONJ　叫　　COMP　NEG　放　　　出　　　　SUF

nɛ³¹,　　ta⁵³　　pʰɛ⁵³　　qʰa³³pɤ³³　la³³　　nɛ³¹,　　ŋa³¹　　kɯ⁵⁴　　dza⁵³."
INTJ　　NEG　放　　　出　　　　DIR　　INTJ　我　　　害怕　　很

mɛ⁵⁴tɕo²⁴pa³¹　zɔ⁵³　　me⁵⁴qʰa³³　ɣa⁵³　　　tʰe²¹　　pʰɔ³³,　ŋɔ²⁴　　lɛ³³
瞎子　　　　　他　　眼睛　　　力气　　　撑　　　开　　看　　CONJ

zɔ⁵³　　zɔ⁵³qʰa⁵³zɔ⁵³　vɤ³¹　　lo²⁴　　te⁵³　　kʰɛ³³　ɕe³³　　la³¹　　ve³³　　mo³¹
他　　他自己　　　　蛇　　　大　　　一　　　条　　拿　　CON　CONJ　看见

zɔ⁵³　　kɯ⁵⁴　　dza⁵³　　lɛ³³　　pʰɛ⁵³qʰa³³pɤ³³　vi⁵³　　ve³³,　　kʰɯ³³qɔ²¹pa³¹
他　　害怕　　很　　　CONJ　放下去　　　　DIR　IND　　　瘸子

kɛ³³　　kɯ⁵⁴　　dza⁵³　　lɛ³³　　po⁵⁴　　tu³³　　qʰa³³　ve³³,　　po⁵⁴　　tu³³　　qʰa³³
也　　　害怕　　很　　　CONJ　跳　　起　　SUF　IND　　　跳　　起　　SUF

lɛ³³　　tɕi³¹　　ga³¹　　ve³³.　　qʰa⁵³nɔ³¹　i²⁴　　ni⁵³　　ɣa³³　　te⁵³gɛ³³　ɕi³¹
CONJ　走　　到　　IND　　以后　　　他们　两　　位　　一起　　POST

da²¹　　lɛ³³　　za³¹　　qʰɔ³³　qɔ²¹.　　xa³³　　qɔ²¹　　qɔ⁵³　　tɕa⁵³　　ɣa³³.
RECP　CONJ　家　　里　　回　　　地　　又　　挖　　吃　　得

译文:

有个瘸子和瞎子,一个眼睛看不见,一个走不了路,都不能劳动。他们商量着要找厄莎去求药。于是瞎子背着瘸子,瘸子给瞎子充当眼睛指路,瘸子给瞎子指哪条路瞎子就走哪条路。

　　等到了厄莎那里，厄莎让他们春米，瞎子就春米，瘸子就簸米。有一天，厄莎告诉他俩："没办法给你们两个治病，回家的路上要是看到鸟飞进树洞里，就上树掏掏看，看到什么都要紧紧抓住不要松手。"厄莎说。于是瞎子背着瘸子就回去了。

　　在回家的路上瘸子看见鸟飞进了树洞里，就跟瞎子说："你上树掏掏看。"瞎子爬上树去掏树洞，结果拿出来了一条大蛇，瘸子看见就害怕得大叫："不要放，不要放，我很害怕。"瞎子听到后就用力去撑开他的眼睛，结果他看到自己拿着一条大蛇，就很害怕就把蛇扔到了地上。树下的瘸子也很害怕得跳了起来，就这样跳过后就能走路了。瞎子的眼睛好了，瘸子也能走路了，他们就一起回家了，又能劳动了。

（三）

ɣɯ³¹sa³³	tsʰɔ³³za⁵³	tsa³³	tɔ⁵⁴	la³³	ve³³
厄莎	人类	找	出	DIR	IND

o³³	tʰa⁵³	te⁵³	ni³³	ga³¹	lɛ³³	ɣɯ³¹sa³³	tsʰɔ³³xa²¹za⁵³	te³³	lɛ³³
那	时候	一	天	到	CONJ	厄莎	穷人家	做	CONJ

tsʰɔ³³za⁵³	ɕi³³	za²¹	la³³	tsa³³lɔ⁵³	la⁵³	ve³³.	mu⁵³pʰɯ²¹	lɛ³³
人	POST	下	DIR	考验	DIR	IND	晚上	CONJ

ti²⁴tɕu⁵³pa³¹	za³³	qʰɔ³³	tsa³³	tsɔ³¹	dɔ⁵³	ve³³,	ti²⁴tɕu⁵³pa³¹	a⁵³
地主	家	里	去	住	想	IND	地主	NEG

xʰa²⁴	tsʅ³³	qo⁵⁴	vi⁵³	ve³³.	te³³lɛ³³	ɣɯ³¹sa³³	tsʰɔ³³xa²¹za⁵³	ɕi³³
住	让	说	DIR	IND	就这样	厄莎	穷人	POST

qɔ²¹	tsa³³	xʰa²⁴	ve³³,	tsʰɔ³³xa²¹za⁵³	xʰa²⁴	tsʅ³³	vi⁵³	ve³³.
又	找	住	IND	穷人家	住	CAUS	DIR	IND

ɔ³¹pʰɔ³³ɔ³¹mi⁵³	qo⁵⁴	da²¹	ve³³:	"ŋɤ³¹	ni⁵³	ɣa⁵³	zʅ²¹	kɯ³¹
夫妻	说	RECP	CONJ	我们	二	位	睡	处

za³¹qʰa³³	vi⁵³	lɛ³³	zɔ⁵³	zʅ²¹	tsʅ³³,	ŋɤ³¹	ni⁵³	ɣa⁵³	xa³³	qʰɔ³³
让	DIR	CONJ	他	睡	CAUS	我们	二	位	地	里

tsa³¹ɣɔ⁵³	tɕa³³	ɣɔ⁵⁴	pfu⁵³	qʰɔ²¹	va³³	lɛ³³	qʰɔ⁵³	zʅ²¹."
稻秆	找	捡	背	回	DIR	CONJ	里	睡

te³³lɛ³³	i²⁴	ni⁵³	ɣa⁵³	qu²⁴	da²¹	ve³³,	zi²¹	kɯ³¹	ɣɯ³¹sa³³
就这样	他们	两	位	抱	REC	IND	睡	处	厄莎

nɔ³¹xɔ̃³³	zʅ²¹	tsʅ³³	ve³³,	na³¹mɤ³³tɕhi³³	ga³¹	qo³³,	te³³tsʅ²⁴	tsa³³
patient	睡	CAUS	IND	早早	到	CONJ	一样	找

tsa³¹ vi⁵³ tu³¹ a⁵³ tɕɔ³¹, a³³zi²⁴mɤ³¹ɕi³¹ te⁵³ bɔ²⁴
吃 DIR NOMIN NEG 有 洋芋 一 斗

tsa²⁴ qʰa³³ lɛ⁵³ qʰɔ²¹ tsa⁵³ vi⁵³ a³³ qo⁵⁴ da²¹ ve³³,
煮 缀 CRS 剥 吃 DIR TAM 说 相互 IND

ɣɯ³¹sa³³ ɣa³³ ka⁵³ lɛ³³, ɣɯ³¹sa³³ mɛ⁵⁴ɣɤ³¹ tɔ⁵⁴ ve³³, te³³lɛ³³
厄莎 得 听 CONJ 厄莎 眼泪 出 IND 就这样

na³¹mɤ³¹tɕʰi³³ ga³¹ lɛ³³ a³³zi²⁴mɤ³¹ɕi³³ tsa²⁴ lɛ⁵³ qʰɔ²¹ tsa⁵³
早早 到 CONJ 洋芋 煮 CRS 剥 吃

vi⁵³ ve³³, qʰa⁵⁴ dza⁵³ tsa³³sɤ⁵³ qo³¹pɤ³³ vi⁵³ ve³³. qʰa⁵⁴ dza⁵³
DIR IND 寨 边 送 走 DIR IND 寨 边

ga³¹ lɛ³³ ɣɯ³¹sa³³ na³³ vi⁵³ ve³³: "nɔ³¹ qʰa³¹lɛ³³ ɣa³³ ga⁵³
到 CONJ 厄莎 问 DIR COMP 你 什么 得 想

e³¹ lɛ³³?" zɔ⁵³ qo⁵⁴ ve³³: "ŋa³¹ lɛ³¹ a⁵³ tsɔ³¹ la⁵³
SUF INTER 他 说 COMP 我 COP NEG 有 DIR

lɛ³³ a⁵³ xe⁵⁴ qo³³ qʰa³¹lɛ²⁴ kɛ³³ tsɔ³¹ ga⁵³ dza⁵³
CONJ NEG INTJ CONJ 什么样 都 有 想 很

ve³³. zɔ⁵³ sɔ³¹ u²⁴ po³¹ ɣɯ³¹sa³³ sɔ³¹ pɤ³¹ po³¹ ve³³.
IND 他 这里 说 PERF 厄莎 这里 赠 PERF IND

zɔ⁵³ qo²¹ lɛ³³ zɛ³¹ ga³¹ lɛ³³ zɔ⁵³ ɔ³¹mi⁵³ va²¹ ɣa⁵³
他 回 CONJ 房子 到 CONJ 他 妻子 猪 鸡

ɔ²⁴qa³¹ nu⁵³ le⁵³ kɛ³³ tsa³³ ɣɔ³¹kʰɔ⁵⁴ tsʰɿ²⁴ la³¹ ve³³.
水牛 牛 这些 都 找 圈 PROG CON IND

zɔ⁵³ ɣa³³ mɔ³¹ ve³³. zɔ⁵³ zɛ³¹ kɛ³³ da²¹ dza⁵³ lɛ²⁴ te³³
他 得 看 IND 他 房子 都 好 很 样子 做

la³¹ ve³³.
CON IND

te⁵³ ni³³ ga³¹ lɛ³³, ti²⁴tsu⁵³pa³¹ mu⁵³ tsɤ⁵⁴ lɛ³³ zɔ⁵³ zɛ³¹
一 天 到 CONJ 地主 马 骑 CONJ 他 房子

pa⁵³ la³¹ ve³³, mu⁵³ tsɤ⁵⁴ a³³ ve³³ za³¹qʰa³³lɛ³³ zɔ⁵³ zɛ³¹
旁 来 IND 马 骑 CON CONJ 下去 他 房子

qʰɔ³³ tsa³³ gɯ⁵³ ve³³. "u³³ qʰa³¹lɛ³³te³³lɛ³³ tsɔ³¹ la⁵³ ve³³
里 去 玩 IND INTJ 怎么样 有 DIR IND

lɛ³³?" ti²⁴tsu⁵³pa³¹ na³³ vi⁵³ ve³³. zɔ⁵³ qo⁵⁴ ma³¹ vi⁵³ ve³³:
INTER 地主 问 DIR COMP 他 说 教 DIR COMP

"ɔ³³　　te³³　　xa²⁴　　tsʰɔ³³　　te³³　　ɣa⁵³　　tsa³³　　zŋ²¹　　la³¹　　lɛ³³,　　zɔ⁵³
那　　　一　　　晚　　　人　　　　一　　　位　　　找　　　睡　　　CON　CONJ　　他

pɣ³¹　　la⁵³　　ve³³.　　ti²⁴tsu⁵³pa³¹　　ɕi³¹　　ve³³　　tɕi²⁴　　tɔ⁵⁴　　gɯ³¹　　lɛ³³
赠　　　DIR　　NOMIN　地主　　　　　　知道　TM　　跑　　　出　　　去　　　CONJ

mu⁵⁴　　nɔ³¹xɔ̃³³　　pɔ⁵⁴　　tɕɣ⁵⁴　　ve³³,　　mu⁵³　　tsɣ⁵⁴　　tɕi²⁴　　lɛ³³　　ɣa²¹
马　　　patient　　跳　　　骑　　　IND　　马　　　骑　　　跑　　　CONJ　追

zu³¹　　vɣ³³　　ve³³.　　za³¹qɔ³³　　qʰɣ³³　　kɯ³¹　　ɣa²¹　　zu³¹　　mi³³　　ve³³
拿　　　DIR　　IND　　路　　　　　中间　　处　　　追　　　拿　　　赶上　CONJ

mu⁵³　　tsɣ⁵⁴　　za²¹qʰa³³lɛ³³　　tɔ³¹qɔ³¹　　pɣ³³　　kʰɔ²⁴　　ve³³.　　nɔ³¹　　pɣ³¹
马　　　骑　　　下去　　　　　　头　　　　磕　　　拜　　　IND　　你　　　赠

pɣ²⁴　　dza⁵³　　ve³³,　　ŋa³¹　　kɛ³³　　a³³tɕi²⁴　　pɣ³¹　　la⁵³　　ɕe³¹
会　　　很　　　IND　　我　　　也　　　一点　　　赠　　　DIR　　还

zɔ⁵³　　qo⁵⁴　　ve³³:　　ŋa³¹　　pɣ³¹　　la⁵³　　qo³³　　nɔ³¹　　mɛ⁵⁴ɣɯ³¹　　tɔ⁵⁴　　e³³
他　　　说　　　COMP　我　　　赠　　　DIR　　CONJ　你　　　眼泪　　　　出　　　SUF

vɛ²⁴,　　zɔ⁵³　　dɔ⁵³　　ve³³　　mɛ⁵⁴ɣɯ³¹　　a⁵³　　tɔ⁵⁴　　ve³³.　　zɔ⁵³　　qo²¹
POT　　他　　　想　　　CONJ　眼泪　　　　NEG　　出　　　IND　　他　　　又

dɔ⁵³　　ve³³,　　zɔ⁵³　　ɔ³¹mi⁵³　　lɛ³¹　　te⁵³ni³³lɛ³³lɛ³³　　ka²⁴　　a⁵³　　te³³
想　　　CONJ　他　　　妻子　　　TM　　每一天　　　　　　　事　　　NEG　　做

mu⁵³　　tsɣ⁵⁴　　a³¹　　lɛ³³　　tsŋ³³　　tɕa³³　　xu²⁴　　tɕa⁵³　　tsŋ³³　　dɔ⁵³
马　　　骑　　　CON　CONJ　赶　　　去　　　赶　　　吃　　　CAUS　想

ve³³　　zɔ⁵³　　dɔ⁵³　　po³¹　　ɣɯ³¹sa³³　　zɔ⁵³　　dɔ⁵³　　a³¹　　ve³³
IND　　他　　　想　　　PERF　厄莎　　　　他　　　想　　　CON　CONJ

pɣ³¹　　vi⁵³　　po³¹.
赠　　　DIR　　PERF

te⁵³　　ni³³　　ga³¹　　lɛ³³　　zɔ⁵³　　ɔ³¹mi⁵³　　mu⁵³　　ta⁵⁴　　tsɣ⁵⁴　　lɛ³³　　tsŋ³³
一　　　天　　　到　　　CONJ　他　　　妻子　　　马　　　上　　　骑　　　CONJ　街

tɕa³³　　xu²⁴　　lɛ³³,　　qo²¹　　la³¹　　zɛ³¹　　qʰɔ³³　　ga³¹　　la³³　　lɛ³³,
找　　　赶　　　CONJ　回　　　DIR　　家　　　里　　　到　　　DIR　　CONJ

mu⁵³　　tsɣ⁵⁴　　a³¹　　ve³³　　za²¹　　a⁵³　　pɣ²⁴　　tsʰɔ³³　　ɣa³³　　tɕʰi⁵³
马　　　骑　　　CON　CONJ　下　　　NEG　　会　　　人　　　得　　　抬

za²¹　　vi⁵³　　ve³³,　　qʰa³¹lɛ³³te³³　　lɛ³³　　ɣa³³　　tɕʰi⁵³　　za²¹　　a⁵³　　ɣa³³
下　　　DIR　　IND　　怎么样　　　　　CONJ　得　　　抬　　　下　　　NEG　　得

pʰa⁵³ka³¹　　qʰɔ³³　　mu⁵³la²⁴qu³¹　　ŋɔ²¹　　ti³¹　　a³¹　　ve³³,　　tɛ⁵³　　qo³¹
胯下　　　　里面　　　马鞍　　　　　贴　　　紧　　　CON　IND　　一　　　回

le³¹	xa³³	kɛ³³	qɔ⁵³	tsa⁵³	a⁵³	ɣa³³,	za³¹	qʰɔ³³
COP	地	都	挖	吃	NEG	得	家	里

qʰa³³pʴ³¹	lɛ³³	sɔ³³	xɔ⁵³	tsa⁵³	po³¹.	ɔ³¹pʰɔ⁵³	ku³¹	xɔ³¹	ve³³.
全部	CONJ	收	卖	吃	PERF	丈夫	叫	哭	IND

sa³¹tɕɛ³³tɕɛ³³	tɕa³³	te³³	pʰu³¹	la⁵³	ve³³,	zɔ⁵³	tɕi³¹	lɛ³³	mu⁵³la²⁴qo³¹
这样	找	做	倒霉	DIR	IND	他	去	CONJ	马鞍

ɣɔ³¹	vi⁵³	ve³³,	mu⁵³la²⁴qo³¹	tɕʰi⁵⁴xa³³	ve³³.	ti²⁴tɕu⁵³pa³¹	tsʰɔ³³	xa³¹za⁵³
拉	DIR	IND	马鞍	断	IND	地主	人	穷人

pʰɛ²¹	ve³³,	tsʰɔ³³	xa³¹za⁵³	tɕɔ³¹pa³¹	pʰɛ²¹	ve³³.
成	CONJ	人	穷人	富人	成	IND

译文：

厄莎将人类分类的故事

那个时候厄莎打扮成穷人来考验人们。他晚上想住在地主家，但是地主不让住，就这样厄莎又到穷人家去住，穷人家让他住下了。穷人夫妇商量着说："我们两个人的床让他睡吧。我们两个人去地里面捡稻草背回来铺床睡。"就这样穷人夫妇两个就抱在一起睡，把床让给了厄莎。穷人夫妇早早地起来，没有东西可以给厄莎吃，商量着要煮一斗洋芋，剥了皮给厄莎吃。厄莎听见了，感动得泪流满面。就这样他们煮了洋芋剥给厄莎吃。穷人送厄莎送到寨边，厄莎问穷人："你想要什么？"穷人说："我什么都没有，什么都想要。"他刚说完，厄莎就都赠给了他。穷人回到家看见妻子正在把成群的猪、鸡、水牛和牛赶进圈里。他家的房子也变得很好。

有一天，地主骑着马来到他家旁边，下马去他家里玩。"哇，这些东西是怎么来的？"地主问他说。穷人告诉地主："那晚有一个人来我家睡，是他赠给我的。"地主知道了，就跑出去跳上了马，骑着马朝着厄莎走的方向去追了。他终于在半路上追赶上了厄莎，见到厄莎就磕头跪拜。"你很会赠予，也赠给我一点吧。"厄莎说："我赠给你的话，你会感动哭的。"地主想着自己肯定不会流泪，他还幻想以后，他妻子每天什么事都不做，只是骑马逛街。他刚想完，厄莎就给了他想要的一切。

有一天他妻子骑着马去逛街，回到家里时，从马上下不来了。地主找人来抬，怎么都抬不下来。马鞍紧紧地粘在了他妻子的胯下，这样，她就无法劳动了。后来家里的东西能卖的都卖完了。丈夫大哭："我怎么会这么倒霉。"他去拉马鞍，马鞍一下就断了。最后地主变成了穷人，穷人变成了富人。

（四）

ɣa⁵⁴　sa³¹　ɔ³¹　bɛ⁵³nɛ⁵⁴
鸡　　肉　　饭　　烂

sɿ⁵⁴　ɣɔ⁵⁴　qo³¹　la³¹　lɛ³³　a³³mi³¹　tɕɛ³³　lɔ³¹kɔ³³　qʰɔ³³　a³³ka⁵⁴
柴　拿　回　DIR　CONJ　火　生　锅　里　水

kɤ³³　tɛ³³,　ɣa⁵⁴　tsa³³　ne³¹　dɔ⁵³,　ɣa⁵⁴　tɔ⁵³,　ɣa⁵⁴　mu³³
装　留　鸡　找　拿　出　鸡　杀　鸡　毛

tsɿ⁵³　lɛ³³　pe²⁴　tsʰɿ⁵³,　tsa³¹qʰa³³　xu³³　lɛ³³　sɤ²⁴　lɛ³³　pʰɛ³¹
拔　CONJ　剖　洗　米　炒　CONJ　黄　CONJ　变

tʰa⁵³,　lɔ³¹kɔ³³　qʰɔ³³　a³³ka⁵⁴　kɤ³¹　lɛ³³　kɤ³³　tsa²⁴　ɣa⁵⁴　kɛ²⁴
时候　锅　里　水　装　CONJ　装　煮　鸡　老

dza⁵³　qo³³　tsa³¹qʰa³³　te³³kɛ³³　kʰɔ³¹　tsa²⁴,a³³　xe⁵³　qo³³　ɣa⁵⁴
很　CONJ　米　一起　拌　煮 NEG　INTJ　CONJ　鸡

sa³¹　xɛ³¹　dza⁵⁴,　tsa⁵³　a³³　ɣa⁵³,　ɣa⁵⁴　a³³　kɛ²⁴　qo³³
肉　硬　很　吃　NEG　得　鸡　NEG　老　CONJ

qʰa³¹　tʰa⁵³　tsa²⁴　kɛ³³　pʰɛ²¹,　a²⁴pʰi³¹　a³³lɛ³³　na³¹pa³³　qʰɔ²¹,
什么　时候　煮　都　可以　辣椒　盐巴　味精　放

zɿ⁵³pa³³　xɔ³³lɔ⁵³　tsʰɔ⁵³kɔ⁵³ɕi³¹　ɣa⁵⁴sɔ³³　tsʰu⁵³pʰi³¹　qʰɔ²¹　tsa⁵³qʰa³³
香茅草　大蒜　草果　芫荽　姜　放　米

tsa²⁴　pʰu⁵³　tɔ⁵⁴　la³¹,　ɣa⁵⁴　sa³¹　nɔ³¹　qo⁵³,　ɣa⁵⁴
煮　翻（膨胀）出来　DIR　鸡　肉　熟　CONJ　鸡

sa³¹　ɔ³¹　pɛ³³　lɛ³³　mɛ³³　o³¹.
肉　饭　烂　CONJ　熟　IND

译文：

鸡肉饭烂

　　拿柴生火，锅里装水，杀鸡，拔毛清洗，米炒至金黄，放至锅中同水一起煮。如是老鸡的话因肉质过硬需同米一起拌煮，如是嫩鸡的话则不限放米的时间。放入辣椒、盐、味精、香茅草、大蒜、草果、芫荽、姜，米和鸡肉同煮，鸡肉烂饭就做成了。

（五）

la⁵³xu³¹ɕi³³　　　pʰɛ³¹　　　la³³　　　ve³³　　　ɔ³¹lɔ³³
拉祜熙　　　　　变　　　SUF　　RM　　　故事

kʰɛ³³mu³¹kʰɛ³³lɔ²⁴,　　la⁵³xu³¹za⁵³　　tɔ⁵⁴　　la³¹　　kɤ³¹,　　la⁵³xu³¹za⁵³
开天辟地　　　　　拉祜族　　　出　　DIR　　处　　拉祜族

tɔ⁵³-la³¹　　tɕʰi³³xa⁵³　　tɕɔ³¹ve³³　　tɕɛ⁵³,　　xa³³qɔ⁵³tɕa⁵³　　a⁵³　　pɤ²⁴
出 DIR　　青海　　　PROG　　　COMP　　劳动　　　　NEG　　会

ɕɛ³¹　　tʰa⁵³,　　kʰa⁵⁴　　te³³　　sa³¹　　bɔ⁵⁴　　tɕa⁵³　　a³³su³³mi³³qʰa³³　　ɔ³¹ni³³ɔ³¹xa²⁴
还　　时候　　弩　　做　　肉　　打　　吃　　REFL　　　　　日子

kɔ²⁴　　a⁵³　　　ɣa³¹　　tɕɛ⁵³,　　o⁵³lɛ³³te³³lɛ³³　　　ɣɯ³¹sa³³　　ɕi³³
过　　NEG　　得　　COMP　　于是　　　　　厄莎　　　POST

ɔ³¹ʐɿ⁵³ɣɯ³¹qʰa³³　　tɕa³³　　ve³³　　ɣɯ³¹sa³³　　tɕʰɔ³³za⁵³　　ɔ³¹ʐɿ⁵³ɣɯ³¹qʰa³³
种子　　　　　找　　NOMIN　厄莎　　人们　　　种子

pi⁵³　　ve³³　　tɕɛ⁵³　　a³¹su³³mi⁵³qʰa⁵³　　ɔ³¹ʐɿ⁵³ɣɯ³¹qʰa³³　　sɤ³¹　　tɕa⁵³
DIR NOMIN　**COMP**　REFL　　　　　种子　　　　种　　吃

ɣa³³　　tɕa⁵³　　qʰa⁵³nɔ³¹　　ni³³xɛ³³　　lɛ²⁴tsɤ³¹　　tɕʰɔ³³za⁵³　　tʰa²¹　　za³¹
得　　吃　　以后　　　强壮　　各种　　　人们　　　patient　打

pɤ²⁴　　　　　ve³³.
会　　　　　IND

la⁵³xu³¹　　za⁵³ɣɯ³¹　　su³³　　tʰa²¹　　a³³　　ɣa⁵³,　　pʰɔ³³　　tɔ⁵³　　la³¹
拉祜　　人们　　　别人　　patient NEG　赢　　跑　　出　　DIR

na³¹tɕi³³　　ga³¹　　la³¹.　　na³¹tɕi³³　　tɕɔ³¹　　a⁵³　　tsʰɤ³¹　　lɛ³³　　te⁵³
南基　　　到　　DIR　南基　　　在　　NEG　成　　CONJ　　一

pɛ³¹　　tɕʰɔ³³　　pʰɔ³³　　tɔ³³　　la³¹　　na³¹tsa⁵³　　qɔ³¹　　ga³¹　　la³¹.　　sa³¹
部分　　人　　跑　　出　　DIR　南展　　又　　到　　DIR　肉

bɔ⁵⁴　　tɕa⁵³　　nu³¹ma³³　　tɕʰɛ⁵⁴　　te⁵³　　kʰɛ³³　　bɔ⁵⁴　　ɣa³³
打　　吃　　努妈　　　马鹿　　一　　头　　打　　得

qʰa⁵⁴o³¹qʰa⁵⁴mi³³　　kɛ³³　　pɛ³³　　tɕa⁵³　　ɣa³³.　　o³¹　　qʰa⁵³nɔ³¹
寨头寨尾　　　都　　分　　吃　　得　　那　　以后

ɔ³¹o³³pʰa⁵³　　fa⁵⁴pʰu³³　　te³³　　kʰɛ³³　　qɔ³¹　　ɣa³³　　pɛ³¹　　lɛ³³
欧帕　　豪猪　　一　　只　　又　　得　　分　　CONJ

qʰa⁵⁴o³¹qʰa⁵⁴mi³³　　a³¹　　ʐɿ⁵³　　ɔ³¹mu³³　　ɯ³¹　　dʑa⁵³　　ve³³.　　nu³¹ma³³
寨头寨尾　　　NEG　SUF　毛　　大　　很　　IND　　努妈

ɣɔ³¹	mɔ³¹	lɛ³³	ɔ³¹lɛ²⁴te³³lɛ³³	ɔ³¹nu³¹ma³³	dɔ⁵³	ve³³	ɔ³¹o³³pʰa⁵³
得	看	CONJ	所以	努妈	想	COMP	欧帕

ni³³	a³³	te⁵³,	a⁵³	pe³¹	tɕa³¹	la⁵³	te⁵³gɛ³³	tɕɔ³¹	a³³	tsʰɤ³¹
心	NEG	直	NEG	分	吃	DIR	一起	在	NEG	成

nɔ³¹ma³³	na³¹tɕa⁵³	pʰɔ³³	tɔ⁵³	ve³³.	qʰa⁵³nɔ³¹	ɔ³¹o³³pʰa⁵³	tsa³³
努妈	南展	跑	出	IND	后来	欧帕	找

ɣɔ³¹	sɤ³¹	ve³³.	a³³pɔ⁵³kʰɔ⁵³	qʰɔ³¹	ga³¹,	nɔ³¹ma⁵³	a³³pɔ⁵³	tɕɛ³¹
赶	领	IND	芭蕉林	里	到	努妈	芭蕉	树

tsʰɤ³¹pa³³	xa⁵³	ve³³	ɣa³³	mɔ³¹,	a³³pɔ⁵³	ɔ³¹tu³³	tu³³	la³³
砍断	下	NOMIN	得	看见	芭蕉	芽	发	DIR

ve³³	zɛ³¹	dza⁵³	lɔ³³.	ɔ³¹o³³pʰa⁵³	dɔ⁵³	ve³³
CONJ	长	很	语气词	欧帕	想	COMP

tsa³³	ɣɔ³¹	a⁵³	mi³¹	ta³¹,	ɔ³¹lɛ²⁴te³³lɛ³³	a⁵³	ɣɔ³¹	zu³¹.
找	赶	NEG	上	假设	所以	NEG	赶	追

nu³¹ma³³	ve³³	ɔ³¹za⁵³	te⁵³	pʰa³¹	za³¹qɔ³³	ka³¹	tɕɔ³¹
努妈	POSS	后代	一	部分	路	半	在

xa⁵⁴,	te⁵³	pɛ³¹	na³¹tɔ²⁴	tɕɔ³¹	xa⁵⁴,	te⁵³	pɛ³¹	ma³³mu⁵³mi³¹
下	一	部分	南段	在	下	一	部分	缅甸

tʰɛ⁵³mu³¹mi³¹	tɕi³³	gu³¹	ve³³.	za³¹qɔ³³ka⁵³	tɕɔ³¹	a³³	xa⁵³
泰国	来	去	IND	半路	在	语气词	下

ve³³	te⁵³tɕu⁵³,	ɣu⁵³sʐ⁵³	tɕi³³	a⁵³	ga³¹	qʰa⁵³nɔ³¹	qɔ³¹	a⁵³
RM	一群	前面	走	NEG	到	后面	回	NEG

ga³¹.	tɔ⁵³	u²⁴	kʰɔ⁵³	ɔ³¹tɕʰɔ⁵³	nɔ³¹	a⁵³	su³¹,	la⁵³xu³¹sɤ³³	pʰɛ³¹
到	话	说	声音	朋友	patient	NEG	像	拉祜佘	变

ve³³.
IND

注：sʐ³³意思为遗留下的。

译文：

拉祜熙的由来（开天辟地的故事）

据说，拉祜族曾经在青海生活的时候还不会劳作，只会用弩打猎吃，生活过得很辛苦。于是就从厄莎神那里要来种子，厄莎神给他们的种子可以让他们自己自足。他们有了吃的东西后（身体）就变得很强壮，（变得强壮后他们）不再怕受其他民族欺负，就和其他民族打仗。

但是战役失败了，他们逃到一个叫南基的地方。（没有多久）一部分拉祜族又来到一个叫南展的地方，（在这里）努妈部落打猎打到一头马鹿，足够全部人分着吃。之后，欧帕部落打猎又打到一只豪猪，（但豪猪小）不够全村的人吃。努妈部落看到豪猪的毛很粗后想，一定是欧帕部落的心不好，豪猪肉没有全部分给我们部落吃，我们不能再和他们一起生活了，（于是）努妈部落离开了南展。欧帕部落发现后就想在后面追赶努妈部落，想把努妈部落找回来。他们追赶到了一片芭蕉林，看到了一片被砍断的芭蕉树，而芭蕉上新发出的芽已经长得很长了。欧帕部落想可能赶不上（努妈部落）了，就不想再追赶了。

努妈部落的后代在迁徙的路上，一部分人留下来，一部分留在叫南段的这个地方，还有一部分继续迁徙，去了缅甸和泰国。在迁徙路上留下的那部分人，既不能往前走，又不能再回到从前的地方，当地人说的语言和他们又不同，剩下的（留在南段的）拉祜族就变成拉祜佘（即拉祜熙）。

（六）

$q^h\math答o^{31}$	$t\mathe a^{53}$
年	过

$q^h\math答o^{31}pi^{31}te^{33}ni^{33}$	$z\mathε^{31}\mathε i^{53}$	$v\mathɤ^{31}ka^{53}$	$ts^h\mathɿ^{53}$	$z\mathε^{31}q^h\math答o^{33}$	k^hu^{53}	$\mathɣu^{33}ta^{31}$
除夕	大扫除	衣服	洗	房里	东西	整理

$tsa^{31}\mathŋ\math答o^{53}q^ha^{33}$	$mu^{53}p^h\mathɤ^{21}$	$q\math答o^{53}$	$na^{31}le^{21}$	$te^{53}xa^{53}$	$ve^{33},$	$na^{31}m\mathɤ^{31}t\mathɕ i^{33}$
糯米	晚上	九	时间	泡下	IND	明早

$sa^{24}q^ha^{33}$	$q^h\math答o^{33}$	$k\mathɤ^{33}$	sa^{24}	$l\mathε^{33},$	$m\mathε^{33}$	$q\math答o^{33},$	$nu^{31}\mathε i^{31}$	xu^{33}	$l\mathε^{33}$
甑子	里	装	蒸	CONJ	熟	CONJ	芝麻	炒	CONJ

$t\mathɕ h\mathε^{33}q\math答o^{31}$	$q^h\math答o^{33}$	$k\mathɤ^{33}$	te^{31}	$ve^{33},$	$\math答o^{31}pa^{33}$	te^{31}	$q^ha^{53}n\math答o^{31}$	$\math答o^{31}pa^{33}$
碓臼	里	装	舂	IND	粑粑	舂	之后	粑粑

$te^{33}\mathɣa^{33}$	$q^ha^{53}n\math答o^{31}$	$t\mathɕ\math答o^{31}pa^{31}$	$q^ha^{53}za^{53}$	ku^{31}	$l\mathε^{33},$	$t\mathɕ e^{31}za^{53}$	pu^{53}
做完	之后	头人	寨子	喊	CONJ	鼓	背

$l\mathε^{33}$	$q^h\math答o^{21}$	$\mathε\mathε^{31}p^ha^{53}$	$tsa^{33}s\mathɣ^{31}$	$ve^{33},$	$t\mathɕ a^{33}s\mathɣ^{31}$	$q\math答o^{21}$	la^{31}
CONJ	年	神	领	IND	领	回	DIR

$l\mathε^{33}$	$ts\math答o^{31}pa^{31}$	$\mathε i^{33}$	$\math答o^{31}li^{53}$	te^{33}	vi^{53}	$ve^{33},$	$q^ha^{53}n\math答o^{31}$	$q^ha^{33}\mathε\mathε^{33}$
CONJ	长老	POST	礼	做	DIR	IND	以后	卡些

$\mathε i^{33}$	$\math答o^{31}li^{53}$	$q\math답o^{21}$	tsa^{33}	te^{33}	vi^{53}	$ve^{33},$	$q^ha^{53}n\math答o^{31}$	$fu^{31}z\mathε^{31}pa^{31}$
POST	礼	又	去	做	DIR	NOMIN	以后	佛爷

ɕi³³　　ɔ³¹li⁵³　　qɔ²¹　　tsa³³　　te³³　　vi⁵³　　ve³³,　　ɔ³¹　　qʰa⁵³nɔ³¹　　tsʅ³¹qɛ²⁴qʰɤ³³

POST　礼　　又　　去　　做　　DIR　NOMIN　那　之后　　广场

qʰɔ²¹　　xa²¹　　ve³³.　　te⁵³tɕa³¹lɛ³³lɛ³³　　ɔ³¹pa³³　　zu³¹　　　　tɔ⁵³　　la³³　　　lɛ³³

年　　迎接　　IND　　每一家　　　　　　粑粑　　拿　　　出　　DIR　　CONJ

qʰɔ²¹　　tɕɛ³¹　　a³¹　　　ta⁵³　vi⁵³,　　pɛ⁵³　　　　sa³³　zu³¹　　tɔ⁵³　　la³³　　　lɛ³³

年　　树　　TEM　　献　DIR　　蜂蜡　　香　拿　　出　　DIR　CONJ

tɕɛ³¹dɔ⁵⁴pɔ³³te³³　　ve³³,　　　　ni³³　　　mɤ³¹　　　qa³¹qʰɛ⁵⁴　　ve³³.

载歌载舞　　　　IND　　芦笙　　吹　　跳舞　　　　IND

qʰɔ³¹sʅ²⁴ni⁵³ni³³　　tʰa⁵³,　　ɔ³¹pa³³　　te⁵³　tɕɛ³³　　va³¹　　ni³³ku⁵³　　te⁵³

大年初二　　　　时候　粑粑　　一　　对　　猪　　排骨　　一

tsa³¹qʰa³³　te⁵³　　bɔ²⁴　　　do⁵³　　　pu⁵³　　lɛ³³,　　a³³tɛ³³a³³ma³³　　ɕi³³

米　　一　　筒　　装　　背　　CONJ　爸爸妈妈　　POST

ɔ³¹li⁵³　　te³³　　vi⁵³　ve³³,　　qɔ³¹　qɔ³¹　la³¹　　　lɛ³³　　　zɛ³¹　　qʰɔ³³　ɔ³¹

礼　　做　　DIR　IND　　又　回　　DIR　　CONJ　房　　里　饭

a³¹tɕi²⁴　　te³³　　qʰa³³　lɛ³³,　　zʅ³¹qɛ²⁴kʰɤ³³　　tɕa³³　　mɤ³³　　tɕa⁵³.　qʰa⁵³nɔ³¹

一点　　做　　SUF　CONJ　广场　　　去　坐　　吃　　以后

te³³ni³³lɛ³³lɛ³³　　kɛ³³　　　ɕa³¹lɛ²⁴　te³³　ve³³.　qʰɔ³¹　　tɔ⁵³　　tʰa⁵³　　ɔ³¹pa³³　su³¹

每一天　　　都　　这样　做　IND　年　　出　时候　　粑粑　收

ve³³.　　ɔ³¹pa³³　　su³³　　　qʰa⁵³nɔ³¹　　te³³　　ni³³　qʰɔ³¹ɛ³³pʰa³³　tɕa³³

IND　粑粑　　收　　以后　　一　天　年神　去

sɤ³¹　　qo³¹　　ve³³　　qʰa⁵³nɔ³³　qɔ³¹　la³¹　　lɛ³³　　xɔ³¹zɛ³¹　　pa⁵³

领　　回　　NOMIN　以后　回　DIR　CONJ　佛房　前边

ɔ³¹　　mɤ³³　　tɕa⁵³　　xa³³　　lɛ³³　　pɤ³¹　　ve³³.

饭　坐　吃　SUF　CONJ　完　IND

译文:

过 年

除夕的大扫除,要洗衣服还要整理房间。晚上 9 点左右将糯米泡在水里。第二天早上,把头天晚上泡下的糯米放在甑子里面蒸熟。芝麻炒熟后放在碓臼里春,接着再春粑粑。粑粑做完后,寨子的长老叫上寨子里的人,背上神鼓请年神,请回来后带着礼品到长老家将礼品献给长老。之后就到卡些家,再到佛爷家,最后到广场上进行迎新年活动。每家都把粑粑拿出来献给年树,拿出蜂蜡和香,载歌载舞,吹起芦笙跳起舞。

大年初二的时候将一对粑粑和一根猪排骨,一筒米,装起来背给父母。

回来后在家里做好饭，拿到广场上一起吃饭。过年的每一天都要这样做，过完年，将粑粑从神台上收下来。粑粑收下来后的那一天，就把年神送回去。回到佛房前边坐下来大家一起吃顿饭，年就过完了。

（七）

tɕʰɔ³³	sɿ³³tɕʰɔ³³	to³¹	ve³³	ɔ³¹lɔ³³
人	死人	埋	RM	习俗

qʰa⁵³qʰɔ³³	tɕʰɔ³³	te³³	ɣa⁵³	sɿ³³	qʰa³³	qo³³	qʰa⁵³qʰɔ³³	tɕʰɔ³³
寨子	人	一	位	死	SUF	就	寨子	人

tsa³¹qʰa³³	te³³	ɣa⁵³	te³³	kʰɛ⁵³	tɕʰi⁵³	vɤ³³	lɛ³³	tsa³¹	pa³¹
米	一	位	一	碗	拿	DIR	CONJ	去	陪伴

vi⁵³	ve³³	tɕʰɔ³³	sɿ³³	la³¹	ve³³	nɔ³¹xɔ³³	ɣa⁵⁴	te⁵³	kʰɛ³³	dɔ⁵³
DIR	IND	人	死	SUF	NOMIN	patient	鸡	一	只	杀

xa³³	lɛ³³	ɔ³¹tɔ³¹la³¹ka²⁴	tɔ⁵⁴	lɛ³³	la³¹qa²⁴xɔ²⁴	nu⁵⁴	vi⁵³	ve³³
SUF	CONJ	鸡翅膀	砍	CONJ	腋下	夹	DIR	IND

qʰa⁵³qʰɔ³³	tɕʰɔ³³	qʰa⁵³	la³¹	ve³³	te⁵³	tɕu⁵³	sɿ⁵³ba²⁴	zu³¹	lɛ³³
寨子	人	下	DIR	NOMIN	一	群	木板	拿	CONJ

qo⁵³	te³³	vi⁵³	ve³³.	za³³mi⁵³ma³³	te⁵³	tɕu⁵³	ɔ³¹	te³³	qɔ⁵³	te³³	pa³¹
棺材	做	DIR	IND	妇女	一	群	饭	做	棺材	做	M

nɔ³¹xɔ³³	ɔ³¹	gɤ³³	tɕa³¹	vi⁵³	ve³³.	ɔ³¹	tɕa⁵³	pʰɛ⁵³	qʰa⁵³nɔ³¹	te⁵³
patient	饭	装	吃	DIR	IND	饭	吃	完	以后	一

pɛ³¹	tɕa³¹	da²¹	to³¹	tɕi³¹	ve³³.	te⁵³	pɛ³¹	va³¹	dɔ⁵³	qʰa³¹
部分	去	抬	埋	去	IND	一	部分	猪	杀	SUF

lɛ³³	ɔ³¹	te³³	ve³³.	tɕʰɔ³³	to³³	qo³¹	la³¹	qo³³	bo³³	tsa⁵⁴	pɛ³¹
CONJ	饭	做	IND	人	埋	回	DIR	CONJ	福	线	栓

vi⁵³	ve³³	qʰa⁵³nɔ³¹	ɔ³¹	gɤ³¹	tɕa⁵³	vi⁵³.
DIR	NOMIN	以后	饭	装	吃	DIR

tɕʰɔ³³	sɿ³³	te⁵³	zɛ³¹	te⁵³tɕʰi³³ɛɛ⁵⁴	ni³³	ɔ³¹ka³¹	kʰo⁵³	a³³	ɣa³¹	zu³¹
人	死	一	家	十三	天	之间	东西	NEG	得	拿

dɔ⁵⁴	tɕʰɔ³³	to³¹	ve³³	te⁵³tɕʰi³³ɛɛ³³	ni³³	te⁵³	ni³³	ɣa⁵⁴ɔ³¹bɛ⁵³nɛ⁵⁴	te³³	lɛ³³
出	人	埋	RM	十三	天	一	天	鸡肉烂饭	做	CONJ

to³¹	kɤ³¹	za³¹qɔ³³	dza⁵³	zɛ³¹	nɛ²⁴	te⁵³	zɛ³¹	te³³	lɛ³³,ɣa⁵⁴ɔ³¹bɛ⁵³nɛ⁵⁴
埋	处	路	边	房子	小	一	间	做 CONJ	鸡肉烂饭

lɛ³³	tɕʰɔ³³	sʅ³³	pa³¹	ve³³		vɤ³¹		qa⁵³		tɕa⁵³	tɛ³³	vi⁵³	ve³³.
CONJ	人	死	M	RM		衣服		裤子		找	拿	DIR	IND

qɔ³¹la³¹	qʰa⁵³nɔ³¹	zɔ⁵³	te³³	zɛ³¹		a⁵³	sʅ³³	pa³¹		nɔ³³xɔ³³		bo³³	tɕa⁵⁴
回来	以后	他	一	家		NEG	死	M		patient		福	线

pʰɛ³³	vi⁵³,	qʰa⁵³nɔ³¹	lɛ³³	kʰo⁵³		kɛ³³		zu³³		dɔ⁵⁴		pʰɛ³³
拴	DIR	以后	CONJ	东西		也		拿		出		可以

o³³.
TEM

译文:

丧礼的习俗

　　寨子里有人过世的时候,寨子里的每一个人拿着一碗米去陪伴逝者的亲属。逝者家要杀一只鸡,把鸡翅膀砍下来放在尸体的腋下。来的客人用木板帮忙做棺材。妇女帮忙做饭给做棺材的人。吃完饭后,一些人将棺材抬出去埋葬,还有一些人杀猪做饭,把尸体埋葬后,(留在家里的人)给出殡回来的人拴福线,并且招呼他们吃饭。

　　13 天之内,逝者家里的任何东西都不能带出家门。埋人的第 13 天,在出殡的那条路边盖一个简易的小房子,将做好的鸡肉烂饭和逝者的衣物放在这个小房子里。回来后,寨子里的人给逝者家属拴福线。这之后,家里的东西就可以拿出家门了。

(八)

ɔ³¹bo³³ɔ³¹sʅ²⁴		tsa³³		lɔ³¹	ve³³
福气		去		求	NOMIN

xa³³pa³³	tɕa³³ta³¹	ta⁵⁴	la³³		ve³³	te³³tɕʰi³³ɛɛ⁵⁴		ni³³	ɔ³¹ka³¹	xa³³qɔ⁵³
月亮	开始	上	DIR		RM	十三		天	之间	劳动

tɕa⁵³	ve³³,	te⁵³tɕʰi³³ɔ⁵³		ni³³	te⁵³tɕʰi³³ŋa⁵³		ni³³	tʰa⁵³		qo³¹		qʰa⁵⁴	qʰɔ³³
吃	IND	十四		天	十五		天	时候		TM		寨子	里

tɕʰɔ³³	te³³tsa³³le³³lɛ³³	pɛ⁵³xɔ³¹		ɣɔ³¹	vɤ³¹		lɛ³³		sa³³	ɛɛ³³	ve³³	lɛ³³
人	每家每户	蜂蜡		拉	DIR		CONJ		香	拿	NOMIN	CONJ

qʰa⁵⁴ɛɛ³³	tɕɔ³¹pa³¹	fu³¹zɛ³¹pa³¹	qʰa⁵⁴		za³¹	te³³	pɛ³¹	tɕɛ³¹za⁵³	pu⁵³
头人	长老	佛爷	寨子		人	一	部分	鼓	背

vɣ³¹	lɛ³³.	xu³¹zɛ³¹xɔ²⁴zɛ³¹	qʰɔ³³	qʰa⁵³ɕɛ³¹	tɕɔ³¹pa³¹	fu³¹zɛ³¹pa³¹
DIR	CONJ	佛房	里	头人	长老	佛爷

pɛ⁵³	sa³³	to³³	lɛ³³	ɔ³¹bo³³ɔ³¹ɕi³³	lɔ³¹	ve³³.	qʰa⁵³	za⁵³	te³³	tɕu⁵³
蜂蜡	香	点	CONJ	福气	求	IND	寨子	人	一	群

tɕɛ³¹za⁵³	dɔ⁵⁴	ve³³,	te³³	tɕu⁵³	qa³¹qʰe⁵³	za³¹mi³³	te³³	tɕu⁵³	po⁵³te³³
鼓	打	CONJ	一	群	跳芦笙舞	女人	一	群	跳摆舞

xa³³pa³³	tɕʰɛ⁵³	tʰa⁵³	kɛ³³	sa³¹lɛ²⁴	qʰa³³su³¹	ɣa³³	te³³	ve³³.
月亮	断	时候	也	这样	一样	得	做	IND

译文：

祭　祀

在农历初十三之前都要生产劳动，到了第 14 天和第 15 天这两天，寨子里的每家每户都要拿着蜂蜡和香，一些人背着象脚鼓，由卡些、佛爷和长老带着全寨的人到佛房，由头人、佛爷和长老点香，进行祭祀活动。全寨的一部分男人打鼓，一部分跳芦笙舞，女人跳起摆舞。到了月残的时候也要做相同的祭祀活动。

（九）

xɔ³³qʰa⁵⁴xa²⁴	lɛ³³	za³³mi⁵³xa²⁴	qa³¹mɣ³¹	da³¹
小伙子	CONJ	小姑娘	情歌	REC

	zu³¹da²¹	ve³³	ɔ³¹lɔ³³
	结婚	RM	习俗

ɕɛ³¹	te⁵³	qʰa⁵⁴	ve³³	xɔ³³qʰa⁵⁴xa²⁴	te³³	tɕu⁵³	za³³mi⁵³xa²⁴	tɕɔ³¹
这	一	寨	RM	小伙子	一	群	小姑娘	有

te³³	qʰa⁵³	ve³³	tɕʰɔ³³	te³³	ɣɔ³³	pʰu⁵³da²¹,	tɔ⁵³	sa³¹pɣ³¹	vi⁵³	ve³³.
一	寨	RM	人	一	位	遇见	话	带	DIR	IND

nɔ³¹	te³³	qʰa⁵⁴	za³³mi⁵³xa²⁴	nɔ³¹xɔ³³	qa³¹lɛ³¹tɕʰi³³	la³¹	pɣ³³	la³³	qa³³mɣ³¹
你	一	寨子	小姑娘	patient	丫口	来	完	SUF	情歌

da²¹	qo⁵⁴	pi³³	qʰa³³.	mu⁵³pʰɣ³¹	ga³¹	lɛ³³	xɔ³³qʰa⁵⁴	te³³	tɕu⁵³
REC	说	DIR	SUF	晚上	到	CONJ	小伙子	一	群

tɕi³¹	lɛ³³	a³³mi³¹	tɕɛ³³	lɔ³¹	ɣa³¹	vi⁵³	ve³³.	za³¹mi⁵³	te³³	tɕu⁵³
走	CONJ	火	生	等	得	DIR	IND	小姑娘	一	群

ga³¹ la³¹ lɛ³³ qa³³mɤ³¹ da²¹. qʰa⁵³nɔ³¹ za³¹mi⁵³ te³³ ɣa⁵³
到　　来　CONJ　情歌　REC　以后　　小姑娘　一　个

xɔ³³qʰa⁵⁴ te³³ ɣa⁵³ dɔ⁵³tɕɔ⁵³ da²¹ lɛ³³ dzɛ³¹da²¹ xɔ³¹ qo³³
小伙子　一　位　喜欢　RECP　CONJ　商量　好　CONJ

za³¹mi⁵³ ɔ³¹pa³¹ɔ³¹ze³¹ u³³ vi⁵³ ve³³. ɔ³¹pa³¹ɔ³¹ze³¹ tɕʰɔ³³ ni⁵³ ɣa⁵³
小姑娘　爸爸妈妈　说　DIR　IND　爸爸妈妈　人　两　位

tsa³³ tsa³³ lɛ³³ ɔ³¹li⁵³ tʰi⁵⁴ pu³¹ pɤ³¹ lɛ³³ xɔ³³qʰa⁵⁴
去　找　CONJ　礼　包　背　走　CONJ　小伙子

ɔ³¹pa³¹ɔ³¹ze³¹ nɔ³¹xɔ²⁴ tsa³³ gɤ³¹ vi⁵³ ve³³, pʰɛ³¹ɔ³¹ na³¹mu³¹tɕʰi³³
爸爸妈妈　patient　去　装　DIR　IND　后天　早上

za³³mi⁵³ te³³ fu⁵³ tsa³³ dzɛ³¹ta³¹ la³³ ɔ³¹ni³³ɔ³¹xa²⁴ tsa³³ sa³¹ ve³³
小姑娘　一　方　去　商量　DIR　日子　去　商量　IND

xɔ³³qʰa⁵⁴ te³³ fu⁵⁴ va³¹ te⁵³ kʰɛ³³ ɣa³¹ te⁵³ kʰɛ³³ za³³mi⁵³ te³³ fu⁵³
小伙子　一　方　猪　一　头　鸡　一　只　小姑娘　一　方

nɔ³¹xɔ³³ ɣa³³ pi⁵³ ve³³ u²⁴da²¹ xa⁵³ ve³³ qʰa⁵³nɔ³¹ ɔ³¹vi²⁴ɔ³¹ŋa²⁴
patient　得　DIR　NOMIN　商量　SUF　NOMIN　之后　亲戚

nɔ³¹xɔ³³ sa³¹da²¹ la³¹ ve³³ ɔ³¹ni³³ tsa³¹ u²⁴ ma³¹ vi⁵³ ve³³
patient　商量　DIR　RM　日子　去　说　教　DIR　RM

ɔ³¹ni³³ɔ³¹xa²⁴ ga³¹ te³³ ni³³ xɔ³¹qʰa⁵⁴ te³³ fu⁵³ ɣa⁵⁴ te⁵³ kʰɛ³³ va³¹ te⁵³
日子　到　一　天　小伙子　一　方　鸡　一　只　猪　一

kʰɛ³³ su²⁴ la³¹ ɔ³¹li⁵³ ni⁵³ tʰi⁵³ tsɿ³³ka³¹pa³¹ pu⁵³ a³³su³¹zɔ⁵³kʰa⁵³ te³³ tɕa⁵³
头　烟　茶　礼　两　包　媒人　背　REFL　做　吃

tu³¹ tsa³¹qʰa³³ pu⁵³ vɤ³³ lɛ³³ za³³mi⁵³ tɕa³ zu³¹ tɕi³¹ ga³¹
NOMIN　米　背　走　CONJ　小姑娘　找　娶　去　到

qʰa⁵³nɔ³¹ tsɿ³³ka³¹pa³¹ ɔ³¹li⁵³ tɕʰi⁵³ lɛ³³ za³³mi⁵³ lɔ³¹ ve³³. mu⁵³pʰɤ³¹
以后　媒人　礼　抬　CONJ　小姑娘　求　IND　晚上

tʰa⁵³ zu³¹da²¹ ve³³ xɔ³¹qʰa⁵⁴ za³³mi⁵³ nɔ³¹xɔ³³ ɔ³¹kɛ²⁴ ɔ³¹li⁵³ɔ³¹qʰa⁵⁴ u²⁴
时候　结婚　RM　小伙子　小姑娘　patient　老人　婚规　说

ma³¹ vi⁵³ ve³³. na³¹mu³¹tɕʰi³³ va³¹ dɔ⁵³ xa³³ lɛ³³ te⁵³ la³¹qa²⁴ xɔ³³qʰa⁵⁴ te³³
教　DIR　IND　明早　猪　杀　好　CONJ　一　肩膀　小伙子　一

fu⁵⁴ nɔ³¹xɔ³³ pi⁵³ ɔ³¹vi²⁴ɔ³¹ŋa²⁴ qʰa⁵³ la³¹ ve³³ ɔ³¹ tɕa⁵³ pɤ³¹ lɛ³³
方　patient　DIR　亲戚　全部　来　NOMIN　饭　吃　完　CONJ

za³³mi⁵³ xɔ³³qʰa⁵⁴ te³³ fu⁵⁴ tɕa³³ sɿ³¹ qo³¹ vi⁵³ ve³³.
小姑娘　小伙子　一　方　去　领　回　DIR　IND

译文:

姑娘小伙谈恋爱及结婚的习俗

　　一个寨子的几个小伙子遇见另外一个寨子的人,这个寨子里有未出嫁的姑娘。请这个人带话给他寨子里的女孩子们,晚上请她们来垭口对唱情歌。到了晚上,小伙子就生火等着姑娘们,姑娘们到了之后就开始对唱情歌,如果相互喜欢,两人商量好决定要结婚的话就由女方回家和父母说,由女方的父母请媒人带上礼品到男方家提亲。第三天早上,由男方的父母及长辈到女方家去一起商量结婚的日子,并且商量好男方家需送给女方家一头猪和一只鸡等聘礼。婚礼时男方带着一头猪、一只鸡、烟、茶以及由媒人背着其他礼品去求婚。到了之后由媒人进行求姑娘活动。晚上的时候,由老人进行教诲新婚夫妇。第二天早上杀猪,将猪的一只腿给男方。全部的亲戚朋友都吃好饭后,把新娘子送回男方家。

（十）

a³³ɣɔ³¹ma³³	lɛ³³	u³³mɛ⁵³	ve³³	ɔ³¹lɔ³³
孔雀	CM	鹌鹑	RM	故事

tɕa³¹nu³³tɕa³¹pɛ³³	tɕʰi⁵³pɛ³³	ɔ³¹pa⁵³	qa³³	tsɔ³³	qʰɛ⁵³ ve³³ ɔ³¹ni³³
扎努扎别	坟墓	旁边	芦笙舞	转	跳 RM 日子

ga³¹ lɛ³³, to³³nu⁵³to³³sa⁵⁴ qa³³ tsa³³ tsɔ³¹ qʰɛ⁵³ la³³ ve³³, u³³mɛ⁵³
到 CONJ 动物 芦笙舞 找 转 跳 来 IND 鹌鹑

mɛ³¹tu³³ zɛ³¹ dza³³ lɛ³³ qa³¹qʰɛ³³ ve³³ ŋɔ²⁴ sa³³ dza⁵³,
尾巴 长 很 CONJ 跳舞 R M 看 舒服 很

a³³ɣɔ³¹ma³³ mɛ³¹tu³³ a³³ ŋɔ³¹ ŋɔ³¹ ve³³, a³³ɣɔ³¹ma³³ u³¹mɛ⁵³ qa³³qʰɛ³³
孔雀 尾巴 NEG 长 长 NOMIN 孔雀 鹌鹑 跳舞

ve³³ ŋɔ²⁴ sa³³ tɕa⁵³ ve³³ ŋɔ²⁴ mɔ³¹, a³³ɣɔ³¹ma³³ u³³mɛ⁵³
RM 看 舒服 很 NOMIN 看 见 孔雀 鹌鹑

qʰa⁵³nɔ³¹ qa³³ ɣa³¹ qʰɛ⁵³ ve³³, te³³ pɔ⁵⁴ qʰɛ⁵³ qo³³ mɛ³¹tu³³ mu³³ te⁵³
以后 舞 得 跳 IND 一 次 跳 CONJ 尾巴 毛 一

mu³³ ŋa⁵³tɕʰi⁵³ xa³³ vi⁵³ ve³³. ni⁵³ pɔ⁵⁴ qʰɛ⁵³ qo³³ ni⁵³ mu³³
毛 踩掉 SUF DIR IND 两 次 跳 CONJ 两 毛

ŋa⁵³tɕʰi⁵³ xa³¹ vi⁵³. ŋa⁵³tɕʰi⁵³ pɤ³¹ qʰa⁵³nɔ³¹ a³³ɣɔ³¹ma³³ zu³¹ vɤ³³
踩掉 SUF DIR 踩掉 完 以后 孔雀 拿 走

vi⁵³	ve³³,	u³³mɛ³³	ɔ³¹to³³	a⁵³	ɤ³¹	lɛ³³	ɔ³¹mɛ³¹tu³³	mu³³	qɔ³¹
DIR	IND	鹌鹑	身体	NEG	大	CONJ	尾巴	毛	又

ɤa³¹zu³¹	a⁵³	ɤa³³,	a³³ɤɔ³¹ma³³	zu³¹	vɤ³³	lɛ³³	zɔ³¹qʰa⁵³zɔ³¹
追赶	NEG	得	孔雀	拿	走	CONJ	他自己

qʰɔ³¹pi²⁴pɤ³³	a³¹tɕʰu⁵³	vɤ³³	vi⁵³	ve³³.	o³³a³¹lɛ²⁴te³³lɛ³³	u³³mɛ⁵³	te⁵³	za³¹
屁股	插	走	DIR	IND	所以	鹌鹑	一	种

ɔ³¹mɛ³¹tu³³	a⁵³	ŋɔ³¹,	zɔ⁵³	mɛ³¹tu³³	a⁵³	ŋɔ³¹	lɛ³³	za³¹tɔ³³	lɛ³³
尾巴	NEG	长	他	尾巴	NEG	长	CONJ	害羞	CONJ

tɕʰɛ³³nɛ³³tɕo³³	qʰa³³ga³¹	xa³³kɛ³¹	qʰɔ³³	tɕɛ³³	nɛ²⁴	sa³¹	tsɔ³¹	la³¹
现在	直到	荒山	里	仅	只	只	住	CON

ve³³,	tɕʰɛ³³nɛ³³	qʰa³³ga³¹	a³³ɤɔ³¹ma³³	mɛ³¹tu³³	da²¹	dza⁵³.
IND	现在	直到	孔雀	尾巴	好	很

译文:

孔雀和鹌鹑的故事

每年都有那么一天，动物们集中在扎努扎别的坟墓旁边跳芦笙舞，鹌鹑的尾巴很长，所以跳起舞来很好看。孔雀没有尾巴，所以跳起舞来不好看。在一次跳舞时，孔雀跟在鹌鹑后面，跳一次就踩掉一根鹌鹑的毛，踩两次就踩掉两根毛。踩掉之后就将鹌鹑的毛拿走。鹌鹑身形小，追不到自己的毛，孔雀把毛插在自己的屁股上，而鹌鹑以后就没有尾巴了。鹌鹑因自己没有尾巴而害羞，直到现在它都躲在荒山里不肯出来，所以现在孔雀的毛很好看。

（十一）

		ɔ³¹tsɤ³³	mɛ³³	ve³³	ɔ³¹lɔ³³
		名字	取	RM	根据

fa⁵⁴	ni³³	dza⁵³	la³¹	ve³³	za³³mi³³	na³³fa⁵⁴	mɛ³³,	xɔ³³qʰa⁵⁴
老鼠	天	生	DIR	RM	小姑娘	娜发	叫	小伙子

tsa³¹fa⁵⁴	mɛ³³.	ŋu⁵³	ni³³	dza⁵³	la³¹	ve³³	za³³mi⁵³	na³³ŋu⁵³	mɛ³³,
扎发	叫	牛	天	生	DIR	RM	小姑娘	娜努	叫

xɔ³³qʰa⁵⁴	tsa³¹ŋu⁵³	mɛ³³.	la⁵³	ni³³	dza⁵³	la³¹	ve³³	za³³mi⁵³	na³³la⁵³
小伙子	扎努	叫	虎	天	生	DIR	RM	小姑娘	娜拉

mɛ³³, xɔ³³qʰa⁵⁴ tsa³¹la⁵³ mɛ³³. tʰɔ⁵³ ni³³ dza⁵³ la³¹ ve³³, za³³mi⁵³
叫 小伙子 扎拉 叫 兔 天 生 DIR RM 小姑娘

na³³tʰɔ⁵³ mɛ³³, xɔ³³qʰa⁵⁴ tsa³¹tʰɔ⁵³ mɛ³³. lɔ⁵³ ni³³ dza⁵³ la³¹ ve³³
娜妥 叫 小伙子 扎妥 叫 龙 天 生 DIR RM

za³³mi⁵³ na³³lɔ⁵³ mɛ³³, xɔ³³qʰa⁵⁴ tsa³¹lɔ⁵³ mɛ³³. sɛ³³ ni³³ dza⁵³ la³¹
小姑娘 娜洛 叫 小伙子 扎洛 叫 蛇 天 生 DIR

ve³³ za³³mi⁵³ na³³sɛ²⁴ mɛ³³, xɔ³³qʰa⁵⁴ tsa³¹sɛ²⁴ mɛ³³. sɛ³³ ni³³ dza⁵³ la³¹
RM 小姑娘 娜谢 叫 小伙子 扎谢 叫 蛇 天 生 DIR

ve³³kɛ³³ ku³¹ za³³mi⁵³ na³³si²⁴ mɛ³³, xɔ³³qʰa⁵⁴ tsa³¹si²⁴ mɛ³³. mu⁵³ ni³³
RM 也 叫 小姑娘 娜丝 叫 小伙子 扎丝 叫 马 天

dza⁵³ la³¹ ve³³, za³³mi⁵³ na³³mu⁵³ mɛ³³, xɔ³³qʰa⁵⁴ tsa³¹mu⁵³
生 DIR RM 小姑娘 娜木 叫 小伙子 扎木

mɛ³³ zɔ³¹ ni³³ dza⁵³ la³¹ ve³³ za³³mi⁵³ na³³zɔ³¹ mɛ³³, xɔ³³qʰa⁵⁴
叫 羊 天 生 DIR RM 小姑娘 娜约 叫 小伙子

tsa⁵³zɔ³¹ mɛ³³. mɔ²¹ ni³³ dza⁵³ la³¹ ve³³ za³³mi⁵³ na³³mɔ²¹
扎约 叫 猴 天 生 DIR RM 小姑娘 娜莫

mɛ³³, xɔ³³qʰa⁵⁴ tsa³¹mɔ²¹ mɛ³³. ɣa⁵⁴ ni³³ dza⁵³ la³¹ ve³³
叫 小伙子 扎莫 叫 鸡 天 生 DIR RM

za³³mi⁵³ na³³ɣa⁵⁴ mɛ³³, xɔ³³qʰa⁵⁴ tsa³¹ɣa⁵⁴ mɛ³³. pʰɤ⁵³ ni³³ dza⁵³ la³¹
小姑娘 娜阿 叫 小伙子 扎阿 叫 狗 天 生 DIR

ve³³ za³³mi⁵³ na³³pʰɤ⁵³ mɛ³³, xɔ³³qʰa⁵⁴ tsa³¹pʰɤ⁵³ mɛ³³. va³¹ ni³³
RM 小姑娘 娜丕 叫 小伙子 扎丕 叫 猪 天

dza⁵³ la³¹ ve³³ za³³mi⁵³ na³³va³¹ mɛ³³, xɔ³³qʰa⁵⁴ tsa³¹va³¹ mɛ³³.
生 DIR RM 小姑娘 娜娃 叫 小伙子 扎娃 叫

a³³ta³³pɔ³³ a³³pi³³ a³³tɛ³³ a³³ma³³ ɔ³¹vi²⁴ɔ³¹ŋa²⁴ ɔ³¹tsɤ³³ ɔ³¹ni³³ nɔ³¹xɔ³³
爷爷 奶奶 爸爸 妈妈 亲戚 名 字 日子 patient

mɛ³³ la³¹ ve³³ tɛɔ³¹ po³³ qo³³ dza⁵³ ni³³ nɔ³¹xɔ³³ a³³ qo³¹
叫 DIR RM 有 PERF CONJ 生日 天 patient NEG 又

mɛ³³. na³¹mɤ³¹tɛʰi³³ dza⁵³ la³¹ ve³³ za³³mi⁵³ qo³³ na³¹po⁵³ mɛ³³,
叫 早上 生 DIR RM 小姑娘 CONJ 娜保 叫

xɔ³³qʰa⁵⁴ qo³³ tsa³³po⁵³ mɛ³³. mɔ⁵³qɔ³³ dza⁵³ la³¹ ve³³
小伙子 TM 扎保 叫 下午 生 DIR RM

za³³mi⁵³ qo³³ na³³qɔ³³ mɛ³³ ve³³, xɔ³³qʰa⁵⁴ qo³³ tsa³¹qɔ³³ mɛ³³.
小姑娘 TM 娜戈 叫 IND 小伙子 TM 扎戈 叫

mu⁵³pʰɤ³¹	dza⁵³	la³¹	ve³³	za³³mi⁵³	qo³³		na³³pʰɤ³¹	mɛ³³	ve³³,
晚上	生	DIR	RM	小姑娘	CONJ		娜迫	叫	IND

xɔ³³qʰa⁵⁴		qo³³		tsa³¹pʰɤ³³	mɛ³³	ve³³.
小伙子		TM		扎迫	叫	IND

译文：

取名的由来

属鼠那天生的女孩子叫娜发，男孩子叫扎发。属牛那天生的女孩子叫娜努，男孩子叫扎努。属虎那天生的女孩子叫娜拉，男孩子叫扎拉。属兔那天生下的女孩子叫娜妥，男孩子叫扎妥。属龙那天生下的女孩子叫娜洛，男孩子叫扎洛。属蛇那天生下的女孩子叫娜谢，男孩子叫扎谢。（属蛇那天生的女孩子还叫娜丝，男孩子还叫扎丝。）属马那天生的女孩子叫娜木，男孩子叫扎木。属羊那天生的女孩子叫娜约，男孩子叫扎约。属猴那天生的女孩子叫娜莫，男孩子叫扎莫。属鸡那天生的女孩子叫娜阿，男孩子叫扎阿。属狗那天生的女孩子叫娜丕，男孩子叫扎丕。属猪那天生的女孩子叫娜娃，男孩子叫扎娃。爷爷奶奶、爸爸、妈妈或其他亲戚已经用该属相命名的话，一般情况下需要（避讳）不能再用相同的名字。早上出生的女孩子叫娜保，男孩子叫扎保。下午出生的女孩子叫娜戈，男孩子叫扎戈。晚上出生的女孩子叫娜迫，男孩子叫扎迫。

（十二）

ɔ³¹bo³³ɔ³¹ɕɿ²⁴		lɔ³¹	tu³¹		tɛɛ³¹	nu²⁴	tʰɔ⁵³	
福气运气		求	NOMIN		鼓	大	做	

qʰɔ³¹	xa³³pa³³	qɔ⁵³	xa³³pa³³	ɔ³¹ka³¹	sɿ⁵⁴	tʰu³³	ve³³	ɔ³¹za⁵³
六	月	九	月	之间	树	砍	RM	时间

te³³	qʰa⁵⁴	qʰa⁵⁴	tɕi³¹	lɛ³³	tsa³³kʰa⁵³	qa³¹tɛɛ³¹	nu²⁴	tsa³³
一	寨	寨	去	CONJ	桂花	大树	大	去

tʰu³³.	ni³¹	ɣa⁵³	ɛɛ³³	ɣa⁵⁴	xɤ³¹	tɕɔ³¹	ve³³	ɣa³³	tʰu³³.	qʰa⁵³nɔ³³	lɛ³³
砍	两	位	三	位	围	有	NOMIN	得	砍	然后	CONJ

te⁵³	lo³¹	pa²⁴	tɛɛ³¹	tɔ⁵³	tɕʰi⁵⁴	qʰa³³	lɛ³³,	tsʰa⁵³pɔ⁵³	ve³³	tsʰa⁵³pɔ⁵³
一	庹	半	仅	砍	断	SUF	CONJ	打通	CONJ	打通

qʰa³³	qo³³	ta⁵³	qɔ³¹	la³³.	tsɿ³¹qa²⁴qʰɤ³³	tɛ⁵³	lɛ³³	pʰo⁵³	yu³³	te³³
SUF	就	抬	回	DIR	广场	留	CONJ	全部	修	做

ve³³.	te⁵³	pɛ³¹	qo³³	ɔ³¹kʰɤ³³	bɛ³¹,	te⁵³	pɛ³¹	qo³³	tɕɛ³¹	nu²⁴
IND	一	部分	TM	架	削	一	部分	TM	鼓	大

ɔ³¹ve⁵³	ɣu³³	te³³.	tsa³¹ve⁵³	tʰɔ⁵³,	lɔ³³bo³³ve⁵³	tʰɔ⁵³	to³³nu⁵³to³³sa⁵³
花	修	做	稻花	雕	太阳月亮花	雕	动物

ɔ³¹xa³³	tʰɔ⁵³.	ŋu⁵³gɤ³³	te⁵³	tɕɛ³³	zu³¹	lɛ³³	xo⁵³	ve³³.	ni³³	fu⁵⁴	xo⁵³
图画	雕	牛皮	一	对	拿	CONJ	盖	IND	两	方	盖

ɣa³³.	qʰa⁵³nɔ³³	ɔ³¹kʰɤ³³	tʰɔ⁵³	la³¹	ve³³	qʰɔ³³	tɕʰi⁵³	kɤ³³	lɛ³³
得	之后	架子	雕	CON	RM	里面	抬	装	CONJ

ɣu³³	te³³,	xɔ²⁴zʐɛ³¹	qʰɔ³³	tɕʰi⁵³	da³¹.
修	做	佛房	里	抬	留

译文:

做神鼓

在 6 月至 9 月之间砍树,全寨的人都要一起去砍大的桂花树,这棵树必须大到可以让两三个人拉手围起来,截取一庹半的树干,将中间掏空。抬回(村上的)广场,全部人开始劳作。一部分做架子,一部分人雕刻。雕刻的花纹有稻花、太阳月亮花以及动物的图案。拿一对(两张)牛皮盖在被(掏空的)树干的两边,将做好的鼓放在架子上,抬回放到佛房里。

(十三)

tɕʰɔ³³mɔ⁵³	ni³³	ɣa⁵³	i³¹da³¹	ve³³	ɔ³¹lɔ³³
老人	两	位	比赛	RM	故事

a³³sʅ⁵³ɛ²⁴tʰa³¹,	tsʰɔ³³mɔ⁵³	ni³³	ɣa⁵³	tɕɔ³¹	ve³³,	te³³	ɣa⁵³	qo⁵³	te³³
很久以前	老人	两	位	有	IND	一	位	TM	一

ɣa⁵³	qʰa⁵³a³¹	dɔ⁵³	lɛ³³,	i³¹da³¹	qʰa³³	ŋɔ²⁴	dɔ⁵³	lɛ³³,	i³¹da³¹	gɤ³¹	ɔ³¹ɣɔ³³
位	厉害	想	CONJ	比赛	厉害	看	想	CONJ	比赛	处	地点

lɛ³³	ɔ³¹ni³³	ti³¹	da³¹	ve³³.	ɔ³¹ni³³	ga³¹	te⁵³	ni³³	mu⁵³zi³¹	la³¹	sa²⁴tsa⁵³pa³¹
CONJ	时间	做	REC	IND	时间	到	一	天	雨	下	萨佳巴

me³³	ve³³	tɕʰɔ³³mɔ⁵³	te³³	ɣa⁵³	ɔ³¹ni³³	ga³¹	lɛ³³	a⁵³	tɕi³¹	a⁵³	pʰɛ³¹
叫	RM	老人	一	位	时间	到	CONJ	NEG	去	NEG	行

dɔ⁵³	lɛ³³	tɕi³¹	ve³³,	pʰa³¹mi³¹ta³³	me³³	ve³³	tɕʰɔ³³mɔ⁵³	te³³	ɣa⁵³	mu⁵³zi³¹	la³¹
想	CONJ	去	IND	帕米达	叫	RM	老人	一	位	雨	下

lɛ³³　　　　a⁵³　　　　tɕi³¹　ga⁵³　dɔ⁵³　lɛ³³　　　a⁵³　　　　tɕi³¹.
CONJ　　　NEG　　　去　　想　　想　　CONJ　　　NEG　　　去

　te⁵³ni³³　qɔ³¹　ga³¹　lɛ³³　　　sa²⁴tsa⁵³pa³¹　　tɕʰe⁵³　te⁵³　kʰɛ³³　　bɔ⁵⁴　ɣa³³,
　一天　　又　　到　　CONJ　　萨佳巴　　　　马鹿一　只　　打　　到

pʰa³¹mi³¹ta³³　nɔ³¹xɔ³³　qɔ³¹　ku³¹　vi⁵³　ve³³: "tɕʰe⁵³　te⁵³　kʰɛ³³　bɔ⁵³　ɣa³³　nɔ³¹　ɣa³³
帕米达　　　patient　又　　叫　　DIR COMP　马鹿　一　　只　　打　　得　　你　　得

tsa³³　pu⁵³　la³³." pʰa³¹mi³¹ta³³　tɕi³¹　lɛ³³　tɕʰe⁵³　bɔ⁵³　ɣa³³　gɤ³¹　ga³¹　tʰa⁵³　sa²⁴tsa⁵³pa³¹
找　　背　　来　　帕米达　　　去　　CONJ　马鹿打　　得　　处　　到　　时候　萨佳巴

zɔ⁵³　nɔ³¹xɔ³³　u²⁴　vi⁵³　ve³³: "a³³ka⁵⁴　a⁵³　tɕɔ³¹　pe²⁴　tsʰi⁵³　qʰa⁵³　dɔ⁵³
他　　patient　说　　DIR COMP　水　　NEG 有　剖　　洗　　SUF　想

a³³　tɔ⁵³." pʰa³¹mi³¹ta³³　dɔ⁵³　ve³³: "o³³　te⁵³　ni³³　a⁵³　ɣa³³　i³¹da³¹　lɛ³³
NEG　通　帕米达　　　想　　COMP　那　一　　天　　NEG 得　比赛　CONJ

za³¹ni³³　i³¹da³¹　xa³³　ŋɔ²⁴　dɔ⁵³　lɛ³³　　sa²⁴tsa⁵³pa³¹nɔ³³xɔ³³　u²⁴　vi⁵³." "mo³³
今天　　比赛　　SUF 看　想　　CONJ　萨佳巴　　patient　　说　　DIR 那下面

lɔ³¹qa²⁴　qʰɔ³³　a³³ka⁵⁴　nɔ³¹xɔ³³　ta⁵³　la³³　　　ɛɛ³¹　tɕa³³　qo⁵³　ku³³　vi⁵³."
河　　　里　　水　　patient　上　　DIR　　一下　去　　说　　叫　　DIR

zɔ⁵³　te³³　ɣa⁵³　dɔ⁵³　ve³³　ɔ³¹tɕʰɔ⁵³　　ɣa³¹　tsɿ³³la⁵³　po³¹　lɛ³³　a³³ka⁵⁴　a⁵³　ta⁵³
他　　一　位　　想　　COMP　朋友　　得　差遣　PERF　CONJ　水　　NEG 上

la³³　kɛ³³　ɣa³³　tɕa³³　ku³³　　vi⁵³　ve³³　dɔ⁵³　lɛ³³　　tɕa³³　ku³³　vi⁵³　ve³³.
DIR 也　得　去　　叫　　DIR RM　想　　CONJ　去　　叫　　DIR IND

za³¹　lɛ³³　tɕa³³　ku³³　vi⁵³　lɔ³¹qa²⁴　ga³¹　lɛ³³　　a³³ka⁵⁴　nɔ³¹xɔ³³ "ta⁵³　la³³
下去 CONJ 去　叫　　DIR河　到　　CONJ　水　　patient 上　SUF

ɛɛ³¹　tɕɛ⁵³." u²⁴　ve³³. u²⁴　vi⁵³　　qʰa⁵³nɔ³¹　zɔ⁵³　ta⁵³　lɛ³³　　qʰɔ³³　qʰo⁵³
一下COMP 说　IND 说　DIR　　以后　　他　　上　　CONJ　山　　上

tɕʰɛ⁵³　bɔ⁵⁴　tɛ⁵³　la³¹　gɤ³¹　ga³¹　tʰa⁵³　a³³ka⁵⁴　kɛ³³　ga³¹　la³³. o³³　te³³　za⁵³
马鹿打　留　　CON 处　到　　时候　水　　　也　　到　　TAM 那　一　个

tʰa⁵³　　ɕe³¹　pʰa⁵³　ŋa³¹　nɔ³¹xɔ³³　i³¹　ve³³　　　lɔ³³　　dɔ⁵³　　ve³³.
时候　　这　个　　我　　patient　比　RM　　原来　　想　　　IND

tɕʰɛ⁵³　pʰɛ⁵³　tsʰi⁵³　qʰa⁵³nɔ³¹　tɕʰɛ⁵³　sa³¹　pɛ³¹da³¹　ve³³. pʰa³¹mi³¹ta³³
马鹿　剖　　洗　　之后　　马鹿　肉　分开　　IND 帕米达

sa²⁴tsa⁵³pa³¹　nɔ³¹xɔ³³ "kɤ³³　pu⁵³　kɤ³¹　a⁵³　tɕɔ³¹,dɔ⁵³　a³³　　tɔ⁵³　　o³³." u²⁴
萨佳巴　　　patient　装　背　处　NEG 有　　想　　　NEG 通　TAM 说

vi⁵³　ve³³, sa²⁴tsa⁵³pa³¹　dɔ⁵³　ve³³: a³³ɕɿ³³tʰa⁵³　zɔ⁵³　ŋa³¹　nɔ³¹xɔ³³　i³¹　ve³³.
DIR IND 萨佳巴　　　想　COMP 刚刚　　他　我　　patient　比赛 IND

ŋa³¹ kɛ³³ qɔ³¹ i³³ vi⁵³ xa³³　　dɔ⁵³ lɛ³³ fa⁵⁴ɛ³³tɕʰi³³nɛ²⁴ bɔ⁵⁴ lɛ³³ ɔ³¹gɤ³¹
我　也　又　比　DIR SUF　　想　CONJ 花栗鼠　　打　CONJ 皮

qʰɔ³¹ ve³³. qʰa⁵³nɔ³¹ tɕʰɛ⁵³ sa³¹ zu³¹ lɛ³³ fa⁵⁴ɛ³³tɕi²⁴nɛ³³ ɔ³¹gɤ³¹
剥　IND　以后　马鹿　肉　拿　CONJ 花栗鼠　　　皮

qʰɔ³³ do⁵³ vi⁵³ ve³³ do⁵³ vi⁵³ pɤ³¹ lɛ³³, "zɛ³¹ qʰɔ³³ a⁵³ ga⁵³ qo³³
里　装　DIR CONJ 装　DIR 完　CONJ 家　里　　NEG 到　CONJ

ta⁵³ pʰɤ³¹ nɛ³¹." pʰa³¹mi³¹ta³³ dɔ⁵³ ve³³ tɕʰɛ⁵³ sa³¹ sa³¹mɛ³³mɛ³³
NEG 打开 HORT 帕米达　　想　COMP 马鹿　肉　那么多多

ve³³ sa³¹xɤ³³nɛ²⁴lɛ²⁴ ve³³ qʰɔ³³ gɤ³¹ a³³ ɣa³¹ ta³¹. xɛ³¹ la⁵³
CONJ 这么小　　NOMIN 里　装 NEG　得　POT 骗　　DIR

ve³³ dɔ⁵³ lɛ³³ pʰɤ³¹ ŋɔ²⁴ ve³³. pʰɤ³¹ ŋɔ²⁴ xa³³ lɛ³³ tɕʰe⁵³
NOMIN　想　CONJ 打开 看 IND 打开 看 SUF　CONJ　马鹿

sa³¹ mɛ⁵³ dza⁵³ lɛ³³ qɔ³¹ te³³ tɔ⁵³ la³³ vi⁵³ ve³³. qʰa⁵³nɔ³¹ zɔ⁵³ qɔ³¹
肉　多　很　CONJ 又 做 出 来 DIR IND 之后　他　又

ɣɔ⁵⁴ do⁵³ lɛ³³ do⁵³ a⁵³ ɣa⁵³. ɛ³¹ qʰa⁵³nɔ³¹ lɛ³³ i³¹da³¹ ve³³ a⁵³
捡　装 CONJ 装 NEG 得　这 以后　CONJ 比赛 NOMIN NEG

te³³ ɔ³³.
做　TAM

译文:

两个老人比赛的故事

　　很久以前,有两个老人,相互不服气对方,他们就约好了比赛的地点和时间,比比看。到了比赛那天,下起了雨。一位叫萨佳巴的老人想着不去不行,还是冒雨赴约。另一个叫帕米达的老人因为下雨就没有去。

　　有一天,萨佳巴打到了一头马鹿,就请帕米达来帮忙(将马鹿)背回去。萨佳巴对帕米达说,没有水没有办法将马鹿解剖清洗。帕米达想着那天因为下雨没有比成赛,今天再比一次。于是就对萨佳巴说,去位于下面的河里把水"叫"上来。萨佳巴想,朋友差遣他去,就算水"不上来"他也得去,所以他就去了。到了河边,他就对水说:"(帕米达)说让你上来一下。"说完之后,他就回去了,当他返回山上时,水也同时到了。萨佳巴才发现原来帕米达是想和他比赛。

　　他们两个把马鹿解剖清洗后分了马鹿肉,帕米达对萨佳巴说,没有装肉的容器。萨佳巴想着,刚才他要跟我比赛,现在我也要跟他比一下。所以他就打了一只花栗鼠，剥皮后将全部马鹿肉包在了小小的花栗鼠皮里。然后对（帕米达）说，不到家里别打开。帕米达想这么小的花栗鼠皮怎么放得下那么多的马鹿肉，一定是萨佳巴骗他的，所以就想打开看一下。打开之后，马鹿肉就一下冒出来很多，他想把肉再重新捡回去，但却装不回去了。这之后他们就不再比赛了。

参考文献

中文著作：

常竑恩等编著，刘劲荣、张蓉兰修订：《拉祜语简志》，民族出版社 2009 年版。

曹逢甫：《主题在汉语中的功能研究迈向语段分析的第一步》，语文出版社 1995 年 4 月版。

常俊之：《元江苦聪话参考语法》，中国社会科学出版社 2011 年版。

戴庆厦：《藏缅语研究》，四川民族出版社 1992 年版。

戴庆夏主编：《二十世纪的中国少数民族语言研究》，书海出版社 1998 年版。

戴庆厦、丛铁华、蒋颖、李洁：《仙岛语研究》，中央民族大学出版社 2005 年版。

戴庆厦、李洁：《勒期语研究》，中央民族大学出版社 2007 年版。

戴庆、罗仁地、汪锋：《到田野去——语言学田野调查的方法与实践》2008 年版。

戴庆厦主编：《泰国清莱拉祜族及其语言使用现状》，中国社会科学出版社 2010 年版。

戴庆厦主编：《澜沧县拉祜族语言使用现状及其演变》，商务印书馆 2011 年版。

戴庆厦：《语言调查教程》，商务印书馆 2013 年版。

戴耀晶：《现代汉语时体系统研究》，浙江教育出版社 1997 年版。

盖兴之：《民族语言文化论集》，云南大学出版社 2001 年版。

黄伯荣、廖序东主编：《现代汉语（增订二版）》，高等教育出版社 1997 年版。

蒋颖：《汉藏语系语言名量词比较研究》，民族出版社 2009 年版。

雷波、刘辉豪等：《拉祜族文学简史》，云南民族出版社 1995 年版。

雷波、刘劲荣主编：《拉祜族文化大观》，云南民族出版社 1999 年版。

陆丙甫、金立鑫：《语言类型学教程》，北京大学出版社 2015 年版。

李春风：《邦朵拉祜语参考语法》，中国社会科学出版社 2014 年版。

李洁：《汉藏语系语言被动句研究》，民族出版社 2008 年版。

李锦芳主编：《汉藏语系量词研究》，中央民族大学出版社 2005 年版。

刘丹青：《差比句的调查框架与研究思路》，《现代语言学理论与中国少数民族语言研究》，民族出版社 2003 年版。

刘丹青：《名词性短语的类型学研究》，商务印书馆 2012 年版。

刘丹青：《语序类型学与介词理论》，商务印书馆 2013 年版。

刘丹青：《语法调查研究手册（第二版）》，上海教育出版社 2017 年版。

刘劲荣：《拉祜族民间文学概论》，云南民族出版社 1998 年版。

刘劲荣主编：《汉拉简明词典》，云南民族出版社 2005 年版。

刘劲荣：《拉祜语四音格词研究》，民族出版社 2009 年版。

刘劲荣、盖兴之主编：《彝缅语言研究》，云南民族出版社 2010 年版。

黎锦熙：《新著国语文法》，商务印书馆 1924 年版。

吕叔湘：《中国文法要略》，商务印书馆 1982 年版。

吕叔湘：《汉语语法分析问题》，商务印书馆 2017 年版。

陆致极：《汉语方言数量研究探索》，语文出版社 1992 年版。

马学良：《汉藏语概论》，民族出版社 2003 年版。

潘悟云：《汉语历史音韵学》，上海教育出版社 2000 年版。

潘悟云编：《东方语言与文化》，东方出版中心 2002 年版。

沈家煊：《名词和动词》，商务印书馆 2016 年版。

石毓智：《肯定和否定的对称与不对称》，台湾学生书局 1992 年版。

史金生：《现代汉语副词连用顺序和同现研究》，商务印书馆 2011 年 10 月版。

王双成：《藏语安多方言语音研究》，中西书局 2012 年版。

王正华：《南段拉祜族村落文化的传承与变迁》，云南民族出版社 2009 年版。

徐烈炯：《几个不同的焦点概念》，载徐烈炯、刘丹青主编《话题与焦点新论》，上海教育出版社 2005 年版。

徐烈炯、刘丹青主编：《话题的结构与功能》（增订本），上海教育出版社 2007 年版。

徐烈炯、刘丹青：《话题的结构与功能》（增订本），上海教育出版社 2007 年版。

徐烈炯、潘海华主编：《焦点结构和意义的研究》，外语教学与研究出版社 2005 年版。

徐世璇：《毕苏语研究》，上海远东出版社 1998 年版。

徐通锵：《历史语言学》，商务印书馆 1991 年版。

余金枝：《矮寨苗语参考语法》，中国社会科学出版社 2011 年版。

袁焱：《语言接触与语言演变》，民族出版社 2001 年版。

云南省编辑委员会编：《拉祜族社会历史调查（一）》，云南人民出版社 1982 年版。

云南省编辑委员会编：《拉祜族社会历史调查（二）》，云南人民出版社 1982 年版。

叶蜚声、徐通锵：《语言学纲要》，北京大学出版社 2004 年版。

扎拉：《拉祜语基础教程》，云南大学出版社 2008 年版。

赵敏、朱茂云：《墨江哈尼族卡多话参考语法》，中国社会科学出版社 2011 年版。

张敏：《认知语言学与汉语名词短语》，中国社会科学出版社 1998 年版。

郑怀德：《动词语主语句的谓语》，《语法研究和探索》（二），北京大学出版社 1984 年版。

政协澜沧拉祜族自治县委员会[编]：《拉祜族史》，云南民族出版社 2003 年版。

中国社会科这院语言研究所词典编辑室编：《现代汉语词典（第 5 版）》，商务印书馆 2006 年版。

朱德熙：《语法讲义》，商务印书馆 2016 年版。

朱艳华：《遮放载瓦语参考语法》，中国社会科学出版社 2013 年版。

中文论文

戴庆厦：《中国藏缅语松紧元音来源初探》，《民族语文》1979 年第 1 期。

戴庆厦：《缅彝语的结构助词》，《语言研究》1989 年第 2 期。

戴庆厦、傅爱兰：《藏缅语的形修名语序》，《中国语文》2002 年第 4 期。

戴庆厦、邱月：《藏缅语与汉语连动结构比较研究》，《世界汉语教学》2008 年第 2 期。

戴庆厦、朱艳华：《藏缅语、汉语选择疑问句比较研究》，《语言研究》2010 年第 4 期。

戴庆厦、朱艳华：《藏缅语选择疑问范畴句法结构的演变链》，《汉语学报》2010 年第 2 期。

戴庆厦：《汉语的特点究竟是什么》，《云南师范大学学报》2014 年第

9 期。

　　戴庆厦：《景颇语两类句尾词的功能互补》，《云南师范大学学报》2016年第 7 期。

　　胡素华：《凉山彝语的差比句》，《民族语文》2005 年第 5 期。

　　黄树先：《汉缅语长短元音比较》，《南阳师范学院学报》2002 年第 5 期。

　　黄行：《确定汉藏语同源词的几个原则》，《民族语文》2001 年第 4 期。

　　江荻：《藏缅语言元音的上移和下移演化》，《民族语文》2001 年第 5 期。

　　金有景：《拉祜语的紧元音》，《民族语文》1988 年第 3 期。

　　金有景：《拉祜语的主语、宾语、状语助词》，《民族语文》1990 年第 5 期。

　　金有景：《关于拉祜语的方言》，《民族语文》2007 年第 3 期。

　　李春风：《拉祜语宾格助词 tha³¹》，《民族语文》2011 年第 6 期。

　　李春风：《拉祜语的话题标记》，《民族语文》》2015 年第 5 期。

　　李洁：《被动句是拉祜语的一种独立句型》，《云南师范大学学报》2005年第 3 期。

　　李洁、李景红：《拉祜语的话题句》，《民族语文》，2014 年第 1 期。

　　李宇明：《拷贝型量词及其在汉藏语系量词发展中的地位》，《中国语文》2000 年第 1 期。

　　李艳惠、陆丙甫：《数目短语》，《中国语文》2002 年第 4 期。

　　刘丹青：《汉语给予类双及物结构的类型学考察》，《中国语文》2001 年第 5 期。

　　刘丹青：《汉藏语言的若干语序类型学课题》，《民族语文》2002 年第 5 期。

　　刘丹青：《汉语名词性短语的句法类型特征》，《中国语文》2008 年第 1 期。

　　刘丹青：《语法化理论与汉语方言语法研究》，《方言》2009 年第 2 期。

　　刘丹青：《语言库藏类型学构想》，《当代语言学》2011 年第 4 期。

　　刘丹青：《汉语的若干显赫范畴：语言库藏类型学视角》，《世界汉语教学》2012 年第 3 期。

　　刘劲荣：《拉祜语的四音格词》，《民族语文》2006 年第 3 期。

　　刘劲荣：《拉祜语、傈僳语四音格词的比较研究》，《暨南学报》2007 年第 4 期。

　　刘劲荣：《拉祜语与载瓦语的语音结构及词的构成》，《云南师范大学学报》2007 年第 2 期。

　　刘劲荣、张琪：《拉祜语四音格词的语义特点》，《民族语文》2010 年第 3 期。

刘劲荣、张琪：《澜沧拉祜语村寨名的词汇系统》，《民族语文》2011 年第 6 期。

刘劲荣、肖东：《拉祜语与汉语四音格词的初步比较》，《暨南学报》2010 年第 4 期。

陆丙甫、罗天华：《中国境内的双及物结构语序》，《汉藏语学报》2009 年第 1 期。

陆俭明：《关于现代汉语里的疑问语气词》，《中国语文》1984 年第 5 期。

陆俭明：《句式语法"理论与汉语研究》，《中国语文》2004 年第 5 期。

罗常培、傅懋勣：《我国少数民族语言文字概况》，《中国语文》1954 年第 3 期。

马世册：《拉祜语概况》，《民族语文》1984 年第 3 期。

潘悟云：《历史层次分析的若干理论问题》，《语言研究》2010 年第 2 期。

乔晓光、董永俊：《村寨礼俗之花——云南澜沧县拉祜西村寨个案研究》，《文化遗产》2015 年第 6 期。

沈家煊：《"有界"与"无界"》，《中国语文》1995 年第 5 期。

沈家煊：《实词虚化的机制——〈演化而来的语法〉评介》，《当代语言学》1998 年第 3 期。

沈家煊：《现代汉语"动补结构"的类型学考察》，《汉语言文字学》2003 年第 12 期。

沈家煊：《关于词法类型和句法类型》，《民族语文》2006 年第 6 期。

沈家煊：《词类的类型学和汉语的词类》，《当代语言学》2015 年第 2 期。

孙宏开：《我国藏缅语动词的人称范畴》，《民族语文》1983 年第 2 期。

孙宏开：《藏缅语量词用法比较——兼论量词发展的阶段层次》，《中国语言学报》1988 年第 3 期。

孙宏开：《藏缅语中的代词化问题》，《国外语言学》1994 年第 3 期。

孙宏开：《论藏缅语的语法形式》，《民族语文》1996 年第 2 期。

孙宏开：《论藏缅语动词的使动语法范畴》，《民族语文》1998 年第 6 期。

孙文访：《基于"有、是、在"的语言共性与类型》，《中国语文》2015 年第 1 期。

石汝杰：《吴语连读变调的两个问题》，载徐云扬主编《吴语研究》，《香港中文大学新亚书院》1995 年。

石毓智：《汉语的主语与话题之辩》，《语言研究》2001 年第 2 期。

童芳华、邓晓华：《个体量词的跨语言新视野》，《语言研究》2019 年第 1 期。

唐正大：《认同与拥有—陕西关中方言的亲属领属及社会关系领属的格式语义》，《语言科学》2014 年第 4 期。

王双成：《青海西宁方言的给予类双及物结构》，《方言》2001 年第 1 期。

王正华：《拉祜语共时音变研究》，《云南民族大学学报》2004 年第 1 期。

徐世璇：《汉藏语言屈折构词现象》，《民族语文》1996 年第 3 期。

徐世璇：《毕苏语的"体""时"系统——兼论缅彝语言的有关问题》，《民族语文》2000 年第 3 期。

徐悉艰：《彝缅语量词的产生和发展》，《语言研究》1994 年第 1 期。

杨将领：《藏缅语数量短语的演变机制》，《民族语文》2005 年第 3 期。

朱德熙：《关于动词形容词、名物化的问题》，《北京大学学报》1961 年第 4 期。

朱德熙：《与动词"给"相关的句法问题》，《方言》1979 年第 2 期。

朱晓农. 刘劲荣：《拉祜语紧元音：从嘎裂声到喉塞尾》，《民族语文》2011 年第 3 期。

张蓉兰：《拉祜语动词的语法范畴》，《民族语文》1987 年第 2 期。

张雨江：《论拉祜语新词的创造与发展》，《云南民族大学学报》2006 年第 3 期。

张雨江：《拉祜语的结构助词》，《云南民族大学学报》2007 年第 4 期。

张雨江：《拉祜语语法化的研究》，《民族语文》2007 年第 2 期。

张雨江：《拉祜语名词词缀》，《贵州民族研究》2007 年第 3 期。

张雨江：《拉祜语构词法》，《云南民族大学学报》2008 年增刊。

张雨江：《拉祜语的述宾结构》，《云南民族大学学报》2011 年第 2 期。

张伟：《拉祜语颜色词的文化内涵》，《云南师范大学学报》2007 年第 5 期。

学位论文

邓凤民：《汉藏语差比句研究》，博士学位论文，中央民族大学，2010 年。

胡方方：《拉祜语拟声词研究》，硕士学位论文，云南民族大学，2012 年。

李占炳：《并列结构的类型学研究》，博士学位论文，上海外国语大学，2014 年。

李知恩：《量词的跨语言研究》，博士学位论文，北京大学，2011 年。

盛益民：《吴语绍兴柯桥话参考语法》，博士学位论文，南开大学，2014 年。

陶言敏：《现代汉语主语从句研究》，硕士学位论文，华东师范大学，

2007 年。

田静：《藏缅语宾语比较研究》，博士学位论文，中央民族大学，2006 年。

谢佳玲：《汉语的情态动词》，博士学位论文，台湾清华大学，2002 年。

余成林：《汉藏语系语言的存在句》，博士学位论文，中央民族大学，2011 年。

朱艳华：《遮放载瓦语参考语法》，博士学位论文，中央民族大学，2010 年。

赵燕珍：《赵庄白语参考语法》，博士学位论文，中央民族大学，2009 年。

张雷：《黎语志强话参考语法》，博士学位论文，南开大学，2010 年。

中译著作及论文

[英] 伯纳德·科姆里：《语言共性和语言类型》，沈家煊、罗天华译，北京大学出版社 2015 年 5 月版。

[英] 戴维·克里斯特尔：《现代语言学词典》，沈家煊译，商务印书馆 2007 年版。

[美] 格林伯格：《某些主要跟语序有关的语法共性》，陆丙甫、陆致极译，《当代语言学》1984 年版。

[美] 李纳、汤姆生 Li，Charles N&Sandra A.Thompson：《汉语语法》，黄宣范译，台湾文鹤出版有限公司 2012 年版。

[美] 李纳、汤姆生 Li，Charles N.&Sandra A.Thompson：《主语与主题：一种新的语言类型学》，李谷城摘译，《国外语言学》1984 年第 2 期。

外文著作及论文

Aikhenvald AlexandraY, *Evidentiality*, New York:Oxford University Press, 2004.

Benedict P. K, *Austro-Thai: Language and Culture, with a Glossary of Roots*, New Haven：HRAF Press, 1975.

Chafe Wallace, *Givenness, contrastiveness, definiteness, subjects, topic, and points of view*.In Charles N. Li.(ed.), 1976.

Cornillie B, Evidentiallity and Epistemic Modality: On the Close Relationship between Two Different Categories.*Functions of Language*, Amsterdam/Philadelphia:John Benjamins Publishing Copmany, 2009.

David Bradley. *Lahu Dialects*, Faculty of Asian Studies, Australian National University, 1979.

Dixon, R.M.W, Adjective classes in typological perspective.in Dixon, R.M.W. and Alexandra Y.Aikenvald (eds.) Adjective Classes:*A Cross- Linguistic*

Typology. Oxford: Oxford University Press, 2004.

Dixon, R.M.W, *Comparative constructions: A cross-linguistic typoloty*, Studies in Language, Volume 32, Number 4, 2008.

Dixon, R.M.W, *Basic Linguistic Theory: Grammatical Topics*, Oxford University Press, 2009.

Dixon, R.M.W and A.Y. Aikhenvald, *word: a typological framework*, in Dixon & Aikhenvald (ed.) 2003.

Dryer Mattew S, *The Greenbergian word order correlations*, Language, 1992.

Dryer, Mattew S, Aspects of word order in the languages of Europe,In Anna Siewieska(ed.),*Constituent Order in the Languages of Europe*, Berlin & New York:Mouton de Gruyter,1998.

F.de Saussure, *Course in general linguistics*, Switzerland: Foreign Language Teaching and Research Press, Gerald Duckworth Press, 2001.

Gasde Horst-Dieter,Are there *Topic-prominence* and *subject-Prominence* along the lines of Li & Thompson (1976), Konstanz: 21st Conference of German Linguistic Society, 1999.

James A. Matisoff, *The Grammar of Lahu*, Caliornia:University of California Press, Berkeley and Los Angeles, second printing,1982.

James. A. Matisoff,*Areal and universal dimentions of Grammatization in Lahu*, In Traugott,Elizabeth C.&Bernd Heine(eds.) Approaches to Grammaticalization, Vol. I & II. Amsterdam & Philadelphia: *John Benjamins*, 1991.

James. H. Telford, *Hand book of Lahu* (Muhso) *Language and English-Lahu dictionary*, Bulletin de l'Ecole française d'Extrême-Orient, 1938.

Lambrecht Knud, *Informational Structure and Sentence Form: Topic, Focus and Mental Representation of Discourse Referents*, Cambridge: Cambridge University Press, 1997.

Lan Maddieson, *Patterns of sounds*, Cambridge University Press, 1984.

Lewis M. Paul (ed.), *Ethnologue: Languages of the World*, Sixteenth edition, 2009.

Li, Charles N. and Sandra A.Thompson, *Subject and topic:a new typology of language*, In Charles N.Li.(ed.), 1976.

Liu Jinrong and Zhang qi,*An analysis of the current status and language endergerment of the Kucong language at Shuitang Township in Xinping County*, John Benjamins Publishing Company, 2013.

Lyons J, *Semantics*, Cambridge: Cambridge University Press, Vol.2, 1997.

Nishida Tatso, *A Preliminary Study of the Lahu Shi Language in Chiang Rai Province*, [in Japanese] Theoretical & Applied Linguistics at Kobe Shoin トークス, 2001.

Palmer F.R, *Mood and Modality*, Cambridge: Cambridge University Press, 1986.

Payne Thomas E, *Describing Morphosyntax*, Cambridge University Press, 1997.

Kenneth L. Pike, *Phonemics: A Technique for Reducing Languages to Writing*, Ann arbor-University of Michigan Press, 1947.

Smith C.S, *The Parameter of Aspect*, Dordrecht: Kluwer, 1991

Stassen Leon, *Comparative Constructions*, in Dryer & Haspelmath (eds) *The World Atlas of Language Structures Online*, Munich: Max Planck Digital Library, supplement 3. http://wals.info/chapter/121. 2011.

Ullmann, Stephen 1957 Basil Blackwell. The Principle of semantics. London.

Vendler, Zeno 1967 Linguistic in Philosophy. Ithaca. NY: Cornell University Press.

Yoichi Nishimoto.The Religion of the Lahu Nyi (Red Lahu) in Northern Thailand General Description with Preliminary Remarks. 金沢大学文学部论集，2003（23）115-138.

后　记

岁在辛丑，时至谷雨，春光黛色，玉蕊香茗。闲庭信步，吾家小院蔷薇初绽，不禁忆起母校葳蕤蔷薇。回思往事，三年上海师范大学的寒窗生涯犹历历分明，镂心刻骨，不免感叹光阴荏苒，时光易逝，借文聊表谢忱！

博士三年，学问受之恩师王双成教授，先生博学鸿儒，德识兼具，学生耳濡目染，获益良多，虽只能望其项背，但也勤勉自恃，惕厉内省，不敢有疏懒懈怠。幸得恩师不弃学生愚钝，循循善诱，期望殷殷，学生今日学业初有寸进，全得益于先生垂教之恩，铭感五内，温暖于心，时刻不敢忘恩师谆谆教诲之情。恩师乃百世之师，于我恩山义海，化泥护花，学生必当投桃报李，结草衔环。长忆恩师，谢无疆焉！

感谢戴庆厦教授，老先生博物多闻，乃钜学鸿生，当今大儒也。屡恩承老先生金石珠玉之言，常如醍醐灌顶，顿开茅塞，受益之多，谢无尽焉！

感谢我的先生刘劲荣教授，他既是我拉祜语研究的领路人亦为我的益友。每逢假期，伉俪结伴同行于拉祜山乡，绿水青山间虽有餐风饮露，却也收获了春种秋收的喜悦。每念及此，书尽辞藻，也不足表情之万一。有君如此，谢无界焉！

感谢我的父母，双亲发如皑雪，力气渐微，但对我的舐犊之爱不曾稍减，备至更加，抚育之恩深感无以为报，谢无境焉！

特别感谢我的语音老师邱培刚先生、李四先生、李扎迫先生以及娜给女士。邱培刚先生持之以恒，两年多来首尾一贯，剥丝抽茧，耐心细致。李四先生、李扎迫先生以及娜给女士急人之困，仗义相助。顺利成文，得益于诸位，抱拳作揖，谢无边焉！

感谢云南民族大学的何根源、李利行、罗春霞、石丽梅、郭晨阳等辅助我进行南段地区田野调查的同学们，一并谢过，毋庸赘言。

感谢责任编辑任明先生以及所有为本书付出心血的人。

最后,感谢云南民族大学各位领导,不仅鼓励我完成学业,还在经费极其困难的情况下,从中国语言文学建设经费中拨出专款资助该书的出版。

回首往昔,历喜、苦、乐、躁,悲喜交加多矣。然我坚信锲而不舍,金石可镂。今稿成文毕,更应不矜不伐,再接再厉。我不慧、不智,仓促之文,不足之处,恭请见谅!

春城飞花,铭以致谢。

张琪

2020 年 4 月

于昆明雨花毓秀